Bavière

L'IVRESSE DES MONTAGNES

La Bavière a – même pour qui n'y a jamais mis les pieds – une force évocatrice indéniable. Avant même de la découvrir, notre esprit fait défiler tout un imaginaire où se mêlent des paysages de montagnes et des églises baroques, des villages colorés et des usines automobiles, des hommes en culotte de peau et des effusions de bière. La Bavière, c'est aujourd'hui une puissance économique de taille en Europe, un géant de l'automobile, mais aussi une terre rurale, une région qui réconcilie traditions et modernité. Munich, sa fière capitale, est le symbole le plus éclatant de cette prospérité : cette force tranquille est depuis longtemps l'une des villes les plus attractives d'Allemagne mais aussi des plus chères. Au nord, la Franconie – cette région parsemée de forteresses et de villes médiévales pittoresques – cultive sa différence. La Franconie compte tant de belles villes : Bamberg, la Venise bavaroise, Wurtzbourg la viticole et Nuremberg, la métropole médiévale au destin à la fois prestigieux et tragique. Et la nature bavaroise ! Quel bol d'air frais nous offre la Bavière, où la nature est si précieusement conservée ! Les paysages, particulièrement beaux dans le sud du Land où commence le massif alpin, invitent à la randonnée ou au ski. Ce décor idyllique de montagnes a inspiré Louis II pour la construction de ses châteaux farfelus. En train, en voiture, à vélo, une série de routes court sur la Bavière. La route romantique, la route des Alpes, la route des châteaux… Laquelle parcourrez-vous ?

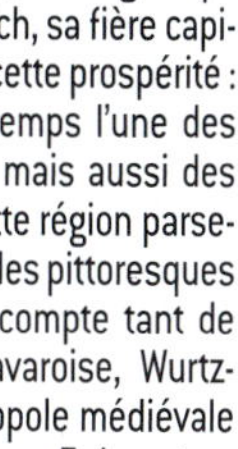

Retrouvez cette offre en page 107

SOMMAIRE

Vue sur le Mont Karwendel, Garmisch-Partenkirchen. © DIETERMEYRL - ISTOCKPHOTO.COM

6 INSPIRER

Laissez-vous tout d'abord envoûter par l'image de carte postale des Alpes bavaroises, des châteaux enneigés et des tourbillons de la grande roue de l'Oktoberfest.

43 DÉCOUVRIR

Toutes les clés pour comprendre la Bavière, son histoire, sa géographie, sa culture ; saisir ses spécificités et l'appréhender dans toute sa diversité.

109 SUD DE LA BAVIÈRE

Le sud de la Bavière attire la plus grande partie des visiteurs et pour cause : le sud regorge de sites naturels grandioses et de sites culturels sensationnels.

243 EST DE LA BAVIÈRE

La forêt bavaroise enchante les randonneurs et les mordus de nature. Côté ville, c'est Ratisbonne qui concentre tous les attraits et ravit les visiteurs.

275 NORD DE LA BAVIÈRE

La Franconie - la moitié nord de la Bavière - compte les plus belles villes baroques et médiévales du Land : Bamberg, Wurtzbourg, Nuremberg sauront vous séduire.

335 ORGANISER SON SÉJOUR

Tout ce qui est bon à savoir avant le départ ! Transports, hébergement, agences de voyage, activités phares… : on vous dévoile les bons plans pour un séjour bien ficelé.

Rothenburg ob der Tauber.

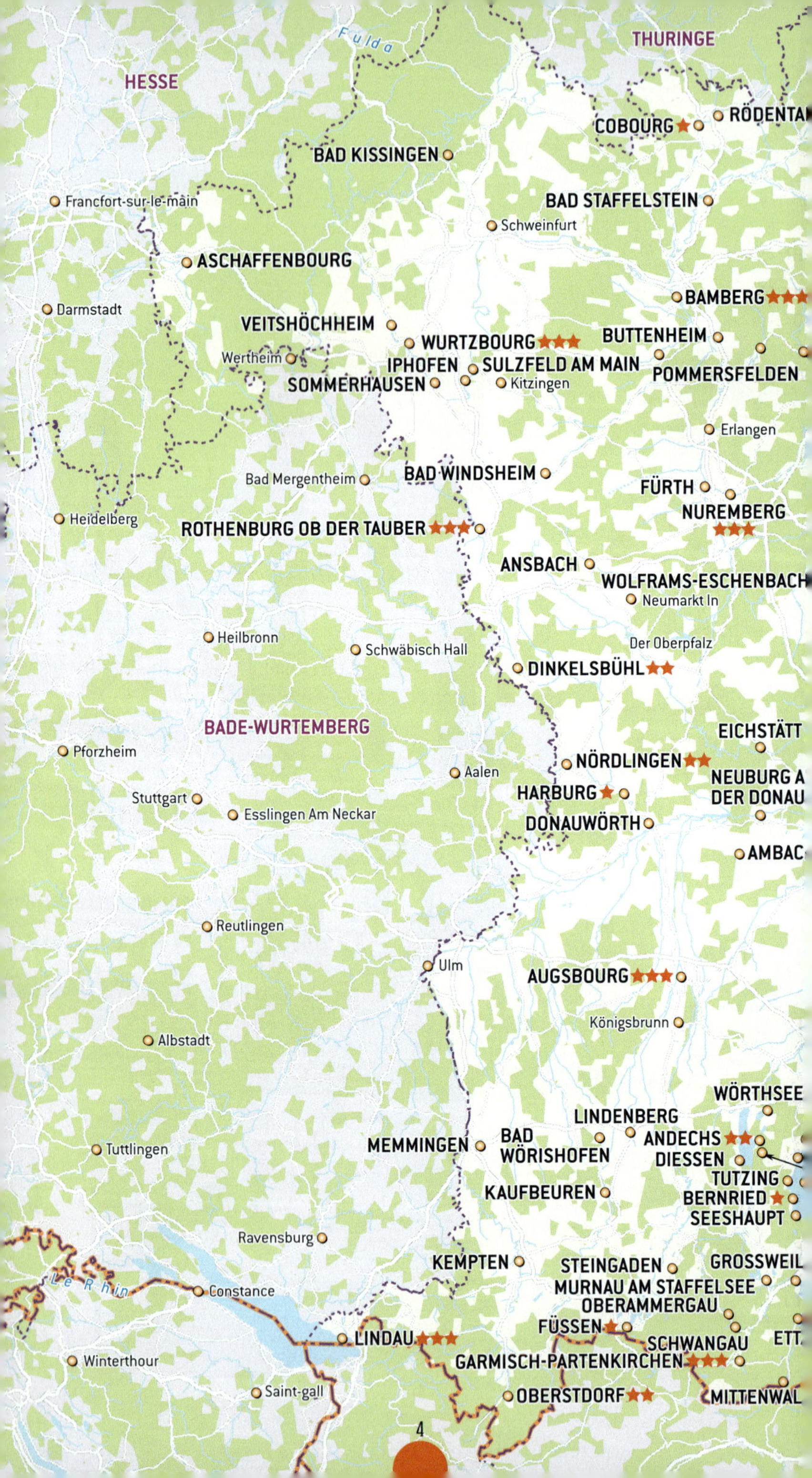
HESSE
THURINGE
Fulda
COBOURG ★
RÖDENTAL
BAD KISSINGEN
Francfort-sur-le-main
BAD STAFFELSTEIN
Schweinfurt
ASCHAFFENBOURG
Darmstadt
BAMBERG ★★★
VEITSHÖCHHEIM
WURTZBOURG ★★★
BUTTENHEIM
Wertheim
IPHOFEN
SULZFELD AM MAIN
POMMERSFELDEN
SOMMERHAUSEN
Kitzingen
Erlangen
Bad Mergentheim
BAD WINDSHEIM
FÜRTH
Heidelberg
NUREMBERG ★★★
ROTHENBURG OB DER TAUBER ★★★
ANSBACH
WOLFRAMS-ESCHENBACH
Neumarkt In
Der Oberpfalz
Heilbronn
Schwäbisch Hall
DINKELSBÜHL ★★
BADE-WURTEMBERG
EICHSTÄTT
Pforzheim
NÖRDLINGEN ★★
Aalen
NEUBURG A
DER DONAU
HARBURG ★
Stuttgart
Esslingen Am Neckar
DONAUWÖRTH
AMBAC
Reutlingen
Ulm
AUGSBOURG ★★★
Königsbrunn
Albstadt
WÖRTHSEE
LINDENBERG
MEMMINGEN
BAD
WÖRISHOFEN
ANDECHS ★★
DIESSEN
Tuttlingen
TUTZING
KAUFBEUREN
BERNRIED ★
SEESHAUPT
Ravensburg
KEMPTEN
STEINGADEN
GROSSWEIL
Le Rhin
Constance
MURNAU AM STAFFELSEE
OBERAMMERGAU
FÜSSEN ★
LINDAU ★★★
SCHWANGAU
ETT
Winterthour
GARMISCH-PARTENKIRCHEN ★★★
Saint-gall
OBERSTDORF ★★
MITTENWAL

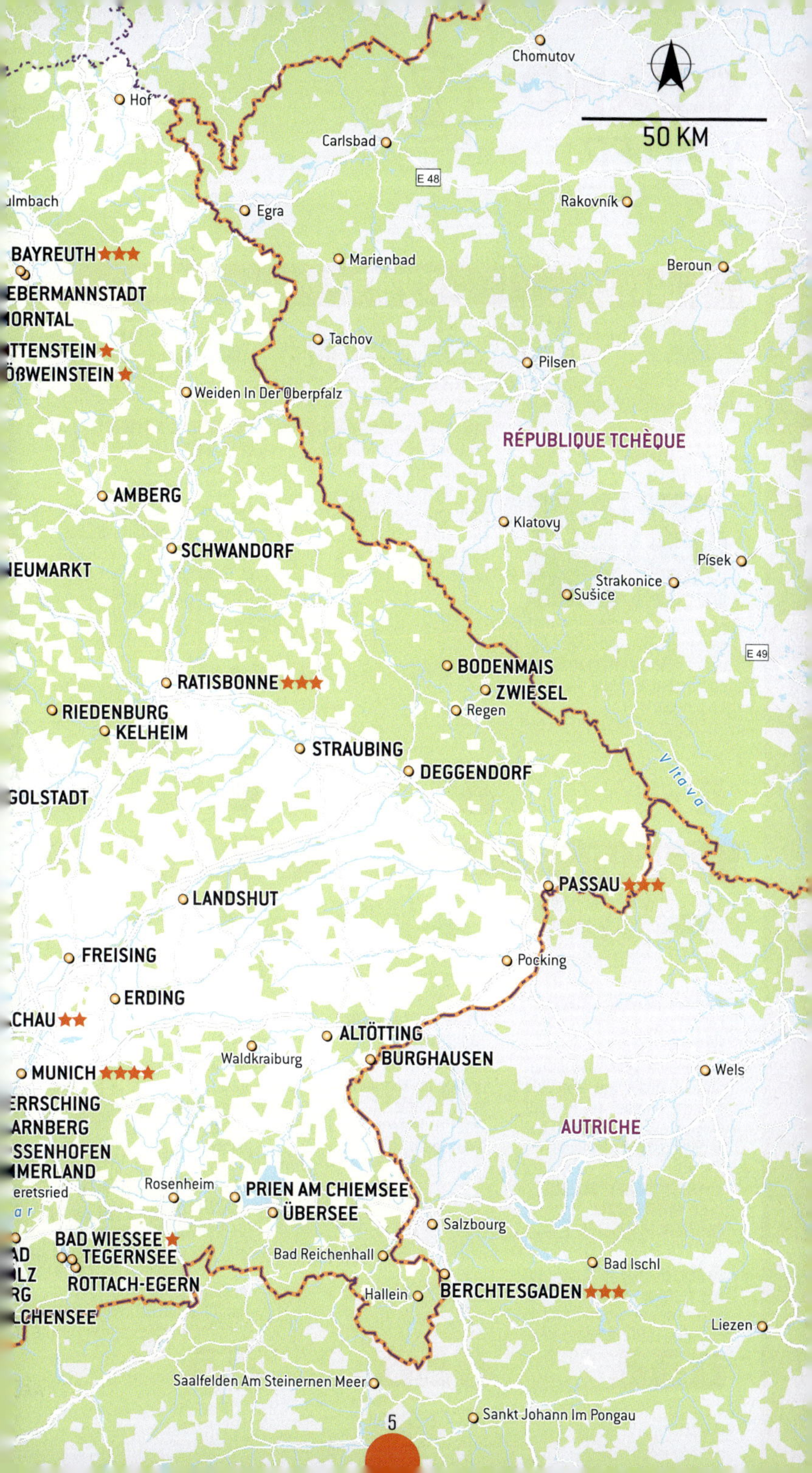

Chomutov
50 KM
Hof
Carlsbad
E 48
ulmbach
Egra
Rakovník
BAYREUTH
Marienbad
Beroun
EBERMANNSTADT
ORNTAL
Tachov
TTENSTEIN
ÖßWEINSTEIN
Pilsen
Weiden In Der Oberpfalz
RÉPUBLIQUE TCHÈQUE
AMBERG
Klatovy
SCHWANDORF
Písek
EUMARKT
Strakonice
Sušice
E 49
BODENMAIS
RATISBONNE
ZWIESEL
RIEDENBURG
Regen
KELHEIM
STRAUBING
DEGGENDORF
V ltava
GOLSTADT
PASSAU
LANDSHUT
FREISING
Pocking
ERDING
CHAU
ALTÖTTING
Waldkraiburg
BURGHAUSEN
MUNICH
Wels
ERRSCHING
ARNBERG
AUTRICHE
SSENHOFEN
MERLAND
Rosenheim
PRIEN AM CHIEMSEE
eretsried
ÜBERSEE
Salzbourg
BAD WIESSEE
AD
TEGERNSEE
Bad Reichenhall
Bad Ischl
LZ
ROTTACH-EGERN
RG
Hallein
BERCHTESGADEN
LCHENSEE
Liezen
Saalfelden Am Steinernen Meer
Sankt Johann Im Pongau

QUAND Y ALLER

JANVIER

-5° / 1°

FASCHING (CARNAVAL)
(MUNICH)

© DA ANTIPINA/ SHUTTERSTOCK.COM

Le carnaval de Munich met toute la ville en effervescence. Petits et grands se costument et il y a des bals un peu partout.

$

FÉVRIER

-5° / 3°

MÜNCHEN NARRISCH (MUNICH EN FOLIE)
(MUNICH)

Les festivités autour du Mardi gras sont nombreuses avec des centaines de bals populaires organisés dans toute la ville.

$

MARS

-1° / 9°

PASSAUER SAITEN (FESTIVAL DE GUITARE DE PASSAU)
(PASSAU)

Les Passauer Saiten - le Festival de guitare de Passau - rassemble musiciens et mélomanes autour de la musique et de la guitare.

$

JUILLET

13° / 23°

BAYREUTHER FESTSPIELE (FESTIVAL DE BAYREUTH)
(BAYREUTH)

Un festival grandiose entièrement dédié aux dix plus grands opéras de Richard Wagner et fondé en 1876 par le compositeur lui-même.

CHRISTOPHER STREET DAY MÜNCHEN (MUNICH PRIDE)
(MUNICH)

La Munich Pride se déroule sur une semaine tous les ans et célèbre le début du mouvement de libération LGBTQ de juin 1969.

$ $ $

AOÛT

12° / 23°

HOHES FRIENDENSFEST (FÊTE DE LA PAIX)
(AUGSBURG)

Cette fête de la paix est unique en son genre depuis le XVIe siècle : c'est un jour férié seulement dans la ville d'Augsbourg !

$ $ $

SEPTEMBRE

9° / 20°

OKTOBERFEST (FÊTE DE LA BIÈRE)
(MUNICH)

La Fête de la Bière attire chaque année 6 millions de personnes sur la *Theresienwiese* pour la plus grande fête populaire au monde.

BAYREUTH BAROQUE
(BAYREUTH)

Un festival qui fait redécouvrir des opéras baroques méconnus dans le cadre fantastique de l'Opéra des Margraves de Bayreuth.

$ $

L'hiver, à moins d'aller au ski, les activités se concentrent plutôt en intérieur, car les températures sont assez basses. Aux premiers beaux jours, les villes se réveillent et s'animent. En été, on ne sait plus où donner de la tête, entre les randonnées en montagne, les terrasses radieuses et les festivals à travers toute la Bavière. L'automne se prête à la randonnée comme à la flânerie en ville puis, en décembre, cède la place à l'animation des marchés de Noël.

AVRIL

3° / 14°

AUGSBURGER PLÄRRER
(AUGSBURG)

© FOOTTOO/ SHUTTERSTOCK.COM

L'équivalent souabe de la Fête de la Bière munichoise. Cette fête populaire attire 1,2 millions de visiteurs à Augsbourg.

$

MAI

7° / 18°

BLAUE NACHT (NUIT BLEUE)
(NUREMBERG)

© SCIROCCO340/ SHUTTERSTOCK.COM

La Nuit Bleue de Nuremberg attire plus de 130 000 visiteurs chaque année : danse, théâtre, musique, performances, etc.

$

JUIN

11° / 21°

LANDSHUTER HOCHZEIT
(LANDSHUT)

© FOOTTOO/ SHUTTERSTOCK.COM

Tous les quatre ans, les habitants de Landshut rejouent le mariage fastueux du duc George le Riche et Hedwig de Pologne.

$$

OCTOBRE

4° / 13°

MARATHON DE MUNICH
(MUNICH)

© TIMO NAUSCH/ SHUTTERSTOCK.COM

La course la plus célèbre du monde se déroule à Munich pendant le non moins célèbre Oktoberfest. Plusieurs parcours au choix.

$$$

NOVEMBRE

0° / 7°

ISPO
(MUNICH)

Ispo est une foire-expo entièrement consacrée aux nouvelles innovations et technologies du sport, intérieur comme extérieur.

$$

DÉCEMBRE

-4° / 2°

MARCHÉ DE NOËL DE NUREMBERG
(NUREMBERG)

Le Christkindlmarkt de Nuremberg, sur le Hauptmarkt, est l'un des plus grands, des plus réputés et des plus anciens d'Allemagne.

$$$

LES BONNES RAISONS D'Y ALLER

© DALIU - SHUTTERSTOCK.COM

LES CHÂTEAUX DE LOUIS II

S'enchanter devant les caprices du roi fou à Neuschwanstein, Linderhof et Herrenchiemsee.

LES CITÉS MÉDIÉVALES

Arpenter, nez en l'air, les villes de Nuremberg, Ratisbonne et Rothenburg ob der Tauber.

© WEKWEK - ISTOCKPHOTO.COM

© YEVHENII CHULOVSKYI/SHUTTERSTOCK.COM

L'AIR PUR DES MONTAGNES

Respirer à pleins poumons l'air alpin et faire provision d'oxygène.

L'OFFRE SPORTIVE

Se dépenser en pleine nature, été comme hiver, faire du ski, du vélo, de la randonnée.

LES STATIONS THERMALES

Recharger ses batteries à Bad Kissingen ou Bad Windsheim en barbotant dans la piscine.

LA BIÈRE QUI COULE À FLOTS

S'encanailler à l'Oktoberfest ou dans n'importe quelle taverne le reste de l'année.

L'ARCHITECTURE BAROQUE

Découvrir la somptueuse *Residenz* de Wurtzbourg ou l'éclatant *Cuvilliers-Theater* de Munich.

LES BONNES RAISONS D'Y ALLER

LA ROUTE ROMANTIQUE

Parcourir cheveux au vent la Bavière du nord au sud et, en chemin, tomber amoureux.

© BORIS STROUJKO/SHUTTERSTOCK.COM

© SEBASTIAN-JULIAN - ISTOCKPHOTO.COM

UNE TERRE DE TRADITIONS...

Assister à une démonstration de *Schuhplattler* ou prendre part aux noces de Landshut.

© ETIENJONES/SHUTTERSTOCK.COM

... ET DE MODERNITÉ

Vibrer devant l'inventivité et l'audace de l'architecture contemporaine à Munich.

LES 12 MOTS-CLÉS

#ALPES

Les Alpes ne représentent qu'une infime partie du paysage bavarois, mais leur relief est indissociable de la carte postale bavaroise. Il faut dire que les montagnes servent de décor à deux des châteaux les plus populaires auprès des visiteurs : Neuschwanstein et Linderhof. Les Préalpes, entre les Alpes et Munich, offrent aussi de superbes paysages.

© PK-PHOTOS - ISTOCKPHOTO.COM

#BMW

Son logo porte fièrement les couleurs de la Bavière : le blanc et le bleu ciel. Sous le sigle BMW se cachent les « Bayerische Motoren Werke », la plus célèbre des entreprises automobiles bavaroises. Fondé en 1916, le groupe BMW produit chaque année plus de 2 millions de véhicules et compte plus de 110 000 employés. Son siège est à Munich.

#DANUBE

Mis en musique par le compositeur Johann Strauss, le beau Danube bleu ne coule pas qu'en Autriche. Long de 2 850 km, il traverse la Bavière en son milieu, d'ouest en est, et arrose les villes d'Ingolstadt, Ratisbonne, Passau avant de filer vers Linz et Vienne. L'Isar, qui coule à Munich, est un affluent du Danube et il est plus sauvage encore.

© RUDYBALASKO - ISTOCKPHOTO.COM

#CSU

La CSU (Christlich-Soziale Union) est un parti politique qui n'existe qu'en Bavière. Ce parti conservateur, qui coopère avec la CDU au niveau fédéral, est depuis l'après-guerre indissociable de la politique bavaroise. Depuis 1957, le parti sort toujours vainqueur des élections et le ministre-président de Bavière est toujours issu de ses rangs.

#FC BAYERN

Le célèbre club de foot, qui a remporté 6 fois la ligue des champions et 31 fois le championnat d'Allemagne, peut compter sur une réserve de supporters bien au-delà des frontières de Munich. Toutes saisons confondues, il est le meilleur club de la première division allemande, la *Bundesliga*. Son stade est un symbole à part entière de Munich.

#FRANCONIE

La moitié nord de la Bavière cultive une identité bien distincte de la « Vieille-Bavière » au sud. La Franconie se distingue par son histoire, sa cuisine, ses dialectes, ses coutumes. Pour certains Franconiens, la distinction est primordiale. Moins fréquentée par les touristes francophones, la Franconie ne manque pourtant en rien d'attraits.

#OBAZDA

L'obazda (ou Obatzter) est une préparation fromagère typique de la Bavière. On le confectionne en mélangeant un camembert à pâte molle avec du beurre, de l'oignon, du piment et des épices (cumin bien souvent) pour en faire une crème à tartiner. Nombreux sont les restaurants qui en proposent comme en-cas. Et avec du bon pain, c'est délicieux !

© KARL ALLGAEUER/SHUTTERSTOCK.COM

LES 12 MOTS-CLÉS

#PAULANER

Voilà une bière munichoise qui est partie à la conquête du monde ! Sa tradition remonte à 1634 quand des moines munichois commencèrent à brasser la « Salvator ». En 1818, la brasserie obtient sa première licence pour participer à l'Oktoberfest. Aujourd'hui, Paulaner exporte plus d'1 million d'hectolitres de bière dans 70 pays du monde entier.

#PLAYMOBIL

Saviez-vous que Playmobil était bavarois ? Pour être précis, la marque de jouets a son siège en Franconie, à côté de Nuremberg. Les offices de tourisme ont bien compris le potentiel marketing de ces petites figurines et proposent quelques célébrités bavaroises, Albrecht Dürer ou Levi Strauss, au format bien connu : 7,5 cm de haut et en plastique.

#SCHUHPLATTLER

C'est le nom d'une danse folklorique des Alpes, essentiellement pratiquée par des groupes d'hommes. Elle se caractérise par des coups donnés sur les jambes, les mollets et les pieds. Le danseur porte tout naturellement un *Lederhose* et un chapeau traditionnel orné d'une houppe de poils de chamois. Le Schuhplattller se retrouve aussi en Autriche.

#TRACHT

Tracht, c'est le mot allemand pour désigner les tenues traditionnelles. En Bavière, les hommes portent le *Lederhose*, une culotte de peau robuste, et les femmes portent le *Dirndl*, une robe avec tablier et chemise blanche. Lors d'événements particuliers (mariage, Oktoberfest, etc.), les Bavarois portent fièrement leur costume régional.

#WITTELSBACH

Pendant 738 ans, les membres de la Maison de Wittelsbach règnent en maîtres et sans partage sur la Bavière : de l'attribution du duché de Bavière en 1180 jusqu'à l'abdication du dernier roi de Bavière Louis III en 1918. Vous croiserez les Wittelsbach partout lors de vos pérégrinations : à Munich, Landshut, Bad Kissingen, Neuschwanstein…

VOUS ÊTES D'ICI, SI…

- Vous retirez vos chaussures quand vous entrez dans une maison ou dans un appartement. Il est courant de se déchausser en intérieur, même si l'on est invité chez des amis.
- Vous dites « Servus » et « Grüß Gott » pour saluer les gens que vous croisez, que ce soit dans les commerces ou en randonnée. Pour dire au revoir à des amis, vous faites une accolade.
- Vous laissez systématiquement un pourboire au café et au restaurant. En Bavière, comme dans toute l'Allemagne, on remercie le service en arrondissant le prix à payer.
- Vous ne voyez pas d'objection à manger à partir de 18h.
- Vous avez dans votre armoire un *Lederhose* ou un *Dirndl* que vous sortez pour l'Oktoberfest, les mariages, les baptêmes ou pour tout autre événement à célébrer.
- Vous commandez la bière en demi : un demi-litre bien sûr !
- Vous apportez votre casse-croûte au Biergarten et vous serrez sur le banc pour partager la discussion avec de parfaits inconnus.
- Vous vous rendez au sauna dans le plus simple appareil.

MA BAVIÈRE

avec Henri Fruneau, auteur du guide

© DR

Interview

Passionné depuis son enfance par les langues et civilisations étrangères, Henri commence tôt l'étude de l'allemand. Depuis un premier voyage scolaire en Basse-Franconie à l'âge de 16 ans, il continue de retourner régulièrement en Bavière pour explorer cette région riche en histoire et en patrimoine. Après avoir vécu à Leipzig et à Vienne, depuis cinq ans il vit à Berlin.

DISTANCES

TEMPS DE TRAJET

	AUGSBOURG [AUGSBURG]	ASCHAFFEN-BOURG [ASCHAFFEN-BURG]	BAMBERG	BAYREUTH	ERLANGEN
AUGSBOURG [AUGSBURG]		324 KM 🚗 3h30 🚌 3h30	205 KM 🚗 2h30 🚌 2h30	218 KM 🚗 2h30 🚌 3h15	167 KM 🚗 2h 🚌 2h
ASCHAFFENBOURG [ASCHAFFENBURG]	324 KM 🚗 3h30 🚌 3h30		173 KM 🚗 2h 🚌 2h	232 KM 🚗 2h30 🚌 2h30	173 KM 🚗 1h45 🚌 2h
BAMBERG	205 KM 🚗 2h30 🚌 2h30	173 KM 🚗 2h 🚌 2h		64 KM 🚗 1h 🚌 1h30	42 KM 🚗 30mn 🚌 30mn
BAYREUTH	218 KM 🚗 2h30 🚌 3h15	232 KM 🚗 2h30 🚌 2h30	64 KM 🚗 1h 🚌 1h30		96 KM 🚗 1h 🚌 1h15
ERLANGEN	167 KM 🚗 2h 🚌 2h	173 KM 🚗 1h45 🚌 2h	42 KM 🚗 30mn 🚌 30mn	96 KM 🚗 1h 🚌 1h15	
FÜRTH	153 KM 🚗 2h 🚌 2h15	179 KM 🚗 2h 🚌 1h45	56 KM 🚗 45mn 🚌 1h	104 KM 🚗 1h15 🚌 1h	17 KM 🚗 20mn 🚌 10 min
INGOLSTADT	86 KM 🚗 1h15 🚌 1h	278 KM 🚗 3h 🚌 2h15	155 KM 🚗 1h45 🚌 1h30	158 KM 🚗 1h30 🚌 1h30	113 KM 🚗 1h15 🚌 1h
LANDSHUT	123 KM 🚗 1h30 🚌 1h45	337 KM 🚗 3h30 🚌 3h30	214 KM 🚗 2h15 🚌 3h	217 KM 🚗 2h15 🚌 3h	172 KM 🚗 2h 🚌 2h30
MUNICH [MÜNCHEN]	79 KM 🚗 1h 🚌 45mn	353 KM 🚗 3h30 🚌 2h45	230 KM 🚗 2h30 🚌 1h45	234 KM 🚗 2h30 🚌 2h	189 KM 🚗 2h 🚌 1h45
NUREMBERG [NÜRNBERG]	148 KM 🚗 2h 🚌 2h	185 KM 🚗 2h 🚌 1h30	62 KM 🚗 1h 🚌 30mn	96 KM 🚗 1h 🚌 1h	23 KM 🚗 30mn 🚌 15 min
RATISBONNE [REGENSBURG]	147 KM 🚗 1h45 🚌 2h30	285 KM 🚗 3h 🚌 2h30	162 KM 🚗 1h45 🚌 2h	165 KM 🚗 1h45 🚌 2h	120 KM 🚗 1h15 🚌 1h30
WURTZBOURG [WÜRZBURG]	246 KM 🚗 2h30 🚌 2h45	80 KM 🚗 1h 🚌 45mn	95 KM 🚗 1h 🚌 1h	149 KM 🚗 1h45 🚌 2h15	97 KM 🚗 1h15 🚌 1h30

L'Allemagne est, c'est bien connu, un pays féru d'automobile. La Bavière, terre d'Audi et de BMW l'est a fortiori. Les mordus de cylindrés voyageant en Bavière y apprécieront la gratuité des autoroutes. Toutefois, les travaux, assez nombreux, provoquent régulièrement des ralentissements sur certaines axes. Les voyageurs qui choisiront le train pourront compter sur un réseau ferroviaire efficace, sur des prix relativement abordables et sur des temps de trajets plutôt courts.

FÜRTH	INGOLSTADT	LANDSHUT	MUNICH [MÜNCHEN]	NUREMBERG [NÜRNBERG]	RATISBONNE [REGENSBURG]	WURTZBOURG [WÜRZBURG]
153 KM 🚗 2h 🚆 2h15	86 KM 🚗 1h15 🚆 1h	123 KM 🚗 1h30 🚆 1h45	79 KM 🚗 1h 🚆 45mn	148 KM 🚗 2h 🚆 2h	147 KM 🚗 1h45 🚆 2h30	246 KM 🚗 2h30 🚆 2h45
179 KM 🚗 2h 🚆 1h45	278 KM 🚗 3h 🚆 2h15	337 KM 🚗 3h30 🚆 3h30	353 KM 🚗 3h30 🚆 2h45	185 KM 🚗 2h 🚆 1h30	285 KM 🚗 3h 🚆 2h30	80 KM 🚗 1h 🚆 45mn
56 KM 🚗 45mn 🚆 1h	155 KM 🚗 1h45 🚆 1h30	214 KM 🚗 2h15 🚆 3h	230 KM 🚗 2h30 🚆 1h45	62 KM 🚗 1h 🚆 30mn	162 KM 🚗 1h45 🚆 2h	95 KM 🚗 1h 🚆 1h
104 KM 🚗 1h15 🚆 1h	158 KM 🚗 1h30 🚆 1h30	217 KM 🚗 2h15 🚆 3h	234 KM 🚗 2h30 🚆 2h	96 KM 🚗 1h 🚆 1h	165 KM 🚗 1h45 🚆 2h	149 KM 🚗 1h45 🚆 2h15
17 KM 🚗 20mn 🚆 10 min	113 KM 🚗 1h15 🚆 1h	172 KM 🚗 2h 🚆 2h30	189 KM 🚗 2h 🚆 1h45	23 KM 🚗 30mn 🚆 15 min	120 KM 🚗 1h15 🚆 1h30	97 KM 🚗 1h15 🚆 1h30
	99 KM 🚗 1h 🚆 1h	170 KM 🚗 2h 🚆 2h30	175 KM 🚗 2h 🚆 1h30	11 KM 🚗 20mn 🚆 10 min	118 KM 🚗 1h30 🚆 1h30	104 KM 🚗 1h30 🚆 1h15
99 KM 🚗 1h 🚆 1h		76 KM 🚗 1h 🚆 1h45	82 KM 🚗 1h 🚆 1h	95 KM 🚗 1h 🚆 30mn	98 KM 🚗 1h 🚆 2h	203 KM 🚗 2h15 🚆 1h45
170 KM 🚗 2h 🚆 2h30	76 KM 🚗 1h 🚆 1h45		74 KM 🚗 1h 🚆 1h	167 KM 🚗 2h 🚆 2h	65 KM 🚗 1h 🚆 45mn	263 KM 🚗 3h 🚆 3h
175 KM 🚗 2h 🚆 1h30	82 KM 🚗 1h 🚆 1h	74 KM 🚗 1h 🚆 1h		170 KM 🚗 2h 🚆 1h	125 KM 🚗 1h30 🚆 1h45	277 KM 🚗 3h 🚆 2h
11 KM 🚗 20mn 🚆 10 min	95 KM 🚗 1h 🚆 30mn	167 KM 🚗 2h 🚆 2h	170 KM 🚗 2h 🚆 1h		113 KM 🚗 1h30 🚆 1h	109 KM 🚗 1h30 🚆 1h
118 KM 🚗 1h30 🚆 1h30	98 KM 🚗 1h 🚆 2h	65 KM 🚗 1h 🚆 45mn	125 KM 🚗 1h30 🚆 1h45	113 KM 🚗 1h30 🚆 1h		208 KM 🚗 2h30 🚆 1h45
104 KM 🚗 1h30 🚆 1h15	203 KM 🚗 2h15 🚆 1h45	263 KM 🚗 3h 🚆 3h	277 KM 🚗 3h 🚆 2h	109 KM 🚗 1h30 🚆 1h	208 KM 🚗 2h30 🚆 1h45	

IDÉES DE SÉJOUR

Il y a une quantité déconcertante de sites exceptionnels à découvrir aux quatre coins du plus grand *Land* d'Allemagne. Il faudra sélectionner soigneusement ses étapes pour composer son périple et choisir son rythme. Nous vous proposons ici une sélection de parcours thématiques pour organiser votre séjour : au choix, on pourra s'orienter vers les destinations culturelles : la Bavière historique en 10 jours, par exemple, ou un séjour prolongé dans la capitale bavaroise (cf. Munich, cœur de la Bavière, 10 jours à Munich, etc.). En Bavière et dans toute l'Allemagne, on trouve plusieurs itinéraires touristiques labellisés comme la Route Romantique (de Wurtzbourg à Füssen) ou la Route allemande des Alpes (de Füssen à Berchtesgaden). La première permet d'explorer de belles villes médiévales et des forteresses renversantes. La seconde offre un circuit à travers les montagnes où la nature est au centre de l'attention.

MUNICH, CŒUR DE LA BAVIÈRE

Capitale de la Bavière, **Munich** ★★★★ (p.117) est l'une des destinations les plus populaires d'Allemagne. Le centre historique vous fera voyager dans le temps grâce à son architecture mêlant gothique et baroque tandis que les parcs de la ville vous permettront de vous détendre tout en dégustant une *Bratwurst* accompagnée d'une bière locale.

› Jour 1 - Entre les tours munichoises

Passer la journée à déambuler dans la vieille ville historique. Point de ralliement : la **Marienplatz** (p.135) et son carillon. Faire l'effort de monter en haut de l'**église Saint-Pierre** (p.136) pour profiter d'une des meilleures vues sur **Munich** ★★★★ (p.117) puis flâner sur le Viktualienmarkt en mangeant une pâtisserie ou une *Bratwurst* de qualité dans une charcuterie attenante au marché. Se mettre en chemin vers le Musée juif (visite éventuelle) puis entrer dans l'**église baroque** (p.132), tout en dorures des frères Asam. Continuer la promenade en empruntant la Rosenstraße puis La Kaufingerstraße et finir la séquence culturelle par la Frauenkirche, l'église gothique. Le soir, dîner dans une brasserie typiquement bavaroise à l'**Hofbraühaus** (p.133)ou dans un bar à tapas de Schwabing ★★★★.

› Jour 2 - Pinakothek et château de Nymphenburg

Accessible aussi par le tram et le bus si on ne veut ne pas prendre la voiture. Excursion le matin à Nymphenburg. On doit y consacrer une bonne partie de journée, surtout à la belle saison. Visite du **château** (p.147) à la carte et promenade bucolique dans le parc. Possibilité de déjeuner sur place ou pique-niquer sur les pelouses. Retour vers le centre pour consacrer la fin de la journée à **la nouvelle** (p.145) ou l'**ancienne Pinakothek** (p.142). Le mercredi, elles ouvrent jusqu'à 20h. Soirée en ville.

Antiquarium.

Vue sur la ville de Munich.

› Jour 3 - Residenz/Odeonplatz

De la **Marienplatz** (p.135), promenade en direction de la Residenz et de la place de l'Odéon. Sur le chemin, vous passerez devant l'épicerie fine Dallmyar dans la Dienerstraße. Entrer pour le plaisir des yeux et des papilles. S'acheter un sandwich fin et le déguster dans les beaux jardins du **Hofgarten** (p.133). Les bancs sont nombreux et agréablement fréquentés. L'après-midi, et particulièrement le week-end ou pendant les vacances, ne pas hésiter à se balader dans le **Englische Garten** (p.151)et sur les bords de l'Isar dont les berges ont été renaturisées pendant plus de 10 ans. C'est ici que bat le cœur des habitants en été.

10 JOURS POUR SAVOURER MUNICH ET SES ALENTOURS

Munich ★★★★ (p.117), mondialement connue pour son Oktoberfest et son légendaire club de football, est une destination touristique de choix. Ses musées, églises, places et parcs vous permettront d'arpenter les rues de la ville tout en appréciant un climat qui, en été, est plus que clément. La région munichoise et ses lacs vous garantiront de belles baignades et randonnées.

› Jour 1 - Munich/centre-ville

Cette première immersion commence par une balade décontractée au cœur de la ville pour simplement s'imprégner de l'atmosphère de **Munich** ★★★★ (p.117). Point de départ, la Karlstor, puis descendre la rue commerçante Neuhauser jusqu'à la **Marienplatz** (p.135), la place de l'Hôtel-de-Ville. Sur le chemin vous aurez pris le temps d'admirer l'intérieur de l'**église Michel** (p.136) au 52 de la Neuhauserstraße. Pause déjeuner dans une pâtisserie de la **Marienplatz** (p.135) et, si vous arrivez avant midi, postez-vous devant le carillon de l'hôtel de ville pour voir sortir ses petits personnages. Puis de la **Marienplatz** (p.135) continuer par la Dienerstraße, puis la Residenzstraße, vers le musée. Visiter la **salle du Trésor** (p.139). Marcher jusqu'à la très belle Odeonplatz, admirer la majesté des lieux, une architecture digne des plus grandes capitales. Revenir par la Theathinerstraße et la Weinstraße et jeter un œil sur les boutiques luxueuses.

› Jour 2 - Munich/centre-ville

A partir de la **Marienplatz** (p.135), prendre la direction de l'Isartor en passant par le Viktualienmarkt. Passer un bon moment à flâner sur le marché, respirer les odeurs, rentrer dans les charcuteries, et, si vous avez déjà faim, prendre un en-cas dans un *Imbiss* (snack). Après l'Isartor, marcher jusqu'au pont Louis (Ludwig Brücke), surplomber le fleuve Isar et regarder en direction de l'île du Musée. Passez un moment au **musée des Sciences et Techniques** (p.153) – Deutsches Museum (première heure gratuite) en choisissant à l'avance le secteur qui vous passionne le plus car c'est gigantesque. Revenir sur ses pas et rentrer par la Sendinger Tor, visiter absolument l'**église des Frères-Asam** (p.132) !

› Jour 3 - Châteaux de Nymphenburg (passage jardin botanique) et Amalienbourg

Accessible aussi par le tram et le bus si on ne veut pas prendre la voiture. On doit y consacrer la journée, surtout à la belle saison. Visite des châteaux à la carte et promenade bucolique dans le parc. Possibilité de déjeuner sur place ou de pique-niquer sur les pelouses.

› Jour 4 - Munich/Direction Hofgarten et jardin anglais

Point de départ, le théâtre Cuvilliés. Découvrir les arrières de la Residenz et son jardin puis continuer vers le jardin anglais (p.151). Monter le talus jusqu'au temple de Monopteros pour jouir de la vue sur les clochers de Munich ★★★★ (p.117) et jeter un œil au Japanisches Teehaus. Se restaurer dans un Biergarten. L'après-midi, pourquoi ne pas flâner sur les bords de l'Isar, particulièrement en été ? Depuis les grands travaux entrepris pour rendre les berges plus accessibles, les Munichois ne se lassent pas de passer leurs week-ends à pêcher, faire du sport et surtout prendre l'apéro avec de nombreuses victuailles le long du fleuve. Et il n'est pas impossible de croiser des nudistes.

› Jour 5 - Dachau

Situé à une vingtaine de kilomètres de Munich ★★★★ (p.117), le mémorial du camp de concentration de Dachau permet aux visiteurs de prendre conscience des horreurs de la guerre et de la Shoah. Les tours se font en allemand et en anglais, comptez environ 2h30 pour la visite et 3 € par personne.

› Jour 6 - Lac d'Ammersee

Partez pour deux belles journées de balade autour des lacs bavarois en commençant par celui d'Ammersee, situé à 1 heure en voiture de Munich ★★★★ (p.117). Des trains pourront aussi vous y emmener. Parfait pour se baigner, faire du bateau ou tout simplement se balader. Passer une nuit sur les rives du lac afin de profiter au maximum de l'atmosphère.

› Jour 7 - Lac de Starnbergersee

Suite de votre escapade autour des lacs en rejoignant celui de Starnbergersee qui se situe à une petite heure du lac d'Ammersee. La randonnée, le farniente ou la visite du château de Possenhofen où Sissi l'impératrice passa une partie de son enfance, permettront à tout le monde d'y trouver son compte. A nouveau, dormir sur place ne fera qu'embellir votre voyage.

› Jour 8 - Oktoberfest (si bonne saison) ou le parc zoologique d'Hellabrun

Une journée pour faire plaisir aux enfants et pour vous amuser. Se plonger dans l'atmosphère de l'Oktoberfest, se balader sur l'immense terrain de la fête foraine et boire une bière avec les autochtones. Leur faire plaisir en les emmenant au parc zoologique (p.155) pour la journée (6 km au sud de la ville). Matinée consacrée à la Pinakothek (p.146) puis direction Schwabing ★★★★ pour découvrir un quartier emblématique de Munich ★★★★ (p.117), se plonger dans une atmosphère jeune et étudiante, en remontant l'impressionnante Leopoldstraße jusqu'à Münchner Freiheit.

› Jour 9 - Munich orientale et vieille ville/Hofbraühaus

De la Karlstor marcher vers la gare puis prendre la direction de Theresienwiese (p.154) (emplacement de l'Oktoberfest) en déambulant dans le quartier de Schwanthalerhöher. Ce quartier pullule de magasins hétéroclites, d'épiceries orientales, kebab, etc. On peut s'étonner de ces rues cosmopolites. Retour dans le vieux centre pour un dernier tour et du lèche-vitrine dans les plus belles artères de Munich ★★★★ (p.117). Manger absolument une fois à la brasserie Augustiner.

MUNICH, À DÉCLINER SELON LES PRÉFÉRENCES

La capitale bavaroise est pleine de surprises ! Que vous partiez en famille, en couple ou entre

Viktualienmarkt à Munich.

Hôtel de ville de Munich.

© MAPICS

amis, Munich ★★★★ (p.117) saura répondre à vos attentes. Nous vous proposons quelques idées afin de découvrir la ville sous un angle différent.

› Jour 1 - Parcours culturel

Organisez votre visite de Munich ★★★★ (p.117) en conséquence. Ainsi, plusieurs journées consacrées aux musées et à l'architecture de la ville s'imposent. Voici les incontournables de votre séjour : Odeonplatz-Theatinerkirche (p.138)-Feldherrnhalle-Residenz (p.140)-Wittelbacherplatz-Pinacothèques (p.145)-Reich der Kristalle-Glyptothek (p.143)-Lenbachhaus. Évidemment la ville regorge de nombreux autres lieux de culture et notamment une multitude de galeries indépendantes.

› Jour 2 - Munich et ses châteaux

Nymphenburg (p.147), Amalienburg (p.147) et Blutenburg (p.155). C'est l'occasion de découvrir la Bavière rurale et traditionnelle que l'on retrouve de moins en moins en centre-ville. Il faut compter au moins une demi-journée pour chaque château.

› Jour 3 - Munich et sport

Visite de l'Olympiastadion qui a accueilli les Jeux olympiques d'été de 1972 et montée de l'Olympiaturm, la plus belle vue sur Munich ★★★★ (p.117) à 360° avec les Alpes en arrière-plan. S'ensuit la découverte du stade de l'Allianz-Arena où se déroulent les matches des deux équipes professionnelles de la ville et une promenade autour des pelouses d'entraînement du grand Bayern (p.141) Munich ★★★★ (p.117). Pour les pratiquants, n'hésitez pas à vous jeter à l'eau avec votre surf (un spot officiel) ou à grimper le plus haut mur d'escalade d'Europe (35 m) au complexe olympique.

› Jour 4 - Technologie et technique

Découvrez l'histoire des transports allemands à travers une magnifique collection d'automobiles, motos et autres locomotives au Verkehrszentrum du Deutsches Museum (p.153). Ensuite, la visite des usines BMW (p.145) est un passage obligé pour tous les amoureux de belles cylindrées, de technologie… et de James Bond à la mode Pierce Brosnan.

› Jour 5 - Une demi-journée en Segway

Ou comment se promener à Munich ★★★★ (p.117) sans effort… ou presque. Ce nouveau mode de déplacement citadin se popularise depuis de nombreuses années. Pas étonnant donc de retrouver des visites guidées à bord de ces drôles d'engins nommés gyropodes. On peut alors découvrir les merveilles de la ville en quelques heures.

LA BAVIÈRE HISTORIQUE EN 10 JOURS

Ce parcours vous propose d'explorer les villes de Bavière les plus marquées par l'histoire. Il commence à Munich ★★★★ (p.117) où se sont écrites les grandes pages de l'histoire du Land mais aussi de l'Allemagne pour finir en Franconie où l'on pourra découvrir une histoire régionale, pas moins passionnante ! Un circuit facile à articuler, en voiture comme en train.

› Jour 1 - Munich

Pour débuter un tour historique de la Bavière, commençons par celle qui est son cœur et sa tête : Munich ★★★★ (p.117). Une visite guidée de la vieille-ville permettra de retracer les grands épisodes de l'histoire bavaroise et de l'histoire allemande : République des Conseils en 1919, Putsch de 1923, Accords de Munich de 1938, etc.

› Jour 2 - Munich

La visite de la Residenz (p.140) de Munich ★★★★ (p.117) permet de faire connaissance avec les différents souverains bavarois qui ont, tour à tour, appliqué leur empreinte sur ce château-palimpseste au centre de Munich ★★★★ (p.117). Pour rallumer en vous la flamme olympique et raviver le souvenir des JO de 1972, accordez-vous un après-midi dans le bel Olympia-Park, qui a tout gardé de sa modernité.

› Jour 3 - Munich

Cette troisième journée à Munich ★★★★ (p.117) peut être consacrée à l'exploration approfondie de musées dédiés à des périodes historiques plus précises. La ville offre quantité de musées qui s'y prêtent à merveille : le Sudetendeutsches Museum (p.152), le NS-Dokumentationszentrum (p.144), ou l'Oktoberfestmuseum (p.132) sur un registre plus léger.

› Jour 4 - Landshut

Cette charmante petite ville médiévale, d'importance secondaire aujourd'hui, a joué un rôle notable au Moyen Âge comme capitale d'un des petits duchés bavarois. Ses ducs, si fortunés que plusieurs d'entre eux sont appelés « le Riche », ont doté la ville de plusieurs pépites architecturales. Découverte de la forteresse de Trausnitz (Burg Trausnitz (p.248)) et de la Stadtresidenz.

› Jour 5 - Ratisbonne

Ratisbonne mérite bien deux jours pour que l'on puisse prendre la température de cette ville authentique à l'atmosphère étudiante, presque italienne. La cathédrale (Dom Sankt-Peter (p.263)) nous replonge dans l'histoire médiévale de cette ville libre d'Empire. La visite du Altes Rathaus (p.281) permet de comprendre son rôle comme siège de la Diète Perpétuelle du Saint-Empire.

› Jour 6 - Ratisbonne

Le Danube sera la fil conducteur de cette deuxième journée à Ratisbonne. Passage obligé par le Walhalla (p.266) pour les amateurs d'histoire. Ce panthéon néoclassique permet de se familiariser avec les grands noms de l'histoire allemande. Pour tout savoir de l'histoire bavaroise, on ne manquera pas de visiter le beau musée Haus der bayrischen Geschichte (p.265).

› Jour 7 - Nuremberg

La vieille-ville de Nuremberg ★★★ (p.299) est un dédale de rues auquel on peut aisément consacrer une journée entière de balades et de flâneries, de part et d'autre de la Pegnitz. Un petit tour au pied des remparts permet de mesurer la puissance de cette cité franconienne au Moyen Âge. Le centre regorge aussi de cafés, restaurants et bars où passer une soirée festive.

› Jour 8 - Nuremberg

Pour se replonger dans l'histoire et la culture allemandes jusqu'au XIXe siècle, on visitera le gigantesque et admirable Germanisches Nationalmuseum (p.302). Pour commémorer les tragédies du XXe siècle, on choisira de visiter le Mémorium, où ont eu lieu les procès de Nuremberg ★★★ (p.299), ou le Dokumentationszentrum (p.300), sur le site où se sont tenus les grands rassemblements nazis.

› Jour 9 - Bamberg

Bamberg ★★★ (p.281) est une superbe ville épiscopale classée au patrimoine mondial de l'Unesco depuis 1993. Plutôt épargnée par les bombardements, elle est parvenue jusqu'à nos jours quasi intacte. La visiter permet de comprendre ce qui fait l'essence de l'Allemagne : un morcellement territorial qui a favorisé l'émergence de petits États avec de brillants centres culturels provinciaux.

› Jour 10 - Bamberg

Pour la dernière journée de cette visite historique de la Bavière, on pourra se balader à nouveau à travers les ruelles tortueuses de la ville, apprécier le joli panorama de la Petite Venise (Klein Venedig). Une visite de la ville haute avec la Neue Residenz (p.140) et la cathédrale (Bamberger Dom St. Peter & St. Georg) s'impose pour apprécier la vue.

GRAND TOUR DE LA BAVIÈRE

Ce séjour long, pour lequel il faut compter environ 3 semaines, permet de faire un « Grand Tour de Bavière » avec des étapes courtes dans chacun des sept districts du *Land*. Ce parcours associe ville et campagne, culture et nature et offre un panorama général de la Bavière dans toute sa diversité architecturale, culturelle, gastronomique, etc. Circuit possible en voiture comme en train.

› Jour 1 - Munich

Visite approfondie de la vieille-ville de Munich ★★★★ (p.117). Passage par la Marienplatz (p.135), l'Odeonsplatz (p.138), la Maximilianstraße, etc. Balade le long de l'Isar. Collation sur le Viktualienmarkt (p.139). Promenade dans le Englischer Garten (p.151) et passage par la *Eisbachwelle* pour y rencontrer les surfeurs de Munich. Soirée dans une taverne du centre.

› Jour 2 - Munich

Visite d'un ou deux des musées incontournables de Munich ★★★★ (p.117). Pour les amateurs d'art : l'une des pinacothèques ou le Lenbachhaus (p.144). Pour les férus d'histoire : la Residenz (p.140) ou le NS-Dokumentationszentrum (p.144) par exemple. Balade

© SEAN PAVONE - ISTOCKPHOTO

Nuremberg.

dans la Maxvorstadt et soirée dans un des bars de la Türkenstraße pour profiter de l'animation estudiantine.

› Jour 3 - Passau

Étape à **Passau** ★★★ (p.250), une ville authentique, lovée dans un site naturel remarquable : sur une presqu'île au confluent du Danube, de l'Inn et de l'Ilz. Visite guidée de la ville, balade au gré du vent. Passage obligé par la gigantesque cathédrale St-Étienne (Dom St. Stephan) pour admirer l'un des plus grands orgues du monde.

› Jour 4 - Ratisbonne

Ratisbonne (Regensburg) ★★★ (p.261) mérite bien deux jours pour que l'on puisse prendre la température de cette ville colorée à l'atmosphère étudiante, presque italienne. La cathédrale (**Dom Sankt-Peter** (p.263)) nous replonge dans l'histoire médiévale de cette prestigieuse ville libre d'Empire. La visite du **Altes Rathaus** (p.281) permet de comprendre son rôle comme siège de la Diète Perpétuelle du Saint-Empire.

› Jour 5 - Ratisbonne

Le Danube sera le fil conducteur de cette deuxième journée à Ratisbonne. Passage obligé par le **Walhalla** (p.266) pour les amateurs d'histoire. Ce panthéon néoclassique permet de se familiariser avec les grands noms de l'histoire allemande. Pour tout savoir de l'histoire bavaroise, on ne manquera pas de visiter le beau musée **Haus der bayrischen Geschichte** (p.265).

› Jour 6 - Nuremberg

Balade dans le dédale des rues médiévales de **Nuremberg** ★★★ (p.299). Tour des remparts de la ville. Visite du **Germanisches Nationalmuseum** (p.302), du Memorium (lieu des procès de Nuremberg) ou du **Dokumentationszentrum** (p.300) pour comprendre l'histoire de la ville. Le centre regorge aussi de cafés, restaurants et bars où passer une soirée festive.

› Jour 7 - Bayreuth

Dans la matinée : visite du centre-ville de **Bayreuth** ★★★ (p.294) et du splendide opéra des margraves (Markgräfliches Opernhaus). Après-midi : visite au choix du théâtre de Wagner (**Bayreuther Festspielhaus** (p.294)) ou de la Villa Wahnfried. Pour les amateurs de châteaux : excursion à l'**Eremitage** (p.294). En fin d'après-midi : visiter la brasserie historique de Maisel's puis déguster une de leurs bières chez Liebesbier.

› Jour 8 - Bamberg

Bamberg ★★★ (p.281) est une superbe ville épiscopale, parvenue intacte jusqu'à nous et classée au patrimoine mondial de l'Unesco depuis 1993. Balade dans les ruelles tortueuses du centre, le long de la rivière pour apprécier le joli panorama de la Petite Venise (Klein Venedig). Visite de la ville haute avec la Neue Residenz, et la cathédrale (Bamberger Dom St. Peter & St. Georg) pour contempler la vue.

› Jour 9 - Bad Kissingen

Pour s'accorder une pause pendant ce long séjour en Bavière, quoi de mieux qu'une petite ville thermale ? **Bad Kissingen** (p.329) a gardé le charme des villes d'Eaux de la Belle Époque. Visite guidée du centre-ville pour découvrir les **installations thermales** (p.330). Après-midi dans les thermes (KissSalis Therme) pour décompresser et faire le plein d'énergie.

› Jour 10 - Wurtzbourg

Première étape de la Route Romantique, Wurtzbourg séduit par son joli cadre naturel et ses vignes à flanc de colline de part et d'autre du Main. Visite de la pompeuse **Residenz** (p.140) des princes-évêques de Wurtzbourg et promenade sur le Marienberg pour admirer la vue. Le soir, dégustation de vin sur le vieux Pont de Pierre et/ou tournée des bars avec les étudiants dans la Sanderstraße.

› Jour 11 - Rothenburg ob der Tauber

C'est l'une des villes les plus touristiques de Bavière et pour cause : **Rothenburg ob der Tauber** ★★★ (p.314) présente une vieille-ville médiévale inaltérée, des remparts intacts et plusieurs musées plutôt intéressants : maison des artisans, musée de la torture et de la justice médiévale. Une des étapes phares de la Route Romantique.

› Jour 12 - Augsbourg

Malgré les bombardements qui ont détruit une partie du centre pendant la guerre, **Augsbourg** ★★★ (p.229) garde de nombreux témoignages de son brillant passé de Ville Libre d'Empire, dont l'Hôtel de Ville (Rathaus Ausgburg) est le symbole le plus éclatant. La cathédrale d'Augsbourg (**Hoher Dom** (p.231)), le **Schaezlerpalais** (p.232) et la **Fuggerei** (p.230) ne doivent pas manquer au programme.

› Jour 13 - Lindau

Idéalement posée sur une île, **Lindau** ★★★ (p.220) est une ville pittoresque pour découvrir les charmes du lac de Constance. On fera un tour de la vieille-ville en passant par le superbe Altes Rathaus, avant de se poser sur une terrasse dans le petit port, pour prendre un café ou un cocktail tout en savourant la vue sur le lac et le panorama montagneux côté suisse.

› Jour 14 - Füssen

L'aventure continue à **Füssen** ★ (p.215), petite ville qui a conservé son caractère médiéval. Après avoir déambulé dans les ruelles de la vieille-ville, on peut monter jusqu'au **Hohes Schloss** (p.215) pour découvrir ses étonnantes façades en trompe-l'œil. Visite de l'abbaye bénédictine de Saint-Magnus (Kloster Sankt-Mang) et balade le long du Lech. Soirée dans un restaurant en terrasse.

› Jour 15 - Les châteaux de Louis II de Bavière

Les plus courageux termineront leur séjour par la visite des châteaux de Louis II de Bavière en passant par **Schwangau** (p.237). À voir : les **châteaux de Neuschwanstein** (p.239)et de **Hohenschwangau** (p.238), le musée des rois de Bavière, l'église St. Coloman, etc. Pour une rando et un panorama fantastique, prendre le téléphérique (Tegelbergbahn).

› Jour 16 - Munich

Retour à **Munich** ★★★★ (p.117) pour une journée détente. Brunch en terrasse dans le quartier d'Haidhausen. Après-midi relaxation dans le magnifique cadre *Jugendstil* du Müller'sches Volksbad pour se remettre de ce long séjour, les pieds dans l'eau et les yeux au plafond. Soirée dans un restaurant et dans un bar du **Glockenbachviertel** (p.153).

LA ROUTE ROMANTIQUE

La Route Romantique (Romantische Straße) est un itinéraire labellisé, long d'environ 413 km.

Fuggerei à Augsburg.

© S-F - SHUTTERSTOCK.COM

Château de Neuschwanstein.

Elle relie Wurtzbourg et Füssen en traversant, du nord au sud, les plus jolies villes de la partie ouest de la Bavière. Cette route bucolique peut se faire en voiture, mais aussi à vélo. Comptez une trentaine d'arrêts répertoriés et bien indiqués. Voici nos étapes favorites.
www.romantischestrasse.de

› Jour 1 - Wurtzbourg

Première étape du parcours, Wurtzbourg distille une ambiance délicieusement romantique, avec sa forteresse de Marienberg et sa splendide **Residenz** (p.140) séparées par le Main. Après avoir exploré le centre et apprécié la vue depuis la colline, on redescendra sur le Pont de Pierre pour s'offrir un verre de vin franconien en admirant le coucher du soleil.

› Jour 2 - Wurtzbourg

S'il ne faut choisir qu'un seul lieu à visiter, optez pour la somptueuse **Residenz** (p.140), un château qui n'a pas démérité sa place sur la liste du patrimoine mondial de l'UNESCO. Les amateurs d'art contemporain visiteront le très moderne Kulturspeicher. Le soir, se rendre dans la Sanderstraße pour faire le tour des bars avec les étudiants de la ville.

› Jour 3 - Rothenburg ob der Tauber

C'est l'une des villes les plus touristiques de Bavière et pour cause : **Rothenburg ob der Tauber** ★★★ (p.314) présente une vieille-ville médiévale inaltérée, des remparts intacts et plusieurs musées plutôt intéressants : maison des artisans, musée de la torture et de la justice médiévales. Une des étapes phares de la Route Romantique.

› Jour 4 - Dinkelsbühl

Un peu moins visitée que sa voisine Rothenburg, **Dinkelsbühl** ★★ (p.313) est tout aussi bien préservée, Sa vieille-ville, ses remparts et ses tours défensives invitent à une agréable balade. Visite de la cathédrale Saint-Georges. Si la météo devait être mauvaise, le musée de la troisième dimension saura offrir une bonne alternative.

› Jour 5 - Augsbourg

Augsburg ★★★ (p.229), en dépit des destructions de la Seconde Guerre mondiale, garde de nombreux témoignages de son brillant passé de Ville Libre d'Empire, dont l'Hôtel de Ville (Rathaus Ausgburg) est le symbole le plus éclatant. La cathédrale d'Augsbourg (**Hoher Dom** (p.231)) et la **Fuggerei** (p.230) ne doivent pas manquer au programme.

› Jour 6 - Augsbourg

Une deuxième journée à **Augsburg** ★★★ (p.229) permet de pousser quelques portes pour se familiariser davantage avec l'histoire de la ville. Au choix, on pourra jeter un coup d'œil à l'opulent **Schaezlerpalais** (p.232) ou à la salle d'apparat de l'Hôtel de Ville. Le musée du textile invite à se replonger dans l'histoire industrielle de la cité souabe.

› Jour 7 - Füssen

Sur le chemin de **Füssen** ★ (p.215) : halte à **Steingaden** (p.206) pour découvrir la **Wieskirche** (p.207), chef-d'œuvre de l'architecture rococo classé au patrimoine mondial de l'UNESCO. À Füssen, balade en ville et le long du Lech. Montée jusqu'au **Hohes Schloss** (p.215) puis visite du Kloster Sankt-Mang avant de manger sur une terrasse de la vieille-ville.

› Jour 8 - Schwangau

Prévoir une journée complète pour une excursion à Schwangau (p.237). Tournée des châteaux royaux de Neuschwanstein et Hohenschwangau. Visite du musée des rois de Bavière (p.237) (Museum der bayrischen Könige). Jeter un coup d'œil à l'église rococo St Coloman. Par beau temps, prendre le téléphérique Tegelbergbahn pour monter à 1 730 mètres d'altitude et savourer un panorama grandiose.

LA ROUTE ALLEMANDE DES ALPES

La Route allemande des Alpes (Deutsche Alpenstraße) est un circuit 100 % montagne, tout au sud du Land, dans la partie des Alpes qui jouxte l'Autriche. On y trouvera des paysages grandioses, mais aussi des sites culturels remarquables : de jolis petits villages alpins, des abbayes et bien sûr les trois châteaux construits par Louis II.

www.deutsche-alpenstrasse.de

› Jour 1 - Lindau

Le périple commence sur les bords du lac de Constance dans la belle ville de Lindau ★★★ (p.220), idéalement posée sur une île. On fera un tour de la vieille-ville en passant par le superbe Altes Rathaus, avant de se poser sur une terrasse dans le petit port, pour prendre un café ou un cocktail tout en savourant la vue sur le lac et le panorama montagneux côté suisse.

› Jour 2 - Füssen

L'aventure continue à Füssen ★ (p.215), petite ville qui a conservé son caractère médiéval. Après avoir déambulé dans les ruelles de la vieille-ville, on peut monter jusqu'au Hohes Schloss (p.215) pour découvrir ses étonnantes façades en trompe-l'œil. Visite de l'abbaye bénédictine de Saint-Magnus (Kloster Sankt-Mang) et balade le long du Lech.

› Jour 3 - Schwangau

Schwangau (p.237) se targue d'être le « village des châteaux royaux » et il y a quantité de choses à voir dans cette ville qui compte pourtant moins de 3 500 habitants : les châteaux de Neuschwanstein et de Hohenschwangau, le musée des rois de Bavière, l'église St. Coloman, etc. Pour une rando et un panorama fantastique, prendre le téléphérique (Tegelbergbahn).

› Jour 4 - Oberammergau

Passage éclair par Steingaden (p.206) pour visiter l'opulente Wieskirche (p.207), chef-d'œuvre de l'architecture rococo classé au patrimoine mondial de l'UNESCO. Ou bien crochet par la commune d'Ettal ★★ (p.200) dans laquelle se trouvent deux pépites : l'abbaye d'Ettal (Kloster Ettal) et le splendide château de Linderhof. Nuit à Oberammergau ★ (p.199) et balade nocturne dans la ville pour découvrir ses étonnantes façades peintes.

› Jour 5 - Garmisch-Partenkirchen

Ville-hôte des Jeux olympiques d'hiver de 1936, Garmisch-Partenkirchen ★★★ (p.195) est une cité sportive par excellence. Les environs se prêtent parfaitement à la randonnée l'été, au printemps et en automne. L'hiver, on fera de la glisse dans différentes stations de ski. Ascension de la Zugspitze (p.196), le plus haut sommet d'Allemagne.

› Jour 6 - Bad Tölz

Après l'effort, le réconfort. Bad Tölz (p.205)est une petite cité thermale où il fait bon ralentir son rythme. C'est une bonne étape, qui combine les attraits de la ville et de la nature, pour muser ou faire de la rando. Bad Tölz est un “Luftkurort”, c'est-à-dire une ville réputée pour l'excellente qualité de son air.

› Jour 7 - Tegernsee

Le Tegernsee (p.203), c'est un peu la Riviera bavaroise et un lieu d'excursion privilégié des Munichois en mal de nature. Plusieurs villes autour du lac peuvent servir de point d'ancrage pour un séjour dans la région : Rottach-Egern (p.204), Bad Wiessee ★ (p.204), Tegernsee, etc. Balade en bateau, rando, baignade : les activités sont nombreuses autour du lac.

› Jour 8 - Chiemsee

Le Chiemsee, par sa taille, s'apparente à une « mer intérieure bavaroise ». Ses rives offrent de nombreux sentiers de balades. Côté culture, on ne manquera pas de visiter le château d'Herrenchiemsee (Schloss Herrenchiemsee (p.187)) sur l'île du même nom. Si le temps et la météo le permettent, visite optionnelle de la Fraueninsel (p.186) et son couvent de sœurs bénédictines.

› Jour 9 - Berchtesgaden

La région de Berchtesgaden ★★★ (p.188) mérite bien que l'on y passe deux jours. Après la visite du centre historique, on pourra prendre le téléphérique (Obersalzbergbahn) pour explorer l'Obersalzberg. C'est ici, sur les hauteurs, que l'on trouve le célèbre Nid d'aigle d'Hitler (Kehlsteinhaus) et le Dokumentationszentrum Obersalzberg (p.188).

› Jour 10 - Berchtesgaden

Pour terminer ce séjour dans les Alpes bavaroises, on pourra, au choix, se prélasser dans des bassins d'eau chaude avec vue sur les montagnes (Watzmann Therme) ou bien on prendra le bateau pour explorer le magnifique Königssee tout proche de Berchtesgaden ★★★ (p.188) et prendre un dernier bol d'air frais avant de repartir.

DE L'AÉROPORT AU CENTRE-VILLE

Munich. Si vous arrivez à Munich par avion, vous atterrirez à l'aéroport Franz-Joseph-Strauss (MUC). Avec 48 millions de passagers par an, c'est le deuxième aéroport d'Allemagne, après celui de Francfort-sur-le-Main (FRA). Il se trouve au nord-est de la capitale bavaroise, à 38 km du centre. En taxi, il faudra bien compter 40 minutes de trajet, ce qui fait une note assez salée. On pourra bien sûr choisir de prendre les transports en commun, le ticket de S-Bahn entre l'aéroport et la ville coûtant la somme fixe de 11,90 €. L'aéroport est desservi par deux lignes de **S-Bahn** : le S1 et le S8. Elles circulent toutes les dix minutes et toutes deux permettent de rejoindre les stations-hubs du centre : Hauptbahnhof, Marienplatz, Karlsplatz, etc. Le trajet dure une cinquantaine de minutes. Le S8 se prêtera bien aux voyageurs logeant dans l'est munichois (par exemple dans le quartier de Haidhausen). Le S1, lui, traverse Munich par l'ouest. Autre option : le **Lufthansa-Express-Bus** qui relie l'aéroport et Hauptbahnhof en une cinquantaine de minutes. Il circule toutes les 20 minutes, coûte 11,50 € pour l'aller simple et 17 € pour l'aller-retour.

Nuremberg. On ne le soupçonne pas, mais l'aéroport de Nuremberg (NUE) est le 10e d'Allemagne ! Pour rejoindre le centre-ville, c'est un jeu d'enfants. L'aéroport est desservi par la ligne de métro U2 (automatique et très confortable). Il ne faudra pas plus d'une quinzaine de minutes pour atteindre la gare centrale (Hauptbahnhof). Le ticket à l'unité coûte la modique somme de 3,20 €. Bon plan : si vous achetez le billet non pas à l'automate, mais sur votre smartphone, le prix est légèrement moins cher : 2,75 €.

ARRIVÉE EN TRAIN

Munich. Rien de plus simple que d'arriver à **Munich** en train : la gare (Hauptbahnhof) est très centrale et elle est formidablement bien desservie par les transports en commun : U-Bahn et S-Bahn. Toutefois, des travaux pharaoniques de réaménagement de la gare ont commencé et le chantier risque de durer de longues années sans que cela gêne le trafic. Il faudra se préparer à faire quelques détours entre deux grilles de chantier.

Nuremberg. L'arrivée en train à **Nuremberg** est, elle aussi, des plus simple : en sortant de la gare, on aperçoit déjà les fortifications de la ville. Il suffira de traverser le boulevard pour entrer dans le centre. Si on loge un peu plus loin, on pourra prendre les transports en commun : les trois lignes de métro de Nuremberg passent ! En plus de ça, il y a 4 lignes de S-Bahn, 3 lignes de tram, etc.

Les autres villes bavaroises de taille moyenne sont plutôt bien desservies par le réseau de la *Deutsche Bahn*. Les gares permettent souvent de rejoindre le cœur de ville à pied. Seule exception : Ingolstadt, où la gare centrale est assez éloignée du noyau historique.

- Plusieurs gares bavaroises sont désormais desservies par deux lignes de **Flixtrain**, ce qui permet de faire ses trajets à moindre prix. La ligne FLX25 relie Bamberg, Erlangen, Nuremberg, Augsbourg et Munich, trois fois par jour. L'autre est une ligne de nuit (FLX N35) qui part de Francfort pour atteindre Munich en passant par Aschaffenbourg, Wurtzbourg et Augsbourg.

TRANSPORTS EN COMMUN

- **Munich.** La capitale bavaroise jouit d'un très bon réseau de transports en commun. La première ligne du métro munichois a été créée pour les Jeux olympiques de 1972 et depuis la ville compte 8 lignes de U-Bahn et 96 stations. Un **ticket à l'unité** (*Einzelfahrkarte*) pour la zone m (M = Munich) coûte 3,40 €. Il permet tout simplement de faire un trajet dans une direction, changements compris. Il existe aussi la ***Streifenkarte*** dont le fonctionnement est assez compliqué. Accrochez-vous ! Une Streifenkarte coûte 14,60 € et elle présente 10 bandes. On composte les bandes les unes après les autres en partant du bas. Pour cela, on plie la carte et on l'insère dans le composteur. Un trajet court (2 stations de métro ou bien 4 stations de tram ou bus) équivaut à une bande. Un trajet simple (plus de 2 stations) équivaut à 2 bandes : ainsi, on laissera une bande non compostée. Pour chaque zone supplémentaire en dehors de la zone m, on ajoute une bande. Par exemple, pour se rendre à Dachau, le trajet simple équivaut à trois bandes (M+1). Pour se rendre aux thermes d'Erding dans la zone 4, le trajet simple correspond à 6 bandes (M+4). Nous vous l'accordons, ce système n'est pas très intuitif, mais les locaux sauront vous aider, même si la plupart d'entre eux trouvent le système tout aussi ubuesque. Autre option : la carte à la journée ; elle coûte 7,90 € pour la zone m. Plus d'informations sur les itinéraires et les tarifs sur www.mvv-muenchen.de.
- **Nuremberg.** Nuremberg dispose d'un excellent réseau avec trois lignes de métro automatiques, plusieurs lignes de tram et de bus. Pas besoin de prendre le métro ou le tram pour arpenter la ville médiévale. En revanche, vous pourriez en avoir besoin pour vous rendre au Memorium ou à Fürth par exemple. Un **ticket à l'unité** coûte 3,20 €. Vous bénéficiez d'une réduction en achetant un billet dématérialisé. Acheté sur un smartphone, le billet à l'unité coûte seulement 2,75 €. Pour calculer votre itinéraire et trouver toutes les grilles tarifaires : www.vgn.de. Si vous faites l'acquisition de la **Nürnberg-Card** (elle coûte 28 € pour deux jours), celle-ci vous donnera accès non seulement aux transports en commun mais aussi à tous les musées.
- Les villes de taille moyenne comme Bamberg, Wurtzbourg, Bayreuth, Ratisbonne, Augsbourg pourront aisément se parcourir à pied sans que vous ayez besoin de vous familiariser outre mesure avec les réseaux de bus et de tram.
A la **campagne** en revanche, il peut être utile de prendre le bus pour faire des excursions depuis son point de chute. Là, le stéréotype de l'exactitude allemande est sérieusement ébranlé : les bus ne sont pas toujours des plus fiables. Tout du moins, les horaires indiqués aux stations de bus, dans les dépliants et sur les sites Internet ne coïncident pas toujours, un vrai casse-tête. Là, pas de solution miracle. Il vaut mieux avoir deux horaires dans le viseur pour pouvoir retomber sur ses pieds en cas de bus absent.
- Dans certaines villes et régions, les visiteurs sont obligés de payer auprès de leur hôtel une petite taxe de séjour (souvent autour de 2 € par nuit) que l'on appelle *Kurtaxe*. Souvent, on reçoit

© THEROMB - SHUTTERSTOCK.COM

343 $kgCO_2e$ / personne
Aller-retour Paris-Munich

203 $kgCO_2e$ / personne
Aller-retour Paris-Munich

58 $kgCO_2e$ / personne
Aller-retour Paris-Munich

→ Le calcul de cette consommation CO_2 est fait à partir de Paris, mais l'idée est avant tout de montrer la différence entre les différents moyens de locomotion. La différence entre chacun garde la même proportion depuis votre point de départ quel qu'il soit également.

en contrepartie une ***Gästekarte*** (ou *Kurkarte*) qui offre quelques avantages pour la durée du séjour et certaines de ces cartes offrent la gratuité des transports. C'est par exemple le cas à Füssen et dans sa région : il suffit de présenter la « Füssen Card » reçue à l'hôtel pour pouvoir monter dans le bus et explorer la région gratuitement. Cette initiative invite les visiteurs à laisser la voiture au garage pour parcourir la région dans le respect de l'environnement. Ces cartes dépendent des négociations entre les collectivités et les sociétés de transport et sont donc d'un endroit à un autre fondamentalement différentes. Vous pourrez compter sur vos hôtes à la réception de l'hôtel pour vous en expliquer les spécificités : on vous donnera le livret qui récence les offres promotionnelles accordées par la carte et le cas échéant un dépliant avec les horaires des bus.

Deutschlandticket. Depuis le 1er mai 2023, pour 49 € par mois, voyagez dans toute l'Allemagne en illimité. Cette mesure a été prise suite au succès des billets de train à 9 € pendant l'été 2022 pour inciter les Allemands à laisser de côté leur voiture : www.bahn.com/fr

VÉLO, TROTTINETTE & CO

Vélo. Le vélo est sans hésitation le moyen de transport qu'affectionnent les citadins bavarois. Dans les centres-villes, il y a des pistes cyclables aménagées partout ! Le vélo étant si répandu en Bavière que même les petites villes disposent de loueurs, ou *Fahrradvermieter*. Les tarifs sont très variables en fonction de l'endroit où l'on se trouve et il faut compter 12 à 15 € pour une location d'une journée. Si vous vous baladez à pied, veillez à respecter les pistes cyclables : les cyclistes s'agacent très vite des piétons qui les coupent dans leur lancée.
Quelques habitudes de déplacement : de nombreuses règles sont à respecter à vélo pour éviter toute contravention. Retrouvez la liste complète sur www.cec-zev.eu/thematiques/tourisme/faire-du-velo-en-allemagne/

Trottinettes. On trouve dans les villes différents services privés proposant des trottinettes électriques : Lime à Nuremberg, Erlangen, Augsbourg, etc., Tier à Nuremberg, Erlangen, Munich.

AVEC UN CHAUFFEUR

La prise en charge pour les taxis est en moyenne de 4 €. Comptez ensuite environ 2 € par kilomètre, 1,50 € à partir du dixième kilomètre. Du centre-ville de Munich à l'aéroport, comptez au minimum 60 € (des tarifs spéciaux sont appliqués lors des grands événements, se rendre sur le site www.muenchen.de pour en prendre connaissance).

EN VOITURE

Il est très facile de se déplacer en voiture en Bavière. Le système de signalisation est très bien organisé. La majorité des routes est signalée par la lettre A pour autoroute et B pour les routes nationales. En ville, il est conseillé de laisser son véhicule sur ou dans un parking puisque l'accès au centre-ville peut être limité et les parkings y sont très rares et chers.

Vitesse de circulation. Quand aucun panneau ne signalise la vitesse maximale autorisée, voilà les règles qui s'appliquent : la circulation est en général limitée à 50 km/h dans les agglomérations et à 100 km/h sur les routes nationales. En revanche, il est bien connu que la vitesse n'est pas limitée sur les autoroutes allemandes, même si ce n'est pas le cas sur toutes les sections : de plus en plus de portions d'autoroute sont limitées à 120 km/h ou 100 km/h. Par endroits, des panneaux de signalisation lumineux permettent d'ajuster la vitesse de circulation autorisée à la météo actuelle. En cas de pluie ou de brouillard, il est bien évidemment recommandé de ralentir la cadence. Les autoroutes allemandes sont gratuites.

L'écopastille. Pour réduire l'émission de CO_2 et les effets de la pollution en ville, l'accès à certaines zones est limité aux voitures possédant une écopastille (**Umweltplakette**). La couleur de la vignette (rouge, jaune ou verte) sur le pare-brise détermine si une voiture est admise dans certaines zones. A l'entrée d'une de ces zones, un panneau « Umweltzone » indique la réglementation dans la zone : les vignettes admises sont indiquées au-dessus de la mention « frei ». Les voitures étrangères sont, elles aussi, soumises à cette réglementation. En cas de non-respect de cette réglementation, l'amende est de 100 € dans les zones vertes ! Le but recherché est d'une part d'améliorer la qualité de l'air de la ville, et d'autre part d'encourager les gens à acheter des véhicules moins polluants. Si vous roulez en véhicule de location, la plupart des agences ont fait les démarches pour avoir la vignette verte.

Alcool au volant. Le taux d'alcoolémie permis est 0,5 ‰. En cas d'accident, la tolérance descend à 0,3 ‰. Pour les moins de 21 ans, la tolérance est de 0,0 ‰.

ACCESSIBILITÉ

Munich. Toutes les stations de métro sont équipées d'ascenseurs ou de rampes. La plupart des stations construites à l'origine sans ascenseurs ont été équipées dans les années 1990 et au tournant du millénaire. En outre, chaque bord de quai est pourvu d'une bande de rainure tactile pour les malvoyants, qui marque le début de la bande de sécurité. Les nouvelles rames de métro sont dotées de zones d'embarquement et de barres d'arrêt accessibles aux personnes à mobilité réduite, ainsi que d'un système d'information des passagers visuel et acoustique.

Nuremberg. Les 42 stations du métro nurembergeois sont équipées d'ascenseurs.

LES PHRASES CLÉS

Bonjour, comment puis-je me rendre à…
Hallo, wie komme ich nach …

Est-ce loin à pied ? Y a-t-il le métro ou un bus... pour y aller ?
Ist es zu Fuß weit? - Gibt es eine U-Bahn oder einen Bus, die ich bis dorthin nehmen kann?

Pouvez-vous me montrer cet endroit sur la carte s'il vous plait ?
Können Sie mir diesen Ort bitte auf der Karte zeigen?

Où puis-je acheter les tickets de transport ? Est-ce que je peux payer en carte de crédit ?
Wo kann ich die Fahrkarten kaufen? - Kann ich mit Kreditkarte bezahlen?

Où est la sortie ? A gauche, à droite ou tout droit ?
Wo ist der Ausgang? Links, rechts oder geradeaus?

Je suis perdu et je suis en retard, s'il vous plait, aidez-moi ! Merci beaucoup !
Ich habe mich verlaufen und werde zu spät kommen, bitte helfen Sie mir! Vielen Dank!

HORAIRES

En moyenne, les musées bavarois sont ouverts de 10h à 18h. En basse saison, les horaires sont bien souvent réduits. Le lundi est généralement le jour de fermeture des musées et des attractions en Bavière, plus rarement le mardi. Les musées munichois ont chacun leur jour de nocturne, où ils resteront ouverts jusqu'à 20h ou 20h30. Bien souvent, les musées pratiquent des horaires différenciés les jours fériés. Pensez à consulter les sites Internet pour éviter les surprises.

Les jours fériés sont différents d'un *Land* à l'autre en Allemagne. La Bavière compte 13 jours fériés dans l'année, elle est le *Land* qui compte le plus de jours fériés. Son calendrier suit essentiellement les célébrations catholiques.

- Le 1er janvier : Jour de l'an.
- Le 6 janvier : Épiphanie
- Le Vendredi saint (date variable).
- Le Lundi de Pâques (date variable).
- Le 1er mai : fête du Travail.
- Le jour de l'Ascension, 40 jours après Pâques.
- Le lundi de Pentecôte (date variable).
- Le jour du Corpus Christi, Fête-Dieu (date variable).
- Le 8 août : le Hohes Friedenfest (à Augsbourg uniquement !)
- Le 15 août : Assomption.
- Le 3 octobre : jour de l'Unité allemande, fête nationale.
- Le 1er novembre : Toussaint.
- Le 25 décembre : Noël.
- Le 26 décembre : 2e jour de Noël.

En général, les musées sont ouverts, même les jours fériés. En revanche, les horaires d'ouverture sont susceptibles de changer. Cela dépend de chaque institution. Si vous envisagez de visiter un musée l'un de ces 13 jours, reportez-vous sur les informations disponibles sur les sites respectifs. Petite curiosité du système décentralisé allemand, la ville d'Augsbourg compte, depuis le XVIIe siècle, un jour férié de plus que les autres villes bavaroises : le 8 août est jour de célébration de la paix.

A RÉSERVER

Les châteaux les plus célèbres de Bavière (ceux de Louis II) font face à des afflux massifs de touristes qui les contraignent à devoir réguler les entrées. Pour les châteaux de **Neuschwanstein** ou de **Hohenschwangau**, il est vivement recommandé de réserver sa visite en avance sur le site Internet. Il faudra payer un petit supplément, mais le billet vous garantit une entrée dans le château avec un horaire précis (et qui sera respecté rigoureusement) et vous évitera une longue attente le jour même à la billetterie.

- www.hohenschwangau.de/en/tours-tickets/official-tickets

Contrairement à certains musées berlinois complètement saturés, les musées des villes bavaroises (même ceux de Munich ou de Nuremberg) ne nécessitent pas de réservation à l'avance.

Château de Hohenschwangau.

BUDGET / BONS PLANS

Les prix des musées sont très variables d'une institution à une autre, mais ils sont particulièrement raisonnables quand on considère la richesse des collections, notamment à Munich.

- A **Munich**, on trouve de superbes musées, le Kunstareal en concentre plusieurs, parmi les plus prestigieux de la ville. Les musées munichois proposent par ailleurs des tarifs intéressants pour les étudiants et les seniors et pratiquent une politique d'accessibilité très appréciée : la plupart des musées de la capitale bavaroise offrent la gratuité d'accès aux mineurs et chaque dimanche l'entrée coûte seulement 1 € ! Si vous êtes à Munich un dimanche, profitez-en pour jeter un coup à ses incroyables collections d'art.
- A **Nuremberg**, la *Nürnberg-Card* vous offre pendant deux jours la gratuité d'accès à ses musées, le tout accompagné d'un ticket de transport. Une offre très intéressante.
- Dans les petites villes, le prix de l'hébergement comprend bien souvent une « Kurtaxe » (une taxe de séjour). En contrepartie, vous recevrez la plupart du temps une *Gästekarte*, carte d'hôte, portant le nom de la région ou de la ville : Füssen-Card par exemple. Bien souvent, ce pass vous donne accès aux transports en commun et vous accorde aussi des réductions dans les attractions locales. Pour chaque carte, il faudra s'en remettre au dépliant explicatif ou au site Internet pour glaner les bonnes offres.
- Comme partout en Allemagne, les lieux de mémoire liés au national-socialisme sont ouverts gratuitement aux visiteurs. En revanche, les audioguides sont souvent disponibles contre une petite contribution de 2 ou 3 €.
- L'entrée des lieux de culte est presque toujours gratuite.
- Les casiers dans les musées sont gratuits. Il faudra avoir une pièce de 0,50, 1 ou 2 € que vous récupérerez toujours à la réouverture du casier.

LES ÉVÉNEMENTS

De très nombreux événements jalonnent l'année culturelle en Bavière. Il y a les grands festivals (comme le Festival de Bayreuth qui rend hommage à l'œuvre de Richard Wagner chaque année de fin juillet à fin août) ou les fêtes traditionnelles comme la Fête de la Bière en septembre et octobre. La tenue de ces événements a un impact colossal sur le nombre de visiteurs en ville et peut modifier considérablement la fréquentation des hôtels, restaurants et musées. De grandes foires (comme le salon de l'automobile en 2021 à Munich) modifient le paysage urbain. Dans le cas de ce salon, les différentes places de Munich sont occupées par des expositions de voitures qui dénaturent le centre-ville.

VISITES GUIDÉES

De nombreux châteaux bavarois ne sont accessibles qu'avec l'accompagnement d'un ou d'une

© ALEKSANDARGEORGIEV - ISTOCKPHOTO.COM

La vieille ville de Nuremberg.

guide. C'est le cas de Neuschwanstein, Hohenschwangau, Linderhof, etc. Si vous ne maîtrisez pas (ou pas assez) la langue de Goethe pour pouvoir profiter pleinement de la visite, pensez à consulter l'offre des visites en anglais. Sinon, bien souvent, un audioguide vous donnera les informations nécessaires à la compréhension des lieux.
Certaines villes proposent des visites guidées en français, mais presque toujours sur réservation. Pour plus d'information, prenez contact bien avance avec les offices de tourisme respectifs. Presque partout, on trouvera des visites tout public en allemand et en anglais.

FUMEURS

La législation sur la cigarette est la même qu'en France. Il est interdit de fumer dans les lieux publics, les bars et les restaurants. Il est en revanche possible de fumer en extérieur. Il est interdit – et très déconseillé ! - de fumer lors de vos randonnées en montagne. Il suffit d'un mégot pour déclencher un incendie.

LES ATTRAPE-TOURISTES

Dans certains musées, l'autorisation de photographier se paye : parfois, il faut débourser jusqu'à 3 € pour avoir le droit de prendre des photos. C'est plutôt rare, mais sachez que le phénomène existe.

C'EST TRÈS LOCAL

Les petites villes touristiques proposent parfois des visites en costumes, avec des personnes fictifs ou des personnages inspirés de personnalités historiques (Wilhelmine à Bayreuth, etc.).

LES PHRASES CLÉS

Bonjour, puis-je avoir deux entrées adultes et un enfant s'il vous plait ?
Hallo, kann ich bitte zwei Erwachsenen- und zwei Kinderfahrkarten haben?

Le tarif enfant est jusqu'à quel âge ? Et pour les seniors, est-ce qu'il y a une réduction ?
Wie alt sind die Kinder? Gibt es einen Rabatt für Rentner?

Est-ce qu'il y a des visites guidées en français ou un audioguide ?
Gibt es eine Führung auf Französisch oder einen Audio-Guide?

Combien de temps faut-il pour faire la visite ?
Wie lange dauert der Besuch?

J'ai du mal à monter les escaliers, avez-vous un ascenseur ?
Ich habe Schwierigkeiten beim Treppensteigen, gibt es einen Fahrstuhl?

Excusez-moi, pouvez-vous me dire où sont les toilettes ? Merci beaucoup.
Entschuldigung, können Sie mir sagen, wo es hier eine Toilette gibt? Vielen Dank!

SE RÉGALER

HORAIRES

Les restaurants gastronomiques sont ouverts le soir et parfois le midi. Les restaurants traditionnels connaissaient rarement une heure de fermeture l'après-midi de sorte que l'on peut manger à toute heure de la journée. À la campagne, il vaut mieux chercher une table avant 20h.

BUDGET / BONS PLANS

Pour un plat de résistance, il faut en moyenne compter à partir de 10 €. La pinte de bière avoisine souvent les 4 ou 5 €. Dans les boulangeries des villes, on trouve souvent de petits pains avec fromage et/ou charcuterie, pratiques pour manger sur le pouce et à moindres frais.

EN SUPPLÉMENT

L'eau est toujours en supplément. Il est plutôt mal vu de demander un pichet d'eau dans les restaurants et on peut même parfois vous le refuser. Il est coutume en Allemagne d'acheter une bouteille d'eau minérale (plate ou pétillante).

Souvenez-vous que les restaurants refusent parfois les cartes bancaires. Ayez des espèces sur vous et rappelez-vous que l'usage est de laisser un pourboire d'environ 10 % du prix en arrondissant la somme totale. Ne pas donner de pourboire peut être interprété comme une insatisfaction envers le service. Lorsque le serveur viendra vous porter l'addition, vous pourrez arrondir la somme et annoncer un prix supérieur. Ainsi, si la note s'élève à 11,80 €, on dira « auf 13 » au moment de payer, signifiant que le serveur doit vous rendre la monnaie sur 13 € et garder la différence pour lui. Si vous avez 13 €, vous pourrez annoncer « stimmt so ».

C'EST TRÈS LOCAL

- Le **petit-déjeuner** (Frühstück) dans les hôtels est presque toujours servi sous la forme d'un buffet, souvent très varié : pains, fromages, charcuteries, confitures, pâtes à tartiner, céréales, jus, etc.
- Le **déjeuner** (Mittagessen) est d'ordinaire le principal repas des Bavarois. A cette occasion, les restaurants proposent des menus qui changent chaque jour dont les formules ne sont appliquées que le midi, jusqu'à 14h environ.
- La pause-café de l'après-midi (**Kaffee und Kuchen**), vers 16h, est souvent l'heure d'une boisson et d'une part de gâteau. Dans la vie quotidienne, notamment les week-ends, cette pause est considérée comme une bonne occasion pour inviter la famille ou des amis. Généralement, l'hôte offre aux invités au moins un gâteau, fait maison ou du pâtissier de sa confiance. Chez les plus âgés, pas de pause-café sans forêt-noire (Schwarzwälder Kirschtorte).
- Le repas du soir en Allemagne est traditionnellement simple, léger et froid. De nombreuses fa-

Frühstuck typique.

milles se mettent à table vers 18h30-19h et l'on mange du pain avec des tranches de fromage et de la charcuterie, avec une salade par exemple. En Allemagne, on appelle ce repas « **Abendbrot** » (Pain du soir). En Bavière, on dit plutôt « Brotzeit » (heure du pain) et vous verrez que certaines Gaststätten le proposent.

- Dans les petites villes touristiques, les hôtels et pensions ont très souvent leur propre espace de restauration où l'on propose une cuisine simple et roborative. Pas besoin d'être hôte de l'hôtel pour pouvoir y manger.

FUMEURS

Les restaurants bavarois sont non-fumeurs. Il faudra sortir pour pouvoir allumer sa cigarette, son cigare ou sa pipe.

LES PHRASES CLÉS

Bonjour, je voudrais réserver une table pour deux personnes pour ce midi ou ce soir.
Hallo, ich würde gerne für heute Mittag oder Abend einen Tisch für zwei reservieren.

Avez-vous un menu en français ou en anglais ?
Haben Sie eine Speisekarte auf Französisch oder Englisch?

Je suis végétarien, y a t-il des plats sans viande ?
Ich bin Vegetarier, gibt es auch Gerichte ohne Fleisch?

Je n'ai vraiment plus faim mais avez-vous une carte des desserts ?
Eigentlich bin ich satt, aber könnten Sie mir trotzdem die Karte mit den Nachspeisen bringen?

Puis-je avoir l'addition s'il vous plait ? Je peux payer par carte ou en espèces ?
Könnte ich bitte zahlen? Kann ich mit Karte bezahlen oder nehmen Sie nur Bargeld?

C'était très bon, nous reviendrons. Merci et à bientôt.
Es hat sehr gut geschmeckt, wir werden wiederkommen. Vielen Dank, bis bald.

PRATIQUE

FAIRE UNE PAUSE

HORAIRES

À moins qu'ils ne soient également des restaurants, les cafés ferment assez tôt, vers 18h. Les *Biergärten* (*Biergarten* au singulier), ces jardins-guinguettes où l'on sert essentiellement de la bière, ne sont ouverts qu'aux beaux jours.

BUDGET / BONS PLANS

Un café coûte en moyenne 2,50 €. Pour une part de gâteau, comptez autour de 4 €. Gardez à l'esprit que dans les cafés, comme dans les restaurants, on paye bien souvent en espèces et que l'on remercie le service en donnant un pourboire d'environ 10 % du prix. Pour une pinte de bière, comptez autour de 4 €.

A PARTIR DE QUEL ÂGE

La vente de boissons alcoolisées est interdite aux mineurs. On pourra vous demander une pièce d'identité pour vérifier votre date de naissance.

C'EST TRÈS LOCAL

La tradition allemande connaît une pratique assez proche du *tea-time* britannique. C'est le « **Kaffee und Kuchen** », littéralement « café et gâteau ». C'est la pause gourmande du milieu de l'après-midi. Il faut reconnaître que le *Kaffee und Kuchen* évoque davantage la bourgeoisie des années 1950 que la jeunesse branchée et internationale des années 2020, mais cette pratique est toujours vivante. Les plus nostalgiques prendront une tasse de café avec une forêt-noire tout en lisant le journal. Les plus jeunes se tourneront davantage vers le *cheesecake* ou le *carrotcake*. Dans les cafés traditionnels, vous trouverez toujours une vitrine dans laquelle sont exposés les gâteaux du jour.

Côté boissons, votre séjour sera partagé entre la bière et le vin. La Bavière compte quantité de brasseries et de microbrasseries, et l'on pourra en essayer toutes sortes. Dans le nord de la Bavière, tout particulièrement en Basse-Franconie, on trouve des vignes et donc de nombreux vins locaux. A Wurtzbourg par exemple, les locaux ont plaisir à boire leur verre de vin sur le vieux pont de pierre, un cadre idyllique pour une dégustation.

À Munich, on trouve aussi un cocktail local, le Munich Mule : c'est un peu comme le Moscow Mule, mais à la place de la vodka, on mettra du gin.

ENFANTS

Pas de restriction d'âge pour les cafés. Certains cafés disposent même de chaises hautes pour les bambins. Dans les bars en revanche, vous ne croiserez pas d'enfants.

LES PHRASES CLÉS

Bonjour, quelle est la spécialité de la maison ? Nous voulons découvrir.
Hallo, was ist Ihre Spezialität? Wir möchten sie gerne probieren.

Avez-vous de la place en terrasse ?
Haben Sie auf der Terrasse Platz?

Quel est votre nom ? Je m'appelle… Ravi de vous rencontrer !
Wie ist Ihr Name? Ich heiße ... Es freut mich, Sie kennenzulernen!

A votre santé ! Zut, j'ai renversé mon verre… pouvez-vous m'aider ?
Zum Wohl! Oh nein, ich habe mein Getränk verschüttet ... können Sie mir helfen?

C'était très bon. Nous allons reprendre la même chose s'il vous plait.
Es war lecker. Wir hätten gern noch einmal dasselbe.

PRATIQUE

(SE) FAIRE PLAISIR

HORAIRES

Le dimanche est le jour de fermeture pour les magasins : pour les supermarchés tout comme pour les petites boutiques et les grandes enseignes. Dans les villes comme Munich, l'heure de fermeture est souvent entre 19h et 20h.

Les jours fériés sont différents d'un *Land* à l'autre en Allemagne. La Bavière compte 13 jours fériés dans l'année, elle est le Land qui compte le plus de jours fériés. Son calendrier suit essentiellement les célébrations catholiques. En général, les magasins sont fermés lors des jours fériés.

- Le 1er janvier : Jour de l'an.
- Le 6 janvier : Épiphanie.
- Le Vendredi saint (date variable).
- Le lundi de Pâques (date variable).
- Le 1er mai : fête du Travail.
- Le jeudi de l'Ascension, 40 jours après Pâques.
- Le lundi de Pentecôte (date variable).
- Le jour du Corpus Christi, Fête-Dieu (date variable).
- Le 8 août : le Hohes Friedensfest (petite curiosité du système décentralisé allemand, la ville d'Augsbourg compte, depuis le XVIIe siècle, un jour férié de plus que les autres villes bavaroises : le 8 août est jour de célébration de la paix).
- Le 15 août : Assomption.
- Le 3 octobre : jour de l'Unité allemande, fête nationale.
- Le 1er novembre : Toussaint.
- Le 25 décembre : Noël.
- Le 26 décembre : 2e jour de Noël.

BUDGET / BONS PLANS

On peut payer par carte dans tous les magasins en Bavière. Les prix ne sont pas très différents de ceux pratiqués dans le reste de l'Europe de l'Ouest.

SOLDES

Depuis 2004, les soldes peuvent être organisés à volonté et ne se limitent pas aux marchandises saisonnières. Toutefois, il est courant de continuer à organiser des soldes saisonniers aux mêmes moments qu'auparavant. En général : à la mi-juin et en janvier-février.

C'EST TRÈS LOCAL

À Nuremberg, on trouve de très nombreuses pâtisseries et boulangeries avec le traditionnel *Lebkuchen*, un pain d'épices, souvent posé sur une feuille d'hostie et nappé de chocolat.

Les boutiques de souvenirs en Bavière sont remplies de chopes de bière et de verres de schnaps. On les trouve avec toutes sortes d'armoiries, avec les monuments, avec les célébrités historiques, etc. En général, ils sont plutôt chers.

Dans les microbrasseries, on trouvera des bières artisanales, pour soi ou pour offrir.

LES PHRASES CLÉS

Bonjour, c'est superbe, mais combien ça coûte ?
Hallo, das ist ja wirklich toll, aber was kostet es?

Vous auriez ma taille ? Où se trouvent les cabines d'essayage ?
Haben Sie es in meiner Größe? Wo ist die Umkleidekabine?

Est ce que je pourrai vous le rapporter et l'échanger si ça ne va pas ?
Kann ich es umtauschen, falls es nicht passt?

J'ai trop dépensé aujourd'hui, pouvez-vous me faire une réduction sympa ?
Ich habe heute schon zu viel ausgegeben, besteht die Möglichkeit, einen Preisnachlass zu bekommen?

Je prendrai celui-ci. Pouvez-vous me faire un paquet cadeau ?
Ich nehme das hier. Können Sie es mir als Geschenk einpacken?

Vous prenez la carte de crédit ? Où puis-je trouver un distributeur de billets ?
Akzeptieren Sie Kreditkarten? Wo kann ich einen Geldautomaten finden?

BUDGET / BONS PLANS

La Bavière regorge de lieux naturels propices aux sports d'extérieur : randonnée, vélo, etc. Pas de billetterie à l'entrée ni d'horaires d'ouverture : c'est la nature à portée de main. De belles régions s'y prêtent particulièrement : les Alpes, les Préalpes, la Suisse franconienne, etc. À la frontière autrichienne, les amateurs de glisse trouveront des pistes de ski et de nombreux sommets pour la grimpette. La randonnée est très répandue, chez les jeunes comme chez les personnes âgées.

- Pour une piscine municipale, l'entrée coûte en général autour de 5 €. C'est le prix qu'il faut payer aussi pour certaines plages aménagées. Au bord de certains lacs, on trouve en effet des plages avec des services dignes d'une piscine municipale : baignade surveillée, cabines, restauration, transats, etc.
- Pour les spas et les saunas, les prix sont très variables en fonction du standing et en fonction du temps que l'on y passe. En moyenne, il faut compter une vingtaine d'euros pour deux heures et entre 30 et 45 € pour un pass à la journée.
- Pour les amateurs de ski : le pass à la journée pour les remontées mécaniques est en moyenne de 30 €.

C'EST TRÈS LOCAL

- Ville des Jeux olympiques de 1972, **Munich** est une ville sportive par excellence. On y trouve de grands parcs et espaces verts où les Munichois adorent faire du jogging : les deux plus beaux cadres pour un *jogging* sont ceux des bords de l'Isar et des allées du charmant Jardin anglais. Aux beaux jours, les Munichois sont nombreux à quitter la ville pour rejoindre l'un des lacs au sud de la métropole, où l'on peut se rafraîchir, se baigner, bronzer et faire toutes sortes d'activités nautiques.
- En randonnée, il est d'usage de se dire bonjour quand on croise des gens sur son chemin : un petit « Servus » ou « Grüß Gott » accompagne un échange de sourires.
- Côté détente, il y a en Bavière plusieurs villes thermales offrant de grands complexes aquatiques qui conviendront aussi bien aux enfants qui aiment bouger dans l'eau qu'aux adultes qui aiment les moments de relaxation, dans le jacuzzi ou dans le sauna. Le mot « Therme » en allemand désigne le plus souvent un complexe moderne tout public.
- Sachez aussi que la culture du sauna en Allemagne est naturiste.

LES ÉVÉNEMENTS

Le marathon de Munich a lieu tous les ans pendant la célèbre Oktoberfest, le deuxième dimanche de la Fête.

LES PHRASES CLÉS

Bonjour, comment puis-je me rendre à… ? Est-ce loin ?
Hallo, wie komme ich nach …? - Ist es weit?

J'aimerais aller courir. Il y a un coin sympa pour cela dans la ville ?
Ich würde gerne joggen. Gibt es irgendwo in der Stadt einen guten Platz zum Laufen?

J'adore cuisiner. Savez-vous où je peux trouver des cours de cuisine ?
Ich koche gerne. Wissen Sie, wo ich einen Kochkurs besuchen kann?

Vous pourriez m'indiquer une salle de sport pas très loin ?
Können Sie mir sagen, wo das nächstgelegene öffentliche Fitnesscenter ist?

Quel est le sport national ?
Was ist Ihr Nationalsport?

Pensez-vous que nous pourrions voir cela ou même participer ?
Meinen Sie, wir könnten ihn uns irgendwo ansehen oder vielleicht ausprobieren?

HORAIRES

Munich et Nuremberg comptent de nombreuses boîtes de nuit qui sont ouvertes jusqu'à tard dans la nuit. Dans les plus petites villes, on sort un peu plus tôt. La pandémie de covid-19 a été particulièrement terrible pour les discothèques, obligées de fermer leurs portes, certaines pour ne pas rouvrir.

BUDGET / BONS PLANS

Quand on sort la nuit, on peut compter sur les « Imbisse » pour manger sur le pouce.
De très nombreuses adresses pratiquent les « happy hours », une tranche horaire pendant laquelle les boissons - souvent les cocktails - sont à prix cassés.

TRANSPORTS NOCTURNES

- À **Munich**, la MVV (la société des transports munichois) a mis au point un réseau de bus et de trams de nuit qui circulent toutes les 30 minutes et desservent de nombreux lieux de fête. Ils se retrouvent tous à Karlsplatz/Stachus.
- À **Nuremberg**, il y a les bus *Nightliner* de la VGN (la société des transports nurembergeois) les week-ends entre 1h et 5h du matin. Ils se retrouvent tous à la gare centrale Hauptbahnhof.

A PARTIR DE QUEL ÂGE

La vente d'alcool est interdite aux mineurs et l'entrée dans les boîtes de nuit leur est bien souvent interdite. On pourra vous demander une pièce d'identité pour confirmer que vous êtes bien majeur.

C'EST TRÈS LOCAL

À moins de vouloir intégrer le gratin munichois, vous pouvez laisser le nœud-papillon et les bijoux au vestiaire. Quand on sort en Allemagne, le dress code est plutôt décontracté. Que ce soit pour aller à l'opéra ou sortir en boîte de nuit, il n'est pas nécessaire de se mettre sur son 31, et rien n'empêche de le faire non plus.

FUMEURS

Il est interdit de fumer dans les bars tout comme dans les boîtes de nuit, même si l'on trouve des endroits où les habitués fument.

LES PHRASES CLÉS

Bonsoir, comment puis-je me rendre à…
Guten Abend, wie komme ich nach …

Est ce que cet endroit est tranquille ? Il n'y a pas de problème de sécurité ?
Ist es ein ruhiger Ort? Ist es dort ungefährlich?

J'aimerais voir un spectacle typique ! Qu'est-ce qu'il y a en ce moment ?
Ich würde gerne eine traditionelle Show sehen! - Was steht im Moment auf dem Programm?

Je ne comprends pas… pouvez-vous répéter s'il vous plait ? Merci.
Ich verstehe nicht, können Sie das bitte wiederholen? Danke schön.

Est-ce que je peux vous offrir un verre ? Quel est le meilleur cocktail de la maison ?
Darf ich Ihnen einen Drink ausgeben? Was ist der beste Cocktail des Hauses?

J'ai la gueule de bois, auriez-vous quelque chose pour que j'aille mieux ?
Ich bin verkatert, haben Sie etwas, das helfen könnte?

SE LOGER

BUDGET / BONS PLANS

L'offre hôtelière en Bavière est très large. On trouvera aussi bien de petites pensions familiales que de grands hôtels de luxe. Le standard y est élevé mais les prix aussi ! Le prix de votre hébergement comprend souvent une ***Kurtaxe***, taxe de séjour, qui permet souvent des réductions dans les musées et les transports publics. Demandez des conseils à l'office de tourisme ou auprès de votre hôtel. La *Kurtaxe* varie d'une ville à une autre. Elle est en moyenne de 2 € pour nuit et par personne. Elle est moins élevée pour les hôtes en déplacement professionnel. Pour l'hébergement dans les grandes agglomérations, il est très souvent difficile de trouver des établissements affichant des prix raisonnables. Il faut compter au moins 50 € ou 60 € pour une chambre double. Les chambres sans salle de bains se font de plus en plus rares.

▸ **Hôtel *garni*.** Cette dénomination signifie tout simplement que c'est un établissement hôtelier sans service gastronomique. Exception : petit déjeuner, boissons et parfois aussi des collations.

▸ **Les chambres d'hôtes** (ou ***Fremdenzimmer***) sont très nombreuses dans les zones prisées des touristes. Les prix varient en fonction du confort, de l'emplacement… En règle générale, il faut savoir que les propriétaires sont un peu réticents à louer une chambre juste pour une nuit. En revanche, en cas de séjour d'une semaine ou plus, le propriétaire propose souvent des tarifs plus attractifs que ceux annoncés au départ sur les brochures. Ce mode d'hébergement s'avère très sympathique et convivial, car il permet de vivre au rythme des locaux et de pouvoir observer leur mode de vie et leurs habitudes. Le matin, petit déjeuner chez l'habitant, en compagnie des hôtes.

▸ **Pensions.** La solution de transition entre l'hôtel et la chambre chez le particulier. Petit détail, mais de taille (!), le coût d'une nuitée dans une pension se révèle très souvent bien plus avantageux qu'en hôtel. Généralement, les pensions gardent un côté traditionnel et convivial plus marqué. ***Gasthaus & Gasthof*** : ce sont les appellations très répandues pour désigner des pensions ou de petits hôtels qui ont bien souvent un restaurant au rez-de-chaussée.

▸ **Auberge de jeunesse** (***Jugendherberge***). Il est très facile d'en trouver en Bavière puisque quasiment toutes les villes en comptent. Cette solution se révèle parfois la plus avantageuse, surtout dans les grandes villes où l'hébergement est souvent hors de prix. Il faut compter entre 20 et 25 € pour une nuit en dortoir avec le petit déjeuner. Très cosmopolites, les auberges de jeunesse sont souvent des lieux agréables, emplis de vie. Dans les régions moins touristiques, une petite chambre chez l'habitant vaut souvent le même tarif, la tranquillité en plus !

▸ **Camping.** Sans surprise le mode d'hébergement le plus économique et la Bavière est relativement bien pourvue en la matière. Seul petit bémol : les déplacements. Il vaut mieux posséder son propre véhicule, car les campings sont bien souvent excentrés et pas toujours desservis par les bus locaux. Comme partout, le confort est très variable d'une adresse à l'autre. Pour un séjour en juillet et août, il vaut mieux réserver quelque temps à l'avance. De nombreux campings ferment également leurs portes en hiver. Rappel : le camping sauvage est strictement interdit.

▸ **Appartements de vacances.** Les ***Ferienwohnungen*** sont mis à disposition des vacanciers par des particuliers et comportent tout le confort et l'équipement : cuisine, salle de bains… La durée du séjour doit être de trois jours au minimum en règle générale. Cette solution peut se révéler très avantageuse dans le cas d'un voyage en famille ou d'un voyage à plusieurs. Autre avantage : l'indépendance. Pas d'horaires à respecter, la liberté la plus complète ! Pour un séjour à Pâques, en juillet et août ou à Noël, il est indispensable de réserver.

A RÉSERVER

Aux mois de septembre et octobre, si vous comptez aller à Munich pour l'Oktoberfest, il faudra réserver très longtemps à l'avance. Pour un séjour de ski dans le sud du Land, il est également conseillé de s'y prendre à l'avance pour réserver son hébergement.

C'EST TRÈS LOCAL

▸ Il n'est pas rare de trouver sur sa table de nuit (ou dans le tiroir de celle-ci) un exemplaire de la Bible ou du Nouveau Testament.

▸ Dans les chambres doubles, les couples trouveront souvent un lit avec deux matelas côte à côte et deux couettes simples.

▸ Un certain nombre d'hôtels en Bavière disposent d'un espace spa et relaxation où l'on pourra faire quelques allers-retours dans la piscine et quelques passages au sauna. La culture du sauna (naturiste !) est beaucoup plus répandu en Bavière et en Allemagne que chez les voisins francophones. Dans les hôtels de grand standing, l'espace bien-être est quasi systématiquement présent.

POUR LES GOURMANDS

Le petit-déjeuner est souvent servi sous la forme de buffet à volonté, ce qui permet de commencer la journée avec l'estomac bien rempli. Certaines chambres d'hôtel sont équipées de mini-frigos (silencieux) avec quelques boissons et un petit encas : parfait pour une petite fringale nocturne. Le contenu de ces frigos est souvent en supplément.

FUMEURS

Les hôtels bavarois sont tous non-fumeurs.

LES ATTRAPE-TOURISTES

Certains prix en chambre double sont donnés « par personne ». Il faudra donc multiplier le montant par deux pour avoir le prix réel par nuit. Pour vous y retrouver, voilà les abréviations utilisées dans l'hôtellerie en Allemagne :

- EZ = Einzelzimmer = chambre simple
- DZ = Doppelzimmer = chambre double
- DZ pro Pers./Nacht = Doppelzimmer pro Person pro Nacht = chambre double par personne et par nuit.

LES PHRASES CLÉS

Bonjour, avez-vous de la disponibilité pour une chambre double pour ce soir ou demain soir ?
Hallo, haben Sie für heute oder morgen Nacht ein Doppelzimmer frei?

Avez-vous un code wifi… les enfants ne tiendront pas sans !
Haben Sie einen WLAN-Code … sonst drehen meine Kinder durch!

C'est bruyant, est ce que je peux changer de chambre ?
Es ist laut, kann ich in ein anderes Zimmer umziehen?

Jusqu'à quelle heure est-ce que nous pouvons aller à la salle de sport et à la piscine ?
Wann schließen das Schwimmbad und das Fitnesscenter?

Est-ce que je peux laisser mon bagage et revenir plus tard le récupérer ?
Kann ich mein Gepäck hier lassen und später wiederkommen, um es abzuholen?

Est-ce que vous pouvez nous appeler un taxi ? Merci beaucoup.
Könnten Sie uns ein Taxi rufen? Vielen Dank!

VIE QUOTIDIENNE

ALLO ?

- Pour appeler l'Allemagne, composez d'abord l'indicatif du pays : 00 49 ou +49 avec le portable, ensuite le numéro à proprement parler sans le zéro initial.
- Pour appeler la France de l'Allemagne, composez d'abord l'indicatif 00 33 ou +33. Pour appeler vers la Belgique, c'est +32, la Suisse +41, selon la même méthode.
- Depuis 2017, les frais d'itinérance ont été supprimés dans les 27 pays membres de l'Union européenne, ce qui permet de téléphoner et d'envoyer des SMS sans frais supplémentaires. Un plafond peut toutefois avoir été défini par votre opérateur.

ACCESSIBILITÉ

L'Allemagne est depuis longtemps un des pays où l'accessibilité des lieux publics aux voyageurs à mobilité réduite est prise très au sérieux. Dans le cadre du « barrierefreier Tourismus » (tourisme sans barrières), la destination offre un nombre croissant de routes touristiques, de services et d'hébergements prêts à accueillir des personnes en situation de handicap. Dans les transports en commun munichois ou nurembergeois, presque toutes les stations sont équipées d'un ascenseur, ce qui permet la mobilité des personnes en fauteuil roulant. Il est possible de commander une brochure spécialisée (*Accessible Bavaria*) auprès de l'office de tourisme de Bavière sur le site Internet officiel www.tourismus.bayern. Le label « Reisen für Alle » permet d'identifier les adresses certifiées accessibles.

SANTÉ

L'eau est potable partout en Bavière. Si les eaux d'une fontaine ne le sont pas, c'est toujours clairement indiqué : « Kein Trinkwasser ». Certaines villes thermales ont même des fontaines où curistes et visiteurs pourront bénéficier des bienfaits de l'eau minérale. Les villes thermales sont toujours précédées du préfixe « Bad ». On y trouve souvent des hôtels proposant des offres thérapeutiques, des services de cures ou de bien-être : bains de boue, massages, etc.

URGENCES SUR PLACE

Pour joindre les pompiers, c'est le 112 comme dans tous les pays d'Europe. Pour la police, contactez le 110.

Drapeaux arc-en-ciel à Munich.

SÉCURITÉ

▸ L'Allemagne en général et la Bavière en particulier sont des lieux sûrs et il n'y a pas de précaution particulière à prendre pendant votre séjour.

▸ Pour contacter le commissariat de police, composez le 110.

LGBTQ

Si, à la campagne, l'acceptation des LGBTQ est plus lente, en ville, l'intégration est complète. Des fêtes ont même lieu à travers les villes, comme à Munich avec le Christopher Street Day fêté vers la mi-juillet depuis 1980 (www.csd-munich.de). Toujours à Munich, le quartier gay se trouve dans le Glockenbachviertel autour de la Müllerstraße, au sud du centre-ville. Nuremberg affiche, elle aussi, quelques lieux de sociabilité LGBTQ. En dehors de ces deux grandes villes, les bars et cafés LGBTQ sont rares et discrets.

AMBASSADE ET CONSULATS

▸ Consulat général de France à Munich : Heimeranstraße 31. Mail : info@consulfrance-munich.org Téléphone : +49 89 41 94 11 0.

▸ Consulat général de Suisse à Munich: Prinzregentenstraße 20. Mail : muenchen@eda.admin.ch Téléphone : +49 89 286 62 00.

▸ Consulat du Canada à Munich : Tal 29. Mail : munic@international.gc.ca. Téléphone : +49 89 2199 570.

▸ L'ambassade et le consulat belges sont à Berlin. Mail : berlin@diplobel.fed.be. Téléphone : +49 30 206 420.

POSTE

Les bureaux de poste (de la *Deutsche Post*) sont très répandus. Ils sont reconnaissables à leur couleur jaune. Ils sont généralement ouverts jusqu'à 18h ainsi que le samedi matin. Les prix des timbres sont légèrement plus faibles pour les cartes postales que pour les timbres. Il faut compter 1 € pour un timbre vers l'international (moins de 20 g, et cartes postales). Le coût d'un timbre pour un envoi national est de 0,70 €.

La *Deutsche Post* ne permet pas les paiements en carte de crédit (*Kreditkarte*). A moins d'avoir une carte de débit (*EC-Karte*), il vaut mieux avoir des espèces sur soi.

MÉDIAS LOCAUX

La Bavière peut se targuer d'être une région phare en ce domaine. Les Bavaria-studios ne désemplissent pas de commandes pour des tournages en tous genres. Peut-on alors s'étonner que de grands réalisateurs tels que Wim Wenders (*Les Ailes du désir*), Florian Henckel von Donnersmarck (*La Vie des autres*) et Maren Ade (*Toni Erdmann*) soient sortis de la Hochschule für Fernsehen und Film de Munich, l'une des plus prestigieuses écoles de cinéma du pays ? Le Land accueille nombre de chaînes radio ou télé, comme Bayerischer Rundfunk, ProSieben, Sat.1 et RTL II, mais aussi le premier bouquet numérique en importance de tout le pays avec Kabel Deutschland.

▸ **Presse écrite.** Un des plus grands quotidiens allemands, par son sérieux et sa réputation, est bavarois : le ***Süddeutsche Zeitung***. C'est un journal de centre-gauche de grande qualité, dont les bureaux sont à Munich. Plusieurs journaux régionaux aux quatre coins de la Bavière : *Abendzeitung* et *Muenchener Merkur* à Munich ; *Augsburger Allgemeine Zeitung* à Augsbourg ; *Mittelbayerische Zeitung* à Ratisbonne ; *Fränkischer Tag* à Bamberg ; *Nordbayerischer Kurier* à Bayreuth ; *Nürnberger Nachrichten* et *Nürnberger Zeitung* à Nuremberg.

▸ **Presse francophone**. Dans les villes et les endroits fréquentés par les touristes, il n'est pas difficile de se procurer les grands quotidiens français d'informations politiques et générales comme *Le Monde*, qui est, sans aucun doute, le journal le plus répandu. Il suffit de se rendre dans une gare, dans une grande maison de la presse ou dans les galeries de certains centres commerciaux pour se les procurer.

▸ **Radio**

- Rock. Il y en a pour tous les goûts, du rock, en passant par la variété, les chants traditionnels… Pour la musique classique, *BR-Klassik* est idéale. Elle diffuse également des airs d'opéra et des interviews avec des musiciens, des chanteurs d'opéra et des chefs d'orchestre à l'antenne.
- Jazz. Comme leur nom l'indique, *Jazzwelle* et *Relax FM* (94.2) sauront plaire aux amateurs de jazz.
- Variétés. A Munich, les stations radio les plus écoutées sont *Antenne Bayern* et *Radio Arabella* (105.2) qui diffusent différents styles de musique, des années 1980 aux hits d'aujourd'hui.

- Radio francophone. Il est également possible de trouver Europe 1 sur la fréquence 183 kHz (grandes ondes). Ce sera la seule radio française sur place, car il arrive de trouver des stations francophones, mais elles diffusent des programmes suisses.

Télévision. La plupart des foyers possèdent une antenne parabolique qui leur donne accès à une grande quantité de chaînes. Citons d'abord la *ZDF* et l'*ARD* qui sont les deux grandes chaînes publiques allemandes. Côté chaînes privées, la liste est longue… Citons-en quelques-unes, les plus connues et les plus regardées : *Sat.1*, *TV5*, *RTLII*, *ProSieben*. Presque toutes les chambres d'hôtels sont équipées d'un téléviseur.

LES PHRASES CLÉS

Bonjour, mon téléphone ne fonctionne pas, pouvez-vous m'aider s'il vous plait ?
Hallo, mein Handy funktioniert nicht, können Sie mir bitte helfen?

Je ne me sens pas bien, pouvez-vous m'amener à l'hôpital le plus proche ?
Ich fühle mich nicht gut, können Sie mich zum nächstgelegenen Krankenhaus bringen?

Est-ce que vous avez un médecin qui parle français ?
Haben Sie einen Arzt, der Französisch spricht?

Je viens de me faire voler mes papiers, où est le poste de Police le plus proche ?
Mir wurde mein Reisepass gestohlen, wo finde ich das nächstgelegene Polizeirevier?

Est-ce un quartier dangereux ou je peux y aller sans crainte ?
Ist diese Gegend gefährlich, oder kann ich dort unbesorgt spazieren gehen?

Avez-vous des timbres pour une carte postale à envoyer en France ? C'est combien ?
Haben Sie Briefmarken für eine Postkarte nach Frankreich? Wie viel kostet das?

DÉCOUVRIR

La Bavière est une destination captivante, autant par ses paysages que par ses villes, autant par son passé que son présent. Sa nature, tout d'abord, est formidablement bien préservée et on trouve en Bavière une grande diversité géographique et biologique. Au nord, les falaises de karst sont aussi étranges que les Alpes au Sud sont majestueuses. C'est une terre d'architecture qu'ont choyée les souverains les uns après les autres : les Wittelsbach ont laissé ici et là des traces, gothiques, baroques, néoclassiques, etc. C'est aussi une formidable terre musicale qui a inspiré à Richard Wagner ses plus grands opéras et qui continue d'attirer de grands musiciens dans ses salles de spectacle parmi les plus prestigieuses d'Allemagne. La Bavière, c'est une région vraiment festive, avec des événements tout au long de l'année, pour commencer la mère de toutes les célébrations : la Fête de la Bière !

L'OKTOBERFEST

C'est la fête la plus célèbre d'Allemagne et sa popularité dépasse largement les frontières de Munich. Depuis plus de 200 ans, l'Oktoberfest attire chaque année des millions de visiteurs, qui se pressent sous ses tentes pour trinquer à ce grand moment d'ivresse collective. On y vient pour manger, boire, faire un tour de manège, passer du temps entre amis. On acclame le cortège du Münchner Kindl et des brasseurs le premier jour, on encense le maire de Munich lorsqu'il ouvre le premier tonneau, on célèbre les fanfares de musiciens qui assurent la bande-son de l'événement et avec qui on chantera à tue-tête des paroles que tout le monde connaît par cœur. Et on se ressert une bière pour trinquer à cet instant d'allégresse partagée. L'Oktoberfest a fait des émules dans le monde entier et il y aurait environ 2 000 fêtes de la bière aux quatre coins du globe, mais la seule et l'unique, la vraie, l'originale, est ici à Munich, en Bavière.

Louis et Thérèse

Toute l'histoire de l'Oktoberfest commence avec un mariage. En 1810, en octobre bien évidemment, Munich célèbre les noces de Thérèse et Louis. Elle est saxonne, il est bavarois. Elle est protestante, il est catholique. Elle est fille du duc de Saxe-Hildburghausen et il est prince-héritier de Bavière. Le 12 octobre, ils se marient dans la chapelle de la Residenz de Munich. A partir du 13, une série de festivités — dont la plupart sont publiques et gratuites — met la capitale bavaroise dans une joyeuse effervescence : opéras, pièces de théâtre, bals, et bien d'autres événements. Le 17 octobre, une grande course de chevaux est organisée aux portes de la ville. En l'honneur de la jeune mariée, le terrain est rebaptisé *Theresienwiese* (littéralement « prairie de Thérèse »). Une tribune est installée pour 40 000 spectateurs et l'on engage des traiteurs pour fournir nourriture et boissons. Il est difficile d'imaginer que l'on distribuait de la bière gratuitement en 1810 quand on considère le prix de la chope de bière aujourd'hui. Cet événement connaît un tel succès qu'on décide de le répéter l'année suivante. L'Oktoberfest était né.

L'ascension irrésistible de l'Oktoberfest

Plus 200 ans après, les courses de chevaux ont disparu. Les princes ont disparu. Maintenant, c'est le client qui est roi. Et l'Oktoberfest commence toujours au mois de septembre, mais il n'est pas question de changer ce nom. Au XXIe siècle, la fête est plus que jamais populaire et attire des visiteurs des quatre coins du globe : si 72 % sont bavarois, 9 % viennent du reste de l'Allemagne et 19 % de l'étranger. En tout ce sont entre 6 et 7 millions de personnes qui viennent à la Fête de la Bière.

La préparation de la fête mobilise aujourd'hui 8 000 personnes, employées à l'année pour la logistique. À cela, il faudra ajouter 4 000 personnes travaillant temporairement sur la *Theresienwiese*.

© RAWF8/SHUTTERSTOCK.COM

DÉCOUVRIR

© TICHR - SHUTTERSTOCK.COM

Sous la gigantesque tente sur la Theresenwiesse.

L'ivresse de la fête

L'Oktoberfest est une grande fête populaire, la plus grande au monde, une sorte de fête foraine gigantesque qui multiplie les superlatifs. Sur une surface de 31 hectares se serrent une trentaine de tentes, toutes formidablement aménagées par de grandes brasseries munichoises, avec tout le confort nécessaire : électricité, eau courante. Les brasseries rivalisent d'inventivité pour rendre leurs tentes plus belles et plus accueillantes. Le montage des tentes commence six semaines avant le début des festivités et il faut bien quatre semaines pour les démonter ! En tout, ce sont environ 114 000 places assises sur la Theresienwiese qui accueillent la foule de visiteurs. En plus des différentes tentes, il faut compter les lieux destinés au divertissement et les attractions à sensations fortes : manèges, toboggan, skyfall, looping, etc. La grande roue (Riesenrad) fait partie intégrante de l'image d'Épinal de l'Oktoberfest. Avec 80 de ces manèges à sensation, l'Oktoberfest peut rivaliser avec les plus grands parcs d'attractions.

L'Oktoberfest est une manne financière. Les recettes s'élèvent en moyenne à un milliard d'euros. Une bonne moitié de cette somme revient à la ville de Munich, qui prélève des frais sur la location des emplacements. Pour revenir aux superlatifs, le prix de la chope de la bière a atteint en 2019 le prix record de 10,80 € et il pouvait atteindre jusqu'à 11,80 € dans certaines tentes.

Rituels

L'Oktoberfest est fait de rituels qui perpétuent l'esprit de fête à travers les siècles.

Le premier samedi de l'Oktoberfest, c'est l'entrée triomphale des taverniers et brasseurs sur le terrain de la Theresienwiese. En tête du cortège, un cheval surmonté par une femme vêtue d'une grande cape noire et jaune, qui rappelle la tenue d'un moine. Elle incarne le *Münchner Kindl* (enfant de Munich) et qui connaît le blason de la ville, aura reconnu la référence. En tête du défilé également, le maire de Munich pénètre la Theresienwiese dans un fiacre. Depuis les années 1950, c'est au maire de Munich que revient la lourde responsabilité d'ouvrir le premier tonneau de bière à midi. Plusieurs petits coups de marteau sont nécessaires pour faire jaillir les premières gouttes de bière. Quand c'est fait, le maire déclare « O'zapf is » (en allemand standard « es ist angezapft » : le tonneau est mis en perce). Cette formule consacrée est toujours suivie par un tonnerre d'applaudissements. La tradition veut que la première chope de bière aille au ministre-président de Bavière. On trinque et l'Oktoberfest peut enfin commencer.

Le lendemain, le premier dimanche de l'Oktoberfest, c'est le traditionnel défilé en costumes (le *Trachten- und Schützenzug*). Vers 10h, la procession part de la Maximilianstraße et traverse tout le centre-ville pour rejoindre la Theresienwiese. Beaucoup de Munichois se pressent dans les rues pour observer le défilé de ces quelques 8 000 participants. C'est en quelque sorte le pendant bavarois de la grande parade des nations celtes au Festival interceltique de Lorient : il y a des musiciens, des porteurs de drapeau et tout le monde revêt des tenues traditionnelles.

L'Oktoberfest a son hymne national : *Ein Prosit der Gemütlichkeit* est un morceau emblématique de la Fête de la Bière et nombreux sont ceux à connaître les paroles par cœur. La musique est absolument indissociable de l'Oktoberfest : les fanfares d'instruments à vent (*Blasmusik*) sont partout et la musique est omniprésente.

© R.CLASSEN - SHUTTERSTOCK.COM

Les traditionnels Dirndl sont de sortie.

Tracht

Que serait la Fête de la Bière sans la profusion de costumes traditionnels sur la Theresienwiese ? Certes, les videurs à l'entrée ne rebutent pas les porteurs de jean, mais rares sont ceux qui osent le porter. Une grande majorité des hommes portent le *Lederhose* et les femmes portent le *Dirndl*. A vrai dire, le Lederhose et le jean partagent plus qu'on ne pense. Les deux ont été créés à la fin du XIXe siècle par des hommes originaires de Bavière. Le Lederhose aurait été créé en 1883 à Bayrisch Zell. Le jean, breveté en 1873, est une invention de Levi Strauss, né à Buttenheim en Bavière ! Le Lederhose est une culotte de peau très résistante. Beaucoup pensent qu'il ne se lave pas, que c'est traditionnellement un vêtement de travail qui doit s'épaissir et se durcir au fil des années, mais après quelques éclaboussures de bière et de sauce tomate, le porteur du Lederhose ressent parfois la nécessité d'un petit nettoyage. On passe un coup de brosse et on frotte fort...

Le Lederhose connaît quelques accessoires : on peut porter des bretelles en peau et un *Charivari* : c'est une petite chaîne argentée à laquelle sont suspendues de petites pièces ou des dents de sanglier. Les hommes portent le charivari au niveau de la ceinture de leur Lederhose. Les femmes le portent sur le tablier de leur Dirndl. Le nec plus ultra, quand on porte un Lederhose court (qui laisse les genoux apparents), c'est de mettre des Loferl. Les Loferl (ou *Stutzen*) sont en laine mais ce ne sont pas des chaussettes : ils entourent uniquement le tibia et le mollet et laissent les chevilles visibles. Pour être tout à fait dans le coup, laissez les baskets au vestiaire et portez de véritables souliers, les *Haferlschuhe*.

Les femmes revêtent le Dirndl, une robe à tablier, souvent portée avec un chemisier ou une petite laine. La ceinture du Dirndl informe sur le statut marital de sa porteuse : si la boucle est à gauche, Madame est célibataire, si elle est à droite, elle ne l'est pas. Une boucle à l'arrière indique une veuve. Et la boucle portée devant au milieu signifie « ça ne te regarde pas ! ». La plupart des coiffures les plus populaires sont tressées, ce qui convient également aux cheveux courts ou aux cheveux longs. Plusieurs manières possibles de porter sa tresse : la natte en épi peut être portée sur l'épaule, mais on peut aussi en faire une couronne. Certaines y ajoutent des accessoires ou des fleurs.

De la bière et du sang sur Netflix

Quelle autre fête peut se targuer d'inspirer les artistes comme le fait l'Oktoberfest ? Déjà en 1932, l'auteur germanophone Ödön von Horváth place sa pièce de théâtre *Kasimir & Karoline* dans le décor du Munich de la crise financière de 1929, en pleine Fête de la Bière. En 2020, Netflix met la Fête de la Bière à l'honneur dans une série de 6 épisodes intitulée *Oktoberfest 1900* et connue en anglais sous le titre *Oktoberfest : Beer & Blood*. La série nous plonge dans une ville de Munich ambiance fin de siècle avec des costumes soignés et des décors plutôt réussis. Si la série ne brille pas par son intrigue, ni par sa réalisation (un peu trop d'effets spéciaux dispensables), elle capte le spectateur par l'atmosphère qu'elle parvient tant bien que mal à créer. On y découvre des brasseurs véreux et cyniques, prêts à tout pour avoir une tente sur la célèbre Theresienwiese. On a reproché à la série de ternir l'image de l'Oktoberfest, mais il en faudrait beaucoup plus pour nuire à une fête qui rassemble des millions de personnes chaque année.

GÉOGRAPHIE

Avec une superficie de 70 548 km^2, la Bavière est le plus grand des 16 Länder. Elle couvre à elle seule près d'un cinquième de la superficie totale de la République fédérale. Elle partage ses frontières avec trois autres pays : l'Autriche, la Tchéquie et la Suisse (par le lac de Constance). Du sud au nord, le relief s'adoucit et l'on passe des hautes montagnes à un paysage plus vallonné puis tout à fait plat. Le sommet le plus haut d'Allemagne se trouve en Bavière : le Zugspitze, à la frontière autrichienne, culmine à 2 962 m. Le Danube, le plus long fleuve d'Europe occidentale, avec une longueur totale d'environ 2 850 km, la traverse sur 380 km d'ouest en est. Le Main, d'une longueur totale de 527 km, traverse la Bavière sur 406 km. C'est donc la plus grande rivière du Land. La conservation de la nature et la protection de l'environnement sont d'une grande importance et font partie intégrante de la constitution bavaroise depuis 1984.

Généralités

La Bavière n'est pas une notion géographique, ses frontières actuelles sont le fruit d'agrandissements successifs au cours de son histoire. La Bavière est une réalité avant tout historique. La plus grande partie des terres franconiennes n'a été ajoutée qu'il y a un peu plus de 200 ans. Et il y a cent ans encore, il fallait compter le Palatinat rhénan comme partie intégrante de la Bavière. Cela montre combien les frontières bavaroises ont été changeantes. D'un point de vue administratif, la Bavière d'aujourd'hui est découpée en 7 districts (« Bezirke ») avec chacune sa capitale, ici entre parenthèses : Basse-Franconie (Wurtzbourg), Haute-Franconie (Bayreuth), Moyenne-Franconie (Ansbach), Haut-Palatinat (Ratisbonne), Basse-Bavière (Landshut), Haute-Bavière (Munich), Souabe (Augsbourg). C'est ce découpage administratif que nous reprenons dans ce guide.

Quatre régions pour mieux se repérer

On peut distinguer en Bavière quatre grandes régions naturelles.

- D'abord, il y a les **Alpes**, tout au sud. En tout, 5,6 % du massif alpin se trouve en Allemagne. Les Alpes bavaroises, avec le célèbre sommet Zugspitze (2 962 mètres d'altitude), font partie des régions les plus attractives de Bavière en termes d'activités touristiques, pour leurs paysages de montagne, propices à la randonnée et aux sports d'hiver. Le Zugspitze est à la fois le plus haut sommet de Bavière et le plus haut sommet d'Allemagne.

- Ensuite, il y a les **Préalpes**, région au nord des contreforts alpins. A strictement parler, les Préalpes englobent le territoire situé entre la Loisach à l'ouest et l'Inn à l'est. Mais on peut y inclure ici toute la zone qui s'étend jusqu'à la vallée du Danube. Là, les lacs sont nombreux et attirent randonneurs et baigneurs.

- Dans la partie est de la Bavière, entre Ratisbonne et Passau et jusqu'à la frontière tchèque, s'étend la **Forêt bavaroise** (en allemand *Bayrischer Wald*) sur une superficie de 6 000 km^2. En 1970, c'est la première région d'Allemagne a être classée comme parc national protégé.

- Au nord et à l'ouest, le **bassin souabe-franconien** est marqué par des collines des falaises de karst. On y trouve le Jura souabe et le Jura franconien. Les paysages les plus impressionnants sont ceux de la Suisse franconienne (Fränkische Schweiz).

La Bavière compte plusieurs grandes villes. Munich est la plus peuplée avec plus d'un million d'habitants. La deuxième ville de Bavière est Nuremberg, avec moitié moins d'habitants.

© ANDREAS HERMANSPANN - SHUTTERSTOCK.COM

Le Zugspitze.

DÉCOUVRIR

NATURE

Ce sont deux lions jaunes qui portent le blason bavarois. Pourtant, c'est un félin qui n'existe pas à l'état sauvage en Bavière. Son cousin le lynx, lui, avait disparu du paysage bavarois mais il a été réintroduit dans le parc national de la Forêt bavaroise et compte aujourd'hui une dizaine de membres à l'état sauvage. De manière générale, la Bavière est bien connue des amoureux de la nature parce que sa faune et sa flore y sont formidablement conservées et on y trouve de très beaux lieux d'observation. Vous verrez aussi que même en ville, la nature n'est jamais très loin. Il y a en Bavière quelques espèces animales et végétales absolument uniques, très rares et introuvables ailleurs : par exemple la *Cochlearia bavarica* dans le règne végétal et la *Sadleriana bavarica* dans le règne animal. Vous ne les verrez probablement pas car elles sont discrètes, très fragiles et qu'elles se portent aussi bien loin des activités humaines.

Parcs nationaux

L'Allemagne compte 14 parcs nationaux au total. Deux d'entre eux se situent en Bavière. Le parc national de la Forêt bavaroise (Nationalpark Bayerischer Wald) est proche de la frontière avec la République tchèque. Plus au sud, se trouve le parc national de Berchtesgaden. L'altitude la plus élevée y avoisine les 2 713 m et c'est le lieu idéal pour découvrir la faune et la flore sauvages de Bavière. A côté de ces grands parcs nationaux, 18 parcs naturels dont l'Altmühltal situé environ 80 km au sud de Nuremberg ou le Frankenwald et le Fichtelgebirge au nord et à l'est de Bayreuth. Il faut ajouter à cela plus de 600 zones protégées (Naturschutzgebiet). En tout, presque 23 000 km² entièrement dédiés à la nature et aux espèces végétales et animales. C'est-à-dire environ un tiers de la superficie de la Bavière !

Faune

La Bavière compte un grand nombre d'espèces animales. Il n'est pas rare de croiser lièvre, renard, biche ou sanglier lorsqu'on se promène en Bavière et, si on lève un peu le nez, on s'aperçoit que les variétés d'oiseaux sont très nombreuses et les aigles y sont très bien implantés. Cependant, une grande partie de ces animaux est inscrite sur la liste des espèces en voie de disparition comme le lièvre ou le lynx. Ainsi, le Land accorde beaucoup d'importance à leur réimplantation et à leur sauvegarde. Depuis leur réintroduction dans la Forêt bavaroise, il y aurait une petite dizaine de lynx à l'état sauvage. Le castor qui avait totalement disparu a été réintroduit dans les années 1960 et il réussit à présent à survivre et à reconquérir le territoire.

Un spécimen unique en Bavière est la *Sadleriana bavarica* (appelée *Bayrische Zwergdeckelschnecke* en allemand), un petit escargot d'eau douce d'environ 2 millimètres, qui a survécu de la période glaciaire jusqu'à nos jours. Pour l'heure, sa présence n'est attestée que dans un ruisseau de Munich. Les emplacements exacts sont gardés secrets pour pouvoir préserver l'espèce des visiteurs. Contrairement à la majorité des gastéropodes qui sont hermaphrodites, la *sadlerina bavariana* est sexuée et on distingue les mâles des femelles à la coquille.

Flore

Les forêts de Bavière sont essentiellement de vastes pessières, c'est-à-dire des forêts d'épicéas. L'épicéa (*Fichte* en allemand) représente 44 % des arbres en Bavière. Il est suivi par le pin (*Kiefer*) avec 19 % et le hêtre (*Buche*) avec 12 %. Le chêne, arbre emblématique de l'Allemagne dont la feuille orne les pièces de 1, 2 et 5 centimes, ne représente pas plus de 6 % des arbres bavarois. Dans les vallées et au pied des Alpes, il y a des terres fertiles à vocation agricole.

Dès que le printemps revient, la nature reprend ses droits et de nombreuses variétés de fleurs apparaissent. La Bavière compte une grande quantité d'espèces sauvages (orchidées, gentiane, roses des Alpes) dont la plus connue est l'edelweiss, cette fleur blanche cotonneuse des massifs montagneux. Une autre fleur emblématique des montagnes est le *galanthus nivalis*, aussi appelé perce-neige en raison de sa capacité à fleurir avant la fonte des neiges, dès janvier ou février. C'est une plante toxique qui a des propriétés vomitives.

Il existe quelques espèces absolument uniques en Bavière. La *Cochlearia bavarica* (*Bayrisches Löffelkraut* en allemand), une petite fleur blanche, héritée de la période glaciaire mais découverte en 1984 seulement, n'est présente nulle part ailleurs. Elle a besoin d'une source d'eau pure et calcaire, et de par sa rareté elle est menacée. On ne la trouve plus précisément qu'en Souabe et en Haute-Bavière.

CLIMAT

En Bavière, le climat est tempéré, océanique de transition, de plus en plus continental en allant vers l'est. Les quatre saisons sont nettement distinctes, même si le dérèglement climatique brouille un peu les pistes. Les étés bavarois sont chauds et plutôt secs. Les hivers sont froids et parfois longs avec de la neige jusqu'à fin mars. A proximité des Alpes, il y a un phénomène météorologique typique de la montagne : le foehn. C'est un vent puissant, chaud et sec. La plupart du temps, il permet une vue dégagée magnifique, mais il peut donner des maux de tête aux personnes sensibles aux changements de météo. Cela peut sembler paradoxal mais le nord de la Bavière présente des températures moyennes plus élevées que le sud. La région la plus ensoleillée du Land est celle de Wurtzbourg. Son climat chaud et sec rend la région propice à la viticulture, la région de Basse-Franconie étant presque la seule à produire du vin en Bavière.

Un climat qui varie

La Bavière présente un climat tempéré, en transition entre le climat océanique de l'Europe occidentale et le climat continental de l'Europe centrale. Les hivers sont froids et rigoureux, souvent accompagnés de neige. Les températures atteignent des valeurs négatives en moyenne 100 jours dans l'année. Les étés sont d'ordinaire chauds et ensoleillés. Mais les différences d'altitude induisent des variations climatiques. Étant donné la superficie du Land ainsi que sa variété de reliefs, de nombreux facteurs rendent les conditions météorologiques tout à fait différentes d'un endroit à un autre en Bavière. Le temps peut aussi changer très rapidement. Tout dépend également de l'altitude, si on se trouve en ville ou plutôt à la campagne... Parfois, la brume descend sur les montagnes, masquant complètement la vue, mais cela crée par la même occasion des paysages étranges et fascinants. Le climat se révèle plus capricieux à mesure qu'on avance vers le sud du Land et donc de la chaîne alpine. Janvier est le mois le plus froid et juillet le mois le plus chaud.

Saisons touristiques

Les deux principales hautes saisons touristiques en Bavière sont l'hiver et l'été. En hiver, le tourisme profite au sud de la Bavière, particulièrement à la chaîne alpine pour ses stations de ski et de sports de montagne. L'été, le tourisme profite à l'ensemble du Land. Les températures sont bonnes et on peut se baigner dans les nombreux lacs que compte la Bavière. En septembre-octobre, l'affluence est particulièrement grande à Munich pour la Fête de la Bière qui attire des touristes du monde entier.

Le foehn

Le foehn est un vent chaud et sec qui apporte un redoux en hiver. C'est un phénomène météorologique fréquent dans les vallées alpines, même si le phénomène qui l'explique se retrouve dans d'autres régions du monde. En hiver, lorsqu'un vent rencontre un relief et dans notre cas lorsque les masses d'air froides et humides venues de Méditerranée se heurtent aux contreforts des Alpes, le vent, au fur et à mesure qu'il monte, se refroidit, car la pression diminue avec l'altitude. Cette baisse de température entraîne la formation de nuages, puis de précipitations (pluie ou de neige). Une fois le sommet atteint, l'air s'est vidé de son eau et il est froid et sec. En descendant l'autre versant, l'air se comprime et se réchauffe d'un coup sous l'effet d'une pression plus forte. Ce choc brutal donne lieu à un radoucissement soudain au beau milieu de la saison froide. Il peut y avoir ainsi de grandes différences de température sur les deux versants d'une même montagne. Certains affirment que le foehn peut rendre fou et il est accusé de déclencher des maux de tête ou des insomnies. Si le mot « foehn » vient de l'allemand, les météorologues l'emploient aussi pour désigner le phénomène de manière générale.

Réchauffement climatique

Une des conséquences du réchauffement est la fonte progressive de la quasi-totalité des glaciers des Alpes bavaroises : sur les cinq glaciers bavarois, un seul, Höllentalferner, survivra à moyen terme.

Les sommets Nördlicher Schneeferner et Südlicher Schneeferner ont déjà fondu en grande partie. Les effets du réchauffement climatique se font aussi sentir à Wurtzburg. Depuis les années 1960, les températures ont augmenté de manière significative et les précipitations mesurées sont moins importantes. Au printemps et en été, on enregistre nettement plus d'heures d'ensoleillement.

ENVIRONNEMENT

La Bavière cultive une image patrimoniale forte, entre châteaux de Louis II et folklore. Mais derrière l'image de carte postale émerge une situation environnementale ambivalente. Le Land a inscrit dans sa constitution le respect de la nature et des paysages et protège de remarquables écosystèmes au sein d'aires protégées. Les transports en commun et les mobilités actives sont bien développés. La Bavière s'est engagée dans des actions de sobriété foncière, visant notamment à freiner l'artificialisation des sols. Mais le Land, à l'image du pays, est un bastion industriel, où l'automobile demeure puissante, et l'énergie fortement carbonée. Les sévères inondations de l'été 2021 et la nouvelle coalition au pouvoir dans le pays à l'automne 2021 marqueront-elles un pas vers des actions fortes en termes de lutte en faveur du climat ? Symbole notoire, de nombreux militants sont venus manifester à Munich lors du dernier salon de l'automobile, pour une vraie transition écologique.

Parcs nationaux

Le Land de Bavière compte plusieurs aires protégées dont 2 parcs nationaux qui concilient préservation des milieux naturels et accueil des visiteurs. Ils constituent de véritables réservoirs de biodiversité, qui raviront les amoureux de nature et de grands espaces.

Le Parc national de Berchtesgaden : situé dans le sud du Land, il protège un territoire montagnard, dont une partie classée réserve de biosphère par l'Unesco. Peuplé de grands mammifères, il abrite une remarquable biodiversité et des paysages à couper le souffle. Accessible par les mobilités actives, il est aussi dédié à l'éducation à l'environnement et aux activités de recherche.

Le Parc national de la forêt de Bavière (p.259): situé à l'est du land, il jouxte le parc national tchèque de Šumava, avec lequel il forme un continuum écologique, constituant ainsi l'une des plus importantes zones forestières d'Europe centrale. Premier parc national allemand, il a pour objectif de laisser libre l'évolution du milieu naturel. Le parc national est parsemé d'itinéraires pédestres et cyclables mais aussi de pistes de ski fond. Les plus audacieux pourront aussi découvrir la canopée, grâce à des dispositifs d'accès à la cime des arbres. Des musées et centres d'accueil (Nationalparkzentrum) contribuent quant à eux à la diffusion des connaissances de ce remarquable patrimoine.

© TRAVEL STOCK - SHUTTERSTOCK.COM

Lynx dans le parc national de la forêt de Bavière.

Vers une sobriété foncière et un urbanisme « vert »

Les changements d'affectation des sols, parmi lesquels l'urbanisation et la construction d'infrastructures de transports, contribuent à l'érosion de la biodiversité. La suburbanisation multiplie également le nombre de déplacements et participe au réchauffement climatique, lorsque ceux-ci sont effectués par des transports émissifs. Parmi les actions innovantes en matière de préservation de la biodiversité sur le territoire, on mettra en exergue le développement d'un urbanisme favorable à l'environnement. Les villes abritent de vastes espaces verts, qui, lorsqu'ils forment des continuums et sont gérés de manière écologique, permettent de maintenir la dynamique évolutive du vivant. Ces jardins et parcs favorisent les îlots de fraîcheur dans les villes, et permettent un écoulement des eaux de pluie, ce qui contribue à une meilleure prévention des événements extrêmes, tels que canicules et inondations. Il s'agit d'un urbanisme qui se révèle également favorable à la santé. À Munich, on citera, parmi les nombreux espaces verts, le **jardin botanique**, le **Hofgarten** (p.133), l'**Englischer Garten** (p.151), parc urbain de 400 hectares, ou l'**Olympiapark** (p.146) et ses 300 hectares de superficie.

La périurbanisation, qui contribue à l'artificialisation des terres et à l'usage de la voiture, n'est

© SCSTOCK - SHUTTERSTOCK.COM

Le parc national de Berchtesgaden.

pas inéluctable. L'Allemagne s'est fixé comme objectif de ne pas dépasser de 10 000 hectares de sol artificialisé, d'ici 2030. Des mesures fortes ont été actées dans certains territoires, comme en Bavière, où le maire de Schwandorf (p.273) a interdit la construction de pavillons individuels neufs. Cette politique de « sobriété foncière », en adéquation avec les enjeux écologiques planétaires, constitue un tournant important, qui plus est au regard de l'histoire du pays, et dans un contexte de crise sanitaire où les aspirations à la maison individuelle demeurent fortes.

Face au défi climatique

Les effets du réchauffement climatique sont déjà palpables en Bavière. Il se traduit notamment par une augmentation de la fréquence et de l'intensité des événements extrêmes, à l'image des vagues de chaleur des étés 2018 et 2019 ou des inondations dévastatrices de juillet 2021, qui ont causé plusieurs morts et emporté des maisons. L'état de catastrophe naturelle fut alors déclaré dans le district de Hof. La baisse des épisodes neigeux – au profit des événements pluvieux – pourrait voir d'ici la fin du siècle la disparition de la plupart des glaciers du Land. Seul le glacier du Höllentalferner pourrait subsister. L'Allemagne figure parmi les plus gros émetteurs de CO_2 de l'Union européenne. La situation est notamment liée à la politique énergétique du pays, où l'exploitation des énergies fossiles est toujours présente sur le territoire, en lien notamment avec la sortie du nucléaire, actée en 2011. L'Allemagne a développé les énergies renouvelables (qui sont aussi des sources de gaz à effet de serre dans les pays où sont fabriqués les panneaux solaires, les éoliennes et les batteries) et a programmé la fermeture de ses centrales charbon. La Bavière possède une centrale thermique à Wurtzbourg, mais aussi une solide industrie automobile, et entend « verdir » son économie, avec le développement notamment de voitures électriques. Mais la « croissance verte » ne constitue pas pour autant une réponse écologiquement viable, car elle se heurte aux limites physiques de la planète, évoquées en 1972 dans le rapport du MIT « *The Limits to Growth* » ou rapport Meadows. C'est en ce sens qu'en septembre 2021, plus de 25 000 personnes ont manifesté contre la tenue du salon allemand de l'automobile à Munich, à l'appel de plusieurs ONG.

De nombreuses initiatives fleurissent cependant sur le territoire. La ville de Munich développe des programmes urbains qui se fondent sur la compacité, le bioclimatisme et l'efficacité énergétique des bâtiments, à l'image du quartier de Freiham. La rénovation thermique du bâti existant est aussi à l'œuvre. On voit naître des programmes participatifs de « co-design », qui associent habitants et professionnels, et des démarches de production d'énergie locale et renouvelable, avec par exemple la récupération des excréments des animaux du zoo. Parmi les initiatives remarquables, on citera également le village de Wildpoldsried, qui se distingue par sa politique énergétique (efficience énergétique des bâtiments, éclairage public via des LED et énergie renouvelable dont biomasse). Le territoire produit en effet plus d'énergie qu'il n'en consomme.

Le Land de Bavière est aussi très bien pourvu en transports en commun et favorise les mobilités douces. Le voyageur en partance pour la Bavière pourra aisément s'y rendre par le train ou le vélo. Des trains de nuit Paris-Munich fonctionnent également. La Bavière est traversée par de nombreux itinéraires cyclables, dont la véloroute européenne N° 6.

HISTOIRE

Depuis la création du duché de Bavière au Moyen Âge, la Bavière n'a eu de cesse d'étendre et de consolider son territoire. A partir de 1180, la Bavière tombe aux mains des puissants Wittelsbach qui ne renonceront au pouvoir qu'après la Première Guerre mondiale : 738 années de domination des Wittelsbach (successivement ducs, électeurs et rois) ont profondément marqué le territoire et vous croiserez les membres de la dynastie partout lors de vos visites, dans les châteaux, les musées, les abbayes, etc. Entre ses deux éminents voisins - la Prusse au nord et l'Autriche au sud -, la Bavière a su défendre une troisième voie. En jouant un jeu trouble avec Napoléon, la Bavière parvient à être élevée au rang de royaume, puis à conserver ce titre après s'être rangée derrière les autres princes allemands. Après la Seconde Guerre mondiale, la Bavière s'impose comme l'une des régions les plus prospères et les plus influentes d'Allemagne.

Ve SIÈCLE AV. J.-C

Des tribus celtes s'installent dans la vallée du Danube : les Rhètes, les Vendéliques, les Boïens, les Helvètes.

IER SIÈCLE AV. J.-C

Les Romains passent la frontière naturelle du nord des Alpes. Création de la *Raetia* dont les principales villes et camps de légionnaires sont *Ratisbona* (Ratisbonne , Regensburg), Augusta Vindelicorum (Augsbourg) et Boiodurum (Passau).

IIE SIÈCLE AP. J.-C

L'empereur romain Hadrien fait aménager le Limès, dont le tracé coupe l'actuelle Bavière en deux parties : Empire romain au sud du Danube, contrées barbares au nord.

548-788

La dynastie des Agilolfinges règne sur le duché de Bavière, avec Ratisbonne comme résidence principale. Le duc Tassilo III est démis de ses fonctions par Charlemagne en 788 et la dynastie s'éteint.

VIIE ET VIIIE SIÈCLES

Des moines et prêtres irlandais, anglo-saxons et franconiens prêchent et répandent le christianisme en Europe centrale.

738-742

Saint Boniface et le duc Odilo fondent l'ordre religieux de Bavière. Six évêchés : Eichstätt, Freising, Passau, Ratisbonne, Salzbourg et Wurtzbourg.

955

Bataille du Lechfeld

A proximité d'Augsbourg, le roi des Germains Othon Ier (Otto) met fin aux invasions hongroises en infligeant une défaite historique aux Magyars qui ravageaient la Bavière depuis des décennies.

1002

Le duc de Bavière Henri IV (plus tard connu comme l'empereur Henri II) fonde l'évêché de Bamberg.

1050

Fondation de Nuremberg.

1156 L'empereur Frédéric Barberousse cède le duché de Bavière à son cousin Henri le Lion (Heinrich der Löwe), duc de Saxe de la dynastie des Guelfes.

1158 Henri le Lion fonde la ville de Munich sur les bords de l'Isar.

1180 Le comte Othon Ier (Otto) de Wittelsbach se voit attribuer le territoire du duché de Bavière par l'empereur Frédéric Barberousse après qu'Henri le Lion a été écarté du pouvoir. Cet événement marque le début de l'hégémonie de la dynastie des Wittelsbach, famille qui régnera sur la Bavière jusqu'en 1918, soit 738 ans.

1222 Le duc de Bavière Othon II épouse Agnès, héritière du Palatinat (région d'Heidelberg). Par ce mariage, la Maison de Wittelsbach hérite du Palatinat du Rhin qui reste dans leur possession jusqu'en 1918.

1328 Louis « le Bavarois », un Wittelsbach, est couronné empereur du Saint-Empire romain germanique. Sa cour est à Munich.

1356

Bulle d'Or

Ce texte, parmi les textes les plus importants du Saint-Empire, est conçu à Nuremberg. Il définit le fonctionnement de la monarchie élective : sept princes allemands se voient attribuer le droit d'élire l'empereur. *La Bulle d'Or* accorde par ailleurs à Nuremberg un statut privilégié. Après l'élection d'un nouvel empereur, celui-ci devra y tenir son premier Reichstag (Diète d'Empire).

1472 Le duc Louis le Riche fonde l'université d'Ingolstadt.

1475

Le mariage de Landshut

Mariage de Louis le Riche avec la princesse polonaise Hedwig. Aujourd'hui, tous les quatre ans, les habitants de Landshut rejouent ce mariage fastueux dans les rues de leur ville.

1471-1528

Albrecht Dürer

Peintre, graveur, illustrateur, Albrecht Dürer est le génie artistique de la Renaissance allemande. Il naît, vit et meurt à Nuremberg, où nombre de ses œuvres sont encore à découvrir aujourd'hui.

La Réforme protestante

1517 Les thèses du réformateur Martin Luther se répandent à toute vitesse en Franconie, en Bavière et en Souabe. C'est le début de la Réforme protestante qui fait trembler l'Église catholique en Allemagne.

1525 Nuremberg est la première ville libre de l'Empire à adopter la Réforme protestante.

Paix d'Augsbourg

1555 La Paix d'Augsbourg met fin à plusieurs années de conflit entre catholiques et protestants. Les princes trouvent un accord : chaque prince devra choisir la confession de ses sujets. Le principe s'appelle *Cujus regio eius religio* : A chaque région, sa religion.

Guerre de Trente Ans

1618-1648 On n'insistera jamais assez sur les conséquences désastreuses de la Guerre de Trente Ans en Allemagne. Ce conflit qui oppose princes protestants et catholiques dans un premier temps, puis des souverains de toute l'Europe pour divers motifs, met le pays à feu et à sang. Le duc de Bavière, fervent catholique, suit fidèlement l'empereur. Sa loyauté est récompensée en 1623 : l'empereur accorde au duc la dignité électorale. En 1628, le Haut-Palatinat est intégré à la Bavière. En 1648, la Paix de Westphalie restaure l'Électorat du Palatinat tout en confirmant le droit de vote de la Bavière. A partir de 1648, il y a donc 8 Princes-Électeurs dans le Saint-Empire romain germanique.

Massacre de Sendling

1705 Dans la guerre de succession d'Espagne, la Bavière de Maximilien-Emmanuel se range du côté de la France de Louis XIV et soutient Philippe V comme héritier du trône d'Espagne. Les troupes autrichiennes occupent la Bavière et matent une révolte populaire bavaroise : 1 100 insurgés bavarois sont massacrés à Sendling, dans le sud de Munich.

Charles-Albert de Bavière, dernier empereur de la Maison Wittelsbach

1742 L'Électeur de Bavière Charles-Albert (Karl Albrecht) ne reconnaît pas la Pragmatique Sanction qui doit permettre à Marie-Thérèse d'Autriche (Maria Theresia) de succéder à son père l'empereur Charles VI (Karl). Charles-Albert de Bavière se range du côté de la Prusse contre les Habsbourg dans la guerre de succession d'Autriche et, en 1742, il parvient à se faire couronner empereur du Saint-Empire à Francfort-sur-le-Main. Il est le dernier des Wittelsbach à obtenir la dignité impériale. A sa mort dès 1744, son fils et successeur en Bavière – Max III Joseph – conclut la paix avec l'Autriche et accorde son vote à François-Etienne, l'époux de Marie-Thérèse d'Autriche.

1777 Max III Joseph meurt sans héritier et la Bavière revient à Charles-Théodore (Karl Theodor), comte palatin du Rhin, qui quitte Mannheim pour Munich. La Bavière et le Palatinat sont ainsi réunis. Les deux contrées resteront liées jusqu'à la fin de la Seconde Guerre mondiale, où le Land de Bavière d'une part et le Land de Rhénanie-Palatinat, d'autre part, sont créés.

1803 Grâce à une politique de sécularisation, la Bavière obtient de nombreuses terres dans les anciennes principautés épiscopales de Wurtzbourg, Bamberg ainsi qu'Augsbourg et Freising.

1805 **Bataille d'Austerlitz**

Les Bavarois se battent aux côtés de Napoléon dans la bataille d'Austerlitz, en Moravie, et infligent ensemble une défaite à l'armée austro-russe. La Bavière reçoit le comté du Tyrol comme butin de guerre.

1806 **Royaume de Bavière**

Le duc et prince-électeur Maximilien est hissé au rang de roi par Napoléon. Il devient le premier souverain du royaume de Bavière sous le nom de Maximilien Ier (ou tout simplement Max Ier). La ville de Nuremberg est intégrée au royaume.

OCTOBRE 1810 **Naissance de l'Oktoberfest**

Munich célèbre le mariage du prince-héritier (le futur Louis Ier) avec la princesse Thérèse de Saxe-Hildburghausen lors d'une grande fête populaire, qui s'est perpétuée jusqu'à nos jours : l'Oktoberfest.

1812 La Bavière suit Napoléon dans la Campagne de Russie. C'est un échec cuisant qui coûte la vie à 30 000 soldats bavarois.

1813 La Bavière, qui avait jusque-là soutenu Napoléon, retourne sa veste et rejoint la coalition européenne liée contre l'empereur des Français.

1814 **Paix de Paris**

La Bavière perd le Tyrol mais obtient Aschaffenbourg en contrepartie.

1815 **Congrès de Vienne**

Le congrès de Vienne redessine le paysage européen après la défaite de Napoléon. La Bavière rejoint la Confédération germanique (Deutscher Bund).

1818 Le royaume de Bavière se dote d'une Constitution qui prévoit un parlement avec deux chambres.

1826 L'université est transférée d'Ingolstadt à Munich. Elle est toujours aujourd'hui la meilleure université de Bavière.

1832 **Fête de Hambach**

Plus de 20 000 citoyens manifestent à Hambach (Palatinat) pour la liberté, la démocratie et l'unité allemande.

1835 **Première locomotive d'Allemagne**

Entre Nuremberg et Fürth circule le premier train à vapeur d'Allemagne : c'est une petite révolution qui va transformer radicalement les modes de transport et permettre le développement industriel du pays.

1848

Révolution de mars

Partie de Paris où le roi Louis-Philippe a été destitué, la révolution met plusieurs villes de la Confédération germanique en ébullition. Contrairement à Berlin ou Vienne, les manifestations à Munich restent pacifiques. Empêtré dans des affaires (notamment sa liaison avec la sulfureuse danseuse Lola Montez), le roi de Bavière Louis Ier est contraint d'abdiquer. Il laisse le trône à son fils Maximilien II. Les manifestants ont réussi à faire passer un certain nombre de revendications essentielles comme une réforme électorale et l'application de la liberté de la presse.

1864-1886

Règne de Louis II de Bavière

Ce roi, le plus célèbre des souverains bavarois, est connu pour avoir été un mélomane énigmatique dont la vie et la mort continuent de nourrir les fantasmes.

© CHRIS REDAN - SHUTTERSTOCK.COM

1866

Guerre austro-prussienne

La Bavière, qui s'était rangée du côté de l'Autriche face à la Prusse, doit – après la défaite – renoncer à certains territoires.

1871

La Bavière intègre le Kaiserreich

Le Royaume de Bavière est intégré dans l'Empire (Kaiserreich) que le chancelier prussien Otto von Bismarck a réussi à unifier sous l'autorité des Hohenzollern.

1886-1912

Régence de Léopold

Louis II et son frère Othon, déclarés inaptes à régner, sont remplacés dans cette fonction par leur oncle Léopold (Luitpold von Bayern). C'est une période plutôt faste pour la Bavière : Munich atteint les 600 000 habitants, Nuremberg les 300 000. L'industrialisation s'accélère. Des syndicats se forment. Les socialistes intègrent le parlement. Un droit de vote direct, secret et universel (duquel les femmes sont exclues) est introduit.

1918-1919

Révolution de Novembre et République des Conseils

Le 7 novembre, le journaliste, écrivain et leader du parti socialiste indépendant (USPD) Kurt Eisner se place à la tête d'un mouvement révolutionnaire qui parvient à sortir la Bavière de la guerre, à abolir la monarchie et à faire de la Bavière un État libre. Le sixième et dernier roi de Bavière - Louis III - est chassé du trône. C'est la fin de 738 ans de règne de la Maison Wittelsbach. Le 21 février, Eisner est assassiné à coups de revolver devant le Palais Montgelas par un jeune monarchiste. Munich est en proie à un soulèvement populaire. Le 22, l'état de siège est instauré à Munich, les journaux sont occupés et leurs publications interdites pendant une dizaine de jours. Dans la nuit du 6 au 7 avril 1919, la « République des Conseils », d'inspiration communiste, est proclamée. Le gouvernement élu du ministre-président socialiste Johannes Hoffmann doit fuir à Bamberg. Le 1er mai, les troupes gouvernementales et les corps francs pénètrent dans Munich et mettent fin à la République des Conseils. Bilan : plus de 600 morts, des milliers de peines prononcées, dont des condamnations à mort.

8 ET 9 NOVEMBRE 1923

Putsch de la Brasserie

Le soir du 8 novembre, Hitler et sa clique tentent un coup d'État en prenant d'assaut la brasserie Bürgerbräukeller, où se trouvent plusieurs hauts gradés de l'administration bavaroise. Hitler leur arrache la promesse d'engager une révolution conservatrice, promesse extorquée de force qu'ils n'ont pas l'intention d'honorer. Le lendemain, Hitler et 2 000 sympathisants entament une marche pour mobiliser la population ; une marche inspirée par la marche sur Rome des fascistes italiens un an plus tôt. Sur l'Odeonsplatz, la marche est arrêtée par des policiers armés. Après l'échec du putsch, Hitler est condamné à 5 ans de prison, à Landsberg (à l'ouest de Munich), où il rédige *Mein Kampf*. Choisissant la voix légale pour imposer sa vision du monde, il parvient à se hisser dix ans plus tard au rang de chancelier. Moins d'un an après sa condamnation, il a bénéficié d'une remise de peine... pour bonne conduite...

1933

A proximité du centre-ville de Dachau, les nazis construisent le premier grand camp de concentration du IIIe Reich pour y interner les opposants politiques.

1935

Lois de Nuremberg

Un ensemble de lois, appliqués à toute l'Allemagne, transpose dans le système législatif les théories antisémites du NSDAP.

29 SEPTEMBRE 1938

Accords de Munich

Les « accords de Munich » entre Hitler, Daladier, Chamberlain et Mussolini permettent à l'Allemagne d'annexer les régions de Tchécoslovaquie peuplées majoritairement par des Allemands. Entre 150 000 et 250 000 Tchèques sont contraints de quitter les territoires nouvellement occupés par l'Allemagne.

8 NOVEMBRE 1939

Attentat échoué de Georg Elser sur Adolf Hitler dans le Bürgerbräukeller à Munich.

FÉVRIER 1943

La Rose blanche

Un mouvement de résistance à la barbarie nazie - la Rose blanche (die Weisse Rose) - s'organise à l'université de Munich. Ses principaux membres sont des étudiants, Hans et Sophie Scholl, Christoph Probst, Alexander Schmorell, et le professeur Kurt Huber. La Rose blanche sera anéantie par les nazis qui ne tolèrent aucune opposition. Les membres du réseau sont exécutés.

1945

La Seconde Guerre mondiale fait des ravages en Bavière : Munich, Nuremberg et Wurtzbourg furent détruites à plus de 80 % par les bombardements des forces alliées. La Bavière est libérée par les troupes alliées et devient zone d'occupation américaine. Elle fait face à l'arrivée de plus de 2 millions de réfugiés venus essentiellement de Pologne et de Tchécoslovaquie.

1945-46

Procès de Nuremberg

24 hauts responsables nazis sont jugés pour complot, crimes contre la paix, crimes de guerre et crimes contre l'humanité. La notion de « crime contre l'humanité » fait son apparition dans le droit international.

1946

Le Palatinat rhénan est détaché de la Bavière et inclus dans un nouveau Land appelé Rhénanie-Palatinat (Rheinland-Pfalz). Le 1er décembre 1946, l'État libre de Bavière est proclamé : le Land adopte une nouvelle constitution par voie de référendum. A partir de 1946, la Bavière a les frontières qu'elle a encore aujourd'hui.

1972

Jeux olympiques de Munich

La capitale bavaroise accueille la 20e Olympiade et montre un nouveau visage au monde entier : de toutes nouvelles infrastructures sportives et une ligne de métro sont inaugurées pour les Jeux. Malheureusement les Jeux sont frappés par un attentat terroriste : le 5 septembre 1972, un commando composé de 8 terroristes de l'organisation palestinienne Septembre Noir s'introduit dans le village olympique, tue deux athlètes et prend en otage 9 autres membres de la délégation israélienne. Mal préparée, la tentative de libération se termine sur la base aérienne de Fürstenfeldbruck dans un bain de sang. Aucun des otages n'a survécu.

26 SEPTEMBRE 1980

Un attentat d'extrême-droite à la bombe est perpétré à Munich pendant l'Oktoberfest, faisant 13 victimes et des centaines de blessés.

17 JUIN 1984

La Bavière devient le premier Land à inscrire la protection de l'environnement dans sa constitution. Deux ans plus tard, les Verts font leur entrée dans le *Landtag*, le parlement de Bavière.

28 SEPTEMBRE 2008

Électrochoc aux élections du Land de Bavière, la CSU perd la majorité absolue qu'elle détenait depuis 1962, soit dix législatures consécutives ! Horst Seehofer devient Ministre-Président à la tête d'une coalition avec la FDP (Libéraux).

SEPTEMBRE 2013

La CSU remporte cette fois la majorité absolue aux législatives bavaroises et Horst Seehofer confirme son pouvoir à la tête du Land.

OCTOBRE 2018

Le Parti conservateur de la CSU perd sa majorité absolue lors des dernières élections régionales devant la montée en puissance des Verts. Markus Söder (CSU) est élu ministre-président.

SEPTEMBRE 2021

Les Allemands sont appelés aux urnes pour élire un nouveau Bundestag. Si l'Union (CDU et CSU) accuse une perte de points, les sociaux-démocrates du SPD, les Verts (die Grünen) et les libéraux du FDP sortent renforcés des élections. Ces trois partis forment un nouveau gouvernement fédéral avec Olaf Scholz pour chancelier. Parmi les différents ministères, seul un est dirigé par une Bavaroise, Claudia Roth.

LOUIS II

LES RÊVES DE PIERRE DU ROI EN CARTON

Le prince mélomane

Louis II naît au château de Nymphenburg le 25 août 1845. C'est la Saint Louis et on lui donne le nom de son grand-père, Louis (Ludwig en allemand). Il est Wittelsbach par son père, le prince-héritier Max (futur roi Maximilien II de Bavière) et il est affilié aux Hohenzollern par sa mère, Marie de Prusse. Il passe son enfance entre Munich et le château de Hohenschwangau, un château néo-gothique dont on dit qu'il a été le château de Lohengrin. L'histoire du chevalier au cygne et les autres légendes germaniques (notamment l'épopée des Nibelungen) le captivent et l'inspirent. Le 2 février 1861, le jeune Louis, qui a 16 ans, découvre *Lohengrin* à l'opéra royal de Munich. L'œuvre de Wagner bouleverse l'adolescent, c'est un véritable coup de foudre musical. A partir de ce moment-là, Louis nourrit une admiration sans borne pour Wagner et sa musique. Il le fait venir à Munich, entretient son train de vie fastueux et lui donne toutes les ressources pour qu'il puisse composer sereinement. La correspondance entre les deux hommes est passionnée mais leur relation sera faite de déceptions réciproques. Wagner profite allégrement des largesses du souverain mais bientôt il ne supportera plus les fantasmes et les caprices du roi mélomane. Louis II peine à voir que son amour pour Wagner n'est pas tout à fait réciproque.

Le roi bâtisseur

En 1864, à la mort de son père, Louis devient roi, alors qu'il n'a que 18 ans. Incorrigible rêveur, il n'est pas à la hauteur de la fonction. Le chancelier prussien Bismarck exploite cette faiblesse pour forcer la Bavière à rejoindre l'Empire allemand qu'il forme sous la bannière prussienne. Face à cet échec cuisant, Louis II se détourne de la chose politique, se coupe du monde et voue le reste de son existence à Wagner et à l'édification de ses châteaux fantaisistes. Déjà enfant, il aime se déguiser et faire de petites constructions en bois. Adulte, il sera pris d'une véritable fièvre bâtisseuse. En 1867, Louis II fait un voyage en France à l'occasion de l'exposition universelle. Son passage par Versailles le marque durablement. De retour en Bavière, il décide de réaliser ses fantaisies architecturales. De son vivant, il ne peut voir la fin du chantier que d'un seul château ! Celui de Linderhof, où l'influence baroque française est très visible. Cette inspiration est encore plus manifeste à Herrenchiemsee, où l'on se trouve devant une petite copie du château de Versailles, avec une reproduction de la Galerie des Glaces. Neuschwanstein est de toute évidence le plus célèbre des trois : là, Louis II a concrétisé son amour de la chevalerie et s'est fait construire une gigantesque forteresse qui idéalise le Moyen Âge. A Munich, Il ne reste rien de ses constructions. Dans la Residenz, il avait fait aménager un fabuleux jardin d'hiver (Wintergarten) qui a malheureusement disparu, démonté après sa mort. Même le train qu'il utilisait pour ses voyages était aménagé comme un petit palais rococo. Ce « Hofzug » est encore visible aujourd'hui au DB-Museum de Nuremberg. Louis II avait imaginé d'autres palais qui n'ont pas été réalisés : un château d'inspiration byzantine ou encore un palais chinois.

Le chant du cygne

Petit à petit, des signes de démence inquiètent autour de lui : le roi a des comportements paranoïaques, fait des caprices, pique des colères. Il parle seul. D'autres membres de la famille manifestent des signes de déséquilibre. Son frère, déclaré fou, est enfermé jusqu'à la fin de ses jours. Le 12 juin 1886, Louis II est interné pour folie au château de Berg. Il trouve la mort dès le lendemain dans des conditions encore inexpliquées puisque son médecin et lui - qui mesurait 1,91 m – sont retrouvés noyés, dans moins d'un mètre d'eau au bord du lac Starnberg... On ignore aujourd'hui encore les circonstances exactes de leur mort. Fut-ce un suicide ? Un accident ? Un meurtre ? L'absence de piste sérieuse nourrit les hypothèses. « *Ein ewig Rätsel will ich bleiben mir und anderen* » (« Je veux rester un mystère, pour moi et les autres ») avait dit Louis II. Son frère Othon (Otto) est inapte à régner. C'est leur oncle Léopold (Luitpold) qui va assurer la régence jusqu'à sa propre mort en 1912.

La vie de Louis II a beaucoup inspiré les cinéastes. Luchino Visconti en fait un film en 1973 (*Ludwig ou Le Crépuscule des dieux*). Plus récemment en 2012, une production austro-allemande – *Ludwig II* – porte son histoire à l'écran avec Sabin Tambrea dans le rôle-titre.

TOP 10

CHÂTEAUX

Découvrez la vie de château à la bavaroise : d'impressionnantes forteresses héritées du Moyen Âge, de luxueux palais Renaissance et baroques entièrement imaginés pour les plaisirs des princes et de somptueuses demeures sorties de la fantaisie de Louis II de Bavière.

CHÂTEAU DE LINDERHOF

Linderhof est une pépite architecturale, raffinée et opulente, dans un formidable écrin de nature.

© TERRAXPLORER - ISTOCKPHOTO.COM

RESIDENZ DE MUNICH

Le château de Munich est un complexe gigantesque mêlant tous les styles architecturaux.

© FOOTTOO/SHUTTERSTOCK.COM

CHÂTEAU PRINCIER DES THURN & TAXIS

La splendide résidence des Thurn und Taxis à Ratisbonne, avec salles d'apparat et crypte familiale.

© MOEHRING - SHUTTERSTOCK.COM

CHÂTEAU DE HERRENCHIEMSEE

Le château de Herrenchiemsee rappelle étrangement celui de Versailles, qui a servi de modèle.

© FRANK GAERTNER - SHUTTERSTOCK.COM

RESIDENZ DE WURTZBOURG

Les princes-évêques de Wurtzbourg ont fait construire un palais baroque aussi grand que grandiose.

© MURATART - SHUTTERSTOCK.COM

CHÂTEAU DE BURGHAUSEN

La forteresse de Burghausen est connue pour être le château fort le plus long du monde.

© ANDREAS WIND - SHUTTERSTOCK.COM

CHÂTEAU DE JOHANNISBURG

Exemple flamboyant de la Renaissance allemande, ce château fut la résidence des archevêques de Mayence.

© PIGPROX - SHUTTERSTOCK.COM

CHÂTEAU DE NEUSCHWANSTEIN

Le château féerique du roi Louis II : un cadre enchanteur qui nourrit l'imaginaire des romantiques.

© BORIS STROUJKO - SHUTTERSTOCK.COM

KAISERBURG À NUREMBERG

Le château impérial manifeste encore aujourd'hui l'importante de la ville dans le Saint-Empire.

© ADISA - ISTOCKPHOTO.COM

VESTE COBURG

Cette formidable forteresse médiévale sur les hauteurs de Coburg abrite une belle collection d'art.

© REINER CONRAD - SHUTTERSTOCK.COM

LES ENJEUX ACTUELS

Depuis la fin de la guerre, la Bavière a su s'imposer comme l'un des Länder les plus prospères et les plus influents d'Allemagne. Son économie, basée sur quelques grands groupes industriels et une quantité de petites et moyennes entreprises, est en pleine santé. On retrouve la même stabilité au niveau politique, la Bavière étant gouvernée par le même parti depuis 1957 ! Le parti conservateur de la CSU arrive systématiquement en tête des élections du Landtag et, depuis plus de 60 ans, le ministre-président de Bavière est issu de ses rangs. Aux dernières élections régionales de 2018, les Verts (Die Grünen) ont fait une percée historique, qui leur a permis d'obtenir 38 sièges et de devenir le premier parti d'opposition au sein du Landtag, plaçant les enjeux écologiques au cœur du débat. La Bavière mise également sur le tourisme pour diversifier son économie et se positionne à la première place des destinations touristiques d'Allemagne.

Élections du Landtag de 2018

Lors des élections du Landtag (parlement bavarois) de 2013, la CSU recueille 47,7 % des suffrages et obtient une fois de plus la majorité parlementaire. Aux élections régionales d'octobre 2018, la CSU est une fois encore sortie en tête, mais a perdu sa majorité absolue en réalisant son pire score depuis 1954. Ces élections sont surtout marquées par la déroute des sociaux-démocrates qui ne dépassent pas les 10 % des votes et obtiennent seulement 22 sièges au Landtag. Les Verts parviennent à se placer en deuxième position, récoltant 17,5 % des voix. C'est une victoire historique pour ce grand parti écologiste qui fait accuser une sérieuse perte de points à la CSU. Cette dernière reste tout de même le plus grand groupe parlementaire : elle obtient 37,5 % des voix et 85 sièges au Landtag. Elle pourra gouverner avec le concours des *Freie Wähler* (parti de centre-droit) et propose Markus Söder comme ministre-président.

Markus Söder, homme politique originaire de Nuremberg et actuellement numéro 1 de la Bavière, avait été pressenti pour succéder à Angela Merkel à la chancellerie fédérale. Mais, son partenaire de la CDU (la CSU et la CDU présentent toujours un candidat commun aux élections fédérales), Armin Laschet est désigné à la place comme candidat des chrétiens-conservateurs pour les élections du Bundestag de septembre 2021. Armin Laschet étant très impopulaire, sa campagne se solde par un échec historique pour l'Union (CDU-CSU). Les sondages montraient clairement que Markus Söder aurait pu mener les chrétiens-conservateurs à la victoire : un Bavarois à la chancellerie, ce sera pour une autre fois.

Si ce sont les conservateurs de la CSU qui donnent le la au niveau du Land, certaines villes bavaroises sont « rouges » : la mairie de Munich est aux mains du SPD (les sociaux-démocrates) depuis les années 1980. Nuremberg, traditionnellement rouge, elle aussi, est passée à la CSU en 2020.

Les prochaines élections régionales en Bavière auront lieu à l'automne 2023.

Économie et innovation

Après la Seconde Guerre mondiale et en un demi-siècle, l'économie bavaroise s'est détournée de l'agriculture pour devenir un Land industriel moderne, à la pointe de la technologie, avec un secteur tertiaire et une industrie dynamiques. Grâce à sa situation centrale en Europe, la Bavière est devenue une plaque tournante du commerce avec le bassin méditerranéen et le sud-est de l'Europe. En 1945, la Bavière était encore une terre majoritairement rurale, enclavée et isolée. Elle se distingue aujourd'hui non seulement comme un pôle économique majeur, mais aussi comme le berceau des découvertes en matière de nouvelles technologies. La Bavière s'illustre dans tous les domaines : les centres spécialisés de haute technologie à Martinsried (biotechnologies) et à Augsbourg (technique pour la protection de l'environnement), les centres d'innovation à Erlangen, Munich et Wurtzbourg, ainsi que le parc technologique Mittelfranken à Nuremberg… La Bavière ne compte pas moins de 493 installations de génie génétique, dont la plupart (68 %) sont situées à Munich et dans ses environs. Elle s'illustre, à échelle nationale, comme le centre de la technique électronique, de la technique radio, de télévision, de télécommunications, de l'électrotechnique, de l'aéronautique et de l'astronautique. Munich réunit plus de 99 000 entreprises de secteurs d'activités variés où prédominent entreprises de services (média, assurances, banques…) et industries (Siemens et BMW notamment). Second pôle aérien après Francfort, Munich est également reliée à toutes les villes allemandes d'importance et à plusieurs capitales d'Europe.

Les petites et moyennes entreprises représentent plus de 99 % des établissements bavarois. Ce sont elles qui forment les piliers de l'économie du Land. En effet, les entreprises de moins de 500 salariés fournissent environ 77 % de tous les emplois et réalisent près de 45 % du chiffre d'affaires. Les moyennes entreprises de l'industrie, de l'artisanat, du commerce, du tourisme, des services et des professions libérales fournissent des emplois et des postes d'apprentissage qui se trouvent généralement près des lieux d'habitation, ainsi que de bonnes chances (perspectives ?) de carrière.

Une qualité de vie liée à l'image de l'économie

Quand on séjourne en Bavière, on est souvent frappé par la qualité du niveau de vie, par la propreté de l'environnement, par la tranquillité de ses villages et de ses villes et par le flegme naturel de ses habitants. Cette force tranquille que l'on observe en Bavière n'est pas sans lien avec son excellente santé économique. En 2021, la Bavière est le Land avec le plus faible taux de chômage : avec 3,6 %, la Bavière est bien en dessous de la moyenne fédérale (5,9 %). Son PIB, qui s'élève à 625 milliards d'euros (chiffres de 2019) la place parmi les États les plus riches de l'Union européenne (supérieur à celui de 22 pays européens). C'est dans une ville bavaroise – Ingolstadt – que sont versés les salaires les plus hauts d'Allemagne. Dans la ville d'Audi - pour un temps plein - le salaire mensuel moyen s'élève à 4 635 €. Pour l'ensemble de la Bavière, cette moyenne avoisine les 3 345 €, ce qui est au-dessus de la moyenne fédérale (3 209 €). Le secteur automobile est créateur d'emplois, tout comme le secteur des hautes technologies (micro-électronique, pharmaceutique, technologie énergétique, nanotechnologies, etc.). Les disparités de salaires sont assez flagrantes si l'on compare avec les Länder de l'est, tous en bas du classement des salaires moyens. Le plus faible salaire moyen est à chercher tout à l'est, dans la ville de Görlitz, frontalière de la Pologne. Avec un pouvoir d'achat par habitant d'environ 26 000 euros en 2020, la Bavière prend la tête du classement, reléguant Hambourg, le leader des années précédentes, à la deuxième place.

© NINAFOTOART - SHUTTERSTOCK.COM

Le musée BMW à Munich.

Secteurs d'activité

▶ **Industrie**. En Bavière cohabitent les secteurs compétitifs des grands groupes industriels modernes à la pointe de la technologie comme les biotechnologies, le génie génétique, la mise au point de matériaux nouveaux et une quantité phénoménale de petites et moyennes entreprises qu'elles soient industrielles ou tournées vers l'artisanat. L'industrie apparaît donc comme le premier secteur économique en Bavière. Environ 21 % de la population active travaille dans le secteur industriel.

▶ **Artisanat.** L'artisanat représente environ 9 % du produit intérieur brut du Land et génère plus de 900 000 postes. Il s'inscrit comme un stabilisateur économique dans les domaines de l'emploi et de la formation professionnelle puisque environ 30 % des apprentis y sont formés.

▶ **Commerce.** Le commerce, le transport, la gastronomie et les technologies de l'information et de la communication représentent 20 % du produit intérieur brut. Environ 26 % de la population active travaille dans ces secteurs.

▶ **Agriculture.** Dans le domaine de l'agriculture, la Bavière demeure le premier Land agricole de la république fédérale d'Allemagne et une des principales régions à l'échelle européenne. Le secteur agricole représente environ 2 % des emplois, mais seulement 1 % du PIB. A l'échelle nationale, il faut savoir que la Bavière fournit près de 27,5 % de la production de lait et 16,3 % de la production de céréales. Aujourd'hui, cependant, plus de la moitié des terres cultivées sont exploitées par des personnes pour qui l'agriculture ne représente pas l'occupation principale.

Place du tourisme

La Bavière est le Land le plus touristique du pays et elle attire un quart des voyageurs qui se rendent en Allemagne. Le nombre total des nuitées enregistrées chaque année tourne autour de 90 millions. Le gouvernement bavarois a toujours fait du tourisme international un de ses enjeux majeurs de développement. Résultat : aujourd'hui, un touriste sur quatre vient de l'étranger. Les principaux touristes sont traditionnellement les Hollandais, suivis par les Américains, les Autrichiens, les Italiens, les

© RARRARORRO - SHUTTERSTOCK.COM

Le drapeau bavarois.

Suisses, les Britanniques et enfin les Japonais. A l'échelle nationale, le Land figure parmi les destinations favorites des familles allemandes. A lui seul, le tourisme fournit 560 000 emplois et le chiffre d'affaires qu'il représente s'élève à 31 milliards d'euros (séjours de courte durée et voyages d'affaires inclus). Le tourisme fait partie des secteurs dont l'évolution croît toujours. Afin de développer ce domaine et de le rendre encore plus attractif, le gouvernement a investi pas moins de 344,6 millions d'euros, somme qu'il a redistribuée aux communes sous forme de subventions et de prêts. Cet argent a servi à installer des équipements de tourisme à caractère public. Il y a toutefois de fortes disparités entre les différentes régions : le district de Haute-Bavière (Munich et la région des lacs) attire à lui seul 45,5 % des touristes qui visitent la Bavière. Le site le plus visité de Bavière, le château de Neuschwanstein qui a vu 1,5 million de touristes rien qu'en 2012, est toutefois dans un autre district, celui de Souabe (Schwaben), avec 14,1 % des visiteurs, se place en deuxième position. Les autres régions ne manquent pourtant aucunement d'attraits et elles misent sur la publicité pour faire venir de nouveaux publics.

La question indépendantiste

Il existe en Bavière une petite frange de la population qui défend des velléités indépendantistes. Selon les études, près de 32 % des Bavarois seraient favorables (ou plutôt favorables) à une Bavière indépendante de la République fédérale. C'est une proportion bien inférieure à celle d'autres régions européennes comme la Catalogne (où l'on gravite autour des 45 à 50 % selon les instituts de sondage), mais c'est bien plus qu'en Saxe (21 %) ou en Hesse (10 %) par comparaison. Depuis 1946, un parti politique – le Bayernpartei – porte ce projet aux élections régionales. Parmi les arguments défendus par ce parti, il y a le désir de se libérer du *Länderfinanzausgleich*, un mécanisme de répartition des richesses entre les 16 *Länder* allemands. En 2019, la Bavière a versé 6,7 milliards d'euros dans les caisses de l'État. Mais ces versements ne sont pas à sens unique, la Bavière profite elle aussi d'investissements fédéraux sur son territoire : l'État allemand participe au financement de routes et de projets d'infrastructures, par exemple. Toutefois, le Bayernpartei collecte de moins en moins d'intentions de vote : ce parti n'a plus d'élus dans le Landtag bavarois depuis les années 1960 et recueille seulement de 1 à 2 % des voix. Si la Bavière devait devenir indépendante, elle serait le 8e pays de l'Union européenne en nombre d'habitants, derrière les Pays-Bas, mais devant la Belgique, la Grèce ou le Portugal. Son économie se placerait elle aussi dans le top 10 de l'Union européenne : selon les études, le PIB bavarois se placerait en 6e ou 7e position, devant la Pologne. Si l'on compare au niveau international, le PIB bavarois serait supérieur à celui de l'Argentine, membre du G20. Cela dit, il est très invraisemblable que la Bavière devienne indépendante. Les liens entre la Bavière et la République fédérale sont étroits et leurs économies sont entrelacées. La CSU, le parti qui tire les rênes du pouvoir en Bavière depuis plus de 60 ans, est opposée à l'indépendance. Dans une campagne électorale de 1976, elle placardait : ***Deutschland braucht Bayern. Bayern braucht Deutschland*** (« L'Allemagne a besoin de la Bavière. La Bavière a besoin de l'Allemagne »).

ARCHITECTURE

Nul autre Land porte mieux que la Bavière le qualificatif de *gemütlich*, que l'on pourrait traduire par paisible, convivial et chaleureux. Le long de la légendaire Route Romantique (qui, comme son nom ne l'indique pas, est une création touristique d'après-guerre !), la Bavière égrène ses trésors dans un chapelet architectural vous menant des cités fortifiées médiévales aux effervescences décoratives baroques, avant de vous emporter dans un tourbillon romantique, réinterprétation toute bavaroise des splendeurs du passé. Ses châteaux, qu'ils soient médiévaux, baroques ou éclectiques, témoignent d'une culture fondée sur l'amour des arts, le sens de la nature et le respect des traditions. Une Bavière émouvante… et étonnante aussi. Ses villes, Munich en tête, abritent, en effet, des réalisations modernes et contemporaines époustouflantes, se plaçant en dignes héritières des innovations passées. Alors, prêt à en prendre plein la vue ?

Etonnant Moyen Age

A l'abri de remparts crénelés, chemins de ronde couverts et hautes tours de guet, nombreuses sont les cités à avoir conservé leur urbanisme typiquement médiéval fait de rues étroites et pavées desservant places et placettes et servant d'écrins à d'élégantes maisons souvent à colombages, aux pignons élevés le plus souvent à redents, et aux toits mansardés. Les hôtels de ville, grands témoins de la puissance grandissante des cités autonomes, sont les édifices phares de l'époque et font l'objet de toutes les attentions décoratives, gothiques en particulier. Arcades, voûtes en ogive, baies géminées comptent parmi les éléments que l'on retrouve fréquemment. Beaucoup de ces cités médiévales sont également surplombées par une forteresse, déployant, derrière de puissantes fortifications, une structure à plusieurs cours. Parmi les plus étonnantes forteresses de Bavière, ne manquez pas celle de **Burghausen** (p.192). Avec ses remparts s'étendant sur 1051 m, elle est l'une des plus longues d'Europe… et l'une des plus élaborées aussi. Voyez donc son enfilade de 6 cours intérieures séparées par 3 ponts-levis ! **Dinkelsbühl** ★★ (p.313) aussi impressionne avec ses hautes murailles ponctuées d'immenses portes et d'une vingtaine de tours, et ses profondes douves. **Bamberg** ★★★ (p.281) et **Rothenburg** ★★★ (p.314) comptent parmi les cités médiévales les mieux préservées d'Europe. Rothenburg regorge notamment d'élégantes maisons médiévales dont les enseignes dorées rappellent qu'elles abritaient autrefois de grandes corporations d'artisans. Mais l'une des plus belles maisons médiévales est à découvrir à Nuremberg. Il s'agit de la Maison d'Albrecht Dürer dont on admire les élégants colombages et le généreux auvent ornant sa façade à pignon. La vieille ville

© EMICRISTEA - ISTOCKPHOTO.COM

Dinkelsbühl.

de Landshut, qui possède l'une des plus belles et vastes places médiévales (600 m de long tout de même !), abrite également des maisons décorées d'intéressants sgraffites, décoration obtenue en imprégnant la surface de couleur, puis en l'enduisant d'un mortier blanc que l'on grattera et incisera pour faire apparaître la couleur sous-jacente suivant le dessin voulu. Ces cités médiévales abritent d'autres superbes témoins de cette époque : les édifices religieux. Le roman avec ses arcatures en plein-cintre et ses ornementations tout en sobriété fit ensuite place au gothique qui laissa exploser en Bavière toute sa flamboyance, contribuant notamment à repenser certains édifices romans à l'origine. C'est le cas du Mariendom d'Augsbourg, grande basilique romane à 5 nefs transformée en joyau gothique avec ses portails en bronze, son puissant clocher élancé et son cloître aux élégantes colonnades. Mais les plus belles représentantes de ce gothique bavarois sont sans conteste les Frauenkirche de Munich et Nuremberg. La première est un immense édifice de brique (109 m de long et 40 m de large) dont les tours élancées couronnées de bulbes surplombent la ville. La seconde étonne par le mouvement quasi pyramidal créé par sa façade à pignons multiples. Les églises-halles, composées de 3 nefs d'égale hauteur, sont également fréquentes en Bavière comme en témoigne la très belle église Saint-Georges de Nördlingen avec son clocher tutoyant les cieux du haut de ses 90 m. Autant d'éléments que l'on retrouve dans les églises de pèlerinages destinées à attirer et guider les fidèles, telle l'église Sainte-Marie de Laudenbach. Une puissance architecturale dont ne sont pas dénuées les abbayes qui jalonnent la Bavière, à l'image de l'abbaye de Kaishem qui passa de la rigueur cistercienne à la flamboyance gothique avant de goûter au décor baroque !

De la Renaissance au baroque

Face au gothique dominant, la Renaissance ne fut que modestement employée en Bavière. Augsbourg en abrite un superbe exemple : la résidence de la famille Fugger baptisée Fuggerhäuser et dont on admire la très belle cour à arcades inspirée des palais toscans. Mais c'est surtout le foisonnant baroque qui va contribuer à donner à la Bavière ce visage unique et grandiose. Le baroque illustre les liens puissants qui se sont créés entre l'Allemagne du Sud et la Haute-Italie, artistes et artisans traversant volontiers la frontière pour échanger techniques et savoir-faire. La Bavière entre donc dans une période de faste architectural où tout n'est que profusion d'ors, de stucs, de trompe-l'œil et de motifs convexes et concaves créant d'étonnants effets de mouvements. Un style qui sied à merveille à la mise en scène du pouvoir, comme en témoignent les somptueux palais de l'époque. Conservant encore les traits harmonieux d'une Renaissance teintée de palladianisme, le Château des Nymphes de Munich ouvre pourtant la voie à cette effervescence baroque dont la **Résidence de Würzburg** (p.325) se fait l'un des joyaux. Voyez son escalier d'honneur à double révolution et les fresques du célèbre artiste italien Gian Battista Tiepolo ornant les voûtes de la salle impériale. La Résidence d'Ansbach avec son cabinet des miroirs et ses 2 800 carreaux de faïence est une autre fière représentante de cette effusion décorative, tout comme le Château de Schleissheim et son pavillon Lustheim au ciel de stuc. Sous la dynastie des Wittelsbach, alors à l'apogée de leur puissance, se développe une tradition artistique qui fait aujourd'hui encore la renommée de la Bavière : la Lüftmalerei, qui consiste à peindre et décorer les façades des maisons qui se transforment alors « en pages illustrées d'un grand livre de pierre » contant l'histoire religieuse, politique et culturelle de Bavière. Trompe-l'œil géant, enluminures et autres jeux de calligraphies habillent ainsi de manière somptueuse les maisons d'**Oberammergau** ★ (p.199). Un art de la mise en scène qui va être porté à son apogée avec l'Opéra Margravial de Bayreuth, seul exemple entièrement conservé d'architecture d'opéra de cour. Sa façade en grès a été conçue comme un point central et focal de la ville, tandis qu'à l'intérieur se déploie une étonnante salle en forme de cloche à plusieurs étages de loges, dont la loge de cour avec sa structure à colombage très décorée. Une profusion décorative que le rococo va pousser encore un cran plus loin, comme le montrent bien la salle de bal aux incroyables lustres et dorures du **Palais Schaezler** (p.232) à Augsbourg et la petite église Saint-Jean Népomucène à Munich. Parmi les grandes figures de la période, trois architectes ont particulièrement brillé : Dominikus Zimmermann qui a réalisé l'église paroissiale Notre-Dame de Günsburg et les décors de la façade de l'hôtel de ville de Landsberg-am-Lech (dont il fut maire !) ; Balthazar Neumann qui réalisa de nombreux châteaux en Franconie et qui imagina la grandiose église de l'abbaye de Neresfeld aux coupoles se faisant le théâtre d'étonnants jeux de couleurs ; et enfin Elias Holl, architecte visionnaire qui, avec l'hôtel de ville d'Augsbourg, réalisa l'un des premiers édifices à plus de 6 étages, que certains qualifient d'ailleurs de « gratte-ciel » baroque. C'est également à Holl que l'on doit l'un des premiers projets de « logements sociaux » à Augsbourg, la Fuggerei, quartier de petites maisons individuelles à 3 pièces (dont une salle de bains !) pour les employés des banques ayant financé l'élection de Charles Quint. Avec son ingénieux système de gestion de l'eau, créé dès le XIVe siècle et perfectionné aux siècles suivants, avec son réseau de canaux et de châteaux d'eau et ses 3 fontaines monumentales, Augsbourg était à la pointe de l'innovation !

Romantisme et éclectisme

C'est à partir du règne de Louis Ier de Bavière que la région va se parer de ses atours romantiques. Désireux de transformer Munich en véritable métropole européenne, il fait percer de nouvelles rues et avenues, dont la célèbre Ludwigstrasse qu'il borde d'un incroyable ensemble de bâtiments puisant aux sources du roman, du gothique et même des styles byzantin et hellénistique. Imitant l'Arc de Constantin à Rome, la **Siegestor** (p.148) vient clore la perspective de cette voie triomphale, tandis que non loin la Feldernhall se dresse comme la réplique de la célèbre Loggia dei Lanzi de Florence. Une démonstration de pouvoir qui passe également par l'agrandissement du Palais Royal dont le souverain multiplie les volumes par 4 ! Louis Ier va également recourir aux emprunts à l'Antiquité, comme le montrent bien le **Walhalla** (p.266), près de Ratisbonne, réplique du Parthénon dédié aux grands hommes de la nation, ou bien encore la Place Royale avec le temple ionien et les propylées de la **Glyptothèque** (p.143). Son fils Maximilien II va perpétuer ces recours au passé, comme en témoignent la Maximilianstrasse et ses immeubles très néo-Tudor, le style médiéval venu d'Angleterre. Ce goût romantique va être poussé à son paroxysme par Louis II de Bavière. Avec ses célèbres châteaux, ce roi sans pouvoir a reconstitué le décor d'une grandeur qu'il aurait aimé incarner. Ce goût du romantisme, Louis II l'a aiguisé au Château d'**Hohenschwangau** (p.238), construit par son père, et où il passa 17 ans de sa vie. Entre romantisme médiéviste et influence de l'Angleterre Tudor, cette forteresse construite sur les ruines d'un *burg* va donner à Louis II l'envie d'ériger ses propres châteaux... dont il confia une partie de la réalisation à des décorateurs de théâtre ! Monumental château médiéval accroché à un éperon rocheux à plus de 1 000 m d'altitude, **Neuschwanstein** (p.239) impressionne notamment par sa Salle des Maîtres-Chanteurs dont le plafond en bois d'épicéa permet une acoustique parfaite... Un lieu propice à l'écoute de la musique de Wagner dont Louis II était l'un des plus grands admirateurs (c'est d'ailleurs à sa demande que fut construit le Festspielhaus de Bayreuth avec sa fameuse scène avançant vers la salle, même si Louis II, face aux récriminations de ses banquiers, finit par renoncé à financer ce projet aux coûts pharaoniques !). Le Pont Marie non loin offre une perspective saisissante sur le château et prouve combien le souverain pensait à tout pour mettre en scène l'architecture. **Linderhof** (p.201) est sans doute le château de Louis II au foisonnement décoratif le plus fou. Cette reproduction du Petit Trianon, folie tout en couleurs, stucs et dorures, s'inscrit dans un parc d'où surgissent la Grotte de Vénus et le Pavillon Mauresque avec son célèbre Trône des Paons. Enfin ne manquez pas **Herrenchiemsee** (p.187), dernier château de Louis II resté inachevé après sa mort. Édifié sur une île au milieu du Chiemsee, le château est une étonnante imitation de Versailles. Son bassin monumental et sa Galerie des Glaces (qui dépasse l'original de 5 m en longueur) sont des immanquables ! Ce romantisme très wagnérien, comprenez particulièrement théâtral, céda ensuite la place à un éclectisme un peu plus mesuré, qui s'ouvrit progressivement à la modernité, notamment celle de l'Art nouveau et de l'Art déco. A Munich, la Villa Stuck est un bon exemple du concept d'œuvre d'art totale prôné par l'Art nouveau. La villa est l'œuvre de l'artiste-peintre Franz Von Stuck, qui y mélangea inspirations antique, byzantine, Renaissance et influences du Jugendstil tout en courbes et voluptés. La Villa Wahnfried de Bayreuth et la synagogue d'Augsbourg se

Château de Linderhof.

Façade du musée de Brandhorst.

font, elles, trait d'union entre styles passés et lignes modernes et épurées de l'Art déco.

Architectures moderne et contemporaine

Nuremberg est une ville étonnante pour qui se passionne pour l'histoire du XXe siècle. La ville conserve, en effet, les vestiges du Reichsparteitagsgelände, le site de l'ancien Palais des Congrès nazi. Hitler en fit la commande à son célèbre architecte Albert Speer, qui imagina pour l'occasion un délire monumental de pierre, immense amphithéâtre de granit en forme de fer à cheval auquel menait une voie triomphale, et pour lequel l'architecte avait conçu un gigantesque toit suspendu. Mais pendant les travaux (qui ne furent d'ailleurs jamais achevés), les grands rassemblements se tenaient dans l'Espace Zeppelin où subsiste une partie du portique à colonnes qui bordait la vaste tribune centrale de 350 m de long. Hitler avait voulu faire de la ville le point central de son idéologie et par-là même entraîna sa quasi-destruction par les forces alliées. Là où certaines villes d'Allemagne ont choisi de faire table rase du passé et d'opter pour la modernité, les autorités ont décidé de redonner à Nuremberg son identité médiévale. Au total, ce sont près de 188 architectes allemands qui étudièrent en détail les plans de la ville médiévale pour en reconstituer le tracé fait de petites unités très morcelées. Des toits en pente raide à 2 ou 3 rangées de fenêtres mansardées et des encorbellements élégamment travaillés venaient orner les façades des maisons en grès et bois ou en brique et plâtre coloré pour celles entièrement reconstruites. A la voir ainsi patinée par le temps, nul ne pourrait dire que la ville n'a que 77 ans !

L'organisation des JO de 1972 a fait souffler sur Munich un vent d'innovation architecturale. Dans les faubourgs du nord est apparu un étonnant quartier bâti sur des collines boisées, la mise en forme par des paysagistes des terrils faits des déblais des bombardements et de la reconstruction. Au pied de ces collines, les architectes Frei Otto et Günter Behnisch ont imaginé l'incroyable complexe olympique dont les 3 bâtiments sont réunis sous un voile de verre accroché à des mâts métalliques. Avec ses 75 000 m², il est l'un des plus grands toits du monde ! A la même époque, la plus célèbre des marques bavaroises, BMW, fait construire la tour de son siège social reconnaissable à ses 4 cylindres verticaux positionnés en carré et symbolisant les cylindres mécaniques d'un moteur à piston. Ont suivi des tours étonnantes comme celles du siège de la HypoVereinsBank, avec une structure comme arrimée à des piliers métalliques. Mais avec ses 146 m, c'est la Hoch Haus Uptown München qui détient le record de la plus haute tour de la ville ! Fidèle à sa réputation de centre culturel, Munich s'est dotée de musées aux silhouettes résolument contemporaines. Parmi ces trésors, ne manquez pas : la Nouvelle Pinacothèque et sa rotonde de verre ; le **Brandhorst Museum** (p.144) recouvert de 36 000 lamelles en céramique de 23 couleurs différentes ; le Musée Juif de Munich, étonnant cube transparent supporté par un mur de tuf ; et bien sûr le nouveau complexe BMW comprenant le musée dont les lignes épurées s'inspire de la cinétique, et le Showroom BMW Welt dont le toit en forme de nuage de 180 m de long, 130 m de large et 28 m de haut, et couvert de 3660 panneaux photovoltaïques, a été conçu par la célèbre agence CoopHimmelb(l)au. Ce showroom avait été imaginé dans l'effervescence de la Coupe du Monde 2006 dont l'**Allianz Arena** (p.176) aux allures de gigantesque pneumatique était la grande vedette. Aujourd'hui, c'est un autre projet d'arena qui va bientôt voir le jour, un lieu pensé pour organiser des événements neutres en émission carbone. Un projet écologique qui vient prolonger l'engagement d'une ville verte qui n'a jamais oublié son identité de petit hameau entouré de nature !

BEAUX-ARTS

La bouillonnante vie culturelle de la Bavière est le fruit d'un long héritage. Des personnalités majeures ont développé dans cette partie de l'Allemagne un art novateur, à l'abri de l'austérité protestante. Albrecht Dürer changea la donne à Nuremberg, d'où il rayonna dans toute l'Europe. La campagne bavaroise est à présent truffée d'édifices religieux richement décorés. Sculptures et fresques raviront les passionnés d'art médiéval. Le baroque et le rococo ont ici trouvé leur terre de prédilection. De nos jours, Munich abrite l'un des pôles culturels le plus importants d'Europe. Le quartier des Musées concentre des lieux d'exposition majeurs, représentatifs de toutes les époques : l'ancienne pinacothèque dédiée à la peinture du XIVe au XVIIIe siècle ; la nouvelle pinacothèque qui fait la part belle aux impressionnistes. L'art moderne et l'art contemporain bénéficient de nombreuses vitrines. En Bavière, la création se conjugue aussi au futur !

Héritage antique

L'histoire millénaire de la Bavière se traduit par une variété culturelle éclatante. De son passé romain, elle garde un goût certain pour le raffinement. Louis Ier de Bavière, grand collectionneur de sculptures grecques et romaines, fonde le premier musée munichois pour abriter ses trésors. De nos jours, la **Glyptothek** (p.143) retrace dix siècles de création en volume : du Kouros de Munich (540 av. J.-C.) à la fin de l'époque romaine.

La Bavière, christianisée au VIIe siècle, développe dès lors un art sacré qui dominera durant plusieurs siècles. Des fresques religieuses ont récemment été datées à l'An 1000 dans la cathédrale d'Augsbourg, Augsburger Dom. Elles sont ainsi devenues les plus anciennes fresques ayant été peintes au nord des Alpes. Réalisées en hauteur, ces peintures avaient été recouvertes de chaux avant de tomber dans l'oubli. Leur rénovation a révélé un cycle de la vie de saint Jean-Baptiste d'une beauté pleine de sobriété.

Dôme de la Theatinerkirche.

Contre-Réforme

Alors que l'Allemagne du Nord se plie à la réforme luthérienne, la Bavière reste attachée à l'Eglise catholique romaine. Dans ses édifices, plusieurs courants artistiques coexistent, avec une dominante pour le baroque et le rococo. Venus d'Italie, ces courants se diffusent en Bavière dès 1650, en réaction à l'austérité du protestantisme. Le baroque est perçu comme l'idéal de la Contre-Réforme en raison de ses contrastes lumineux et de ses exagérations. Le rococo resplendit au XVIIIe siècle, notamment dans le travail des fresques et des stucs.

Maîtres du baroque tardif ou rococo bavarois, les frères Asam œuvrent aux quatre coins du Land. Architectes, sculpteurs, peintres et stucateurs, ils excellent dans l'ornementation des églises et des abbayes. Parmi leurs chefs-d'œuvre figurent l'église Asam de Munich, **Asamkirche** (p.132), dédiée à saint Jean Népomucène en 1734, les fresques de la cathédrale Sainte-Marie-et-Saint-Corbinien de Freising, ainsi que l'abbaye de Weltenbourg, **Kloster Weltenburg** (p.257). Au plafond, Cosmas Damian Asam a peint son autoportrait souriant au spectateur !

Où apprécier l'art baroque et rococo ?

Difficile de choisir ? Voici quelques pistes pour vous guider :

L'abbaye d'Ettal, **Benediktinerbtei Ettal** (p.200), fondée au XIIe dans le sud de la Bavière, allie les influences alpines, baroques et rococos. Son immense coupole, entièrement recouverte de fresques, est une splendeur.

Edifice roman, la cathédrale de Bamberg, **Bamberger Dom St. Peter & St. Georg** (p.282), est connue pour ses superbes sculptures gothiques, dont la statue équestre, le *Bamberger Reiter*, du XIIIe siècle.

© RUDIERNST - SHUTTERSTOCK.COM

Alte Pinakothek.

Le baroque et le rococo se rencontrent à l'abbaye d'Andechs, **Kloster Andechs** (p.214). Fondée au XVe siècle, elle domine le lac Ammersee. A noter, elle dispose d'un Biergarten prisé par les Munichois.

Plus tardive, la **Dom St. Stephan** (p.251) **- cathédrale Saint-Etienne -** (p.251) de Passau incarne la puissance de Passau au XVIIe siècle. Ses peintures et sa statuaire grandioses en font le plus grand ensemble baroque situé au nord des Alpes.

A Munich, la **Theatinerkirche** (p.138) ou église des Théatins trône sur la magnifique Odeonsplatz. Elle préfigure le cosmopolitisme actuel de la Bavière. Sa construction, qui remonte au XVIIe siècle, est l'œuvre de l'architecte Agostino Barelli de Bologne, ce qui explique que son décor soit imprégné d'art italien. Sa façade jaune de style rococo est quant à elle dessinée par le Belge François de Cuvilliés. A l'intérieur, ses stucs blancs sont d'une sobriété frappante.

Restons à Munich et poussons la porte de l'église Saint-Michel, **Michaelskirche** (p.136), du XVIe siècle. Ses innombrables statues lui valent le titre de chef-d'œuvre de la Renaissance. Elle présente la particularité d'abriter le tombeau du roi Louis II de Bavière.

Dürer à Nuremberg

Au XVe siècle, les artistes allemands vont parfaire leur savoir en Italie, à Assise ou Florence, en plein Quattrocento. Les codes de l'art transalpin secoués par la Renaissance se diffusent ainsi dans toute l'Allemagne. Dans le Nord, le luthéranisme coupe court à l'art religieux jugé trop expressif dès le XVIe siècle. Mais en Bavière, des personnalités telles que Dürer façonnent la Renaissance nordique.

Albrecht Dürer (1471-1528) est le premier artiste germanique à accéder de son vivant à une réputation égale à celle des maîtres italiens. Le maître naît à Nuremberg, alors l'un des centres les plus dynamiques de l'Empire. Mais Dürer est un grand voyageur. En 1494, il part seul pour Venise et découvre l'Antiquité. Il exécute de somptueux paysages de l'Italie à l'aquarelle. Dès son retour en Bavière, il grave l'*Apocalypse*. Reconnu pour ses talents de dessinateur, graveur et peintre, l'érudit est aussi un mathématicien et un historien de l'art respecté en Europe. C'est lui qui élève la gravure au même rang que la peinture. Par ailleurs, Dürer est le premier artiste à signer ses dessins. Habitude qui fera école, comme chacun le sait. Admiré pour ses autoportraits, il nous a légué parmi ses œuvres les plus célèbres *Le Lièvre* et *Le Chevalier, la Mort et le Diable*. L'**Albrecht-Dürer-Haus** (p.300), à Nuremberg, est incontournable pour qui s'intéresse à cet artiste.

La famille Cranach

La Renaissance bavaroise est également portée par Lucas Cranach l'Ancien (1472-1553). Peintre, dessinateur et politicien, il s'initie à l'art auprès de son père. Il change alors son nom pour celui de Cranach, sa ville natale (Kronach). En 1505, il accède au statut de peintre de la cour à Wittenberg. Peu après, il collabore avec Albrecht Dürer à l'illustration d'un livre de prières pour l'empereur Maximilien Ier. Le peintre se révèle être un excellent portraitiste. Posent devant lui des personnalités de la cour, de l'Église et de la bourgeoisie. Par la suite, il élargit ses thèmes aux scènes religieuses et mythologiques. Il se lie d'amitié avec Luther et prend part à l'élaboration de l'iconographie protestante. Connu dans toute l'Europe pour ses portraits et ses sujets bibliques, il intensifie sa production avec l'aide de ses deux fils Hans et Lucas le Jeune. De nos jours, les œuvres de cette célèbre famille d'artistes sont à découvrir à travers la Bavière.

Envie de partir sur les traces de l'héritage des Cranach ? Ce parcours vous fera visiter des localités bavaroises : départ de Kronach, arrivée à Weimar, son ultime demeure. En chemin, faites halte à Cobourg, Nuremberg et Eisenach. La sublime *Vierge à l'Enfant avec sainte Anne* (huile sur tilleul) se trouve à l'Alte Pinakothek (p.142), à Munich. Les collections de ce musée d'exception présentent tous les plus grands maîtres : Dürer, Van Dyck, Rubens, Poussin... C'est LE musée à visiter absolument !

Avant-gardes munichoises

Après une période morne, la *Münchener Secession* s'élève en 1892 contre le conservatisme. L'ambition du groupe de la Sécession munichoise est de sensibiliser le public aux innovations plastiques. Ces artistes ouvrent la voie au modernisme. Max Liebermann, Hugo von Habermann, Reinhold Lepsius, Josef Block ou encore Bruno Piglhein poursuivent leurs actions jusqu'à la dissolution du groupe par le parti nazi en 1938. Les rescapés de la Seconde Guerre mondiale se rassembleront sous la bannière du Neue Gruppe.

La Pinakothek der Moderne (p.146) couvre toute l'avant-garde européenne du XXe siècle à nos jours. La section peinture occupe plus précisément le Sammlung Moderne Kunst du complexe.

En parallèle, la Nouvelle Association des artistes munichois (*Neue Künstlervereinigung München*) est formée en 1909. A sa tête, le génialissime artiste russe Kandinsky. Ses membres entendent marquer une rupture avec l'impressionnisme. Toutes les disciplines sont les bienvenues. L'intention de NKVM est annoncée dans son manifeste : débarrasser l'art du superflu pour valoriser ce qui compte réellement. Ils organisent pour cela une première exposition en décembre 1909 à la Galerie d'art moderne Thannhauser de Munich. Au total, 128 œuvres sont présentées par 16 artistes. Franz Marc et August Macke rejoignent le groupe, qui se divise dès 1911.

La même année, le Cavalier bleu (*Der blaue Reiter*) rassemble à Munich des artistes d'inspiration plus ou moins expressionniste. Deux expositions collectives ont lieu en 1911 et 1912. Parmi ses membres, on retrouve Kandinsky, Franz Marc et August Macke, rejoints par Paul Klee et Alfred Kubin. Les expositions du *blaue Reiter* sont déterminantes dans l'ascension de l'art moderne en Allemagne. La première exposition part de Munich, puis parcourt l'Europe. La seconde, qui se tient à Munich en février 1912, rassemble des artistes allemands, russes et français : Braque, Delaunay, Picasso, Vlaminck et Derain notamment. Les artistes qui gravitent autour du Cavalier bleu sont animés par une même foi en un art qui ne connaît, selon Kandinsky, « ni peuple ni frontière, mais la seule humanité ». L'ouverture hors du commun de ce groupe d'avant-garde est capitale dans l'évolution de l'art contemporain.

Pour plonger au cœur du *blaue Reiter*, explorez le Lenbachhaus (p.144). Ce musée possède une collection unique d'œuvres de ce mouvement qui donne envie d'y croire !

Street-art

Munich arrive première dans le domaine du *street art*. Aucune municipalité avant elle n'avait recruté un responsable de l'art urbain. Résultat : *le street art* s'intègre au quotidien de manière harmonieuse (voire policée) et fait l'objet de projets inédits. En 2014, l'industrie laitière de la région a lancé un concours destiné aux graffeurs. Les gagnants se sont vu attribuer sept fermes à embellir sur le thème du lait : Codeak en Souabe, Nea en Basse-Franconie et, à Munich, Loomit, le précurseur du *street art* en Allemagne, admiré pour ses capacités à improviser en fonction du support et des matériaux à disposition.

Entre la Bavière et l'art des rues, c'est une longue histoire d'amour. Le courant des tagueurs allemands a émergé à Munich, au début des années 1980. De nos jours, plusieurs associations proposent des visites guidées tout en soutenant la création publique. Au cœur de Munich, le MUCA (p.137) (Museum of Urban and Contemporary Art) officialise en 2016 ce mode d'expression. Ouvert par deux collectionneurs, Christian et Stephanie Utz, c'est le premier musée allemand dédié au *street art*. Dans ses salles, les jeunes graffeurs sont confrontés aux aînés, Banksy, Aiko ou Zeus.

Contemporain

Le public averti se rendra au Museum Brandhorst (p.144), le temple de l'art contemporain à Munich. Derrière sa façade aux allures de tableau abstrait, des espaces sont respectivement dédiés à Andy Warhol, Cy Twombly, Joseph Beuys et Mario Merz.

Pour les amateurs de photo, la galerie Clair by Kahn expose les maîtres internationaux (Jacques Henri Lartigue, Boubat, Lee Miller) en même temps que des contemporains : Vera Mercer, Tomasz Lazar, Petr Lovigin ou encore le Français Patrick Zachmann.

Une alternative aux innombrables galeries d'art consiste à prendre le pouls de la création bavaroise lors de l'Open Westend. Dans une ambiance festive, l'événement annuel invite à rencontrer une cinquantaine d'artistes dans leurs ateliers. Sculpture, peinture, photo, tous les styles cohabitent dans ce quartier bohème. Avant de partir, ne manquez pas l'escalier sans fin, *Die Umschreibung*, la sculpture d'Olafur Eliasson située Ganghoferstrasse 29, à deux pas du Consulat de France.

MUSIQUES ET SCÈNES

Lorsque l'on évoque son nom, la Bavière convoque inlassablement des images d'Oktoberfest et sa liesse avec la choppe débordante, les hommes vêtus de *Lederhosen* et les femmes de *Dirndl*. Et le cliché… n'est pas qu'un cliché ! La Bavière est une véritable terre de fêtes où se mêlent bien souvent culture et bière ! Une fête criblée de musique et de danses, assurée par de petits orchestres – le moindre petit village possède le sien – et que l'on voit dans les grands évènements ou petites tavernes. Outre le folklore, la Bavière fut une terre riche en grands compositeurs, des légendes telles que Johannes Brahms, Richard Strauss ou encore Richard Wagner y ayant puisé profondément leur inspiration. C'est d'ailleurs toujours dans cette même région que les mélomanes du monde entier se bousculent l'été pour assister au Festival de Bayreuth, emblème de cette Bavière amoureuse de grande musique.

Les musiques et danses traditionnelles

La Bavière est une terre riche en traditions. Ses habitants en sont naturellement fiers et ne manquent jamais une occasion de les célébrer. Vêtus des costumes traditionnels, le *Lederhosen* pour les hommes et les *Dirndl* pour les femmes, les Bavarois chantent et dansent un large répertoire folklorique, à commencer par la *schuhplatteln* largement considérée comme la tradition chorégraphique bavaroise la plus reconnaissable. À l'origine, exécutée par des groupes d'hommes pour gagner les faveurs d'une dame, cette danse voit ses participants battre la semelle de leurs chaussures en rythme avec leurs mains. La *schuhplattler* existe également en tant que danse de couple. Autre forme extrêmement répandue en Bavière, le *Landler*, qui s'accompagne généralement de *yodels*, est une danse de couple, rapide, tout en sautillements. Vous en avez d'ailleurs peut-être déjà entendu puisque de nombreux compositeurs en ont invité dans leur musique, notamment Beethoven, Schubert, Bruckner ou Mahler.

Lorsqu'ils ne dansent pas (ou plus), les Bavarois aiment à écouter de la *stubenmusik*, de la musique folklorique d'ambiance jouée par de petits ensembles. Le *Gstanzl* est également une forme très populaire. Cette petite chanson drôle et moqueuse est généralement utilisée pour exprimer des mécontentements, s'apparentant peu ou prou à une épigramme. Composé normalement de quatre ou huit lignes et chanté en dialecte, le *gstanzl* aborde tous les domaines de la vie et n'hésite pas à moquer les autorités, l'État ou les travers de Monsieur et Madame tout-le-monde. Au XXe siècle, le genre s'est converti peu à peu à la satire politique, notamment entre les mains de Roider Jackl, devenu une figure emblématique de la discipline.

Naturellement, l'Oktoberfest, la fameuse fête de la bière, est le moment roi pour être aux premières loges des traditions musicales et chorégraphiques bavaroises. Plus grande fête populaire du monde, l'évènement est densément ponctué de danses et chants. Autrement, Fasching, le carnaval de Munich, avec son effervescence, contient toute la tradition locale au travers d'une bonne centaine de bals. La saison du carnaval munichois s'achève d'ailleurs avec München Narrisch - *Munich en Folie* : le jour de Mardi gras compte quelques belles attractions comme la « Danse des bonnes femmes du marché » sur la place du Marché des Victuailles.

La musique classique

Les mélomanes le savent bien – surtout ceux ayant eu l'occasion de se rendre au Festival de Bayreuth -, la Bavière a marqué l'histoire de la musique (et réciproquement) avec quelques-uns de ses plus grands compositeurs et interprètes.

© FILMFOTO - ISTOCKPHOTO

La danse traditionnelle du Schuhplattler.

DÉCOUVRIR

En 1563, un certain Roland de Lassus est nommé maître de chapelle de la Cour de Bavière. Voilà comment et pourquoi ce Belge de naissance, un des plus grands compositeurs de tous les temps, reste associé avec la région. Un siècle plus tard, c'est Johann Pachelbel (1653-1706) et son inoubliable *Canon* qui fait briller la Bavière au temps du baroque. Au XVIIIe siècle, Christoph Willibald Gluck (1714-1787) transforme l'opéra avec sa célèbre « réforme » visant à introduire plus de naturel dans les interprétations et veillant à ce que la composition musicale soit toujours au service de l'action et du texte. C'est aussi à cette même époque que s'illustre Leopold Mozart, père de Wolfgang Amadeus, et natif d'Augsburg.

Mais bien qu'illustres, ces noms n'ont pas l'importance (surtout en Bavière) de celui de Richard Wagner (1813-1883). Véritable révolutionnaire dans l'âme, ce compositeur, né à Leipzig dans une famille brisée par les guerres napoléoniennes, a pour première passion le théâtre, qu'il découvre grâce à son père adoptif. C'est seulement à l'âge de 15 ans qu'il commence à s'intéresser à la composition musicale, pratiquement sans aucune technique acquise, en écoutant Mozart et Beethoven. Il aborde la vie musicale active à 20 ans. Sa vie sera marquée par un sentiment révolutionnaire qui se traduira aussi bien sur le plan de sa vie sociale que dans son œuvre. Dès son plus jeune âge, en 1830, il est déjà connu pour être un agitateur à Leipzig, après la révolution de Juillet en France, et, en 1849, il participe à la révolution qui éclate dans la ville de Dresde. Toutes ses créations refléteront cette tendance de son esprit : ce sont ses idées sur la vie qui seront développées dans les compositions de ce grand réformateur de la musique, que son inspiration va mener aux frontières de l'atonalité. Véritable poète de la musique, il conçoit l'opéra comme un spectacle total où se conjuguent tous les arts, et ses chefs-d'œuvre que sont *Le Vaisseau fantôme* (1839), *La Walkyrie* (1855), *Siegfried* (1856), le cycle de *L'Anneau des Nibelungen* et *Le Crépuscule des dieux* (1868) et *Parsifal* (1882) font partie de la mythologie de l'histoire de la musique. Par ailleurs, Wagner a posé les bases de la direction d'orchestre telle qu'elle est encore pratiquée aujourd'hui. Un compositeur important pour le monde et la région, cette dernière le célébrant chaque année au travers du célébrissime Bayreutherfestspiele, le Festival de Bayreuth. Le rendez-vous est devenu l'un des plus prestigieux au monde, en conviant chaque année les meilleurs orchestres de la planète à investir le répertoire wagnérien.

Contemporaine de Wagner, citons Joséphine Lang (1815-1880) qui, bien que beaucoup moins connue, demeure, aux côtés de Clara Schumann, une des plus importantes compositrices de *lied* du milieu du XIXe siècle. Très inspirée par Mendelssohn, ce dernier lui servira de mentor et donnera un grand élan à sa carrière. Autre époque, autre Richard mais même talent, Strauss (1864-1949) est un très grand compositeur et chef d'orchestre de la région (né à Munich). Il a travaillé de nombreux genres : musique instrumentale pour orchestre, instrument soliste (dont le concerto) ou œuvres pour formation de chambre, poème symphonique, opéra, *lied*, ballet. Son œuvre la plus connue est le poème symphonique *Ainsi parlait Zarathoustra* (1896).

Au tournant du XXe siècle, on trouve Max Reger (1873-1916), compositeur très apprécié dans son pays, mal connu hors de ses frontières. Romantique dans l'âme, sa musique a souvent flirté avec les limites de la tonalité.

Contemporain de ce dernier, Carl Orff (1895-1982), lui aussi bavarois, reste célèbre pour avoir offert au monde l'inénarrable cantate *Carmina Burana*. Au XXe siècle, la Bavière a encore été la terre de musiciens, souvent aussi intéressants que méconnus.

Citons notamment Karl Amadeus Hartmann (1905-1963), oublié bien que très grand symphoniste, Jörg Widmann, très joué partout dans le monde et apprécié pour sa polyvalence, Hans-Jürgen von Bose, influencé par le post-structuralisme, ou encore Peter Michael Hamel, emblématique de la « Nouvelle Simplicité », mouvement allemand des années 1970 et 1980 prônant le retour à l'immédiateté, la mélodie et le langage tonal du XIXe siècle.

Côté interprètes, la région a vu naître l'excellente pianiste Alice Sara Ott, aussi douée chez Chopin et Liszt que dans le registre (très) contemporain, Arabella Steinbacher, l'une des meilleures violonistes de sa génération, célèbre par ses interprétations de nombreux concertos pour violon, ainsi que le géant de la direction, Wolfgang Sawallisch (1923-2013), que d'aucuns ont qualifié de monstre sacré du XXe siècle. Il demeure le plus jeune chef jamais invité (en 1957) au Festival de Bayreuth où ses interprétations ont laissé un souvenir impérissable.

Naturellement, la région a aussi été un vivier incomparable pour les grandes voix lyriques wagnériennes : Sophie Diez (1820-1887) bien sûr mais aussi Josephine Schefsky (1843-1912), Marianne Schech (1914-1999), le ténor Heinrich Knote (1870-1953) ou plus récemment le très révéré Jonas Kaufmann. Dans un autre registre n'oublions pas de citer les sopranos Diana Damrau et Christina Landshamer qui participent grandement au prestige artistique de la région.

L'été, la Bavière devient un centre international de festivals et de semaines musicales des plus courus. Hormis Bayreuth, se déroule par exemple ici le Münchner Opernfestspiele, le Festival de l'Opéra à Munich qui propose une trentaine de représentations de classe mondiale. L'évènement prend place au National Theater Bayerische Staatsoper (p.178), le fameux Opéra de Bavière. En plus du Nationaltheater, l'ensemble abrite le Prinzregententheater, la Allerheiligen Hofkirche et le Théâtre Cuvilliés. Chaque saison propose à partir de septembre une programmation stupéfiante, offrant une large place à son prestigieux orchestre en résidence dont la direction a toujours été assurée par de grands maîtres (entre autres : Strauss, Mehta, Nagano, Petrenko et désormais Jurowski). L'ensemble n'est pas le seul d'importance à Munich et dans le pays puisque l'Orchestre philharmonique de Munich est aussi excellent (et particulièrement réputé), tout comme sa liste de directeurs : Celibidache, Levine, Thielemann, Maazel ou encore Valeri Guerguiev. Pour assister à une représentation, direction la Philharmonie Im Gasteig. Le bâtiment inauguré en 1985 mit fin à 40 ans d'exil de la Philharmonie. La salle d'origine, la Tonhalle, fut en effet bombardée pendant la Seconde Guerre mondiale et jamais reconstruite. En plus de la Philharmonie, le bâtiment abrite des espaces d'expositions temporaires où la photographie, la littérature et la sociologie sont à l'honneur. Le Gasteig accueille également de nombreux festivals. Il s'y passe ainsi forcément quelque chose. Dernier lieu notable à Munich, n'oublions pas de mentionner le Staatstheater Am Gärtnerplatz, jolie salle couvrant les domaines de l'opéra, de l'opérette et de la danse.

Autrement, comme mentionné précédemment, la région est incroyablement dynamique l'été et accueille entre autres la Semaine Bach, à Ansbach, la Semaine internationale de la musique d'orgue de Nuremberg, le Festival d'été de Bad Kissingen (Kissinger Sommer) ou encore le Festival Mozart de Wurtzbourg. Mentionnons également l'Audi Sommerkonzerte d'Ingolstadt offrant un mois de concerts classiques conviant de grands noms de la scène.

Les musiques actuelles

Un petit mot sur les musiques actuelles. Berlin n'a pas l'hégémonie de la musique électronique allemande, et quelques figures importantes de cette dernière proviennent de la région, et particulièrement de Munich, comme l'incontournable DJ Hell, pilier de l'électro allemande. Ou bien encore Zombie Nation, auteur de *Kernkraft 400*, tube inoubliable. Plus récemment, ce sont les Zenker Brothers qui ont replacé la capitale bavaroise sur la cartographie de la techno avec leurs productions ainsi que celles éditées sur leur label Illian Tapes. Ce dernier est notamment la maison de Skee Mask, (encore) un Munichois talentueux et une perle de la techno actuelle.

Dans un autre genre, impossible de ne pas mentionner Edition of Contemporary Music, ou ECM, label parmi les plus prestigieux et respectés, installé à Munich et ayant édité quelques titres mémorables de jazz, de classique contemporain et d'avant-garde.

Pour un concert de qualité à Munich, il est plus conseillé de se rendre à Muffatwerke, ancienne centrale électrique transformée en salle de concert connaissant un énorme succès ou alors, pour quelque chose de plus alternatif, à Backstage, ou encore Strom pour des affiches underground.

Le théâtre

La Bavière a été la terre natale de nombreux maîtres de la dramaturgie allemande. C'est par exemple de Nuremberg qu'est originaire Hans Sachs (1494-1576), prolifique poète et tragédien du XVIe siècle. C'est également d'ici que sont originaires August von Platen (1796-1835), grand romantique allemand, ou encore Frank Wedekind (1864-1918), illustre dramaturge dont l'œuvre a ouvert la voie au mouvement expressionniste allemand des années 1920 et qui eut une influence durable sur le théâtre allemand. Wedekind est surtout connu pour *Lulu*, fameuse série de deux pièces trempées de luxure et de désir. N'oublions surtout pas Berthold Brecht (1898-1956), natif d'Augsburg, grand penseur du théâtre épique et intemporel auteur de *L'Opéra de quat'sous* et *La Résistible ascension d'Arturo Ui*.

Quelques occasions de voir du théâtre en Bavière : le Spielart, festival de Théâtre de Munich se tenant de fin octobre à mi-novembre, ou le Staatstheater Nürnberg (p.310), magnifique bâtiment érigé en 1905 offrant une bonne programmation. À noter également, le Deutsches Theatermuseum, musée du théâtre allemand où toute l'histoire du théâtre germanophone est exposée avec près de 2 millions de photographies, des décors, des masques et des costumes utilisés lors de représentations de pièces.

TOP 10

MUSICIENS

Vivier intarissable de talents musicaux, la Bavière ne se raconte pas mieux qu'en écoutant ses grands esprits musicaux. Nous avons ici sélectionné nos 10 artistes favoris : Tour d'horizon en classique, jazz et techno de la région.

SKEE MASK

Avec *Compro*, le producteur munichois a sorti un petit bijou d'avant-garde techno.

RICHARD WAGNER [1813-1883]

Le Festspielhaus de Bayreuth est le temple sacré de ce mythique compositeur.

© CLU - ISTOCKPHOTO.COM

BAYERISCHER RUNDFUNK

Le meilleur de la tradition locale est compilé dans *Traditionelle Volksmusik Aus Bayern.*

ALICE SARA OTT [1988-]

La pianiste prodige bavaroise. Débuter sur *L'Intégrale des Valses* de Chopin.

JONAS KAUFMANN [1969-]

L'Opéra avec le Bayerisches Staatsorchester est un bon panorama sur le talent du ténor.

LEOPOLD MOZART [1719-1787]

Avec sa *Jagdsinfonie*, le père d'Amadeus témoignait de ses talents de compositeur.

© WYNNTER - ISTOCKPHOTO.COM

CARL ORFF [1895-1982]

Commencez votre écoute par *Carmina Burana*, évidemment.

JOSEPHINE LANG [1815 - 1880]

Disciple de Mendelssohn, cette Munichoise fut l'une des plus importantes compositrices de Lied de son temps.

ZOMBIE NATION

Avec *Kernkraft 400*, l'artiste bavarois a signé un des plus gros singles de l'histoire de la techno.

RICHARD STRAUSS [1864-1949]

Ainsi parlait Zarathoustra est à déguster dirigé par Mariss Jansons.

© NASTASIC - ISTOCKPHOTO.COM

LITTÉRATURE

Sans s'astreindre au jeu des sept différences, il est intéressant de constater que la Bavière semble souffrir d'une image qui ne coïncide pas toujours avec sa réalité, et cela est d'autant plus vrai si on la compare à Berlin, la solaire, qui jouit bien souvent de la réputation d'être le centre intellectuel de l'Allemagne. Mais ce pays est grand et comporte autant d'identités que de Länder, et celui qui nous intéresse est d'ailleurs le plus étendu. Alors certes, les nombreux dialectes se réservent de préférence à un usage oral, et c'est bien le *Hochdeutsche* qui est préféré à l'écrit. Certes, également, la vie littéraire n'a véritablement pris son essor qu'au XIXe siècle, et certes, enfin, certains clichés folkloriques ont la vie dure. Pourtant, bien loin de son image conservatrice ou rurale, la Bavière a su parfois se montrer d'avant-garde, a vu naître et vivre des écrivains d'importance, et encourage la création de cercles novateurs.

Sciences et littérature

Remonter l'histoire pourrait être aussi fastidieux qu'essayer de comprendre les subterfuges et jeux de pouvoir qui ont amené la Bavière à changer de main – et de roi – bien plus souvent qu'à son tour au cours de ses premiers siècles. Toutefois, cela ne fera pas oublier ses origines ancestrales, celtes avant d'être germaniques, et le fait que son histoire – littéraire celle-ci – commence à s'écrire du côté de Nuremberg. Nous pourrions ainsi citer Hartmann Schedel (1440-1514), l'auteur (plus exactement le collecteur) des *Chroniques* portant le nom de sa ville natale, incunable d'exception et travail encyclopédique qui – outre des gravures remarquables – s'attarde sur le passé et sur le présent, mêle biographies réelles et légendes colportées. Puis viendront deux poètes qui ont su pour le moins inspirer des musiciens, respectivement Bach et Wagner. Le premier, Lazarus Spengler, naît en l'an de grâce 1479. Fervent admirateur de Luther, sa foi lui inspire hymnes et cantiques. Le second partage les croyances et affinités électives de son aîné, mais ce n'est pas pour cela qu'il est resté célèbre. En effet, Hans Sachs (1494-1576) est surtout réputé pour être le plus grand *Meistersinger* de son temps et, ainsi, il s'inscrit fidèlement dans les traces de deux autres Bavarois, Wolfram von Eschenbach (env. 1170-1220) et Konrad von Würzburg (env. 1225-1287). Ces « Maîtres chanteurs » (en français) sont les dignes héritiers de la tradition du *Minnesang* médiéval, ces poètes de la même engeance que nos troubadours qui récitaient – ou improvisaient – des vers en respectant la métrique définie par la *Tabalatur*. Hans Sachs, cordonnier de métier, aurait pris sur son temps libre pour rédiger plusieurs milliers d'œuvres. Certaines ne sont sans doute pas de sa plume, mais quelques-unes sont, en tous les cas, toujours déclamées de nos jours.

En s'autorisant un saut de puce dans le temps et dans l'espace, nous rencontrons Friedrich Julius Heinrich von Soden qui pousse son premier cri le 4 décembre 1754 à Ansbach. Celui-ci rejoint en 1824 l'Académie des Sciences et Humanités de Bavière fondée une soixantaine d'années auparavant à Munich, mais c'est aux lettres qu'il voue sa passion, se faisant traducteur et directeur d'un théâtre dès l'aube du XIXe siècle à Bamberg. Son presque contemporain, Jean Paul (1763-1825) – Johann Paul Friedrich Richter, qui a choisi son pseudonyme en hommage à Rousseau –, évolue également sur les planches, avant de les délaisser suite à une crise quasi mystique pour se consacrer au roman. Il fréquente alors les cercles littéraires de Weimar, dans le Thuringe, où il rencontre Goethe et Schiller mais, après une escale berlinoise, il reviendra finalement dans sa Bavière natale où il trouvera la mort en 1825.

© NITPICKER - SHUTTERSTOCK.COM

Statue de Johann Paul Friedrich Richter (1763 - 1825) à Bayreuth.

DÉCOUVRIR

© DUNKELBUNTSTUDIOS - SHUTTERSTOCK.COM

Statue d'Emerenz Maier à Passau.

Oscillant entre l'ironie la plus férocement réaliste et sa fascination pour le rêve, Jean Paul se découvre en français en particulier aux éditions Corti (*La Lanterne magique*, *Mon enterrement vivant*, etc.). À dire vrai, cette oscillation constante entre pragmatisme – les sciences – et imaginaire – littérature, voire spiritualité – semble être dans une certaine mesure la marque de fabrique des écrivains de Bavière, comme paraît le confirmer le parcours de Franz Xaver von Baader (1765-1841), tout à la fois ingénieur des mines et professeur de philosophie, fervent catholique et adepte de l'ésotérisme. Sa prose, ardue – notamment *Fermenta cognitionis* –, a été traduite en français aux éditions Albin Michel dans les Cahiers de l'hermétisme mais n'est malheureusement plus disponible. Les écrivains du nouveau siècle, Franz von Pocci né à Munich en 1807 et Isabella Braun née à Jettingen en 1815, affichent une approche plus ludique puisque le premier est caricaturiste, chansonnier et écrit des pièces pour des marionnettes – il créera d'ailleurs le *Münchner Marionettentheater* – et que la seconde publiera principalement des textes pour la jeunesse, mais l'art ne saurait faire oublier la pédagogie !

De cercles en cercles

Au mitan du siècle, en 1856, se crée à Munich un cercle poétique dont le nom est peut-être inspiré d'une courte évocation d'Hermann Lingg (1820-1905), *Das Krokodil von Singapur*. Ses membres garderont l'animal comme totem et se réuniront pour sublimer la vie intellectuelle de la capitale de la Bavière. Là encore se croisent aussi bien des savants – tels que le chimiste Max Joseph von Pettenkofer, qui se suicidera en 1901, lui qui n'avait pourtant pas hésité à ingérer devant ses élèves le germe du choléra sans tomber malade – que des écrivains, bavarois ou non, à l'instar du Berlinois Paul von Heyse qui sera couronné par le Nobel de littérature en 1910. Tandis que dans les « beaux cercles », ceux de la Cour, la polyglotte Thérèse de Bavière (1850-1925) s'apprête à parcourir le monde dont elle ramènera des récits de voyage (*Ausflug nach Tunis*, 1880 ; *Meine Reise in den Brasilianischen Tropen*, 1897...) et que le Munichois Karl von Perfall est nommé Directeur de la Musique en 1864 avant de prendre la tête du Théâtre Royal de Bavière trois ans plus tard. Carl du Prel (1839-1899) fréquente des sociétés secrètes et s'initie aux secrets du spiritisme. Quant à Ludwig Ganghofer, qui a vu le jour à Kaufbeuren en 1855, il s'apprête à marquer durablement l'histoire littéraire de sa région natale, et pas seulement grâce aux romans du terroir qu'il publie et dont certains seront adaptés au cinéma quelques décennies plus tard (*L'Ivresse de la forêt* en 1962, *Château de Saint-Hubert* en 1973). En effet, après s'être peut-être laissé inspirer par la baronne Sophie von Todesco qu'il côtoyait à Vienne, il initie avec Ernst von Wolzogen et Richard Strauss la *Münchener Literarische Gesellschaft* en 1897. Ce cercle a pour vocation d'encourager la création littéraire, il verra d'ailleurs passer un jeune étudiant en philosophie au destin prestigieux, Rainer Maria Rilke, qui, à Munich, rencontrera sa muse, de quatorze ans son aînée, Lou Andreas-Salomé, mais il accueille aussi des écrivains dont le ton heurte la bienséance, à l'exemple de Frank Wedekind, qui, outre le fait qu'il vive avec Frida Uhl, toujours mariée à August Strindberg mais dont il aura un fils, travaille pour le journal satirique *Simplicissimus*. Cette publication, au nom tiré du roman picaresque éponyme de Grimmelshausen, fait en effet couler beaucoup d'encre, et Guillaume II – il n'est pas le seul – n'apprécie guère les caricatures dont il est l'objet. Envers et contre tout, la parution perdurera tout de même jusqu'en 1944, et si elle ne peut qu'admettre avoir cédé à un certain nationalisme durant la Première Guerre, elle peut tout de même s'enorgueillir d'avoir publié entre ses pages certains textes de Thomas Mann. Le futur prix Nobel de littérature (1929) s'installe en effet à Munich en 1892, y devient courtier en assurance avant d'abandonner la profession pour se consacrer à l'écriture de son premier roman, *Les Buddenbrooks*, paru en 1901. À Munich, Thomas Mann se marie également et donne au monde plusieurs enfants dont Klaus, qui naît en 1906 et marchera sur les traces de son père en devenant écrivain – une œuvre qui malheureusement ne rencontrera son public qu'après son suicide, survenu alors qu'il n'avait que 42 ans, mais depuis largement traduite en français : *Nouvelle d'enfance* chez Rivages, *Alexandre : roman de l'utopie* chez Libretto, *Speed* chez Phébus, etc. Pour l'heure, le XXe siècle s'annonce, et avec lui deux conflits mondiaux qui en verront certains retourner leur veste – comme le fera Ludwig Thoma (1867-1921), jusqu'alors plutôt populaire grâce aux textes humoristiques campant avec malice la vie quotidienne bavaroise qu'il publiait dans *Simplicissimus*, qui se déclarera ouvertement antisémite –, et d'autres quitter le pays, comme Emerenz Meier (1874-1928), sa consœur de publication mais à la rubrique poésie, auteure d'un unique roman, *Aus dem bayrischen Wald*, publié en Prusse en 1896, qui émigrera à Chicago avec sa famille en 1906.

XXe et XXIe siècles

Né à Augsbourg en 1898, mort à Berlin-Est en 1956, Bertold Brecht a subi de plein fouet l'ambiance délétère du siècle qui l'aura vu vivre. Mobilisé comme infirmier en 1918, il écrit cette même année sa première pièce, *Baal*, qui met en scène un jeune poète, aux faux airs rimbaldiens, qui comble son vide existentiel à grandes lampées de schnaps. Il enchaîne en 1919 avec *Tambours dans la nuit* – initialement intitulé *Spartakus* – pièce couronnée par le Prix Kleist et approuvée par le grand critique littéraire de son temps, Lion Feuchtwanger (l'un des fondateurs de *Der Siegel*, et l'auteur du roman *Le Juif Süss*, succès international à découvrir aux éditions Le Livre de poche). Mais les honneurs que remportent Brecht – notamment avec *L'Opéra de quat'sous* (1928) – ne l'empêchent pas d'être la cible des provocations des nationaux-socialistes qui n'approuvent guère ses idées marxistes. Victime de l'autodafé de 1933, déchu de sa nationalité en 1935, il doit se résoudre à un long exil qui le mènera jusqu'à Hollywood. Ses nombreux déplacements et son engagement politique ne tariront pas son inspiration, sans doute même l'alimenteront-ils, et ses œuvres, dont la liste est impressionnante, se découvrent, avec plaisir et curiosité, chez Arche éditeur : *L'Abc de la guerre*, *La Noce*, *L'Achat du cuivre*, *La Vie de Galilée*, *Sainte Jeanne des abattoirs*, etc. Un autre écrivain, pour le moins politique, est Hans Magnus Enzensberger dont *Le Bref été de l'anarchie* est devenu un classique de la collection L'Imaginaire chez Gallimard. Cette biographie romancée s'attarde sur le parcours de l'Espagnol Buenaventura Durruti durant la révolution sociale de 1936. Mais Enzensberger est loin d'être l'homme d'un seul texte, sa poésie (*L'Histoire des nuages : 99 méditations*), ses essais (*Politique et crime : neuf études*, *Culture ou mise en condition ?*) et même ses écrits à destination de la jeunesse (*Les Sept voyages de Pierre*) ont trouvé un large écho en France. C'est dans ce dernier secteur qu'évoluera également Michael Ende (1929-1995), l'auteur émérite de *L'Histoire sans fin* (1979) dont les adaptations cinématographiques auront bercé l'enfance de bien des spectateurs (mais fortement déplu à l'écrivain !). Cinéaste à ses heures perdues, son contemporain Herbert Achternbusch, né en 1938 à Munich, a aussi évolué au théâtre (*Gust*, *La Botte et sa chaussette*, *Werner Herzog*, chez L'Arche), tout comme le dramaturge Martin Sperr dont la pièce *Scènes de chasse en Bavière*, l'histoire d'une dispute sans objet qui vire à la chasse à l'homme, est publiée en français par le même éditeur. S'il a lui aussi commencé sa carrière au théâtre, avec *La Contrebasse* jouée pour la première fois en 1981, c'est sans conteste pour son roman *Le Parfum*, publié quatre ans plus tard à Zürich, que Patrick Süskind se fait un nom à l'international car – bien qu'il cultive la discrétion et le mystère – l'histoire de son meurtrier est devenue un best-seller mondial.

Aujourd'hui, la littérature bavaroise se porte bien, elle est par exemple représentée par Harald Grill, écrivain-voyageur et poète, ou par Matthias Politycki, qui partage ce goût des voyages mais sait aussi se montrer grinçant quand il croque les travers des riches dans le picaresque *In 180 Tagen um die Welt* (en français, deux textes ont été traduits par Jacqueline Chambon éditions : *Roman de l'au-delà* et *Samarcande Samarcande*). Dans la veine du roman noir, on retrouve Loup Harlander avec *42 Grad*, ou Ferdinand von Schirach disponible de notre côté de la frontière chez Gallimard (*Crimes*, *Coupables*, *Sanction*, etc.). Enfin, le travail de Daniel Kelhmann, né en 1975, est porté en traduction par les éditions Actes Sud : *La Nuit de l'illusionniste* ou, plus récemment, le très efficace *Tu aurais dû t'en aller*.

TOP 10

LECTURE

La Bavière est terre de tradition tout autant que de fantaisie, et si l'envie vient de lui associer irrésistiblement la Fête de la Bière de Munich. Toutefois, les contrastes ont du bon en littérature, car ils éveillent l'imagination des écrivains : preuve – s'il en faut – en 10 titres.

LE CHÂTEAU DES ÉTOILES [SÉRIE]

Un fils à la recherche de sa mère, un prince qui construit un engin spatial, décidément la fin du XIXe siècle se montre fort agitée.
Alex Alice, éditions Rue de Sèvres.

DIEU, LE ROI ET LA BIÈRE

© PRESSES UNIVERSITAIRES FRANÇOIS-RABELAIS DE TOURS

Entre 1821 et 1872, l'artisan Franz Caspar Krieger, qui vivait en Bavière, a tenu son journal. Sa lecture, plus d'un siècle plus tard, en apprend beaucoup sur la vie quotidienne d'alors.
Robert Beck, Presses universitaires François-Rabelais.

LA VIE DE MERDE DE MON PÈRE, LA VIE DE MERDE DE MA MÈRE ET MA JEUNESSE DE MERDE À MOI

© ACTES SUD

Il ne fait pas bon grandir à Altötting dans les années 1950, entre un père violent et une mère dépressive.
Andreas Altmann, éditions Actes Sud.

LOUIS II DE BAVIÈRE OU HAMLET ROI

© LES BELLES LETTRES

Le prince a marqué l'histoire tant par ses extravagances que par sa fin tragique, un personnage qui ne laisse personne indifférent.
Guy de Pourtalès, éditions Belles lettres.

LE DIABLE SUR LA MONTAGNE

Le lieu est resté célèbre et personnifie celui qui a marqué, pour le pire, l'histoire mondiale : le chalet de Berghof d'Hitler.
Thierry Lentz, éditions Perrin.

SOPHIE SCHOLL : LA ROSE BLANCHE

Une biographie romancée de la résistante Sophie Scholl, dans la collection Elles ont osé !, dès 11 ans.
Magali Wiéner, éditions Oskar.

BLEU DE PRUSSE

© DR

Un ingénieur retrouvé mort sur la terrasse du Berghof ? Bernie Gunther doit trouver le coupable avant l'arrivée du Führer, prévue dans quelques jours…
Philip Kerr, éditions Points.

ALEXANDRE : ROMAN DE L'UTOPIE, SUIVI DE LUDWIG : NOUVELLE SUR LA MORT DU ROI LOUIS II DE BAVIÈRE

Deux textes qui se répondent du célèbre écrivain allemand né à Munich en 1906.
Klaus Mann, éditions Libretto.

CHOUCROUTE MAUDITE

© J'AI LU

Les cadavres s'amoncellent à Niederkaltenkirchen, et le commissaire Eberhofer doit faire vite avant que toute la famille Neuhofer n'y passe.
Rita Falk, éditions J'ai Lu.

LE DERNIER ÉTÉ

© DR

Un premier roman récompensé par le Prix Bavarois de littérature, ou l'épopée d'un petit groupe hétéroclite bien décidé à rejoindre Istanbul.
Benedict Wells, éditions Le Livre de Poche.

À L'ÉCRAN

Dans la richissime histoire du cinéma allemand, la Bavière fait figure de parent pauvre du cinéma face à la grande ville du septième art qu'est Berlin. Pour autant, Munich a vu grandir l'un des plus grands cinéastes du pays en la personne de Rainer Werner Fassbinder, et accueille chaque année depuis 1981 le deuxième plus important festival de cinéma du pays, après la Berlinale. Le Land compte par ailleurs plusieurs studios de cinéma spécialisés dans les coproductions, de nombreuses salles indépendantes dans les villes de Nuremberg, Bamberg ou Augsbourg, et un festival de court métrage internationalement reconnu se tenant chaque année à Ratisbonne en mars. Les fantastiques décors naturels et paysages de cette région servent enfin de lieux de tournage à quelques films marquants d'hier et d'aujourd'hui, et il en va de même pour les rues de Rothenburg ob der Tauber, les palais de Munich et les châteaux de Neuschwanstein ou Schleissheim.

Histoire(s) du cinéma bavarois

Dès 1896, la Bavière est capturée par les opérateurs des frères Lumière. Pour cette première vue de la région, les cinéastes choisissent la ville de Munich et son Maximilianeum (p.150). Le film de moins d'une minute – visible en ligne – saisit les promeneurs et les carrioles alors que celles-ci traversent le pont Maximilien. Près d'un siècle plus tard, le décor n'a presque pas changé.

Si le cinéma allemand est florissant dans les années 1910, son essor est stoppé net par la Première Guerre mondiale, pour reprendre de plus belle sous la République de Weimar. En 1919, le producteur Peter Ostermayr fonde la première compagnie de production munichoise, Munich Lichtspielkunst, connue aujourd'hui sous le nom de Bavaria Film. Cette même année, le film *Nerven* est tourné à Munich. Réalisé par Robert Reinert, il est considéré comme l'une des œuvres fondatrices du mouvement expressionniste allemand, dont le film le plus connu, *Le Cabinet du Dr Caligari* (Robert Wiene), sort un an plus tard. Vous pourrez vous procurer une copie restaurée de *Nerven* au Musée du cinéma de Munich, dont les archives ont permis de préserver le film jusqu'à nos jours.

Cette période d'effervescence du cinéma allemand sera malheureusement de courte durée, réduite au silence par la montée au pouvoir d'Hitler. En parallèle, la ville de Nuremberg devient tristement célèbre pour être le lieu de rassemblement du parti nazi. Les gigantesques congrès qui s'y tiennent en 1934 seront capturés par la caméra de la cinéaste Leni Riefenstahl, qui en fera un de ses films les plus connus, *Le Triomphe de la volonté*. En parcourant les alentours du Centre de documentation du site des congrès du Parti nazi (Dokumentationszentrum (p.300)), l'un des grands musées de Nuremberg, vous pourrez apercevoir le Ehrenhalle, pierre angulaire de la cérémonie enregistrée dans le film. Une façon de vous plonger dans l'histoire de ces images qui font encore froid dans le dos.

Après la Seconde Guerre mondiale, des productions européennes et internationales relancent l'économie cinématographique de la région. La société Bavaria Film devient même une plaque tournante de l'industrie à partir des années 1960, accueillant de grands films comme *La Grande Évasion* en 1963, *Cabaret* en 1972, *Das Boot* en 1981, *L'Histoire sans fin* en 1984 ou encore *Astérix et Obélix* en 1999. Stanley Kubrick viendra à Munich filmer ses *Sentiers de la gloire* en 1957 dans le château de Schleissheim, avant qu'Alain Resnais n'utilise lui-même ce palais dans son film *L'Année dernière à Marienbad* en 1961. Au début des années 1970, c'est le film *Charlie et la Chocolaterie* avec Gene Wilder qui sera filmé à Munich. C'est à cette période que le réalisateur bavarois Rainer Werner Fassbinder produit ses premiers longs-métrages.

DÉCOUVRIR

© ALEKSANDARGEORGIEV - ISTOCKPHOTO.COM

Maximilianeum.

Bavaria Filmstadt à Munich.

Fassbinder et le renouveau du cinéma allemand

Né à Bad Wörishofen (p.227), Rainer Werner Fassbinder s'intéresse dès son plus jeune âge au cinéma et dévore des films de tous les pays et de tous les cinéastes. Sans réussir à intégrer l'école de cinéma de Berlin, il vit de petits boulots tout en nourrissant son projet de devenir réalisateur. En 1966, il tourne son second court-métrage, *Le Clochard*, dans les rues de Munich. Homme d'écriture théâtrale autant que cinématographique, il va monter sa propre troupe, l'Antiteater, avec laquelle il tournera son premier long-métrage, *L'Amour est plus fort que la mort*, en 1969. Nourri des influences cinématographiques de la Nouvelle Vague comme du mélodrame américain de Douglas Sirk, Fassbinder est également fortement impressionné par le théâtre de Brecht qui avait lui-même été l'une des inspirations principales de l'expressionnisme allemand. Entre 1969 et 1982, Fassbinder réalise près de quarante films, dont la plupart seront filmés en Bavière. Parmi ses premières œuvres, *Le Soldat américain* (1970) est un hommage au cinéma de gangsters des années 1930, narrant l'histoire d'un soldat de retour du Vietnam s'installant à Munich et qui sera recruté par des truands pour accomplir de sales besognes. En 1974, Fassbinder atteint une renommée internationale avec son film *Tous les autres s'appellent Ali*. Cette belle histoire d'amour entre Emmi, veuve âgée de 60 ans, et Ali, un Marocain issu de l'immigration et son cadet de vingt ans, remportera le prix de la critique internationale au Festival de Cannes. Si vous souhaitez retourner sur les traces du film après votre visionnage, l'Asphalt Bar où Emmi rencontre Ali pour la première fois est aujourd'hui une sympathique pizzeria, Breisacher Straße numéro 30. Et le restaurant Osteria Italiana, 62 Schellingstraße, est également l'un des lieux marquants du film, établi depuis 1890 ! Fassbinder réalise encore une dizaine de films, succès d'estime autant que succès populaires pour certains. Les plus connus sont *Le Mariage de Maria Braun* (1978), *Lola, une femme allemande* (1981) ou *Le Secret de Veronika Voss* (1982). Ces œuvres sont marquées par des thèmes récurrents du réalisateur : la tolérance, l'acceptation de soi et la gestion du passé de l'Allemagne. Sa vie s'achève brutalement en 1982. Rainer Werner Fassbinder est humblement enterré au cimetière de Bogenhausen, à Munich.

Les lieux de cinéma bavarois aujourd'hui

De nombreuses productions internationales passent encore aujourd'hui par la Bavière pour leurs tournages. À Munich, vous pourrez même visiter les studios de Bavaria Filmstadt (p.155) en famille, à la façon des studios Universal à Hollywood. Partez à la rencontre d'Astérix et Obélix, enfourchez un dragon légendaire de l'*Histoire sans fin* ou plongez dans un sous-marin reconstitué, frissons garantis. Ces studios sont par ailleurs toujours en activité et accueillent régulièrement des tournages de séries allemandes, et de films internationaux.

Pour les amateurs de cinéma grand public, vous pourrez également vous promener sur les traces de Harry Potter dans les rues de Rothenburg, car certaines scènes du septième opus y ont été tournées, ou bien flâner près de la Frauenkirche à Munich, où Freddie Mercury vient se ressourcer dans *Bohemian Rhapsody* (2018).

Enfin, profitez des plus belles salles de Bavière en visitant le Roxy à Nuremberg ou le Museum Lichtspiele à Munich, et tendez l'oreille pour dénicher les cinémas en plein air sur les rives du Danube, régulièrement organisés en été dans les grandes villes.

POPULATION

La Bavière compte une population de 13 millions d'habitants, ce qui en fait le Land le plus peuplé après la Rhénanie-du-Nord-Westphalie. Elle représente à elle seule 16 % de la population allemande. La Bavière compte plus d'habitants que la majorité des pays européens, plus que la Suède ou la Belgique. Cette population bavaroise, en constante augmentation depuis le XIXe siècle, est d'une très grande diversité. Les Bavarois parlent une grande variété de dialectes et les traditions varient d'une région à l'autre. Au XXe siècle, la Bavière est devenue une terre d'immigration. En 1945, elle connaît le plus gros bouleversement démographique de son histoire en accueillant 2 millions de réfugiés allemands de Pologne et de Tchécoslovaquie. Si, aujourd'hui, son accroissement naturel est négatif (moins de naissances que de décès), la Bavière peut compter sur l'arrivée de nouvelles vagues d'immigration pour conserver son essor.

Démographie

Depuis le XIXe siècle, la population bavaroise a plus que doublé, passant de 5 millions vers 1900 à plus de 13 millions aujourd'hui en 2021. Pourtant, le solde naturel de la Bavière est négatif, c'est-à-dire qu'il y a chaque jour plus de décès que de naissances : en moyenne 344 décès par jour pour 293 naissances. Cette augmentation n'est possible que parce que l'immigration est supérieure à l'émigration et la part d'étrangers en Bavière atteint presque 10 % de la population totale. Cette croissance démographique s'est accompagnée d'un exode rural qui a surtout profité aux grandes villes et aux villes de taille moyenne. Aujourd'hui, 55 % de la population bavaroise vit dans une ville de plus 10 000 habitants (contre seulement 32 % en 1900). Cette augmentation globale masque des disparités locales : si, en Franconie, les villes de Nuremberg, Wurtzbourg ou Bamberg attirent toujours plus de monde, les zones rurales connaissent quant à elles un certain déclin. A l'inverse, le sud de la Bavière, et tout particulièrement la Haute-Bavière vit une expansion continue, en ville tout comme à la campagne. La métropole munichoise est à ce titre particulièrement dynamique. Avec 4 400 habitants au km², la capitale bavaroise est la ville la plus densément peuplée du pays et le nombre de ses résidents ne cesse d'augmenter, la cherté des loyers ne freinant en rien l'attractivité de la ville. A l'instar des autres Länder, la population bavaroise est âgée et vieillissante. Comme dans les autres pays développés de l'Union européenne, l'espérance de vie y est très élevée : 79,7 ans pour les hommes et 84,4 ans pour les femmes. La moyenne d'âge est de 46,6 ans et 34 % de la population bavaroise a plus de 60 ans.

Langue et dialectes

La langue officielle en Bavière est l'allemand, mais les fines oreilles percevront vite que l'on n'y parle pas seulement l'allemand standard. On y converse dans de nombreux dialectes. Pour simplifier un peu, on peut en distinguer trois : le bavarois à proprement parler, le francique et le souabe.

- Le dialecte **bavarois** (Bairisch) est un régiolecte qui peut poser de sérieux soucis non seulement à tout étranger germanophone mais aussi aux visiteurs d'autres régions allemandes. En Bavière, il est seulement parlé en Haute-Bavière, en Basse-Bavière et dans le Haut-Palatinat, mais pas en Souabe ni en Franconie. Le bavarois a fortement reculé depuis la Seconde Guerre mondiale avec les déplacements de populations, mais il n'est pas complètement passé de mode. Les dialectes autrichiens sont très proches du parler bavarois, de sorte que les linguistes utilisent parfois l'expression « austro-bavarois » pour qualifier cette famille de dialectes. Donc, pour résumer, ce dialecte que l'on appelle « bavarois » n'a pas le monopole en Bavière et il est aussi utilisé en dehors des frontières bavaroises.
- Dans le nord de la Bavière, le parler local appartient à la famille des **dialectes « franconiens »**, on le désigne communément sous le nom « Fränkisch » en allemand. Là encore, ce dialecte ne correspond pas tout à fait aux frontières de la Franconie actuelle, même si on n'en est pas loin.
- Il en va de même pour le **souabe** (« Schwäbisch » en allemand). Ses locuteurs sont répartis entre la Bavière et le Bade-Wurtemberg et dans une petite partie du Tyrol autrichien. Le Souabe appartient à la famille des dialectes alémaniques qui comprend aussi le suisse-allemand et l'alsacien. Mais pas sûr qu'un Colmarien, une Zurichoise et un Souabe bavarois se comprennent s'ils s'expriment dans leurs dialectes. Il est intéressant de noter que la langue des signes utilisée en Bavière possède quelques signes qui lui sont propres. Pour ne citer que quelques exemples, les signes pour « dimanche », « raifort » et « charcutier » diffèrent entre les langues des signes pratiquées en Bavière et dans la reste de la République fédérale. Ces nuances sont toutefois anecdotiques et un sourd-muet de Munich et un autre de Brême se comprendront sans problème.

Immigration depuis 1945

En 1945, suite à la déroute allemande et à l'expulsion des populations germanophones de Pologne et de Tchécoslovaquie, la Bavière accueille 2 millions de réfugiés. Pour une population qui avoisine les 9 millions à l'époque, cette nouvelle communauté représente presque un quart de la population bavaroise d'alors. Parmi ces exilés, la grande majorité (1 million environ) sont des réfugiés **sudètes**, expulsés de Tchécoslovaquie, après que le pays a retrouvé ses frontières d'avant l'invasion de 1938. La Bavière est la région d'Allemagne à avoir accueilli le plus grand nombre de ces réfugiés, si bien qu'on a vite considéré les Sudètes comme la « quatrième tribu de Bavière » : en d'autres termes, les Sudètes sont perçus comme le quatrième groupe démographique après les Bavarois, les Franconiens et les Souabes. Pendant des siècles, les Sudètes avaient vécu et partagé leurs vies avec les tchécophones de Bohême, Moravie et Silésie du sud. Exilés, ces germanophones ont souvent été mal reçus dans les contrées qui devaient les accueillir. Le camp de Dachau a par exemple été utilisé pour loger des familles sudètes en attendant la construction de nouvelles habitations, pour lesquelles il a fallu parfois patienter pendant 10 ans. Plusieurs villes ou quartiers ont été créés spécialement pour loger ces nouveaux arrivants. C'est par exemple le cas du quartier Neugablonz à Kaufbeuren, nommé d'après la ville de Gablonz (aujourd'hui Jablonec nad Nisou) en Bohême. Cette immigration d'Allemands originaires des territoires de l'Est a également modifié le paysage confessionnel de la Bavière, des catholiques s'installant en Franconie et des protestants dans le sud. De manière générale, la question des DP (*Displaced persons*, personnes déplacées) a accompagné les années d'après-guerre. Beaucoup de ces DP ne sont restées que de façon transitoire en Bavière et se sont exilées pour les États-Unis ou la Palestine bien souvent.

Plusieurs années après la guerre, la Bavière - comme le reste de l'Allemagne de l'Ouest - connaît un regain de productivité que l'on a appelé « miracle économique ». Pour faire tourner les usines, la RFA fait appel à des travailleurs étrangers. Le gouvernement fédéral conclut des accords avec des puissances étrangères comme l'Italie (en 1955) la Grèce et l'Espagne (en 1960), la Turquie (en 1961) ou la Yougoslavie (en 1968) pour permettre la venue d'une main-d'œuvre bon marché en Allemagne. Ces travailleurs peu ou non qualifiés ont principalement œuvré dans les secteurs industriels et fait fonctionner la production à la chaîne. On a surnommé ces travailleurs ***Gastarbeiter***, expression que l'on pourrait traduire de façon un peu maladroite par « ouvrier-hôte » ou « travailleur invité » car il était prévu que leur séjour en Allemagne soit temporaire. Nombre d'entre eux sont restés en RFA et ont été rejoints par leurs familles. On estime à 14 millions le nombre de *Gastarbeiter* venus travailler en Allemagne dans la seconde moitié du XXe siècle. Parmi eux, 3 millions sont restés en Allemagne. En Bavière, ils ont contribué activement à la réussite de grands travaux d'infrastructure. On peut même dire que sans ces travailleurs étrangers, Munich n'aurait ni métro ni installations olympiques.

Pendant 40 ans, la Bavière a partagé une frontière commune avec l'autre État allemand, la RDA. Entre la construction du Mur de Berlin en 1961 à sa chute en 1989, on estime à 1,5 million le nombre de citoyens est-allemands à avoir quitté la République démocratique d'Allemagne pour s'installer en République fédérale. Parmi eux, 200 000 ont choisi la Bavière pour s'installer. Le nombre de Bavarois à s'installer en RDA est assez anecdotique, mais chaque année

© MATEJ KASTELIC - SHUTTERSTOCK.COM

Munich, Jardin anglais.

entre 200 et 600 Bavarois faisaient le choix de quitter la RFA pour tenter leur chance chez le voisin socialiste.

Un phénomène assez méconnu dans les pays francophones est celui des ***Spätaussiedler*** (littéralement les « rapatriés tardifs »). C'est ainsi que l'on désigne des germanophones originaires d'Europe de l'Est et qui rejoignent l'Allemagne après 1950. Dans l'Europe orientale (Pologne, Roumanie, Russie, etc.) vivaient et vivent encore (parfois depuis le XVIIIe siècle !) des familles de langue allemande. Entre 1950 et 1987, 1,4 million de germanophones d'Europe de l'Est viennent s'installer en RFA. On appelle « Allemands de Russie » (***Russlanddeutsche*** ; en français parfois aussi « Allemands de la Volga ») les germanophones qui vivaient en Russie et dans les pays satellites de l'URSS. De nombreuses familles allemandes avaient répondu à l'appel de la tsarine Catherine II au XVIIIe siècle et étaient venus s'installer dans l'Empire russe. Dans les années 1990, l'Allemagne conclut un accord avec la Russie pour permettre le « retour » (après tant de générations, peut-on parler de retour ?) de ces germanophones. Ce phénomène s'intensifie avec le délitement de l'URSS. L'Allemagne d'aujourd'hui compte de nombreuses célébrités de ces communautés de *Russlanddeutsche* : la chanteuse Helene Fischer ou l'actrice Emilia Schüle pour ne citer que deux exemples. On estime qu'en Bavière aujourd'hui, 250 000 personnes sont originaires d'URSS. Cette immigration des *Russlanddeutsche* s'accompagne alors d'une immigration juive et 90 % des juifs d'Allemagne d'aujourd'hui sont d'origine russe.

Dans les années 1990, les guerres de Yougoslavie entraînent de nombreux mouvements de populations. Avec 300 000 réfugiés yougoslaves, l'Allemagne est le pays d'Europe à accueillir le plus grand nombre de ces hommes, femmes et enfants fuyant la guerre et les massacres dans les Balkans. A titre de comparaison, les exilés yougoslaves à trouver l'asile en France sont un peu moins de 16 000. Des actes de violence racistes et xénophobes ont été commis à l'encontre de ces nouveaux venus. Sous la pression de l'opinion publique, les représentants des partis CDU/CSU, SPD et FDP se sont mis d'accord sur une nouvelle réglementation de la loi sur l'asile en décembre 1992. L'objectif était d'accélérer les procédures de demande d'asile mais les possibilités d'invoquer le « droit fondamental d'asile » de la Loi fondamentale ont été considérablement restreintes. A la fin de la guerre civile en 1995, beaucoup sont retournés dans les Balkans.

En 2004 et en 2007, la famille de l'Union européenne s'agrandit et s'enrichit de douze nouveaux membres : les trois pays baltes, la Pologne, la République tchèque, la Slovaquie, la Hongrie, la Slovénie, Malte, Chypre, la Bulgarie, la Roumanie. La Bavière, qui se trouvait longtemps aux confins de l'Union européenne, se trouve soudainement en son centre. Deux millions de personnes originaires de ces nouveaux pays européens sont venus en Bavière depuis 2004, même si les trois quarts ont, depuis, rejoint leur pays d'origine. Les entreprises bavaroises bénéficient de la main-d'œuvre, mais aussi des nouveaux marchés au sein de l'UE. Ce rebattement des cartes européennes a aussi un impact sur l'immigration en Bavière et sur le marché de l'emploi. Les travaux saisonniers, tels que la récolte des asperges dans la région de Schrobenhausen, sont souvent effectués par des cueilleurs roumains. Ailleurs, des jeunes femmes originaires d'Europe de l'Est sont employées dans le secteur des soins à la personne. Beaucoup de ces travailleurs européens sont contraints à des conditions de travail difficiles, souvent mal payés et parfois avec des contrats précaires, voire du « travail au noir ». Certains trouvent aussi du travail ou une formation et s'installent durablement en Bavière.

© VICTORIA P. - SHUTTERSTOCK.COM

« I mog di » signifie « je t'adore » en bavarois.

En 2015, l'Allemagne a accordé l'asile à un grand nombre de réfugiés syriens fuyant la guerre, la misère et la répression du régime de Bachar al-Assad. La chancelière allemande Angela Merkel, dans une formule qui est restée célèbre, ***Wir schaffen das*** (« on va y arriver »), saisit la chance d'accueillir une nouvelle population jeune. Il est difficile d'avoir des chiffres exacts, mais en 2015 la Bavière a accueilli environ 100 000 de ces réfugiés. La gare de Munich fut pour beaucoup la première station en Allemagne des réfugiés ayant parcouru la route des Balkans et traversé l'Autriche. Les images des Munichois accueillant les réfugiés avec couvertures et nourriture ont fait le tour des médias et immortalisé pour la postérité le sens de l'hospitalité bavarois.

SOCIÉTÉ

Les Bavarois ont la réputation d'être de bons vivants, d'avoir une convivialité festive et un certain sens de l'hospitalité. Mais on les dépeint aussi comme des citoyens conservateurs, souvent pieux et attachés aux valeurs familiales. Beaucoup d'Allemands leur reprochent aussi d'entretenir un chauvinisme agaçant, d'exacerber un sentiment d'appartenance que l'on retrouve cristallisé dans cette formule creuse, régulièrement scandée par les disciples du FC Bayern : *Mia sind mia*, « nous, c'est nous ». Bref, ce qui est certain c'est que la Bavière véhicule tout un cortège de clichés dont on a bien du mal à se débarrasser pour penser ce *Land* qui parvient à faire le grand écart entre des traditions ancestrales et une modernité à toute épreuve. Pour mieux comprendre la Bavière et sa place en Allemagne, explorons quelques aspects de la vie quotidienne et plusieurs sujets de société : éducation, parité, droits LGBTQ, etc.

Au quotidien

Y a-t-il un mode de vie proprement bavarois ? Y a-t-il des traits culturels qui différencient un Bavarois d'un Saxon ou d'un Rhénan ? L'histoire de l'Allemagne, fondamentalement dé-centrale, a participé indirectement à la formation d'identités plurielles, qui ont tendance à s'estomper aujourd'hui. Au quotidien, le mode de vie en Bavière est très similaire à celui des autres Européens. Le traditionnel petit-déjeuner bavarois – avec la triade saucisse blanche, bretzel et bière – est aussi iconique que le plat d'escargots en France, mais pas beaucoup plus fréquent. Le repas du soir, souvent froid et léger, est en Bavière similaire au reste de l'Allemagne ; on s'attable en général vers 18h30-19h pour manger un repas simple où l'on se contente bien souvent de quelques tranches de pain, de fromage et de charcuterie, avec une salade en accompagnement.

Un lieu populaire est emblématique de la sociabilité bavaroise : le *Biergarten*. Son équipement est rudimentaire : il suffit de quelques tables, de bancs pour s'asseoir, d'arbres pour fournir des coins d'ombre et de quelques rayons de soleil pour inviter à sortir de chez soi. On y vient aux beaux jours pour boire une bière au soleil et partager un repas simple. La très grande fréquentation de ces *Biergärten* force les gens à se tasser sur les bancs pour partager des tables, à entrer en discussion et échanger des idées avec de parfaits inconnus autour d'une bière. Le *Biergarten*, c'est l'immanquable rendez-vous estival : un lieu sans chichis, toujours dans une ambiance bon enfant où s'amusent et se désaltèrent des gens de tous les horizons. Vous n'y verrez jamais personne seule avec un livre en main. Le *Biergarten*, c'est un lieu de sociabilité.

La vie sociale bavaroise s'articule tout au long de l'année autour de célébrations qui rassemblent familles et amis. Le calendrier est en partie rythmé par les fêtes religieuses : Noël, Pâques sont des moments importants de l'année. La Fête-Dieu (Fronleichnam) est une célébrations qui, au printemps, anime les rues des villes catholiques. Mais ce sont les fêtes populaires et locales qui sont les plus fédératrices. A chaque ville, sa fête : l'Oktoberfest à Munich, le Plärrer à Augsbourg, etc. Toutes les occasions sont bonnes pour partager un moment ensemble.

Dans l'imaginaire collectif, les Bavarois portent la culotte de peau, les chaussettes blanc et vert remontées jusqu'aux mollets et le chapeau coiffé d'une touffe de poils de chamois, et les Bavaroises un chemiser blanc, un tablier et des nattes. En vérité, ces tenues traditionnelles sont plutôt rares au quotidien, mais elles sont beaucoup plus fréquentes dès lors qu'il y a quelque chose à célébrer : un mariage, un baptême ou bien sûr la Fête de la Bière. Historiquement, cette tenue n'est pas si ancienne. Maximilien II (roi de Bavière de 1848 à 1864) a compris le potentiel du costume traditionnel comme symbole national unificateur et a encouragé sa réintroduction, alors même que celui-ci avait presque disparu du paysage. Au XIXe siècle, le *Lederhose* et le *Dirndl* sont devenus des objets du quotidien en même temps que des attributs indissociables de la vie sociale bavaroise. Et c'est un véritable succès d'exportation dans le reste de l'Allemagne ! Vers 1900, le grand magasin berlinois Wertheim dispose de son propre rayon folklorique bavarois, dans lequel les touristes - toujours friands d'exotisme - peuvent s'équiper avant leur départ en vacances pour le sud du pays. Ce folklore bavarois, qui s'impose durablement à l'ère industrielle, oscille lui aussi entre tradition et modernité. Aujourd'hui encore, la publicité touristique continue de puiser dans ce réservoir folklorique pour promouvoir la Bavière comme une terre riche en traditions. Ces images d'Épinal, façonnées à des fins touristiques, ont modelé durablement notre perception de l'identité bavaroise.

Qualité de vie

Quand on séjourne en Bavière, on est souvent frappé par la qualité du niveau de vie, par la propreté de l'environnement, par la tranquillité de ses villages et de ses villes et par le flegme naturel de ses habitants. Cette force tranquille que l'on observe en Bavière n'est pas sans lien avec son excellente santé économique. En 2021, la Bavière est le Land avec le plus faible taux de chômage : avec 3,6 %, la Bavière est bien en dessous de la moyenne fédérale (5,9 %). Son PIB (Produit Intérieur Brute), qui s'élève à 625 milliards d'euros (chiffres de 2019), la place parmi les États les plus riches de l'Union européenne (il est supérieur à celui de 22 pays européens). C'est dans une ville bavaroise – Ingolstadt – que sont versés les salaires les plus hauts d'Allemagne. Dans la ville d'Audi - pour un temps plein - le salaire mensuel moyen s'élève à 4 635 €. Pour l'ensemble de la Bavière, cette moyenne avoisine les 3 345 €, ce qui est au-dessus de la moyenne fédérale (3 209 €). Le secteur automobile est créateur d'emplois, tout comme le secteur des hautes technologies (micro-électronique, pharmaceutique, technologie énergétique, nanotechnologies, etc.). Les disparités de salaires sont assez flagrantes si l'on compare avec les Länder de l'est, tous en bas du classement des salaires moyens. Le plus faible salaire moyen est à chercher tout à l'est, dans la ville de Görlitz, frontalière de la Pologne. Avec un pouvoir d'achat par habitant d'environ 26 000 € en 2020, la Bavière prend la tête du classement, reléguant Hambourg, le leader des années précédentes, à la deuxième place.

Éducation en Bavière et en Allemagne

L'éducation en Allemagne est du ressort des États fédérés, si bien qu'il existe des différences entre ces différents *Länder*. Cependant, on peut citer quelques traits caractéristiques du système scolaire allemand dans son ensemble et quelques spécificités bavaroises. L'école est obligatoire à partir de l'âge de 6 ans et jusqu'à 13 ans. L'Allemagne affiche un taux d'analphabétisme inférieur à 1 %, figurant parmi les plus faibles du monde.

Entre l'âge de 3 et 5 ans, les parents peuvent choisir de placer leur(s) enfant(s) à l'école maternelle (*Kindergarten*). À l'âge de 6 ans, on entre à l'école primaire (*Grundschule*), et on y reste pendant quatre ans. Dès l'âge de 10 ans, l'élève devra faire un choix : s'orienter vers des études plutôt pratiques ou plutôt théoriques. D'un côté, la *Hauptschule* et la *Realschule* dispensent une formation pratique qui permettra de réaliser un apprentissage ou d'entrer dans une *Berufschule* (lycée professionnel). De l'autre, le *Gymnasium* (collège et lycée d'enseignement général) accueille les élèves avec les meilleures notes et les prépare à l'*Abitur* (équivalent allemand du Baccalauréat français ou de la Maturité suisse). Ce diplôme, obtenu par près de 50 % des jeunes d'une génération, permet ensuite d'étudier à l'université. Selon les Länder, les Allemands ne passent pas tous l'Abitur au même âge. Les Bavarois le passent en général vers l'âge de 18 ans. Par comparaison, les Bas-Saxons le passent en règle générale à l'âge de 19 ans.

Le rythme scolaire des élèves allemands est bien différent de celui de leurs voisins français. Les cours commencent tôt le matin et finissent en général en début d'après-midi, vers 14h ou 15h. Le temps libre est bien souvent consacré à l'épanouissement personnel de l'enfant, à travers des activités sportives, artistiques ou musicales. Quelle que soit la forme des études secondaires suivies, l'apprentissage d'au moins une langue étrangère est obligatoire. La première langue étrangère étudiée est généralement l'anglais. Ensuite, la langue la plus parlée est l'espagnol, en concurrence avec le français. Une spécificité du système scolaire allemand est le cours de religion. Deux heures de cours par semaine sont consacrées à son étude. Il est cependant possible de choisir à la place le cours d'éthique.

Des voix s'élèvent pour réformer le système scolaire et l'uniformiser au niveau fédéral. La Bavière, toujours en tête des classements fédéraux pour les excellents résultats de ses élèves, y est fermement opposée. Le ministère de l'Éducation (*Kultusministerium*) est attaché à conserver son autonomie en la matière et garde la possibilité de modifier programme et rythme scolaires au niveau régional. L'*Abitur* bavarois est réputé être le meilleur d'Allemagne. A l'inverse, Berlin et Brême sont souvent citées parmi les mauvaises élèves.

Côté enseignement supérieur, l'Allemagne compte un grand nombre d'universités renommées. La Bavière a onze universités publiques : Augsbourg, Bamberg, Bayreuth, Erlangen, Nuremberg, deux établissements à Munich (université Louis-et-Maximilien et université technique), Passau, Ratisbonne, Wurtzbourg, Eichstätt-Ingolstadt et Neuendettelsau.

Parité

Sur le chemin de la parité et de l'égalité hommes-femmes, l'Allemagne a engagé des efforts mais il reste de la marche à faire. Le machisme outre-Rhin n'y est peut-être pas aussi frappant que dans les pays latins, mais à y regarder de plus près, la société allemande garde à bien des égards des traits traditionnels et conservateurs. Cela est particulièrement évident dans le rapport à l'éducation des enfants. On attend des femmes bien plus que des hommes, qu'elles mettent leur carrière entre parenthèses pour s'occuper du nouveau-né.

Les places en crèche sont toujours insuffisantes en Allemagne et c'est souvent la mère qui doit prendre un congé, parfois pendant plusieurs années, pour accompagner les premières années de l'enfant. Toutefois, de plus en plus d'Allemandes choisissent de concilier vie familiale et vie professionnelle et reprennent le travail quelques mois après l'accouchement. Le terme péjoratif de *Rabenmutter* (mère-corbeau) est employé pour désigner une mauvaise mère, une mère indigne : celle que l'on accuse de faire passer égoïstement sa carrière avant le bien-être de son enfant. Ce reproche - qui n'est jamais adressé aux pères - est largement répandu, dans toutes les classes sociales. Certains démographes voient même dans la stigmatisation des mères en Allemagne l'une des raisons de la très faible natalité outre-Rhin. En revanche, les remarques sexistes dans la rue sont moins manifestes en Allemagne que dans les pays latins et l'espace public est perçu par beaucoup comme plus sûr et plus inclusif.

En dépit de 16 années de chancellerie conduite par Angela Merkel, la politique allemande est toujours majoritairement menée par des hommes. Dans le Bundestag élu en septembre 2021, les femmes occupent un peu moins de 35 % des sièges. Actuellement, seuls 3 des 16 Länder sont dirigés par des femmes : Berlin, Mecklembourg-Poméranie occidentale et Rhénanie-Palatinat. Plusieurs partis politiques ont pris l'initiative d'introduire une stratégie de quotas pour favoriser la représentation des femmes dans leurs rangs : c'est par exemple le cas des Verts. Les Verts font au Bundestag figure d'exemple : 59 % des députés de leur groupe parlementaire sont des femmes.

L'avortement en Allemagne

L'Allemagne entretient une position assez ambiguë vis-à-vis de l'avortement. D'une part, l'IVG (*Schwangerschaftsabbruch* en allemand) a été dépénalisé en 1981, mais il reste *de jure* illégal. Et *de facto*, l'avortement n'est pas si simple. Le paragraphe 219a du code pénal allemand interdit la « publicité » sur l'IVG. Un médecin qui le pratique ne peut pas le renseigner sur son site Internet. Le faire, c'est s'exposer à des poursuites pénales. Nombreux sont les médecins qui préfèrent renoncer à proposer des interruptions de grossesse, par peur d'être la cible de mouvements anti-avortement. Une loi de 2019 a assoupli cette restriction de l'information. Mais pour obtenir des informations supplémentaires, par exemple sur la manière dont les avortements sont pratiqués, c'est le parcours de la combattante. Ainsi, il n'est pas toujours simple pour les femmes désirant avorter de savoir vers quel médecin se tourner pour mettre sereinement fin à une grossesse non désirée. Les conservateurs de la CDU sont opposés à l'abolition du paragraphe 219a, mais les trois partis politiques sortis vainqueurs des élections de septembre 2021 sont favorables à sa suppression. Il pourrait y avoir du changement sur le statut légal de l'avortement dans cette nouvelle législature.

Le mariage pour tous et les droits LGBTQ en Allemagne

Depuis 2001, il existait en RFA une union civile (*eingetragene Partnerschaft*) pour les couples de même sexe. Cette dernière a été purement et simplement supprimée après l'introduction du mariage pour tous (*Ehe für alle*) en 2017. Les partis conservateurs (CDU et CSU) y étaient opposés, mais les autres grands partis (SPD, Grüne, die Linke, FDP) y étaient favorables et militaient depuis longtemps pour son introduction. Le 30 juin 2017, le parlement allemand (*Bundestag*) vote à 393 voix contre 226 l'ouverture du mariage à tous les couples. Si la chancelière Angela Merkel a voté à titre personnel contre l'adoption de cette loi, tout porte à croire qu'elle a agi par tactique… pour que cette loi soit adoptée ! Les Verts, puis le SPD, le FDP et die Linke avaient annoncé que le mariage pour tous serait un sujet non-négociable pour une coalition avec eux après les élections à venir. Isolée sur ce sujet, la CDU décide de ne pas mener une bataille qu'elle ne peut pas gagner. Alors que le projet de loi est soumis à l'avis du *Bundestag*, Merkel permet aux députés de voter librement, sans consigne, et permet indirectement l'adoption du mariage pour tous. Cette nouvelle loi a été votée assez rapidement, sans provoquer de gigantesques manifestations en Allemagne, comme la France a pu les connaître avec la Manif pour tous. La grande majorité des citoyens allemands était favorable au changement de la loi. Les sondages de l'époque montrent que 82 % des citoyens allemands sont favorables au mariage pour tous. En 2017, l'Allemagne devient ainsi le 14e pays européen à accorder le mariage à tous les couples. Pour rappel, l'homosexualité était illégale et punissable jusqu'en 1968 en RDA et 1969 en RFA. La situation des LGBTQ change petit à petit en Allemagne. Après une décision du Tribunal constitutionnel de Karlsruhe – qui juge de la conformité des textes de lois avec la Loi fondamentale -, le *Bundestag* adopte en décembre 2020 une loi qui ajoute la mention « divers » sur les registres de naissance : depuis 2013, il n'était plus obligatoire de remplir l'une des deux cases « masculin » ou « féminin » mais cette option avait été jugée insuffisante par les juristes de Karlsruhe. Aujourd'hui, il existe donc trois options pour les actes de naissance.

RELIGIONS

Le catholicisme colle irrémédiablement à l'image de la Bavière. Il est vrai que les catholiques y sont en majorité, près de 48 % des Bavarois étant affiliés à l'Église romaine catholique. Les églises baroques à bulbe marquent le paysage, il y a des croix au sommet des montagnes et les célébrations chrétiennes rythment le calendrier des fêtes. Mais à y regarder de plus près, c'est un peu plus compliqué. Premièrement, la tendance est décroissante et les Bavarois sont toujours plus nombreux à demander à être retirés des registres de l'Église. 2010 connaît un pic de départs avec la révélation de scandales pédocriminels au sein de l'Église catholique. Deuxièmement, les protestants sont majoritaires dans certaines régions du nord de la Bavière. Enfin, il y a depuis plusieurs décennies une minorité musulmane qui avoisine les 4 %. On est en Bavière loin des chiffres polonais où, par comparaison, les catholiques atteignent plus de 86 %.

Survol de l'histoire confessionnelle de la Bavière

L'article 4 de la Loi fondamentale (la constitution allemande) garantit le libre exercice de la religion en Allemagne. Dans ce pays, et notamment en Bavière, les guerres de religion ont été destructrices. Petit retour sur le chemin parcouru.

On sait peu de choses des croyances et des cultes païens pratiqués dans les régions qui forment aujourd'hui la Bavière avant l'arrivée des Romains et avant la christianisation. La région autour du Danube était peuplée de tribus celtes et de peuples germains, donc on peut supposer que des divinités celtes et germaniques ont été vénérées par les premières populations de Bavière. Aux VIIe et VIIIe siècles, plusieurs missionnaires venus de l'ouest (Irlande, Écosse et territoires de l'actuelle France) parcourent la Bavière pour répandre le christianisme. Certains de ces évangélisateurs ont imprimé leur nom dans la conscience collective et on les retrouve dans de nombreuses toponymies : Emmeram, Corbinian, Rupert. L'un d'entre eux, Kilian, né en Irlande, devient évêque de Wurtzbourg et est aujourd'hui connu comme apôtre de la Franconie. Au Moyen Âge, comme dans le reste de l'Europe de l'Ouest, les Bavarois fondent des monastères et des abbayes, qui participent au développement du territoire : les moines contribuent notamment au défrichage des forêts.

DÉCOUVRIR

© CLAUDIO DIVIZIA - SHUTTERSTOCK.COM

Dom Sankt Peter à Ratisbonne.

Certaines de ces abbayes existent encore aujourd'hui : Ettal, Andechs, Weihenstephaner, toutes trois réputées pour leur bière. Au Moyen Âge, on bâtit aussi de gigantesques cathédrales. Le plus bel exemple de construction religieuse médiévale se trouve à Ratisbonne, ville qui peut se targuer d'avoir la plus impressionnante cathédrale gothique de Bavière (voir **Dom Sankt-Peter** (p.263)).

En 1517, la publication des 95 thèses de Martin Luther crée un séisme en Allemagne et la Réforme protestante atteint aussi la Bavière et la Franconie. A partir de cet épisode, l'Allemagne est profondément et durablement divisée entre les partisans du protestantisme (majoritaires dans le nord) et les croyants restés fidèles à l'Église catholique romaine (majoritaires au sud). Certains princes se convertissent à la foi réformée, d'autres choisissent de rester fidèle à l'empereur, profondément catholique. Cette adversité entre catholiques et protestants sera source de nombreux conflits et les guerres de religion seront dévastatrices en Allemagne. En 1555, un compromis suspend momentanément les hostilités entre les États luthériens et les États catholiques dans le Saint-Empire romain germanique : c'est la Paix d'Augsbourg. Ce compromis est fondé sur le principe : « *cujus regio, ejus religio* » (« à chaque région sa religion ») : il est conclu que les princes choisissent la confession de leurs sujets et mettent tout en œuvre pour assurer l'uniformité des cultes sur leurs terres. Cette Paix d'Augsbourg explique en partie la répartition des principautés entre États catholiques et États protestants au nord : les princes de Franconie embrassent tous la foi réformée. Seules les principautés épiscopales (Wurtzbourg, Bamberg) restent catholiques.

Les hostilités reprennent en 1618 avec la défenestration de Prague, entraînant une guerre qui durera 30 ans. Pendant ces trente années de guerres, de famines, d'épidémies, les territoires de l'actuelle Bavière sont ravagés, tour à tour par les Suédois, protestants, et les troupes impériales, catholiques. La Paix de Westphalie en 1648 met fin au conflit mais ne change fondamentalement rien au paysage confessionnel en Bavière. L'appartenance religieuse d'une ville a des conséquences considérables sur sa survie ou son élimination.

Jusqu'au XVIIIe siècle, la Contre-Réforme catholique est menée énergiquement par les Wittelsbach, restés profondément catholiques. Le duc Albert V (Albrecht) permet la fondation de collèges jésuites à Ingolstadt et Munich. Son fils et successeur Guillaume V (Wilhelm) est aussi un acteur important de la Contre-Réforme en Bavière. Pour manifester son engagement dans la conservation du catholicisme, il fait construire la grande église Saint-Michel de Munich (voir **Michaelskirche** (p.136)).

Au nord, à l'inverse, les princes protestants de Franconie s'engagent dans l'accueil des Huguenots, qu ont quitté la France après la révocation de l'Édit de Nantes en 1685. Christian-Ernest, le margrave de Brandebourg-Bayreuth, saisit l'occasion et fait construire une ville nouvelle à Erlangen pour accueillir ces réfugiés.

Entre 1802 et 1803, les possessions de l'Église catholique sont sécularisées : les biens des monastères sont expropriés au profit de l'État bavarois.

Le christianisme en Bavière aujourd'hui

Les chrétiens représentent aujourd'hui 65,4 % de la population bavaroise, répartis entre les catholiques, 47,8 %, et les protestants, 17,6 %. Il y a là encore des disparités entre villes et campagnes. Dans le diocèse de Passau, la communauté catholique représente 76 % de la population. A Munich à l'inverse, seuls 46 % des habitants se disent catholiques. En 2010, les scandales révélant des actes de pédocriminalité dans l'Église ont conduit de nombreux Allemands à engager les démarches pour quitter l'Église.

C'est en Franconie, dans le nord du Land, que les protestants sont les plus nombreux. Sur l'ensemble des trois districts (Haute-Franconie, Basse-Franconie, Moyenne-Franconie), le rapport numérique entre catholiques et protestants est assez équilibré. Mais il y a des différences ici et là qui s'expliquent par l'histoire : les régions situées dans l'ancienne sphère d'influence des principautés épiscopales de Bamberg, Wurtzbourg et Eichstätt sont, presque par définition, catholiques aujourd'hui. En revanche, tous les anciens territoires des villes libres et des mar-

© BORISB17 - SHUTTERSTOCK.COM

Gnadenkapelle à Altötting.

graviats d'Ansbach et de Bayreuth sont encore luthériens à ce jour.

Les églises catholiques et protestantes marquent le paysage bavarois avec des langages architecturaux bien différents. On prête aux églises protestantes une grande sobriété. Les églises catholiques sont souvent opulentes, exubérantes, baroques. Mais la différence est bien plus fondamentale que seulement esthétique et architecturale. Tout d'abord, les protestants ne reconnaissent pas l'autorité du pape. Pour Luther, l'étude de la Bible - « *Sola Scriptura* » - compte bien davantage que les dogmes définis par l'Institution ecclésiastique. Contrairement aux catholiques, les protestants désapprouvent la vénération des saints. Une autre différence absolument majeure repose dans celles de l'ordination des prêtres et des pasteurs. Chez les protestants, les femmes peuvent occuper tous les ministères. En novembre 2021, c'est une femme, Annette Kurschus, qui est désignée à la tête de l'EKD (Evangelische Kirche Deutschlands, Église évangélique d'Allemagne). Et si l'Église de Rome reste attachée au célibat des prêtres, les pasteurs allemands ont depuis bien longtemps fondé des familles.

Le 19 avril 2005, c'est un Bavarois qui est élu pape à Rome. Le très conservateur Joseph Ratzinger, né en 1927 à Marktl en Haute-Bavière, est archevêque de Munich et Freising entre 1977 et 1982 avant d'être promu cardinal-évêque en 1993. En 2005, il devient, sous le nom de Benoît XVI, le 265e pape de l'Église catholique. Il n'y avait pas eu de pape allemand depuis le XVIe siècle !

Quelques spécificités bavaroises : célébrations et pèlerinage

▶ **Fronleichnam**, la Fête-Dieu, se célèbre un jeudi au début de l'été, après le premier dimanche qui suit la Pentecôte. C'est une grande manifestation pendant laquelle les catholiques décorent leurs maisons avec des branches de bouleau et sortent les drapeaux. On installe dans les rues quatre autels que l'on couvre de fleurs. Il y a une grande procession où, sous un baldaquin porté par plusieurs hommes, le prêtre ou l'évêque tient haut un ostensoir en or contenant une hostie. Au défilé participent aussi des enfants de chœur, et d'autres organisations catholiques. Fonleichnam est un jour férié en Bavière, comme dans les autres Länder à majorité catholique.

▶ **Oberammergau** est une petite ville du sud de la Bavière. Elle est connue pour organiser tous les 10 ans un grand spectacle retraçant l'histoire de la Passion. Deux jeunes hommes d'Oberammergau sont choisis pour incarner sur scène, à tour de rôle, Jésus. À peu près la moitié des habitants de la ville – chrétiens ou non – sont investis dans la préparation de ce spectacle amateur qui attire des milliers de curieux venus du monde entier. Pendant un an et demi, tous les hommes de la ville se laissent pousser la barbe pour pouvoir incarner fidèlement les Galiléens de l'Antiquité.

▶ La Bavière compte plusieurs lieux de pèlerinage, mais parmi tous un se détache tout particulièrement : **Altötting** (p.191). C'est le plus connu et le plus fréquenté de tous les pèlerinages de Bavière. La Madone noire dans la Gnadenkapelle attire plus d'un million de pèlerins par an.

La Croix et la Bavière

En juin 2018, le ministre-président de Bavière, Markus Söder, veut redorer l'image « historique et culturelle de la Bavière », dit-il, en imposant à tous les bâtiments publics de décorer leurs halls d'entrée d'un crucifix. L'arrêté approuvé par le gouvernement concerne environ 1 100 institutions dont les musées, les écoles, les théâtres ou encore les mairies. La « meilleure façon », selon la CSU, d'empêcher la montée des populistes d'extrême-droite, a fait fortement débat et a fait grincer des dents… Si l'on sait que Söder a fait installer une croix dans la chancellerie de Munich, on ne sait pas exactement si la mesure est appliquée partout.

Judaïsme et islam en Bavière

Il reste en Bavière quelques synagogues qui ont échappé – au moins en partie - aux destructions de 1938. Elles témoignent encore aujourd'hui de la vie et de la culture juives en Bavière avant la Shoah : on pense notamment aux synagogues d'Ansbach et d'Augsbourg. C'est aujourd'hui à Munich que la culture juive est la plus vivante. Dans les années 1990, l'immigration d'un grand nombre de russes juifs, ayant quitté l'URSS et ses républiques satellites, donne un nouveau souffle à la communauté munichoise. En plein centre de la ville, deux édifices en sont la preuve : la nouvelle synagogue ultra moderne Ohel Jakob et, juste à côté, le Jüdisches Museum München, le musée juif de Munich. Munich planifie actuellement la construction d'une seconde synagogue d'orientation plus libérale, dont les plans seront conçus par l'architecte star Daniel Libeskind. Les juifs bavarois restent aujourd'hui une toute petite minorité : en 1990, la Bavière compte une communauté de 5 500 membres. En 2019, ils sont 18 000.

L'islam, quant à lui, revêt une importance croissante en Bavière, notamment dans les grandes villes. Munich compte plusieurs mosquées, même si pour l'heure il manque un édifice représentatif dont l'architecture marque le paysage de la ville. Deux constructions de mosquées à Munich sont à l'étude. Une étude du ministère fédéral de l'intérieur estime à environ 4 % la proportion de musulmans dans la population totale de la Bavière en 2008.

QUE RAPPORTER ?

La Bavière véhicule tout un folklore qui a son pendant marketing : bière et chopes de bière, verres de schnaps, vêtements traditionnels, décoration de Noël, accessoires du FC Bayern, etc. Les boutiques de souvenirs fournissent quantité d'objets délicieusement kitsch, certains pour presque rien et d'autres plutôt chers ! Pour une chope de bière par exemple, il faut être prêt à mettre la main au porte-monnaie car elles sont tout sauf bon marché. En dehors des boutiques de souvenirs, on trouvera aussi des *concept stores* et des petites boutiques artisanales. Le plus simple et le moins onéreux reste de trouver la meilleure pâtisserie locale pour rapporter des *Lebkuchen*, de délicieux pains d'épices, parfois nappés de chocolat. C'est bon et ça se conserve assez longtemps. Les grands collectionneurs parcourront les brasseries pour former leur propre échantillon de bières bavaroises, à déguster entre amis au retour.

Objets décoratifs

Les objets de décoratifs de Noël sont très présents dans les boutiques et ce, toute l'année. On trouve dans la ville de Rothenburg ob der Tauber un gigantesque magasin entièrement consacré à la décoration de Noël. Là, il y absolument tout ce qu'il faut pour décorer son sapin, et rendre son intérieur chaleureux et accueillant pour les fêtes de fin d'année. Un des grands classiques en Allemagne, c'est la pyramide en bois de Noël (inconnue en France). Il y a aussi les *Lichthäuser*, de petites constructions en bois, reprenant les formes d'une petite maison et éclairées à la bougie ou avec de petites guirlandes. Et le grand classique, bien sûr, c'est le traditionnel casse-noisette en bois (épicéa ou hêtre) et en forme de personnage : forestier, gendarme, roi, hussard...

Des souvenirs à manger... ou pas

Côté culinaire, il faut goûter les **Lebkuchen** traditionnels dans une pâtisserie de Nuremberg puis en acheter une boîte pour faire découvrir à vos proches restés au pays ce pain d'épices très populaire dans le sud de l'Allemagne. Sur les marchés de Noël, on en trouve quantité, souvent en forme de cœur avec une inscription ou une illustration kitsch à souhait. Ceux-là sont rarement destinés à la consommation, mais plutôt à la décoration d'un intérieur (il faut aimer...). Mais on peut aussi trouver des confiseries-pâtisseries traditionnelles qui proposent des *Lebkuchen* aussi beaux que bons. A Nuremberg par exemple, on pourra essayer (et rapporter) le *Elisenlebkuchen*. Il est constitué de 10 % de farine seulement, de 25 % de noix (noix, noisettes, amandes), il est posé sur une feuille d'hostie (Oblate), il peut être (ou non) recouvert d'une couche de chocolat. Vous en trouvez des boîtes entières à Nuremberg, souvent décorées avec des illustrations, représentant des édifices emblématiques de la ville.

Pour les fans de foot

Les amateurs de football ne manqueront pas à Munich de se rendre dans l'une des boutiques

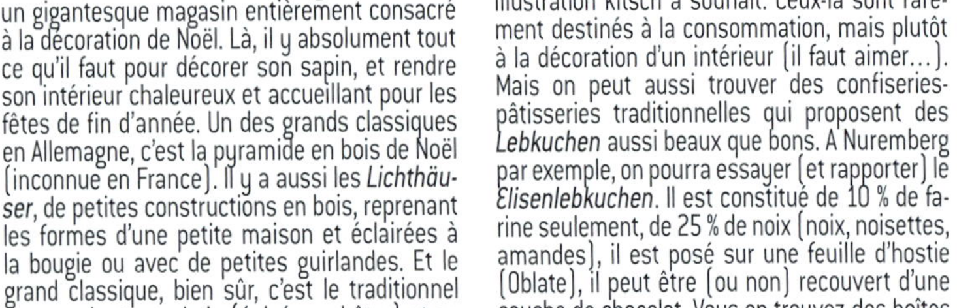

© FOOTTOO/SHUTTERSTOCK.COM

Les fameux Lebkuchen.

© FRANK LAMBERT - SHUTTERSTOCK.COM

Les célèbres Dirndl.

du **FC Bayern** pour y trouver un maillot à leur taille, qu'il sera même possible de faire imprimer à son nom. Rien n'empêche de refaire toute sa garde-robe en l'honneur de l'équipe munichoise. On trouvera tout ce qu'il faut pour s'habiller, été comme hiver, avec le logo bleu, blanc et rouge : des pantalons, des pulls, des chaussettes, des casquettes, des joggings. En décembre 2020, une gigantesque boutique de 3 500 m² a été inaugurée en plein centre de Munich. Trois étages de marchandises rendent hommage au plus célèbre des clubs de foot allemands.

Côté mode

Si la tenue sportive n'est pas pour vous, vous pourrez vous tourner vers les tenues traditionnelles bavaroises : le **Lederhose** et le **Dirndl**. Oubliez l'idée d'en faire des déguisements, ce sont de vraies tenues que les Bavarois portent pour des occasions particulières : un mariage ou un baptême par exemple. Pour un vêtement de qualité, il faudra mettre la main au porte-monnaie et débourser au moins 500 €. On trouve à Munich des boutiques de créateurs qui donnent une nouvelle fraîcheur aux culottes de peau, chemises et tabliers. Avec des tissus et des laines de qualité, des coupes cintrées et des couleurs naturelles, ils parviennent à lier la mode d'hier et celle d'aujourd'hui. Pour se fondre dans la foule de l'Oktoberfest, un Lederhose ou un Dirndl est un investissement indispensable, auquel il faudra ajouter les souliers, les chaussettes, le chapeau, etc.

Pour les petits et grands enfants

Saviez-vous que l'entreprise Playmobil était bavaroise ? Son siège est aujourd'hui encore en Franconie, à Zirndorf pour être précis, une petite ville non loin de Nuremberg. Les enfants et les adultes qui n'ont pas oublié le jeu favori de leur jeunesse trouveront toutes sortes de figurines Playmobil à l'effigie de Bavarois célèbres : Albrecht Dürer, Levi Strauss ou Sissi par exemple. Tout dépendra des différentes stations de votre voyage : vous trouverez Albrecht Dürer à l'office de tourisme de Nuremberg ou Ludwig Erhard à Fürth. Les villes ont bien compris l'intérêt marketing de ces petites figurines en plastique.

A boire

Si votre bagage vous le permet, vous pourrez également rapporter quelques bouteilles de **bière** de votre séjour en Bavière. Chaque région de Bavière défendra sa bière locale : la Maisel's à Bayreuth, la Paulaner à Munich, la Ettaler à Ettal, etc. Pour épater vos amis amateurs d'expérimentations et de sensations fortes, vous pourrez rapporter une bouteille de la fameuse *Rauchbier* de Bamberg : une bière fumée dont le goût… rappelle un peu le jambon fumé. Mais c'est comme la Guinness, les premières gorgées ont le parfum de l'aventure et après deux demis, on est complètement habitué ! Partout en Bavière, il y aura des bières pour tous les goûts : des bières blondes, brunes, ambrées mais aussi des IPA. On pourra assortir cette sélection de bières bavaroises d'un set de **chopes** traditionnelles. Les magasins de souvenirs en Bavière – mais c'est le cas aussi dans toute l'Allemagne – vendent de grandes chopes sculptées souvent de 0,5 litre, avec leur petit couvercle pour empêcher la bière de s'éventer. On trouvera des chopes avec différents motifs : des célébrités bavaroises (Louis II par exemple), des monuments (Neuschwanstein en tête) ou des blasons (le blason à losanges blanc et bleu en tête, tout naturellement). Plus petits, les verres à schnaps sont aussi fréquents et très populaires dans les boutiques de souvenirs. Là aussi, un joyeux kitsch accompagne souvent leur décoration : Sissi, Neuschwanstein, etc.

SPORTS ET LOISIRS

En Allemagne, et en Bavière naturellement, comme dans beaucoup de pays, le football est le sport national. La légendaire Mannschaft (« équipe » en allemand) est d'ailleurs la seconde sélection nationale la plus titrée en Coupe du Monde après le Brésil avec 4 titres (1954, 1974, 1990 et 2014). Et côté clubs, le mythique Bayern Munich fait rayonner la Bavière à l'international. Sinon, les Bavarois se passionnent également pour le cyclisme, la Formule 1, le ski ou encore le tennis. Côté activités, la Bavière offre une grande palette de possibilités à ses visiteurs. Tout le Land est quadrillé par un réseau de pistes cyclables très dense : un vrai paradis pour les amateurs de vélo. La nature bavaroise s'explore aussi à pied, à cheval ou en VTT et offre de belles sessions d'escalade, les plans d'eau permettent de se rafraîchir en été, les stations de ski sont charmantes... Bref, impossible de ne pas trouver son bonheur !

Un club de football légendaire

Le Bayern Munich (ou Fussball-Club Bayern München) est la référence du football allemand depuis des décennies et l'une des équipes les plus titrées du Vieux continent. Créé en 1900, le club n'a accédé à la Bundesliga (équivalent de la Ligue 1) qu'en 1965. Mais depuis, le club a remis les pendules à l'heure avec 32 titres de champion et 20 coupes d'Allemagne (à l'automne 2022). Et le club le plus célèbre de Bavière à toujours réussi à attirer des stars du ballon rond comme Franz Beckenbauer, Karl-Heinz Rummenigge, Gerd Müller, Lothar Matthäus, Philipp Lahm, Bastian Schweinsteiger, Oliver Kahn, Manuel Neuer,
Thomas Müller, Robert Lewandowski… Et, cocorico ! Des joueurs français sont aussi devenus des légendes de la Saebener Strasse (le centre d'entraînement du Bayern), comme Bixente Lizarazu, Franck Ribéry et aujourd'hui Kingsley Coman. Avec de tels joueurs, les Munichois ne se sont évidemment pas contentés de collectionner les titres nationaux et ont aussi brillé aux quatre coins de l'Europe. Le club bavarois a notamment soulevé 6 Ligues des champions (la dernière en 2020), 1 Coupe UEFA, 2 Supercoupes d'Europe et deux fois le Mondial des clubs. Depuis le Mondial 2006 organisé en Allemagne, le Bayern a quitté le vétuste Stade Olympique pour le très moderne écrin de l'**Allianz-Arena** (p.176) (75 000 places).

A la découverte d'une nature flamboyante

Les âmes romantiques trouveront en Bavière un petit aperçu de ce que doit être le paradis. Les romantiques, mais aussi les sportifs désireux de pratiquer la randonnée, que ce soit à pied, à cheval ou à vélo. Les paysages du sud de la région notamment sont saisissants, avec des lacs couleur émeraude, des sommets enneigés et un soleil éclatant dès le mois de mai.

▸ **Randonnée pédestre.** La Bavière est une région parfaite pour les randonneurs : randonnées de haute montagne sur les glaciers des Alpes, dans les paysages vallonnés, à travers la

© SEBASTIAN KRAUSE - SHUTTERSTOCK.COM

Randonnée dans le Berchtesgadener Land.

forêt ou le long du Danube… Il y en a pour tous les goûts ! Les chemins sont très bien balisés et les nombreuses réserves naturelles offrent au marcheur un décor enchanteur. C'est donc une activité que les Bavarois affectionnent pour profiter de leurs paysages idylliques, notamment les petits chemins de randonnée dans les massifs du Berchtesgadener Land, au sud, dans la campagne du Taubertal, le long des rives du Danube du côté de Neuburg an der Donau ou encore dans la forêt du **parc national de de la Forêt bavaroise** (p.259).

Vélo. Voilà sans aucun doute une des activités les plus populaires et les plus répandues en Bavière ! Comme tous les Allemands, les Bavarois se déplacent beaucoup à vélo. Le Land a en effet aménagé des kilomètres de pistes cyclables pour tous les amoureux de la petite reine. Les possibilités sont multiples et même les villes se prêtent au vélo en toute sécurité. C'est certainement une des plus agréables manières de partir à la découverte de Munich notamment. Entre les lacs, les randonnées sur les chemins de montagne, dans la forêt, le long du Danube, il y en a vraiment pour tous les goûts et pour tous les niveaux. Il existe énormément de sociétés de location de vélos qui proposent des offres à la journée ou sur plusieurs jours. Il est également possible de louer des VTT pour profiter des superbes paysages vallonnés et des chemins qui serpentent au pied des Alpes.

Equitation. Les amateurs ne manqueront pas de pratiquer l'équitation, car c'est un véritable bonheur de partir en randonnée sur les sentiers bavarois avec les montagnes à perte de vue ! Évidemment, il est relativement aisé de trouver des centres partout dans le Land. Pour exercer ce sport, beaucoup d'écuries utilisent des chevaux Haflinger, connus pour leur caractère très docile. Les centres proposent aussi bien des balades pour les débutants que des treks de plusieurs jours pour les cavaliers plus confirmés. Il faut compter environ une quinzaine d'euros pour une heure de cours ou de promenade.

Escalade. La région permet aussi aux amateurs d'escalade de trouver de bons spots. N'hésitez pas à vous renseigner ! Activité originale, à l'**Olympiapark** (p.146) de Munich on peut escalader le Stade Olympique avant 40 m de descente en tyrolienne.

Profiter des plans d'eau

Pas de mer en Bavière mais beaucoup de piscines et, surtout, de nombreux lacs et rivières où il fait bon se rafraîchir quand les températures grimpent en été. L'eau y est transparente et sa qualité est excellente. La plupart des lacs se situent dans le sud du Land et attirent une foule de touristes. Ils constituent, en effet, une aire de détente idéale pour les vacances en famille, en communion directe avec la nature.

© A. KIRO - SHUTTERSTOCK.COM

Eisstock.

Voile. Avec ses nombreux lacs aménagés, il est très facile de trouver des clubs de voile, surtout dans le sud du Land avec Prien Am Chiemsee, le **Tegernsee** (p.203) et tant d'autres. Cette activité présente l'énorme avantage de pouvoir découvrir les sites et les panoramas somptueux sous un angle totalement nouveau.

Surf. Incroyable, mais vrai ! Les surfeurs pourront se faire plaisir sur la très populaire vague artificielle de l'**Englischer Garten** (p.151) à Munich. Avis aux *riders* de passage !

De belles possibilités pour les skieurs

Au pied des Alpes, la Bavière est évidemment la région reine en Allemagne pour la pratique des sports d'hiver dès la tombée des premiers flocons. Le haut lieu des sports d'hiver en Bavière est Garmisch-Partenkirchen où culmine le **Zugspitze** (p.196) avec ses 2 962 m, la fierté de la ville ! Outre le ski alpin, il est également possible de s'adonner aux joies de la luge, du ski de fond, du snowboard… Il faut compter environ 45 € pour un forfait d'une journée pour les remontées mécaniques. Il existe d'autres stations bourrées de charme : la très familiale Sudelfeld, la typique Spitzingsee, Brauneck à 60 kilomètres de Munich, Winklmoosalm près de la frontière autrichienne… Quant à la saison, le ski se pratique tout l'hiver et parfois même jusqu'en avril dans la partie sud du Land, à la frontière avec l'Autriche, qui accueille de nombreuses stations.

Le eisstock (en allemand : *Stockschießen*). Ce sport d'hiver traditionnel, mélange de pétanque et de curling, est très apprécié dans les Alpes et par les Bavarois en particulier. Le principe : envoyer son eisstocke, une sorte de palet de curling avec une poignée, au plus près du cochonnet qui est ici un palet en caoutchouc. Et le tout sur une terrain de pétanque gelé et sans balayeur. Une activité qui fait le bonheur des locaux depuis le XVIe siècle !

GASTRONOMIE

Culturellement proche de l'Autriche et du Tyrol, la Bavière forme probablement le Land allemand le plus singulier avec des traditions uniques et un art de vivre fièrement revendiqué qui se traduit bien sûr par des spécialités culinaires authentiques. On retrouvera toutefois la Sainte-Trinité de la cuisine allemande, à savoir le porc, le chou et la pomme de terre, utilisés dans une immense variété de recettes. Le climat rigoureux de la région limite l'agriculture mais cela n'empêche pas les Bavarois de gratifier les visiteurs d'une grande diversité de plats souvent nourrissants. Les produits de boucherie et bien sûr les saucisses font la fierté des Bavarois. Tout comme les pâtisseries succulentes et les nombreuses sucreries qui abondent sur les marchés de Noël locaux, parmi les plus charmants d'Europe. Mais Bavière rime également avec bière, avec des dizaines de variétés différentes et autant de brasseries, matérialisées par l'exubérant Oktoberfest de Munich.

Produits caractéristiques

La *Wurst* ou saucisse est LA spécialité de la Bavière et se décline sous toutes les formes. La plus fameuse dans la région est probablement la *Weisswurst* (« saucisse blanche »), à base de porc, de veau et d'épices. Elle est cuite à l'eau et la peau doit être ôtée avant dégustation. La *Stockwurst* est quasi identique mais plus courte alors que la *Wollwurst* possède la même farce mais n'est pas moulée dans un boyau. On la fait pocher directement puis elle est ensuite grillée. En Franconie, la spécialité se nomme *Nürnberger Rostbratwurst* ou plus simplement *Bratwurst*. Cette saucisse à griller est partout, souvent servie avec de la moutarde dans un petit pain. Malgré son nom, la *Bierwurst* ne contient pas de bière. Mais cette saucisse fumée très épaisse et finement épicée est coupée en tranches et accompagnée de bière. La *Milzwurst*, ou saucisse de rate, est également très épaisse. Ainsi on la coupe en rondelles que l'on pane et que l'on fait frire. La *Regensburger Wurst* est originaire de la ville de Ratisbonne et ressemble à une petite saucisse de Francfort, richement épicée.

Côté charcuterie, on citera l'immanquable *Leberkäse* (« fromage de foie ») qui, étrangement, ne contient ni foie, ni fromage. Il s'agit d'un pain de viande finement haché. Sinon testez le Presssack (fromage de tête) ou l'excellent jambon fumé de la Forêt-Noire, sans oublier le *Griebenschmalz* (lard à tartiner).

La Bavière produit également de bons fromages comme l'*Allgäuer Bergkäse*, similaire à l'emmental, ou le *Rauchkäse*, un fromage fumé avec une fine croûte brune. Le *Weißlacker* est surnommé « fromage de bière ». Il possède une croûte très fine, une texture beurrée et un goût puissant qui s'accommode bien avec de la bière et du pain de seigle. Certaines pâtes persillées sont des créations plus récentes comme le Bavaria Blu ou le Chiriboga.

Weisswurst et bretzel.

Parmi les légumes, la pomme de terre est partout : bouillie, frite, en salade ou sous forme de boulette. On citera également la choucroute ou *Sauerkraut*. Dès le mois de mai, les asperges (Spargel), font leur retour dans les assiettes et les Allemands en raffolent, généralement avec de la sauce hollandaise. Rares et très prisées, les jeunes pousses de houblon (*Hopfenspargel*) sont cueillies uniquement en février-mars. Enfin les champignons abondent dans les épaisses forêts bavaroises : cèpes, morilles, girolles, etc.

Habitudes alimentaires et célébrations

La journée débute avec le petit déjeuner (*Frühstück*), souvent copieux, mêlant charcuterie, fromage, petits pains, confiture et boissons chaudes. Le déjeuner (*Mittagessen*) offre des formules variées allant du simple snack jusqu'au menu complet de restaurant. La pause-café (*Kaffeetrinken*) vers 15h-16h ne se limite pas à une simple boisson mais permet de savourer gâteaux et sucreries entre amis, notamment le week-end. Les Allemands dînent généralement très tôt, souvent avant 19h. Le dîner (*Abendessen*) peut être plus ou moins varié et copieux. En Bavière il prend parfois la forme d'un « casse-croûte » ou *Brotzeit*, composé de charcuterie, de fromage, d'œufs ou de viande, accompagnés de pain et de salades.

Les marchés de Noël de Munich, Würzburg, Nuremberg ou Augsburg comptent parmi les plus fériques d'Europe et sont des lieux parfaits pour se régaler de pain d'épices, de vin chaud ou de confiseries délicieuses, sans oublier bien sûr une foule de plats salés : bretzels, saucisses, etc. Les mascottes de ces marchés sont Zwetschgenmännla et Zwetschgenweibla, deux petites figurines en pruneaux décorés avec des costumes traditionnels.

Les amoureux de folklore et de bière ne rateront sous aucun prétexte l'Oktoberfest. Considérée comme la plus grand fête foraine du monde, cette célébration s'étale sur les deux dernières semaines de septembre et se termine le premier dimanche d'octobre. En quelques chiffres, l'Oktoberfest c'est plus de 7 millions de visiteurs pour presque autant de litres de bières consommées, un demi-million de poulets et presque 300 000 saucisses, le tout sur quelque 420 000 m² et ce depuis 1810.

Dans les grandes villes de Bavière et notamment Munich, on retrouvera tout type d'établissements et de cuisine, depuis le fast-food jusqu'au restaurant étoilé. Toutefois, pour une plongée au cœur des traditions bavaroises, rien ne vaut un détour dans un Biergarten. Ces terrasses sont le plus souvent situées aux abords ou directement dans un parc avec de grandes tables où l'on vient boire de la bière à l'ombre des arbres. Traditionnellement on y amenait sa propre nourriture, mais aujourd'hui de plus en plus de Biergärten proposent des spécialités bavaroises.

Les classiques de la cuisine bavaroise

Pour picorer, impossible de ne pas mentionner l'*Obatzda*, une crème de fromage liée avec beurre, oignon, paprika, cumin et un peu de bière, souvent accompagnée de bretzels bien moelleux. A moins de préférer le *Kartoffelkäse*, une pâte à tartiner à base de pommes de terre, oignons et crème aigre. Côté salade citons la *Kartoffel-Gurkensalat*, avec pomme de terre et concombre, ou la *Wurstsalat*, composée de lanières de saucisse, cornichon, radis et oignons vinaigrés. Le *Zwiebelkuchen* est une tarte à l'oignon, au lard et à la crème, originaire de Souabe. Les Bavarois sont friands de boulettes (*Knödel*). Ils peuvent être à base de pain (*Semmelknödel*), de pain et de lardons (*Grammelknödel*), de pomme de terre (*Kartoffelknödel*) ou sous forme de brioches à la vapeur (*Böhmische Knödel*). Ils accompagnent souvent les soupes comme la *Leberknödelsuppe* (soupe de boulettes de foie) ou la *Griessnockerlsuppe* (soupe de boulettes de semoule).

Les soupes sont très populaires comme la *Brotsuppe* (soupe au pain parfumée avec bière, oignon, et crème), la *Hochzeitssuppe* ou « soupe des mariés » (soupe de volaille avec boulettes de poulet et petits légumes), la *Pfannkuchensuppe* (bouillon avec lanières de crêpes salées aux herbes) ou encore la *Kraütlsuppe*, une soupe aux fines herbes avec des croûtons.

Les *Spätzle* sont des nouilles artisanales consommées de l'Alsace à l'Autriche et en Bavière on prépare le *Käsespätzle*, des nouilles au fromage avec oignons caramélisés. Citons également le *Reiberdatschi*, des galettes de pomme de terre type röstis, ou les *Schupfnudeln*, des quenelles à base de farine de blé ou de pomme de terre et d'œuf, proche des gnocchis, servies avec de la choucroute. Les boulettes sont servies aussi en sauce, comme les *Semmelknödel mit Pfifferlingsoße* (boulettes de pain avec une crème aux girolles). Sinon le *Bayrisch Kraut* se compose de chou râpé cuit dans un bouillon de bœuf avec saindoux, oignon et pommes, assaisonné de vinaigre, souvent servi avec de la *Bratwurst* ou du porc rôti.

Bien sûr la viande – et surtout le porc – est très présente dans la cuisine bavaroise. Citons le *Krustenbraten*, un rôti de porc avec une peau bien croustillante, ou le *Schweinsbraten*, une recette de rôti de porc commun en Haute-Bavière. Le *Schäufele* est une épaule de porc rôtie avec des graines de carvi dans une sauce à la bière. Grand classique, le *Eisbein* ou *Schweinshaxe* est un jarret de porc mariné dans une saumure épicée puis longuement rôti. Enfin le Saure Zipfel est un plat originaire de Franconie, à base de *Bratwurst* qui mijote avec oignons, vin blanc et vinaigre.

La *Schlachteplatte* ou *Schlachtschüssel* est une sorte de choucroute garnie avec pomme de terre ou galette de pomme de terre, lard et différents types de saucisses. Côté bœuf, citons le *Sauerbraten*, un ragoût aigre-doux de bœuf avec vin rouge, légumes, épices et parfois fruits secs. Très proche, le *Böfflamott* (« Bœuf à la mode ») ressemble au *Sauerbraten* mais sans son côté doux et épicé. Le *Pichelsteiner* est un ragoût de bœuf, porc et mouton avec des légumes variés cuits dans un bouillon. Les poissons de lacs et de rivières sont également communs. Le *Steckerlfisch* est un poisson (truite, brème, corrégone) piqué sur une baguette de bois et grillé directement, très apprécié pour l'Oktoberfest. Sinon la simple *Gebackener Karpfen* est une recette de carpe rôtie de Franconie.

Desserts et boissons

Les Bavarois, comme le reste des Allemands, ont la dent sucrée, et il existe en Bavière de nombreuses douceurs, comme l'*Allerseelenzopf*, une brioche tressée avec raisins secs et sucre perlé préparée pendant la Toussaint. Ou encore le *Germknödel*, une brioche vapeur fourrée de *Powidl* (confiture épicée de prune) saupoudrée de sucre et de poudre de pavot et nappée de beurre fondu ou de crème anglaise. Les *Dampfnudel* sont de petites brioches – parfois fourrées – cuites l'étouffée dans un mélange lait-eau-beurre. Le *Gugelhupf* est une brioche moelleuse aux raisins secs mieux connue en France sous son nom alsacien : kougelhopf.

Typique de Souabe, le *Brenntar* est un porridge de farine d'épeautre rôtie (*Musmehl*), parfois servi avec de la crème anglaise et des fruits rouges. Les *Auszogne* ou *Knieküchle* sont des beignets au sucre en forme de chapeau alors que les classiques *Apfelkücherl* sont de savoureux beignets aux pommes. Le *Kaiserschmarrn* est un pancake moelleux aux raisins secs que l'on déchire en morceaux ; le tout est saupoudré de sucre glace et d'amandes effilées, puis servi avec de la compote de pomme.

Les *Nürnberger Lebkuchen* sont des biscuits en pain d'épices aux fruits secs emblématiques de Nuremberg qui peuvent être aussi bien moulés en forme de cœur que nappés de chocolat ou de glaçage au sucre. Ils possèdent même une corporation fondée en 1643 et bénéficient d'une IGP. Assez proche, le *Kletzenbrot* est un petit gâteau aux épices richement garni de fruits secs, puis longuement macéré dans du kirsch ou du schnaps. Enfin les *Schneeballen* ou « boules de neige » viennent de Franconie et sont des petites boules de pâte croquantes, traditionnellement saupoudrées de sucre glace mais on les trouve aujourd'hui nappées de chocolat, de glaçage à la fraise ou de noisettes en poudre.

Côté pâtisserie, impossible de ne pas citer l'*Apfelstrudel* ou strudel aux pommes, ou encore le *Topfenstrudel* (strudel au fromage blanc). La crème bavaroise serait originaire de Bavière mais la recette actuelle aurait été développée en France. C'est toutefois un dessert très commun en Allemagne. Le *Baumkuchen* ou « gâteau-arbre » est un tube de pâte cuite sur un cylindre au-dessus des braises. La *Zwetschgendatschi* est une tarte sablée aux quetsches.

Si le *Schwarzwälder Kirschtorte* ou Forêt-Noire – avec ses couches de génoise au cacao, de crème fouettée et de cerises au sirop – est originaire du Bade-Wurtemberg, c'est un dessert extrêmement commun dans toute l'Allemagne. Typiquement bavarois, le *Prinzregententorte* est un gâteau multicouche alternant crème au beurre au chocolat et confiture d'abricots, nappé de glaçage au chocolat. Enfin le *Bienenstich* (Nid d'abeille) est un gâteau aux amandes effilées fourré d'une crème à la vanille et au miel.

Les Bavarois sont connus pour leur amour du café, que l'on consomme souvent allongé d'un

Forêt-Noire ou Schwarzwalder Kirschtorte.

© KOVAL NADIYA - ISTOCKPHOTO.COM

Apfelstrudel.

trait de crème (*Sahne*) fouettée ou pas, et on retrouve de nombreux cafés et salons de thé anciens ou plus modernes. Les chocolats chauds en Allemagne sont souvent délicieux et généreux. Si le thé n'est pas encore très commun en Allemagne du Sud, sa popularité est grandissante. Côté boissons fraîches on citera l'*Apfelschorle*, un mélange jus de pomme et d'eau gazeuse, et le *Spezi*, un soda mêlant cola et jus d'orange.

Bières, schnaps et vins de Bavière

Dans aucun Land le mot bière ne vibre avec autant d'intensité qu'en Bavière. On y compte pas moins de 650 brasseries, soit presque autant que tous les autres Länder allemands réunis. Citons par exemple la brasserie Weihenstephan, fondée en 1040, la plus vieille brasserie du monde. La brasserie Andechs créée en 1455 est logée dans l'abbaye du même nom. Fondée en 1300, la Kuchlbauer produit 110 000 hectolitres de bière blanche alors que la Augustiner-Bräu, créée en 1328, est la plus vieille brasserie encore en activité à Munich. Sans oublier la Erdinger Weißbräu (1886), le plus gros producteur de bière blanche au monde. La Klosterbrauerei Ettal se situe dans un splendide monastère baroque logé au creux des Alpes.

Si la bière est si importante en Bavière, c'est parce que c'est ici que fut promulgué le *Reinheitsgebot* ou Décret sur la pureté de la bière en 1516, par le duc Guillaume IV, qui oblige les brasseurs à utiliser uniquement un mélange eau-orge-houblon. Le Münchner Reinheitsgebot existait déjà à Munich en 1487. Parmi les bières les plus communes citons la Weizenbier, à fermentation haute, à base de froment, brassée essentiellement en Bavière titrant à 5-6°. Riche et ambrée, la Märzen est LA bière de l'Oktoberfest. Le terme « Oktoberfestbier » est une appellation protégée utilisée par six brasseries munichoises qui servent leur bière – Märzen – pour l'événement : Augustiner, Hacker-Pschorr, Hofbräu, Löwenbräu, Paulaner et Spaten.

Originaire de Basse-Saxe mais emblématique de Bavière, la Bock est une bière puissante qui se décline sous plusieurs formes comme la Doppelbock allant du doré au brun foncé, avec des notes de pain grillé titrant entre 7 et 12°, ou encore la Maibock, houblonnée mais plus pâle. En congelant de la Doppelbock on peut retirer une partie de l'eau de la bière pour concentrer son degré d'alcool. On obtient ainsi de l'Eisbock – de « Eis », glace – grimpant jusqu'à 13°. Typique de Franconie, la Rauchbier – produite à base d'orge fumé – est brassée dans deux brasseries de Bamberg : Schlenkerla et Spezial. La Dunkel est une lager brune de Munich au goût caramélisé et grillé. La bière est aussi mélangée à de la limonade, donnant ainsi le Radler ou panaché – très populaire en Bavière. La Russ est un panaché à base de bière blanche.

Si la Bavière est une terre de bière, le vin tient également une place importante, notamment en Franconie avec un vignoble de quelque 6 200 hectares. Le vin blanc est cultivé sur environ 82 % de la superficie, contre 18 % pour le vin rouge. Le sylvaner, le müller-thurgau et le riesling sont les cépages blancs les plus importants alors que le domina et le pinot noir représentent la majorité des vins rouges. La bouteille typique pour le vin franconien est le Bocksbeutel, en forme de flasque aplatie. Cette forme de bouteille, habituellement réservée aux vins de haute qualité, est emblématique de Franconie.

Les amateurs d'alcools forts pourront ramener dans leur valise une bouteille de schnaps. Ce terme vague décrit en allemand divers types d'alcools forts aux alentours de 40°. La dénomination Obstwasser ou Obstler – plus précise – fait référence à l'eau-de-vie de fruits (poire, pomme, prune, coing, etc.) très populaire en Bavière. On retrouvera bien sûr le Kirschwasser ou kirsch, à base de cerises.

AGENDA

La Bavière est réputée festive et il y a, toute l'année, des occasions de se rassembler dans une salle de spectacle, de commémorer ensemble un épisode de l'Histoire ou tout simplement de se fédérer autour d'une bière. Les mélomanes sont particulièrement choyés avec de nombreux festivals de renommée internationale, avec notamment le célèbre Festival de Bayreuth (les Bayreuther Festspiele) qui, chaque été, rend hommage à l'œuvre wagnérienne. Munich et Nuremberg sont également connues pour leurs grands parcs d'exposition qui accueillent tous les mois de grandes foires. D'abord à destination des professionnels, ces salons attirent aussi les curieux désireux de découvrir et tester de nouveaux produits. Il existe aussi des fêtes historiques, propres à certaines villes : les jeux de la Passion d'Oberammergau, les noces de Landshut ou encore le Jour de la Paix d'Augsbourg, jour férié dont ne jouit que la seule ville d'Augsbourg.

AUDI SOMMERKONZERTE [CONCERTS ESTIVAUX AUDI]

INGOLSTADT

www.audi.de/sommerkonzerte

A partir du 24 juin juqu'à fin juillet.

Audi offre aux habitants et visiteurs d'Ingolstadt l'occasion de bénéficier d'un grand événement culturel de musique classique mais aussi quelques audaces musicales, avec la venue de grands noms de la scène. Les concerts se déroulent tout le mois de juillet, et l'on notera la participation de l'académie de la chorale d'Audi. La manifestation a été initiée en 1990 et ne semble pas s'essouffler : elle appartient désormais au paysage culturel de la ville.

AUGSBURGER PLÄRRER

AUGSBURG

www.augsburgerplaerrer.de

Deux fois par an, au printemps et à la fin de l'été. En tout : 1,2 million de visiteurs par an.

En pleine belle saison, Augsbourg tient à rappeler au monde et à ses propres résidents que Munich n'est pas la seule détentrice d'une fête de la bière. Moins connue il est vrai que son homologue et rivale, celle d'Augsbourg ne démérite aucunement en ce qui concerne tout le barnum autour de cette fête où la bière coule sans discontinuer dans les gosiers et dans les toilettes. Un grand moment festif qui a l'avantage d'être plus accessible qu'à Munich pour le touriste occasionnel. Le festival a lieu deux fois par an, fin avril-début mai et fin août-début septembre.

AUER DULT [FOIRE À L'ANTIQUAILLE]

Mariahilfplatz - **MUNICH** ✆ +49 892 338 2805

www.auerdult.de

La Auer Dult a lieu 3 fois par an (première semaine de mai, première semaine d'août et troisième d'octobre) à Munich.

Environ 300 000 personnes - flâneurs, collectionneurs et amateurs de vieilleries en tout genre - déambulent chaque année parmi les stands de l'Auer Dult, cette célèbre foire à l'antiquaille sur la Mariahilfplatz dans le quartier d'Haidhausen de Munich. A la fois fête foraine, marché, exposition d'objets artisanaux, brocante, foire aux livres anciens, grande messe de la dégustation (avec ses imbiss divers et variés), cet événement connaît un très grand succès auprès du public.

BACHWOCHE ANSBACH

Brauhausstraße 15

ANSBACH

✆ +49 981 15037

www.bachwoche.de

Fin juillet. Un an sur deux, aux années impaires. Vente de billets en ligne, à partir de 5 €.

Depuis 1948, la ville d'Ansbach rend hommage à Jean-Sébastien Bach (1685-1750) et sa musique. Le festival a lieu chaque année, autour du 28 juillet, date anniversaire de la mort du grand maître. Ecouter des œuvres de Bach et d'autres compositeurs célèbres de son époque dans le décor baroque de la vieille ville de l'Ansbach, est un plaisir divin. Il y a plusieurs lieux de manifestation dans la vieille ville d'Ansbach, dont la salle de fêtes somptueuse de la résidence des margraves, l'orangerie ou encore l'église Saint-Gumbertus.

petit futé
Alexa, lance Petit Futé !
Des idées week-end
et vacances
pour partir en France
et dans le monde !
petit futé
Essayez, «Alexa, je veux partir en juillet ?»
avec les podcasts tourisme
SUD RADIO
Amazon, Alexa, Echo, et toutes marques associées
sont des marques d'Amazon.com, Inc. ou de ses sociétés affiliées.
© PATRYK KOSMIDER - STOCK.ADOBE.COM

BARDENTREFFEN [RENCONTRE DE BARDES]

NUREMBERG
+49 911 2312000
www.bardentreffen.de
Festival en plein air. Tous les ans, le dernier week-end de juillet pendant trois jours. Entrée libre.

Fondé en 1976 en tant que petit concours de la chanson à l'occasion du 400e anniversaire de la mort du cordonnier et poète Hans Sachs (que vous connaissez peut-être grâce à l'opéra de Wagner *Les Maîtres-chanteurs de Nuremberg*), ce festival attire aujourd'hui plus de 200 000 visiteurs de tout âge. Aux 90 concerts sur 9 scènes se rajoutent des centaines de musiciens de rue, qui transforment la vieille ville de Nuremberg en grande salle de musique de tout genre.

BAYREUTH BAROQUE

Opernstraße 14
BAYREUTH
+49 921 508 9908
www.bayreuthbaroque.de
Le festival d'opéra baroque de Bayreuth a lieu tous les ans au mois de septembre.

La ville de Bayreuth peut s'enorgueillir d'un tout nouveau festival de musique qui fait redécouvrir des opéras baroques méconnus. Si sa première édition - en septembre 2020 – a été marquée par la pandémie de covid-19, le festival est promis à un bel avenir dans cette ville qui, avec Wagner, attire déjà les mélomanes du monde entier. Le Festival Bayreuth Baroque jouit du cadre grandiose de l'opéra des margraves (Märkgräfliches Opernhaus) en plein centre-ville. Parmi les têtes d'affiche en 2021 : le célèbre contre-ténor Jakub Józef Orliński.

BAYREUTHER FESTSPIELE [FESTIVAL DE BAYREUTH]

Festspielhügel 1-2 - **BAYREUTH**
+49 921 787 80 - www.bayreuther-festspiele.de
En juillet-août. Billets de 14 à 225 €. Billets uniquement en pré-vente en ligne, par téléphone, courrier ou sur place.

L'un des événements musicaux les plus prestigieux au monde... Cette petite ville le célèbre chaque année depuis 1876 ! L'hommage est rendu au grand compositeur Richard Wagner avec les meilleurs orchestres de la planète. Etant donné l'engouement suscité par ce festival qui attire plus de 500 000 personnes à Bayreuth, mieux vaut s'y prendre des mois à l'avance (au moins !) pour effectuer ses réservations. Le festival a lieu en juillet-août pour le plus grand plaisir des mélomanes.

CHRISTOPHER STREET DAY MÜNCHEN [MUNICH PRIDE]

Lindwurmstraße 71
MUNICH
www.csdmuenchen.de
Une semaine lors de la première quinzaine de juillet.

Le Christopher Street Day de Munich, équivalent de la Gay Pride, est un des rassemblements gay et lesbien les plus importants du pays. Il commémore le début du mouvement de libération LGBTQ en juin 1969, dans le bar Stonewall (dans la Christopher Street de New York). La CSD de Munich (ou *Munich Pride* en anglais) se déroule pendant une semaine chaque année début juillet. De nombreux rendez-vous culturels et festifs sont organisés en marge du défilé pendant la «Pride Week».

F.RE.E [LE SALON DU VOYAGE]

Messe München
MUNICH
+49 89 94911528
www.free-muenchen.de
En février. Tous les ans.

Les constructeurs présentent au public les derniers-nés des camping-cars, caravanes, bateaux de luxe. C'est le salon du voyage d'exception, le plus grand d'Allemagne du Sud. Derrière son nom se cachent trois mots clés : **F**reizeit, **Re**isen, **E**rholung : Voyages, Loisirs, Détente, voilà tout ce que l'on viendra chercher dans ce salon. Plus de 1 300 exposants, sur 80 000 m^2, font découvrir aux visiteurs les nouvelles tendances qui les accompagneront peut-être dans leurs prochains voyages.

FASCHING [CARNAVAL]

MUNICH
www.muenchen.de
A partir du 6 janvier jusqu'au Mardi gras, Munich vit au rythme du carnaval et des bals masqués.

Le carnaval - appelé *Fasching* dans cette région d'Allemagne - met tout Munich en pleine effervescence. Les enfants se mettent à la recherche d'un beau déguisement, les grands enfants se chercheront plutôt un masque de bal. Le clou du spectacle : les « Weissen Feste », les fêtes blanches au bar Max Emanuel (ambiance disco dans un local entièrement décoré de blanc, les costumes des invités doivent aussi l'être). Le jour du Mardi gras, ne pas manquer la danse des femmes, « Marktweiber », à partir de 11h sur la célèbre place du Marché.

FILMFEST MÜNCHEN [FESTIVAL DU FILM DE MUNICH]

MUNICH
✆ +49 89 381 9040
www.filmfest-muenchen.de
Fin juin. Le festival dure 10 jours.

Depuis 1983, le festival du film de Munich attire la crème du 7e art tous les ans à la fin du mois de juin. Près de 200 longs métrages, documentaires, courts métrages et téléfilms sont présentés, en première internationale, européenne ou allemande. La traditionnelle cérémonie d'ouverture du Filmfest est célébrée au Mathäser, mais les films sont montrés dans de très nombreux cinémas à travers toute la ville : Filmmuseum, Filmtheater Sendlinger Tor, Gloria Palast, etc.

FÜNF SEEN FILMFESTIVAL [FESTIVAL DES CINQ LACS]

✆ +49 8105 278825
www.fsff.de
Tous les ans, en août, pendant 10 jours. Entrée pour une projection 10 €, cinq projections 40 €, concert 15 €.

Depuis 2007, la région autour du lac Starnberg a son propre festival de film avec un programme international qui attire aussi les locaux et les professionnels de la branche cinématographique. Outre les projections, dont quelques-unes en plein air, il y a aussi des concerts. On y décerne une dizaine de prix. Le festival se déroule simultanément dans plusieurs communes de cette région lacustre : Starnberg, Herrsching, Weßling, Wörthsee, Seefeld, Tutzing, etc.

FRONLEICHNAM [FÊTE-DIEU]

MUNICH
La fête-Dieu a toujours lieu 60 jours après le dimanche de Pâques. Au plus tôt le 21 mai, au plus tard le 24 juin.

Le deuxième jeudi du mois après la Pentecôte, la Fête-Dieu est un jour de processions dans une atmosphère joyeuse dans le centre-ville. Dans les rues, les habitants sortent des branches de bouleau et installent quatre autels pour les fidèles. Il y a dans le centre-ville un grand un défilé pendant lequel le prêtre ou l'évêque porte sous un baldaquin un ostensoir contenant une hostie. Le Fête-Dieu n'est célébrée que dans les communes catholiques, c'est une date que ne fêtent pas les protestants. En Bavière, c'est un jour férié.

HOHES FRIENDENSFEST [FÊTE DE LA PAIX]

AUGSBURG
✆ 0821 324 3262
Le 8 août.

La *Hohes Friedensfest* (littéralement « Haute Fête de la Paix ») est assez particulière pour être mentionnée : c'est le seul jour férié propre à une ville en Allemagne. Son origine remonte à la paix de Westphalie de 1648, qui a marqué la fin de l'oppression des protestants pendant la guerre de Trente Ans. La population protestante de la ville libre d'Augsbourg a alors célébré sa première Fête de la Paix le 8 août 1650, pour célébrer la liberté de culte retrouvée.

FRÜHLINGSFEST [FÊTE DU PRINTEMPS]

Theresienwiese
MUNICH
✆ +49 896 975 9393
www.fruehlingsfest-muenchen.bayern
De mi-avril à début mai.

Un parc d'attractions et différentes brasseries sous chapiteau invitent à la fête sur la Theresienwiese pour célébrer l'arrivée du printemps. Cette Frühlingsfest de Munich est en quelque sorte la petite sœur de la bien plus célèbre Oktoberfest. On y trouve aussi de la bière et des manèges à sensation forte. Les festivités commencent mi-avril et durent deux semaines. Les deux vendredis qui suivent l'ouverture, des feux d'artifice sont tirés pour le plus grand plaisir des spectateurs.

INGOLSTÄDTER JAZZ TAGE [JOURNÉES DU JAZZ]

INGOLSTADT
✆ +49 841 305 46600
www.ingolstaedter-jazztage.de
De mi-octobre à mi-novembre.

Presque 30 ans que le jazz a investi Ingolstadt, et le public est toujours au rendez-vous pour ce moment automnal. Outre les stars mondiales du jazz, du funk, de la soul, du hip-hop et de la world music, les organisateurs tiennent aussi à offrir un forum aux artistes émergents et prometteurs. Les concerts ont lieu dans plusieurs salles de la ville, la plus grande étant le Festsaal Theater Ingolstadt. Le dernier week-end des festivités, c'est «jazzpartys» !

INHORGENTA MUNICH

Messegelände
MUNICH
✆ +49 899 491 1398
www.inhorgenta.com
En février.

Salon international de l'horlogerie, de la bijouterie et des pierres précieuses. Le nom INHORGENTA vient de **In**ternational, **Hor**logerie, Ar**gen**tum (argent) et **A**urum (or). Pour les besoins de ce salon, le plus grand d'Europe dans cette catégorie, 6 halles du parc des expositions (Messegelände) et 64 500 m² de surface sont mis à disposition des exposants. Près de 1 000 exposants venus de plus de 30 pays présentent au salon INHORGENTA de Munich leurs dernières collections, les nouvelles technologies et des tables rondes informent sur les tendances du marché.

ISPO

Messegelände
MUNICH
✆ +49 899 491 1388
www.ispo.com
ISPO : 3 jours au mois de novembre. Oudoor by ISPO : 3 jours au mois de juin.

ISPO est le salon international de référence pour le business du sport : c'est un rendez-vous professionnel pour les acteurs de la branche et aussi une plateforme pour les marques deux fois par an. L'offre des exposants va des vêtements et des chaussures aux produits d'imprégnation et aux équipements d'escalade, en passant par les sacs à dos, le matériel de camping et les appareils de navigation. Un programme accompagne la foire avec des conférences, des débats et des discussions. Sur place, il est possible de tester les différents produits exposés.

IWA & OUTDOOR CLASSICS

NUREMBERG
✆ +49 9 11 86 06 95 95
www.iwa.info
4 jours d'exposition au mois de mars.

A la mi-mars, chaque année se tient à Nuremberg le salon IWA à destination des professionnels de l'armement et de la chasse. C'est le lieu en Europe, où durant quatre jours, les dernières nouveautés sont dévoilées et où les professionnels débattent de leurs récentes innovations. Plus de 1 560 exposants nationaux et internationaux présentent au salon IWA OutdoorClassics leurs produits et services dans le domaine des armes de chasse, du tir sportif et de la sécurité. Armuriers et distributeurs français y font traditionnellement leurs emplettes.

KOCHERLBALL

Chinesicher Turm
MUNICH
www.muenchen.de
Le bal a lieu un dimanche du mois de juillet, à partir de 6h du matin jusqu'aux premières lueurs du lendemain.

Le Kocherlball est un bal populaire qui a lieu tous les ans au pied de la Chinesischer Turm du Jardin Anglais de Munich. C'est un bal délicieusement rétro où les aficionados de la danse sont nombreux à revêtir leurs plus beaux costumes pour l'occasion : que soit un Lederhose, un Dirndl, un uniforme ou un vêtement à la mode du XIXe siècle. On y danse la valse, la polka et d'autres danses traditionnelles. Et comme le bal a lieu en plein milieu du parc, il n'y a pas de voisins pour interrompre la fête et celle-ci dure jusqu'au petit matin.

LANGE NACHT DER MUSIK [LONGUE NUIT DE LA MUSIQUE]

✆ +49 893 061 0041
www.muenchner.de/musiknacht
Fin avril-début mai.

La Longue Nuit de la Musique compile une riche programmation dans toute la ville avec des concerts en tous genres. Le concept est simple : on ne paye qu'un billet qui permet de visiter les différentes salles participantes. Autre avantage : la ville met à disposition des noctambules un système de bus shuttle et permet de se rendre rapidement d'un lieu à l'autre pendant la soirée. Un bon concept pour découvrir de nouveaux groupes ou même de nouveaux styles de musique.

LANGE NACHT DER MUSEEN [LONGUE NUIT DES MUSÉES]

MUNICH
✆ +49 893 061 0041
www.muenchner.de/museumsnacht
Mi-octobre. Tous les ans. En règle générale, les musées participants sont ouverts de 18h à 1h du matin.

Plus de 70 musées, collections, galeries, églises, visites guidées de la ville et projets artistiques s'ouvrent aux noctambules, pendant une soirée de la mi-octobre. La longue nuit des musées - un événement né à Berlin dans les années 1990 et que l'on retrouve aujourd'hui dans de nombreuses grandes villes - propose aux visiteurs de découvrir des institutions sous un nouveau jour. Un concept similaire existe aussi à Nuremberg sous le nom «Blaue Nacht» (*Nuit bleue*).

MARATHON DE MUNICH

✆ +49 89 17 09 55 70
www.muenchenmarathon.de
Début octobre : en règle générale le deuxième dimanche de l'Oktoberfest.

La course la plus célèbre du monde se déroule à Munich pendant le non moins célèbre Oktoberfest. Il y a plusieurs parcours au choix : le marathon à proprement parler (42 km), le semi-marathon, le parcours de 10 km et le parcours en relais. Le tracé du marathon permet de découvrir la vieille-ville de Munich, les quartiers de Haidhausen, Schwabing et comprend bien sûr une importante portion dans le Jardin anglais (Englischer Garten), apprécié toute l'année par les joggeurs munichois. Il n'y a pas eu de nouveau record depuis 2012. A vos marques !

© JUERGEN SACK - ISTOCKPHOTO.COM

Marché de Noël de Nuremberg.

MARCHÉ DE NOËL DE NUREMBERG

Hauptmarkt - **NUREMBERG**
✆ +49 911 23360
www.christkindlesmarkt.de

Le marché de Noël commence le vendredi précédant le premier dimanche de l'Avent et se termine le 24 décembre.

Le marché de Noël de Nuremberg [connu sous le nom de *Nürnberger Christkindlmarkt* outre-Rhin] est le marché de Noël de tous les superlatifs. Avec plus de 2 millions de visiteurs chaque année, c'est l'un des plus grands d'Allemagne et c'est aussi l'un des plus anciens puisque ses origines remontent au XVIIe siècle ! Tous les deux ans, une jeune fille de la ville est choisie pour incarner le « Christkindl » et ouvre le marché de Noël depuis le balcon de la Frauenkirche.

MÜNCHNER OPERNFESTSPIELE [FESTIVAL D'OPÉRA]

Max-Joseph-Platz 2
MUNICH
✆ +49 89 2185 01
www.staatsoper.de/festspiele

Cinq semaines de festival en juin et juillet.

Le festival d'opéra de Munich réunit les plus grandes voix du monde dans les prestigieuses salles de la ville : Nationaltheater, Prinzregententheater, Allerheiligen-Hofkirche et Cuvilliés-Theater. Vous pourrez assister, au choix, à un ballet, un opéra ou une représentation de musique classique. Le festival a aussi pour ambition de s'ouvrir à tous les publics et, chaque année, un concert et un opéra sont présentés en plein air et gratuitement sur la Max-Joseph-Platz.

MÜNCHEN NARRISCH [MUNICH EN FOLIE]

MUNICH ✆ +49 89 2339 6500
www.muenchen.travel

Trois jours de fête avant le mercredi des cendres : le dimanche du carnaval, le lundi des roses et mardi gras.

A la fin de la saison du carnaval, trois jours sont placés sous le signe de la fête : le Faschingssonntag [le « dimanche du carnaval »], le Rosenmontag [le « lundi des roses »] et le Faschingsdienstag [cousin de notre mardi gras]. Dans la zone piétonne de Munich : bals, musique, costumes et danses. Une des plus belles attractions du carnaval se déroule le Mardi gras, sur la place du Marché des Victuailles [Viktualienmarkt] avec la « Danse des bonnes femmes du marché » à 11h du matin.

LANDSHUTER HOCHZEIT

LANDSHUT
✆ +49 871 229 18
www.landshuter-hochzeit.de

13-15 juin 2025.

Tous les quatre ans, les habitants de Landshut rejouent le mariage fastueux du duc Georges le Riche et d'Edwige de Pologne [fille du roi de Pologne de la dynastie des Jagellon], célébré à la Saint Martin en 1475. Au programme des festivités : tournois, stands médiévaux et surtout la traditionnelle procession à travers la vieille ville de Landshut. Une grande reproduction en costumes historiques à laquelle participent quelque 2 000 personnes. Cette manifestation populaire est assez récente puisqu'elle n'existe que depuis 1903 !

MÜNCHNER BÜCHERSCHAU [FOIRE AUX LIVRES DE MUNICH]

Gasteig - **MUNICH**
www.muenchner-buecherschau.de

Mi- ou fin novembre. Pendant 18 jours. Entrée libre.

La Münchner Bücherschau est le rendez-vous des amateurs de lecture. Pendant trois semaines, 300 éditeurs de l'espace germanophone exposent plus de 20 000 livres : des romans, des livres de cuisine, de la littérature de voyage, de la littérature jeunesse, des livres audio, des livres d'art, etc. Tous les jours, il y a des lectures et un programme spécialement destiné aux jeunes lecteurs et aux groupes scolaires. Chaque année, la Bücherschau attire 160 000 visiteurs.

OKTOBERFEST [FÊTE DE LA BIÈRE]

Theresienwiese
MUNICH
www.oktoberfest.de

De mi-septembre au premier dimanche d'octobre.

Qui n'a jamais entendu parler de l'Oktoberfest ? C'est le rendez-vous immanquable pour tout amateur de houblon. La bière coule à flot pendant deux semaines dans des énormes chalets installés sur la Theresienwiese. Attention : les chambres d'hôtel sont prises d'assaut et les prix flambent [parfois multipliés par 3]. Il est indispensable de réserver en avance… et à l'inverse fortement déconseillé de se rendre à Munich à ce moment-là si vous ne souhaitez pas aller sur la Theresienwiese.

OPEN ART MÜNCHEN [WEEK-END DE L'ART CONTEMPORAIN]

MUNICH

✆ +49 89 292 015

www.openart.biz

Un week-end de septembre.

Au mois de septembre, Open Art réunit 40 galeries et 20 institutions pour le lancement de la nouvelle saison après la pause estivale. Les galeries et leurs expositions sont ouvertes au public pendant deux jours. Au programme, on trouve, entre autres, des visites guidées par des historiens de l'art, des projections de films ou des présentations de catalogues. Un point d'information se trouve, le temps du week-end, dans les locaux de la célèbre *Kunsthalle*.

SONNWENDFEUER [FEUX DU SOLSTICE]

✆ +49 8821 981850

www.grainau.de

En général, les feux du solstice sont allumés les soirs du 20, 21 et 22 juin, à Grainau le soir du 23 juin.

Les feux du solstice ont une longue tradition au sud de la Bavière et en Autriche. On fête le début de l'été. Il en est de même à Grainau, un village dans la circonscription de Garmisch-Partenkirchen. À une petite différence près, mais essentielle : contrairement aux autres localités et communes, l'événement se passe la veille de la fête de Saint-Jean, donc la nuit du 23 juin. Cette nuit-là, le massif du Waxenstein se transforme en une guirlande lumineuse. Un spectacle inoubliable !

PASSAUER SAITEN [FESTIVAL DE GUITARE DE PASSAU]

PASSAU

✆ +49 851 455 67

www.passauer-saiten.de

Fin mars-début avril.

Le Festival International de Guitare de Passau — les Passauer Saiten (« les cordes de Passau ») - attire année après année les meilleurs musiciens et les mélomanes du monde entier. Parfois accompagnée d'autres instruments, la guitare au centre de la manifestation. Classique, baroque, musique, pop, jazz, rock, latin : les Pasauer Saiten montrent, à travers de nombreux concerts, toute la diversité de la guitare et son incroyable adaptabilité à tous les genres musicaux.

SPIELART [FESTIVAL DE THÉÂTRE]

MUNICH

✆ +49 892 805 607

www.spielart.org

Fin octobre à mi-novembre. Tous les deux ans. Prochaine édition en 2023.

Le festival de théâtre de Munich *Spielart* existe depuis 1995. Tous les deux ans, vingt troupes (de théâtre ou de performance) venues du monde entier sont invitées à Munich pour présenter leurs production. L'équipe organisatrice veille à sélectionner en priorité des spectacles non-conventionnels de la scène indépendante. Les spectacles du festival Spielart sont présentés dans une quinzaine d'endroits de Munich : Muffatwerk, Gasteig, Kammerspiele, etc.

SAMBA-FESTIVAL COBURG

COBURG

✆ +49 9561 705370

www.samba-festival.de

Chaque année, le deuxième week-end de juillet.

Au début plutôt une idée spontanée, cet événement a commencé avec seulement quelques milliers de visiteurs. Aujourd'hui, c'est le plus grand festival de samba en dehors du Brésil, avec environ 3 000 sambistes et 200 000 visiteurs. Musique, danse, joie de vivre ! Le temps d'un week-end, la belle cité franconienne se transforme en un petit Rio. Le samedi soir, tout le centre-ville se met au rythme de la samba et le dimanche, il y a un grand défilé tout aussi populaire.

TOURNOI DE CHEVALERIE DE KALTENBERG

Schloss Kaltenberg

✆ +49 8193 933100

www.ritterturnier.de

Tickets : place debout 27,9 €, place assise 39,95 €. Durant trois week-ends, à partir de mi-juillet.

Ce festival médiéval, fondée en 1979, se déroule dans le cadre authentique d'un vieux château, celui du Schloss Kaltenberg. Tout le monde, c'est à dire, les acteurs et participants, est déguisé. Vous allez voir des bateleurs, des jeunes filles de la noblesse, et bien sûr, des chevaliers en armure et côte de maille. Les moments forts sont les tournois de chevalerie. Bienvenue au Moyen Âge ! Et surtout, bienvenue au plus grand tournoi de chevalerie au monde !

Besoin
de nature ?
Par ici
la sortie !
petit futé.com
Avis et conseils rédigés par des auteurs du cru depuis 45 ans
© PILAT666 - ISTOCKPHOTO.COM
SELJALANDSFOSS - ISLANDE
63° 36' 56.243'' N 19° 59' 18.848'' W

SUD DE LA BAVIÈRE

Le sud de la Bavière est incontestablement la région la plus touristique du *Land*. Les deux districts administratifs de Haute-Bavière et de Souabe sont aussi les plus peuplés, les plus dynamiques et les plus diversifiés en termes de paysages. Ils combinent les attraits de la ville et de la campagne. Depuis Munich, on accède rapidement et facilement à différents paysages d'une très grande variété : on pourra rejoindre en S-Bahn les lacs au sud de la capitale bavaroise pour se baigner ou se promener. Les Préalpes, entre Munich et le massif alpin, se prêtent merveilleusement à la randonnée. Les Alpes, à la frontière autrichienne, offrent des sentiers fantastiques pour les amoureux de nature et de sport. Dans ces paysages de montagne enchanteurs, l'énigmatique et fantasque roi Louis II a fait construire des châteaux fantaisistes qui façonnent jusqu'à aujourd'hui notre image de la Bavière : Neuschwanstein, Linderhof et Herrenchiemsee.

Ellwangen (Jagst)
Treuchtlingen
EICHSTÄTT
NÖRDLINGEN
Aalen
HARBURG
Schwäbisch Gmünd
NEUBURG AN DER D
Göppingen
Heidenheim An Der Brenz
DONAUWÖRTH
AMBACH
BADE-WURTEMBERG
Langenau
Burgau
Ulm
Neusäß
AUGSBOURG
Ehingen (Donau)
Königsbrunn
Schwabmünchen
Biberach An Der Riß
WÖRTHSEE
Landsberg Am Lech
MEMMINGEN
BAD WÖRISHOFEN
LINDENBERG
ANDECHS
DIESSEN
Starnberg
Lac
Bad Waldsee
TUTZING
KAUFBEUREN
BERNRIED
Altusried
Ravensburg
Kempten (Allgäu)
KEMPTEN
STEINGADEN
Wangen Im Allgäu
MURNAU AM STAFFELSEE
OBERAMMERGAU
Pfronten
SCHWANGAU
LINDAU
Immenstadt I.allgäu
ETTAL
FÜSSEN
Brégence
GARMISCH-PARTENKIRCHEN
Le Rhin
MITTENWALD
Dornbirn
OBERSTDORF
Ehrwald
Mittelberg
Sud de la Bavière
Telfs
Elbigenalp
Zirl
Imst
Bludenz
S 16
Landeck
Neustift Im Stubaita
Längenfeld

VERS RATISBONNE ★★★
RIEDENBURG
KELHEIM
Geiselhöring
STRAUBING
DEGGENDORF
INGOLSTADT
Mengkofen
Mainburg
Wolnzach
Dingolfing
Arnstorf
LANDSHUT
Pfaffenhofen An Der Ilm
FREISING
Eggenfelden
Neumarkt-sankt Veit
ERDING
Dorfen
DACHAU ★★
ALTÖTTING
Isen
Waldkraiburg
BURGHAUSEN
Germering
MUNICH ★★★★
Unterhaching
RRSCHING
STARNBERG
SSENHOFEN
nberg
AMMERLAND
Inn
Traunreut
Chiemsee
Geretsried
Rosenheim
PRIEN AM CHIEMSEE
EESHAUPT
ÜBERSEE
Grassau
Penzberg
BAD TÖLZ
BAD WIESSEE ★
TEGERNSEE
ROSSWEIL
ROTTACH-EGERN
Kössen
BERCHTESGADEN ★★★
BERG
ALCHENSEE
Kufstein
Wörgl
Saalfelden Am Steinernen Meer
AUTRICHE
Zell Am See
Salzach
Mittersill
Innsbruck
Steinach Am Brenner
30 KM

La Haute-Bavière (Oberbayern en allemand) est marquée par la prédominance de Munich, et à raison tant ce joyau posé sur les bords de l'Isar mérite amplement les concerts de louanges qui lui sont adressés. La douceur de la vie munichoise, d'une bourgeoise tranquillité, vous gardera bien longtemps en son enceinte. Pourtant, vous en extraire vous fait découvrir un autre univers, contrasté et chaleureux. Au lac de Starnberg, au sud-ouest, on peut pratiquer diverses activités nautiques ou s'imprégner de la beauté du paysage pendant des randonnées d'un petit village à l'autre. Au sud et sud-est de la Haute-Bavière, au lac Chiemsee et près de la célèbre station olympique Garmisch-Partenkirchen, située à proximité du Zugspitze, le plus haut sommet d'Allemagne, vous pouvez plonger dans le fabuleux monde de Louis II de Bavière. Deux de ses trois somptueux châteaux se trouvent dans ces régions pittoresques, aux pieds des Alpes : Herrenchiemsee, le « Versailles bavarois », et Linderhof, le seul château que le roi a pu achever. La région préalpine bavaroise recèle un autre joyau architectural : l'église de Wies, un chef-d'œuvre du rococo, classée au patrimoine mondial de l'Unesco. Au parc national alpin de Berchtesgaden, l'un des deux parcs nationaux de la Bavière, la nature est préservée à son état sauvage. Sur le plateau de l'Obersalzberg, lieu de villégiature apprécié du *Führer*, se trouve aujourd'hui un centre de documentation qui retrace en détail l'histoire de la dictature nazie. Mais aucun lieu ne montre autant les atrocités des nazis comme le mémorial du camp de concentration de Dachau, au nord de Munich. Pas loin, on trouve un autre lieu riche en histoire, clairement plus agréable et léger. Freising, petite ville épiscopale, vaut un détour, non seulement pour ses jolies maisons de style rococo, mais aussi, pour sa bière. C'est dans cette petite ville que l'histoire de la bière bavaroise trouve ses racines, car Weihenstephan est la plus ancienne brasserie du monde encore en activité ! Un autre endroit pour savourer une bonne bière est Andechs. Là où il y a un monastère, une brasserie n'est jamais loin…

Le nom de cette petite ville bavaroise est irrémédiablement attaché à celui de l'univers concentrationnaire nazi. Le mémorial (KZ-Gedenkstätte Dachau) commémore les victimes des persécutions du régime hitlérien. A quelques kilomètres seulement, le centre-ville de Dachau offre un contraste saisissant avec son joli petit château baroque.

Une ville appréciée des Munichois pour son gigantesque complexe aquatique : les Therme Erding. A quarante minutes seulement du centre de Munich, c'est une micro-société entièrement dédiée au bien-être et aux jeux aquatiques qui attend les visiteurs.

Ingolstadt, la « ville Audi », est une curieuse cité axée principalement sur la construction automobile, qui, outre son aspect industriel fascinant, recèle de beaux trésors d'architecture médiévale à l'intérieur de ses fortifications.

PAGES

185 **NEUBURG AN DER DONAU**

Neuburg an der Donau - ou Neubourg-sur-le-Danube en français - est une belle petite ville au nord de Munich. Elle fut pendant 300 ans la capitale du duché de Palatinat-Neubourg, héritage dont elle a gardé un joli château de style Renaissance.

186 **PRIEN AM CHIEMSEE**

Le Chiemsee offre un panorama à la fois enchanteur et authentique, verdoyant et bucolique. Le site le plus visité est, sans surprise, le château d'Herrenchiemsee, construit sur une île au milieu du lac dans dans une architecture inspirée par Versailles. Par sa taille (80 km²), c'est le plus grand lac de Bavière, d'où son surnom de «Mer bavaroise».

187 **ÜBERSEE**

188 **BERCHTESGADEN ★★★**

Berchtesgaden mérite d'être découverte, non seulement pour le très célèbre Nid d'Aigle (Kehlsteinhaus) mais aussi pour son beau site naturel, son patrimoine architectural, la multitude de randonnées qu'offrent ses sentiers en montagne et le magnifique Königssee à proximité.

191 **ALTÖTTING**

192 **BURGHAUSEN**

Burghausen est une petite cité médiévale, fière détentrice d'un record : sa forteresse est la plus longue au monde ! Elle s'étend sur 1 051 mètres et domine la ville et le fleuve. Le centre de Burghausen aligne de jolies façades colorées.

193 **MITTENWALD**

195 **GARMISCH-PARTENKIRCHEN ★★★**

Garmisch-Partenkirchen est la plus célèbre station de ski allemande, connue pour avoir été la ville-hôte des Jeux Olympiques d'hiver de 1936. On y trouve le Zugspitze, le point culminant de Bavière et même d'Allemagne. Et on peut s'y rendre... en train !

199 **OBERAMMERGAU ★**

Oberammergau est l'un de ces petits villages de charme dans les Alpes bavaroises. Ses chalets en bois et ses façades peintes lui donnent un cachet particulier. La ville peut aisément servir de base-arrière pour explorer la région.

200 **ETTAL ★★**

Deux choses à voir absolument sur la commune d'Ettal : l'abbaye du même nom, fondée au XIVe siècle, et le château de Linderhof, bâti au XIXe siècle. Rien de commun entre ces deux curiosités sinon qu'on les doit toutes deux aux Wittelsbach.

201 **WALCHENSEE**

201 **MURNAU AM STAFFELSEE**

La petite ville de Murnau est connue pour avoir été un refuge d'artistes et d'intellectuels, notamment de plusieurs peintres du mouvement expressionniste *Der Blaue Reiter* : les plus illustres étant Vassily Kandinsky et Gabriele Münter (dont on peut visiter la maison). Le romancier et dramaturge Ödön von Horváth y a également vécu.

Lac Tegernsee.

PAGES

211 **BERNRIED ★**

Bernried, sur les rives du lac de Starnberg, est l'un des plus jolis villages des environs. Ses vieilles fermes en toit de chaume valent le coup d'œil, ainsi que son port de plaisance aux airs de petite marina méditerranéenne et son curieux Museum der Fantasie.

212 **TUTZING**

212 **POSSENHOFEN**

213 **HERRSCHING**

213 **DIESSEN**

214 **ANDECHS ★★**

Assise sur les hauteurs de la montagne sacrée (*Heiliger Berg*), l'abbaye d'Andechs (*Kloster Andechs*) domine les bucoliques et verdoyants paysages qui annoncent les Alpes. À ses pieds, les belles fermes et les hameaux isolés ont gardé tout leur pittoresque d'antan.

214 **WÖRTHSEE**

215 ●● SOUABE

La Souabe bavaroise (Bayrisch-Schwaben) occupe la partie sud-ouest de la Bavière. Tout comme sa voisine la Haute-Bavière, sa partie sud comprend une fine partie de la chaîne alpine qui la sépare de l'Autriche et de la Suisse. Au sud, le lac de Constance (Bodensee en allemand) marque la frontière naturelle avec la Confédération helvétique.

La Souabe est une région historique du sud de l'Allemagne, en partie dans le Bade-Wurtemberg et en partie en Bavière. Ses origines sont anciennes, puisque le duché de Souabe a été fondé dès le Xe siècle. Aujourd'hui encore, les Souabes partagent un même dialecte de la famille des langues alémaniques : le souabe, apparenté au suisse-allemand et à l'alsacien, est particulièrement difficile à comprendre, même pour certains germanophones.

Le roi Louis II de Bavière a choisi la Souabe bavaroise et ses somptueuses montagnes pour y édifier l'œuvre de sa vie : le château de Neuschwanstein, son hommage de pierre à l'œuvre wagnérienne. Le tourisme occupe en Souabe une place majeure et déterminante et elle se place en deuxième position des régions les plus touristiques de Bavière. Le château de Neuschwanstein, à lui seul, attire chaque année 1,5 million de visiteurs !

Au nord, la ville la plus importante est Augsbourg, fondée par les Romains et aujourd'hui capitale administrative de la Souabe. Kempten, un peu plus au sud, est la principale ville de l'Allgäu, une jolie région vallonnée. La *Romantische Straße* (Route romantique), l'itinéraire le plus emprunté par les visiteurs de la Bavière, traverse la Souabe du nord au sud. Une partie de la *Deutsche Alpenstraße* (route allemande des Alpes) qui traverse le Land d'est en ouest le long de la frontière avec l'Autriche, se termine (ou débute, tout dépend du sens !) à Lindau, au bord du lac de Constance : itinéraire à ne manquer sous aucun prétexte tant ses paysages sont enchanteurs.

215 **FÜSSEN ★**

Füssen est une jolie petite ville médiévale restée dans son jus. Nombreux sont les visiteurs des châteaux de Louis II qui préfèrent Füssen comme base-arrière pour poser leurs valises. Si Füssen présente un peu moins de curiosités que sa voisine Schwangau, son centre-ville est toutefois plus animé.

218 **OBERSTDORF ★★**

PAGES

SUD DE LA BAVIÈRE

220 **LINDAU ★★★**

Lindau est une petite île-ville posée sur le lac de Constance. Depuis le début du siècle dernier, ce village de pêcheurs est devenu une station estivale et hivernale très prisée. L'atmosphère méridionale de cette petite ville, à la tombée du jour en particulier, évoque les rives de la Méditerranée.

223 **LINDENBERG**

La petite ville de Lindenberg a perdu le prestige qu'elle avait acquis grâce à l'industrie du chapeau aux XIXe et XXe siècles. Mais aujourd'hui, les visiteurs peuvent explorer ce souvenir dans le musée allemand du chapeau, très réussi dans sa muséographie.

224 **KAUFBEUREN**

Kaufbeuren est une petite ville souabe de 46 000 habitants qui a connu une première phase de prospérité au Moyen Âge en tant que « Ville libre d'Empire ». Cet essor a été stoppé net par la Guerre de Trente Ans. Elle se relève au XIXe siècle avec la révolution industrielle et au XXe siècle avec l'accueil de milliers de réfugiés sudètes.

226 **MEMMINGEN**

Memmingen offre une jolie petite ville, agréable à parcourir quelques heures avec ses tours défensives héritées du Moyen Âge. Toutefois, elle ne compte pas pour autant parmi les indispensables lors de votre visite de la Souabe bavaroise.

227 **BAD WÖRISHOFEN**

229 **AUGSBURG ★★★**

Fondée par les Romains dans l'Antiquité, Augsbourg est l'une des plus anciennes villes d'Allemagne. Mais c'est surtout au Moyen Âge et à la Renaissance qu'elle connaît un essor phénoménal et est régulièrement choisie pour la tenue de Diètes d'Empire. En dépit des destructions de la Seconde Guerre Mondiale, la ville témoigne encore de son prestigieux passé.

234 **HARBURG ★**

235 **NÖRDLINGEN ★**

236 **DONAUWÖRTH**

237 **SCHWANGAU**

Schwangau est le « village des châteaux royaux » : cette petite commune concentre une quantité phénoménale de sites exceptionnels : le château de Neuschwanstein, le château de Hohenschwangau, l'église St. Coloman. Le cadre des montagnes est grandiose. Incontournable.

240 **KEMPTEN**

Kempten est une charmante petite ville avec un centre piéton agréable. Deux sites remarquables à y découvrir : le parc archéologique romain de Cambodunum (APC) et les salles d'apparat de l'ancienne résidence des princes-abbés de Kempten.

MUNICH

Munich est sans aucun doute l'une des plus belles villes d'Allemagne. Les façades ocre des églises, les couleurs pastel de la pierre lui confèrent un air italien. Curieux mélange que cette grande cité à la fois si germanique et tellement latine. Ici, on aime à dire que Milan est la ville la plus au sud de l'Allemagne et que Munich est la ville la plus au nord de l'Italie. Pôle industriel, économique et médiatique, Munich suscite les convoitises et sa prospérité en agace plus d'un en Allemagne. Mais c'est bien parce que c'est une cité séduisante et attachante avec ses monuments majestueux, ses boutiques luxueuses, ses brasseries typiques à l'ombre des arcades. La puissante dynastie Wittelsbach a doté Munich de magnifiques œuvres architecturales où se mêlent les styles, du gothique au baroque en passant par la Renaissance, le Jugendstil… Mais Munich, c'est aussi une modernité audacieuse comme en témoigne le nouveau stade du FC Bayern.

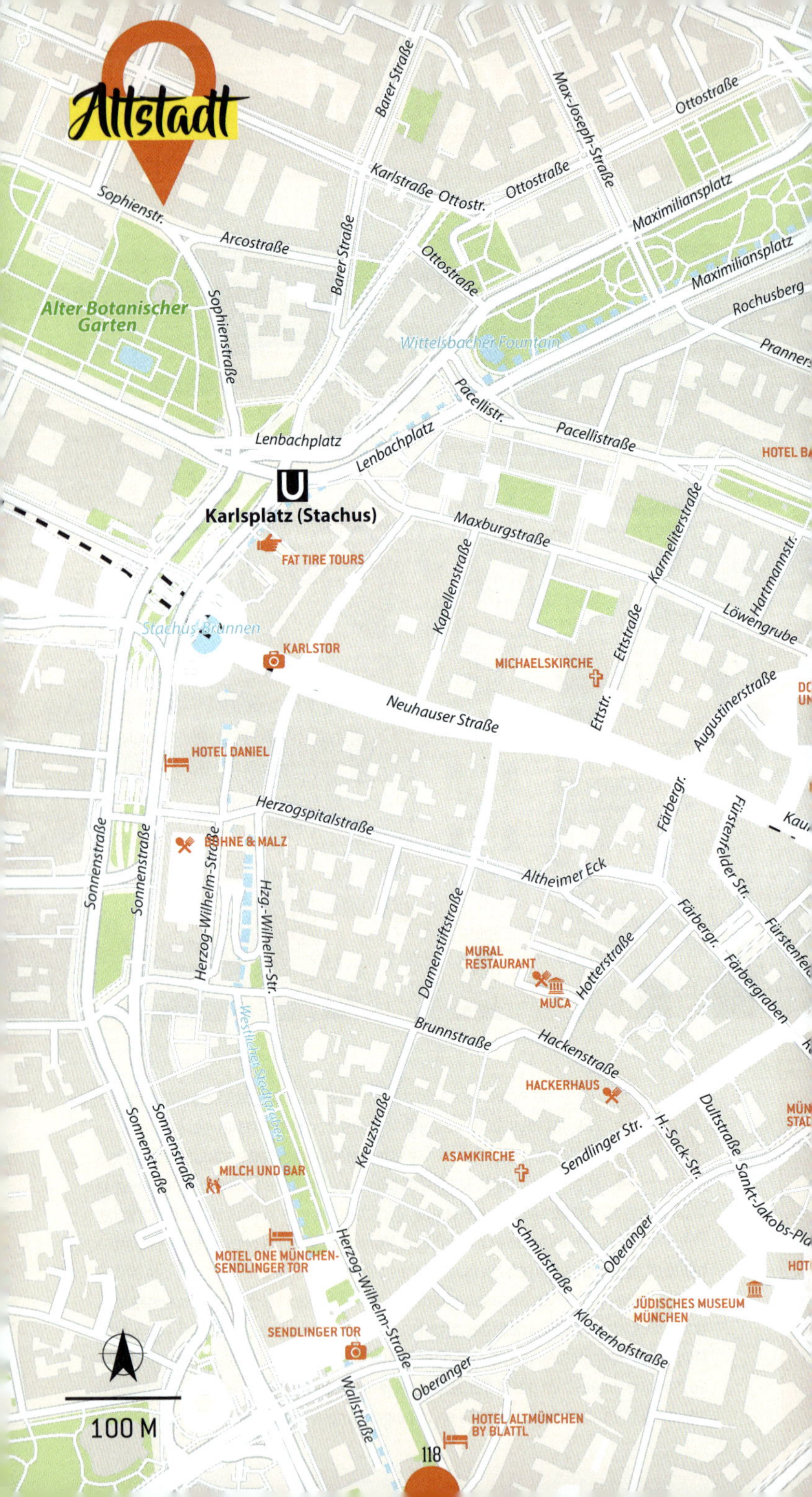

Altstadt
Sophienstr.
Arcostraße
Barer Straße
Karlstraße
Ottostr.
Ottostraße
Max-Joseph-Straße
Maximiliansplatz
Rochusberg
Alter Botanischer Garten
Sophienstraße
Wittelsbacher Fountain
Pacellistr.
Pacellistraße
Lenbachplatz
Karlsplatz (Stachus)
FAT TIRE TOURS
Maxburgstraße
Kapellenstraße
Karmeliterstraße
Hartmannstr.
Löwengrube
Stachus Brunnen
KARLSTOR
MICHAELSKIRCHE
Ettstraße
Ettstr.
Augustinerstraße
Neuhauser Straße
HOTEL DANIEL
Herzogspitalstraße
Färbergr.
Fürstenfelder Str.
BOHNE & MALZ
Sonnenstraße
Herzog-Wilhelm-Straße
Hzg.-Wilhelm-Str.
Altheimer Eck
Damenstiftstraße
MURAL RESTAURANT
MUCA
Hotterstraße
Färbergraben
Brunnstraße
Hackenstraße
HACKERHAUS
Westlicher Stadtgraben
Kreuzstraße
Dultstraße
H.-Sack-Str.
Sendlinger Str.
ASAMKIRCHE
MILCH UND BAR
Sankt-Jakobs-Pl
Schmidstraße
Oberanger
MOTEL ONE MÜNCHEN-SENDLINGER TOR
JÜDISCHES MUSEUM MÜNCHEN
Klosterhofstraße
SENDLINGER TOR
Wallstraße
HOTEL ALTMÜNCHEN BY BLATTL
100 M

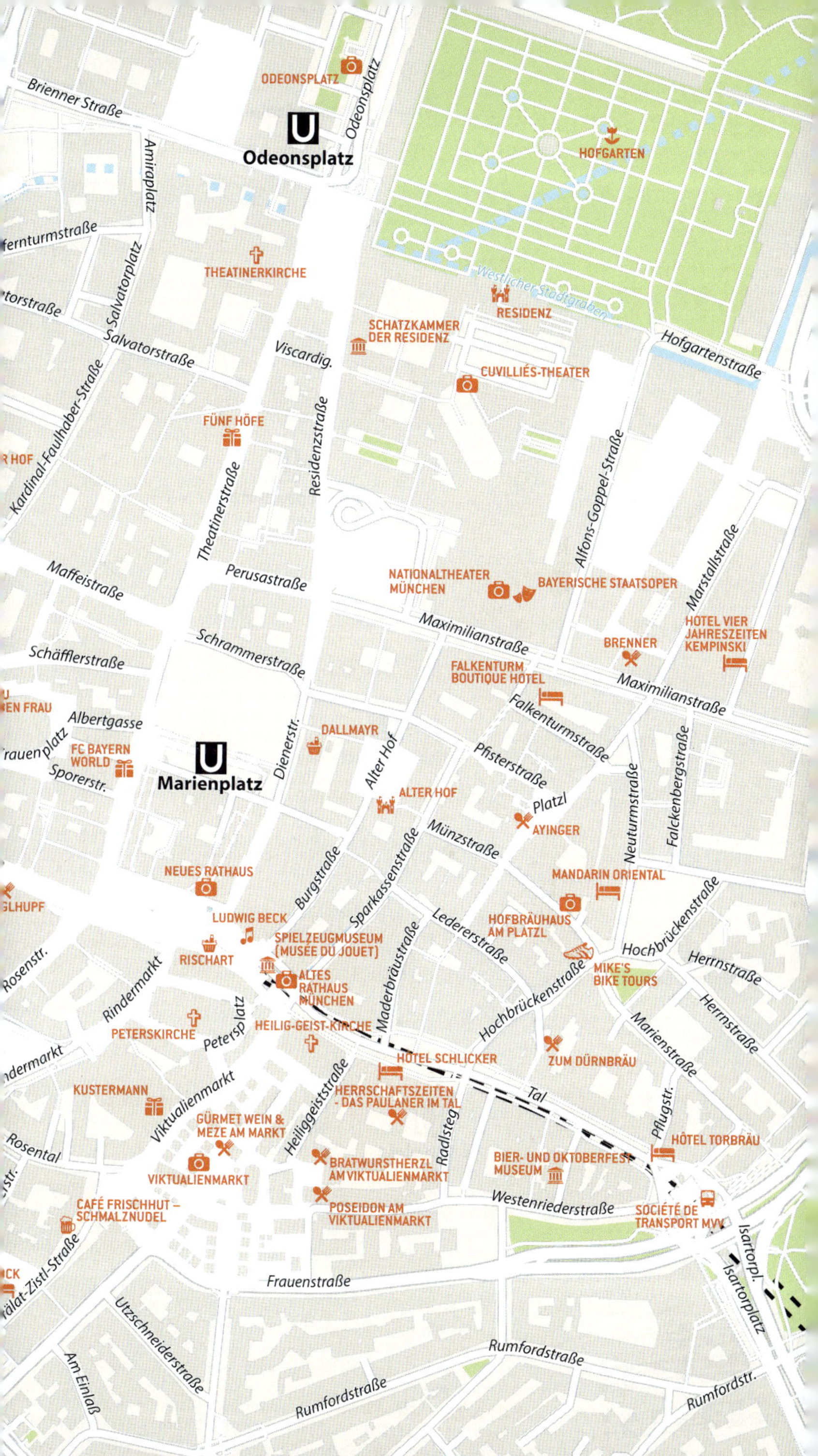
ODEONSPLATZ
Odeonsplatz
Odeonsplatz
Brienner Straße
Amiraplatz
HOFGARTEN
fernturmstraße
THEATINERKIRCHE
Westlicher Stadtgraben
torstraße
Salvatorplatz
RESIDENZ
SCHATZKAMMER DER RESIDENZ
Salvatorstraße
Viscardig.
Hofgartenstraße
CUVILLIÉS-THEATER
Kardinal-Faulhaber-Straße
FÜNF HÖFE
R HOF
Residenzstraße
Theatinerstraße
Alfons-Goppel-Straße
Marstallstraße
Maffeistraße
Perusastraße
NATIONALTHEATER MÜNCHEN
BAYERISCHE STAATSOPER
Maximilianstraße
HOTEL VIER JAHRESZEITEN KEMPINSKI
BRENNER
Schäfflerstraße
Schrammerstraße
FALKENTURM BOUTIQUE HOTEL
Maximilianstraße
EN FRAU
Albertgasse
Falkenturmstraße
Frauenplatz
FC BAYERN WORLD
DALLMAYR
Sporerstr.
Marienplatz
Dienerstr.
Alter Hof
Pfisterstraße
Neuturmstraße
Falckenbergstraße
Platzl
ALTER HOF
AYINGER
Münzstraße
Burgstraße
Sparkassenstraße
MANDARIN ORIENTAL
NEUES RATHAUS
GLHUPF
LUDWIG BECK
HOFBRÄUHAUS AM PLATZL
Hochbrückenstraße
Ledererstraße
Herrnstraße
SPIELZEUGMUSEUM (MUSÉE DU JOUET)
RISCHART
Maderbräustraße
MIKE'S BIKE TOURS
Rosenstr.
ALTES RATHAUS MÜNCHEN
Hochbrückenstraße
Herrnstraße
Rindermarkt
Marienstraße
HEILIG-GEIST-KIRCHE
PETERSKIRCHE
Petersplatz
ZUM DÜRNBRÄU
ndermarkt
HOTEL SCHLICKER
Tal
KUSTERMANN
Viktualienmarkt
HERRSCHAFTSZEITEN - DAS PAULANER IM TAL
Pflugstr.
GÜRMET WEIN & MEZE AM MARKT
Heiliggeiststraße
HÔTEL TORBRÄU
Rosental
Radlsteg
BIER- UND OKTOBERFEST MUSEUM
BRATWURSTHERZL AM VIKTUALIENMARKT
VIKTUALIENMARKT
Westenriederstraße
SOCIÉTÉ DE TRANSPORT MVV
CAFÉ FRISCHHUT – SCHMALZNUDEL
POSEIDON AM VIKTUALIENMARKT
Isartorpl.
ÄLAT-Zistl-Straße
Frauenstraße
Isartorplatz
Utzschneiderstraße
Rumfordstraße
Am Einlaß
Rumfordstraße
Rumfordstr.

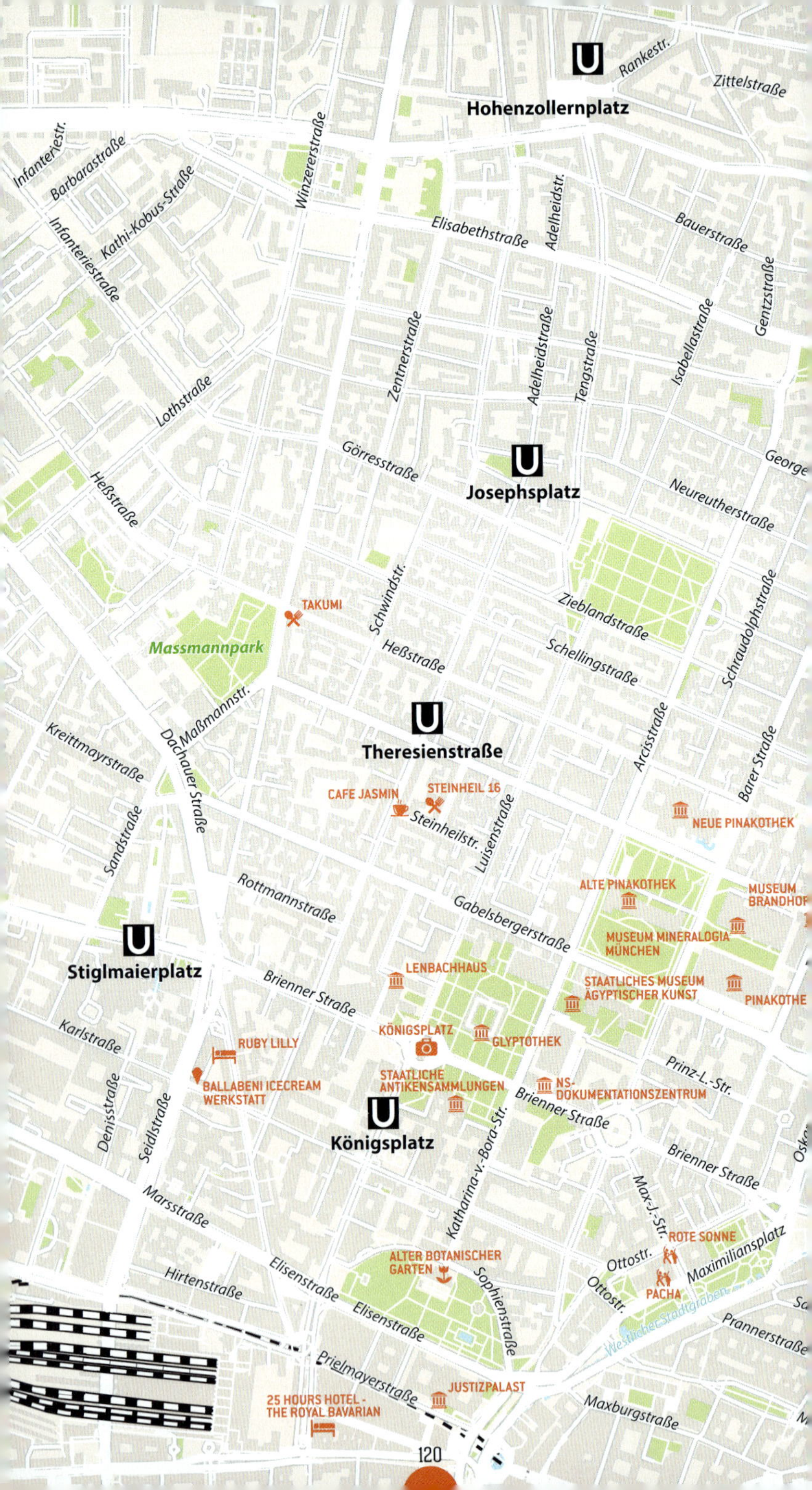
Hohenzollernplatz
Rankestr.
Zittelstraße
Infanteriestr.
Barbarastraße
Kathi-Kobus-Straße
Winzererstraße
Infanteriestraße
Elisabethstraße
Adelheidstr.
Bauerstraße
Gentzstraße
Isabellastraße
Adelheidstraße
Tengstraße
Zentnerstraße
Lothstraße
Görresstraße
Josephsplatz
George
Neureutherstraße
Heßstraße
Schwindstr.
Zieblandstraße
Schraudolphstraße
TAKUMI
Massmannpark
Heßstraße
Schellingstraße
Maßmannstr.
Theresienstraße
Arcisstraße
Barer Straße
Kreittmayrstraße
Dachauer Straße
CAFE JASMIN
STEINHEIL 16
Steinheilstr.
Luisenstraße
NEUE PINAKOTHEK
Sandstraße
Rottmannstraße
Gabelsbergerstraße
ALTE PINAKOTHEK
MUSEUM BRANDHOF
MUSEUM MINERALOGIA MÜNCHEN
Stiglmaierplatz
LENBACHHAUS
Brienner Straße
STAATLICHES MUSEUM ÄGYPTISCHER KUNST
PINAKOTHE
Karlstraße
KÖNIGSPLATZ
GLYPTOTHEK
RUBY LILLY
Prinz-L.-Str.
STAATLICHE ANTIKENSAMMLUNGEN
NS-DOKUMENTATIONSZENTRUM
BALLABENI ICECREAM WERKSTATT
Brienner Straße
Denisstraße
Seidlstraße
Königsplatz
Katharina-v.-Bora-Str.
Brienner Straße
Max-J.-Str.
Marsstraße
ROTE SONNE
Maximiliansplatz
ALTER BOTANISCHER GARTEN
Ottostr.
Ottostr.
Hirtenstraße
Elisenstraße
Sophienstraße
PACHA
Elisenstraße
Westlicher Stadtgraben
Prannerstraße
Prielmayerstraße
JUSTIZPALAST
25 HOURS HOTEL - THE ROYAL BAVARIAN
Maxburgstraße

Maxvorstadt et Schwabing
Münchner Freiheit
Giselastraße
Universität
Lehel
BROTRAUM
HOTEL GÄSTEHAUS ENGLISCHER GARTEN
BAPAS - BAYRISCHE TAPAS
CAFÉ REITSCHULE
PALAIS PACELLI & PALAIS BISSING
SIEGESTOR
LUDWIG-MAXIMILIANS-UNIVERSITÄT MÜNCHEN
CADU
CHINESISCHER TURM
KRUSTE
Werneckwiese
Plantagenwiese
Kleine Carl-Theodor-wiese
Grosse Carl-Theodor-wiese
Englischer Garten
Schwabinger Bach
Eisbach
Hofbrunnwerkkanal
Stadtmühlbach
Haimhauserstraße
Biedersteiner Str.
Kaiserstraße
Römerstraße
Friedrichstraße
Fendstr.
Siegesstraße
Werneckstraße
Seestraße
Nikolaistraße
Ainmillerstraße
M.-Josepha-Str.
Franz-Joseph-Straße
Habsburgerstr.
Martiusstraße
Thiemestraße
Gedonstraße
Konradstraße
Ohmstraße
Rambergstr.
Akademiestraße
Schackstr.
Kaulbachstraße
Königinstraße
Ludwigstr.
Veterinärstraße
Amalienstraße
Fürstenstr.
Schönfeldstraße
Altstadtringtunnel
Galeriestraße
Lerchenfeldstraße
Emil-Riedel-Straße
Reitmorstraße
Himbselstr.
Oettingenstraße
Widenmayerstraße
Seitzstraße
Pilotystr.
Wagmüllerstraße
Alexandrastraße
Tattenbachstr.
Residenzstraße
Alfons-Goppel-Straße
Marstallstr.
300 M

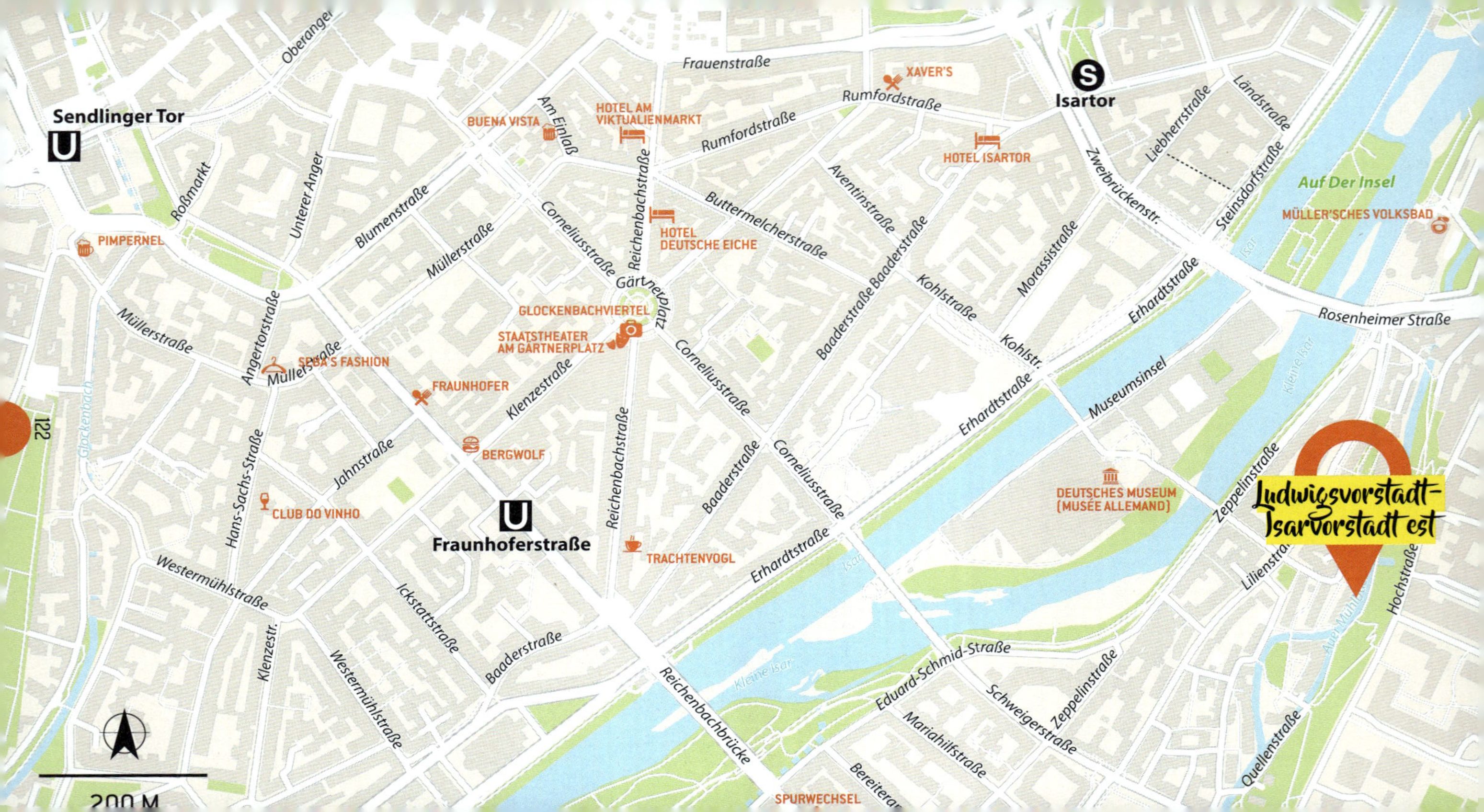

Ludwigsvorstadt-Isarvorstadt est
Sendlinger Tor
Isartor
Fraunhoferstraße
Auf Der Insel
MÜLLER'SCHES VOLKSBAD
DEUTSCHES MUSEUM (MUSÉE ALLEMAND)
XAVER'S
HOTEL AM VIKTUALIENMARKT
BUENA VISTA
HOTEL ISARTOR
HOTEL DEUTSCHE EICHE
PIMPERNEL
GLOCKENBACHVIERTEL
STAATSTHEATER AM GÄRTNERPLATZ
SEBA'S FASHION
FRAUNHOFER
BERGWOLF
CLUB DO VINHO
TRACHTENVOGL
SPURWECHSEL
Frauenstraße
Rumfordstraße
Oberanger
Am Einlaß
Roßmarkt
Unterer Anger
Blumenstraße
Müllerstraße
Corneliusstraße
Reichenbachstraße
Buttermelcherstraße
Aventinstraße
Baaderstraße
Gärtnerplatz
Kohlstraße
Kohlstr.
Morassistraße
Zweibrückenstr.
Liebherrstraße
Ländstraße
Steinsdorfstraße
Rosenheimer Straße
Erhardtstraße
Museumsinsel
Zeppelinstraße
Lilienstraße
Hochstraße
Quellenstraße
Eduard-Schmid-Straße
Schweigerstraße
Mariahilfstraße
Reichenbachbrücke
Angertorstraße
Klenzestraße
Jahnstraße
Hans-Sachs-Straße
Westermühlstraße
Klenzestr.
Ickstattstraße
Glockenbach
Isar
Kleine Isar
200 M

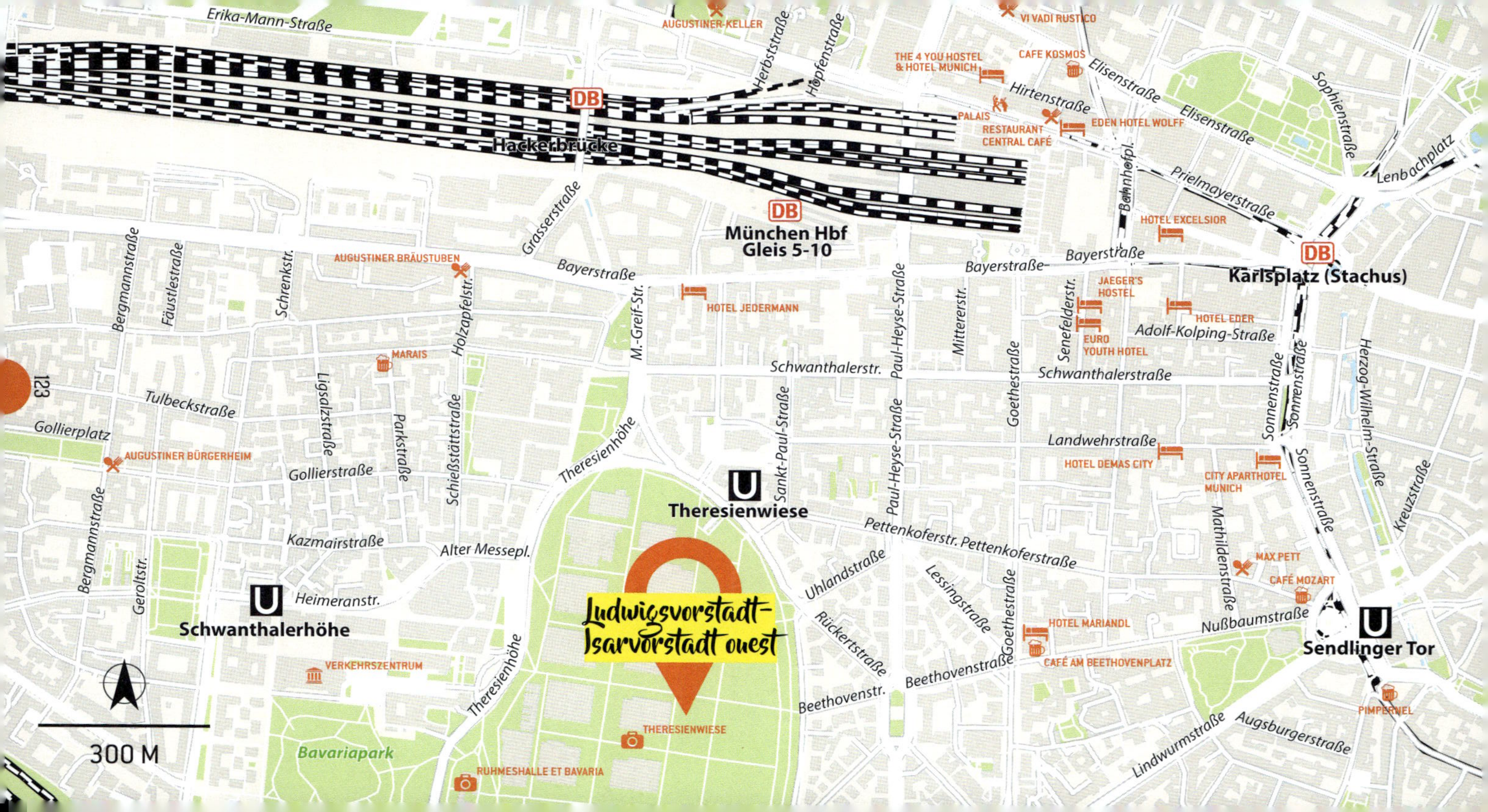
Ludwigsvorstadt-Isarvorstadt ouest
Karlsplatz (Stachus)
München Hbf Gleis 5-10
Hackerbrücke
Theresienwiese
Schwanthalerhöhe
Sendlinger Tor
HOTEL EXCELSIOR
HOTEL EDER
JAEGER'S HOSTEL
EURO YOUTH HOTEL
HOTEL JEDERMANN
HOTEL DEMAS CITY
CITY APARTHOTEL MUNICH
HOTEL MARIANDL
CAFÉ AM BEETHOVENPLATZ
CAFÉ MOZART
MAX PETT
PIMPERNEL
THE 4 YOU HOSTEL & HOTEL MUNICH
CAFE KOSMOS
VI VADI RUSTICO
AUGUSTINER-KELLER
PALAIS
RESTAURANT CENTRAL CAFÉ
EDEN HOTEL WOLFF
AUGUSTINER BRÄUSTUBEN
MARAIS
AUGUSTINER BÜRGERHEIM
VERKEHRSZENTRUM
THERESIENWIESE
RUHMESHALLE ET BAVARIA
Bavariapark
Erika-Mann-Straße
Herbststraße
Hopfenstraße
Elisenstraße
Hirtenstraße
Sophienstraße
Lenbachplatz
Prielmayerstraße
Bahnhofpl.
Bayerstraße
Grasserstraße
Schrenkstr.
Fäustlestraße
Bergmannstraße
Holzapfelstr.
M.-Greif-Str.
Paul-Heyse-Str.
Mittererstr.
Goethestraße
Senefelderstr.
Adolf-Kolping-Straße
Schwanthalerstr.
Schwanthalerstraße
Sonnenstraße
Herzog-Wilhelm-Straße
Kreuzstraße
Tulbeckstraße
Gollierplatz
Ligsalzstraße
Parkstraße
Schießstättstraße
Gollierstraße
Theresienhöhe
Sankt-Paul-Straße
Paul-Heyse-Straße
Landwehrstraße
Pettenkoferstr.
Pettenkoferstraße
Mathildenstraße
Kazmairstraße
Alter Messepl.
Heimeranstr.
Geroltstr.
Uhlandstraße
Lessingstraße
Rückertstraße
Beethovenstr.
Beethovenstraße
Nußbaumstraße
Lindwurmstraße
Augsburgerstraße
300 M

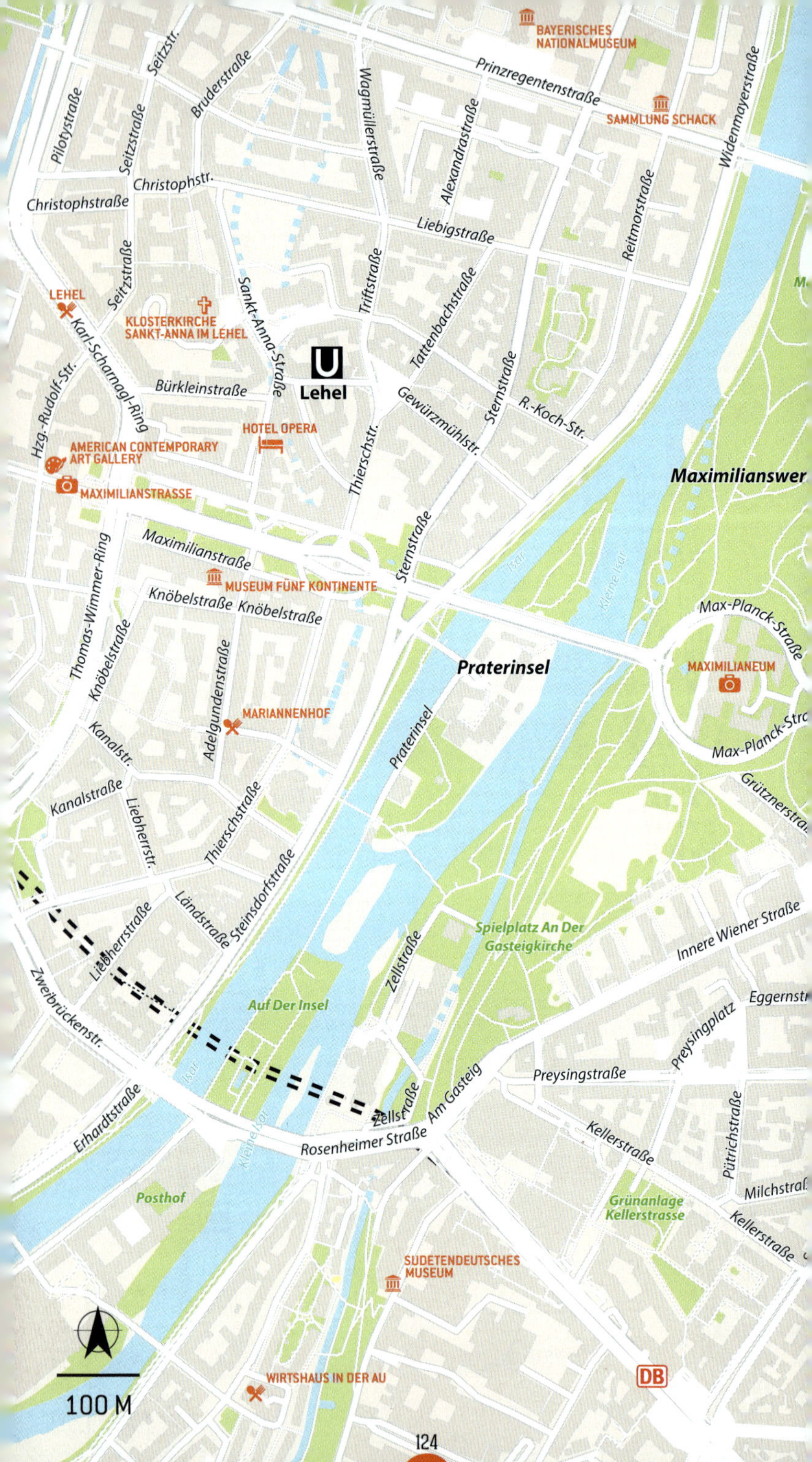
BAYERISCHES NATIONALMUSEUM
Prinzregentenstraße
SAMMLUNG SCHACK
Widenmayerstraße
Pilotystraße
Seitzstr.
Seitzstraße
Bruderstraße
Wagmüllerstraße
Alexandrastraße
Christophstr.
Christophstraße
Reitmorstraße
Liebigstraße
Seitzstraße
Sankt-Anna-Straße
Triftstraße
Tattenbachstraße
LEHEL
KLOSTERKIRCHE SANKT-ANNA IM LEHEL
Karl-Scharnagl-Ring
Lehel
Bürkleinstraße
Gewürzmühlstr.
Sternstraße
R.-Koch-Str.
Hzg.-Rudolf-Str.
HOTEL OPERA
AMERICAN CONTEMPORARY ART GALLERY
MAXIMILIANSTRASSE
Thierschstr.
Maximilianswer
Maximilianstraße
Sternstraße
Thomas-Wimmer-Ring
MUSEUM FÜNF KONTINENTE
Knöbelstraße
Knöbelstraße
Isar
Kleine Isar
Max-Planck-Straße
Knöbelstraße
Adelgundenstraße
Praterinsel
MAXIMILIANEUM
MARIANNENHOF
Praterinsel
Kanalstr.
Max-Planck-Str
Grütznerstr
Kanalstraße
Liebherrstr.
Thierschstraße
Steinsdorfstraße
Ländstraße
Liebherrstraße
Spielplatz An Der Gasteigkirche
Innere Wiener Straße
Zellstraße
Zweibrückenstr.
Auf Der Insel
Eggernstr
Preysingplatz
Preysingstraße
Isar
Erhardtstraße
Zellstraße
Zellstr.
Am Gasteig
Pütrichstraße
Kellerstraße
Rosenheimer Straße
Kleine Isar
Milchstraß
Posthof
Grünanlage Kellerstrasse
Kellerstraße
SUDETENDEUTSCHES MUSEUM
DB
100 M
WIRTSHAUS IN DER AU

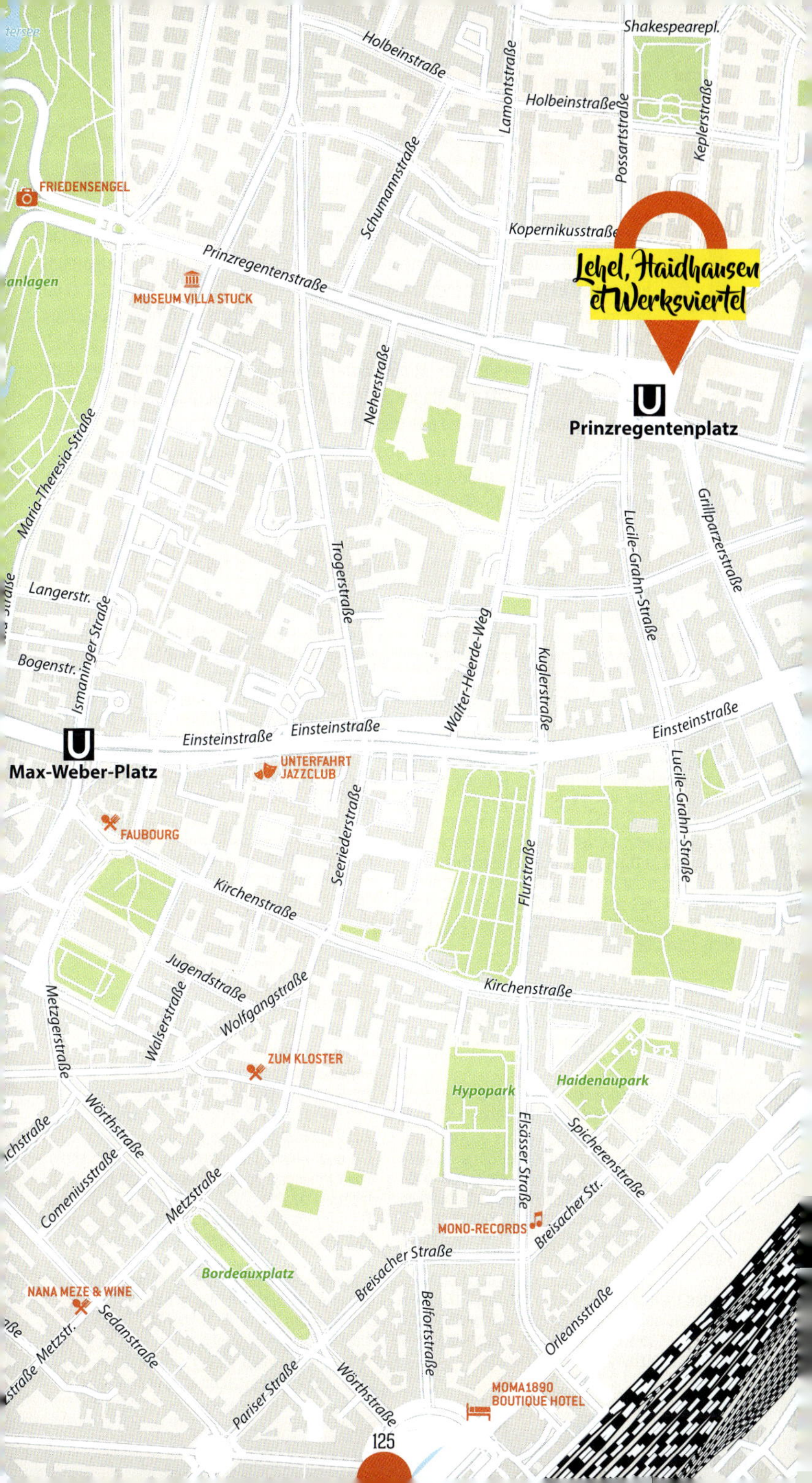
Lehel, Haidhausen et Werksviertel
Prinzregentenplatz
Max-Weber-Platz
FRIEDENSENGEL
MUSEUM VILLA STUCK
UNTERFAHRT JAZZCLUB
FAUBOURG
ZUM KLOSTER
MONO-RECORDS
NANA MEZE & WINE
MOMA1890 BOUTIQUE HOTEL
Hypopark
Haidenaupark
Bordeauxplatz
Shakespearepl.
Holbeinstraße
Lamontstraße
Possartstraße
Keplerstraße
Schumannstraße
Kopernikusstraße
Prinzregentenstraße
Neherstraße
Maria-Theresia-Straße
Grillparzerstraße
Lucile-Grahn-Straße
Trogerstraße
Langerstr.
Ismaninger Straße
Bogenstr.
Walter-Heerde-Weg
Kuglerstraße
Einsteinstraße
Seeriederstraße
Flurstraße
Kirchenstraße
Jugendstraße
Wolfgangstraße
Walserstraße
Metzgerstraße
Wörthstraße
Comeniusstraße
Metzstraße
Elsässer Straße
Spicherenstraße
Breisacher Str.
Breisacher Straße
Belfortstraße
Orleansstraße
Sedanstraße
Metzstr.
Pariser Straße

SE REPÉRER SE DÉPLACER

Pour explorer la vieille ville de Munich ou les quartiers limitrophes, il est tout à fait possible de faire ses déplacements à pied, le nez en l'air. Si votre hébergement est un peu excentré, si la météo est mauvaise ou tout simplement pour gagner du temps, on pourra utiliser l'efficace réseau de transports en commun munichois (MVV) : 8 lignes de métro (*U-Bahn*), 8 lignes de *S-Bahn* (équivalent au RER parisien), 13 lignes de tram (*Straßenbahn*) et un nombre important de lignes de bus. La gare centrale, la Karlsplatz et la Marienplatz sont les plaques tournantes du réseau. Le système des zones et des tickets n'est pas très intuitif, nous vous l'expliquons en détail sur la fiche pratique dédiée. Il existe aussi des titres de transport pour plusieurs jours et qui vous accordent des réductions : la CityTourCard par exemple. Le vélo est aussi une bonne option, la ville ayant relativement peu de dénivelé.

MUNICH

AÉROPORT DE MUNICH

S-Bahn 1 et 8 ✆ +49 89 975 00

www.munich-airport.de

Les lignes S-Bahn 1 et 8 mènent directement au centre-ville, comptez environ 40 minutes de trajet.

L'aéroport de Munich est situé à 29 km de la ville. Deuxième plus gros aéroport d'Allemagne, après Francfort, neuvième plateforme européenne, il a été classé en 2010 par Skytrax meilleur aéroport européen et quatrième dans le monde. Des sièges et banquettes confortables dans les zones des départs invitent à lire ou à se reposer. Le Terminal 2 est réservé aux vols de la Lufthansa et aux partenaires de la Star Alliance. Air France, Lufthansa et Air Berlin proposent des vols directs Paris-Munich. Vols directs également au départ de Lyon, Marseille, Nice, Toulouse.

SOCIÉTÉ DE TRANSPORT MVV

✆ +49 800 344 226 600

www.mvv-muenchen.de

Ticket simple dans la zone M : 3,70 €. Billet à la journée : 8,80 €. « Streifenkarte » : 16,30 €.

La MVV (Münchner Verkehrs- und Tarifverbund) rassemble les transporteurs de la ville et de la région proche. La politique tarifaire permet de voyager avec un unique ticket sur n'importe quel mode de transport : bus, tram, U-Bahn et S-Bahn. Il y a plusieurs zones tarifaires : m correspond à la ville de Munich et les autres zones (de 1 à 6) s'organisent en cercles concentriques tout autour. À titre d'exemple, l'aéroport est en secteur 4. Vente de la Streifenkarte également. La MVV propose aussi un tarif pour les enfants de 6 à 14 ans.

RADIUS TOURS

4 Dachauer Str.

✆ +49 895 434 877740

www.radius.com

Ouvert tous les jours. Tarif horaire de 5 à 8 €, journalier 18-38 €. Semaine : 84-245 €.

Outre des tours de la ville ou des environs sur catalogue, ce prestataire situé dans la gare centrale (quai 32) vous offre aussi un choix de 250 bicycles (certains électriques) à la location, et pas besoin de caution ! Idéal pour découvrir Munich ou faire une escapade en pleine nature. Les visites de la ville sont proposées dans 3 langues : anglais, français et espagnol. Parmi les visites thématiques : les classiques, Vitkualienmarkt et dégustation sur place, Munich royal, Munich et le troisième Reich. Excursions à la journée : Salzburg et Neuschwanstein.

SPURWECHSEL

Ohlmüllerstraße 5

✆ +49 896 924 699

www.spurwechsel-muenchen.de

Lundi au vendredi, de 9h30 à 14h30. Avril à octobre : samedi de 9h à 14h. Location 24 heures : 17,50 €, semaine : 65 €.

Découvrir Munich à vélo comme les Munichois ! Voilà le slogan de Spurwechsel, un service de location de vélos, non loin des berges de l'Isar. On y trouve un vélo pour une journée, plusieurs jours, une semaine ou même un mois, avec tous les équipements supplémentaires nécessaires : paniers, remorques, sièges enfants, casques, plans de la ville, etc. Vous pouvez ramener le vélo à toute heure de la journée. Des visites à thème de la ville, à pied ou en vélo, sont organisées : principaux sites touristiques de la ville, circuit olympique, circuit parc et châteaux...

LES QUARTIERS DE MUNICH

Munich est la troisième ville d'Allemagne par sa taille et la plus densément peuplée du pays avec 4 790 habitants au km². Malgré ce palmarès, certains lui refusent souvent le titre de grande ville et les moqueurs tournent la ville en dérision avec le sobriquet de « Millionendorf » : « le village d'un million d'habitants ». Jusqu'au XVIIIe siècle, Munich s'est développée à l'intérieur des remparts, puis la révolution industrielle la pousse à grandir hors de cette ceinture. La vieille-ville (Altstadt) concentre encore aujourd'hui une grande quantité des sites d'intérêt de Munich, mais c'est bien extra-muros qu'on trouve les quartiers les plus sympas de la métropole : Schwabing ou le Glockenbachviertel comptent parmi les plus plaisants de la ville. D'un point vue administratif, Munich est découpée en quartiers (Stadtbezirke) numérotés de 1 à 25, même si les Munichois emploient plus volontiers leurs noms que les numéros.

Altstadt

Altstadt. Quartier central par excellence, le cœur historique de Munich concentre quantité de palais, d'églises, d'immeubles de tous styles architecturaux, même si le baroque domine. C'est entre les murs de l'ancienne fortification médiévale que s'est écrite l'histoire de la ville. Ce qui ne veut pas dire que le centre-ville est ancré dans le passé. Bien au contraire, il embrasse aussi l'avenir avec des rues commerçantes piétonnes et animées, des galeries d'art avant-gardistes, et des terrasses toujours très fréquentées dès que le soleil perce les nuages.

La **Marienplatz** (p.135), point central du vieux centre historique de Munich, a été fondée en 1158 le long de la route du sel. Elle est entourée de l'**Altes Rathaus** (p.281) (« ancien hôtel de ville ») et du **Neues Rathaus** (p.134) (« nouvel hôtel de ville»), qui anime chaque jour l'endroit avec son carillon et son défilé d'automates. Non loin, la **Frauenkirche** (p.301) (église Notre-Dame) avec ces deux tours reconnaissables est le bâtiment le plus emblématique de la ville.

Un grand chantier vise aujourd'hui à moderniser le système de transport en commun souterrain qui traverse la vieille-ville d'est en ouest. Sous la Marienplatz circulent pas moins de 7 lignes, autant dire que le réseau a atteint les limites de ses capacités et on aménage actuellement un nouveau tunnel qui doit permettre de désengorger le premier. Derrière l'hôtel de ville se construit la nouvelle station de S-Bahn Marienhof. Ce projet – intitulé *2. Bahnstrecke* – est le plus important de la vieille-ville.

Au sud de la Résidence (**Residenz** (p.140)), devant l'Opéra (**Nationaltheater** (p.136)), commence la Maximilianstraße construite au XIXe siècle. Cette luxueuse avenue mène de l'ancienne ville vers l'est par-dessus l'Isar dans la direction du **Maximilianeum** (p.150), le siège du Parlement bavarois.

Si les rues de la vieille-ville sont marquées par les ondulations caractéristiques des villes médiévales, les différents faubourgs ont gardé le tracé que leur ont donné les urbanistes du XIXe siècle : carré et rationnel. Le mot allemand « Vorstadt » (faubourg) se retrouve dans plusieurs des quartiers qui s'articulent autour de la vieille-ville.

Maxvorstadt et Schwabing

Maxvorstadt. Ce quartier de Munich est marqué par un plan de rues quadrillées : c'est en effet la première extension planifiée de la ville. Son schéma a été conçu au tout début du XIXe siècle sous le premier roi de Bavière Maximilien Ier, à qui le faubourg a emprunté le nom. La Maxvorstadt propose une offre muséale sans égale qui couvre une large période allant de l'Antiquité à nos jours. Les passionnés pourront passer des jours dans les différents musées (18 en tout !) du **Kunstareal**, autour de la Königsplatz, dont les collections n'ont rien à envier à celles des musées berlinois. Parmi les plus célèbres, on compte les différentes pinacothèques : la **Alte Pinaktohek** (p.142), la **Neue Pinakothek** (p.145) et la **Pinakothek der Moderne** (p.146). La Maxvorstadt jouit de la proximité de la Ludwig-Maximilians-Universität ; la vie étudiante du quartier se joue dans la Türkenstraße qu'animent cafés, restaurants et bars. Parmi les habitants, la tranche d'âge des 20-30 ans domine, tandis que les enfants de moins de 15 ans et les personnes âgées sont numériquement en retrait.

© ALEXI TAUZIN - FOTOLIA

Vue sur la ville de Munich.

La structure des logements du quartier – en grande partie reconstruits dans l'après-guerre -, avec une forte proportion de petits appartements d'une ou deux pièces, est également à l'origine de cette situation.
La Ludwigsstraße est emblématique du schéma de la ville planifiée et impressionne aujourd'hui encore par sa parfaite symétrie et ses immeubles de style néoclassique. Comme son nom l'indique, la rue a été planifiée par le roi Louis Ier (Ludwig).

Schwabing. Le nom de Schwabing est lui aussi depuis longtemps associé aux étudiants qui gravitent autour des universités du nord de la ville. A la fin du XIXe siècle, Schwabing rime avec bohème. Artistes peintres, hommes et femmes de lettres de toute l'Allemagne s'y installent et forgent la réputation de ce quartier. Le processus de gentrification est aujourd'hui considéré comme largement achevé à Schwabing et les loyers y ont atteint des sommes que ne peuvent plus se permettre les étudiants de Munich. De cette période culturelle faste, il nous reste une expression de Thomas Mann « München leuchtet » : Munich illumine.

C'est dans le quartier de Schwabing qu'a été fondée la revue culturelle *Jugend* qui a donné son nom à la version allemande de l'Art nouveau : le *Jugendstil*. On trouve justement dans le quartier quelques jolis immeubles *Jugendstil*, notamment le palais Bissing dans la Georgenstraße (voir **Palais Pacelli & Palais Bissing** (p.146)).
En mai 1968, les étudiants de Schwabing sont impliqués dans le mouvement de révolte qui secoue l'ordre bourgeois européen. C'est dans ce quartier de la contestation qu'on observe la plus grande libéralisation des mœurs.

Dans cette partie nord de la ville, il faut bien sûr aussi mentionner les équipements sportifs qui font de Munich une ville de sports : les installations olympiques de 1972 tout d'abord que l'on pourra découvrir dans le **Olympia-Park** (p.146) et la non moins célèbre **Allianz-Arena** (p.176), le stade qui fait vibrer les supporters du FC Bayern.

Nymphenburg. Plus éloigné du centre-ville, vers l'ouest, se trouve le château de Nymphenburg (**Schloss Nymphenburg** (p.147)) qui, avec son architecture baroque et rococo tout comme son jardin à la française, attire chaque année plus de 320 000 visiteurs et se place parmi les châteaux les plus visités de Bavière, derrière le **Schloss Neuschwantstein** (p.239) et la **Residenz** (p.140). Entre 1715 et 1918, le château de Nymphenburg a servi de résidence d'été aux princes-électeurs et rois de Bavière, de la maison Wittelsbach. Le palais a aussi donné son nom au quartier résidentiel de Nymphenburg, ancienne commune indépendante qui n'a été intégrée à Munich qu'en 1899. On y trouve de nombreuses villas, notamment de part et d'autre du canal.

Lehel, Haidhausen et Werksviertel

Lehel. Le quartier de **Lehel** s'étend entre la vieille-ville et les rives de l'Isar. Pour l'administration municipale, Lehel forme avec la vieille-ville le premier Stadtbezirk de la métropole bavaroise. Il se trouvait autrefois en dehors des frontières de la ville. Quartier le plus huppé de Munich, Lehel ressemble un peu à l'Ouest parisien avec ses beaux immeubles qui abritent professions libérales et écoles privées. Il n'en a pas toujours été ainsi ! Jusqu'au XIXe siècle, Lehel est un faubourg populaire, traversé de petits ruisseaux ce qui en fait un quartier de prédilection pour les blanchisseurs. Cet emplacement de choix – entre la Altstadt et l'Isar – a attiré les appétits de la bourgeoisie munichoise. L'aménagement de la Maximilianstraße et la Prinzregentenstraße en avenues de prestige dans la seconde moitié du XIXe siècle accompagne ce phénomène. Le **Bayerisches Nationalmuseum** (p.149) témoigne lui aussi de cette opulence architecturale, propre à la régence de Luitpold de Bavière (1886-1912).

▸ Le Jardin anglais (voir **Englischer Garten** (p.151)) de Munich est si grand qu'il s'étend sur plusieurs quartiers de la métropole bavaroise. Son incroyable diversité mériterait presque qu'on le considère comme un quartier de Munich à part. Vous verrez que les Munichois ne manquent pas d'imagination pour s'occuper ici : pique-nique, slackline, frisbee, yoga, et même surf ! D'autres prennent le grand air dans le plus simple appareil, car oui certains espaces y sont naturistes ! Parfois, une équipe de policiers à cheval trotte à travers le parc.

▸ L'**Isar** est à Munich ce que le Tibre est à Rome. Ce fleuve traverse la ville du sud-ouest au nord-est sur une distance de 13,7 km. Il se présente encore aujourd'hui en grande partie à l'état sauvage et séduit avec ses petites plages de galets. Les bords de l'Isar offrent de très jolies promenades et de belles pistes pour les joggeurs. Par beau temps, beaucoup de jeunes viennent profiter des pelouses au bord de l'eau.

▸ **Haidhausen**. A l'est du fleuve Isar, le quartier de **Haidhausen** est un faubourg à la fois tranquille et animé, avec d'agréables terrasses ombragées. La charmante Wiener Platz a conservé les traits d'une placette de village avec ses maisons basses. On trouve à Haidhausen le majestueux édifice qui accueille le parlement bavarois : le **Maximilianeum** (p.150). La colonne de la Paix (voir **Friedensengel** (p.149)) agrémente elle aussi la promenade sur les bords de l'Isar. Parmi les nouveautés, on nommera le **Sudetendeutsches Museum** (p.152), un musée moderne et bien pensé consacré aux Sudètes.

▸ Plus au nord, Bogenhausen est une riche zone résidentielle où les façades des villas de style classique ou Art nouveau rivalisent d'ornements.

Ludwigsvorstadt-Isarvorstadt

▸ **Isarvorstadt.** La Isarvorstadt est un quartier attractif, formidablement bien situé, à la fois proche de l'hypercentre et au bord de l'Isar. Cet attrait a entraîné une hausse des loyers qui en a fait l'un des plus chers de la ville. Boutiques tendance, bars à cocktails : l'animation du quartier n'a toutefois pas encore été étouffée par la pression immobilière.

A l'époque industrielle, de nombreux juifs de Galicie (une région historique entre l'Ukraine et la Pologne d'aujourd'hui) s'installent dans ce faubourg pour fuir les pogroms et tenter leur chance dans les secteurs du textile et du cuir. Le NSDAP prend pied dans ce quartier et y fait régner la terreur. Dans les années 1950, le quartier trouve une légèreté qu'il n'avait pas encore connu et s'impose comme le quartier du rock et du twist.

▸ Le **Glockenbachviertel**, charmant et cossu, est également connu pour être le quartier gay de Munich. Nombreuses sont les adresses à arborer fièrement le drapeau arc-en-ciel : restaurants, bars, hôtels, boutiques, centre LGBTQ, etc. Il y a dans ce quartier - et plus particulièrement dans la Müllerstraße - une belle densité de lieux de sociabilité gay. Pendant plusieurs années, le chanteur de Queen, Freddie Mercury, vit dans le Glockenbachviertel et jouit de la vie nocturne du quartier. Une place est nommée d'après Karl Heinrich Ulrichs, pionnier du mouvement de libération homosexuelle au XIXe siècle en Allemagne.

▸ **Ludwigsvorstadt.** A première vue, ce n'est certainement pas le quartier le plus glamour de la ville, il est en revanche le plus animé (et ce de nuit comme de jour) et le plus riche en cultures étrangères : on y compte plus de 100 nationalités. Cette incroyable diversité se retrouve dans les commerces et les assiettes du quartier.

▸ Le quartier de la gare centrale (Hauptbahnhof) a été en grande partie détruit par les bombardements des Alliés pendant la Seconde Guerre mondiale et reconstruit après-guerre avec des immeubles d'habitation et des bâtiments commerciaux, fonctionnels et sans prétention esthétique. On trouve dans le quartier une très grande densité d'hôtels (tous standings confondus), des restaurants, des sex-shops, et beaucoup de magasins d'informatique et d'électronique. L'installation du **25 Hours The Royal Bavarian** (p.161) est emblématique des mutations du quartier. Les rues sont toujours très fréquentées et on ne compte plus les chantiers qui éventrent la chaussée. La gare elle-même fait l'objet d'un grand projet de restructuration. Le nouveau hall vitré qui sera construit est pensé comme une nouvelle fenêtre sur la ville et doit mieux relier le quartier de la gare au cœur historique de Munich. Il y a fort à parier que ce chantier sera accompagné d'une restructuration totale du quartier.

▸ **Schwanthalerhöhe** est un quartier multiculturel en plein essor. Ces dernières années, la Schwanthalerstraße a vu s'ouvrir de nouvelles adresses : des cafés, des restaurants, des boutiques pour enfants. Ce phénomène de gentrification rappelle celui qui a transformé les quartiers de l'ancien Berlin-Est. Petite particularité du quartier de Schwanthalerhöhe : on y trouve les usines de la grande brasserie Augustiner et, par moments, au détour des rues, on peut sentir les émanations de houblon qui s'échappent de la brasserie.

HISTOIRE DE MUNICH

CHRONIQUE D'UNE VILLE AU CENTRE DE L'HISTOIRE BAVAROISE

1158. Le duc de Saxe Henri le Lion fonde la ville de Munich. Son cousin l'empereur Frédéric Barberousse vient de lui céder le duché de Bavière.

1255. Première division du duché de Bavière. Munich devient la capitale du duché de Haute-Bavière.

1324-1347. Le duc de Bavière règne comme empereur du Saint-Empire sous le nom de Louis IV (dit « Louis le Bavarois »). Pendant deux siècles, le Alter Hof de Munich est le centre du pouvoir impérial.

1327. En deux jours, un grave incendie ravage un tiers de la ville. Par décret, Louis le Bavarois stipule que les nouvelles constructions devront être en pierre.

1494. Inauguration de la Frauenkirche.

1504-1505. Après la guerre de succession de Landshut, le duché de Bavière est réunifié, avec Munich pour capitale.

1568-1571. Le duc Albert V fait aménager l'Antiquarium dans la Residenz de Munich et introduit ainsi l'architecture Renaissance à Munich.

1632. Munich se rend aux Suédois pendant la guerre de Trente Ans afin d'être épargnée des pillages.

1635. Munich est ravagée par une épidémie de peste qui décime un tiers de la population de la ville.

1651-1679. Règne de l'Électeur Ferdinand-Marie. Période de paix propice à la construction : 1er opéra de la ville, Theatinerkirche, etc.

1705. Massacre de Sendling : des insurgés bavarois sont massacrés par les Autrichiens à Sendling, dans le sud de Munich.

1789. Démolition des fortifications de la ville et aménagement du Englischer Garten.

1810. Premier Oktoberfest à l'occasion du mariage de Louis et Thérèse, futurs roi et reine de Bavière.

1825-1848. Sous le règne du roi Louis Ier, Munich devient une capitale artistique et culturelle de premier plan. Ouverture d'institutions prestigieuses comme la Ludwig-Maximilians-Universität et l'Alte Pinakothek (1836). En architecture, c'est le néoclassicisme qui s'impose : aménagement de la Ludwigstraße, de la Königplatz, etc.

1839. Ouverture de la ligne de train entre Munich et Augsbourg. C'est la deuxième ligne ferroviaire d'Allemagne (après Nuremberg-Fürth).

1848-1864. Sous le règne du roi Maximilien II, le style Maximilien (*Maximilianstil*) fait son entrée dans l'architecture : le Maximilianeum et la Maximilianstraße en sont deux exemples.

1867. La première pierre du nouvel Hôtel de Ville (Neues Rathaus) est posée.

1886-1912. Essor culturel et progrès technique sous le prince régent Luitpold : inauguration du Bayerisches Nationalmuseum, ouverture du Müller'sches Volksbad, fondation du FC Bayern, etc.

1918. Louis III, dernier roi de Bavière, abdique. Le social-démocrate Kurt Eisner proclame la république.

1919. Pendant un mois, la « République des Conseils » (Räterepublik) d'inspiration communiste règne sur Munich. Le 1er mai, les troupes du gouvernement élu, parti en exil à Bamberg, entrent dans Munich et mettent fin à cette expérience révolutionnaire.

9 novembre 1923. Échec du putsch commandité par Adolf Hitler. La marche des putschistes est interrompue sur l'Odeonsplatz.

Septembre 1938. Accords de Munich. Ces accords permettent l'annexion des Sudètes par Hitler.

8 novembre 1939. Attentat manqué contre Hitler dans le *Bürgerbräukeller*.

Février 1943. Le mouvement de résistance étudiant « La Rose Blanche » (die Weisse Rose) est arrêté par les nazis et les résistants sont exécutés.

30 avril 1945. Entrée des troupes américaines dans la ville et fin de la Seconde Guerre mondiale.

1972. Vingtièmes Jeux olympiques d'été à Munich. La première ligne de métro de la ville a été construite pour l'occasion. Ces JO sont marqués par la prise d'otages du groupe terroriste Septembre Noir qui coûte la vie à 11 sportifs de la délégation israélienne.

1974. Munich accueille la Coupe du monde de football.

1980. Attentat à la bombe pendant l'Oktoberfest.

1992. Ouverture du nouvel aéroport Franz Joseph Strauß.

2005. Inauguration du nouveau stade Allianz Arena, en vue de la Coupe du monde de football de 2006.

2006. Inauguration de la nouvelle synagogue de Munich, la Ohel-Jakob-Synagoge.

2029. Inauguration prévue du nouveau hall de la gare centrale.

À VOIR / À FAIRE

La culture est à l'honneur à Munich. Sa vieille ville et ses musées de renommée internationale attirent des milliers de touristes venus d'Europe et d'ailleurs. Cette tradition artistique et culturelle est l'héritage de siècles de mécénat des Wittelsbach qui n'ont eu de cesse d'embellir la ville et de la doter de prestigieuses institutions culturelles. Les collections d'art antique et les collections de peinture de Munich sont connues internationalement. La Alte Pinakothek (ancienne pinacothèque), la Pinakothek der Moderne (dédiée à l'art moderne), le musée Brandhorst et le Lenbachhaus font partie des musées les plus renommés d'Allemagne. Le Deutsches Museum (musée allemand) consacré aux sciences et techniques est, avec plus d'un million de visiteurs par an, un des musées les plus visités du continent. Pour rendre justice aux curiosités de la ville, il faudrait s'accorder une bonne semaine.

OFFICE DE TOURISME (GARE CENTRALE)

Luisenstraße 1 ✆ +49 89 233 96500
www.munich.travel

Du lundi au samedi de 9h à 17h, dimanche et jours fériés de 10h à 14h. Horaires téléphone : du lundi au vendredi 9h-17h.

L'office de tourisme de la gare centrale de Munich se situe à 1 minute seulement de la gare centrale. Vous y trouverez des informations utiles pour votre séjour dans la merveilleuse ville munichoise. Ici on vous conseille quotidiennement en plusieurs langues, vous pouvez réserver une chambre d'hôtel rapidement, avoir des conseils sur votre séjour et obtenir différents documents. Pratique : des billets pour des visites de ville et des excursions sont proposés à la vente.

MIKE'S BIKE TOURS & RENTALS

Bräuhausstrasse 10
✆ +49 89 255 439 87
www.mikesbiketours.com

Plusieurs circuits en groupe à partir de 21 € par personne. Possibilité de réserver également un tour guidé privé.

Une institution ! En plus de louer des vélos de qualité, le spécialiste de la pédale propose aussi une visite guidée classique de la ville... sur deux roues bien évidemment. Le « Classic Bike Tour of Munich », d'une durée de 3 heures et demie, existe depuis... 1995 ! Une valeur sûre. Les guides expérimentés vous font découvrir les 8 incontournables de Munich, dont le classique Jardin anglais. Départ au musée du Jouet. N'oubliez pas de laisser un pourboire de 10 à 15 % à votre guide.

FAT TIRE TOURS

Karlsplatz 4
✆ +49 89 23888798
www.fattiretours.com/munich

Plusieurs parcours proposés en groupe à partir de 37 € par personne. Possibilité de réserver des tours privés.

Fat Tire Tours est un voyagiste implanté dans plusieurs pays. Le gyropode de la marque américain leader au niveau mondial a envahi les trottoirs de Munich depuis déjà quelques années. Pas étonnant donc que des compagnies utilisent ce transporteur personnel pour visiter la ville sans effort. Un rapide entraînement en début de parcours suffit pour gérer sa machine et se sentir en sécurité. Plusieurs tours sont proposés, des plus classiques au « Night bike tour », sans oublier le classique « Oktoberfest Festival Tour ». Des tours privés sont possibles.

MUNICH WALK TOURS

Hans-Mielich Strasse 2
✆ +49 892 423 1767
www.munichwalktours.de

Visites et excursions guidées (en anglais) à partir de 18 € par personne.

L'agence Munich Walk Tours offre des visites guidées de la ville et des alentours, en plein cœur du centre historique : jardin anglais, découverte de la bière bavaroise, excursions au mémorial de Dachau, à Neuschwanstein, balade street-art ou encore à Salzburg… avec des guides 100 % locaux ! Les visites se font en anglais ou en allemand. On peut aussi y louer des vélos, un bon moyen de découvrir la ville et les alentours autrement. Note aux touristes français, il est coutume de laisser un pourboire à son guide en Allemagne...

ALTER HOF ★

Alter Hof 1

www.muenchen.de

Les bâtiments ne se visitent pas. A voir : la cour en elle-même et la Affenturm, la « tour du singe ».

L'Alter Hof, littéralement « l'ancienne cour », fut la résidence impériale de Louis IV, duc de Bavière et empereur romain germanique au début du XIVe siècle. Surnommé « Louis le Bavarois », il fut le premier Wittelsbach à obtenir la dignité impériale. A partir du XVIe siècle, l'Alter Hof n'est plus qu'un bâtiment administratif, supplanté dans sa fonction par la Residenz. Comme la plupart des bâtiments de la vieille ville, il a été reconstruit après avoir été détruit pendant la Seconde Guerre mondiale et témoigne aujourd'hui timidement de sa gloire révolue.

BIER- UND OKTOBERFEST MUSEUM ★

Sterneckerstraße 2

✆ +49 89 24243941

www.bier-und-oktoberfestmuseum.de

Ouvert du mardi au samedi de 13h à 18h. Entrée adulte : 4 €, réduit : 2,50 €.

Un musée dédié à la bière dans la plus ancienne maison de la ville ! C'est dans une authentique maison munichoise, dont la construction date de 1327, que vous apprécierez le parcours dédié à l'histoire de la bière, ponctué d'informations humoristiques et insolites, des rives du Nil à l'Oktoberfest. Tout un étage est consacré au rendez-vous annuel munichois, rassemblant chaque année plus de 6 millions de personnes. A l'issue de la visite, une dégustation est proposée dans la brasserie.

AMUSEUM D'ART CONTEMPORAIN

Schellingstraße 3

✆ +49 89 46139404

https://a-museum.org

Entrée gratuite. Ouvert du mercredi au dimanche de 12h à 19h.

C'est en 2022 que l'Amuseum of Contemporary Art a ouvert ses portes. Le nom « Amuseum » est un jeu de mots composé de « To be amused by » et de « Museum ». Chaleureux et informel, ce musée a inauguré sa première exposition en collaboration avec les plus grands acteurs du mouvement international du street art. Une grande exposition personnelle de l'artiste américain Shepard Fairey alias Obey sert de base au contenu du musée. A ne pas manquer pour s'éveiller à l'art contemporain.

DOMKIRCHE ZU UNSERER LIEBEN FRAU ★★

Frauenplatz 12

✆ +49 892 900 820

www.muenchner-dom.de

Ouvert tous les jours de 8h à 20h. Pas de visites pendant le service religieux.

La cathédrale gothique Notre-Dame de Munich, appelée également «Frauenkirche», est la plus grande église de Munich, située dans le centre de la ville, sur la Frauenplatz. Édifiée entre 1468 et 1525, elle a été construite en brique rouge dans le style gothique tardif. Les tours jumelles font 99 m de haut. La crypte des princes située sous le chœur abrite les plus anciens caveaux des Wittelsbach à Munich, contenant entre autres les ossements de l'empereur Louis le Bavarois.

ASAMKIRCHE ★★

Sendlinger Straße 32

✆ +49 892 368 7989

Ouvert tous les jours de 9h à 17h30. Pas de visites pendant les services religieux. Entrée libre

Les frères Asam, Egid Quirin et Cosmas Damian, artistes allemands, ont fait construire cette magnifique église rococo, bâtie entre 1733 et 1746. Elle passe presque inaperçue en plein milieu de la *Sendlingerstraße*. Lorsqu'on y entre, on ne peut rester indifférents face à cette surcharge et cette débauche de dorures et de volutes. Tout y symbolise le faste et la richesse avec de l'or, du marbre, des stucs et de nombreuses décorations. Pour son décor, les deux frères purent laisser libre cours à leurs envies puisqu'ils ne répondaient pas à une commande.

HEILIG-GEIST-KIRCHE

Prälat-Miller-Weg 1 ✆ +49 89 24 21 68 90

http://heilig-geist-muenchen.de/

Ouvert du lundi au vendredi de 9h à 20h, samedi et dimanche de 8h30 à 20h. Pas de visites pendant le service religieux.

L'église baroque du Saint-Esprit est une des plus anciennes de Munich. Autrefois gothique, cette église a été baroquisée par les frères Asam et Johann G. Ettenhofer, entre 1724 et 1730. On peut y admirer de belles fresques réalisées par Cosmas Damian Asam au XVIIIe siècle, reconstruites après-guerre car gravement endommagées par les bombardements. L'intérieur de l'église est de style baroque et gothique. La décoration de la nef, assez sobre, contraste avec le plafond teinté de couleurs : rose, jaune, vert. Tout le faste est au plafond. Une jolie mise en scène !

HOFBRÄUHAUS AM PLATZL ★★

Plaztl 9

✆ +49 892 901 36100

www.hofbraeuhaus.de

Ouvert tous les jours de 9h à 23h30.

Un endroit emblématique de Munich et chargé d'histoire. A l'origine de cette brasserie, le duc Guillaume V de Bavière, lassé du mauvais goût de la bière munichoise, décide d'importer la sienne de Saxe avant de créer sa propre brasserie en ville en 1589. D'abord réservées à la cour et l'armée, les bières furent finalement vendues au public à partir de 1828. En 1896, la capacité de production de la brasserie était trop petite pour répondre à la demande, c'est alors qu'elle fut déplacée dans des locaux plus grands en banlieue munichoise. Le lieu resta quand même ouvert au public, il est d'ailleurs tristement célèbre pour avoir accueilli le tout premier grand meeting d'Adolf Hitler le 20 février 1920. Attention à ne pas confondre les deux brasseries Hofbräuhaus et Bürgerbräukeller (c'est vrai que leurs noms se ressemblent). Cette dernière – qui a disparu aujourd'hui – avait été le lieu de la tentative de putsch de 1934 et de la tentative, ratée elle aussi, d'attentat contre Hitler par Georg Elser en 1939. Aujourd'hui, la Hofbräuhaus est encore une brasserie, mais il est possible d'en visiter les pièces : au rez-de-chaussée, on retrouve la grande salle commune pouvant accueillir 1 000 personnes avec buvette, comptoir et grandes tables de bois. Au premier étage, plusieurs petites salles composent le restaurant. Au second étage, c'est une atmosphère plus folklorique avec une salle pouvant accueillir spectacles et bals dansants. Durant les beaux jours, on profite du soleil en s'installant dans le *biergarten*.

KARLSTOR

Neuhauserstraße 47

La Karlstor est l'une des trois dernières portes des remparts de Munich, qui ont été démolis à la fin du XVIIIe siècle.

La Karlstor se situe à l'ouest de Neuhauser Straße, il s'agit, comme la Sendlinger Tor et la Isartor, d'un témoignage architectural du XIVe siècle, construit pendant la deuxième phase des fortifications de la ville. Jusqu'en 1972, date de l'aménagement de la zone piétonne, la Karlstor permettait de traverser la ville d'ouest en est. En s'approchant et en l'observant, on découvre des figures de gargouilles représentant de célèbres habitants de la ville. Trois petites statues représentent les trois petits enfants musiciens de la Fontaine des Poissons.

DER BLAUE REITER

Au début des années 1900, le mouvement Der Blaue Reiter (Le cavalier bleu) naît des idées d'un groupe d'artistes expressionnistes à Munich. Franz Marc, August Macke, Gabriele Münter et bien sûr Vassily Kandinsky en sont les initiateurs, avec pour philosophie un art qui ne connaît « ni peuple, ni frontière, mais la seule humanité ». Le groupe, avec Kandinsky à sa tête, organise alors ses deux premières expositions en 1911 et 1912. Ses artistes s'éloignent d'une représentation qui cherche à copier le réel pour faire une peinture expressive, avec des couleurs vives. Un mouvement bref, mais avant-gardiste, qui a su marquer son époque et inspirer de grands créateurs.

HOFGARTEN ★★

Hofgartenstraße 1

✆ +49 892 906 71

www.residenz-muenchen.de

Jardin ouvert toute l'année. La fontaine fonctionne de 10h à 14h, d'avril à octobre. Entrée gratuite.

Le Hofgarten de Munich a été créé au début du XVIIe siècle, à la demande du prince-électeur Maximilien Ier, sur le modèle des jardins de la Renaissance italienne, de 1613 à 1617. Il fut ouvert au public en 1780. Avec ses allées de graviers, ses parterres de fleurs et son pavillon au centre, c'est un endroit où il fait bon se promener. Le Hofgarten est entouré d'impressionnantes arcades, dans l'allée nord se situe le Deutsches Theatermuseum (musée du théâtre allemand), dans l'allée ouest, on peut admirer les fresques des élèves du peintre Peter Cornelius.

MÜNCHNER KINDL

Le blason de Munich représente un jeune moine vêtu de noir et de jaune, brandissant un livre rouge. Ce « Münchner Kindl » existe sous une forme similaire depuis le XIIIe siècle ! Ce petit ecclésiaste n'est pas sans lien avec l'étymologie du nom de la ville. Le toponyme « München » est à rapprocher de « Mönchen », « petits moines », car la ville a été fondée à l'emplacement d'une abbaye. Si vous participez à l'ouverture de l'Oktoberfest, vous retrouvez le Kindl incarné par une jeune Munichoise, entrant à cheval sur la Theresienwiese. Ce symbole héraldique, on le retrouve partout : sur les chopes de bière, sur les wagons du métro, tout en haut de l'Hôtel de Ville, etc.

JÜDISCHES MUSEUM MÜNCHEN ★★

St.-Jakobs-Platz 16 ✆ +49 89 233 96096
www.juedisches-museum-muenchen.de
Ouvert du mardi au vendredi de 10h à 18h. Entrée adultes 6 €, réduit 3 €.

L'idée d'un **Musée juif** à Munich a émergé dès 1928 lorsqu'un groupe d'individus intéressées par l'histoire et la culture juives se réunirent pour la première fois avec l'intention de le créer. Le projet fut mis en veille jusqu'à ce qu'il soit relancé presque quatre décennies après la fin de la guerre. La possibilité de créer un musée juif en tant que projet municipal s'est finalement présentée lorsque la communauté juive décida de construire sa nouvelle synagogue principale et centre communautaire sur la St.-Jakobs-Platz. C'est ainsi que le musée a ouvert ses portes en 2007, juste à côté de la synagogue. Pour rappel, 3 500 juifs munichois ont été déportés et assassinés entre 1941 et 1945. La grande synagogue de Munich avait été détruite en juin 1938 [soit 5 mois avant la tristement célèbre Nuit de Cristal] car Munich devait devenir la capitale du mouvement national-socialiste.

▶ Au sous-sol, l'exposition permanente donne un aperçu de la vie et de la culture juives à Munich. Un plan de la ville au sol situe quelques événements clés et des biographies-témoignages intéressantes, auxquels les photographies au mur font écho. Une frise chronologique retrace l'histoire de la communauté juive munichoise depuis le Moyen Âge. Les deux autres étages du musée sont pensés pour accueillir des expositions temporaires. Leur objectif : être un forum dynamique pour proposer un lieu d'échange aux Munichois. L'équipe du musée, à la fois dynamique et compétente, est à disposition pour vous donner quelques éclairages, en allemand comme en anglais.

ALTES RATHAUS MÜNCHEN

Marienplatz 15
✆ +49 892 339 6500
www.muenchen.de
Musée du jouet à l'intérieur de la tour : ouvert tous les jours de 10h à 17h30. Le reste ne se visite pas.

L'ancien hôtel de ville de Munich a été en grande partie détruit pendant la Seconde Guerre mondiale et a subi d'importantes reconstructions et modifications au fil des siècles. D'abord rénové dans un style néogothique par l'architecte Arnold Zenetti, entre 1861 et 1864, il a été très endommagé pendant la Seconde Guerre mondiale et a pu être reconstruit à l'identique, la flèche a été refaite entre 1971 et 1974. Depuis 1874, l'administration de la ville a été transférée dans le Neues Rathaus. C'est dans sa tour que l'on retrouve depuis 1983 le Spielzeugmuseum.

NEUES RATHAUS ★

Marienplatz 8
✆ +49 892 330 0
www.muenchen.de
Du lundi au samedi d'octobre à avril de 10h à 19h, dimanche de 10h à 17h. Tous les jours de mai à septembre jusqu'à 19h.

Le « nouvel hôtel de ville » de Munich, imposant édifice néogothique sur la Marienplatz, est également la mairie de la ville de Munich. Il a été construit entre 1867 et 1908. Chaque jour, l'horloge Rathaus-Glockenspiel, créée en 1908, attraction touristique incontournable, carillonne à 11h, à 12h et à 17h. Les petites figurines racontent l'histoire de la ville. L'intérêt majeur de cet édifice est la découverte de la tour [on peut grimper à son sommet avec un ascenseur]. De là-haut, la vue sur Munich est vraiment époustouflante !

SPIELZEUGMUSEUM [MUSÉE DU JOUET] ★

Marienplatz 15
✆ +49 892 940 01
Ouvert tous les jours de 10h à 17h30. Ascenseur à partir du 1er étage. Adulte : 6 €, enfant : 2 €.

Installé dans la tour de l'Hôtel de Ville, le musée du jouet de Munich rassemble des expositions européennes et américaines uniques, présentées sur quatre étages. La collection de la famille d'Ivan Steiger comprend des jouets de l'Antiquité à nos jours. On y apprend l'histoire de la poupée, des jouets en bois, en étain. Les nostalgiques découvriront avec intérêt la collection de vieux ours en peluche et celle de Barbie, sans oublier des jouets plus contemporains comme des robots.

MARIENPLATZ ★★★★

Marienplatz

La Marienplatz (« place Sainte-Marie ») est plus que la place centrale du vieux Munich ; c'est le point de tous les rendez-vous et un des symboles de la cité bavaroise, le reflet de siècles d'histoire, chargé de dimensions politiques, culturelles, identitaires chères aux Munichois, c'est l'âme de la ville de Munich depuis toujours. Depuis la fondation de Munich en 1158 par Henri le Lion, la Marienplatz est le centre et le cœur de la ville. Ici, les deux routes principales se sont rencontrées, de sorte qu'au cours des siècles elle a été et est toujours décisive pour le développement urbain. Elle servit de marché à sel pendant le Moyen Âge. La place servit également de lieu d'exécution et on y organisait des tournois de joute. Elle tenait le rôle de salle de réception festive, par exemple lors des visites de l'Empereur aux XVe et XVIe siècles. Ce n'est qu'en 1481 que les bâtiments de la place (y compris la chapelle) ont été démolis, créant un espace ouvert rectangulaire. À l'origine, la place s'appelait Schrannen, elle obtient son nom de Marienplatz en 1854 quand le conseil communal de la ville décida de confier la place à la sainte patronne pour échapper à une épidémie de choléra. Dès 1888, les premiers trams traversent la place de part en part. Au cours de la Seconde Guerre mondiale, la place est largement bombardée. De nombreux bâtiments sont détruits et les quartiers environnants sont fortement endommagés. Plusieurs bâtiments sont reconstruits à l'identique tandis que d'autres sont décalés de plusieurs mètres pour agrandir encore un peu plus l'espace. A partir de 1966, ce sont les travaux de la nouvelle ligne de métro qui changent le visage de la place, ligne et station qui seront achevées en 1971. Sept lignes s'arrêtent aujourd'hui sous la place, si bien qu'il est quasiment impossible de séjourner à Munich sans passer au moins une fois par la Marienplatz.

Aujourd'hui, c'est sur cette grande place piétonne que se trouvent les deux hôtels de ville, l'ancien et le nouveau qui irradie tout l'espace avec son style néogothique, tandis que les façades baroques ou contemporaines des hauts immeubles bourgeois rivalisent d'élégance et de couleurs. En son centre, on découvre la colonne de Marie (Mariensäule), érigée en 1638 pour célébrer la fin de l'occupation suédoise pendant la guerre de Trente Ans. C'est de cette colonne que la place tire son nom. La place accueillait auparavant un marché, mais il fut déplacé en 1807. Elle est occupée au mois de décembre par le marché de Noël qui lui donne une ambiance festive et chaleureuse. Tous les jours à 11h et 12h, ou à 17h en été des groupes de touristes se forment sur cette place pour admirer le spectacle des automates sortant du célèbre carillon pour faire leur démonstration. Les bâtiments de cette place sont tous très bien entretenus ce qui en fait un lieu agréable et très représentatif de l'histoire de la ville. Au gré de vos balades dans le vieux Munich, vous passerez, croiserez et repasserez la Marienplatz, centre névralgique de toute la ville, on ne peut pas la rater. Il y a tant à découvrir dans le centre historique de Munich. On y passe, on y mange, on y boit, on y fait ses courses et on admire le nouvel hôtel de ville et son carillon enchanteur qui domine à 88 mètres de hauteur. Cette place accueille aussi de nombreuses manifestations culturelles et politiques. Pour réussir à la prendre en photo sans l'affluence, essayez de vous y rendre en tout début de journée.

MUNICH

Angelots de la colonne de Marie.

MICHAELSKIRCHE ★

Neuhauser Straße 6
✆ +49 89 2317060
www.st-michael-muenchen.de
Ouverte tous les jours. Pas de visites pendant le service religieux.

L'église Saint-Michel a été érigée à la demande du duc de Bavière Guillaume V, entre 1583 et 1597, afin de témoigner de son profond engagement dans la Contre-Réforme. De style Renaissance (la première à être construite dans ce style au nord des Alpes), on peut admirer l'intérieur de l'église, avec la voûte en berceau de la nef, une des plus larges connues. La façade, majoritairement détruite pendant la guerre, a été rénovée en 2013. Sa crypte est la nécropole des ducs de Bavière, comme Guillaume V de Bavière, Maximilien Ier ou encore Louis II de Bavière.

MÜNCHNER STADTMUSEUM

Sankt-Jakobs-Platz 1
✆ +49 892 332 2370
www.muenchner-stadtmuseum.de
Ouvert du mardi au dimanche de 10h à 18h. Entrée pour toutes les expos : 7 €. Réduit 3,50 €. Audioguide inclus.

Le Stadtmuseum relate toute l'histoire de la ville de Munich de ses origines à nos jours, de la fondation par Henri le Lion jusqu'à la construction de l'Allianz-Arena. C'est un véritable voyage dans le temps ! La collection principale du musée se nomme « Typisch München ! » et expose des objets choisis pour donner vie à l'histoire de la ville. En décomposant son évolution en cinq périodes historiques, l'exposition se penche sur ce qui est propre à Munich et à ses habitants. Le musée propose également des expositions temporaires liées à l'histoire de la ville.

PETERSKIRCHE ★

Rindermarkt 1
✆ +49 89 21 02 37 76
www.alterpeter.de
Visite du clocher pour la vue panoramique : tous les jours de midi à 16h30. Plein tarif : 5 €, réduit : 3 €.

L'origine de l'église Saint-Pierre, la plus vieille église paroissiale de Munich, remonte au XIe siècle. L'église est restaurée en style gothique après un incendie qui brûla le tiers de la ville, en 1327. Au XVIIIe siècle, l'intérieur est redécoré en style rococo. La plateforme du clocher, tendrement appelé *Alter Peter* (en français : « Vieux Pierre ») par les Munichois, est l'un des meilleurs points de vue de la ville. Après avoir gravi 306 marches, on profite de la vue sur l'hôtel de ville, la Marienplatz et la cathédrale Notre-Dame.

NATIONALTHEATER MÜNCHEN ★

Max-Joseph-Platz
✆ +49 89 21 85 10 25
www.staatsoper.de/nationaltheater

Quand on se tient devant le Nationaltheater, on remarque d'abord l'imposante statue en bronze au milieu de la place. Elle représente Max-Joseph, le premier roi de Bavière à qui l'on doit la construction de cette noble institution. A l'origine, l'opéra était installé dans une salle du palais de la Résidence, où les premiers spectacles d'opéras italiens étaient organisés pour les membres de la cour. L'opéra rencontrant de plus en plus de succès, aussi bien chez les nobles que dans la bourgeoisie, le roi Max de Bavière ordonna la pose de la première pierre de l'Opéra national Bavarois en 1811 qui fut inauguré en 1818. Malheureusement, dans la nuit du 3 au 4 octobre 1942, l'édifice fut entièrement détruit sous les bombardements des Alliés. La guerre et le temps de la reconstruction ont fait taire l'Opéra pendant plus de 20 ans puisque le nouvel édifice fut inauguré en novembre 1963.

Aujourd'hui, le Nationaltheater est l'une des salles les plus prestigieuses d'Allemagne. Il accueille plusieurs institutions : le Bayrisches Staatsballett, le Bayrisches Staatsorchester et la mondialement connue Bayrische Staatsoper. Son programme est varié : il propose en une saison plus de 30 opéras et plus de 20 ballets. Son répertoire couvre des pièces datant de plusieurs époques. Son programme, qui change quotidiennement, comprend également des concerts et des récitals.

Pour l'anecdote, deux opéras de Wagner ont été montés sur les célèbres planches du Nationaltheater : *Tristan und Isolde* en 1865 et *Die Walküre* en 1870.

SENDLINGER TOR

Sendlinger-Tor-Platz 1
Sendlinger Tor est aussi le nom que porte la station de métro souterraine où se croisent six lignes.

C'est l'une des trois portes de la ville conservées jusqu'à nos jours, témoignage de l'ancienne fortification médiévale. Plus austère et plus rustique que sa voisine Karlstor, la Sendlinger Tor protégeait l'entrée sud de la ville et elle sépare aujourd'hui la vieille ville (Altstadt) de son faubourg au sud, Isarvorstadt. Datant du XIVe siècle, ses deux tours ont été ajoutées un siècle plus tard. La Sendlinger Tor a été à peine endommagée pendant la Seconde Guerre mondiale. Dans les années 1980, elle a finalement été entièrement rénovée.

INTERVIEW

© MUCA

STEPHANIE UTZ, COFONDATRICE

MUSÉE D'ART URBAIN ET CONTEMPORAIN [MUCA]

Parlez-nous un peu du MUCA...

Mon mari Christian et moi sommes des collectionneurs d'art passionnés, protecteurs d'œuvres d'art issues de l'écosystème urbain éphémère. En 2016, nous avons créé le Museum of Urban and Contemporary Art (MUCA) dans une ancienne sous-station électrique désaffectée. **À deux pas de la Marienplatz, le premier musée d'art urbain d'Allemagne** a vu le jour. À partir de l'automne 2023, le MUCA dévoilera une nouvelle exposition exceptionnelle consacrée à Damien Hirst intitulée *The Weight of Things*, présentant plus de 40 œuvres couvrant 40 ans de la carrière de l'artiste. Avec plus de 1 200 œuvres d'art, la collection MUCA est l'une des plus importantes collections d'art urbain en Europe.

Quels sont vos lieux d'art préférés ?

Pour faire le plein d'art, **une visite au Kunstareal de Munich, au milieu du quartier animé de Maxvorstadt, s'impose**. Près du Kunstareal se trouve également un nouveau centre d'art dynamique : le KUNSTLABOR 2. L'équipe du MUCA, soutenue par plus de 100 artistes, a transformé un bâtiment désaffecté en un nouveau point névralgique pour les arts et la culture. Avec 15 000 m² d'espace intérieur et extérieur, KUNSTLABOR 2 est le plus grand projet culturel temporaire de Munich. Le projet artistique poursuit une approche multigenre dans laquelle la diversité et la richesse des idées sont au premier plan. Cela s'applique également à la vaste zone extérieure du KUNSTLABOR 2, qui se transforme en été en un grand jardin artistique et urbain.

© MUCA

Un restaurant à conseiller ?

L'art et les délices culinaires vont de pair au MUCA. Le restaurant interne du MUCA, MURAL, est étoilé au *Guide Michelin* et constitue une étape incontournable de la ville pour une soirée gastronomique. L'équipe du chef Joshua Leise crée des expériences gustatives complexes et surprenantes à partir de produits régionaux soigneusement sélectionnés.

© MUCA

MUCA

Hotterstraße 12
+49 89 2155 243 10
www.muca.eu

ODEONSPLATZ ★★

Odeonsplatz
www.muenchen.de
L'Odeonsplatz est à la fois la limite nord de la zone piétonne et le point de départ de la Ludwigstraße.

Pourquoi Munich est-elle connue comme la ville la plus septentrionale d'Italie ? Tenez-vous au centre de l'Odeonsplatz pour vous imprégner du cadre qui vous entoure et vous comprendrez pourquoi. Depuis qu'il s'était rendu à Rome pour ses études, le roi Louis Ier de Bavière, passionné d'art, aimait profondément l'Italie. En 1816, alors qu'il était encore prince héritier, il chargea Leo von Klenze de concevoir la Ludwigstraße. Le grand boulevard a été conçu pour former une unité architecturale unique avec l'Odeonsplatz. Observez le Bazargebaude à l'est et le Palais Leuchtenberg à l'ouest, ces bâtiments néoclassiques évoquent directement des images de l'Italie. L'extrémité sud de la place est bordée par le Feldherrnhalle. Friedrich von Gärtner, le deuxième architecte de la cour du roi Louis Ier après L. von Klenze, a conçu ce bâtiment dans le style de la *Loggia dei Lanzi* à Florence. Le bâtiment a été achevé en 1844, érigé en l'honneur de l'armée bavaroise. La place elle-même a été nommée d'après l'ancienne salle de concert Odéon, aujourd'hui siège du ministère bavarois de l'Intérieur. L'Odeonsplatz est également la meilleure salle de concert à ciel ouvert de Munich. Chaque année, elle est la toile de fond de « Klassik am Odeonsplatz », un événement de musique classique qui réunit deux des meilleurs orchestres de Munich et des stars de la musique classique mondialement connues, mais aussi de nombreux marchés traditionnels, la parade de l'Oktoberfest ou encore d'un festival de chorale LGBTQ.

© MIKHAIL MARKOVSKIY - SHUTTERSTOCK.COM

CUVILLIÉS-THEATER

Residenzstraße 1
✆ +49 89 290671
www.schloesser.bayern.de
Horaires en fonction des spectacles, consulter le site. Entrée : 5 €. Billet combiné avec la Residenz : 17 €.

Le Théâtre Cuvilliés est connu comme le meilleur théâtre d'architecture rococo d'Allemagne. Lorsque Napoléon s'est rendu à Munich en 1806 pour marquer le nouveau statut de la Bavière en tant que royaume, le théâtre Cuvilliés a accueilli deux opéras en son honneur : *Das unterbrochene Opferfest* de Peter von Winter et *Don Giovanni* de Mozart. À ce stade, le théâtre avait déjà plus d'un demi-siècle. En 1750, lorsqu'un incendie a éclaté dans le palais de la Residenz, brûlant l'ensemble du théâtre royal, Maximilien III Joseph de Bavière a commandé la construction d'un nouvel opéra. À la fin de la construction, le théâtre, qui porte désormais le nom de son architecte belge François Cuvilliés, a été célébré comme un joyau du design rococo. Le lieu, magnifique, a accueilli d'innombrables représentations d'opéras célèbres. L'opéra de Mozart *Idomeneo* a même été présenté en première mondiale en 1781. Cependant, au début du XIXe siècle, il est entré dans une période de déclin. Le théâtre n'était plus réservé exclusivement à la cour royale, il était également ouvert aux citoyens de Munich. À cette époque, le décor rococo du théâtre était considéré comme un vestige des temps anciens. Sous le règne du roi Louis Ier, la troupe de théâtre a cessé de jouer et tous les aménagements intérieurs du théâtre ont été supprimés. Pendant un certain temps, il était simplement utilisé comme espace de stockage pour le Nationaltheater voisin. Aujourd'hui, il accueille à nouveau des concerts et, en journée, les visiteurs.

THEATINERKIRCHE ★★

Salvatorplatz 2a
✆ +49 892 106 960
www.theatinerkirche.de
Ouvert tous les jours de 7h à 21h. Pas de visites pendant les services religieux.

Cette magnifique église baroque prend le soleil sur sa façade jaune orangé depuis le XVIIe siècle. Elle a été construite entre 1663 et 1688 par un architecte italien, Agostino Barelli et achevée 100 ans plus tard par Cuvilliés le Jeune. Sa somptueuse coupole qui mesure 71 m de hauteur ainsi que ses deux tours représentent les deux points forts de cet édifice. L'intérieur – tout de blanc — est tout aussi splendide que la façade. Dans le tombeau reposent plus d'une quarantaine de souverains de la dynastie des Wittelsbach, notamment le Prince-Régent Léopold.

SCHATZKAMMER DER RESIDENZ ★★

Residenzstraße 1

✆ +49 892 906 71

www.residenz-muenchen.de

Ouvert tous les jours de 9h à 18h (haute saison) ou de 10h à 17h (basse saison). Adulte : 9 €, réduit : 8 €.

L'exposition de bijoux, d'orfèvrerie, d'objets en cristal et ivoire dans le **Trésor de la Résidence** de Munich est le résultat de siècles de collection avide des souverains de Bavière. De renommée mondiale, elle compte aujourd'hui plus de 1 200 pièces individuelles. Dans son testament de 1565, le duc Albert V stipulait que des « bijoux héréditaires et dynastiques » particulièrement précieux seraient réunis pour former un trésor invendable. Établi de cette manière par le premier grand mécène et collectionneur d'art de la famille Wittelsbach, le Trésor fut agrandi par son fils, le duc Guillaume V, et par son petit-fils, l'électeur Maximilien Ier. Le Trésor a atteint sa pleine extension au début du XIXe siècle, avec l'ajout des insignes royaux du Royaume de Bavière nouvellement créé et de plusieurs œuvres d'art médiévales exceptionnelles acquises à la suite de la confiscation des biens de l'Église en 1803. À côté de ce trésor profane, la résidence munichoise possédait aussi de précieux instruments liturgiques et des reliques. Comme le trésor profane, il fut entretenu par les souverains et agrandi au début du XIXe siècle par des objets d'art de l'orfèvrerie médiévale confisqués à l'Église. En 1731, le trésor ancestral des Wittelsbach a été installé dans un cabinet spécialement créé attenant à la Galerie ancestrale. En 1897, il a été déplacé dans une nouvelle salle (l'ancien trésor, maintenant la caisse du musée) et ouvert au public. Le 21 juin 1958, le Trésor redevient accessible au public.

VIKTUALIENMARKT ★

Viktualienmarkt

✆ +49 898 906 8205

www.markthallen-muenchen.de

Ouvert du lundi au samedi à partir de 8h, fermeture au plus tard à 20h.

A l'origine un marché de producteurs et un marché aux herbes, le Viktualienmarkt est un lieu où l'on trouve aujourd'hui absolument tout, du vin aux fleurs en passant par les fruits et légumes, la charcuterie... La création de cette place date de 1807, lorsque la Marienplatz devint trop petite pour accueillir le marché agricole. On y retrouve aussi, dans sa partie centrale, quelques buvettes fort sympathiques. De nombreux événements ont lieu toute l'année : l'ouverture de la saison des asperges, le jour des jardiniers, la danse des femmes le jour de Mardi gras...

MUCA

Hotterstraße 12

✆ +49 89 2155 243 10

www.muca.eu

Ouvert du mercredi au dimanche de 10h à 18h, jusqu'à 20h le jeudi. Plein tarif : 12 €, réduit : 9 €.

Inauguré en décembre 2016, le MUCA (Museum of Urban and Contemporary Art) est le premier musée en Allemagne entièrement consacré à l'art urbain. La façade du MUCA, décorée avec des graffitis du street artiste Stohead, fait elle-même partie des œuvres et objets d'art du musée. À l'intérieur, une collection d'œuvres d'artistes nationaux et internationaux tels que Banksy, RONE, Klebebande et Herakut attend les visiteurs. Ce n'est pas un musée au sens traditionnel du terme, mais un lieu de rencontre contemporain pour les artistes et les amateurs d'art.

© MUCA

© MUCA

RESIDENZ ★★★

Residenzstraße 1 ✆ +49 892 906 71

www.residenz-muenchen.de

Ouvert tous les jours, 9h-18h haute saison, et 10h-17h basse saison. Adulte : 9 €, gratuit pour les - de 18 ans.

Cette gigantesque *Residenz* (appelée aussi « **Résidence de Munich** » en français) fut le cœur du pouvoir et le lieu de vie des dirigeants de Bavière du XVIe siècle jusqu'en 1918, date qui marque la fin de la guerre mais aussi la fin du règne et de l'hégémonie des tout-puissants Wittelsbach. A l'origine, elle était bien plus petite que maintenant, mais les souverains de la dynastie ont travaillé à la rendre toujours plus grande et plus fastueuse. Cela explique la présence de très nombreux styles dans ce palais : Renaissance, baroque, rococo, néoclassicisme. C'est un véritable palimpseste architectural. Chaque souverain y a laissé sa marque. Le roi Louis Ier a confié la réalisation du **Königsbau** (logis du roi) et du Festsaalbau (salle des fêtes) à son architecte attitré, Leo von Klenze, qui s'est inspiré de l'architecture du palais Pitti de Florence, en Italie. Là encore, la Seconde Guerre mondiale a fait des dégâts et la reconstruction a coûté très cher. Aujourd'hui le musée de la Résidence est l'un des principaux attraits de la ville, et la visite de ses différentes pièces en enfilade nous plonge dans l'histoire de la Bavière et de la Maison Wittelsbach. La restauration et la reconstruction de la Residenz se poursuit jusqu'à nos jours. Tout dernièrement, la Gelbe Treppe (une montée de marches dans un décor de marbre jaune) a été reconstruite selon les plans originels et ouverte au public en juin 2021.

▶ **Ahnengalerie** et **Porzellankabinett**. En devenant électeur en 1726, Charles-Albert (Karl Albrecht en allemand) chargea immédiatement son architecte de la cour, Joseph Effner, formé en France, de concevoir une galerie des ancêtres. C'est ainsi que se succèdent ici plus de 100 portraits de membres de la famille Wittelsbach dans les boiseries dorées de la galerie. Le but étant d'attirer l'attention et de montrer les différentes connexions de la dynastie. La pièce adjacente, richement décorée, accueille depuis le début du XXe siècle une collection de porcelaines.

▶ **Antiquarium**. La salle est la plus ancienne de la résidence et sans doute aussi la plus belle du palais. Le duc Albert V (Albrecht V) l'a fait construire de 1568 à 1571 pour y ranger sa collection de sculptures antiques, d'où le nom *Antiquarium*. Après sa mort, cette superbe salle Renaissance est transformée en salle de fêtes et de banquets.

▶ **Reiche Zimmer**. Ces bien nommées « chambres riches » ont été aménagées dans le style rococo par François Cuvilliers (à qui l'on doit aussi le théâtre qui porte son nom). Elles ont été commandées par l'électeur Charles-Albert. La chambre de parade manifeste son intérêt pour les châteaux à la française, dont il ne suivait pas en revanche le cérémoniel.

▶ **Königsbau**. Immédiatement après sa prise de pouvoir en 1825, le roi Louis Ier entreprend une expansion à grande échelle de la résidence. En 1826, l'architecte Leo von Klenze a commencé à travailler sur un nouveau palais résidentiel dans la partie sud du complexe de la Résidence. L'amour de Louis pour l'Italie et la Renaissance a déterminé le style de l'extension, en particulier la façade sur Max-Joseph-Platz, que Klenze a conçue en utilisant des éléments provenant du Palazzo Pitti et du Palazzo Rucellai à Florence. Le nouveau bâtiment a été achevé en 1835. Les appartements de la reine Thérèse et du roi Louis Ier, aménagés en symétrie, avec leurs deux salles du trône respectives, sont impressionnantes.

▶ **Schatzkammer** La collection de renommée mondiale de bijoux et d'orfèvrerie, d'émaux, de cristal et d'ivoire de la résidence de Munich, qui compte aujourd'hui plus de 1 200 pièces individuelles, est le résultat de la passion séculaire des souverains bavarois pour la collection. Cette collection du duc Albrecht V, premier grand mécène et collectionneur d'art de la maison de Wittelsbach, a été élargie par son fils, le duc Guillaume V, et son petit-fils, l'électeur Maximilien Ier. Les électeurs Maximilien-Emmanuel, Karl Albrecht et Maximilien III Joseph ont continué à agrandir la collection. A découvrir la remarquable collection d'objets liturgiques et de reliquaires acquise par Guillaume V et Maximilien Ier. Les œuvres d'art individuelles de cette collection ont été transférées au Trésor en 1958. Le trésor a été rouvert sous sa forme actuelle le 21 juin 1958 dans dix salles au rez-de-chaussée du Königsbau.

▶ **Bronzesäle** Avec plus de quarante sculptures en bronze de la fin du XVIe et du début du XVIIe siècle, le Residenzmuseum présente l'une des plus riches collections d'art européen en bronze de la période maniériste et du début du baroque. Aujourd'hui, les dieux et héros en bronze qui ornaient autrefois les jardins, les fontaines et les façades de la résidence ont été remplacés par des copies in situ. Depuis 2015, les précieux originaux sont exposés dans les salles du premier baroque du rez-de-chaussée au nord-ouest de la cour impériale de la résidence. En quelques années, les sculpteurs, formés à Florence, Hubert Gerhard et Carlo di Cesare del Palagio ont porté la sculpture en bronze à un niveau élevé à la cour du duc Guillaume V, poursuivi par des artistes locaux tels que Hans Krumpper et Georg Petel sous Maximilien Ier. Les bronzes du Musée de la Résidence, tels que le demi-dieu Persée, les personnages de la fontaine de Wittelsbach ou le Tellus Bavarica, illustraient de manière impressionnante les ambitions politiques de la famille Wittelsbach à l'époque de la Contre-Réforme et à la veille de la guerre de Trente Ans. Ils rappellent l'une des époques les plus formatrices de l'histoire bavaroise.

ALTER BOTANISCHER GARTEN ★

Sophienstraße 7
✆ +49 79 527 8655
www.muenchen.de
Jardin ouvert 24h/24. Entrée libre.

Cette petite surface en forme de demi-lune était le jardin botanique depuis sa réalisation sous le règne de Maximilien Ier. Il fut ensuite entièrement déménagé au château de Nymphenburg au lendemain de la Seconde Guerre mondiale. Aujourd'hui, le parc a pris le visage d'un petit square urbain, mais on peut toujours y admirer la fontaine de Neptune signée Joseph Wackerle. Le Parkcafé est à la fois un café, un restaurant et un Biergarten, c'est un lieu accueillant pour s'accorder une petite pause pendant la visite de la ville...

FC BAYERN MUSEUM ★

Werner-Heisenberg-Allee 25
✆ +49 89 699 31222
Ouvert tous les jours de 10h à 18h. Entrée : 12 €. Réduit : 10 €. Ticket combiné avec visite du stade : 19 €.

Club de football le plus titré de Bavière et plusieurs fois champion d'Europe des Clubs : le Bayern de Munich est un monument du sport européen et un incontournable pour les fans du Bayern ou du football. Le FC Bayern München n'est pas qu'un simple club de sport, c'est une institution à laquelle se rallient nombre de Bavarois, faisant de celui-ci le porte-drapeau de leur singularité et richesse au sein de la République fédérale. La notoriété du FC Bayern éclipse même le club local rival, le TSV 1860 München, pourtant plus ancien.

BOTANISCHER GARTEN ★

Menzinger Straße 65
✆ +49 89 17861321
www.botmuc.de
Tous les jours 10h-18h du 26 mars au 29 octobre ; basse saison tous les jours 9h-16h30. Adulte : 5,50 €, réduit : 4 €.

Lorsque le jardin botanique de Munich est en pleine floraison, on se croirait presque dans un conte de fées. Le parfum qui remplit les jardins lorsque les roses sont en fleur est particulièrement captivant. Le bruit des insectes et le chant des oiseaux remplissent l'air alors que les grenouilles éclaboussent les étangs entre les nénuphars. À l'intérieur des serres, des palmiers, des orchidées, des cactus et des papillons permettent aux visiteurs de profiter d'un moment d'été, même au plus profond de l'hiver. Se promener dans le paradis vert, c'est comme faire un tour du monde. Ce jardin botanique a été construit entre 1909 et 1914. Il s'étend sur 22 ha et compte environ 19 600 espèces végétales. La roseraie (en extérieur) ainsi que la Palmenhaus (maison des palmiers) qui abrite de nombreuses plantes tropicales sont deux endroits incontournables. Avec un peu de chance, vous croiserez la route de scientifiques puisque le jardin botanique est également utilisé pour la recherche, par exemple pour des études phénologiques (études des périodes de floraison et de fructification des plantes). Le jardin est aussi un lieu de formation ou de perfectionnement pour les jardiniers. Enfin, les insectes sont ici au paradis, les espèces d'abeilles et de nombreux autres insectes ont trouvé un refuge tranquille à quelques pas de l'agitation de la ville. Il paraîtrait que, chaque année, 350 000 visiteurs du genre *Homo sapiens* visitent le jardin botanique de Munich, ce qui en fait l'un des plus visités d'Allemagne.

Alter Botanischer Garten.

ALTE PINAKOTHEK ★★★

Barer Straße 27 ✆ +49 892 380 5216
www.pinakothek.de
Jeudi-dimanche 10h-18h, mardi-mercredi 10h-20h30. Entrée : 7 €/5 € tarif réduit, le dimanche 1 € pour tous.

Ce célèbre musée est une adresse incontournable pour les amateurs de la peinture et de l'art et européens. C'est le plus ancien musée du *Kunstareal München*, le quartier muséal de Munich, qui comprend une dizaine de musées (dont les pinacothèques), de galeries et d'établissements de formation. Le Kunstareal est, avec l'Île aux Musées de Berlin, le plus important complexe muséal d'Allemagne. La Alte Pinakothek figure même parmi les musées d'art les plus beaux et les plus importants du monde entier et, vous le verrez, cette réputation est méritée.

▸ **Architecture**. Édifié entre 1826 et 1836 par Leo von Klenze (1784-1864), l'architecte de la cour de Louis Ier de Bavière, le bâtiment servit de modèle pour d'autres musées de son époque, notamment le Nouvel Ermitage à Saint-Pétersbourg. A son inauguration, c'était le plus grand musée du monde. Durant la Seconde Guerre mondiale, l'édifice a été gravement endommagé. Il a été reconstruit entre 1946 et 1957 par l'architecte Hans Döllgast (1891-1974), qui décida de remplacer les parties de la façade manquantes par des briques sans crépi pour laisser les dommages de la guerre visibles.

▸ **Collections**. Somptueuse et fonctionnelle à la fois, la **Alte Pinakothek** abrite aujourd'hui une remarquable exposition permanente de peintures européennes du XIVe au XVIIIe siècle, comptant plus de 700 œuvres, exposées dans 19 salles et 47 cabinets. Les visiteurs sont invités à explorer l'histoire et l'évolution de l'art en Europe, du Moyen Âge au rococo tardif, en passant par la Renaissance et le baroque. On y trouve des œuvres d'art de l'âge d'or de la peinture allemande, flamande et hollandaise, mais également du sud de l'Europe, c'est-à-dire française, italienne et espagnole. Parmi les chefs-d'œuvre des grands maîtres tels Léonard de Vinci, Botticelli, Raphaël, Boucher, Poussin, Rembrandt, Rubens et Dürer, notons des autoportraits du jeune Rembrandt et le célèbre autoportrait de Dürer à l'âge de 28 ans. Outre la collection permanente, il y a des expositions thématiques sur la peinture européenne ainsi que des présentations des œuvres en stock pour compléter le programme. N'hésitez pas à prendre l'audioguide, disponible en français, pour en savoir plus sur les œuvres exposées

▸ En attendant la rénovation de la ***Neue Pinakothek,*** les chefs-d'œuvre de la collection sont présentés au rez-de-chaussée de la Alte Pinakothek pour ne pas les priver de visiteurs pendant la durée des travaux.

▸ Quand vous aurez rassasié vos yeux, pensez à satisfaire votre estomac au **Café Klenze**, au rez-de-chaussée, où l'on fait d'excellents gâteaux.

JUSTIZPALAST ★

Prielmayerstraße 7
www.justiz.bayern.de
Ouvert du lundi au vendredi de 8h à 15h, le vendredi jusqu'à 14h.

Le palais de Justice a été érigé entre 1891 et 1898 par l'architecte Friedrich von Thiersch, dans un style néo-baroque, il est coiffé d'un dôme en verre central. En 1943, deux des membres fondateurs du mouvement de la résistance universitaire munichoise, die Weisse Rose (la Rose Blanche), Hans et Sophie Scholl, y ont été jugés en 1943. Ils étaient dans la ligne de mire du parti national socialiste qui ne tolérait aucune opposition. Tous deux furent, au terme du procès, condamnés à mort pour donner l'exemple.

STAATLICHE ANTIKENSAMMLUNGEN ★★

Königsplatz 1 ✆ +49 892 892 7502
www.antike-am-koenigsplatz.mwn.de
Ouvert du mardi au dimanche 10h-17h, le mercredi jusqu'à 20h. Adulte : 6 €, réduit : 4 €, le dimanche : 1 € pour tous.

Ce musée d'antiquités est le complément de la *Glyptothek*, et ce depuis 1848. On découvre ici les civilisations grecques, étrusques et romaines. Des objets d'art et des objets usuels de l'Antiquité faits de matériaux très divers tels que la céramique, le métal et la pierre, permettent de s'immerger dans ce monde antique. On découvre ainsi une collection permanente constituée de vases, de bijoux, de sculptures et de statues datant de l'Antiquité grecque, étrusque et romaine.

KÖNIGSPLATZ ★

Königsplatz

Place publique, accessible de jour comme de nuit.

Un petit air de monde antique en plein cœur de Munich. Au début du XIXe siècle, le roi Louis Ier de Bavière a commandé la construction de cette « place royale », inspirée par l'architecture des temples de l'Antiquité grecque. Le monarque, passionné par la Grèce antique, voulait faire de cette place l'entrée principale dans l'ouest de la ville tout bâtissant un forum dédié aux arts. « Je ne me reposerai pas avant que Munich ne ressemble à Athènes », déclare-t-il lors de son entrée en fonction en 1825.

Dessinée par Karl von Fischer et réalisée par Leo von Klenze, cette place symétrique a tout d'une agora néoclassique, encadrée par trois édifices aux allures de temples grecs : les Propylées (*Propyläen*) à l'ouest sont inspirés par ceux de l'Acropole d'Athènes, la glyptothèque (*Glyptothek*) au nord et la Collection d'art antique (*Antikensammlung*) au sud sont comme deux temples, face à face. Ces trois bâtiments forment un ensemble harmonieux où les styles dialoguent : à la colonnade dorique des propylées répond la colonnade ionique de la Glyptothek qui fait face à la colonnade corinthienne de la Antikensammlung.

La Königsplatz symbolise aussi les liens étroits qui unissent la Bavière et le nouvel État grec, dont le combat pour l'indépendance a reçu le soutien financier de Louis Ier. Cet épisode de la révolte grecque contre le joug ottoman est raconté dans les frises sur les tours des propylées. Rappelons aussi que le premier roi des Grecs, Othon Ier, était un prince bavarois de la famille des Wittelsbach, deuxième fils de Louis Ier.

La Königsplatz a également vécu une période plus sombre. En 1935, Adolf Hitler fit recouvrir entièrement la place de granit afin de pouvoir y organiser des défilés. Il a également construit des temples pour honorer ceux qui sont morts dans le Beer Hall Putsch de 1923, à l'extrémité est de la place. Et dans l'Arcisstraße, juste à côté de ces temples, se trouvait l'entrée du *Führerbau* d'Hitler, achevé en 1937. L'ancien édifice public nazi abrite aujourd'hui la Hochschule für Musik und Theater. Après la Seconde Guerre mondiale, pendant laquelle la Königsplatz a subi d'importants dégâts causés par les bombardements alliés, la place était principalement utilisée pour le stationnement automobile et elle n'a retrouvé son aspect d'origine qu'à la fin des années 1980.

Aujourd'hui, la Königsplatz est à nouveau une place noble, verte et agréable pour prendre un bol d'air et un bain de soleil. En été, des concerts en plein air et des événements cinématographiques y sont régulièrement organisés.

MUNICH ARC-EN-CIEL

Lors de l'Euro de foot 2020, la ville de Munich a voulu faire illuminer son stade aux couleurs de l'arc-en-ciel pendant le match de qualification Allemagne-Hongrie. Cette initiative est une réaction à un projet de loi controversé de V. Orban visant à limiter la représentation de l'homosexualité et associant homosexualité et pédophilie. Munich, portant haut les couleurs LGBTQ, imagine illuminer l'Allianz Arena comme cela se fait pendant la Pride. Face au refus de l'UEFA (sous le prétexte qu'il s'agit d'un motif trop politique), d'autres villes allemandes prennent l'initiative d'illuminer leur stade pour montrer leur soutien à Munich et aux LGBTQ du monde entier.

GLYPTOTHEK ★★★

Königsplatz 3 ✆ +49 892 892 7502

www.antike-am-koenigsplatz.mwn.de

Ouvert du mardi au dimanche 10h-17h, le jeudi jusqu'à 20h. Adulte : 6 €, réduit : 4 €, le dimanche : 1 € pour tous.

Il s'agit d'un des plus anciens musées munichois, construit sur l'initiative du roi Louis Ier de Bavière et c'est le premier musée d'Europe à être mis à disposition du grand public. Le mot *Glyptothek* vient de la contraction de deux mots grecs : *glyphein* pour « sculpture » et *theke* pour « entrepôt ». Il ne pouvait pas porter meilleur nom puisqu'il est le seul musée du monde à présenter uniquement des sculptures antiques.

▸ Le **bâtiment**. Avant d'entrer dans le musée, on peut s'attarder sur l'édifice aux allures de temple antique qui nous plonge un instant en pleine Grèce antique. La Glyptothèque a été construite par Leo von Klenze (1784-1864), l'architecte favori du roi et qui l'on doit toute la *Königsplatz*. Un extérieur grec donc, mais l'intérieur quant à lui fait plutôt référence à l'Empire romain avec ses plafonds voûtés.

▸ La **collection**. La Glyptothek présente une magnifique collection d'œuvres grecques antiques ayant appartenu à Louis Ier de Bavière dont certaines datent du VIe siècle av. J.-C ! Ce à quoi il faut ajouter une superbe collection de bronzes et de bustes romains d'inspiration hellénistique. C'est donc plus de 1 000 ans de sculpture grecque et romaine qui sont exposés ici. Parmi les chefs-d'œuvre, on notera la *Méduse Rondanini*, la *Vieille femme ivre*, ou encore les frontons du temple d'Aphaïa à Égine. La pièce maîtresse de la collection est sans aucun doute le ***Faune Barberini*** (vers 220 av. J.-C., acquis en 1810 par le philhellène Louis Ier) qui, dans sa pose lascive et sensuelle, captive et trouble les visiteurs.

LENBACHHAUS

Luisenstraße 33 ✆ +49 0 89 233 969 33
www.lenbachhaus.de
Ouvert du mardi au dimanche de 10h à 18h, le jeudi jusqu'à 20h. Adulte : 10 €, réduit : 5 €.

Le peintre Franz von Lenbach (1836-1906) a fait construire cette résidence entre 1887 et 1891. En 1924, sa femme vendit la propriété à la ville ainsi que des œuvres de son défunt mari.

▸ La **villa Lenbach**. Aujourd'hui, la demeure a été transformée en galerie de peintures et l'ancienne maison de l'artiste a été intégrée, littéralement incorporée dans un édifice ultra moderne, construit entre 2009 et 2013 selon les plans de Foster + Partners. Une partie du musée permet de découvrir ce qu'il reste de la villa d'origine du peintre Franz von Lenbach, surnommé « le prince des peintres ».

▸ La **collection**. La plupart des œuvres présentées dans la Lenbachhaus ont été réalisées par les peintres du mouvement ***Der blaue Reiter*** (« le Cavalier bleu »), mouvement créé par Vassily Kandinsky et Franz Marc en 1911. L'exposition permanente du musée rend hommage à ce bref épisode artistique de l'histoire de la peinture allemande que l'on a souvent rapproché du fauvisme pour son expressivité et sa large palette de couleurs. De nombreuses expositions temporaires ont lieu chaque année : Art nouveau, photographie, etc.

▸ Les visiteurs peuvent s'émerveiller devant le bâtiment majestueux, inspiré par le style italien. Son jardin idyllique et ses fontaines bouillonnantes offrent un petit coin de paradis, tout comme les chambres de la résidence de l'artiste, dont l'atmosphère intime a été soigneusement entretenue lors des rénovations des architectes renommés Foster + Partners. Le café du musée, Ella, offre une grande diversité culinaire.

LUDWIG-MAXIMILIANS-UNIVERSITÄT MÜNCHEN ★

Geschwister-Scholl-Platz 1
✆ +49 89 218 00
www.lmu.de
Entrée libre dans le hall principal. La station de métro Universität mène directement à l'intérieur.

La LMU, fondée à Ingolstadt par autorisation papale, date de 1472. Elle joua un rôle de première importance dans l'histoire de l'Humanisme européen et se distingua ensuite en tant que foyer de la contre-réforme. Toutefois, l'université en tant que telle ne réside à Munich que depuis... 1826 ! De nos jours, l'université se distingue principalement dans les sciences, et s'enorgueillit d'avoir accueilli en ses locaux plus d'une trentaine de prix Nobel.

MUSEUM BRANDHORST

Theresienstraße 35a
✆ +49 89 238052286
www.museum-brandhorst.de
Musée ouvert du mardi au dimanche 10h-18h, le jeudi jusqu'à 20h. Entrée 8,80€/6,60 €. Dimanche : entrée 1 € pour tous.

Ce musée vaut le détour ne serait-ce que pour voir ses étonnantes façades faites de 36 000 lamelles en céramique de différentes couleurs. Le musée Brandhorst accueille une collection d'art contemporain de 1960 à nos jours. Son fonds compte 120 œuvres d'Andy Warhol, l'une des plus grandes collections de l'icône du pop-art. Parmi les artistes de renommée internationale exposés, on mentionnera aussi Jean-Michel Basquiat et Jeff Koons. Le dernier étage est entièrement consacré à Cy Twombley, figure de l'« abstraction expressionniste ».

MUSEUM MINERALOGIA MÜNCHEN

Theresienstraße 41 ✆ +49 892 180 4312
www.mineralogische-staatssammlung.de
Ouvert du mardi au dimanche de 12h à 16h, samedi, dimanche et jours fériés de 13h à 17h. Adulte : 5 €, réduit : 3 €.

Ce musée, à proximité des pinacothèques, est entièrement consacré aux minéraux, aux cristaux et aux pierres précieuses. Une imposante émeraude de Russie ainsi que le diamant « Roi Louis » y sont notamment exposés. La collection comprend en tout 100 000 pièces, dont des diamants, des émeraudes et d'autres pierres précieuses. Une collection de météorites est également exposée, ainsi que des quartz de la région alpine et des minéraux provenant des gisements bavarois.

NS-DOKUMENTATIONS-ZENTRUM ★

Max-Mannheimer-Platz 1 ✆ +49 89 23367000
www.ns-dokuzentrum-muenchen.de
Ouvert du mardi au samedi de 10h à 19h. Entrée gratuite pour tout le monde.

Munich est irrémédiablement associée au nazisme. Déclarée capitale du mouvement par Hitler, elle a servi de décor à toutes sortes de manifestations du NSDAP. C'est à l'emplacement de la maison brune (Braunes Haus : l'ancien siège du parti) qu'a vu le jour un centre de documentation en 2015, dans le but de créer un forum ouvert et animé d'information et de discussion. L'exposition permanente retrace l'histoire du national-socialisme à Munich, le rôle particulier de la ville dans le système de terreur et les difficultés de Munich à affronter son passé après 1945.

© TRABANTOS - SHUTTERSTOCK.COM

Ludwig-Maximilians-Universität München.

NEUE PINAKOTHEK ★★★

Barer Straße 29 ✆ +49 892 380 5195
www.pinakothek.de
Le musée est fermé pour travaux jusqu'en 2025. En attendant, ses chefs-d'œuvre sont présentés dans l'Alte Pinakothek.

La Nouvelle Pinacothèque a été fondée par Louis Ier de Bavière au milieu du XIXe siècle à l'origine pour abriter sa collection privée, en complément de la Alte Pinakotek. Ses bâtiments furent détruits pendant la Seconde Guerre mondiale, puis reconstruits dans un style post-moderniste par Alexandre de Brancas entre 1975 et 1981.

▸ Si l'extérieur du bâtiment est peu engageant, on sera vite surpris par son agencement intérieur. Les 22 salles abritent plus de 500 œuvres dans un cadre lumineux qui nous transporte au travers deux siècles d'histoire. La collection comprend des œuvres de l'art européen des XVIIIe et XIXe siècles et couvre ainsi tous les courants artistiques majeurs de cette période. La galerie présente aussi une cinquantaine de sculptures du rococo au Jugendstil en passant par la peinture européenne des années 1800. C'est ici que l'on viendra admirer certains grands chefs-d'œuvre d'Édouard Manet, Francisco Goya, John Constable, Eugène Delacroix, William Turner, Camille Pissarro, Pierre-Auguste Renoir, Claude Monet, Paul Cézanne, Paul Gauguin, Vincent van Gogh et tant d'autres.

▸ Cette Neue Pinakothek ne nous fait pas seulement voyager dans l'histoire, elle nous transporte aussi à travers le monde. Synonyme d'une période de découverte, de voyages, les peintures nous emmènent en Italie, en Grèce, en Angleterre en Autriche, en Allemagne (plutôt bien représentée par ses artistes) dans bien d'autres contrées. La Neue Pinakothek présente également des expositions temporaires de grande qualité.

BMW MUSEUM (MUSÉE BMW) ★★

Am Olympiapark 2 ✆ +49 891 250 16001
www.bmw-welt.com
Ouvert du mardi au dimanche de 10h à 18h. Adulte : 10 €, réduit : 7 €.

Le musée BMW (Bayerische Motoren Werke) se trouve non loin de l'Olympiapark, dans un bâtiment surnommé le *Weisswurstkessel*, que l'on peut traduire approximativement par « pot à saucisses ». Les visiteurs y découvriront de nombreux modèles de la célèbre marque bavaroise ainsi que des modèles expérimentaux qui n'ont jamais été concrétisés, des avions, des motos, le tout est exposé sur plus de 5 000 m². L'une des plus belles pièces de la collection est certainement la voiture originale du film de James Bond *Tomorrow Never Dies* de 1997. Les amateurs de la saga d'espionnage seront aux anges ! Mais la visite ne se résume pas qu'aux véhicules. Dans les différentes aires de l'exposition permanente, on peut également découvrir de nombreuses informations classées dans des thèmes différents : l'histoire de l'entreprise, le design, la mécanique, la conception des véhicules… De quoi vous convaincre d'acheter un modèle de la marque ? D'ailleurs si une voiture vous intéresse, n'hésitez pas : vous pouvez l'acheter sur place ! Il se dit même que pas moins de 250 acheteurs viennent chaque jour y chercher leur rêve, soit 45 000 par an…

▸ De l'autre côté de la route, le **BMW-Welt** (littéralement le monde BMW) est le show-room de la marque. Cette construction futuriste en verre et en acier a été conçue par les architectes Coop Himmelb (l) au. Les visiteurs sont invités à découvrir l'exposition de modèles de toutes les marques du groupe BMW dans le cadre d'une visite guidée de groupe ou de manière indépendante. L'entrée est gratuite.

OLYMPIAPARK ★★

Spiridon-Louis-Ring 21 ✆ +49 893 067 0
www.olympiapark.de
Stade olympique : ouvert tous les jours. Entrée : 3,50 €. Tour olympique : tous les jours aussi. Entrée : 13 €.

Le Parc olympique de Munich est un exemple brillant de reconversion réussie des installations olympiques. Les comités d'organisation olympiques, plus récemment des équipes du Brésil et de Tokyo, visitent régulièrement Munich à la recherche de la recette du succès des Jeux de 1972. Le grand parc, inspiré par le paysage vallonné des contreforts alpins, peut être découvert à pied ou à bicyclette. Il continue à accueillir des événements culturels et sportifs majeurs toute l'année qui attirent des dizaines de milliers de visiteurs. C'est un lieu vert et vivant. L'architecture des installations sportives continue à paraître futuriste cinquante ans après.

- Le complexe formé par l'**Olympiastadion** (stade olympique), la **Olympiahalle** et la **Olympiaschwimmhalle** (piscine olympique) est stupéfiant ! Leurs toits vitrés sont tendus par des câbles et leur donnent des allures de tentes ou de chapiteaux modernes. Un vrai tour de force.
- La tour de 291 mètres de haut de l'**Olympiaturm** (Tour olympique) offre des vues spectaculaires sur la ville jusqu'aux sommets alpins. C'est le deuxième édifice le plus haut de Bavière et l'un des symboles de Munich. Si vous souhaitez une façon plus relaxante pour la visite, faites un tour sur le chemin de fer miniature qui contourne le parc.
- Au-dessus de l'**Olympiasee** (Lac olympique) se trouve l'**Olympiaberg** (Montagne olympique), élevée sur l'entassement des décombres et des ruines de la Seconde Guerre mondiale. L'Olympia-Alm est le plus grand café en plein air de la ville, l'endroit idéal pour vous reposer. Comme cela a toujours été le cas, des épreuves se déroulent encore toute l'année dans le stade olympique et le hall olympique.
- La patinoire olympique (**Eissportzentrum**) ainsi que la piscine sont ouvertes toute l'année. D'autres installations comme le vélodrome ou encore des courts de tennis viennent compléter le tableau. C'est ici aussi que les stars du monde entier viennent déposer leurs empreintes à la manière d'Hollywood Boulevard à Los Angeles. C'est ainsi qu'on retrouve les empreintes de célébrités allemandes comme le groupe de metal Rammstein, ou étrangères comme le Dalaï-lama, Lionel Richie, Anastasia ou Julio Iglesias.
- Attardez-vous aussi à l'exposition permanente sur les Jeux olympiques de 1972 de Munich. Vous pouvez aussi opter pour une visite qui vous emmènera jusqu'en haut du stade en grimpant les escaliers extérieurs, redescendez à pied... ou en tyrolienne pour atterrir sur le parking ou, au choix, en plein milieu du stade ! Toutes les dates de cette nouvelle activité sont sur le site Internet de l'Olympiapark.

PALAIS PACELLI & PALAIS BISSING

Georgenstraße 8-10
Les deux villas ne se visitent pas et sont protégées au titre des monuments historiques.

Deux hôtels particuliers assez originaux, pour deux univers différents. A droite, une impressionnante résidence néo-baroque nommée en l'honneur de son résident le plus célèbre : Eugenio Pacelli, plus connu sous le nom de Pie XII, le pape qui trônait à lors de la Seconde Guerre mondiale. L'autre résidence, à gauche penche plutôt vers le *Jugendstil*, l'Art nouveau allemand. Sa façade est recouverte de portraits de Raphaël, Michel-Ange ou encore Sophocle.

PINAKOTHEK DER MODERNE ★★★

Barer Straße 40 ✆ +49 89 2380 5360
www.pinakothek-der-moderne.de
Ouvert du mardi au dimanche 10h-18h, le jeudi jusqu'à 20h. Adulte : 10 €, réduit : 7 €, le dimanche : 1 € pour tous.

La *Pinakothek der Moderne* de Munich fait partie des plus grands espaces en Europe dédiés à l'art, à l'architecture et au design contemporains des XXe et XXIe siècles. C'est en tout cas le plus grand d'Allemagne. Cette *Pinakothek*, la plus récente des trois, réunit quatre musées autonomes qui travaillent en étroite collaboration : la *Sammlung Moderne Kunst* des Collections de peintures de l'État de Bavière, la Neue Sammlung – The Design Museum, le *Architekturmuseum der Technischen Universität München* et la *Staatliche Graphische Sammlung München*. Quatre modes d'expression artistique sont mis en valeur ici : peinture, architecture, design, illustration. L'architecture spacieuse du bâtiment - construit d'après les plans de l'architecte Stephan Braunfels permet une interaction entre les différentes collections, tout en préservant l'identité de chacun des quatre musées.

- Côté peinture, les visiteurs sont invités à se plonger dans l'univers des fauvistes français, des futuristes italiens, des expressionnistes allemands et des surréalistes. On y trouve 39 œuvres des Max Beckmann, ainsi que des œuvres de Francis Bacon, Georg Baselitz et Joseph Beuys, de Andy Warhol, de Jeff Wall, et beaucoup d'autres de leurs contemporains. La collection couvre ainsi un large spectre : de l'avant-garde du début du XXe siècle jusqu'à nos jours. Les admirateurs du design et de l'architecture trouveront ici également leur plaisir. Parmi les noms des architectes du XIXe et du XXe siècle on trouve des noms célèbres comme Leo von Klenze et Le Corbusier.

SCHLOSS NYMPHENBURG ★★★

Schloss Nymphenburg 1
✆ +49 891 790 80
www.schloss-nymphenburg.de
Tous les jours : avril/mi-oct 9h-18h, mi-oct/mars 10h-16h. Adulte 8 €, réduit 7 €. Accès gratuit au jardin.

Le **château de Nymphenburg** est un palais baroque dans le quartier du même nom, dans l'ouest de Munich. Il a été édifié à l'initiative du prince-électeur Ferdinand-Marie entre 1664 et 1674 pour célébrer la naissance tant attendue de son fils, Max-Emmanuel, après dix ans de mariage avec Henriette Adélaïde de Savoie. Ce magnifique édifice blanc était, jusqu'à sa destitution en 1918, la résidence d'été de la dynastie Wittelsbach à une époque où cette partie de Munich était encore dans la campagne. Autour du château, des bâtisses en demi-cercle étaient utilisées comme demeures des cavaliers. Parmi les différentes curiosités du château de Nymphenburg, on retiendra celles-ci : tout d'abord la **Steiner Saal** (salle de pierre) avec ses fresques et stucs inoubliables dessinés par Johann Baptist Zimmermann. Une salle qui n'a quasiment pas changé depuis 1758. Observez l'immense fresque sur le plafond, elle représente un paradis olympien. Ensuite, la **Schönheitengalerie** (galerie des Beautés) fut imaginée par le roi Louis Ier pour immortaliser la beauté des plus séduisantes femmes de son temps. Ces 36 portraits de femmes ont été réalisés par le peintre de cour Joseph Karl Stieler. Parmi elles, on trouve Lola Montez. Pendant deux ans, cette danseuse irlandaise fut la maîtresse du roi. Leur relation scandaleuse est en partie responsable des émeutes qui mènent à la révolution de 1848, révolution qui coûtera son trône au roi. Les appartements de la reine Caroline (**Appartement der Königin**), avec leur mobilier originel, sont emblématiques du goût pour le style Empire, très en vogue au début du XIXe siècle. Dans la chambre à coucher, le futur Louis II voit le jour en 1845. La visite se termine avec la **Schlosskapelle**, chapelle construite à partir de 1702 dans un style baroque qui tranche avec les lignes plutôt austères de la bâtisse.

▸ **Park Nymphenburg**. Après la visite du château, ne manquez pas de faire un tour et des détours dans le jardin. Il mérite à lui seul une visite approfondie avec ses fabuleuses cascades, ses bassins et fontaines archétypiques du rococo bavarois. Une pure merveille ! Après avoir changé plusieurs fois de visage, le parc tel qu'on le connaît aujourd'hui a été pensé et réaménagé au début du XIXe siècle. Le prince-électeur Max IV Joseph (le futur roi Max Ier) confie alors à son paysagiste la mission de transformer le parc en jardin paysager. Celui-ci conserve des éléments baroques (le canal central, les pavillons) et y mêle des éléments du jardin anglais : des bosquets et des sentiers au cours plus naturel.

LES J.O. DE 1972

Trente-six ans après les Jeux de Berlin sous l'Allemagne nazie, la capitale bavaroise accueille les XXe Olympiades de l'ère moderne. Pour faire oublier ce mauvais souvenir, Munich est transformée : construction d'un Parc olympique (l'Olympiapark) de 300 ha, création de plus de 40 km de routes, ouverture d'une ligne de métro. Le public se passionne pour les performances spectaculaires du nageur américain Mark Spitz, qui totalise 7 médailles d'or et bat en même temps autant de records du monde. Malgré ces résultats et les efforts déployés par la ville, c'est la prise d'otages meurtrière du 5 septembre qui reste dans les mémoires. Ce jour-là, tôt le matin, un commando composé de 8 terroristes de l'organisation palestinienne Septembre Noir s'introduit dans le village olympique et prend en otage 11 membres de la délégation israélienne. Après des négociations tendues qui durent toute la journée, le dénouement est chaotique sur le tarmac de la base militaire de Fürstenfeldbruck. Le bilan est de 11 otages assassinés, un policier tué, 5 terroristes abattus et 3 arrêtés. En 2017, soit quarante-cinq ans après l'attentat, un mémorial multimédia est inauguré dans le parc olympique pour honorer la mémoire des victimes. En 2005, Steven Spielberg est revenu sur ce triste événement avec le film *Munich*. Un casting international et brillant (Daniel Craig, Éric Bana et plusieurs Français sont également à l'affiche comme Mathieu Kassovitz et Yvan Attal) sert un film très bien accueilli par la critique et le public.

AMALIENBURG

Schloss Nymphenburg 19
✆ +49 891 790 80
www.schloss-nymphenburg.de
Ouvert tous les jours de 9h à 18h d'avril à mi-octobre. Billet combiné pour les palais du parc : 5 € par adulte.

Ce petit pavillon de chasse rococo dans le *Park Nymphenburg* a été bâti entre 1734 et 1739 sous la direction de l'architecte François Cuvilliés. Le prince électeur Charles-Albert (Karl Albrecht) le dédia à son épouse Marie-Amélie (Maria Amalia), d'où le nom d'Amalienburg. L'ensemble, avec sa suite de salons décorés avec grand raffinement, constitue un chef-d'œuvre du rococo bavarois. L'aménagement intérieur a été réalisé sous la houlette de Joachim Dietrich et de Johann Baptist Zimmermann, spécialistes du stuc et de la sculpture en Bavière.

MARSTALLMUSEUM

Schloss Nymphenburg 19 ✆ +49 891 790 80
www.schloss-nymphenburg.de
Ouvert tous les jours de 9h à 18h d'avril à mi-octobre, de 10h à 16h de mi-octobre à mars. Adulte : 6 €, réduit : 5 €.

▶ Situées dans l'aile sud du château de Nymphenburg, les anciennes écuries royales bâties sous le Prince-Électeur Charles-Albert accueillent aujourd'hui le **musée des carrosses** de Munich. La collection présente un ensemble de carrioles finement ouvragées ayant servi aux familles princières, ducales et royales de Bavière. Entièrement rénové en 1986, le musée a bénéficié en outre d'un meilleur agencement plus propice aux visites. Et l'on ne peut que s'en féliciter au vu de la magnificence qui se dégage des différents attelages exposés et remarquablement conservés. Certains remontent au XVIIIe siècle, comme celui utilisé pour le couronnement de l'empereur Charles VII (le Charles-Albert mentionné plus haut). A voir aussi : le traîneau aux nymphes de Louis II. Quand on voit de si belles voitures d'apparat, on se dit que l'amour des Bavarois pour l'automobile a commencé bien avant leur motorisation !

▶ Le château de Nymphenburg abrite la seule collection de porcelaine de Nymphenburg au monde. Le **musée de la porcelaine** (Museum Nymphenburger Porzellan) est situé au dernier étage du Marstallmuseum (musée des carosses). Les visiteurs peuvent y contempler plus de 1 000 objets de la manufacture de porcelaine de Nymphenburg. Elle crée encore de la porcelaine aujourd'hui, non loin du musée de Nymphenburg. Le musée est particulièrement fier de ses figures rococo de style *Commedia dell'arte* créées par le maître Franz Anton Bustelli et de sa sélection de porcelaines Art nouveau aux formes et aux designs innovants.

MUSEUM MENSCH UND NATUR ★

Schloss Nymphenburg
✆ +49 89 1795890
www.mmn-muenchen.de
Ouvert du mardi au vendredi 9h-17h, le week-end 10h-18h. Entrée : 3,50 €, gratuit -18 ans. Dimanche : 1 €.

Fondé en 1990, ce musée met l'accent sur la genèse de la planète Terre et la naissance de la vie, sur l'impact que peut avoir l'homme sur la nature et sur la richesse de la vie organique. Le musée de l'Homme et de la Nature, abrité dans la partie nord du château de Nymphemburg, est l'un des plus fréquentés des musées de Bavière et il attire plus de 200 000 visiteurs par an. Le musée, très interactif dans sa conception, est particulièrement accessible aux enfants : ils sauront bientôt tout de la disparition des dinosaures et du fonctionnement de notre cerveau !

SIEGESTOR

Leopoldstraße 1
www.muenchen.de
L'arc de triomphe, à côté de l'université, forme la frontière entre la Ludwigstraße et la Leopoldstraße.

Érigé en 1852 par Friedrich von Gärtner, cet arc de triomphe (sur le modèle de l'arc Constantin à Rome) a été commandé par Louis Ier de Bavière. La Bavière est représentée sous une forme humaine, conduisant un chariot mené par quatre lions qui regardent tous dans des directions différentes. C'est la glorification de la bravoure de l'armée bavaroise durant les guerres contre la France de Napoléon. Après la Seconde Guerre mondiale, la porte, très endommagée, a été reconstruite avec l'inscription : « Dédié à la victoire, détruit par la guerre, rappelant la paix ».

STAATLICHES MUSEUM ÄGYPTISCHER KUNST

Gabelsbergerstraße 35 ✆ +49 892 892 7630
www.smaek.de
Ouvert du mardi au dimanche 10h-18h, jusqu'à 20h le mardi. Adulte : 7 €, réduit : 5 €, le dimanche : 1 € pour tous.

Ce musée égyptien doit ses trésors à deux hommes : le duc Albert V de Bavière au XVIe siècle et, 300 ans plus tard, au roi Louis Ier de Bavière. Tous deux ont réussi à accumuler et surtout à préserver ces œuvres qui ont toutes plus de 3 000 ans minimum ! Explorez le musée égyptien de Munich, qui couvre 5 000 ans d'art et de culture égyptiens : l'ancien, le moyen et le nouvel Empire, mais aussi les périodes hellénistique, romaine et copte. C'est d'ailleurs l'un des rares musées hors d'Égypte consacré exclusivement aux pièces de l'Égypte ancienne.

▶ Ouvert en 2013, l'espace d'exposition du musée est complètement souterrain. De l'extérieur, l'entrée n'est pas sans rappeler les portes monumentales des temples égyptiens, dans une version contemporaine, dépouillée de toute ornementation. Les visiteurs descendent une grande partie des marches et pénètrent dans les halls pour atteindre les salles inondées de lumière naturelle grâce à l'atrium. Les salles alternent avec des pièces plus petites et plus intimes. Les découpes dans les murs renferment des pièces d'exposition exceptionnelles, comme la statue d'Antinous ou le grand obélisque. Mention spéciale pour les écrans tactiles qui permettent d'explorer 5 000 d'histoire de façon ludique et interactive. Son emplacement au cœur du Kunstareal (quartier des arts) de Munich confère à ce musée égyptien l'espace et le statut qu'il mérite en tant que partie intégrante de l'histoire de l'art mondial.

AMERICAN CONTEMPORARY ART GALLERY

Maximilianstraße 29
✆ +49 892 916 1200
www.americancontemporaryartgallery.com
Ouverture sur demande (contacter par mail). Entrée libre.

Fondée en 1986, l'American Contemporary Art Gallery met l'accent depuis plus de 30 ans sur l'expressionnisme abstrait américain des années 1940 et 1950. A cette époque, ces mouvements artistiques et picturaux firent de New York la capitale incontournable de l'art moderne, détrônant Paris. En accord avec leur fondation, les œuvres maîtresses de James Brook, Sam Francis, Charles Pollock ou encore Jack Tworkov sont exposées au public lors d'expositions temporaires.

FRIEDENSENGEL

Europaplatz 1
www.muenchen.de
Cet ange de la paix, haut de 38 mètres, veille sur Munich. Sa terrasse offre un joli point de vue.

Cette colonne — avec sa statue de l'ange de la Paix — de 38 mètres de hauteur a été érigée en souvenir du premier traité de Versailles signé en 1871. Ce dernier marquait la fin de la guerre entre la Prusse et la France. La statue en elle-même, haute de 6 mètres (qui n'est pas sans rappeler *Nike*, la déesse de la victoire), tient une branche d'olivier dans sa main droite, symbole de paix, et le Palladion dans sa main gauche, image de la déesse Athéna, symbole de lutte et de sagesse. Que ce monument à la paix se trouve sur la place de l'Europe est un joli symbole.

BAYERISCHES NATIONALMUSEUM ★★

Prinzregentenstraße 3
✆ +49 892 112 401
www.bayerisches-nationalmuseum.de
Ouvert du mardi au dimanche 10h-17h, jeudi 10h-20h. Adulte : 7 €, réduit : 6 €, le dimanche : 1 € pour tous.

Le Musée national bavarois a été fondé en 1855 par le roi Maximilien II. C'est le directeur des archives, Karl Maria Freiherr von Aretin, qui a proposé au monarque le projet d'un musée de la famille Wittelsbach. Il s'agissait d'en faire « le plus intéressant des monuments patriotiques et d'arracher à l'oubli ces vestiges des temps anciens ». Maximilien II accepta et confia les travaux à l'architecte Gabriel von Seidl.

La collection éclectique permet aux visiteurs d'explorer le développement de l'art occidental, de l'Antiquité tardive à l'Art nouveau. Outre des exemples remarquables de sculptures et de peintures, le musée abrite également des objets en ivoire et en or, des horloges décoratives, des tapisseries, des meubles, des armes et de la porcelaine raffinée. Le rez-de-chaussée contient des peintures, tapisseries, sculptures et des armes couvrant la période du Moyen Âge jusqu'à l'arrivée du rococo en Bavière. Des grands noms de l'art de cette époque y sont exposés : Tilman Riemenschneider ou Erasmus Grasser, Ignaz Günther ou Johann Baptist Straub. A l'étage, une collection de pièces du XIXe siècle, comprenant des porcelaines de la fabrique de Nymphenburg, des œuvres du *Jugendstil*, Art nouveau. Dans les autres parties du musée, une collection d'instruments de musique, de crèches, d'argenterie, d'armes destinées à la chasse, de jouets. Toute l'histoire de l'art, de l'art religieux, de l'art populaire y est exposée. Des siècles d'histoire semblent vous contempler !

MUNICH

Ange de la paix.

LES WITTELSBACH

Sissi, Louis II de Bavière, Lisbeth comtesse palatine : voilà trois célèbres membres de la puissante famille des Wittelsbach. Si les Wittelsbach ne règnent plus sur la Bavière depuis 1918, ils y ont fortement marqué le paysage. Ce sont par exemple leurs couleurs que l'on peut voir aujourd'hui sur le drapeau bavarois. On trouve aussi nombre de leurs noms dans les rues de Munich et la Bavière leur doit quantité de ses châteaux et forteresses qui font la joie des visiteurs : Neuschwanstein, Linderhof, la Residenz de Munich, etc. La famille Wittelsbach a compté – avec les Habsbourg et les Hohenzollern - parmi les dynasties les plus puissantes du monde germanique. Pendant près de 800 ans, ses membres ont régné sur la Bavière ; d'abord ducs (à partir de 1180), ils obtiennent le statut d'Électorat (en 1623) pour leur soutien à l'empereur pendant la Guerre de Trente Ans, puis la Bavière est élevée au rang de royaume par Napoléon (en1806). Cette place privilégiée au sein du Saint-Empire a permis à la Bavière de se préserver de l'appétit vorace de ses deux puissants cousins germains : la Prusse et l'Autriche. Les Wittelsbach ont même réussi à placer des membres de la dynastie sur le trône impérial : en 1328 avec Louis IV, et en 1742 avec Charles VII. Par des jeux d'alliance et de mariages, les Wittelsbach sont également parvenus à installer des membres de la famille sur d'autres trônes européens, notamment en Suède, au Danemark ou en Grèce : Othon Ier, le premier roi des Grecs, est un fils de Louis Ier de Bavière.

MUNICH

KLOSTERKIRCHE SANKT-ANNA IM LEHEL

Sankt-Anna-Straße 19
✆ +49 892 121 820
www.erzbistum-muenchen.de
Ouvert tous les jours de 7h à 19h. Horaires susceptibles de changer en fonction des services. Entrée libre.

Cette jolie église rococo, dédiée à sainte Anne, a été édifiée entre 1723 et 1733. Les plus grands noms de l'époque y ont participé : l'architecte Johann Michael Fischer, Cosmas Damian Asam (fresque sur le plafond), Egid Quirin Asam, son frère, et Johann Baptist Straub. Après sa destruction pendant la Seconde Guerre mondiale, l'église Sainte-Anne a été reconstruite jusqu'en 1979. C'est aujourd'hui l'église du couvent du monastère franciscain de Munich.

MAXIMILIANEUM

Max-Planck-Straße 1
www.bayern.landtag.de
Le Landtag de Bavière, installé dans le Maximilianeum, peut être visité avec un guide en langue allemande.

Le Maximilianeum trône royalement, élégamment posé sur son estrade, avec ses allures de palais. L'édifice est particulièrement majestueux quand on l'admire depuis le pont qui traverse l'Isar ou quand le devine au loin depuis la Maximilianstraße. C'est ici que — depuis 1949 - siège le Landtag, c'est-à-dire le parlement de Bavière. La salle plénière a été entièrement rénovée et présente aujourd'hui un visage ultra contemporain qui contraste avec la façade néogothique côté ouest. Le Maximilianeum est encore aujourd'hui en travaux.

MAXIMILIANSTRASSE ★

Maximilianstraße
La Maximilianstraße est partagée entre la vieille-ville (Altstadt) et Lehel.

La Maximilianstrasse est certainement l'équivalent munichois de l'avenue des Champs-Élysées. Les commerces de luxe et les plus grandes marques ont ici pignon sur rue. La balade vaut le détour, que ce soit pour lécher les vitrines ou pour admirer les belles façades des ministères dispersés le long de la rue. Au bout de l'avenue, vue magnifique sur le Maximilianeum, le parlement bavarois. Au XIXe siècle, le roi Maximilien II fit aménager la rue dans un style unique, qui combine différents éléments architecturaux, néogothiques et Renaissance.

© STÉPHAN SZEREMETA

ENGLISCHER GARTEN ★★★★

Englischer Garten

www.muenchen.de

Parc public, ouvert jour et nuit. 375 hectares de verdure, l'un des plus grands parcs urbains au monde.

Véritable poumon vert de la capitale bavaroise, le jardin anglais de Munich est certainement l'endroit le plus agréable en été. Plus vaste encore que le mythique Central Park de New York, ce jardin s'étend sur plus de 6 km le long de l'Isar et mesure en tout 375 hectares. De grandes pelouses accueillent avec bonheur les familles et groupes d'amis qui viennent profiter du soleil, quelques curiosités permettent d'agrémenter la balade.

▶ **Salon de thé japonais** : en avril 1972, pour célébrer les Jeux olympiques d'été à Munich, un salon de thé japonais et un jardin japonais ont été créés sur une petite île à l'extrémité sud du jardin anglais.

▶ **Le pont de la Prinzregentenstraße** est le repaire... des surfeurs ! (et des curieux qui viennent les observer). Été comme hiver, des assoiffés de sensations fortes viennent profiter des vagues du canal pour s'entraîner avant de partir, on l'espère pour eux, vers de plus grands défis en mer.

▶ **Les grandes pelouses** sont un véritable paradis en été. Certains font trempette dans les canaux, d'autres jouent au ballon tandis que d'autres encore bronzent... complètement nus ! Eh oui, culture du naturisme bien allemande oblige, il est parfaitement autorisé de se dévêtir à certains endroits du parc.

▶ **Le Monopteros**, perché en haut de sa colline : ce petit temple (16 m de haut) rond de style grec a été conçu par Leo von Klenze. La colline et le temple ont été achevés en 1836. Dix colonnes ioniques supportent un dôme recouvert de cuivre peu profond. Une particularité du Monopteros est l'utilisation de la peinture sur pierre polychrome, un intérêt de Klenze à l'époque, qui voulait que le bâtiment serve de modèle pour son utilisation. De là, jolie vue sur Munich.

▶ **La Chinesischer Turm**. Après le Japon et la Grèce, direction maintenant la Chine et sa haute tour. Du haut de ses cinq étages et de ses 19 mètres, elle se fond au milieu des arbres du jardin. La tour, telle qu'on peut la voir aujourd'hui, a été édifiée en 1952, à partir de photos de celle qui se trouvait là de 1789 à 1944 avant d'être entièrement détruite sous les bombardements alliés.

▶ **Biergarten.** Inutile d'attendre l'Oktoberfest pour découvrir l'ambiance bavaroise. Les tables de cet immense *biergarten* sont disposées à l'ombre de la Chinesischer Turm. On commande sa bière dans l'un des stands dispersés dans les environs. Pour accompagner le tout, on peut grignoter saucisses et bretzels géants !

▶ **Kleinhesseloher See,** un grand lac artificiel au milieu du parc. Pour profiter encore un peu plus de la tranquillité des lieux, on peut louer un pédalo ou une petite barque.

MUSEUM FÜNF KONTINENTE ★

Maximilianstraße 42
✆ +49 89 210 136 100
www.museum-fuenf-kontinente.de
Ouvert du mardi au dimanche de 9h30 à 17h30. Adulte : 5 €, réduit : 4 €, le dimanche : 1 €.

Fondé en 1862, le musée des Cinq Continents fut le premier musée d'ethnologie d'Allemagne. Aujourd'hui, il concentre 135 000 photographies, et une collection de quelque 160 000 pièces d'art, d'ethnologie, et d'œuvres contemporaines venues du monde entier. Sa bibliothèque quant à elle compte plus de 100 000 volumes : bref, on a de quoi s'émerveiller ! Ouvert sur le monde depuis sa création, il invite à la découverte des civilisations africaines, américaines, asiatique, australes, océaniennes, orientales et européennes, par le biais de sculptures, de céramiques et autres tableaux magnifiques... Les expositions traitent également du travail des perles en Afrique australe, des sérigraphies d'artistes indiens, des pièces de culture hindoue et bouddhiste et des trésors précieux des Incas. La collection « Manuscrits et écritures » contient un large éventail de documents sur les collections ethnologiques du musée. En outre, le Museum Fünf Kontinente possède une collection de photographies contenant quelque 135 000 images, dont certaines ont été prises lors de voyages de recherche et d'expéditions. Les premières images datent de 1870. Une belle façon de percevoir et de comprendre les points communs et les différences entre cultures, avec toujours en toile de fond, les notions d'échange, de dialogue, et de respect des peuples. Il est tout simplement fascinant et s'inscrit sans conteste parmi les plus beaux musées de la ville. On a l'impression d'effectuer un tour du monde juste le temps d'une visite !

SAMMLUNG SCHACK ★

Prinzregentenstraße 9
✆ +49 892 380 5224
Ouvert du mercredi au dimanche 10h-18h, jusqu'à 20h deux mercredis par mois. Adulte 4 €, le dimanche 1 € pour tous.

Cette galerie d'art, qui fait partie des *Pinakotheken*, doit la richesse de son fonds à la collection du comte Adolf Friedrich von Schack (1815-1894), diplomate, écrivain et poète. Il choisit d'abandonner à 36 ans ses charges au service de l'Etat pour se consacrer aux arts. Mécène éclairé et passionné par les artistes de son temps, il constitua une extraordinaire collection privée de peintures allemandes datant de la deuxième moitié du XIXe siècle. Avec environ 180 tableaux d'artistes allemands, dont des œuvres célèbres d'Arnold Böcklin, Moritz von Schwind, Franz von Lenbach, Hans von Marées et Anselm Feuerbach, la collection Schack est considérée comme l'un des plus importants musées de peinture historique et de peinture de paysage à Munich. Le musée, rénové récemment, est un lieu séduisant. Sur les murs immenses du palais, vous serez fasciné par les œuvres à l'atmosphère très orientale de Böcklin, Feurbach, Marées ou Preller. Ce sont souvent de parfaites copies de peintures exposées dans les plus grands musées d'Europe, à Florence, Rome ou Madrid. Ces œuvres ont pour thèmes les mythes antiques, la littérature moderne de Dante et Pétrarque jusqu'à Goethe, et la vie médiévale allemande avec ses légendes et ses contes de fées. Les intérêts du collectionneur se reflètent dans ce choix des peintures, des genres et des thèmes. Peu intéressé par la peinture réaliste, Adolf von Schack était davantage porté par une conception idéaliste de l'art qui le conduisait naturellement vers les toiles des artistes romantiques.

MUSEUM VILLA STUCK ★

Prinzregentenstraße 60
✆ +49 894 555 510
www.villastuck.de
Ouvert du mardi au dimanche de 11h à 18h. Adulte : 9 €, réduit : 4,50 €, gratuit pour les moins de 18 ans.

La maison du célèbre peintre Franz von Stuck (1863-1928), dessinée et aménagée par le peintre, a été transformée en musée dédié à l'Art nouveau. Il a conçu sa demeure à la fin du XIXe siècle comme une œuvre d'art, entre design classique et *Jugendstil*, un courant artistique et architectural de la fin du siècle dernier, comparable à l'Art nouveau. Des toiles de von Stuck y sont exposées dont le tableau *Die Sünde* (*Le Péché*), peint en 1912, qui choqua les têtes bien pensantes de l'époque ! Vous pourrez visiter l'atelier et les appartements privés de l'artiste.

SUDETENDEUTSCHES MUSEUM ★★

Hochstraße 10 ✆ +49 89 48000337
www.sudetendeutsches-museum.de
Ouvert du mardi au dimanche de 10h à 18h. Entrée : de 3,50 à 5 €. Gratuit pour les enfants et les étudiants.

Ce musée ultra-moderne, ouvert en 2020, est entièrement consacré à l'histoire et aux cultures des Sudètes, tragiquement connus pour avoir servi de prétexte à la tactique expansionniste d'Hitler. Le musée, particulièrement bien fait, offre un éclairage passionnant sur ces germanophones de Bohême et de Moravie et retrace leur histoire du Moyen Âge à aujourd'hui, en passant par leur histoire industrielle et confessionnelle, la montée des nationalismes, l'indépendance de la Tchécoslovaquie en 1918, les accords de Munich en 1938 et l'exil en 1945.

DEUTSCHES MUSEUM [MUSÉE ALLEMAND] ★★★

Museumsinsel 1 ✆ +49 892 179 333
www.deutsches-museum.de
Tlj 9h-17h. 15 € (enfant 8 €).

Avec ses 50 000 m² et ses 17 000 objets exposés, le Musée allemand est tout simplement gigantesque et accueille le plus grand nombre de visiteurs par an. Entièrement dédié aux sciences naturelles et techniques, il a été créé par Oskar von Miller en 1903. Le musée expose environ 17 000 objets dont les aéronefs sont certainement les têtes de gondole. C'est aussi un centre d'apprentissage donnant aux enfants et aux adultes la possibilité d'étancher leur soif de connaissances en entendant, voyant, touchant, testant et en faisant des expériences ! Le musée est organisé en plusieurs parties :

- **Sciences naturelles** : toutes les sciences sont ici passées en revue. Des nanotechnologies à l'astronomie. On s'attarde dans le planétarium pour voir l'univers projeté sur un écran sphérique, ou dans la partie consacrée aux instruments de musique pour découvrir le fabuleux pouvoir de l'acoustique.
- **Matériaux, énergie et production** : on retrace l'histoire de l'énergie, on plonge dans les profondeurs des mines à la découverte des pierres et des métaux, on s'intéresse à la puissance de l'électricité, on découvre les productions de céramiques, verres, papiers avant de terminer par les énergies renouvelables.
- **Communication** : des premières peintures des grottes préhistoriques aux ordinateurs, en passant par la radio et le téléphone.
- **Transports** : sur la mer ou dans les airs, cette partie du musée dévoile les différentes technologies qui ont permis à l'homme de se déplacer sur tous les continents.

© LAWRENCE BANAHAN - AUTHOR'S IMAGE

ACCORDS DE MUNICH

Afin de mettre un terme à la crise des Sudètes, Édouard Daladier (France) et Neville Chamberlain (Royaume-Uni) se rendent à Munich en septembre 1938 pour une ultime tentative de conciliation avec Benito Mussolini et Adolf Hitler. La conférence - à laquelle les Tchécoslovaques ne sont pas conviés - doit décider du devenir des minorités allemandes de Bohême que le Führer souhaite rattacher au Reich. Sept mois auparavant, le dictateur a déjà annexé l'Autriche. Pour éviter une guerre, la France et le Royaume-Uni cèdent aux exigences allemandes et scellent le sort de la Tchécoslovaquie. Pour Prague, c'est une trahison. Alors que Chamberlain et Daladier rentrent dans leur pays respectif en sauveurs de la paix, Churchill dira : « Ils devaient choisir entre le déshonneur et la guerre. Ils ont choisi le déshonneur et ils auront la guerre ». Pour les voix indignées, Munich devient synonyme de lâcheté et de capitulation avant même la bataille. Après l'occupation des Sudètes à partir d'octobre 1938, comme stipulé dans l'accord, l'Allemagne nazie ne s'arrête pas là et annexe la quasi-totalité de la Tchécoslovaquie en mars 1939. Un an après les accords qui devaient sauver la paix, Hitler envahit la Pologne, entraînant toute l'Europe dans la guerre.

- En 2022, un film produit par Netflix, *L'Étau de Munich,* situe ces célèbres négociations au cœur d'un thriller haletant. Pour l'anecdote, les scènes ont été tournées dans le lieu même des négociations : dans l'ancien Führerbau, non loin de la Königplatz.

GLOCKENBACHVIERTEL

Gärtnerplatz
Le Glockenbachviertel s'étend au sud de la Müllerstraße, limité au sud par l'Isar et à l'ouest par le cimetière.

C'est dans ce quartier que Freddie Mercury vécut en 1982 lorsqu'il lança sa carrière solo et vint à Munich pour enregistrer son premier single *Love Kills* sorti en 1984. Aujourd'hui, ce quartier gay situé entre la Gärtnerplatz et la Baldeplatz s'est légèrement embourgeoisé. Un tel emplacement était trop alléchant pour la spéculation : les pubs et les bars déjantés ont laissé place aux galeries d'art et aux restaurants chics. Mais vous y trouverez aujourd'hui encore quantité d'adresses LGBTQ : des bars bien sûr, mais aussi des boutiques et des restaurants.

RUHMESHALLE ET BAVARIA ★★

Theresienhöhe
✆ +49 89 290671
www.schloesser.bayern.de
Ouvert d'avril à octobre, tous les jours de 9h à 18h. Entrée 3 €.

Le **Ruhmeshalle**, sorte de Panthéon à la bavaroise, est situé sur le côté ouest de la place Theresienwiese, où se tient chaque année l'Oktoberfest, la fête de la bière. De son emplacement élevé, la statue monumentale de la Bavière surplombe la Theresienwiese. La statue **Bavaria** était un coup de maître technique de son époque : elle est en bronze pur et pèse plus de 70 tonnes pour une hauteur de 18 mètres. Après son inauguration lors de la 25e fête de la bière en 1850, elle est rapidement devenue le symbole et le gardien de l'État de Bavière. La statue représente une dame habillée en style germanique : elle porte une peau d'ours, une couronne de chêne dans sa main gauche et un lion en laisse dans sa main droite. Vous pouvez monter un petit escalier en colimaçon à l'intérieur du corps. Dans la tête de la statue se trouve une petite plate-forme, où trois personnes maximum peuvent tenir. Les jours de grande affluence, il faut dont prendre son mal en patience avant de pouvoir y accéder. Mais vous serez récompensé par une vue spectaculaire sur la Theresienwiese et tout Munich.

▸ Le Temple situé juste derrière la statue, est l'œuvre du renommé Leo von Klenze, le même architecte qui a construit les Propylées sur la Königsplatz, on reconnaît d'ailleurs directement son style. À l'intérieur de ce Panthéon, sont exposés des bustes de personnalités bavaroises du passé et du présent. C'est ainsi que se côtoient ici les plus grands savants, hommes politiques, peintres et autres artistes qui sont liés de près ou de loin à la capitale bavaroise.

THERESIENWIESE ★

www.muenchen.de
La Theresienwiese doit son nom à Thérèse de Saxe-Hildburghausen, épouse du roi Louis Ier.

Cette place est connue dans tout Munich et même au-delà puisque c'est à cet endroit que se déroule chaque année l'Oktoberfest, la célèbre Fête de la bière ! Si vous y venez en dehors des festivités, vous pourrez constater que la Theresienwiese (littéralement la «Prairie Thérèse») n'a vraiment rien d'un espace vert. On a plutôt l'impression d'être sur un terrain vague, que traversent joggeurs et cyclistes. Avec un peu d'imagination, vous pourrez visualiser ici les effusions de bière sous les chapiteaux des différentes brasseries participantes.

VERKEHRSZENTRUM ★

Am Bavariapark 5
✆ +49 89 2179333
Musée ouvert tous les jours de 9h à 17h. Adultes : 8 €. Réduit : 5 €.

Ce musée des Transports de Munich possède une variété de moyens de transport : vélos, trams, bus, métros, voitures, trains et motos. Tous sont regroupés dans ce musée bien fourni, il y a même un hélicoptère ! A travers la collection répartie sur plus de 12 000 m², on retrace l'histoire des transports de manière ludique en s'asseyant dans une vieille rame de métro ou en prenant place dans un vieux wagon. Il est même possible de prendre le siège du conducteur et de rêver un peu. Quelques jeux pour les enfants sont aussi à disposition : Lego géants, toboggans...

Theresienwiese.

BAVARIA FILMSTADT

Bavariafilmplatz 7
✆ +49 89 6499 2000
www.filmstadt.de
Visite du parc et des studios : 22 € pour les adultes et 20 € pour les enfants.

Saviez-vous que *L'Histoire sans fin* (1984) et *Le Parfum*, (2006) avaient été tournés en partie dans les studios de cinéma Bavaria ? Aujourd'hui le lieu est double : il est à la fois un immense complexe où œuvrent quotidiennement des centaines d'employés à la production de téléfilms, émissions et métrages, et en même temps un lieu de divertissement qu'il est possible de visiter, avec un cinéma 4D. Pendant la haute saison, une visite guidée par jour en anglais. Nouveauté : le décor du film La *Flûte enchantée* ou une impressionnante station spatiale à découvrir !

MÜNCHENER TIERPARK HELLABRUN

Tierparkstraße 30
✆ +49 896 250 80
www.hellabrunn.de
Ouvert tous les jours. Adulte : 18 €, enfant de 4 à 14 ans : 7 €. Tarifs famille : 22-39 €.

Ce très beau parc zoologique, au sud de Munich, compte environ 5 000 animaux et près de 500 espèces. Fondé en 1911, il développa tout de suite le concept - à l'époque inédit - de géo-zoo : les animaux sont répartis par continent, en fonction de leur provenance géographique, ce qui permet de reproduire au mieux leur habitat naturel. Se balader dans parc zoologique de 40 hectares, c'est un peu comme faire un tour du monde des animaux, de l'Arctique à l'Afrique, de l'Europe à l'Asie et de l'Amérique à l'Australie. Les animaux vivent dans des communautés naturelles à l'intérieur de vastes enclos, entourés par la beauté naturelle des plaines inondables de la rivière Isar. Plus de 500 espèces exotiques et locales - allant des girafes et des bouquetins des Alpes à des fourmis coupeuses de feuilles - vivent ici. Les points culminants incluent la maison d'éléphant historique, qui a été complètement rénovée en 2016, la grotte des chauves-souris et un monde de la jungle. Peut-être même débusquerez-vous un ours au détour d'un sentier… Le zoo est particulièrement amusant pour les plus jeunes : une partie est réservée aux enfants avec des chèvres, et deux aires de jeux ne manqueront pas de faire courir vos enfants ! Plusieurs stands sont à disposition des visiteurs qui souhaitent manger dans le parc. Une exposition permanente, des expositions temporaires permettent de comprendre l'importance de la biodiversité et le rôle des zoos dans la protection internationale des espèces.

SCHLOSS BLUTENBURG ★★

Seldweg 15 ✆ +49 89 8912110
www.blutenburg.de
Musée du château ouvert en semaine de 10h à 16h et le week-end de 14h à 17h. Adulte : 3 €, gratuit pour les enfants.

© MARKUS GANN - SHUTTERSTOCK.COM

Situé à seulement 5 km du château de Nymphenburg, changement d'endroit et changement de style ! Le beau **château de Blutenburg** (fin de la période gothique) a été édifié entre 1431 et 1440 le long de la rivière Würm sous le règne d'Albert III de Bavière. A l'origine château destiné à la chasse, il devient la résidence du duc Sigismund, fils d'Albert III, qui y a vécu et régné. Au XVIIIe siècle, le château est acquis par le Prince-Électeur Max-Emmanuel. Aujourd'hui, il abrite aussi l'Internationale Jugendbibliothek (bibliothèque internationale de la jeunesse) et le Michael-Ende-Museum.

SCHLOSSANLAGE SCHLEISSHEIM

Schlossanlage Schleissheim
✆ +49 89 3158720
www.schloesser-schleissheim.de
Châteaux ouverts tous les jours sauf le lundi. Carte combinée pour les 3 châteaux : 10 €. Réduit : 8 €.

Encore une résidence des Wittelsbach ! Et le domaine de Schleißheim, au nord de Munich, est absolument gigantesque ! D'abord, il y a le parc qui s'articule autour de canaux et de jardins à la française. Ensuite, il faut compter les trois châteaux construits aux XVIIe et XVIIIe siècles : l'**Altes Schloss** (Vieux château), le **Neues Schloss** (Nouveau château) et le **Schloss Lustheim** (Pavillon de plaisance). Bref, pour la visite complète, il faut prévoir une excursion à la journée.

SE LOGER

Globalement, il est difficile de se loger à Munich pour moins de 50 euros par nuit et par personne dans les hôtels (et ne rien espérer en dessous de 60 euros par nuitée lors de l'Oktoberfest). Une alternative abordable réside dans les auberges de jeunesse. La qualité standard des établissements hôteliers en Bavière est très élevée : les établissements sont toujours très propres et le service impeccable. Le petit-déjeuner est souvent proposé sous la forme de buffet. Les hôtels se trouvent partout dans la ville et les adresses excentrées ne sont pas forcément moins chères. Les tarifs indiqués ici sont ceux pratiqués durant l'année. Ils augmentent considérablement durant l'Oktoberfest ou en cas de foire. Munich présente une grande diversité d'hébergements : des hôtels de luxe, tout comme des auberges familiales, des pensions rustiques et des hôtels-wellness, des hôtels sobres et des hôtels design, des chaînes et des hôtels indépendants.

HOTEL EDER €

Zweigstraße 8
✆ +49 89 554 660
www.hotel-eder.de

Chambre simple de 55 € à 180 €, double de 65 € à 230 €, triple de 89 € à 270 € et quadruple de 99 € à 300 €.

La famille Eder dirige de main de maître ce petit hôtel de tradition depuis 1947, proche de la gare centrale. Le beau lustre à chandelier confère aux lieux une atmosphère solennelle mais l'impression est trompeuse : le personnel vous accueillera gentiment et sans manières. Attention : en raison de la proximité de la Theresienwiese, les tarifs sont multipliés par trois pendant l'Oktoberfest. Petit-déjeuner buffet compris dans la réservation. Wifi gratuit. L'Hotel Eder est une bonne adresse pour une immersion bavaroise en plein dans la grande ville.

JAEGER'S HOSTEL €

Senefelderstraße 3
✆ +49 89 555 281
www.jaegershotel.de

Happy-hour du bar 18h-22h, ambiance décontractée et bonne musique. Dortoirs à partir de 22 €, chambre simple de 178 €.

A dix minutes à pied de la Theresienwiese, à deux pas de la gare centrale, le Jaegers est à la fois une auberge de jeunesse et un hôtel d'un excellent rapport qualité-prix. Les chambres côté rue sont sobres mais modernes et lumineuses ; salles de bains et literie de qualité. Les jeunes qui voyagent entre amis se choisiront une chambre à 4, 6, 8 ou 10 lits. Les dortoirs sont réservés aux moins de 36 ans. La réception-salle commune présente une décoration originale pour une auberge de jeunesse : on se croirait dans un petit pavillon de chasse.

MOTEL ONE MÜNCHEN-SENDLINGER TOR €

Herzog-Wilhelm Straße 28
✆ +49 89 517 772 50
www.motel-one.com

Chambre simple à partir de 109 €. Petit déjeuner inclus. Wi-fi gratuit dans les chambres.

La chaîne Motel One possède plusieurs autres hôtels semblables sur Munich. Il compte aussi des établissements en Autriche et dans toutes les grandes villes du pays. Un superbe petit hôtel gai et lumineux à bas prix. Ces hôtels ont reçu prix et distinctions des associations de consommateurs allemands et se classent comme les meilleurs hôtels petit budget du moment. La qualité allemande et le modernisme à moindre prix. Excellent emplacement et très bon service pour celui-ci.

THE 4 YOU HOSTEL & HOTEL MUNICH €

Hirtenstraße 18
✆ +49 89 552 16 60
www.the4you.de

Lit en dortoir à 35 € par personne. Chambre double à 138 € par personne.

Auberge très bon marché et à l'ambiance chaleureuse, ce qui ne signifie pas que c'est la fête tous les soirs. Seulement à 200 mètres de la gare centrale. Dortoirs de 4 à 12 lits et plusieurs chambres doubles également. Services proposés : petit déjeuner inclus, wifi gratuit, *Biergarten*, bar ouvert tous les jours et *happy hours*. Billard. Si vous avez besoin d'un conseil, le personnel du bar ne manque pas de bons plans dans la ville. La direction est française.

WESTEND HOTEL €

Schwanthalerstraße 121
✆ +49 89 5409860
www.westend-hotel.de
Chambre simple à partir de 39 €/nuit et double à partir de 49 €/nuit. Petit-déjeuner à 4 €.

Les prix sont si bas qu'on se demande où est le hic ! Mais non, c'est tout simplement une adresse à des prix abordables. Tout y est très correct. Les chambres sont tout équipées, il ne manque rien. Petit clin d'œil à l'amusante numérotation des portes des chambres. Le petit déjeuner est rudimentaire (café, jus, pain, un seul type de fromage) mais ça dépanne et le prix est absolument imbattable. Pour la même somme, vous n'aurez pas beaucoup plus qu'un cappuccino dans n'importe quel café de la ville. Machine à café en self-service.

CITY APARTHOTEL MUNICH €€

Sonnenstraße 18
✆ +49 89 461 3530
www.city-aparthotel.de
Prix variables selon les catégories et les saisons. Petit déjeuner inclus. Tarifs longue durée pour les appartements.

Un hôtel central et pratique, situé à équidistance entre la gare centrale et la *Marienplatz*. D'une propreté irréprochable, cet hôtel moderne et design propose aussi des appartements entièrement équipés à la location : kitchenette, machine à laver, etc. Des logements climatisés et insonorisés tout à fait adaptés pour un séjour de longue durée à Munich. Service de blanchisserie et tables de repassage à disposition. Sinon, la salle commune, la bibliothèque, le bar et le restaurant vous accueilleront du matin au soir. Bref, il y a tout ce qu'il faut sur place !

DERAG LIVINGHOTEL PRINZESSIN ELISABETH €€

Geyerstraße 52
✆ +49 89 720 170
www.deraghotels.de
Chambre simple à partir de 142 €, double à partir de 170 €. Wi-fi gratuit.

Situé dans l'agréable quartier de Glockenbach au sud du centre-ville de Munich et à quelques pas seulement de la rivière Isar. L'hôtel met à disposition de sa clientèle le restaurant Makassar (qui propose une cuisine française et même antillaise) et un centre de remise en forme et de bien-être afin d'agrémenter votre séjour le temps d'un week-end ou d'un plus long séjour. Chambres un peu rétro mais confortables. Quelques appartements disponibles.

GAMBINO HOTEL WERKSVIERTEL €€

Atelierstraße 7
✆ +49 89 998280611
gambinohotels.com
À partir de 169 € la nuit dans une chambre double.

Voilà l'adresse idéale pour les couples en quête d'une nuit douillette au cœur d'un quartier animé : situé à deux pas du quartier festif du Werksviertel, cet hôtel moderne propose des chambres spacieuses, propres et confortables. Le plus ? Le mobilier vintage et l'architecture industrielle qui apportent un certain cachet à cet hôtel situé à seulement 600 mètres de la gare de Munich Est. Demandez à réserver les chambres offrant une vue sur la ville !

© OLIVERFLORIAN.COM

© OLIVERFLORIAN.COM

EURO YOUTH HOTEL €€

Senefelderstraße 5
✆ +49 89 599 0880
www.euro-youth-hotel.de

Chambre double de 89 €. Autour de 15 € en dortoir (35 ans maximum dans les dortoirs).

À deux pas de la gare centrale, cette auberge est ouverte en permanence. Les plus jeunes touristes de la ville s'y retrouvent dans une ambiance qui rappelle *L'Auberge espagnole* de Cédric Klapisch. On y parle toutes les langues avec une clientèle internationale souvent jeune et avide de nouvelles rencontres. Le soir, le bar s'anime avec les dernières musiques à la mode et propose, en plus de la sacro-sainte bière, des cocktails à tout petit prix, des shooters... Pizzas et sandwiches à toute heure (ou presque) pour ceux qui ont un petit creux.

HOTEL AM VIKTUALIENMARKT €€

Utzschneiderstraße 14 ✆ +49 089 231 1090
www.hotel-am-viktualienmarkt.de

Chambre simple à partir de 59 €, double partir de 149 €. Appartement à partir de 209 €. Petit déjeuner compris.

Les chambres, au style moderne et épuré, offrent tout le confort qui se doit. La courtoisie et la gentillesse du personnel rendent le séjour encore plus agréable. Un charmant petit hôtel de 26 chambres rénovées en 2011 à même pas 5 min du Viktualienmarkt et à peine plus pour rejoindre la Marienplatz. Il y a aussi un appartement pour 5 personnes, pratique si l'on vient en famille ou avec un grand groupe. Un vrai plus : la possibilité de louer gratuitement des vélos sur place. L'emplacement est parfait pour explorer la vieille-ville et le Glockenbachviertel.

FALKENTURM BOUTIQUE HOTEL €€

Falkenturmstraße 3
✆ +49 89 232 395 90
www.hotel-falkenturm.de

Chambre double à partir de 145 €. Wifi gratuit.

Un petit hôtel sympathique dans les petites rues romantiques de la vieille ville. On est proche d'absolument tout ! La rue est calme, mais au tournant il y a la très animée place nommée Platzl, où l'on trouve plusieurs tavernes traditionnelles. Toutes les chambres, très confortables, disposent d'une salle de bains avec baignoire, d'un sèche-cheveux, d'une télévision, d'un téléphone, d'un coffre-fort et d'un minibar (consommations à régler au check-out). Internet à volonté.

HOTEL BLAUER BOCK €€

Sebastiansplatz 9
✆ +49 89 231 780
www.hotelblauerbock.de

Chambre simple à partir de 175 €, double à partir de 265 €. Petit déjeuner et wi-fi inclus.

Un hôtel très central pour découvrir la belle ville munichoise. Les chambres, tout de blanc vêtues, sont accueillantes et de bon goût. Une vraie touche bavaroise avec des équipements très modernes. Les chambres « economy » partagent une salle de bains sur le palier du deuxième étage. Le « Bélier bleu » est un petit pied-à-terre fort sympathique, une excellente adresse à Munich, mais aussi une des meilleures offres au niveau rapport qualité-prix en centre-ville. Garage souterrain : sa réservation antérieure est indispensable.

HOTEL ALTMÜNCHEN BY BLATTL €€

An der Hauptfeuerwache 14
✆ +49 89 231 880
www.acanthushotel.de

Chambre double à partir de 268 €.

Il ne faut pas se fier à sa façade grisâtre dénuée de charme. L'hôtel Altmünchen est un hôtel confortable doté de chambres coquettes et propres, la plupart équipées de baignoires. On y trouve tout ce qu'il faut : bureau, fauteuil, armoire, histoire de s'installer confortablement. Une bonne solution intermédiaire entre les hôtels bon marché et les établissements de luxe du vieux centre. Sachez qu'on vous demandera de laisser la clé à la réception en sortant en journée.

HOTEL BRUNNENHOF €€

Schillerstraße 36 ✆ +49 895 451 00
www.brunnenhof.de

Chambre simple à partir de 77 €, double à partir de 108 €, triple de 132 € et chambre familiale de 159 €.

Lieu traditionnel et calme à proximité des transports, 5 min de la gare centrale et 10 minutes de l'hypercentre. Une chambre familiale de 6 lits est proposée, pratique pour être en famille. Accueil francophone. Les chambres sont modernes et très propres, toutes décorées avec de jolis tons de couleurs (blanc, gris et bleu) et bien équipées : salle de bains, bureau, TV, wifi gratuit. Les chambres sont plutôt spacieuses et certaines sont adaptées aux hôtes en fauteuil roulant. Bon petit déjeuner avec des confitures faites maison. Tarifs doubles pendant l'Oktoberfest.

HOTEL DANIEL €€

Sonnenstraße 5
✆ +49 89 548 240
www.hotel-daniel.de
Chambre simple à partir de 169 €, double à partir de 199 à 214 € en fonction du confort souhaité.

Un petit hôtel sans grandes prétentions vu de l'extérieur, à deux pas de la Karlsplatz et seulement 5 minutes de la Marienplatz. Des chambres confortables tout équipées (douche, WC, bureau, sèche-cheveux) mais sur la Sonnenstraße la circulation automobile peut être intense en fin de journée. Si vous n'êtes pas trop sensible au bruit, cela ne posera pas de problème et vous apprécierez cet emplacement très central, qui permet de faire une grande partie de ses déplacements à pied. Forte augmentation des prix pour l'Oktoberfest. Wifi gratuit.

HOTEL DEMAS CITY €€

Landwehrstraße 19
✆ +49 89 693 399 0
www.demas-city.de
Chambre double à partir de 132 €, suite à partir de 182 €. Petit déjeuner inclus.

Si la rue où il se situe, la Landwehrstraße, n'est pas très glamour, n'y prêtez guère attention car l'hôtel en lui-même est d'une qualité irréprochable. Les chambres, si elles ne sauraient vous extasier par leur audace esthétique, sont en revanche bien conçues, fonctionnelles et propres. Du reste, le wifi est gratuit et avec un débit raisonnable. Enfin, l'hôtel a pour lui d'être géographiquement très proche de la gare centrale (comptez à pied moins d'une dizaine de minutes) et guère plus éloigné du centre-ville historique (comptez un quart d'heure de marche).

GAMBINO HOTEL CINCINNATI €€

Auguste-Kent-Platz 4
✆ +49 176 67677955
www.gambinohotels.com
Chambre double à partir de 94 €.

© NIEDER UND MARX

Pour un confort jubilatoire, posez vos valises au Cincinnati ! Ici, les chambres, simples, mais coquettes, sont designées avec goût. Elles offrent une déco sobre relevée par de beaux rideaux aux couleurs vives et une literie aux tons pastel. Idéal pour découvrir Munich, l'hôtel est parfaitement situé pour visiter la ville. La station de métro Fasangarten est à 100 mètres seulement et vous pourrez rejoindre le centre-ville en 15 minutes à pied ! Sur place, le personnel de l'hôtel est très sympathique et serviable. Une adresse d'un bon rapport qualité-prix.

HOTEL DEUTSCHE EICHE €€

Reichenbachstraße 13
✆ +49 89 2311660
www.deutsche-eiche.de
Chambre simple à partir de 88 €, double à partir de 165 €, appartement et suite à partir de 205 €.

Un hôtel stylisé qui comprend des chambres confortables, un restaurant gourmet et un sauna raffiné. La communauté gay y a ses habitudes mais pas seulement. L'hôtel Deutsche Eiche est aussi connu dans Munich pour sa terrasse panoramique au dernier étage de l'immeuble : sur ce très beau rooftop, on pourra savourer un cocktail avec vue sur les Alpes et les toits de Munich. Wifi gratuit dans tout l'hôtel. Le quartier regorge d'autres sympathiques adresses, idéales pour les voyageurs LGBTQ. Un excellent établissement dans un très beau quartier.

HOTEL EXCELSIOR €€

Schützenstraße 11
✆ +49 89 551 370
www.excelsior-hotel.de
Chambre simple à partir de 120 €, double à partir de 130 €, suite à partir de 250 €

Mélange d'ambiance bavaroise et méditerranéenne à l'Hotel Excelsior : étonnante rencontre aussi de la modernité et des éléments de décoration champêtres traditionnels. Le personnel de l'hôtel est très prévenant, les chambres, confortables, sont bien entretenues ; ville et gare centrale sont à portée de main. En tout, l'Hotel Excelsior compte 114 chambres de grand standing : de la chambre simple à la suite luxueuse, toutes équipées de baignoires, avec peignoir et chaussons mis à disposition pour le plus grand confort. Wifi gratuit dans tout l'établissement.

HOTEL GÄSTEHAUS ENGLISCHER GARTEN €€

Liebergesellstraße 8 ✆ +49 893 839 410
www.hotelenglischergarten.de
Chambre simple de 93 € (sans salle de bains) à 194 € (avec), double de 109 € (sans) à 259 € (avec).

La proximité du Jardin Anglais donne un petit air de campagne à ce quartier de Munich. Établissement à l'atmosphère bucolique et champêtre. N'y séjourner que si les chambres côté parc sont disponibles : vue exceptionnelle sur la rivière et le lac. Jardin pour prendre son petit déjeuner aux beaux jours. Le petit déjeuner, assez copieux et roboratif, est proposé contre un supplément. Cela reste une adresse assez chère toutefois pour des chambres sans salle de bains !

HOTEL MARIANDL €€

Goethestraße 51
✆ +49 89 552 9100
www.mariandl.com
Chambre simple à partir de 69 €, double de 79 € (sanitaires extérieurs privés) à 135 € (salle de bains privative).

Un bel hôtel de charme et le plus vieux café-concert de Munich (depuis 1899). Il fait aussi restaurant pour le plus grand plaisir de ses hôtes. Chambres de caractère, mobilier ancien, parquet de bois et authentique escalier d'époque, l'établissement a un véritable cachet ! Le petit déjeuner se prend en bas au café (Am Beethovenplatz), au son le plus souvent du piano à queue. Faisant face à la bibliothèque universitaire de médecine, l'endroit profite de l'animation de la rue. En période d'Oktoberfest, les prix des chambres doublent.

HOTEL ISARTOR €€

Baaderstraße 2-4
✆ +49 89 216 3340
www.hotel-isartor.de
Chambre simple à partir de 108 €, double à partir de 140 €. Petit déjeuner buffet inclus.

D'extérieur l'hôtel ne présente pas grand intérêt mais l'intérieur se révèle très agréable : l'hôtel Isartor offre aux voyageurs des chambres confortables, modernes et la literie est de qualité. Un espace fitness et bien-être avec sauna est à la disposition des clients. Wifi gratuit. De plus, il est difficile de dénicher beaucoup d'hôtels de cette catégorie à des prix aussi raisonnables. A la réception, on pourra louer des vélos, acheter des titres de transport et réserver des visites. Pratique pour une première orientation !

HÔTEL SCHLICKER €€

Tal 8
✆ +49 89 242 8870
www.hotel-schlicker.de
Chambre simple dès 115 €, double dès 180 €, suite dès 260 €. Petit déjeuner inclus.

Un hôtel confortable et surtout extrêmement bien placé, au cœur de la vieille ville. Rénové de fond en comble en 1993, le Schlicker est une des plus anciennes auberges de Munich puisque dans les registres du cadastre Zum Goldenen Löwen était déjà mentionné au XVIe siècle. Aujourd'hui, c'est un hôtel de charme une nouvelle fois en cours de rénovation qui offre des chambres confortables, toutes équipées de salles de bains individuelles et dont certaines profitent de la vue sur le Viktualienmarkt. La salle du petit déjeuner est lumineuse.

HOTEL JEDERMANN €€

Bayerstraße 95
✆ +49 89 543 240
www.hotel-jedermann.de
Chambre double à partir de 261 €. Petit déjeuner inclus.

Encore un hôtel de tradition tenu par la même famille depuis plus de 60 ans… Bien situé entre la gare centrale (Hauptbahnhof) et le champ de foire de la Theresienwiese, il est le point de départ idéal pour toutes vos escapades. La maison est très appréciée, sans doute aussi pour ses copieux petits déjeuners et l'agréable ambiance du bar de l'hôtel. Wifi disponible et gratuit dans toutes les chambres. Côté déco, rien de très particulier à noter : c'est fonctionnel et sans charme particulier. Sur-tarification pendant l'Oktoberfest.

RUBY LILLY €€

Dachauer Straße 37
✆ +49 89 954570820
www.ruby-hotels.com
Chambre individuelle à partir de 79 €, chambre double à partir de 94 €. Tarifs plus élevés pendant l'Oktoberfest.

Cet hôtel élégant et branché dispose de 174 chambres luxueuses dans la Maxvorstadt. Déco design, service adorable, petit-déjeuner excellent : rien à dire, tout est bon à prendre dans ce très bel hôtel où les créatifs de passage à Munich ont leurs habitudes. Qu'est-ce qui distingue le Ruby Lilly des autres hôtels design ? La terrasse-bar panoramique tout d'abord. Les espaces cuisine ensuite où l'on pourra venir se faire un thé à toute heure. Les enceintes Marshall, enfin, dans les chambres pour écouter la musique à fond sous la douche.

25 HOURS HOTEL - THE ROYAL BAVARIAN €€€

Bahnhofplatz 1
✆ +49 89 9040010
Chambre double à partir de 210 € par nuit. Compris : petit déjeuner dans le restaurant NENI au rez-de-chaussée.

Voilà un hôtel original avec une décoration foisonnante, furieusement fantaisiste : traîneau à la réception, fauteuil en forme de cygne, canapé et musique dans l'ascenseur, etc. Les créateurs du lieu ont laissé libre cours à leur imagination et sont parvenus à créer un lieu farfelu, excentrique, plein d'humour et de charme. Les chambres combinent le bois des chalets alpins avec des éléments de déco rétro-chic et un vrai sens du détail. Sauna au dernier étage.

EDEN HOTEL WOLFF €€€

Arnulfstraße 4
✆ +49 89 55 11 50
www.eden-hotel-wolff.de
Chambre individuelle à partir de 120 €, chambre double de 153 €, suite de 330 €. Petit-dejeuner non compris.

Mélange de modernité et de tradition pour cet hôtel au service impeccable. Pourvu de plusieurs salons et salles de conférences, il conviendra aussi aux hommes et femmes d'affaires de passage ou aux congressistes. Mais même pour un court ou long séjour, en famille ou à deux, vous serez séduit par la belle atmosphère de ce grand hôtel. Petit déjeuner non compris dans la réservation. L'accès à l'espace fitness et bien-être (sauna, hammam, solarium) est gratuit pour les résidents de l'hôtel. Wifi gratuit. Tarifs moins élevés le week-end.

HOTEL BAYERISCHER HOF €€€

Promenadeplatz 2-6
✆ +49 892 120 0
www.bayerischerhof.de
Chambre simple à partir de 430 €, double à partir de 530 €. Une soixantaine de suites autour de 2 000 €.

Le grand palace de Munich par excellence. Louis Ier de Bavière souhaita dès 1840 la construction d'un très grand hôtel, à la mesure de la puissance et du faste de la capitale bavaroise. Il englobe encore aujourd'hui l'ancien palais Montgelas. Un spa à la décoration raffinée complète l'offre haut de gamme. Galerie d'exposition d'objets de luxe au rez-de-chaussée ; le Bayerischer Hof met pas moins de cinq restaurants à la disposition de ses clients ! Le *night club* est réputé dans tout Munich pour son atmosphère décontractée et ses cocktails.

MOMA1890 BOUTIQUE HOTEL €€

Orleansplatz 6a
✆ +49 89 4482424
www.moma1890.com
Chambre double entre 150 et 350 € la nuit.

Depuis quatre générations, cet hôtel haut de gamme au charme incontestable accueille ses hôtes dans pas moins de 51 chambres ! Personnalisées et aménagées avec goût, les chambres au design épuré et aux tapisseries colorées ont été conçues différemment par l'architecte Kurt Seidel, père des deux frères propriétaires. D'autre part, les pièces maîtresses ont été aménagées avec des meubles design de Vitra, Le Corbusier, Hansen ou encore Eames & Co. Véritable cocon situé au cœur de Munich, le Moma 1890 vous promet un séjour aussi confortable que luxueux !

© MOMA1890

© MOMA1890

MUNICH

HOTEL OPERA €€€

St.-Anna-Straße 10
✆ +49 892 104 940
www.hotel-opera.de
Chambre standard à partir de 170 €, double à partir de 190 €.

Construit sur l'eau, au-dessus de l'Eisbach, petit ruisseau bouillonnant du jardin anglais, l'hôtel Opéra, palais datant de 1898, servait de garde-manger pour la cour du roi (on conservait les fruits de mer dans l'eau glacée). La façade de l'hôtel rappelle celle d'un palais de la Renaissance italienne. Transformé en hôtel dans les années 1970, les chambres sont meublées d'antiquités et la cour intérieure Renaissance attire le regard. Petit déjeuner inclus, wifi. Beaucoup de charme dans cet hôtel 4-étoiles avec ses chambres décorées d'antiquités.

HÔTEL TORBRÄU €€€

Tal 41
✆ +49 89 24 234 234
www.torbraeu.de
Chambre simple dès 190 €, double 240 €, triple 320 €. Petit déjeuner compris.

L'histoire du Torbräu débute en 1490, avant même que Christophe Colomb ne découvre le Nouveau Monde... Il fut le lieu de villégiature de poètes et de musiciens : Heinrich Heine, Felix Mendelssohn-Bartholdy ou Franz Liszt furent séduits par son atmosphère. L'hôtel dispose de 90 chambres à la décoration originale très calmes et climatisées. Des prix certes élevés mais la tradition a un prix. L'hôtel dispose d'un très bon restaurant baptisé Shapeau, du très élégant Klimt Bar et d'une cafétéria servant de délicieux gâteaux. Le petit déjeuner est excellent.

HOTEL VIER JAHRESZEITEN KEMPINSKI €€€

Maximilianstraße 17
✆ +49 89 2125 0
www.kempinski-vierjahreszeiten.de
Chambre simple à partir de 320 €, double à partir de 340 €, suite à partir de 755 €.

Un magnifique hôtel de luxe, situé dans une rue prestigieuse de Munich. Vous profiterez des différents salons lors de votre séjour. Les chambres sont très confortables, spacieuses et décorées avec beaucoup de raffinement. L'histoire de l'hôtel remonte au XIXe siècle, il a été ouvert à la demande du roi Max II. A l'étage, on peut profiter de la piscine et de tout le complexe « wellness » de remise en forme. Spa ouvert aux personnes extérieures (60 € par jour, 75 € le week-end).

LOUIS HOTEL €€€

Viktualienmarkt 6
✆ +49 89 41119080
www.louis-hotel.com
Chambre double à partir de 198 €. Salle de sport.

Le Louis Hotel est le pied-à-terre idéal pour explorer Munich, puisqu'il jouit d'un emplacement de rêve à deux minutes à pied de la Marienplatz, dans le centre historique. Ses 72 chambres sont élégantes et offrent une atmosphère reposante, dans les tons bois, chauds et naturels. La literie, 100 % coton, favorise le sommeil réparateur dont chacun a besoin après une journée chargée en visites. On aime le mobilier rétro-chic, qui nous rappelle que le bâtiment qui abrite l'hôtel est plus que centenaire. Une belle adresse où l'on se sent bien.

MANDARIN ORIENTAL €€€

Neuturmstraße 1
✆ +49 89 290 980
www.mandarinoriental.com
Chambre double à partir de 800 €, suite junior à partir de 1 190 €, suite présidentielle à partir de 16 000 €.

Le Mandarin Oriental est l'hôtel 5 étoiles préféré des ténors et des divas de passage à Munich. Rien d'étonnant à cela : le Mandarin est situé dans un quartier très calme et ses terrasses offrent une vue exceptionnelle sur les cimes des Alpes qui se détachent derrière les toits de la ville. Les 48 chambres et les 25 suites sont toutes d'un très grand luxe, décorées avec beaucoup de soin et de goût. Piscine, sauna, salle de fitness. Wifi disponible et gratuit dans les suites. Sans doute l'un des plus beaux hôtels de tout Munich.

SCHILLER 5 €€€

Schillerstraße 5
✆ +49 89 515 040
www.schiller5.com
Chambre simple à partir de 139 €, double à partir de 189 €, suite à partir de 279 €.

Multi-récompensé, cet hôtel très stylé néo-tech proche de la gare centrale est une valeur sûre pour votre séjour à Munich. Les chambres sont agencées avec goût et parfaitement équipées (salle de bains, TV, safe, appareil à thé et café et surtout la très pratique kitchenette !). Le wifi est gratuit. Pour le parking, il faut compter 19 € par jour mais considérant l'emplacement, vous trouverez difficilement moins cher à proximité. Le petit déjeuner (délicieux et complet) est inclus dans certaines formules disponibles sur Internet.

INTERVIEW

LE MOMA 1890 BOUTIQUE HOTEL

RACONTÉ PAR MAXIMILIAN SEIDEL ET SON FRÈRE MORITZ

Qu'est-ce qui rend le MOMA 1890 si spécial ?

Chaque chambre y est unique : les couleurs, les revêtements de sol, les matériaux et les papiers peints ont été choisis un par un, comme la sélection de meubles et luminaires assortis. Le résultat est une œuvre complète unique. Soucieux de la durabilité de nos équipements, nous travaillons depuis longtemps avec les mêmes artisans et distributeurs, ainsi qu'avec des partenaires locaux qui s'engagent à nous aider à meubler notre établissement.

C'est aussi son histoire qui m'est chère. Notre arrière-grand-père était un entrepreneur courageux qui a décidé d'acheter le bâtiment construit en 1890 et d'y ouvrir le Gasthof zur Stadt Rosenheim. En 1871, la ligne de chemin de fer reliant Munich à Rosenheim a été achevée et s'est terminée sur l'Orleansplatz. C'est ainsi qu'est né le nom que l'auberge, puis l'hôtel, porté jusqu'en 2021. Notre père, architecte, possède une grande expérience dans la création d'espaces où les gens se sentent à l'aise et notre mère est issue de l'industrie hôtelière.

Quelques mots sur Munich ?

Munich possède encore de vrais quartiers avec un charme unique. L'un des plus populaires aujourd'hui est Haidhausen - dit le «quartier français» - avec son mélange de restaurants, cafés et bars traditionnels et branchés. D'ailleurs, depuis le MOMA 1890, on peut accéder rapidement à presque tous les quartiers de Munich en transports publics, à vélo ou à pied.

Par où commencer la visite ?

En face de l'hôtel, vous pouvez emprunter la ligne 21 du tramway et traverser Haidhausen jusqu'au Maximilianeum. Descendre jusqu'à l'Isar, traverser la Maximilianstraße et la zone piétonne jusqu'au Stachus et continuer jusqu'à la gare centrale. En tant que surfeur munichois, je vais souvent à l'Eisbachwelle pendant l'heure du déjeuner. Pour les amateurs de musique live, le Jazzclub Unterfahrt accueille des musiciens de jazz de renommée internationale.

MOMA1890 BOUTIQUE HOTEL

Orleansplatz 6a
✆ +49 89 4482424
www.moma1890.com

© MOMA1890

© MOMA1890

© MOMA1890

SE RÉGALER

La Bavière est connue pour ses *Gaststätten*, ces restaurants qui respirent les tavernes d'antan : elles proposent une cuisine traditionnelle et brassent parfois leur propre bière. Les restaurants munichois offrent à leurs convives tradition et modernité, c'est ce qui fait indéniablement tout le charme de la ville. On y trouve ainsi une cuisine traditionnelle dans des cadres modernisés ou bien des décors pleins d'allusions au passé avec une cuisine qui revisite avec finesse les plats des grands-parents. Munich compte aussi d'excellents restaurants gastronomiques et, depuis 2023, un restaurant 3-étoiles. A Munich, comme partout en Allemagne, on peut se restaurer sur le pouce dans des kebabs ou dans un *Imbiss (collation en allemand)*, ces petits établissements de restauration rapide. Toujours dans la catégorie des prix raisonnables, on pourra citer les différents marchés, comme le très célèbre Viktualienmarkt.

© ALEXRATHS - ISTOCKPHOTO

Schweinshaxe.

AYINGER €€

Platzl 1A ✆ +49 89 23703666
www.ayinger-am-platzl.de
Ouvert tous les jours de 11h à 23h. Cuisine jusqu'à 22h. Petit-déjeuner : 10,90 €. Midi : 9,90 €. Plats 12-27 €.

Une institution ! Des traditionnelles saucisses blanches bavaroises pour le petit déjeuner jusqu'au poisson frais des lacs du sud de l'Allemagne, le restaurant sert des plats simples et frais. On n'oublie pas de compléter son repas avec une bonne bière, le bar en possède une belle collection, dont six à la pression. La gamme complète comprend dix types de bière (Bairisch Pils, Urweisse, Weizenbock, etc.), brassées selon des recettes originales depuis 1878 au sud de Munich, dans la commune d'Aying (d'où le nom du restaurant !). Cadre et cuisine authentiques.

MURAL RESTAURANT €€€

Hotterstraße 12 ✆ +49 89 23 02 31 86
www.muralrestaurant.de
Ouvert du mardi au samedi dès 19h. Menu à partir de 155 €.

Comment ne pas succomber ? Adresse à la fois cosy et moderne, Mural est situé dans le musée d'art urbain et contemporain du centre-ville de Munich. La décoration aux touches industrielles et l'atmosphère élégante des lieux vous invitent à un dîner intimiste et original. Le chef Joshua Leise, 1 étoile Michelin, propose une redéfinition du goût à travers une cuisine locale et de saison. Belle carte des vins, équipe jeune et dynamique et explosion de saveurs en bouche garantie ! Même les palais les plus exigeants seront séduits par les saveurs locales.

BOHNE & MALZ €

Sonnenstraße 11
✆ +49 89 557179
www.bohneundmalz.de
Ouvert tous les jours à partir de 10h. Petit déjeuner à partir de 9,50 €. Plats à partir de 15,40 €.

On va chez Bohne & Malz pour les très prisés petits-déjeuners et *brunchs*. On y trouvera le petit-déjeuner traditionnel bavarois, avec ses saucisses blanches (le *Münchner Frühstück* dans la carte du Bohne & Malz) mais aussi toutes autres sortes d'assiettes savoureuses avec des œufs au plat, du bacon, du yaourt, etc. Tout ce qu'il faut pour bien commencer la journée ! Ne manquez pas les traditionnelles escalopes munichoises ou viennoises ! Les cartes sont disponibles en allemand, anglais et italien et le personnel est également trilingue.

BRENNER €€€

Maximilianstraße 15
✆ +49 89 452 2880
www.brennergrill.de
Ouvert du lundi au mercredi de 8h30 à minuit, du jeudi au samedi de 8h30 à 01h. Plats de 18,50 à 45 €.

C'est le plus beau et le plus chic restaurant italien de Munich. Sous ses hautes voûtes en pierre de taille et entourée par sa large baie vitrée, la cuisine du Brenner trône fièrement en plein milieu de l'énorme salle du restaurant, scindée en deux avec un espace lounge/bar à l'entrée. On ne peut pas dire que la composition de la carte sorte des sentiers battus, mais la réalisation est excellente et parfois même plutôt surprenante. Ne pas hésiter à réserver votre table du soir, même en semaine. Le service y est irréprochable.

BRATWURSTHERZL AM VIKTUALIENMARKT €

Dreifaltigkeitsplatz 1
✆ +49 89 295 113
www.bratwurstherzl.de
Ouvert du lundi au samedi de 10h à 23h. Plat du jour ≈ 7 €. Plats principaux de 9 € à 16 €.

Dans une maison de presque 400 ans (citée dans des documents historiques datant de 1633), ce restaurant ouvert en 1901 est un véritable coup de cœur. En plus des plats du jour, différentes tailles de plats vous seront proposées : débutant, jouisseur ou professionnel ! Les saucisses sont préparées sur un gril de bois en hêtre. En terrasse sur Viktualienmarkt quand il fait beau, la vue est magnifique. Une vraie bonne adresse munichoise authentique !

CAFÉ GUGLHUPF €

Kaufingerstraße 5
✆ +49 89 26 08 868
www.cafe-guglhupf.de
Ouvert du dimanche au vendredi de 10h à 19h et le samedi de 9h à 19h. Plats de 11,50 à 13,90 €.

Un bon restaurant de journée apprécié des Munichois. Planqué dans les dédales qui bornent la Kaufingerstraße, ce restaurant dans le plus pur style bavarois – personnel costumé, rambardes en bois et chaises qui grincent – saura ravir les amateurs de bonnes saucisses. Ne pas s'arrêter à son look de façade qui ferait passer ce restaurant pour une vulgaire cafétéria de centre commercial. La cour propose des tables et de confortables fauteuils sur des palettes, l'idéal pour prendre un verre à l'ombre l'après-midi pendant les mois d'été.

GÜRMET WEIN & MEZE AM MARKT €

Viktualienmarkt Laden 9

✆ +49 89 93094877

www.gürmet.de

Ouvert du mardi au samedi à partir de 10h, vente de vin. Plat à partir de 11,50 €.

Embarquez pour un voyage gustatif entre la culture turque et la modernité munichoise ! Rendez-vous au stand de Mete et Sarah, au cœur du Viktualienmarkt, pour déguster de bons plats préparés par ces deux cuisiniers passionnés. Produits frais et de saison, circuit court et agriculture durable : le couple parie sur la qualité de ses mets et propose aussi des plats végétaliens. Profitez des mezzé de Sarah et de la sélection de vins de Mette sans oublier de goûter au moka turc !

HACKERHAUS €

Sendlingerstraße 14

✆ +49 89 260 5026

www.hackerhaus.de

Ouvert tous les jours de 11h à 23h. Plats entre 9 et 30 €.

Bienvenue dans le lieu historique de la brasserie Hackerhaus, qui produit la fameuse Hacker-Pschorr. Un lieu emblématique et représentatif de la culture bavaroise pour les brasseries. A l'intérieur, mobilier en bois ciré et tables individuelles recouvertes de jolies nappes blanches. Il en ressort une ambiance calme et romantique dont vous profiterez pleinement dans la cour intérieure aménagée avec goût. La fierté des brasseurs de la Hackerhaus, maison six fois centenaire, se manifeste également par l'exposition de la plus grande chope de bière.

KRAUT & MÜLLER €

Au sein du Vistualienmarkt

www.krautundmueller.de

Ouvert du mardi au vendredi de 10h à 18h et le samedi de 10h à 16h.

Du côté sud du marché de Vistualienmarkt, ce charmant stand offre une immersion particulière dans le terroir bavarois. Derrière le comptoir, Susanne, originaire de Ratisbonne, vous parlera avec passion de la région, en allemand ou dans un parfait anglais. Vous trouverez des recettes typiques du Haut-Palatinat, fermentées en bocaux, un large choix de produits chargés d'histoire et beaucoup d'autres surprises : charcuterie, bière artisanale, caramel au lait de chèvre de la ferme ou encore pain d'épices. Tout est sans additif et fabriqué de manière traditionnelle.

LEGER €€

Kaufinger Straße 24

✆ +49 89 210 20 530

www.legeramdom.de

Ouvert tous les jours de 11h à 20h. Plats aux alentours de 15-33 €. Le midi : 13 €.

Sûrement la terrasse avec la plus belle vue sur la cathédrale Notre-Dame de Munich. Fort heureusement, les propriétaires ne se reposent pas uniquement sur sa situation. Ouvert en mars 2018, ce restaurant est une bonne adresse dans le centre-ville de Munich. Les plats sont simples mais très réussis. Au menu : pâtes, salades composées, viandes et poissons, planches de charcuterie. La cuisine privilégie les produits locaux avec des recettes du monde entier. Un lieu à la fois chic, moderne et confortable pour bien manger sans se ruiner. Prix intéressants le midi.

POSEIDON AM VIKTUALIENMARKT €

Westenriederstraße 13

✆ +49 89 299 296

www.fisch-poseidon.de

Ouvert du lundi au vendredi de 8h à 18h et fermeture à 16h le samedi.

Pour les amateurs de poisson qui n'ont pas trop le temps de s'attabler à midi. Et autant le dire tout de suite, en face du Viktualienmarkt le poisson frais est une religion. Et il y en a de toutes sortes. Des sandwiches à déguster sur le pouce, debout sur les petites tables hautes. Le Poseidon existe depuis 1984 au même endroit, en plein centre de Munich. Parmi les plats les plus plébiscités : les crevettes grillées en salade ou l'assiette de fruits de mer le 1er samedi de chaque mois.

RESTAURANT JAN - JAN HARTWIG €€€

Luisenstrasse 27

✆ +49 89 23 70 86 58

https://jan-hartwig.com/

Menu dégustation 320 € sans boissons. Menu réduit à 255 € sans boissons, déjeuner seulement. Réservation indispensable.

Tout simplement exceptionnel, ce restaurant, fraîchement décoré en avril 2023 d'une troisième étoile Michelin, vaut le déplacement à Munich à lui-même. Les plats sont concoctés par le chef Jan Hartwig, qui, à seulement 36 ans, collectionne les médailles : avec ses 18 points au *Gault & Millau*, il est l'un des chefs cuisiniers les plus talentueux en Allemagne. Le restaurant vous accueille du mardi au vendredi pour une expérience gastronomique unique.

BAPAS - BAYRISCHE TAPAS €€

Leopoldstraße 56A
✆ +49 89 18935727
www.bapas-muenchen.de
Ouvert tous les jours, en semaine de 10h à minuit et les week-ends de 9h à minuit. Tapas entre 4 et 7,90 €.

Voilà un restaurant qui a déjà développé un concept efficace pour satisfaire Munichois et visiteurs. En proposant des tapas bavaroises, Bapas combine la gastronomie allemande avec le savoir-vivre méditerranéen. Vous pourrez ainsi goûter en petites portions les plats que vous trouveriez dans les Gaststätten traditionnelles. C'est l'occasion de tester ce que vous n'oseriez pas commander en plat de résistance ! Et à petite dose, même le Leberkas est bon ! Si vous ne l'avez pas déjà fait, goûtez le très populaire Obazda ou le Gröstl.

SALZKRUSTE €

Georgenstrasse 45 ✆ +49 89 24290953
www.salzkruste.de
Du mardi au vendredi de 18h à 24h, le samedi de 18h à 01h. Menu viande, poisson ou végétarien, autour de 60 € 3 plats.

Le restaurant «la croûte de sel» offre au visiteur munichois une pause bienheureuse dans une ambiance chaleureuse. Mosaïques en granit italien au mur, jeux de lumière avec de belles lampes marocaines, tables en bois et assises confortables, tout est en place pour vous garantir un moment de détente. A l'assiette, une proposition culinaire harmonieuse, aux influences italiennes, allemandes et asiatiques, viande cuite en croûte de sel marin, leur spécialité, ou plats affinés et aromatisés aux épices et aux herbes. Délicieux apéritifs maison, belle carte des vins.

CAFÉ REITSCHULE €

Königinstraße 34
✆ +49 89 388 8760
www.cafe-reitschule.de
Ouvert tous les jours. Plat entre 13,50 € et 39 €

Fondée il y a plus de 80 ans, l'école d'équitation de Munich est une institution. Adoubée par l'université en 1927, elle devient école universitaire. En même temps que s'organisent de nombreux concours hippiques, la Reitschule se fait un nom dans le petit monde de la gastronomie munichoise. Dans les années 1950, c'est même une des meilleures adresses de Schwabing. Dans une belle salle pure aux airs de mess d'officiers, la cuisine est raffinée et son leitmotiv est de s'approvisionner uniquement en produits locaux et régionaux.

STEINHEIL 16 €

Steinheil 16
✆ +49 895 274 88
www.steinheil16.de
Ouvert tous les jours de 11h à 01h. Plats principaux à partir de 8,90 €. Schnitzel ≈ 16 €.

Célèbre pour ses portions gargantuesques et ses fameuses Schnitzel (peut-être les plus grandes escalopes de Munich), le Steinheil 16 est une institution de la Maxvorstadt. Les étudiants s'y plaisent aussi car la nourriture est peu onéreuse. Le prix des *Schnitzel* est curieusement faible, surtout considérant leur taille ! Le soir, le bistrot est plein à craquer et l'ambiance au beau fixe. Plusieurs options végétariennes (*Schnitzel* sans viande, *Käsespätzle*, camembert aux airelles rouges, etc.). Un savant mélange de cuisine traditionnelle et d'ambiance estudiantine !

CHINESISCHER TURM €

Englischer Garten 3
✆ +49 89 383 873 27
www.chinaturm.de
Ouvert du lundi au vendredi à partir de 11h Les week-ends à partir de 10h. Repas autour de 10 €.

Le *Biergarten* le plus célèbre de Munich au pied de la pagode chinoise du Jardin Anglais. Cette tour, inspirée d'une pagode de Pékin, a été installée ici à la fin du XVIIIe siècle ! Elle a été détruite par les bombardements mais reconstruite dans les années 1950. L'été, on y vient en famille ou entre amis pour un déjeuner en plein air autour d'une bière. Avec plus de 7 000 places assises, l'ambiance est festive… Les enfants s'émerveilleront du carrousel en bois. N'oubliez pas de rapporter votre chope si vous voulez récupérer votre consigne !

TAKUMI €

Heßstraße 71
✆ +49 895 285 99
www.takumi-noodle.com
Ouvert du lundi au jeudi de 12h à 14h30 et de 17h30 à 21h15. Plat aux alentours de 13-21,50 €.

Chez Takumi, « l'artisan » en japonais, on déguste les meilleurs *ramen* de la ville. Le plat se mérite : forte de sa réputation, l'adresse est très souvent comble, mais pas de panique, une salle d'attente a été aménagée pour patienter en toute tranquillité. Il faudra être prêt à attendre longtemps pour avoir une place assise, c'est la rançon du succès. La patience est récompensée par une cuisine excellente. Options végétariennes. Gage de sa grande qualité, le lieu est particulièrement fréquenté par les Japonais expatriés de la ville.

LE FAUBOURG €€€

Kirchenstraße 5
✆ +49 89 475 533
www.le-faubourg.de

Ouvert du mardi au vendredi midi et soir, le samedi uniquement le soir. Menus de 62 à 77 €.

Ce restaurant français fait honneur à la gastronomie dans un cadre convivial et chaleureux. En été, l'étroite terrasse est un bonheur tout comme les différents menus comprenant chacun 3 services : entrée, plat de résistance et dessert. Et les menus changent régulièrement au fil des saisons et des produits que le restaurateur trouve sur le marché. L'accueil y est chaleureux et agréable. Le Faubourg est un lieu idéal pour retrouver la gastronomie française à Munich dans le beau quartier d'Haidhausen, à deux pas de la jolie église Saint-Jean-Baptiste.

LEHEL €€

Karl Scharnagl-Ring 6-8
✆ +49 89 21 111 760
www.lehel-bar.de

Lundi de 11h30 à 15h, mardi au vendredi de 11h30 à 1h et à partir de 18h le samedi. Plats à partir de 14 € le soir.

Sous ses airs de bar-lounge ultra moderne se cache une cuisine saine et variée qui ravira le plus grand nombre. La carte du midi change tous les jours et est disponible sur leur site. Sur place, c'est sur une télévision que défile la liste des plats que l'on commande et récupère directement en cuisine. Le mardi uniquement, il est possible d'y déguster l'une des meilleures pièces de bœuf de la ville. D'une ambiance calme le midi, le bar s'anime gentiment à l'heure de l'apéro pour devenir un vrai lieu de fête tout au long de la soirée avec la présence d'un DJ.

MARIANNENHOF €

Mariannenstraße 1
✆ +4989 25544672
www.mariannenhof-bar.de

Ouvert lundi au jeudi de 11h30 à 1h, vendredi de 11h30 à 2h, samedi de 16h30 à 2h et dimanche de 11h à minuit.

Voilà une belle brasserie typiquement bavaroise pour déguster burgers, salades, plats de pâtes ou encore diverses *flammenkueche* ! A la carte, le restaurant propose des plats végétariens, végans ou sans gluten mais aussi de belles pièces de viande (comme le jarret de porc) servies sur des planches avec des frites, de quoi sustenter les estomacs les plus variés. Salle aux tons bois sans décoration particulière mais agréable pour passer un moment convivial. Le soir, l'endroit est idéal pour siroter un cocktail ou boire une bonne bière.

NANA MEZE & WINE €

Metzstraße 15
✆ +49 89 4449 9633
www.nana-muenchen.de

Ouvert du lundi au jeudi 17h-minuit, et du vendredi au dimanche midi-minuit. Meze autour de 4,50 €, plats de 10 à 15 €.

Une table récente installée dans ce quartier où les rues portent des noms de villes françaises. David et Jörg vous concoctent une délicieuse cuisine israélienne à déguster sous forme de *meze* à partager, ou bien de façon individuelle pour les *shakshuka*. Les plats sont servis avec du pain chaud. Toujours bondée en soirée, la petite salle colorée et fleurie a de quoi attirer. Car outre les houmous à tomber, l'ambiance est bon enfant et les prix plus que raisonnables, même pour les vins. L'endroit gagne aussi à être connu à midi, pour ses salades.

WIRTSHAUS IN DER AU €€

Lilienstraße 51
✆ +49 89 448 14 00
www.wirtshausinderau.de

Ouvert du lundi au vendredi de 17h à 23h, le samedi et dimanche de 10h à 23h. Plat 7,50-23,50 €

Un restaurant bavarois comme il y en a tant à Munich. A une seule exception près, même si l'on trouve tous les plats traditionnels, le *Wirthaus an der Au* s'est spécialisé dans la confection des *knödel*, ces sortes de quenelles typiquement bavaroises souvent servies en accompagnement avec une sauce. Testez un *knödel* nature ou fourré : épinards, fromage, tomate..., il y en a pour tous les goûts. L'enseigne possède sa propre tente lors de l'Oktoberfest (Fête de la bière) et y présente chaque année le plus grand *knödel* de Munich.

ZUM KLOSTER €

Preysingstraße 77
✆ +49 89 447 0564
www.zumkloster-muenchen.de

Ouvert du lundi au vendredi de 11h30 à minuit et le week-end à partir de 10h. Plats à partir de 9,80 €.

Avec son atmosphère de petit village en pleine ville, ce restaurant atypique, existant depuis plus de 40 ans, attire une clientèle adepte de la cuisine bio, essentiellement des locaux. La Gaststätte Zum Kloster se distingue surtout par sa terrasse très agréable en été. En hiver, la salle semble vite trop petite, le cadre est cependant agréable. Toutefois, il faut reconnaître que les plats sont relativement chers si l'on considère la simplicité de la cuisine. A la carte, des plats simples et quelques spécialités bavaroises. Plats à emporter également.

FOCUS

L'INIMITABLE BIERGARTEN ET RESTAURANT

DE PETRA ET CHRISTIAN VOGLER

La brasserie Augustiner est la plus ancienne brasserie de Munich. Son histoire commence en 1328 ! Vous n'aurez pas de difficulté à trouver cette bière à Munich mais c'est à l'Augustiner Keller, située entre la gare routière et la gare centrale que l'ambiance est la plus mémorable.

« Pour certains, c'est la bière Augustiner Edelstoff fraîchement tirée des tonneaux en bois. D'autres ne jurent que par les mets bavarois et les autres délices que notre cuisine a à offrir. Nombreux sont ceux qui s'enthousiasment pour ***l'ambiance authentique unique des Biergarten et des tavernes munichoises****. D'autres encore apprécient tout cela de la même manière. »* Les hôtes Christian Vogler et son épouse Petra s'occupent de cette cave mythique de Munich depuis plus de 13 ans et se félicitent de la tradition conservée dans ce lieu centenaire. **Créé à la fin du XIXe siècle et rénové en 1896** pour accueillir une cuisine et un espace de restauration, le Biergarten - « brasserie en plein air » en allemand – de l'Augustiner Keller compte aujourd'hui plus de 5000 places assises. Ne manquez pas l'occasion de profiter de la terrasse le temps d'une bière ou d'une dégustation de quelques mets locaux servis par une équipe conviviale et vêtue de l'habit typique.

AUGUSTINER KELLER

Arnulfstrasse 52
✆ +49 0 89 594 393
Tous les jours de 11h à Minuit

© AUGUSTINER KELLER

© AUGUSTINER KELLER

© AUGUSTINER KELLER

Augustiner Keller Biergarten.

AUGUSTINER BRÄUSTUBEN €

Landsbergerstraße 19
✆ +49 89 507 047
www.braeustuben.de
Ouvert tous les jours de 10h à 24h. Plats du jour de 13 à 23 €.

Ce restaurant de spécialités bavaroises est collé à la célèbre brasserie *Augustiner* où sont fabriquées les très appréciées bières du même nom. Augustiner c'est une marque locale mais que l'on trouve partout en Allemagne. C'est dans les anciennes écuries que sont dressées de grandes tablées à n'en plus finir. Quelle que soit l'heure, il y a toujours du monde et de l'agitation. A éviter si vous voulez être au calme mais c'est l'exemple parfait de l'ambiance chaleureuse, authentique et bon enfant qui règne dans les tavernes munichoises.

AUGUSTINER-KELLER €

Arnulfstraße 52 ✆ +49 89 594 393
www.augustinerkeller.de
Restaurant ouvert tous les jours de 10h à 1h. Repas à partir de 10 €. Biergarten de 11h à 12h.

Bienvenue au restaurant et au *Biergarten* de l'emblématique marque de bière Augustiner. On vient ici bien évidemment pour déguster une chope mais également pour la spécialité culinaire, classique mais efficace, de la maison : le poulet rôti. Un immense *Biergarten* à l'ombre de grands marronniers permet de se rafraîchir et de profiter du plein air. En été, restaurant et *Biergarten* cumulés, plus de 5 000 personnes peuvent être attablées au même moment, coude à coude bien sûr. Ce lieu, bien connu des Munichois, existe depuis plus de 200 ans !

AUGUSTINER BÜRGERHEIM €

Bergmannstraße 33
✆ +49 89 503 263
www.augustiner-buergerheim.de
Ouvert tous les jours de 11h à minuit (cuisine à partir de midi). Repas complet le soir autour de 20 €.

C'est l'une des dernières brasseries ouvertes par la marque de bière Augustiner. Celle-ci se démarque de toutes les autres en ville par le calme qui y règne : on ne retrouve pas ici les sempiternelles longues tablées et les serveurs qui slaloment en tenue bavaroise. L'endroit est idéal pour un bon petit repas dans le quartier de Schwanthalerhöhe, légèrement à l'écart du tumulte du centre-ville avec un large choix de spécialités bavaroises mais également des burgers et des flammekueches. Arrosez d'une bonne bière munichoise et le repas est réussi.

FRAUNHOFER €

Fraunhoferstraße 9
✆ +49 89 266 460
www.fraunhofertheater.de
Ouvert tous les jours de 17h30 à 1h. Repas complet autour de 20 €.

Établissement datant de 1874, le Fraunhofer (de la rue éponyme où il est implanté) est tellement discret que vous risquez de le manquer. Ce serait néanmoins une erreur car il pourrait vous offrir un repas bavarois à un prix très acceptable. Il est vrai que sa situation légèrement excentrée du centre-ville l'éloigne du circuit touristique ordinaire. Ne vous étonnez pas lors de certaines soirées d'une très importante affluence, elle est due au théâtre qui jouxte le lieu et où se produisent nombre de groupes folkloriques. Salle parfois bruyante.

BERGWOLF €

Fraunhoferstraße 17
✆ +49 89 2325 9858
Ouvert tous les jours. Le dimanche le soir seulement. Currywurst avec frites et boisson, de 8,60 à 13 €.

Chez Bergwolf, la saucisse est reine. Mais c'est surtout la fameuse *Currywurst* qu'il faut goûter… Elle est aussi célèbre en Allemagne que le hot-dog aux Amériques et il n'y a pas de séries policières qui ne dérogent à la scène du commissaire avalant goulûment sa *Currywurst* noyée dans la sauce tomate. Le lieu ne paie pas de mine mais c'est un endroit prisé, notamment par les noctambules en quête d'un cale-faim. Une cuisine sans prétention mais qui remplit très bien sa fonction ! Service très sympathique. On y propose aussi des saucisses végétariennes.

FUGAZI €

Wittelsbacherstraße 15
✆ +49 89 201 0059
www.fugazi.pizza
Ouvert du lundi au vendredi de 10h à minuit. Petit déjeuner et plats à partir de 15 €.

Ce restaurant propose une cuisine italienne traditionnelle avec de nombreuses pizzas, cuites au feu de bois. A consommer sur place ou à emporter. On y trouvera aussi toutes sortes de plats de pâtes à la carte. L'une des spécialités de la maison est le Burger « Fugazi Classic ». Les amateurs de viande se réjouiront également de la véritable escalope viennoise au veau. Outre une vaste carte de boissons, le bar propose des créations personnelles. Le petit déjeuner vaut également le coup, servi le week-end et les jours fériés de 10h à 15h.

HANS IM GLÜCK €

Goetheplatz 2

✆ +49 89 599 181 21

Ouvert tous les jours à partir de 11h. Repas complet autour de 15 €. La chaîne a une dizaine d'adresses en ville.

Ce restaurant spécialisé dans les hamburgers est le premier et le plus célèbre d'une chaîne qui en a depuis ouvert plusieurs dans la ville et dans tout le pays. Dans un décor très naturel où des bouleaux côtoient des plantes vertes de toutes sortes, il est très difficile, voire impossible, de ne pas trouver son bonheur parmi les nombreuses suggestions de la carte disponible en anglais. Attention, les tarifs indiqués n'incluent pas les frites ou la salade en accompagnement et il est parfois difficile de trouver une table libre aux heures de pointe.

LINDWURMSTÜBERL €

lindwurmstraße 32

✆ +49 8953 886 531

www.lindwurmstueberl-muenchen.de

Ouvert tous les jours de 11h à minuit. Un grand choix de plats autour de 9,60 € dont le fameux Crispy Chicken Burger.

Ce restaurant de la Ludwigsvorstadt propose une cuisine munichoise traditionnelle dans une bonne ambiance décontractée et aux prix abordables. Le poulet grillé ainsi que le jarret de porc grillé y sont excellents. On sert une des bières préférées des Munichois, la Augustiner. Lorsque le soleil est présent, une belle terrasse sur le toit permet de déjeuner en extérieur. Ce restaurant fréquenté par les habitants de la ville est encore préservé du tourisme de masse. Une bonne adresse pour rencontrer le vrai Munich, *roots* et authentique.

MAX PETT €€

Pettenkoferstraße 8

✆ +49 8955 86 9119

www.max-pett.de

Ouvert du mardi au dimanche de 11h30 à 23h. Plats aux alentours de 15 €-20 €.

Qui a dit que la cuisine végane ne pouvait pas être gourmande ? On déguste ici des fromages sans lait animal grillés au four, des *cheeseburgers* et des *cheesecakes*. Plusieurs plats d'inspirations indiennes sont également au menu et les immanquables classiques que connaissent bien les végétariens en Allemagne : les Käsespätzle, le Kaiserschmarrn, etc., et des plats ré-imaginés sans viande ni produits laitiers, comme l'escalope viennoise (Wiener Schnitzel). Pour se rafraîchir, on trouvera de nombreuses boissons faites maison, toutes sans alcool.

RESTAURANT CENTRAL CAFÉ €€

Arnulfstraße 4

✆ +49 8955115 715

www.central-restaurant.de

Ouvert tous les jours de 6h30 à 23h30. Plats de résistance de 15 à 30 €.

Quand une enseigne se vante d'avoir gardé pendant 130 ans ses traditions familiales, elle doit être à la hauteur de ses promesses. Et le pari est bel et bien tenu dans ce restaurant autrefois connu sous le nom Peter & Wollf. La qualité des produits est là et le service se fait en habits traditionnels s'il vous plaît. Installé à côté du bel hôtel Eden Wolff, le cadre est ici somptueux pour un prix abordable. A la carte, on retrouve tout ce ce que la Bavière a de mieux à offrir : saucisses diverses, *spätzle*, *knödel* et choux. Le tout avec des produits 100 % locaux.

VI VADI RUSTICO €€

Marsstraße 16

✆ +49 89 548 857 20

www.vivadi.de/rustico

Ouvert du lundi au vendredi de 11h30 à 22h, à partir de 18h le samedi. Pizzas à partir de 7,90 €. Repas ≥ 25 €.

Ce restaurant entièrement tenu par des Italiens se situe à 5 minutes à pied de la gare centrale. Le chef Gioacchino accueille sa clientèle dans une ambiance conviviale. Les colonnes romaines et les lustres en fer forgé plantent le décor. La carte offre un large choix de pizzas, pâtes et plats de viande ainsi que du poisson dans la plus parfaite tradition transalpine, tout comme le service. À noter, juste à côté, le restaurant historique Vi Vadi Cucina Italiana pour une ambiance de vraie trattoria et un peu plus loin l'Ottantanove Vi Vadi qui joue la carte lounge.

XAVER'S €€

Rumfordstraße 35

✆ +4915771490313

Ouvert lundi au mercredi, de 17h à minuit, jeudi au dimanche de midi à minuit. Plats à partir de 17,50 €.

Xaver's est une très belle adresse, ouverte en 2018, dont la décoration est inspirée des tavernes traditionnelles, mais clairement inscrite dans la modernité, avec du bois, de jolis choix de couleurs et un bel éclairage tamisé. Les tables sont fleuries et le service est effectué en costume traditionnel. Côté musique, pas de *yodel* ou de *schlager*, mais du jazz et du swing, ce qui change complètement l'atmosphère ! La cuisine y est traditionnelle, régionale (produits locaux) et réalisée avec soin et finesse. Un de nos coups de cœur à Munich.

FAIRE UNE PAUSE

Se poser dans un gros fauteuil, commander un chocolat chaud ou un café au lait, papoter entre amis ou se plonger dans la lecture d'un roman, voilà un plaisir que l'on ne se refusera pas en attendant la saison d'ouverture des Biergarten. Dans les cafés, à côté du comptoir, on trouve fréquemment un frigo-vitrine où sont présentés les gâteaux du jour. Ne manquez pas de goûter la Prinzregententorte, ce célèbre gâteau bavarois fait de fines couches de génoise, entrecoupés de beurre de cacao et de confiture d'abricot et nappé de chocolat. Munich, forte de sa communauté universitaire, compte de nombreux cafés jeunes et hip, des torréfacteurs de qualité, des salons de thé confortables. Le soir dans la Maxvorstadt, les rues sont animées par les bars étudiants qui s'articulent pour la plupart autour de la joyeuse Türkenstraße. L'été, vous ne pourrez pas faire l'impasse sur la grande passion des Allemands : la glace à la crème !

BALLABENI ICECREAM WERKSTATT

Seidlstraße 28
✆ +49 899 054 4186
www.ballabeni.de
Ouvert du lundi au vendredi de 11h30 à 21h. Pause hivernale.

Il y a peu de choix, mais c'est pour proposer des glaces d'une très grande qualité. Au menu, les grands classiques (chocolat, vanille, noix de coco...) côtoient des créations un peu plus « osées » : gingembre, basilic... Une seule règle : fraîcheur et usage de produits naturels. Un glacier réputé et très apprécié des étudiants munichois.

▸ A l'angle de la Theresienstraße et de la Türkenstraß se trouve la maison mère de Ballabeni, très appréciée des étudiants du quartier.

BROTRAUM

Herzogstraße 6
✆ +49 89 761 021
www.brotraum.de
Ouvert du lundi au vendredi de 7h à 16h, le jeudi de 7h à 19h, fermeture à 14h le samedi.

Les habitants de Schwabing sont friands de produits de bonne qualité et la boulangerie Brotraum leur fournit une belle sélection de pains, tous conçus avec une farine bio produite dans les environs de Landshut. Ici, tout est fait maison et les pains sont garantis sans additifs. Vous pensiez que les Français avaient le monopole du pain ? Découvrez l'expertise allemande dans le domaine et c'est un nouvel univers qui s'ouvre à vous : pain aux oignons ou pain aux graines, à vous de choisir. Brotraum, c'est aussi un petit café avec ses nombreuses viennoiseries.

BUENA VISTA

Am Einlaß 2a
✆ +49 89 260 228 11
www.buena-vista-bar.de
Ouvert du dimanche au jeudi de 18h à 1h, le vendredi et samedi jusqu'à 3h30. Happy hour tous les jours de 18h à 20h.

Déhanchements sur de la musique cubaine, une ambiance très latino et sans chichis. Des cours gratuits de salsa sont dispensés les dimanches. Le mardi, c'est *Martes Latino*, pour celles et ceux qui veulent pratiquer leur espagnol, leur français, leur italien, leur portugais ou toute autre langue pratiquée ce soir-là. Le mercredi, c'est *Fiesta Colombiana*. Le jeudi, c'est *Mojito Night Party*. Vendredi et samedi, c'est *Noche Latina*, entrée gratuite et soirée avec différents DJ. Un bar culte pour ceux qui ont le rythme dans la peau.

CADU

Ludwigstraße 24
✆ +49 89 289 866 00
www.cadu.de
Ouvert tous les jours de 11h à 1h, vendredi de 11h à 2h, samedi de 10h30 à 02h. Sandwiches ≥ 4,50 € et plats ≥ 8,90 €.

CADU, ce sont les initiales de Café An Der Uni : voilà un nom qui dit tout de la fréquentation et de l'atmosphère de ce joyeux café-bar à deux pas de la Ludwig-Maximilians-Universität (LMU). Les étudiants munichois aiment s'y retrouver autour d'un café entre deux cours ou passent la pause du midi pour y engloutir une pizza ou un burger avant de retourner à la bibliothèque. Le CADU ne brille pas par sa cuisine, mais on y vient plutôt pour l'ambiance, chaude en soirée et les week-ends. Un immanquable de la scène estudiantine munichoise.

CAFÉ AM BEETHOVENPLATZ

Goethestraße 51

✆ +49 89 552 9100

www.mariandl.com

Ouvert tous les jours de 10h à 1h. Plats du midi à partir de 3,90 €. Menu du soir autour de 23 €.

Semble-t-il le plus ancien café-concert de la ville. Si l'établissement a toujours été un hôtel et un café, il fut également un certain temps un lieu de détente pour les soldats américains. Vous y apprécierez aujourd'hui aussi bien de la musique classique que du jazz à partir de 20h tous les soirs et même le week-end. Le Café am Beethovenplatz respire encore aujourd'hui la Belle Époque avec cette atmosphère de café intellectuel et bohème où l'on imagine aisément étudiants, professeurs et artistes partageant leurs discussions. Un must à Munich.

CAFE KOSMOS

Dachauerstraße 7

✆ +49 89 552 958 67

www.cafe-kosmos.de

Ouvert du lundi au vendredi de midi à 1h, samedi et dimanche à partir de 14h.

Vu de l'extérieur, ce bar ne paye pas de mine avec sa vitre à la limite de la propreté et son lourd rideau qui cache la porte d'entrée. Assez calme en journée, il faut en revanche jouer des coudes pour y entrer et atteindre le bar le soir venu. L'étage propose un coin lounge fort agréable surtout vu l'espace réduit au rez-de-chaussée. Et ses distributeurs de surprises fixés au mur vous surprendront plus d'une fois. Idéal pour boire un verre avant de sortir, moins pour se délecter tranquillement d'une bonne bière après le dîner. Tarifs plus qu'attractifs.

CAFÉ FRISCHHUT - SCHMALZNUDEL

Prälat-Zistl-Straße 8

✆ +49 89 2602 3156

Ouvert du lundi au samedi de 9h à 18h. Pâtisseries à partir de 1,90 €.

Une des boulangeries-pâtisseries les plus anciennes de Munich, incontournable pour les amateurs de pâtisseries. Café Frischhut est le vrai nom de l'établissement mais ce sont les fameuses *Schmalznudeln* qui ont fait sa réputation : il s'agit de sortes de gros gnocchis frits comme des beignets, et de très grosse taille. Idéal pour le petit-déjeuner ! Les pâtisseries ont un bon rapport qualité-prix et le choix est varié : on appréciera particulièrement les brioches !

CAFÉ MOZART

Pettenkoferstraße 2

✆ +49 89 59 41 90

www.cafe-mozart.info

Ouvert du lundi au jeudi 10h-minuit, vendredi-samedi 10h jusqu'au dernier client, dimanche 10h-22h.

Un café un peu kitsch dans lequel on imaginerait bien nos grands-mères venir passer l'après-midi. Et pourtant il est furieusement tendance, les artistes de tous bords semblent apprécier les larges fauteuils en tissu. Le café fait aussi restaurant (snacks, burgers et salades). On y apprécie les formules petits-déjeuners roboratives comme la classique (œufs brouillés aux épinards frais et tomates, charcuterie avec saucisse et fromage, muesli aux fruits et yaourt, jus d'orange), les plats sont simples mais efficaces, les desserts sont gourmands.

CAFE JASMIN

Steinheilstraße 20

✆ +49 089 45 227 406

www.cafe-jasmin.com

Ouvert tous les jours de 10h à 1h. Petit-déjeuner servi tous les jours jusqu'à 15h30.

Le café Jasmin est un petit salon de thé reposant au cœur du quartier étudiant. Les différents cafés, thés et thés glacés faits maison font leur effet comme les différents amuse-bouches. Un vrai plaisir de se retrouver au calme dans une ambiance qui rappelle les années 1950 avec son vieux néon à l'extérieur, son lustre à l'intérieur et sa décoration raffinée faite de fauteuils et canapés très confortables. Sélection de gâteaux dans la vitrine. Un beau lieu fondamentalement intergénérationnel. Le soir, il y a parfois de la musique live !

JULIUS BRANTNER

Kreuzstraße 1

✆ +49 89 21 5280990

www.julius-brantner.de

Ouvert du mardi au vendredi de 8h à 18h30 et le samedi de 8h à 17h.

C'est LE boulanger de Munich ! Pour avoir la chance de manger du « vrai pain allemand », direction la boulangerie de Julius. Tout comme son grand-père et son père, Julius est devenu boulanger après avoir voyagé dans le monde entier pendant 10 ans. Ici, tous les ingrédients sont de qualité biologique et proviennent de la région. Les fenêtres et recoins transparents de la boulangerie permettent de voir les boulangers à l'œuvre. La boulangerie principale est en plein centre de la vieille ville, une nouvelle a ouvert entre Marxvorstadt et Schwabing (Nordtrasse 23).

MARAIS

Parkstraße 2

✆ +49 89 500 945 52

www.cafe-marais.de

Ouvert du mardi au samedi de 8h à 20h et le dimanche de 10h à 18h.

Un bistrot sympa dans lequel on se presse pour déguster la tarte tatin maison avec son café ou son chocolat chaud, à la lumière d'une bougie. Les amateurs de soupe y trouveront aussi leur bonheur. Le Marais, c'est tout à la fois un café charmant et une boutique : ses murs sont couverts de boites et tiroirs en bois, foisonnant d'objets en tout genre : bijoux, sacs, cartes postales fantaisistes, etc. Juste en face, dans la même rue, il y a Marais soir, pour boire un verre une fois la nuit tombée. Une adresse branchée à l'image de ce quartier en pleine mutation.

MICHAELIGARTEN

Feichtstraße 10

✆ +49 89 43 55 24 24

www.michaeligarten.de

Ouvert tous les jours à partir de midi (11h le week-end).

Le Michaeligarten est un Biergarten traditionnel en dehors des sentiers battus, loin du centre-ville dans l'Ostpark. Une bière pression à la main, des spécialités maison dans l'assiette et les pieds dans le lac, y a-t-il un autre endroit à Munich qui compile ces trois plaisirs ? Dans ce parc où est installé le *Biergarten*, vous pourrez observer des canards, des cygnes et des oies tout en vous baladant. Dans la soirée, écoutez le chœur des grenouilles à plusieurs voix et profitez d'un magnifique coucher de soleil et des fontaines illuminées la nuit.

PIMPERNEL

Müllerstraße 56

✆ +49 89 232 371 56

www.pimpernel.de

Ouvert tous les jours de 22h jusqu'à 6h en semaine et 7h le week-end. Entrée gratuite lundi et mardi, sinon 5 €.

Ce petit bar branché à l'entrée du quartier gay attire une clientèle assez cosmopolite entre étudiants branchés, groupes d'amis ou commerçants du quartier. Les différents DJ qui se relaient chaque soir ne vous décevront pas. Quand ils sont chauds, les *barmen* se lâchent sur les créations de cocktails. La clientèle, jeune et cosmopolite, ne laisse jamais l'ambiance redescendre. Le Pimpernel est connu pour être ouvert jusqu'à tard dans la nuit, idéal point de chute pour les insomniaques qui veulent poursuivre la fête jusqu'à l'aube.

RISCHART

Marienplatz 18

✆ +49 89 231 700 3320

www.rischart.de

Ouvert tous les jours de 8h à 20h.

Les salons de thé Rischart existent depuis les années 1950 et possèdent une bonne dizaine de filiales à Munich. Derrière les grandes vitres, les vendeuses s'affairent comme des abeilles autour d'une ruche : petite boulangerie, pain de tradition, baguettes, croissants à la pâte d'amande, gâteaux au pavot, pâtisseries fines, sandwiches raffinés, beignets (*Krapfen*), vous aurez toujours de bonnes raisons d'avoir faim. Depuis 1998, l'établissement s'est agrandi et, à l'étage, le café-salon de thé offre une vue panoramique sur la Marienplatz et le Rathaus.

TRACHTENVOGL

Reichenbachstraße 47

✆ +49 89 201 5160

www.trachtenvogl.de

Ouvert tous les jours de 9h à 22h. Petit déjeuner à partir de 8,80 € (tous les jours de 9h à 14h30).

Ce charmant salon de thé au sud du quartier *Isavorstadt* est le repaire des lycéens, étudiants et jeunes bobos du coin. On s'y sent comme à la maison avec ces fauteuils et ces canapés bien moelleux qui semblent d'un autre âge. Il ne manque plus que les pantoufles. Le service est aussi très sympathique, ce qui fait que l'on s'y sent très bien. Le café Trachtenvogel est un endroit idéal pour un petit déjeuner ou un brunch au calme et parfait si vous cherchez une option végétarienne ou végane pour votre repas. Hip et rétro à la fois.

ZUM FLAUCHER BIERGARTEN

Isarauen 8

✆ +49 89 7 23 26 77

www.zumflaucher.de

Ouvert à partir de 12h (quand la météo est clémente).

Depuis plus de 130 ans, ce *Biergarten* a posé ses tables au bord de l'Isar. Plus de 1 300 personnes peuvent s'asseoir ici et profiter de cette ambiance typiquement allemande. Que ce soit pour faire une pause après une balade ou un jogging, ou pour prendre un repas complet. Le *Biergarten* est un peu excentré, mais très authentique. Des plats typiquement bavarois sont également servis, le tout régulièrement accompagné par des groupes de musique. Ces derniers ne jouent pas uniquement de la musique traditionnelle, groupes pop, jazz et rock partagent également la scène.

(SE) FAIRE PLAISIR

Grande cité oblige, Munich est prodigue en magasins en tous genres. Ne vous méfiez pas outre mesure des grandes galeries comme Karstadt ou Galeria Kaufhof qui ne proposent pas obligatoirement des articles hors de prix. On trouve aussi de jolies galeries modernes comme les Fünf Höfe, série de cours connue pour ses plantes suspendues. Le centre-ville de Munich regorge de magasins de prêt-à-porter, mais aussi de petites boutiques artisanales et bien sûr de magasins de luxe (tout particulièrement dans la Maximilianstraße). Dans le centre-ville, la Neuhauser Straße la Kaufingerstraße concentrent les grandes enseignes que l'on connaît partout ailleurs en Europe. Pour sortir des sentiers battus et trouver des boutiques indépendantes, on pourra flâner dans le Glockenbachviertel ou dans le quartier de Schwabing. Dans la Hohenzollernstraße, on trouvera de nombreuses boutiques de mode, de décoration et d'antiquités.

FÜNF HÖFE

Theatinerstraße 15
✆ +49 89 24449580
www.fuenfhoefe.de
Ouvert tous les jours de 10h à 20h.

Les *Fünf Höfe* sont un ensemble de cinq cours qui forment une galerie marchande plaisante et animée dans le cœur de Munich, entre la Theatinerstraße et la Kardinal-Faulhaber-Straße. On doit leurs plans aux architectes suisses Herzog et de Meuron. Au total, une soixantaine de boutiques haut de gamme sur environ 14 000 m² ainsi que huit cafés et restaurants. On trouvera ici aussi l'Hypo-Kunsthalle, qui présente des expositions temporaires sur différents thèmes, artistes et époques. C'est un lieu de passage agréable pour flâner en ville.

DALLMAYR

Dienerstraße 14-15
✆ +49 892 135 0
www.dallmayr.de
Ouvert du lundi au jeudi, samedi de 9h30 à 19h. Jeudi et vendredi jusqu'à 19h30.

La marque de café la plus prestigieuse d'Allemagne a son siège à Munich dans cette épicerie fine qui a plus de 300 ans. C'est une véritable caverne d'Ali Baba : caviar, saumon fumé, truffes, champagne, vin, mais aussi, bien évidemment, d'innombrables thés et cafés de la marque Dallmayr ! Si vous avez un petit cadeau à faire, un souvenir à rapporter, allez donc chez Dallmayr, vous y trouverez toutes sortes de paniers tout préparés dans d'adorables petites boîtes. Situé au cœur de Munich, le bâtiment est réputé être l'un des plus beaux avec sa jolie façade ocre.

CLUB DO VINHO

Hans-Sachs-Straße 9
✆ +49 893 929 5095
www.clubdovinho.de
Lundi de 11h à 13h et de 14h30 à 17h, mardi au vendredi de 11h à 13h et de 14h30 à 19h, samedi de 11h à 16h.

Club do Vinho - comme le nom le laisse deviner - est le spécialiste des vins portugais à Munich. Ana Maria Dias Pires vit depuis 20 ans en Allemagne et elle nous invite à découvrir les cépages de son pays natal (vinho verde, alentejo, dão, madeira, etc.). Depuis 2005, elle tient cette jolie petite épicerie fine et sa belle cave pour faire découvrir les meilleurs produits des différentes régions du Portugal. On y trouvera aussi une petite sélection de fromages délicieux, qui donnent envie de boire et de manger comme à Lisbonne ou à Porto.

VIKTUALIENMARKT

Viktualienmarkt
✆ +49 898 906 8205
www.markthallen-muenchen.de
Marché ouvert du lundi au samedi à partir de 7h, fermeture au plus tard à 20h.

La création de cette place date de 1807, lorsque la Marienplatz devint trop petite pour accueillir le marché agricole. Dans ses petites échoppes, on trouve absolument tout : des vins, des fruits et légumes, des fleurs, du miel, de la charcuterie, des jus de fruit pressés… Au centre de la place se trouvent quelques buvettes depuis lesquelles on peut observer le va-et-vient généré par le marché. De nombreux événements toute l'année : la pesée des célébrités, l'ouverture de la saison des asperges, le jour des jardiniers, la danse des femmes le jour de mardi gras...

ALMLIEBE TRACHT MÜNCHEN

Hochbrückenstraße 10
✆ +49 89 24217592
www.almliebe.com
Ouvert du mardi au vendredi 10h-18h (fermeture entre 13h et 14h). Samedi : 11h-16h. Lederhose et Dirdnl ≈ 500/600 €.

Vous cherchez une tenue traditionnelle bavaroise pour vous rendre à l'*Oktoberfest* et vous n'avez pas envie de donner l'impression que vous vous êtes déguisé pour l'occasion ? L'enseigne Almliebe propose des *Lederhosen* et des *Dirndl* haut de gamme, avec des tissus de qualité et de jolis coloris. Les prix sont plutôt élevés, mais les vêtements sont de très bonne facture et ont un certain sens de la mode. On trouve aussi chez Almliebe des cardigans, des vestes et toutes sortes d'accessoires pour donner une petite touche bavaroise à sa tenue de ville.

KUSTERMANN

Viktualienmarkt 8
✆ +49 892 372 50
www.kustermann.de
Ouvert du lundi au samedi de 10h à 19h.

Une institution à Munich depuis plus de 200 ans : Kustermann est un magasin spécialisé dans l'art de la table, le matériel de cuisine, l'électroménager, la maison et le jardin. Une maison de tradition sur le Viktualienmarkt qui met particulièrement bien en valeur ses produits sur les 3 étages que compte cette noble adresse. Vous pouvez également trouver des cadeaux et des articles de décoration de grande qualité, des ustensiles spéciaux et originaux pour votre maison ou appartement. Kustermann est une garantie de produits de qualité.

FC BAYERN WORLD

Weinstraße 7
✆ +49 89 69931666
www.fcbayern.com/shop/de/store/world
Ouvert du lundi au samedi, de 10h à 20h. Maillot de foot entre 90 et 130 €. Casquette ≈ 35 €.

Cette incroyable boutique ultra moderne, qui a ouvert ses portes en décembre 2020, est entièrement consacrée à la célèbre équipe de foot munichoise : le FC Bayern. Sur 3 niveaux, vous trouverez tout ce qu'il faut pour vous équiper de la tête aux pieds : casquettes, écharpes, t-shirts, manteaux, pantalons, joggings, chaussettes, chaussures, etc. Et bien sûr les maillots de vos joueurs préférés, à moins que vous ne choisissiez de faire inscrire votre propre nom sur le maillot au service proposé au sous-sol. Il y a aussi un petit coin confortable pour jouer à PES.

LUDWIG BECK

Marienplatz 11
✆ +49 892 369 1955
www.ludwigbeck.de
Ouvert du lundi au samedi de 10h à 20h.

Ce temple de la mode haut de gamme, on le reconnaît tout de suite sur la Marienplatz à sa façade peinte emblématique des années 1950. Sur la façade sud, on voit deux personnages : un commerçant se penche pour présenter une étoffe à son élégante cliente. Ludwig Beck est un grand magasin dont la fondation remonte à 1861 ! Au 4e et dernier étage, l'amateur de musique classique trouvera les meilleurs CD du moment : il n'y a pas meilleure adresse en la matière à Munich. À l'étage d'en dessous, on trouve des *Dirndll* et des *Lederhosen*.

SEBA'S FASHION

Angertorstraße 7
✆ +49 892 601 8005
www.sebas-fashion.de
Ouvert du lundi au vendredi de 11h à 19h, le samedi jusqu'à 17h.

Seba's Fashion est une boutique de prêt-à-porter exclusivement masculin où l'on trouvera les marques Diesel, Palladium et New Balance, Le Coq Sportif, entre autres. Côté sous-vêtements, le magasin est bien fourni également (Diesel, Bikkembergs, Calvin Klein, Dolce & Gabbana, etc.). De temps à autre, Seba's organise des « sales parties » (soirées soldes) dans une ambiance festive avec DJ et musique électro pour rendre le shopping encore plus agréable. Une bonne alternative aux grands magasins des centres commerciaux du centre de Munich.

MONO-RECORDS

Elsässer Straße 19
✆ +49 894 802 614
www.sechzig.de
Mercredi et jeudi 14h-20h, vendredi 14h-18h30, samedi 10h-14h.

Des CD et des disques vinyles en pagaille : jazz, soul, rock et pop. Une ambiance relaxante pour choisir votre musique préférée. Un marchand de disques que l'on pourrait qualifier « à l'ancienne ». Les rayons nous laissent découvrir des milliers d'albums que l'on peut écouter. Mais c'est surtout dans la discussion et l'échange avec le patron que l'on se rend compte que l'on n'est pas à la FNAC. Véritable passionné de musique, il saura vous aiguiller vers ce qui se fait de mieux pour vos oreilles plus ou moins profanes, à des prix très abordables.

BOUGER & BULLER

Entre les installations du parc olympique héritées des Jeux de 1972, l'ultra moderne Allianz Arena, fief du Bayern FC, et les sentiers du jardin anglais (Englischer Garten) et de l'Isar, Munich est définitivement une ville sportive. Que ce soit en intérieur ou en extérieur, il y a de nombreux lieux attrayants pour les sportifs de tous les niveaux. Les berges de l'Isar offrent un cadre formidable pour un jogging au soleil. Piétons, cyclistes, skateboardeurs et utilisateurs de trottinettes se côtoient respectueusement grâce aux remarquables aménagements qui longent le fleuve. Les plus courageux pourront même s'y baigner et faire quelques longueurs ! Et après l'effort, pourquoi ne pas s'accorder un moment de détente au sauna ou au spa ? Les plus beaux thermes de Munich sont sans surprise les plus anciens : le Volksbad, sur les bords de l'Isar, est un palais *Jugendstil* remarquable autant par ses installations que par son architecture.

ALLIANZ ARENA

Werner-Heisenberg-Allee 25
✆ +49 896 993 1222
Ouvert tous les jours de 10h à 18h, pas de visites les jours de matchs à domicile. Visite guidée d'1 heure : 25 €.

Ce stade, construit pour la Coupe du monde de football de 2006, abrite le célèbre club FC Bayern et son concurrent le TSV 1860. Le toit, enveloppé de losanges, change de couleur au fil de la journée et de la nuit. Pensé par les architectes suisses Jacques Herzog et Pierre de Meuron ce stade ultramoderne peut accueillir jusqu'à 75 000 spectateurs. Le billet combiné permet la visite de ce stade remarquable avec un accès au FC Bayern Museum. Cette Allianz-Arena est devenue un emblème, absolument indissociable de la ville de Munich.

PRINZREGENTENSTADION

Prinzregentenstraße 80
www.swm.de/baeder/eislaufen
Patinoire ouverte de novembre à mars. Adulte : 5,40 €, réduit : 4 €.

Une patinoire exceptionnelle de 60 mètres de long sur 30 mètres de large à ciel ouvert, dans le quartier de Heidhausen. La saison débute en novembre, on y vient en famille ou entre amis pour s'amuser sur la glace au rythme de la musique. Le complexe souffle le froid et le chaud puisqu'il fait aussi sauna et centre de remise en forme. Les patineurs peuvent y louer des patins et s'octroyer une pause à L'Aquamarin, le restaurant de ce grand complexe sportif. Une patinoire très populaire qui rend les longs mois d'hiver beaucoup plus dynamiques.

OLYMPIA-EISSPORTZENTRUM

Spiridon-Louis-Ring 21
✆ +49 893 067 0
www.olympiapark.de
Ouvert tous les jours. Horaires et tarifs différents en fonction des activités.

Gigantesque complexe construit à l'origine pour les Jeux olympiques d'été de 1972, les infrastructures exceptionnelles du Olympiapark permettent de pratiquer un grand nombre de sports et d'activités dans des conditions optimales. Le parc en lui-même se prête à toutes les pratiques sportives en plein air : jogging, frisbee, etc. La patinoire olympique (Olympia Eissportzentrum) est bien sûr accessible au public et aux amateurs de patinage mais il s'y déroule aussi les compétitions de short-track et de hockey. Amateurs de glisse, à vos patins !

MÜLLER'SCHES VOLKSBAD

Rosenheimer Straße 1
www.swm.de
Ouvert tous les jours de 7h30 à 23h. Le lundi la grande halle ferme à 17h. Adulte : 5,50 €. Espace sauna : 22 €.

Première piscine couverte publique de Munich, le Volksbad a ouvert ses portes en 1901. S'inspirant à la fois des thermes romains et des hammams orientaux, son architecte Carl Hocheder a créé un impressionnant décor mêlant des éléments baroques et Art nouveau : escaliers, peintures murales, stucs et statues, tout est luxe et volupté. Deux bassins vous attendent, l'un pour patauger, l'autre pour faire des longueurs. Plusieurs saunas et un petit hammam. Un cadre enchanteur pour se prélasser et recharger les batteries. Café et restaurant sur place également.

SORTIR

Munich traîne en Allemagne une réputation de ville chic et plan-plan, affairée le jour et léthargique la nuit. Le brassband munichois Moop Mama charrie tendrement la ville dans un morceau intitulé *Stadt die immer schläft*, littéralement « La ville qui dort toujours ». Munich compte en vérité de joyeux lieux de sociabilité, des salles de spectacles exceptionnelles et une grande quantité de boîtes de nuit. Les mélomanes trouveront dans la capitale bavaroise plusieurs institutions prestigieuses comme le Staatsoper ou les Münchner Philharmoniker qui font vivre une tradition musicale très ancienne. Pour boire un verre, écouter de la musique électro ou danser sur de la techno, pas besoin d'aller bien loin. On trouve de nombreux *nightclubs* à proximité de la gare centrale, de la Karlsplatz et de la Maximilianplatz. Et pas besoin non plus d'attendre le week-end, certains clubs sont ouverts dès le lundi soir.

MILCH UND BAR

Sonnenstraße 27
✆ +49 89 450 288 18
www.milchundbar.de
Ouvert du lundi au jeudi de 22h à 7h, le vendredi et le samedi de 22h à 9h. Entrée : 6 €.

Depuis sa création en 1997, le Milch und Bar (ou Milchbar pour les Munichois) est devenu une référence de la nuit. C'est peut-être le seul club qui peut se vanter de mettre le feu à chaque fois qu'il ouvre même en début de semaine. La clé du succès ? Uniquement des rendez-vous thématiques comme les Flying Tuesday, une soirée étudiante gratuite pour les personnels de vol, et les nuits 80's et 90's du lundi et du jeudi sans oublier les fameuses Ladies Nights. Un baby-foot est également à disposition pour les égarés du *dancefloor*.

PACHA

Maximiliansplatz 5
✆ +49 89 309 050 850
www.pacha-muenchen.de
Ouvert du jeudi au samedi et le lundi de 22h à 6h du matin.

Nom mythique des folles nuits d'Ibiza, le Pacha s'exporte désormais en dehors de son île natale. Depuis son arrivée à Munich, ce club est devenu l'un des plus célèbres de la ville. C'est au Pacha se retrouve la jeunesse munichoise en manque de *dancefloor*. Et ici on est servi avec deux grands espaces aux styles différents, séparés par un couloir extérieur que squattent les fumeurs. Avec ou sans bouteille, ici la soirée s'annonce chaude et colorée... Ce n'est pas Ibiza, mais on ressent cette ambiance du « tout pour la fête » !

PALAIS

Arnulfstraße 16-18
✆ +49 89 500 731 31
www.palaisclub.de
Ouvert le vendredi, samedi à partir de 20h. Entrée : 10 € minimum, de 20h à minuit, entrée libre.

Ne faites pas attention à ses allures de table-dance de bas étage vu de l'extérieur. Ici se cache l'une des *after parties* les plus réputées de Munich. Même si le Palais ouvre ses portes à minuit, ce n'est pas la peine de venir avant 4 ou 5h, si ce n'est pour admirer la décoration étonnante de l'unique dancefloor : des lanternes, des motifs léopards. Cette décoration frivole est une allusion au passé du lieu, car de 1957 à 2001 cet endroit était le cœur du quartier rouge de Munich. Aujourd'hui le Palais attire les oiseaux de nuit et ferme rarement avant midi.

ROTE SONNE

Maximiliansplatz 5
✆ +49 89 552 633 30
www.rote-sonne.com
Ouvert du jeudi au samedi jusqu'au bout de la nuit. Entrée : 16 € hors soirée spéciale.

Situé juste à côté des autres clubs Pacha et 089, le Rote Sonne cultive sa différence. Ici, pas de fioritures sur la décoration ou le dress code, vous venez comme vous êtes et c'est comme ça que ce petit club intimiste à la musique des plus minimaliste résiste à la culture Hit Music Only. Si l'entrée est plutôt chère, le lieu n'est pas bling-bling pour un sou, les gens viennent vraiment pour la musique et non pas pour voir et être vus. Et c'est tant mieux. Une excellente adresse pour les aficionados de la musique house et électro.

BAYERISCHE STAATSOPER

Max-Joseph-Platz 2
✆ +49 89 218 501
www.bayerische.staatsoper.de
Prix variables selon les représentations et les catégories. Pas de dresscode particulier.

L'Opéra d'État de Bavière - sur les planches du *Nationaltheater* - est l'un des opéras les plus renommés au monde et peut se prévaloir d'une histoire et d'une tradition remarquables remontant aux années 1700. Chaque saison propose à partir de septembre des représentations de classe internationale : plus de 40 opéras et plus de 20 ballets, sous la direction de Serge Dorny et du directeur général de la musique Vladimir Jurowski. Chaque année depuis 1875, en juin-juillet, le festival de l'opéra y est organisé (Münchner Opernfestspiele).

MÜNCHNER PHILHARMONIKER

Hans-Preißinger-Straße 8
✆ +49 89 48 09 80
www.mphil.de

Les très célèbres Münchener Philharmoniker, orchestre philharmonique de Munich, jouent traditionnellement dans le Gasteig dans le quartier de Haidhausen. Ce bâtiment inauguré en 1985 mit fin à 40 ans d'exil de la Philharmonie. La salle d'origine, la Tonhalle, fut en effet bombardée pendant la dernière guerre et jamais reconstruite. Le Gasteig est actuellement en travaux. Les Münchner Philharmoniker jouent donc provisoirement dans un édifice nommé Isarphilharmonie, une salle moderne qui assure brillamment l'intérim au sud du centre-ville.

PIMPERNEL

Müllerstraße 56
✆ +49 89 232 371 56
www.pimpernel.de
Ouvert tous les jours de 22h jusqu'à 6h en semaine et 7h le week-end. Entrée gratuite lundi et mardi, sinon 5 €.

Ce petit bar branché à l'entrée du quartier gay attire une clientèle assez cosmopolite entre étudiants branchés, groupes d'amis ou commerçants du quartier. Les différents DJ qui se relaient chaque soir ne vous décevront pas. Quand ils sont chauds, les *barmen* se lâchent sur les créations de cocktails. La clientèle, jeune et cosmopolite, ne laisse jamais l'ambiance redescendre. Le Pimpernel est connu pour être ouvert jusqu'à tard dans la nuit, idéal point de chute pour les insomniaques qui veulent poursuivre la fête jusqu'à l'aube.

SCHUHBECK TEATRO

Graf-zu-Castell-Straße 1
✆ +49 89 255 493 720
www.teatro.de
Spectacle tous les soirs. Entrée : 75 à 145 € en fonction du jour de la semaine et de la catégorie.

L'incontournable chef Schuhbeck a ouvert depuis octobre 2011 un nouvel établissement : le Teatro. Ce dernier n'est rien de moins qu'un cabaret de grand standing un peu à l'écart de Munich. Comme l'on peut s'en douter avec le personnage, la cuisine de qualité est de la partie, agrémentant une soirée qui sera placée sous le coup de la féerie et du plaisir de la bouche. Et l'émerveillement des papilles va de concert avec la magie visuelle qui se produit sous nos yeux ébahis. Idéal pour passer une soirée originale en groupe ou en amoureux.

STAATSTHEATER AM GÄRTNERPLATZ

Gärtnerplatz 3 ✆ +49 89 218 519 60
www.gaertnerplatztheater.de
De 5 à 125 € la représentation selon la catégorie de place. Prix réduit pour élèves et étudiants de moins de 30 ans.

Carmen, La Bohème, La Flûte enchantée, La Traviata, Madame Butterfly, Telemann, Casse-Noisette, Rossini, Verdi et Prokofiev sont autant d'exemples d'une programmation riche en couleurs de ces dernières années. Elle couvre les domaines de l'opéra, de l'opérette et de la danse. Par ailleurs, il arrive souvent que ce théâtre accueille également des concerts de jazz, de musique de chambre et beaucoup d'autres événements ou animations. Une très belle salle et une belle programmation.

UNTERFAHRT JAZZCLUB

Einsteinstraße 42
✆ +49 89 419 029 45
www.unterfahrt.de
Ouvert tous les jours de 19h30 à 1h. Début du concert à 21h. Entrée à partir de 20 €.

Tout véritable amateur de jazz connaît le club de jazz Unterfahrt, dans le quartier de Haidhausen. Pour le magazine américain *Down Beat*, c'est même l'un des cent meilleurs clubs de jazz au monde ! Concerts de jazz bien sûr et de be-bop… Une atmosphère très new-yorkaise dans cette institution munichoise. Le lieu est chouette, l'ambiance est bonne et le service est sympathique. Pour les amateurs du genre mais aussi pour les néophytes, il est fortement conseillé de réserver, car le Unterfahrt Jazzclub a ses adeptes, et ils sont nombreux !

DACHAU ★★

La petite ville de Dachau est assise sur les hauteurs, et à ses pieds court la belle et bouillonnante petite rivière Amper. De construction très ancienne, située à environ 20 km au nord-ouest de Munich, Dachau fut bâtie au IXe siècle sur une zone marécageuse et boisée. Les historiens ont retrouvé sa trace dans des textes datés de Charlemagne (805). Cette découverte est la preuve noir sur blanc que son histoire a commencé bien avant celle de Munich (1158). L'agglomération de Dachau compte près de 47 000 habitants. La vieille ville (*Altstadt*) présente un certain cachet, elle est d'ailleurs classée depuis 1984. Mais Dachau demeure évidemment à jamais entachée par son histoire, et le IIIe Reich lui a légué un camp de concentration en héritage… Chaque année, quelque 800 000 visiteurs viennent le visiter. De nombreuses actions pédagogiques sont menées au niveau national et international pour que les nouvelles générations puissent se recueillir sur ces lieux restés tristement célèbres et tirer les enseignements de l'Histoire. Cependant, Dachau ne se résume pas à l'univers concentrationnaire nazi : la ville peut s'enorgueillir d'un palais et d'un magnifique jardin Renaissance qui surplombe la ville. Au XIIe siècle, Dachau devint le lieu de résidence des comtes locaux et, au XIIIe siècle, les ducs de la famille Wittelsbach érigèrent ce palais d'été. Sept cents ans plus tard, il deviendra le refuge d'un grand nombre d'artistes et cette tradition perdure encore.

Rue typique de Dachau.

CHÂTEAU DE DACHAU ★

Schlossstraße 7
✆ +49 8131 87923
www.schloesser.bayern.de
Ouvert du mercredi au dimanche de 9h à 18h haute saison, basse saison, de 10h à 16h. Plein tarif 2 €, réduit 1 €.

Construit au XVIe siècle par les ducs Guillaume IV (Wilhelm IV) et Albert V (Albrecht V), ce petit château est essentiellement de style Renaissance. Aujourd'hui, il accueille les Dachauer Schlosskonzerte, des concerts de musique classique, pendant l'automne. Le plus impressionnant, c'est le plafond de la salle des Fêtes. Derrière le château se trouve l'adorable *Hofgarten* à la française (entrée gratuite de 7h à 20h) avec son jardin de roses. Des remparts, on jouit aussi d'un beau panorama sur les campagnes et sur la ville nouvelle de Dachau.

KZ-GEDENKSTÄTTE DACHAU ★★

Pater-Roth-Straße 2a ✆ +49 813 166 9970
www.kz-gedenkstaette-dachau.de
Ouvert tous les jours de 9h à 17h. Entrée gratuite. Audioguide, adulte : 4 €, réduit : 3 €.

Le camp de Dachau a été le premier d'une triste et longue lignée de camps bâtis par les nazis. Il a en effet été construit dans les premiers mois de l'année 1933 par le futur chef de la Gestapo (dès 1934), Heinrich Himmler. Les chiffres font froid dans le dos puisque plus de 200 000 personnes y ont été officiellement emprisonnées et 41 500 détenus y ont perdu la vie. Plusieurs types de visites proposées : visite guidée ou audioguide. Vous seront expliqués les événements historiques et politiques qui ont mené à la « solution finale ».

DJH JUGENDHERBERGE DACHAU €

Rosswachtstraße15
✆ +49 8131 322950
www.dachau.jugendherberge.de
A partir de 41,90 € par personne selon la saison. Petit déjeuner inclus.

A l'est de Dachau, à 25 minutes du vieux centre et à 15 minutes du mémorial à pied, une auberge de jeunesse moderne idéalement équipée pour les groupes scolaires, les séminaires ou tout simplement pour les jeunes voyageurs de passage. Pas de limite d'âge pour les familles avec un enfant mineur ni pour les adultes accompagnateurs de groupes. Munich n'est qu'à 20 minutes seulement par le S-Bahn. L'auberge fait partie du réseau des auberges DJH, donc il faudra être membre ou le devenir.

ALTSTADTHOTEL ZIEGLERBRÄU €€

Konrad-Adenauer-Straße 8
✆ +49 8131 454396
www.zieglerbraeu.com

Chambre double à partir de 69 € par nuit. Petit déjeuner inclus. Restaurant ouvert de 10h à 23h.

Une ancienne brasserie transformée depuis 1608 en auberge-restaurant. Idéalement placée sur les hauteurs, dans le vieux centre historique de Dachau. La chambre romantique, outre son décorum soigné, a le privilège de donner pleine vue sur les Alpes au loin le jour et la *skyline* illuminée de Munich la nuit. Les autres chambres ne sont plus tellement au goût du jour mais elles font leur office. On ne brasse plus de bière au restaurant mais on continue à en servir !

HOTEL BURGMEIER €€

Hermannstraße 9
✆ +49 8131 56610
www.hotel-burgmeier.de

Chambre individuelle à partir de 69 €, double à partir de 89 €, selon la saison. Petit déjeuner inclus. Wi-fi gratuit.

L'histoire de l'hôtel Burgmeier débute au XIXe siècle. En 1861, Katharina Bayer reçoit en guise de cadeau ce pavillon de chasse appartenant aux Wittelsbach. Avec son mari Florian Burgmeier, elle transforme le pavillon en hôtel. Dans les années 1900, quelques peintres de « l'école munichoise » y élisent domicile. Aujourd'hui c'est un hôtel propret avec de jolies chambres, pas vraiment central, mais proche d'une station de S-Bahn (Dachau-Stadt), ce qui fait qu'on pourra se rendre très vite dans l'hypercentre de la capitale bavaroise.

KOCHWIRT €€

Augsburgerstraße 7
✆ +49 8131 299077
www.beimkochwirt.de

Ouvert du mercredi au samedi à partir de 17h. Fermé dimanche et lundi. Entre 12 et 25 €.

Établissement datant de 1616, il fut racheté en 1812 pour être consacré à une activité brassicole avant d'être progressivement consacré aussi à la cuisine. En 2015, les pièces ont été redessinées dans le style classique des auberges bavaroises, avec une architecture et un design simples et authentiques. La cuisine ne se démarque pas particulièrement mais on y retrouvera tous les classiques de l'Allemagne du sud : Schnitzel, Schwinebraten, Kartoffelsalat. Le soir, il vaut mieux réserver pour être sûr de pouvoir y avoir une place assise.

ERDING

Erding est située à environ 40 km au nord de Munich, à proximité directe de l'aéroport Franz-Josef-Strauss. La ville compte aujourd'hui 35 000 habitants. Un forage pétrolier effectué en 1983 à Erding dans le malm karstique du bassin de molasse du sud de l'Allemagne, à environ 2 350 m de profondeur, n'a pas fait jaillir le pétrole attendu mais de l'eau thermale d'une température d'environ 65 °C. Les habitants d'Erding ont vu l'attractivité de la région s'accroître avec l'ouverture de thermes flambant neufs. En 2019, ces thermes - avec 430 000 m² de surface parmi les plus grands du monde - ont attiré 1,85 million de visiteurs, un nouveau record.

HOTEL & GASTSTÄTTE ZUM ERDINGER WEISSBRÄU €€

Lange Zeile 1-3 ✆ +49 8122 880010
www.hotel-erdinger-weissbraeu.de

Chambre individuelle à partir de 99 €, chambre double à partir de 128 €, suite à partir de 200 €. Parking 7 €/jour.

Un très bel hôtel-restaurant en plein cœur de la vieille ville d'Erding. On y sent l'ambiance d'une auberge bavaroise traditionnelle, avec les serveurs et serveuses en costume qui apportent de généreux plats dans la partie brasserie-restaurant. Les chambres, de style Ancien Régime, luxueuses et pleines de cachet, sont spacieuses et bien aménagées. Lustres, moquettes et draps brodés croisent aussi les affiches de champions olympiques de Garmisch-Partenkirchen : toute la Bavière est là !

HOTEL HENRY €€

Dachauer Straße 1
✆ +49 8122 90993 0
www.hotel-henry.de

Chambre individuelle à partir de 108 €, chambre double à partir de 128 €. Wifi gratuit. Petit déjeuner : 11 €.

Près de l'autoroute, de l'aéroport, du parc, à équidistance du centre d'Erding et des célèbres thermes, cet hôtel 4-étoiles vous fait découvrir la diversité des 5 continents du monde. Chaque chambre est consacrée à une destination différente : Europe, Amérique, Afrique, Asie et Australie. Chaque suite est dédiée à une métropole du monde : Copenhague, San Francisco ou même Adélaide ou Lyon. L'hôtel dispose d'un parking, d'un restaurant, d'un bar, d'un jardin, d'une terrasse, d'un ascenseur... Personnel de l'hôtel très accueillant et professionnel.

THERME ERDING ★

Thermenallee 1-5
✆ +49 8122 550 0
www.therme-erding.de
Ouvert tous les jours, de 9 h à 18h. Entrée 2h : 24 €, 4h : 32 €, journée : 49 €. + 7 € pour les saunas.

L'eau thermale – dans un lagon étendu sur 3 500 m², entouré de palmiers et de plantes tropicales – invite à quelques heures de pure relaxation. La plus grande coupole ouvrante en verre d'Europe couvre ce bain exotique et paradisiaque. Dans le Paradis des Thermes, le bain est un vrai plaisir : une eau turquoise à 34 °C, plus de 110 hydro-sièges, une variété de buses hydromassantes pour le corps et la nuque, et bien sûr la rivière sauvage très prisée. Les thermes d'Erding disposent aussi d'un sauna paradis, avec 30 saunas et bains à vapeur.

FREISING

Freising, petite ville épiscopale bâtie sur une colline, est un concentré d'histoire de la Bavière à elle seule. Le nouvelliste allemand Wilhelm Heinrich Riehl (1823-1897) se plaisait à dire que celui qui n'a jamais vu Freising ne connaît rien de la Bavière. Avec sa cathédrale assise sur les hauteurs, l'Asamtheater, sa petite Marienplatz, ses riches maisons rococos tout en couleurs, Freising vous transporte au XIVe siècle. Jeune cité universitaire, elle perpétue aujourd'hui la tradition d'excellence de son enseignement. La ville peut se targuer également d'abriter la plus ancienne brasserie au monde (Weihenstephan). La grande histoire de la bière commence ici.

BAYERISCHE STAATSBRAUEREI WEIHENSTEPHAN

Alte Akademie 2
✆ +49 8161 5360
www.weihenstephaner.de
Visite et dégustation (120 min) : 16 €. Lundi et mercredi à 10h, mardi 10h et 13h30.

La brasserie Weihenstephan, fondée en 1040, est la plus ancienne fabrique de bière au monde ! Voilà un superlatif qui mérite d'être mentionné ! Une visite guidée vous emmène aux origines de cette bière qui porte fièrement les armoiries bavaroises. Un voyage dans le temps qui retrace plus de 1 000 ans d'histoire. La visite se termine par une séance de dégustation de bière bien évidemment. Les bières brassées ici sont connues et commercialisées dans tout le pays.

INGOLSTADT

Ingolstadt fait partie des grandes agglomérations bavaroises, avec plus de 132 000 habitants. Elle est la deuxième ville de la Haute-Bavière après Munich, et connue dans toute l'Allemagne pour être la ville des usines Audi, le célèbre constructeur automobile. Outre son aspect singulier, du fait de son activité majeure (on dirait que toute la ville tourne autour d'Audi), Ingolstadt vaut vraiment le détour pour son très beau centre historique, bien préservé. Somptueuse ville médiévale fortifiée, ses origines historiques remontent loin dans le passé. Son centre-ville a été bâti au XIIIe siècle, et au siècle suivant des agrandissements ont été effectués. C'est également à cette période que fut érigé son château fort dans la partie sud-est de la cité. Elle s'est illustrée également en 1472. En effet, la première université d'État bavaroise y a été inaugurée, comprenant toutes les facultés. Aujourd'hui, le centre-ville arbore toujours ses monuments d'époque, mais Ingolstadt s'impose aussi comme un centre industriel composé de raffineries, du siège et de l'usine Audi qui génère à elle seule presque 44 000 emplois. Le taux de chômage y est très faible (2,6 %). La figure emblématique de la ville n'est autre que l'homme fort de la Bavière, Horst Seehofer, qui a été nommé, après les élections fédérales de 2017, ministre fédéral allemand de l'Intérieur.

ASAMKIRCHE MARIA DE VICTORIA

Neubaustraße 11
✆ +49 841 3051831
www.ingolstadt-tourismus.de
Ouverte tous les jours de mai à septembre. Fermée le lundi d'octobre à avril. Adulte : 3 €, réduit : 1,50 €.

Elle figure parmi les joyaux de la cité. Les jésuites de l'université d'Ingolstadt en ont fait la commande au début du XVIIIe siècle. Ses ornements baroques ainsi que son architecture fascinante sont le fruit du travail commun d'un duo familial, des deux frères Egid Quirin et Cosmas Damian Asam, si célèbres en Bavière qu'ils ont donné leur nom à l'édifice. Le trompe-l'œil sur le plafond a été réalisé par Cosmas Damian en 1735 et il représente l'incarnation du Christ.

AUDI FORUM INGOLSTADT

Auto-Union-Straße 1
✆ +49 800 2834444
Ouvert en semaine de 9h à 17h, le week-end de 10h à 16h. Musée + visite : 10 €. Musée uniquement : 5 €.

Après le musée BMW de Munich, voici le musée consacré à une autre des très célèbres marques bavaroises dans le domaine de l'automobile, Audi. Il s'étend sur quatre niveaux aux portes de l'usine. Grâce à l'exposition des différents modèles, l'histoire de la marque est retracée depuis sa naissance, en 1899, à nos jours. En tout, environ une centaine de modèles sont exposés, dont un certain nombre de prototypes. Vous pouvez vous y rendre très facilement depuis la gare ou depuis la place centrale en empruntant les lignes 11, 15 et 4.

BAYERISCHES ARMEEMUSEUM

Paradeplatz 4
✆ +49 841 937 7222
www.armeemuseum.de
Ouvert du mardi au vendredi de 9h à 17h30, le week-end de 10h à 17h30. Plein tarif 3,50 €. Le dimanche 1 €.

Le musée bavarois de l'armée s'inscrit à la fois comme le plus ancien et comme le plus important musée d'histoire militaire en Allemagne. Il a vu le jour sous le règne de Louis II, en 1879 et était alors situé à Munich. Il avait été baptisé : musée de l'armée royale bavaroise. Ce n'est qu'après la Seconde Guerre mondiale qu'il fut installé à Ingolstadt. Les anciennes fortifications du château érigées entre 1828 et 1841 ont été reconverties en musée, dont le thème central est la Première Guerre mondiale. Il retrace une histoire militaire du Moyen Âge à nos jours.

DEUTSCHES MEDIZINHISTORISCHES MUSEUM

Anatomiestraße 18-20 ✆ +49 841 305 2860
www.dmm-ingolstadt.de
Ouvert du mardi au dimanche de 10h à 17h. Plein tarif 5,50 €, réduit 3,50 €. Enfants et adolescents : entrée libre.

Le *Deutsches Medizinhistorisches Museum* - DMM pour les intimes - retrace toute l'histoire de la médecine, le matériel utilisé en fonction des époques (aiguilles à saignées, ventouses, scarificateurs et autres ustensiles assez sympathiques !) et l'évolution des soins à travers les siècles. De nombreux aspects y sont abordés comme les problèmes liés à l'hygiène, aux croyances, aux épidémies. Une mine de renseignements ! Très beau jardin de plantes médicinales.

LECHNER MUSEUM

Esplanade 9
✆ +49 841 305 2250
www.lechner-museum.de
Ouvert du jeudi au dimanche de 11h à 17h. Plein tarif 5,50 €, réduit 3,50 €. Enfants et adolescents : entrée libre.

C'est dans un ancien hall du constructeur automobile Audi que se retrouvent aujourd'hui des œuvres d'art en métal et en fer forgé. Ce musée, créé en 2000, est le fruit de l'association de la ville d'Ingolstadt avec la fondation Alf Lechner. Dans des expositions temporaires, le musée Lechner présente des œuvres de l'art contemporain. L'accent est mis sur la sculpture, Lechner étant lui-même actif dans cette branche. Avec près de 80 sculptures rien qu'en Allemagne, Alf Lechner est l'un des sculpteurs les plus représentés dans l'espace public.

LIEBFRAUENMÜNSTER

Kreuzstraße 1
✆ +49 841 934 150
www.ingolstadt-tourismus.de
Ouvert tous les jours. Entrée libre.

Les travaux de construction de la cathédrale gothique d'Ingolstadt ont débuté en 1425 sur l'initiative du duc Louis le Barbu. Un siècle sera nécessaire pour qu'elle soit achevée ! La voûte a été rajoutée à l'édifice en 1503. Pour la petite histoire, elle a hérité son nom : « A notre Bonne et Belle Dame », d'une image de Paris, représentant la Sainte Vierge et qui appartenait au duc. Son superbe maître-autel date de la seconde moitié du XVIIe siècle et Hans Mielich en a signé les ornements. Belle vue sur la ville depuis la tour sud.

MUSEUM FÜR KONKRETE KUNST

Tränktorstraße 6-8
✆ +49 841 305 1875
www.mkk-ingolstadt.de
Ouvert du mardi au dimanche de 10h à 17h. Adulte : 5,50 €, tarif réduit : 3,50 €. Gratuit pour les moins de 18 ans.

Il est situé dans le bâtiment principal de l'ancienne caserne du Danube et s'étend sur plus de 1 000 m². Le musée explore les liens entre l'art et le design. L'art concret est un art non représentatif en peinture, sculpture, film ou installations qui ne veut pas dépeindre le monde visible. La collection s'étant considérablement agrandie, il a été décidé de construire un nouvel espace pour le musée, qui a ouvert à la fin de l'année 2022 : 2 000 m² supplémentaires !

STADTMUSEUM INGOLSTADT

Auf der Schanz 45 ✆ +49 841 305 1885
www.ingolstadt.de/stadtmuseum
Ouvert du mardi au vendredi de 9h à 17h et le week-end de 10h à 17h. Adulte : 5,50 €, réduit : 3,50 €.

Le musée de la ville d'Ingolstadt retrace toute son histoire et possède une partie consacrée à la préhistoire et à la protohistoire. La pièce maîtresse du musée est le cheval du roi suédois Gustav Adolf, qui a été manqué de peu par une balle pendant la guerre de Trente Ans. C'est également dans cette enceinte qu'est abritée la section du Spielzeugmuseum - musée du Jouet - dans lequel sont principalement exposées des pièces d'une grande rareté datant des trois siècles derniers. Enfin le musée européen du Danube retrace l'évolution du fleuve depuis l'âge de pierre.

DJH JUGENDHERBERGE INGOLSTADT €

Friedhofstraße 4 ✆ +49 841 305 1280
www.ingolstadt.jugendherberge.de
À partir de 21,60 € par nuit, petit déjeuner inclus, 28,60 € en demi-pension. Adhésion au réseau : 7 € ou plus.

Cette auberge de jeunesse est installée dans un beau bâtiment en briques de 1834. L'ambiance y est sympathique même si les dortoirs comptent un peu trop de lits dans une même chambre (jusqu'à 12 !). Équipements communs plutôt rudimentaires. L'auberge est située non loin de la Kreuztor, une des tours qui permettent de pénétrer dans la vieille ville. Il faudra être ou devenir membre du réseau DJH pour séjourner ici. Le montant est très faible pour les moins de 26 ans.

LES ILLUMINATI

L'ordre des Illuminati a été fondé en Bavière à la fin du XVIIIe siècle. En 1776, Adam Weishaupt, un professeur de droit à l'université d'Ingolstadt, rassemble étudiants et confrères pour créer un cercle qui doit diffuser la philosophie des Lumières (d'où le nom d'« Illuminés de Bavière »). Opposé à l'occultisme, au mysticisme et à l'ésotérisme, il se donne pour mission de libérer l'homme des dogmes et des superstitions. La société secrète entend enrayer les abus de l'État et contrebalancer le poids de l'Église. Adam Weishaupt lui-même est un anticlérical convaincu, défavorable aux rites d'initiation. Le symbole de la chouette est choisi comme signe de ralliement, le rapace symbolisant depuis l'Antiquité la sagesse d'Athéna. Au XVIIIe siècle, les sociétés secrètes intriguent, fascinent et inquiètent. On soupçonne les Illuminati d'avoir infiltré les loges maçonniques dans le but de convertir l'Europe aux idées des Lumières. En 1785, le prince-électeur de Bavière Charles-Théodore (Karl-Theodor) fait interdire la société secrète et persécute ses membres. Aujourd'hui, d'aucuns défendent l'idée selon laquelle l'ordre aurait survécu à sa dissolution pour œuvrer dans l'ombre. Ainsi, les Illuminati continuent de nourrir nombre de fantasmes complotistes. Le mystère autour de ces « Illuminés de Bavière » a bel et bien survécu dans l'imaginaire et dans la pop-culture, inspirant romans et films. Il nourrit également toute une série de récits conspirationnistes en ligne, tant anachroniques que saugrenus.

DONAUHOTEL €€

Münchener Straße 10
✆ +49 841 965 150
www.donauhotel.de
Chambre simple à 89 €, double à 105 €. Petit déjeuner inclus. Wifi gratuit.

Le Donauhotel dispose de plusieurs qualités, propreté, service efficace et accueil professionnel, mais surtout celui de se situer à mi-chemin entre la gare et le centre-ville. De la sorte, vous pourrez, si vous envisagez de rester plusieurs jours à Ingolstadt profiter du centre-ville à proximité et prendre le train pour d'autres destinations comme bon vous semble (d'autant qu'un arrêt de bus est situé à deux pas de l'entrée de l'hôtel). Si vous envisagez un séjour de quelques jours, demandez la chambre d'affaires qui bénéficie d'un espace bureau supplémentaire.

HOTEL ADLER €€

Theresienstraße 22
✆ +49 841 35107
www.hotel-adler-ingolstadt.de
Chambre individuelle à partir de 99 €, chambre double à partir de 115 €, petit déjeuner inclus. Parking 8 €.

Située en plein cœur de la vieille ville, la plus ancienne auberge de la ville, dont l'histoire remonte au XVe siècle, est la propriété de la famille Hurler depuis 1938. Aujourd'hui un hôtel 3-étoiles, on y trouve tout ce qu'il faut pour un séjour agréable. Les armures dans le couloir d'entrée posent le décor dès l'arrivée à l'hôtel, mais le confort est bien celui du XXIe siècle : douche, télé, wifi gratuit partout, etc. Petit espace sport-fitness et relaxation (avec sauna). Parking dans la cour. Petit déjeuner à partir de 6h.

HOTEL ENSO €€

Bei der Arena 1

✆ +49 841 885 590

www.enso-hotel.de

Comptez 99 € en chambre simple et 129 € en chambre double. Petit déjeuner 6,50 €. Parking et wifi payants.

Un hôtel moderne et confortable, légèrement à l'écart du centre-ville (quoique rien ne soit jamais très loin à Ingolstadt !), dans un quartier sans charme, et doté de 177 chambres. Prisé de la clientèle d'affaires, l'établissement - sans cachet particulier il faut dire - n'en demeure pas moins un agréable point de chute pour le visiteur. Sur place, un bistro-bar pour boire un verre et manger un bout en soirée, un steak-house tout récent, une petite salle de fitness avec sauna et cabine infrarouge, et même la possibilité de louer des vélos.

WEISSBRÄUHAUS ZUM HERRNBRÄU €

Dollstraße 3

✆ +49 841 328 90

www.weissbraeuhaus-in.de

Ouvert tous les jours 9h à minuit. Soupes à partir de 5,90 €, plats entre 8,50 € et 22,50 €.

Le restaurant Weissbräuhaus zum Herrnbräu sert de très bons petits plats de la gastronomie bavaroise et la bière y est particulièrement bonne ! Un endroit couru d'Ingolstadt où l'on sent que la clientèle est composée de nombreux habitués locaux. Du reste, c'est le patron en personne qui s'occupe des fourneaux. Côté ambiance, on est dans le plus pur style de la taverne bavaroise : simple et convivial. Pour les petites faims, il y a tout simplement les soupes.

INGOLSTADT VILLAGE

Otto-Hahn-Straße 1

✆ +49 84 18 86 31 00

www.ingolstadtvillage.com

Du lundi au samedi de 10h à 20h.

Ce grand village de marques du groupe *Chic Outlet Shopping* a ouvert en 1992, dans la banlieue d'Ingolstadt (à 40 minutes environ de Munich). Comme souvent les villages de marques, celui-ci est constitué de boutiques intégrées dans un style architectural local. Au menu, 100 boutiques avec des griffes à prix réduits (de 30 % à 60 % de réduction). Parmi les marques présentes : Tods, Timberland, Escada, Versace, Guess, Michael Kors, Trussardi Jeans, Samsonite… Et pour la production locale : les chaussures Birkenstock et le designer Strenesse.

EICHSTÄTT

Cette jolie ville de 14 000 habitants se trouve au cœur du parc naturel Altmühtal. Détruite pendant la guerre de Trente Ans (1618-1648), elle a été complètement reconstruite et offre, aujourd'hui encore, le visage d'une magnifique cité baroque. Son charme lui a été légué par les architectes et artistes italiens qui y ont majoritairement imposé leur style. Eichsätt a été à partir de 1305 la capitale de la principauté épiscopale d'Eichstätt jusqu'à sa sécularisation en 1802. En 1805, ses terres sont intégrées au royaume de Bavière. Aujourd'hui, la petite ville accueille une branche de l'université catholique d'Ingolstadt-Eichstätt, fondée en 1980.

DOM MARIÄ HIMMELFAHRT

Domplatz 10

www.eichstaetter-dom.de

En raison de travaux, la cathédrale d'Eichstätt est fermée temporairement.

La cathédrale d'Eichstätt est célèbre et renommée pour ses vitraux signés Hans Holbein et pour son autel Pappenheim datant de la fin du XVe siècle. La cathédrale d'Eichstätt présente des styles architecturaux très différents allant du roman au baroque. La plus grande partie de la cathédrale remonte au XIe siècle, mais sa façade ouest a été remaniée selon le style baroque au XVIIIe siècle. La galerie conserve une apparence médiévale avec de jolies ouvertures à arcs brisés. La statue représente saint Willibald qui n'est autre que le premier évêque de la ville.

FÜRSTBISCHÖFLICHE RESIDENZ

Residenzplatz 1

www.eichstaett.de

Ouvert d'avril à octobre, du lundi au vendredi de 8h à 12h, jeudi de 14h à 16h.

Par le passé, la *Residenz* baroque avait été édifiée pour les princes-évêques de la ville d'Eichstätt. L'architecte italien Gabrieli a su la doter de toute la majesté digne des plus grands. Parmi les plus belles pièces : la cage d'escalier majestueuse et la galerie des glaces. Dans le jardin se dresse une statue en or représentant la Vierge Marie, la sainte patronne de la Bavière. Depuis 1977, l'ancienne résidence sert de bâtiment principal aux bureaux du district d'Eichstätt.

WILLIBALDSBURG ★

Burgstraße 19 ✆ +49 8421 4730
www.schloesser.bayern.de

De 9h à 18h en haute saison, de 10h à 16h en basse saison, fermé le lundi, 5 € l'entrée, 4 € réduit.

Cette forteresse médiévale, construite au XIVe siècle, a été le siège des princes-évêques d'Eichstätt jusqu'en 1725. Elle doit son nom à Willibald, un missionnaire anglo-saxon, premier évêque d'Eichstätt. Aujourd'hui, les murs du château accueillent deux musées :

- Le **Jura-Museum** : musée du Jurassique, avec une grande collection de fossiles retrouvés dans la région.
- Le **Museum für Ur- und Frühgeschichte** : musée de la proto- et préhistoire, dans lequel on peut voir le squelette reconstitué d'un gigantesque mammouth vieux de plus de 6 000 ans.

DJH JUGENDHERBERGE EICHSTÄTT €

Reichenaustraße 15
✆ +49 8421 980 410
www.eichstaett.jugendherberge.de

A partir de 22,40 €, petit déjeuner inclus, 29,80 € en demi-pension. Adhésion au réseau DJH : 7 €.

Installée dans un beau bâtiment ancien, l'auberge de jeunesse compte 122 lits dans des dortoirs avec jusqu'à 10 lits par chambre. Il vaut mieux effectuer une réservation à l'avance car elle affiche souvent complet. L'auberge fait partie du réseau DJH pour lequel il faut être ou devenir membre. Les jeunes de moins 26 ans s'acquitteront d'une adhésion annuelle de 7 €. Un espace au sous-sol pour différentes activités : babyfoot, ping-pong et air-hockey.

HOTEL ADLER €€

Marktplatz 22-24 ✆ +49 8421 6767
www.adler-eichstaett.de

Chambre simple de 59 à 69 € (basse et haute saison), double de 44 à 61 € par nuit et par personne.

Sur la place du marché, cet hôtel installé dans une ancienne demeure datant du XVIIe siècle est un petit bijou. Les chambres, lumineuses, y sont aménagées de façon moderne. Après une rénovation en 2013, l'Hotel Adler dispose de chambres spacieuses, insonorisées, avec un mobilier contemporain. Toutes les chambres sont équipées d'une télévision à écran plat et d'un minibar. Le restaurant Tartufo, au rez-de-chaussée, propose une cuisine italienne. Le petit-déjeuner est compris dans la réservation. Les prix sont très raisonnables pour la qualité du service.

NEUBURG AN DER DONAU

Neuburg an der Donau est une charmante ville de 30 000 habitants dont la vieille ville et la partie moderne sont séparées par le somptueux Danube qui la traverse. À une vingtaine de kilomètres à l'ouest d'Ingolstadt, elle constitue une excellente étape où il fait bon aller se promener sur les berges aménagées du fleuve bleu. Pendant des siècles, Neuburg a été la capitale du duché du Palatinat-Neubourg – dirigé par une branche de la Maison Wittelbach –, ce qui se reflète encore aujourd'hui dans son architecture. Son attrait principal réside dans son château datant du XVIe siècle, construit non loin du Danube, et marquant ainsi de son empreinte la silhouette de la ville.

HOFKIRCHE ✝

Karlsplatz 10
✆ +49 8431 9945

Office religieux le dimanche à 10h30. Entrée libre aux visiteurs en dehors des services religieux.

Cet important édifice de la Renaissance tardive (1607-1608) était à l'origine destiné à servir de pendant protestant à l'église catholique Saint-Michel de Munich (voir Michaelskirche). Après la mort de son père, le comte palatin Wolfgang-Guillaume l'a transformée en église jésuite, et donc d'obédience catholique. Pierre Paul Rubens a créé trois retables pour l'église, dont le *Miracle de la Pentecôte* et la *Naissance du Christ* sont aujourd'hui exposés dans la galerie nationale de peinture baroque flamande du palais de résidence de Neuburg (voir Schloss Neuburg).

HOTEL UND BRAUEREI-GASTHOF NEUWIRT €€

Färberstraße 88
✆ +49 8431 2078
www.neuwirt-neuburg.de

Chambre individuelle à partir de 93 €, chambre double à partir de 129 €, petit déjeuner inclus. Wifi gratuit.

Le Neuwirt propose un service hôtelier simple mais fonctionnel. Il a pour lui des tarifs économiques très attractifs, et un Biergarten agréable les beaux jours. Pour le reste, sa localisation en centre-ville sera un atout complémentaire pour ceux qui apprécient les marches citadines. Le restaurant, lui, est certifié cuisine bio et pratique le concept du slow food (tout l'inverse du fast food) : des produits locaux et régionaux. C'est bon et c'est sain.

SCHLOSS NEUBURG ★★

Residenzstraße 2 ✆ +49 84 31 64 430
www.schloesser.bayern.de
Ouvert d'avril à septembre 9h-18h, et d'octobre à mars 10h-16h. Fermé les lundis. Entrée 6 €, réduit 5 €.

Le château Renaissance de Neuburg an der Donau a vu le jour entre 1530 et 1545 sur l'initiative du comte Othon-Henri (Ottheinrich) de la branche palatine de la Maison Wittelsbach. À l'origine une forteresse médiévale défensive, Othon-Henri en a fait un palais résidentiel dans le style Renaissance, qui ne cessa d'être réaménagé, amélioré ou reconstruit par ses successeurs. Le visiteur d'aujourd'hui sera ébloui par la succession de salles dont la sobriété ne fait que renforcer l'éclat de leur architecture. Avant ou après la visite, il faut faire le tour du château pour prendre la mesure de sa taille et pour y admirer la recherche esthétique qui irrigua les desiderata des maîtres des lieux. Pour un joli panorama sur le château : longer le Danube vers l'est.

▸ Ne pas faire l'impasse sur la très belle chapelle du château (*Schlosskapelle*), inaugurée en 1543, la plus ancienne église protestante bavaroise (Othon-Henri était luthérien et a œuvré à la diffusion de la Réforme protestante). Ses fresques ont été réalisées par Hans Bocksberger et les locaux ont l'habitude de la surnommer, sans aucun chauvinisme, la chapelle Sixtine de la Bavière ! L'influence de l'art italien y est omniprésente, tant dans le style architectural que dans les ornements.

▸ La **Staatsgalerie**, un musée annexe des collections de peinture de l'État de Bavière, rassemble dans l'aile ouest du château de nombreuses œuvres de maîtres de la peinture flamande tels que Pierre Paul Rubens, Antoine van Dyck et Jan Brueghel. Indispensable pour les amateurs de peinture.

AUSSICHT €€

Amalienstraße 27
✆ +49 8431 431220
www.die-aussicht.de
Restaurant ouvert du lundi au jeudi 18h-22h.

Aussicht, c'est tout à la fois un hôtel, un restaurant, un café et un bar. Rien que ça ! Les chambres d'hôtel y sont belles, spacieuses, lumineuses, très nature (utilisation du bois de chêne). Elles sont toutes parfaitement équipées, avec salle de bains, wifi et on s'y sent très bien. Certaines ont même une vue sur le Danube. Le restaurant, lui, est certifié bio et il est situé au-dessus du Danube. De la terrasse, on a une vue plongeante sur le fleuve et le merveilleux paysage autour, d'où son nom : *aussicht*, «vue» en allemand !

PRIEN AM CHIEMSEE

Le lac de Chiemsee est surplombé par les Alpes. C'est à partir de là que la Bavière apparaît plus authentique avec des maisons anciennes en bois sculpté, des balcons en fer forgé et des vieilles pierres. A n'importe quelle saison, quel que soit le temps, rien ne peut altérer la beauté enchanteresse du lac de Chiemsee, aussi surnommé « la mer de Bavière ». Pas étonnant, dès lors, que le roi de contes de fées, Louis II de Bavière, ait choisi une de ses îles, Herreninseln, « l'île des hommes », comme site d'un de ses palais inspiré du château et des jardins de Versailles et en hommage au Roi-Soleil, Louis XIV, le château de Herrenchiemsee.

© TOURIST INFORMATION SEEBRUCK, GERMANY / KURT SCHUBERT

Panorama du Lac de Chiemsee.

FRAUENINSEL

Frauenchiemsee
✆ +49 8051 68870
www.schloesser.bayern.de
Liaison en bateau (aller-retour) depuis Gstadt 5,90 €, depuis Übersee 8,60 €, et depuis Prien 9,10 €.

Cette « île des femmes » (si l'on veut traduire) abrite l'abbaye de Frauenwörth, un couvent fondé par le duc Tassil et qui vit le jour au VIIIe siècle. L'intérieur du couvent - où vivent aujourd'hui des sœurs bénédictines - n'est pas ouvert au public. En face de l'église, la Torhalle, un bâtiment de l'ère carolingienne, ce qui se manifeste aussi dans sa structure romane. Entrée libre de 11h à 17h (de mai à octobre). Cette Fraueninsel est moins spectaculaire que la Herreninsel, juste à côté, qui a une abbaye, mais aussi un château !

SUD DE LA BAVIÈRE

SCHLOSS HERRENCHIEMSEE ★★★★

Herrenchiemsee ✆ +49 8051 68870
www.herren-chiemsee.de
Le château est ouvert tous les jours. Visite guidée uniquement : 9 €. Réduit : 8 €. Gratuit pour les - de 18 ans.

Le Château royal de Herrenchiemsee fut le troisième et dernier château construit par Louis II de Bavière. Le plus grand de ses édifices, entièrement inspiré par Versailles, fut un hommage à son idole, le Roi-Soleil Louis XIV, et à la monarchie absolue. Après l'acquisition de l'île Herreninsel (littéralement « île aux hommes ») par Louis II en 1873, il n'aura fallu pas moins de cinq ans et 13 phases de conception avant de finalement commencer les travaux en 1878, sous l'égide de l'architecte Georg Dollmann. Le but fut de créer un « Versailles bavarois » d'après le modèle français d'origine, y compris les pièces qui y n'existaient plus depuis longtemps. La première pièce achevée, réalisée de 1879 à 1881, fut aussi la plus coûteuse : la chambre à coucher du roi (*Paradeschlafzimmer*), considérablement plus grande et somptueuse que son modèle français. Louis II n'y a jamais dormi. Le roi bavarois n'a d'ailleurs séjourné que 10 jours au total dans son grandiose palais. Une autre pièce inégalée est la galerie des Miroirs : avec ses 7 000 bougies, 33 chandeliers en cristal et une longueur de 98 mètres, elle est également plus grande que son modèle, la Galerie des Glaces. Le coût des travaux fut énorme et le chantier pharaonique. En effet, Herrenchiemsee a coûté plus cher que les châteaux de Linderhof et Neuschwanstein réunis ! Tout y est faste, riches décorations, couleurs chatoyantes et luxe. Même le jardin, avec ses fontaines et jeux d'eaux ainsi que ses sculptures, est inspiré de Versailles. Le parc est l'œuvre de Carl von Effner et devait englober la plus grande partie de l'île. En 1886, l'année de la mort du roi, seule une partie du parc était terminée. Le château resta en majeure partie inachevé.

Comme pour les autres châteaux de Louis II, le château d'Herrenchiemsee ne se visite qu'avec une visite guidée.

▶ Le **Augustiner-Chorherrenstift** est un monastère augustinien qui vous attend au nord de l'île, et que l'on découvre en sortant du bateau. Sa visite est comprise dans le billet du château d'Herrenchiemsee.

▶ **Musée du roi Louis II.** Depuis 1987, il y a dans le château un musée consacré à la vie du roi, de sa naissance en 1845 à sa mort tragique en 1886. L'exposition, installée dans douze salles au rez-de-chaussée de l'aile sud, agencées de façon moderne, englobe des photographies, des portraits peints, des bustes et des habits de Louis II. Les plus belles pièces du musée sont des meubles d'apparat des appartements royaux de la Résidence de Munich (entre-temps détruits) et de la première chambre à coucher du château de Linderhof.

SEE HOTEL WASSERMANN €€

Ludwig-Thoma-Straße 1
✆ +49 8667 8710
www.chiemsee-hotel-wassermann.de
Chambre individuelle à partir de 128 €, chambre double à partir de 168 € avec petit-déjeuner.

La ville de Seebruck, sur la rive nord du lac, est à une quinzaine de kilomètres de Prien am Chiemsee. Le Seehotel Wassermann est un très gros complexe hôtelier est au bord du Chiemsee et à proximité de toutes les commodités. Il possède, entre autres, un sauna, une piscine, une table de ping-pong… et offres de massages. Les chambres sont très agréables, particulièrement spacieuses et parfaitement équipées : bureau, sèche-cheveux, minibar, etc. Le prix de la chambre dépend de son orientation. Offres sur sur le site Internet de l'hôtel.

ÜBERSEE

Longeant le Chiemsee, Übersee est un tout petit village où il fait bon s'arrêter le temps d'une pause vélo ou auto. Pour autant, pas besoin de faire un détour ! Pour l'anecdote, le groupe bavarois LaBrassBanda, un ensemble de percussions et de cuivres connu dans toute la Bavière pour ses morceaux énergiques et entraînants, a été fondé ici à Übersee.

Tourisme

Dans le petit bourg, à 3 km des rives du Chiemsee, on peut visiter la belle église St-Nicolas (Pfarrkirche St. Nikolaus), une église du début du XXe siècle, construite dans un style néogothique, riche en ornements et haute en couleurs.

HOTEL & RESTAURANT ALPENHOF €€

Westerbuchberg 99 ✆ +49 8642 89400
www.alpenhof-chiemgau.de
Chambre double à partir de 82 €, 102 € avec balcon, petit déjeuner inclus. Appartement disponible à partir de 88 €.

En appartement ou en chambre, impossible de ne pas se sentir totalement en vacances à l'Alpenhof. Du confort de bon aloi pour un ensemble qui ne manquera de combler toutes vos attentes : ici c'est clairement de l'air pur à pleins poumons, et des paysages alpestres comme la Bavière sait si bien en être prodigue. Toutes les chambres sont équipées d'une salle de bains et de toilettes. La terrasse du restaurant offre un panorama fantastique sur les Alpes du Chiemgau.

BERCHTESGADEN ★★★

Berchtesgaden est bien plus qu'une simple petite station de sport d'hiver coincée entre les frontières allemandes et autrichiennes. Les sombres montagnes qui l'entourent sont si massives qu'elle semble dominée et recluse dans le silence et on dirait même que le mont Watzmann (2 713 m) fait de l'ombre au soleil. Berchtesgaden, c'est aussi le plateau de l'Obersalzberg sur lequel Hitler avait établi ses quartiers d'été et la montagne du Kehlstein (1 834 m) où s'accroche, comme par le plus grand des miracles, le nid d'aigle encore auréolé de ses légendes noires, mais à jamais entaché par l'Histoire. C'est par Saint-Bartholomé que l'on trouvera l'accès le plus simple au Königssee.

DOKUMENTATIONSZENTRUM OBERSALZBERG

Salzbergstraße 41 ✆ +49 8652 94796 0
www.obersalzberg.de
Du lundi au samedi de 9h à 17h (haute saison), du mardi au dimanche de 10h à 15h (basse saison). Entrée 3 €.

A partir de 1923, le massif de l'Obersalzberg fut le lieu de villégiature et de repos d'Adolf Hitler. En 1933, le dictateur y acquit un chalet qu'il nomma *Berghof* après de nombreux réaménagements. Deuxième centre de décision du pouvoir nazi, il fut bombardé par les Alliés en 1945. Restitué au Land de Bavière en 1996, un musée fut construit à proximité. De nombreuses thématiques autour du IIIe Reich et une histoire détaillée de l'Obersalzberg de 1933 à 1945 sont exposées avec pédagogie.

KEHLSTEINHAUS (NID D'AIGLE) ★

Kehlsteinhaus ✆ +49 865 220 29
www.kehlsteinhaus.de
Aller-retour avec la navette : environ 30,80 €. Ouvert de mi-mai à mi-octobre.

Sur les hauteurs de l'Obersalzberg, à 1 834 m d'altitude, à flanc de montagne, se dresse le Kehlsteinhaus, plus connu des francophones sous le nom du « nid d'aigle ». L'ambassadeur français François Poncet fut si impressionné lors de sa visite qu'il surnomma ainsi ce chalet de pierre accroché à la paroi. Le nom est resté, utilisé en anglais comme en français, mais peu en allemand. Mais la renommée de ce site naturel exceptionnel est bien plus ancienne que le IIIe Reich. Dès le XVIIIe siècle on venait admirer la vue exceptionnelle sur les Alpes et Salzbourg. Cadeau d'anniversaire pour les 50 ans du Führer, ce « nid d'aigle » fut construit en douze mois (achevé en octobre 1938), un temps record pour une construction aussi difficile (risques d'avalanche, neige, températures). Une équipe y travailla jour et nuit. Si Hitler n'y résida pas (il résidait au Berghof un peu plus loin), c'est là qu'étaient hébergés ses hôtes de marque. Aujourd'hui, une exposition informe sur l'histoire du Nid d'Aigle, les pièces restantes sont depuis utilisées comme restaurant.

▶ **Randonnée**. Pour s'y rendre à pied, prévoir une ascension de 1 heure 30 à 2 heures au départ du parking d'Ofnerboden, plus encore du parking Obersalzberg. Au moins 4 heures aller-retour. Attention, l'ascension en bus est impossible par temps de neige et il faut être bien équipé pour la randonnée pour y monter par ses propres moyens. Les navettes s'arrêtent fin octobre et parfois avant selon les conditions météorologiques.

Berchtesgaden et le mont Watzmann.

KÖNIGLICHES SCHLOSS BERCHTESGADEN ★

Schloßplatz 2 ✆ +49 865 294 7980
www.schloss-berchtesgaden.de

Ouvert de mai à octobre, du dimanche au vendredi, octobre à mai, du lundi au jeudi. Adulte : 15 €, réduit : 5 €.

Une des résidences des Wittelsbach dont l'origine remonte sans doute au XIIe siècle, manifestant différents styles architecturaux. Certaines ailes sont encore habitées aujourd'hui par les descendants de la famille. Bel intérieur baroque, splendide portique Renaissance en marbre, cloître roman du XIIe siècle. Musée consacré à l'art de la chasse (Rehmuseum) dans les écuries attenantes au château. Rien de particulièrement impressionnant pour justifier le prix salé du billet.

KÖNIGSSEE

Königssee

Le lac se trouve dans le commune de Schönau au sud de Berchtesgaden, à une heure de route à pied.

Le Königssee est sans nul doute l'un des lacs les plus spectaculaires d'Allemagne. Tous les éléments de la carte postale sont là pour créer un cadre enchanteur : une eau vert émeraude, une ceinture de montagnes (avec le sommet du Watzmann au loin), une église baroque à bulbe (Kirche St. Bartholomä) et même une chute d'eau ! L'escarpement empêche les randonneurs d'en faire le tour et il faudra prendre un bateau pour explorer le lac. Vous ne serez pas seul sur le bateau, le Königssee est une attraction touristique de premier plan dans la région.

SALZBERGWERK BERCHTESGADEN (MINE DE SEL)

Bergwerkstraße 83 ✆ +49 8652 60020
www.salzbergwerk.de

Ouvert tous les jours, sauf jours fériés. Plein tarif : 22,50 €, réduit : 20 €, enfant de 4 à 16 ans : 11,50 €.

Un terrain de jeux et de découverte au cœur de la montagne, sur le site d'une mine de sel. La fondation de la mine de sel de Berchtesgaden en 1517 a marqué le début d'une histoire de plus de 500 ans d'exploitation ininterrompue du sel. Vous descendrez dans les profondeurs avec le train de la mine pour y admirer la cathédrale de sel. Ensuite, les plus courageux glisseront sur les toboggans jusqu'au Spiegelsee, pour plonger littéralement dans les profondeurs des Alpes.

OBERSALZBERGBAHN

Bergwerkstraße 10 1/3
✆ +49 8652 2561
www.obersalzbergbahn.de

Tous les jours 9h30-17h en avril, mai, juin, sept et oct, juillet et août 9h30-17h30, 10h-16h l'hiver. Plein tarif 15 €.

Téléphérique pratique pour monter vers le sommet de l'Obersalzberg, à plus de 1 000 m. Ce téléphérique historique, construit en 1949, vous emmène été comme hiver très haut au-dessus de Berchtesgaden. Une fois en haut, plusieurs options de randonnées ou d'activités sportives (luge d'hiver et luge d'été). De la station, ce sont encore 20 ou 30 minutes à pied pour rejoindre le centre de documentation (chemin facile d'accès) et 2 heures pour le Nid d'Aigle. Si vous logez dans la région, présentez votre *Gästekarte* pour bénéficier d'une réduction d'un euro.

ALPENHOTEL KRONPRINZ €€

Am Brandholz
✆ +49 8652 607 0
www.alpenhotel-kronprinz.de

Chambre double à partir de 160 €, suite à partir de 120 € par personne. Petit déjeuner et accès espace bien-être inclus.

La décoration des chambres est un peu vieillotte mais ce grand hôtel-chalet 4 étoiles a l'avantage d'être situé en plein centre de Berchtesgaden et d'être calme. Assis sur les hauteurs de la ville, le Kronprinz propose une série de chambres avec balcon et vue sur les massifs. Les chambres sont confortables mais les couloirs sont imprégnés de l'odeur des chaussures de ski mal aérées et parfois de tabac froid… Le buffet du petit déjeuner (compris dans la réservation) est particulièrement copieux et la rotonde regarde vers les Alpes.

HOTEL ALPENHOF €€€

Richard-Voß-Straße 30
✆ +49 8652 6020
www.alpenhof.de

Chambre double à partir de 298 € par nuit. Petit déjeuner, buffet gâteau l'après-midi.

Situé à 4 kilomètres du centre-ville de Berchtesgaden et à 2 kilomètres du lac Königssee, cet hôtel 4-étoiles offre tout ce qu'il faut pour un agréable séjour dans les Alpes bavaroises. La réservation comprend l'accès aux piscines (intérieure et extérieure, avec vue sur les montagnes), spa, sauna, salle de fitness. Vélos de montagne mis gratuitement à disposition. Et plein d'attentions qui sont les plus de cet hôtel : billard, table de ping-pong, babyfoot, parapluies à disposition… On a pensé à tout ! Plusieurs offres de forfaits sur le site Internet.

HOTEL EDELWEISS BERCHTESGADEN €€€

Maximilianstraße 2

✆ +49 8652 9799 0

www.edelweiss-berchtesgaden.com

Chambre double à partir de 280 €, petit déjeuner et utilisation du spa inclus. Wifi.

Grand complexe hôtelier flambant neuf construit en plein centre-ville de Berchtesgaden, *a priori* sans grand charme vu de l'extérieur mais la qualité des prestations et le confort des chambres sont en accord avec ses 4 étoiles. Les prix aussi. Avec son espace fitness (équipements sportifs et cours de yoga) et wellness (bassin intérieur et bassin extérieur, sauna, etc.), l'hôtel Edelweiss se prête parfaitement à un séjour de remise en forme et relaxation.

KÜHROINT HÜTTE €

An der Seeklause 45

✆ +49 171 353 3369

www.kuehroint.com

Chambres à louer de mi-mai à mi-octobre. À partir de 35 € par personne et 60 € en demi-pension.

Au cœur du parc national du Berchtesgaden, et à 1 420 mètres de hauteur, le Kühroint Hütte se met à votre service pour vous offrir tout ce qu'une auberge peut offrir à la fois du pittoresque Bavarois mais aussi le confort tant attendu au retour d'une longue randonnée dans les environs qui ne manqueront pas de solliciter vos envies de marche. Et pour les amateurs de *mountain bike*, qu'ils n'hésitent surtout pas à s'entretenir avec l'accueil à ce sujet, car les pistes ne manquent aucunement dans les environs. Réservation 3 jours à l'avance au minimum.

GASTHOF BIER ADAM €

Marktplatz 22

✆ +49 8652 2390

www.bier-adam.de

Ouvert lundi, mardi, vendredi, samedi et dimanche 10h30 à 22h. Plats principaux entre 10 et 20 €.

Sur la place du Marché, ce restaurant traditionnel bavarois tient toutes ses promesses et il se targue aussi d'être le plus ancien bar à bière de Berchtesgaden. La décoration intérieure n'est pas des plus design mais les lambris de bois sur les murs donnent l'impression d'avoir trouvé refuge dans un chalet. Le service est prompt et vous y serez très bien accueilli. Parmi les spécialités régionales, la truite meunière accompagnée de pommes de terre en robe des champs et d'une salade verte ou le steak de cerf servi avec des pommes noisettes et poire Williams.

GASTHOF GOLDENER BÄR €

Weihnachtsschützenplatz 4

✆ +49 865 225 90

www.gasthof-goldener-baer.de

« L'ours d'or » ouvre tous les jours de 10h à 22h. Plats de 7,90 à 21,50 €.

La dynastie des Haslinger tient l'auberge depuis 1883 et la famille est liée à l'histoire de Berchtesgaden. Une immense salle au premier étage réservée aux fêtes, une atmosphère sicilienne (la famille a des origines italiennes) sur la petite terrasse de l'arrière-cour et pour les beaux jours, les tables sont dressées directement dans la rue piétonne. Grands choix de plats, spécialités de viandes bavaroises (jarrets de porc), pâtes aux fruits de mer (et oui !), salades, steaks, côtelettes, foie de veau et poissons. Des options végétariennes.

WINDBEUTELBARON

Scharitzkehlstraße 8

✆ +49 8652 2577

www.windbeutelbaron.de

Ouvert tous les jours - sauf le mercredi - de 10h à 18h (10h-17h30 en basse saison).

Ce café-restaurant est situé à 1 000 m d'altitude, sur la montagne de l'Obersalzberg. De la terrasse, vue splendide sur les montagnes du Watzmann, Hochkalter et sur la vallée de Schönau am Königssee. Le café a fait du *Windbeutel* sa spécialité (un gros chou à la crème arrosé de sauce au chocolat et une boule de glace). A une heure de marche facile du parking du centre de documentation de l'Obersalzberg. Une bonne chose tout compte fait : ce que vous prendrez de calories avec les délicieux Windbeutel sera immédiatement brûlé par la randonnée retour.

WATZMANN THERME BERCHTESGADEN

Bergwerkstraße 54 ✆ +49 8652 94640

www.watzmann-therme.de

Ouvert tous les jours 10h-22h. Tarif à la journée : 20,50 €. Supplément de 7,20 € pour le sauna. Prix famille.

Des thermes avec vue sur la montagne du Watzmann. 900 m² de superficie de bain, un paradis pour les familles et pour ceux qui veulent tout simplement se détendre et se relaxer. Il y a de quoi satisfaire les enfants : toboggan de 80 mètres de long, piscine à contre-courant. Pour les adultes : cinq types de sauna, un hammam, une cabine infrarouge et plusieurs offres de massages. Pour les plus sportifs : 4 lignes dans un bassin de 25 mètres de long. Espace restaurant.

ALTÖTTING

Altötting est célèbre dans tout le Land pour les pèlerinages qui s'y déroulent à Pâques, en octobre et pendant l'Avent. Chaque année, plus d'un million de pèlerins se rendent dans cette Lourdes bavaroise. Pour ces périodes de fêtes, pensez à réserver. Dans les rues, on croise des moines qui offrent aux pèlerins et aux touristes des « médailles miraculeuses » ou qui bénissent les voitures. Depuis plus de cinq siècles, elle représente le plus important centre de pèlerinage des pays germanophones et même le pape Jean-Paul II s'y est rendu. Tout a débuté lorsqu'en 1489, devant la Vierge miraculeuse, un enfant qui s'était noyé a été ressuscité...

BASILIKA ST. ANNA

Bruder-Konrad-Platz 1
✆ +49 8671 969 242
Entrée libre.

Construite en 1910 pour accueillir le surplus de pèlerins que l'église principale d'Altötting ne pouvait plus loger, cette basilique Sainte-Anne peut loger près d'un millier de fidèles. De style néo-baroque, elle fut imaginée par l'architecte Johannes Schott et consacrée par le pape Pie X. En 1913, ce même pape l'a élevée au rang de basilique papale. L'extérieur et l'intérieur de l'église, par leur taille, sont particulièrement impressionnants. La nef est très lumineuse en raison de la voûte toute blanche. L'autel représente sainte Anne avec sa fille Marie.

GNADENKAPELLE

Kapellplatz
✆ +49 8671 9242014
Chapelle de Grâce ouverte tous les jours. Il faut se préparer à faire la queue pour pouvoir entrer.

C'est elle qui attire tous les pèlerins venus à Altötting : la chapelle de Grâce. Les fidèles viennent y vénérer la Madone Noire, une statue d'une Vierge à l'Enfant haute de 64 cm. Cette coloration est uniquement due à la fumée de suie des cierges de l'autel à laquelle la statuette en bois de tilleul a été exposée pendant de nombreux siècles. On trouve aussi dans la chapelle quelques urnes contenant les cœurs de plusieurs Wittelsbach connus, comme Louis II : la séparation du corps et du cœur était une pratique mortuaire courante chez les souverains européens.

HAUS PAPST BENEDIKT XVI

Kapellplatz 4b
✆ +49 8671 9242015
www.schatzkammer-altoetting.de
Ouvert du mardi au dimanche de 10h à 12h et de 13h à 16h de mars à octobre. Entrée libre.

Nommée d'après l'ancien pape de l'Église catholique, la Maison de Benoît XVI retrace l'histoire des pèlerinages. S'y trouvent deux institutions : la salle du trésor (Neue Schatzkammer) et le musée des pèlerinages (Wallfahrtsmuseum). Vous pourrez ainsi découvrir la plus ancienne chapelle de toute l'Allemagne datant de 700 ap. J.-C. et ayant survécu aux différentes avanies des temps passés où dit-on le premier duc de Bavière aurait été baptisé. Vous apprendrez aussi ce que signifie la rose dorée, tradition multiséculaire en ligne directe du Moyen Âge.

JERUSALEM PANORAMA KREUZIGUNG CHRISTI

Gebhard-Flugel-Weg 10
✆ +49 871 6934
www.panorama-altoetting.de
Ouvert tous les jours de 10h à 17h (ferme plus tôt en basse saison). Adulte : 4,50 €, réduit : 2 €.

Ce panorama de Jérusalem est unique en son genre : il emmène le visiteur dans la ville sainte antique et montre les différents lieux dans lesquels le Christ s'est rendu le jour de sa crucifixion. Un pari original pour faire découvrir de façon immersive le chemin de croix à 360 degrés. Les peintures, de 12 mètres de haut sur 95 mètres de long, sont magnifiquement réalisées ; on les doit au peintre Gebhard Fugel. Il est étonnant d'apprendre que ce panorama d'Altötting date de 1903 !

KAPUZINERKIRCHE ST. MAGDALENA

Kapellplatz 9
✆ +49 8671 96920
Entrée libre.

Cette église Sainte-Madeleine a été érigée entre 1697 et 1700 à l'emplacement d'une petite église datant de 1591. On peut y admirer les traces des différents ordres qui s'y sont succédé : les chevaliers de Malte, les jésuites et les capucins aujourd'hui. Elle est emblématique de ce que l'on considère comme le « baroque jésuite ». Elle a été entièrement rénovée entre 2001 et 2004 et présente aujourd'hui un visage radieux, à l'intérieur comme à l'extérieur.

STIFTSPFARRKIRCHE ST- PHILIPPUS-UND-JAKOBUS

Kapellplatz 23
✆ +49 8671 6262
Entrée libre.

Rénovée il y a quelques années, cette belle église paroissiale à deux tours a été construite entre 1499 et 1511, dans le style gothique, style plutôt discret dans cette région d'Allemagne. Visite guidée passionnante, belle porte en bois gravée, petit squelette au-dessus de l'horloge qui fauche les morts en référence à la peste de 1634, de style Renaissance, des pierres tombales de rois carolingiens dont le neveu de Charlemagne. Les pèlerins y laissent des cadeaux.

HOTEL PLANKL €

Schlotthamerstraße 4
✆ +49 8671 6522
www.hotel-altoetting.de
Chambre individuelle à partir de 58 €, chambre double à partir de 54 € par personne et par nuit, petit déjeuner inclus.

Il faut absolument se rendre dans cet hôtel pour la dizaine de chambres à thème : baignoire en cœur, lit-calèche, lit à eau, sauna dans la salle de bains ou trapèze au ras du lit… avis aux cascadeurs ! Kitsch à souhait. Certaines chambres disposent de leur propre espace spa : au choix sauna, hammam ou bain de sel. Le petit-déjeuner proposé sous la forme d'un grand buffet est compris dans la réservation. Restaurant au rez-de-chaussée (spécialités allemandes et bavaroises). Le personnel de l'hôtel et du restaurant est très sympathique.

CAFÉ MÄRCHENHAFT

Neuöttinger Straße 36
✆ +49 8671 4033727
www.cafe-maerchenhaft.de
Ouvert tous les jours de 9h à 13h.

Un petit café aux airs de salon de thé à l'anglaise. Les lustres pendent au-dessus des tables en bois blanc et les gâteaux sont sous les cloches en verre. Servis sur des plateaux à étages, toasts au saumon, sandwiches maison, scones et briochettes se dégustent avec un bon café latte. Du sucré, du salé, du végétarien ou du végan, il y en aura ici pour tout le monde ! Anciennement Café Rotkäppchen (Petit Chaperon rouge), il s'appelle maintenant Café Märchenhaft (féerique), mais le logo continue de faire figurer la célèbre héroïne du conte des frères Grimm.

BURGHAUSEN

Cette petite ville de 19 000 habitants, à une quinzaine de kilomètres d'Altötting, doit sa renommée à son château-fort, qui est le plus long du monde (1 051 mètres de longueur). Le cœur médiéval de la cité s'étend lui aussi tout en long, coincé entre la forteresse allongée sur son rocher et la Salzach, le fleuve qui marque ici la frontière entre l'Allemagne et l'Autriche. Les ducs de Basse-Bavière, qui régnaient depuis Landshut, ont fait de Burghausen une résidence secondaire, exploitant la position stratégique de la ville comme plaque tournante du commerce du sel en provenance de Hallein, un peu plus haut sur les bords de la Salzach.

BURG ZU BURGHAUSEN ★★

Burg 48
✆ +49 8917 9080
www.burg-burghausen.de
Le parc du château et ses cinq cours sont ouverts aux visiteurs à tout moment. Pass pour tous les musées : 10 €/ 8 €.

Le château-fort de Burghausen, perché sur les hauteurs, domine la ville et la Salzach. Ses 1 051 mètres de longueur lui ont permis d'entrer le *Guinness des records* comme forteresse la plus longue au monde. C'est ici, à Burghausen, qu'était conservé le trésor familial et c'est dans les appartements que vivaient les héritiers des ducs. Son habitante la plus célèbre est l'épouse du duc Georges le Riche, la fille du roi de Pologne, Hedwig : couple célèbre dont le mariage est rejoué tous les quatre ans à Landshut, dans une grande fête populaire.

DJH JUGENDHERBERGE BURGHAUSEN €

Kapuzinergasse 235
✆ +49 8677 8817910
www.burghausen.jugendherberge.de
25,90 € la nuit en dortoir, petit-déjeuner compris. 33,70 € en demi-pension.

Cette auberge de jeunesse est installée dans un ancien monastère capucin au sud de la vieille ville, pas très loin de la forteresse. Elle a été rénovée de fond en comble et accueille depuis 2018 de nouveau du public, et les travaux sont très réussis : les 36 chambres sont modernes et lumineuses. 136 lits en tout dans cette auberge. 9 chambres doubles. L'auberge de jeunesse fait partie du réseau DJH (Deutsches Jugendherbergswerk) pour lequel il faut être membre ou le devenir.

HOTEL POST €€

Stadtplatz 39
✆ +49 8677 965 0
www.altstadthotels.net
Chambre individuelle à partir de 69 €, chambre double à partir de 129 € par nuit.

Très bel hôtel situé en plein centre-ville. Les chambres y sont harmonieusement décorées et il possède un Biergarten qui donne directement sur la place. La famille Mitterrer possède plusieurs hôtels en ville, mais celui-ci est le tout premier. Les chambres sont charmantes, confortables et bien équipées : elles disposent toutes de leur salle de bains et, dans certaines, on peut encore aujourd'hui identifier la structure de la bâtisse initiale (datant de 1504 !) aux murs et au plafond, car la restauration de ce patrimoine a été réalisée avec soin.

AUGUSTINER AM STADTPLATZ €

Bruckgasse 104 ✆ +49 8677 8785900
www.augustiner-burghausen.de
Ouvert du mardi au samedi de 11h à 23h. Le dimanche 10h-23h. Plats entre 7,90 € et 19,80 €.

Intérieur tout en bois, simple et élégant, et spécialités culinaires bavaroises font tout le charme de ce restaurant qui possède une terrasse donnant directement sur la place principale. De cet endroit, on peut entrevoir le château fort sur les hauteurs, qui pointe derrière les façades de la place principale de Burghausen. Au menu ici : des schnitzels, du goulasch, des spätzle, du rôti de porc, etc., et pour la petite faim à toute heure de la journée : la traditionnelle salade de pommes de terre. Jolie terrasse espacée sur la grande place.

CAFÉ ALTSTADT

Stadtplatz 95
✆ +49 8677 6692580
Ouvert tous les jours de 8h à 18h. Plats à partir de 10 €, bowls entre 11 et 13 €.

La terrasse idyllique au-dessus de la Salzach offre une vue apaisante sur l'eau. Avec le doux murmure de la rivière en arrière-plan, c'est un bel endroit pour s'accorder un moment de détente. En plus, le café est lumineux et décoré avec beaucoup de goût, les tables sont en bois et fleuries. Un lieu vraiment charmant pour venir prendre le petit-déjeuner (jusqu'à 11h), pour manger un délicieux «bowl» ou pour pour prendre un café avec une pâtisserie ou une part de gâteau dans l'après-midi. Des créations fraîches et faites maison.

MITTENWALD

Cette petite station de sports d'hiver (8 500 habitants), très jolie bourgade, posée dans la vallée et surplombée de montagnes abruptes, possède un centre pittoresque de chalets de bois et de pierre. De belles fresques sont peintes sur les façades. Elle possède beaucoup de petites pensions, et chambres d'hôtes. Situé à une vingtaine de kilomètres au sud de Garmisch-Partenkirchen, Mittenwald est un vrai village de charme qui saura vous séduire par son cadre. La bourgade bénéficie en effet d'un site splendide et majestueux avec le mont Karwendel en arrière-plan. Ancienne cité de maîtres luthiers, elle est devenue aujourd'hui un véritable pôle touristique.

Burg Zu Burghausen.

GEIGENBAUMUSEUM [MUSÉE DU VIOLON]

Ballenhausgasse 3 ✆ +49 8823 25 11
www.geigenbaumuseum-mittenwald.de
Ouvert tous les jours sauf le lundi et quelques jours fériés. Adulte : 5,50 €, réduit : 4,50 €, enfant : 2 €.

Un musée du Violon pour découvrir la fabrication de cet instrument. Matthias Klotz (1653-1743), maître luthier, a fait de Mittenwald un centre important de leur production. La collection d'instruments met l'accent sur la lutherie baroque de Mittenwald. Des tests auditifs (des casques pour entendre les sonorités des différents instruments), des films historiques sur le thème de la lutherie, l'atelier de démonstration historique et des expositions spéciales agrémentent la visite.

PFARRKIRCHE ST-PETER-UND-PAUL

Matthias-Klotz-Straße 4
✆ +49 8823 92290
www.st-peter-und-paul-mittenwald.de
Entrée libre en dehors des services religieux. Église de rite catholique-romain.

Cette église consacrée à saint Pierre et à saint Paul est signée de la main de Josef Schmuzer. Il faut savoir que cet architecte et plâtrier bavarois a réalisé de nombreuses églises dans cette partie du Land. Assez original : les sgraffites sur le clocher. C'est un phénomène assez fréquent sur les façades des maisons de la région, mais plus rare sur une église. Ces fresques qui représentent saints Pierre et Paul sont l'œuvre de l'artiste Matthias Günther.

ALPENROSE €

Obermarkt 1
✆ +49 8823 92700
www.hotel-alpenrose-mittenwald.de
Chambre individuelle à partir de 70 €, chambre double à partir de 105 €, petit déjeuner inclus.

L'hôtel est installé dans un bel édifice du XVIIIe siècle. La cuisine du restaurant y est très bonne et des concerts s'y déroulent tous les soirs. Plusieurs offres de chambres : chambre individuelle (avec salle de bains ou sur le palier), chambre double, chambre de trois ou quatre lits et deux appartements. L'emplacement en plein centre est idéal et offre de jolis points de vue sur les façades peintes de Mittenwalde depuis la plupart des chambres. Wifi gratuit partout dans l'établissement. Animaux autorisés pour un petit supplément.

DJH JUGENDHERBERGE MITTENWALD €

Buckelwiesen 7
✆ +49 8823 1701
www.mittenwald.jugendherberge.de
A partir de 23,90 €, petit déjeuner inclus. 31,90 € en demi-pension. Adhésion annuelle : 7 €.

L'auberge de jeunesse est à 4 km du centre-ville et elle n'est pas desservie par les lignes de bus. Transfert en taxi depuis la gare possible. En revanche, elle est au cœur d'un espace naturel protégé. 110 lits, répartis en chambres de trois à huit lits, salle de tennis de table, sauna interne, local à vélos, salle et mur d'escalade, TV, projecteur. Une auberge plutôt pensée pour accueillir des groupes scolaires. Adhésion au réseau DJH nécessaire.

GÄSTEHAUS SONNENHEIM €

Dammkarstraße 5
✆ +49 8823 92160
www.sonnenheim-tourismus.de
Chambre double à partir de 65 €. Appartement avec balcon à partir de 75 €. Petit déjeuner compris. Parking gratuit.

Les 11 chambres de ce bel hôtel de style alpin sont décorées avec beaucoup de goût (meubles en bois de pin) et sont confortables et parfaitement équipées : salle de bains, petit coin table, wifi, etc. Excellent rapport qualité-prix ! Les chambres les plus coûteuses disposent d'un balcon avec un panorama enchanteur et romantique sur les montagnes. L'hôtel combine un emplacement très central avec cadre naturel fantastique. L'été, il est possible de prendre le petit-déjeuner dehors, sur la terrasse au soleil. Très bonne adresse pour un séjour à Mittenwald.

SCHLOSS ELMAU €€€

In Elmau 2
✆ +49 8823 180
www.schloss-elmau.de
Chambre double à partir de 900 €.

Cet hôtel de luxe 5 étoiles est connu dans le monde entier pour avoir accueilli par deux fois le sommet du G7 : la première fois en 2015 et la seconde fois en juin 2022. C'est que cet établissement compte parmi les plus beaux de Bavière. L'écrin naturel, au pied des Alpes, offre un calme exceptionnel pour ce genre de rencontres et l'hôtel compte quantité de reçoins propices à des pourparlers entre chefs d'État et de gouvernement. Librairie, boutiques, salle de concert, spa gigantesque : il y a ici tout ce qu'il faut pour s'accorder le plus princier des séjours.

GARMISCH-PARTENKIRCHEN ★★★

Incontournable et pleine de charme, Garmisch-Partenkirchen est un des hauts lieux touristiques de la Bavière. Située au pied du Zugspitze, le plus haut sommet allemand (2 962 m), l'adorable petite ville, blottie au cœur de la vallée, est cernée de montagnes grandioses. Jumelé avec Chamonix, Garmisch-Partenkirchen est une station de sports d'hiver renommée qui accueillit chez elle en 1978 les championnats mondiaux de ski alpin. Tous les 1er janvier y est organisée une démonstration de saut à ski, le sport qui déchaîne les passions dans la région. La saison d'hiver est bien longue et dure de fin novembre à début avril. L'été, la randonnée et l'escalade sont à l'honneur dans le parc naturel. Garmisch-Partenkirchen n'est pas en réalité le nom d'une seule ville, mais de deux. En effet, Garmisch et Partenkirchen ont chacune leur propre centre, séparé par une route et éloigné de 2 ou 3 km. Garmisch et Partenkirchen s'unifièrent contre leur gré en 1936, condition *sine qua non* pour y organiser les Jeux olympiques, mais elles demeurent traditionnellement rivales. Sous l'hégémonie romaine, Partenkirchen, qui se nommait alors Partanum, constituait une garnison sur la route à travers les Alpes et reliait l'Allemagne à l'Italie. Zone stratégique majeure, les échanges commerciaux s'y développèrent considérablement.

Partenkirchen le rural s'oppose à Garmisch le festif, plus commerçant et plus chic. Toutefois, outre les restaurants, on trouve dans le vieux Garmisch, de petites ruelles, des chalets de pierre et de bois sculpté très pittoresques. La rue piétonne abrite de nombreux commerces.

Tradition et religion jouent un rôle très important dans la région, il est très fréquent d'y croiser des autochtones en habits traditionnels (*Lederhosen*). Les églises sont bondées pour la messe du dimanche. Garmisch-Partenkirchen, c'est aussi la ville de Richard Strauss ; tous les ans en juin, un grand festival lui est dédié. Dans le prix de votre hébergement est comprise une taxe de séjour qui vous permettra d'obtenir la fameuse « carte d'hôte ». Elle vous offre la gratuité des bus municipaux, des réductions dans les musées et une assurance contre les accidents. N'oubliez pas de la réclamer.

LUDWIGSTRASSE

Ludwigstraße
www.gapa.de

Il faut flâner le nez en l'air pour ne rien manquer de la promenade. Depuis l'époque romaine et la construction de la Via Claudia, cette rue est au cœur de la vie économique de la région, le Werdenfelser Land. Chaque maison a son histoire, ainsi au numéro 8, l'Altes Haus est aujourd'hui le seul vestige préservé de l'époque médiévale. En effet, des incendies ravagèrent le quartier en 1811 et 1865. La Pfarrkirche, édifiée en 1871 dans le style néogothique, est réputée pour son œuvre signée Bartolomeo Letterini dans laquelle la Vierge Marie monte au ciel.

MICHAEL-ENDE-KURPARK

Fürstenstraße 14
✆ +49 8821 1807790
www.gapa.de

Entrée libre. Ouvert en journée et fermé la nuit. Concerts l'été.

Saviez-vous que l'auteur de *L'histoire sans fin* - Michael Ende - était originaire d'ici ? C'est d'après ce natif de Garmisch-Partenkirchen qu'est nommé le parc. C'est aujourd'hui un lieu de détente au cœur de la ville. L'été, des concerts quotidiens y sont donnés, du Big Band à la musique classique (www.musik-im-park.de). Toute l'année, le Kurpark est aussi un lieu d'exposition temporaire, notamment dans la maison de cure. Le parc n'est pas une étape indispensable de votre passage à Garmisch, mais si vous y êtes, n'hésitez pas à y faire un petit tour.

PARTNACHKLAMM - GORGE DE PARTNACH

Partnachklamm
✆ +49 8821 180700
www.partnachklamm.eu

Ouvert tous les jours de 8h à 20h (juin-septembre) et de 8h à 18h (octobre-mai). Plein tarif : 6 €, réduit : 3 €.

Contrairement à d'autres gorges, la Partnachklamm est ouverte au public en été et en hiver. Déclarée monument naturel en 1912 et aménagée pour le tourisme depuis, cette gorge de 80 mètres de haut et 700 mètres de long est un site incontournable lors d'un séjour à Garmisch-Partenkirchen : la balade le long de la falaise à 5 mètres de la fougueuse Partnach est proprement fantastique. Comptez une bonne vingtaine de minutes pour la découverte de la gorge.

SUD DE LA BAVIÈRE

PFARRKIRCHE ST. MARTIN

Pfarrhausweg 4
✆ +49 8821 9439140
www.erzbistum-muenchen.de
Entrée libre. Petit guide papier en français avec de nombreuses explications.

L'église Saint-Martin date du début du XVIIIe siècle et est à l'image de nombreuses autres églises baroques édifiées dans le sud de l'Allemagne. Son extérieur est très sobre mais son intérieur est fastueusement décoré. Une originalité tout de même : les étendards présents dans la nef sont plutôt rares dans les églises allemandes. Les travaux de cette église paroissiale catholique ont été dirigés par Josef Schmutzer et les fresques sont l'œuvre de Matthias Günther. Elles représentent la vie de saint Martin (saint Martin de Tours).

RICHARD-STRAUSS-INSTITUT

Schnitzschulstraße 19
✆ +49 8821 9105950
www.richard-strauss-institut.de
Ouvert du lundi au vendredi de 10h à 16h. Fermé les jours fériés. Plein tarif : 3,50 €, gratuit pour les - de 16 ans.

Le célèbre compositeur Richard Strauss, né à Munich, a vécu à Garmisch-Partenkirchen, et il y est inhumé. Ce n'est pas dans cette maison qu'il a vécu mais dans une autre villa de Garmisch, toujours propriété privée. A l'institut Richard Strauss, vous pourrez tout connaître de sa vie, son œuvre ou écouter de la musique. Le lieu dispose aussi de sa propre salle de concerts. Alors, si vous êtes mélomane, consultez le programme en ligne ! Depuis 2018, il existe même un festival entièrement consacré à ce grand compositeur bavarois !

DJH JUGENDGHERBERGE MOUN10 €

Lagerhausstraße 2
✆ +49 8821 754290
www.moun10-garmisch.jugendherberge.de
34,40 € par nuit, 42,80 € en demi-pension. Adhésion au réseau DJH : 7 € pour l'année.

Le réseau DJH a ouvert une nouvelle auberge de jeunesse, très centrale puisqu'elle se situe à proximité de la gare et à équidistance des centres de Garmisch et Partenkirchen. Son nom Moun10 (comprendre « montagne » en anglais) ne ment pas sur son emplacement et les amateurs de grimpe et de descente seront comblés par les activités possibles dans la région. 192 lits, répartis en chambres à deux, quatre et six lits, toutes avec douche et WC. Salle de fitness et sauna.

ZUGSPITZE ★★

Olympiastraße 27 ✆ +49 8821 7970
www.zugspitze.de
Zugspitzeticket (aller-retour) : 63 €. 16-18 ans : 50,50 €. 6-15 ans : 32 €. Tarifs famille.

La Zugspitze est un haut lieu du tourisme de la région de Garmisch-Partenkirchen. Et pour cause, le panorama depuis le sommet est à coupler le souffle ! En outre, la Zugspitze peut se targuer d'un superlatif : avec 2 962 mètres d'altitude, c'est le plus haut sommet de Bavière et en même temps le point culminant d'Allemagne. Sous réserve de bonnes conditions météorologiques, là-haut vous attend une vue jusqu'à 250 km, sur plus de 400 sommets en Allemagne, en Autriche, en Suisse et en Italie. Par beau temps, on peut voir jusqu'à Munich. En hiver, les pistes de la Zugspitze sont très appréciées par les amateurs de ski. Le sommet pyramidal de la Alpspitze (2 628 m) est l'emblème de Garmisch-Partenkirchen. Le Kreuzeck (1 651 m) est connu parmi les sportifs d'hiver pour la fameuse descente de Kandahar, où se déroulent régulièrement des épreuves de la Coupe du monde.

▸ **S'y rendre**. Si vous ne voulez pas escalader les plus de 2 000 m de dénivelé pour atteindre le sommet escarpé de la Zugspitze, faites comme tout le monde, prenez le train et le téléphérique ! C'est pratique, ça va plus vite et l'ascension offre aussi de très belles vues. Le trajet commence à la gare de Garmisch-Partenkirchen où l'on prend la **Zahnradbahn** (train à crémaillère) qui traverse Grainau, Eibsee et un tunnel de 4,5 km. Pour atteindre le sommet, on prend la **Gletscherbahn**, puis on redescend avec la **Seilbahn** (téléphérique flambant neuf).

▸ D'autres télécabines permettent d'atteindre rapidement les alpages de l'Alpspitze, du Kreuzeck et du Hausberg.

© VICHIE81 - ISTOCKPHOTO

SUD DE LA BAVIÈRE

ATLAS POSTHOTEL €€

Marienplatz 12
✆ +49 8821 7090
www.atlas-posthotel.com
Chambre individuelle à partir de 110 €, chambre double à partir de 200 €.

Un bel hôtel cossu en plein cœur de Garmisch et qui se targue d'avoir eu le prince de Galles et la reine de Jordanie comme invités de marque. Le chalet faisait déjà office de taverne pendant la guerre de Trente Ans puis se transforma peu à peu en une auberge de charme et de tradition. Le petit déjeuner, servi sous la forme de buffet, est inclus dans le prix de la réservation. L'Atlas dispose aussi d'une autre adresse, dans la Ludwigstraße de Partenkirchen : l'Atlas Grand Hotel, de grand standing, avec une piscine naturelle extérieure.

HOTEL & GASTHOF SCHATTEN €€

Sonnenbergstraße 10-12 ✆ +49 8821 943089 0
www.hotel-schatten.de
Prix dépendants des saisons et de l'orientation des chambres. Petit déjeuner inclus. Wifi. Biergarten.

Très beau et immense chalet traditionnel cossu et charmant avec sa façade peinte, ses balcons fleuris et ses volets verts. L'hôtel a été refait à neuf mais il conserve un style ancien très apprécié. Ici, le bois domine et crée une atmosphère naturelle apaisante. On se demande bien d'où vient le nom (*schatten* signifie «ombre» en allemand) tant le site est lumineux. Superbe vue sur les montagnes depuis la plupart des chambres. L'hôtel se trouve à 3 minutes à pied de la Ludwigstraße, la rue piétonne et l'artère principale de Partenkirchen.

HOTEL ZUGSPITZE €€

Klammstraße 19
✆ +49 8821 901 0
www.hotel-zugspitze.de
Prix dépendants des saisons. Chambre individuelle à partir de 85 €, chambre double de 115 €, junior suite de 175 €.

A deux pas du centre-ville de Garmisch, il n'y a aucune fausse note dans cet hôtel. L'hôtel Zugspitze offre une excellente qualité de services dans un cadre soigné. Plusieurs types de chambres, de la chambre individuelle aux suites. Le petit-déjeuner est compris dans le prix du séjour. Le complexe spa-piscine (bassin, sauna, hammam, etc.) est si agréable qu'il vous fera peut-être sacrifier une demi-journée au programme prévu… pour se remettre d'un programme trop chargé en s'accordant un moment de farniente, extrêmement ressourçant !

LES J.O. DE 1936

Durant l'été 1936, Berlin accueille les XIe Jeux olympiques d'été, célébrations que les nazis manipulent à des fins de propagande. Quelques mois plus tôt, du 6 au 16 février 1936, les IVe Olympiades d'hiver avaient eu lieu en Bavière, plus précisément à Garmisch-Partenkirchen dans le massif alpin. Les deux communes de Garmisch et Partenkirchen, qui doivent fusionner pour accueillir les Jeux, avaient été désignées en 1931, soit deux ans avant l'arrivée au pouvoir des nazis. Le NSDAP, d'abord défavorable à l'organisation des J.O., comprend l'opportunité de cette visibilité internationale pour faire oublier les Lois de Nuremberg, instaurées quelques mois plus tôt.

HOTEL STAUDACHERHOF €€€

Höllentalstraße 48
✆ +49 8821 929 0
www.staudacherhof.de
Prix très dépendants des saisons. Chambre individuelle à partir de 120 €, chambre double à partir de 135 €.

Cet hôtel de Garmisch - à la fois beau, typique et chaleureux - offre un confort complet pour se détendre : cheminée, panorama magnifique, sauna, hammam, piscine. Les prix des chambres varient selon les saisons et les tailles mais le prix du séjour comprend toujours le petit-déjeuner et l'accès à l'espace spa (qui est intérieur et extérieur à la fois). L'accueil est professionnel et sympathique. Côté emplacement, l'hôtel Staudacherhof se trouve au calme, mais très proche du centre de Garmisch. Une très bonne adresse et un de nos coups de cœur.

REINDL'S PARTENKIRCHNER HOF €€€

Bahnhofstraße 15
✆ +49 8821 943870
www.reindls.de
Chambre individuelle à partir de 135 €, double à partir de 175 €. Petit déjeuner inclus. Wi-fi. Garage 10 € par jour.

Sous la direction de la famille Reindl depuis les Jeux olympiques de 1936, cet hôtel est une excellente adresse pour un séjour en ville. il est idéalement situé à équidistance des deux centres-villes de Garmisch et de Partenkirchen. Ambiance calme et romantique, panorama de rêve, balcons dans toutes les chambres et dans tous les appartements, service impeccable. La cerise sur le gâteau : l'espace détente avec piscine intérieure, sauna et bain bouillonnant !

FISCHER'S MOHRENPLATZ €

Mohrenplatz 4
✆ +49 8821 7322770
www.mohrenplatz-garmisch.de
Ouvert tous les jours de 11h30 à 22h. Plats de 8,60 € à 21,80 €. La terrasse fait aussi office de café et de Biergarten.

Une sympathique auberge-restaurant bavaroise au cœur de Garmisch. Les serveurs sont vêtus de leurs tenues traditionnelles, la clientèle est bigarrée, touristes et habitants du cru se mélangent dans une atmosphère décontractée et sans chichis. On y boit et on y mange bien pour un prix très raisonnable. Le soleil des Alpes cogne sur la grande terrasse en plein midi. Le Biergarten dispose d'une carte spéciale. Le plat de *Spätzle* au fromage, herbes et oignons rouges fondus dans le beurre est délicieux. Il est accompagné d'une salade verte.

BRÄUSTÜBERL €€

Fürstenstraße 23
✆ +49 8821 9679801
www.braeustueberl-garmisch.de
Réservation recommandée en saison.

Au Bräustüberl Garmisch, vous pourrez découvrir une variété de plats allemands classiques tels que les bretzels, les saucisses, les rôtis, les schnitzels et les plats à base de viande de porc. Les spécialités bavaroises telles que le *Schweinshaxe* (jarret de porc), le *Leberkäse* (pain de viande) et les *Knödels* (quenelles) sont également proposées. Est également mise à l'honneur une sélection de bières locales, notamment de brasseries régionales renommées ! Même si les clients sont principalement des locaux, il est nécessaire de réserver en saison.

GASTHOF ZUM RASSEN €€

Ludwigstraße 45
✆ +49 8821 2089
https://gasthof-zum-rassen.inn.fan
Ouvert tous les jours de 7h30 à 1h. Plat entre 10 et 15 €.

Belle façade peinte dans la Ludwigstraße, en face de l'église paroissiale Maria Himmelfahrt. Avec sa grande salle ornée de balcons, le Gasthof zum Rassen est un restaurant populaire avec une scène en bois sur laquelle se jouent du théâtre de cabaret et des concerts. Cette auberge abrite le plus ancien *Bauerntheater* (théâtre fermier) de la Bavière. C'est une auberge dans ce qu'il y a de plus traditionnel, elle propose donc aussi des chambres un peu spartiates à l'étage. Son emplacement est idéal sur l'avenue passante de Partenkirchen.

TAJ MAHAL €€

Sonnenbergstraße 17
✆ +49 8821 9436430
www.taj-mahal-gap.de
Ouvert tous les jours de 11h30 à 14h30 et de 17h à 23h30. Le soir, entre 9 et 18 € le plat.

Vous l'aurez deviné à son nom, le Taj Mahal est un restaurant indien. Installé dans un chalet à Partenkirchen, c'est un restaurant original dans les Alpes et de bonne qualité qui vous permettra de vous évader dans l'ex-Empire des Indes ! Ça change des *Schnitzels*, des *Knödels* et des autres spécialités de la cuisine bavaroise ! Le cadre est agréable et le service impeccable. Le midi, il y a certes un peu moins de choix, mais les prix sont aussi un peu plus bas. Quelques tables en extérieur aux beaux jours, pour manger au soleil.

4ECK €€€

Klammstraße 8
✆ +49 8821 7984240
www.4-eck.com
Ouvert du mardi au samedi 18h-22h, vendredi et samedi 12h-14h. Plats de 15 à 45 €.

Sans doute aucun, le 4ECK est le meilleur restaurant de Garmisch-Partenkirchen. On y sert une cuisine gastronomique extrêmement fine et innovante. Les produits utilisés sont locaux (pain de la boulangerie Dünzinger, viande de Farchent, poisson de Mittenwald, etc.), frais et délicieux. Nous vous conseillons de prendre l'un des menus pour pouvoir essayer plusieurs plats, tous plus raffinés les uns que les autres. La salle, très joliment décorée, est ouverte sur la cuisine où vous pourrez observer l'équipe s'activer joyeusement et sereinement.

BÄCKEREI-KONDITOREI BENEDIKT SIESS

Ludwigstraße 7
✆ +49 8821 2490
www.baeckerei-siess.de
Ouvert du mardi au vendredi de 6h à 18h, le samedi jusqu'à midi. Comptez 3,40 € pour la part de gâteau.

Fondée en 1886 par le maître-boulanger Anton Sieß, c'est une boulangerie-pâtisserie dans la Ludwigstraße, dans le cœur de Partenkirchen. Elle est considérée comme la meilleure boulangerie de la ville et vous verrez des gens faire la queue. Si vous voulez notre humble avis, ces louages sont largement exagérées ! Rien de tout à fait exceptionnel à noter, mais ça reste un endroit où l'on pourra prendre un café, histoire de se réchauffer et de reprendre des forces.

KONDITOREI & KAFFEEHAUS KRÖNNER

Achenfeldstraße 1
✆ +49 8821 3007
www.chocolatier-kroenner.de
Salon de thé et restaurant, ouvert du lundi au samedi, de 9h30 à 18h. Plats le midi à partir de 9,50 €.

Les Krönner appartiennent à une lignée de grands pâtissiers. En 1768, le prince-électeur Maximilien II leur attribuait déjà un titre en reconnaissance de leur savoir-faire et de leur créativité. Le café de Garmisch-Partenkirchen existe depuis 1934 et jouit d'une grande réputation. Les autochtones lui restent fidèles envers et contre tout. Ce salon de thé propose de savoureuses pâtisseries à déguster en terrasse avec un panorama digne d'un décor de cinéma !

THE IRISH PUB

Rathausplatz 8
✆ +49 8821 3938
www.theirishpub.de
Ouvert du lundi au samedi de 16h à minuit, le dimanche de 14h à minuit.

Une bière Guinness ou Kilkenny, un match spectaculaire de première ligue anglaise ou du rugby pour varier les plaisirs ? Voici un bar irlandais on ne peut plus traditionnel où la bière est reine. Si vous n'aimez pas la sombre bière irlandaise, les délicieuses pressions de la région, la Kulmbacher ou l'Augustiner, vous séduiront. Le personnel est des plus sympathique en plus. Un peu, on se croirait dans un pub de Dublin, de Galway ou de Cork ! Une adresse rustique, roots, profondément authentique, comme en Irlande mais en allemand.

STAUDACHERS SPA & GARTEN

Höllentalstraße 48
✆ +49 8821 929 381
www.staudacherhof.de/wellness
A partir de 165 € la chambre individuelle et 212,50 € la chambre double.

Dans le très bel hôtel Staudacherhof, l'espace wellness est aussi accessible aux visiteurs à la journée, et non pas seulement aux résidents de l'hôtel. Une offre très bienvenue dans cette région sportive qui - étrangement - manque de lieux consacrés à la détente… Et l'offre de l'hôtel Staudacherhof est grande : bassin intérieur, sauna panoramique, hammam, piscine extérieure chauffée toute l'année, bain bouillonnant, tepidarium, laconium, etc. Il y a aussi un petit bistro pour caler une petite faim. Options yoga et massage également.

OBERAMMERGAU ★

La petite ville d'Oberammergau charme les visiteurs avec ses jolis chalets fleuris dont les façades sont peintes : ici du trompe-l'œil, là des scènes bibliques ou des motifs de contes de fées. La ville est d'autant plus charmante que les rues sont pavées et éclairées par de jolies lanternes. Mais la ville est surtout connue pour un spectacle qu'elle donne tous les 10 ans et : les *Passionsspiele*. Depuis 1636, les habitants de la ville (car seuls les gens nés ici peuvent s'investir dans le projet) créent un spectacle mettant en scène la Passion du Christ, spectacle qui attire 500 000 visiteurs dans cette petite ville de 5 000 âmes.

SUD DE LA BAVIÈRE

Oberammergau.

UNE PASSION BAVAROISE

En 1636, pour célébrer la fin d'une épidémie de peste, les habitants d'Oberammergau se rassemblent pour rejouer l'épisode de la Passion du Christ. Cette tradition, qui s'est conservée du XVIIe siècle jusqu'à nos jours, met en action toute la ville. La condition pour pouvoir contribuer à l'organisation : être né à Oberammergau ou y vivre depuis 20 ans. Plus de 2 400 acteurs amateurs, mais aussi chanteurs et musiciens participent à son organisation. En 2022, 103 représentations étaient prévues pour les 500 000 visiteurs attendus. Un an et demi avant la représentation, toute la ville se laisse pousser barbe et cheveux pour pouvoir incarner les Galiléens du Ier siècle.

ETTAL ★★

La commune d'Ettal compte moins de 1 000 habitants et deux sites absolument exceptionnels par leur architecture et par le cadre naturel dans lequel ils sont lovés : l'abbaye bénédictine d'Ettal, fondée au XIVe siècle, et le château de Linderhof, bâti au XIXe siècle. Rien de commun entre ces deux curiosités sinon qu'on les doit toutes deux aux Wittelsbach. L'abbaye a été fondée par Louis le Bavarois, duc de Bavière et empereur du Saint-Empire. Le château, lui, est sorti de l'imagination de son lointain descendant, le roi Louis II. Il est possible de faire une superbe randonnée (plusieurs heures, mais niveau facile) du château jusqu'à l'abbaye.

AMMERGAU LODGE €

Daisenbergerstraße 8
✆ +49 8822 9489080
A partir de 155 € pour la chambre simple pour 2 nuitées minimum.

Marcus et Yvonne Hilmer ont fait de cette jolie et grande maison très bien située une agréable pension pour les vacanciers de passage, avec deux chambres simples, quatre doubles et un appartement. Au rez-de-chaussée, une cuisine commune – avec un astucieux système de pictogrammes sur les tiroirs - permet aux résidents de cuisiner, faire un café ou passer du temps ensemble. La décoration fait honneur aux sports d'hiver : de jolis skis anciens, des sondes ou des cordes d'escalade agrémentent les murs, avec de jolies affiches vintage de Chamonix.

AMMERGAUER MAXBRÄU

Ettaler Straße 5
✆ +49 8822 948740
Plats entre 14 et 24 €. Ouvert du mercredi au dimanche : 11h-23h, lundi de 17h à 23h.

Maxbräu est le restaurant et la microbrasserie de l'hôtel Maximilian au-dessus et c'est aussi l'une des bonnes adresses à Oberammergau pour manger bavarois dans un cadre qui marie tradition et modernité. On y fait de la cuisine traditionnelle bavaroise copieuse et bien faite. La bière servie ici est brassée sur place et vous pourrez observer les deux grandes cuves en cuivre, brillantes comme neuves, à l'intérieur du restaurant. Maxbräu font aussi une délicieuse Radler (un panaché) que nous vous conseillons de goûter. Plusieurs choix végétariens.

BENEDIKTINERABTEI ETTAL

Kaiser-Ludwig-Platz 1
✆ +49 8822 740
www.kloster-ettal.de
Basilique ouverte aux visiteurs tous les jours de 8h30 à 18h30. Entrée libre.

© 4KCLIPS - SHUTTERSTOCK.COM

Fondée en 1330 par Louis IV le Bavarois, l'abbaye bénédictine d'Ettal existe encore aujourd'hui. La basilique de l'abbaye vaut une visite : le XVIIIe siècle l'a dotée d'un splendide dôme. A l'intérieur, la salle ronde sous la coupole est marquée par des tons roses et or assez surprenants. Actuellement, 33 moines bénédictins vivent et travaillent ici. Depuis 1609, ils y brassent de la bière, commercialisée sous le nom de Ettaler. Mais ils sont aussi à l'origine d'une bière connue dans toute l'Allemagne : la Benediktiner, produite aujourd'hui ailleurs.

SCHLOSS LINDERHOF ★★★★

Linderhof 12 ✆ +49 8822 92 03 0
www.schlosslinderhof.de
Château ouvert tous les jours. Visite guidée du château de 25 minutes : 10 €. Réduit : 9 €. Parc uniquement : 5 €/4 €.

Le château de Linderhof est sans doute la plus belle des trois résidences construites par Louis de Bavière. Il n'y avait autrefois qu'un simple pavillon de chasse à cet endroit où se trouve aujourd'hui le fameux château, surnommé « villa royale » en raison de sa petite taille. Cette petite merveille architecturale s'insère parfaitement dans ce paysage de montages idyllique. Le parc marie élégamment les éléments du baroque français avec ceux d'un jardin paysager anglais. Quand on monte les marches vers le Venustempel, la vue est fantastique.

Linderhof est en fait le seul de ses trois grands projets de construction que Louis II de Bavière (1845-1886) put terminer (1878) et ce fut également sa demeure préférée. Le roi y habita pendant 8 ans au total, quand on prend la somme de tous ses séjours à Linderhof. Ayant visité le château et le parc, on peut comprendre pourquoi Louis II aimait tant ce lieu qui respire la tranquillité et la magie, et qui ne cesse de stimuler l'imagination. Le parc abrite une multitude de bâtiments fascinants comme la **maison marocaine**, le **kiosque mauresque** et la **grotte de Vénus** (actuellement fermée jusqu'à nouvel ordre, en raison de travaux). Cette immense grotte artificielle fut équipée d'un éclairage électrique ultramoderne pour l'époque qui disposait des préfixes en verre multicolore et échangeables ce qui permit de plonger l'espace dans des lumières et atmosphères différentes.

▸ La visite du **château de Linderhof** en lui-même ne se fait qu'avec un guide, à ne surtout pas manquer. A l'intérieur, tout est décoré dans le style rococo. Vous y découvrirez une ornementation opulente et raffinée avec des matériaux précieux venus du monde entier : de la porcelaine de Meißen et de Nymphenburg, des vases de Sèvres, des horloges de Neuchâtel, des lapis-lazuli d'Afghanistan, de l'ivoire d'Inde, etc. Une innovation française du XVIIIe siècle fut intégrée au château dans la salle à manger royale, à savoir une « table couvre-toi » qui fonctionnait avec une manivelle qu'il fallait tourner afin de faire monter et descendre la table. Parfait pour ne pas déranger le roi dans ses rêveries. Un autre héritage français vous attend dans le hall au rez-de-chaussée : une statue de Louis XIV ! Admiré par Louis II, le Roi-Soleil fut son idole et sa source d'inspiration. On retrouve cet émerveillement dans l'impressionnante chambre à coucher de Louis II de Bavière. La splendeur rococo de chaque pièce est tout simplement fantastique, mais rien ne surpasse la somptuosité de la Galerie des Glaces à la fin de la visite.

WALCHENSEE

Joli village sur un immense lac. Avec ses eaux smaragdines, le Walchensee a été aménagé pour que ses visiteurs puissent s'y baigner l'été. Tout comme pour Kochel am See, Walchensee est à la fois le nom d'un petit village de 500 âmes à 30 km au nord-est de Garmisch-Partenkirchen et celui d'un lac. La route qui relie les deux lacs se nomme la Kesselbergstrasse, et ses paysages sont à couper le souffle ! On peut s'adonner aux joies du surf sur le Walchensee lorsque le vent se lève (petite particularité de l'endroit due, paraît-il, à son microclimat).

▸ **Pour plus d'informations sur le surf,** veuillez consulter le site web www.walchensee.net

MURNAU AM STAFFELSEE

Murnau am Staffelsee est comme de nombreux villages bavarois du sud du *Land* : paisible et bénéficiant des sublimes paysages alpestres à proximité. Cette petite ville compte environ 12 000 habitants (à 25 km d'Oberammergau et de Garmisch-Partenkirchen). Elle a été totalement reconstruite au XIXe siècle après qu'un énorme incendie eut ravagé tous ses édifices médiévaux. Jusqu'à la Première Guerre mondiale, elle est le refuge d'artistes et d'intellectuels avant-gardistes munichois : des peintres en particulier, comme Vassily Kandinsky (1866-1944) ainsi que des membres du mouvement expressionniste *Der Blauer Reiter* (Le Cavalier bleu) Gabriele Münter, Alex Jawlensky ou encore August Macke.

MÜNTER-HAUS ★

Kottmüllerallee 6
✆ +49 8841 628880
www.muenter-stiftung.de
Ouvert du mardi au dimanche de 14h à 17h. Entrée : 3 €. Gratuit pour les moins de 25 ans.

C'est dans cette charmante demeure, surnommée la « maison des Russes », que vécurent Kandinsky (1866-1944) et Gabriele Münter (1877-1962) pendant les mois d'été de 1909 à 1914. Après leur séparation, Gabriele Münter continua à y vivre et y resta jusqu'à sa mort en 1962. C'est aussi dans cette maison que prirent forme les œuvres et les idées du courant artistique *Der Blauer Reiter* (Cavalier bleu). Chaque meuble a été décoré par le couple d'artistes d'une touche bien personnelle. A voir également : une collection de toiles de Münter et une belle sélection de photos.

SANKT NIKOLAUS

Mayr-Graz-Weg 10
✆ +49 8841 13 26
www.st-nikolaus-murnau.de

Église ouverte tous les jours aux visiteurs, en dehors des messes. Entrée libre.

L'église Saint-Nicolas de Murnau fut construite au début du XVIIIe siècle après la guerre de succession d'Espagne. De style baroque tardif ou rococo, l'architecte munichois Enrico Zucalli prit les travaux en main. Depuis 1756, elle est une église de pèlerinage dédiée à la Vierge Marie. Vous serez frappé par l'harmonie de l'ensemble et par la finesse de l'ouvrage. Autre curiosité : les sarcophages de verre qui contiennent les restes de saints : leurs squelettes sont habillés de fines étoffes dorées et serties de pierres précieuses.

SCHLOSSMUSEUM MURNAU

Schlosshof 2-5 ✆ +49 8841 476201
www.schlossmuseum-murnau.de

Ouvert toute l'année du mardi au dimanche, de 10h à 17h. Billet combiné expo permanente et temporaire : 10 €.

Ce musée, installé dans un ancien château (d'où le nom « Schlossmuseum »), abrite une collection d'œuvres d'art du mouvement avant-gardiste *Der Blauer Reiter*. Le musée fait la part belle aux toiles de Gabriele Münter et Wassily Kandinsky, qui ont vécu plusieurs étés à Murnau. Vous verrez de nombreuses toiles expressionnistes représentant la ville, nous rappelant la place centrale de Murnau comme lieu d'inspiration au début du XXe siècle. Le dernier étage est consacré à une autre célébrité ayant honoré Murnau par sa présence : l'écrivain Ödön von Horváth.

ALPENHOF MURNAU €€€

Ramsachstr. 8
✆ +49 8841 4910
www.alpenhof-murnau.com

Chambre individuelle à partir de 108 €, double à partir de 126 €. Petit déjeuner et espace bien-être inclus.

Un complexe hôtelier comme un immense chalet, bâti en hauteur à la sortie de Murnau, est inscrit sur le site des Small Luxury Hotels of the World. Une sorte de relais et château tout confort. Piscine, sauna, hammam. Cet établissement marie un cadre somptueux avec un intérieur soigné traditionnel et moderne à la fois. Toutes les chambres sont équipées d'une salle de bains, minibar, coffre-fort, TV satellite, radio, téléphone à ligne direct et W-Lan. Certaines disposent d'un balcon sur le sud avec vue panoramique sur les Alpes bavaroises.

AM EICHHOLZ GALERIE & ART-HOTEL €€€

Am Eichholz 21
✆ +49 8841 58 63
www.ameichholz.de

Chambre double à partir de 140 €, suite à partir de 195 €. Petit déjeuner inclus. Wifi gratuit.

Gina Feder est multi-talents : artiste peintre, sculptrice, décoratrice et galeriste. A la mort de ses parents, elle hérite d'une belle maison familiale sur les hauteurs de Murnau. Décidée à ne pas laisser la demeure à l'abandon et le jardin en friche, il lui faudra force de talent et d'imagination pour rénover de fond en comble ce charmant pavillon blanc. La décoration des chambres et des suites privilégie les lignes pures. Depuis 2021, un espace wellness est disponible à la location.

GROSSWEIL

Sur la route de Munich à Garmisch-Partenkirchen, n'hésitez pas, sur la route des lacs, à opérer un instant de pause à Grossweil et goûter quelques instants à son grand calme et profiter du panorama environnant. Sinon, il n'y a rien de particulier à voir dans cette minuscule ville, à part peut-être le musée en plein air de Glenleiten. Il se donne pour mission de collecter des bâtiments originaux de Haute-Bavière, de les reconstruire et de les équiper sur le site du musée. Sur une surface de 25 hectares, il est possible de visiter une soixantaine de bâtiments de l'espace rural et paysan entre le Lech et la Salzach, entre la bordure des Alpes et le Danube.

FREILICHTMUSEUM GLENTLEITEN

An der Glentleiten 4
✆ +49 8851 185 0
www.glentleiten.de

Ouvert en été, de mi-mars à fin octobre, du mardi au dimanche 10h-17h. Fermé en hiver. Plein tarif : 9 €, réduit : 7 €.

Musée en plein air consacré à l'architecture et aux traditions des campagnes de Haute-Bavière, c'est le plus vaste de la Bavière méridionale. Près de 60 maisons ont été déplacées ici pour témoigner d'us et coutumes historiques ainsi que du mode de vie des populations locales. On peut ainsi découvrir des maisons, des fermes et des chalets du XVIIe au XXe siècle et en apprendre davantage sur les modes de vie dans cette région de sud de l'Allemagne.

TEGERNSEE

Cette ville de 25 000 habitants pourrait être comparée à notre Deauville normande puisque de nombreuses personnalités très fortunées de Munich y ont leur villa secondaire. Et on les comprend ! Les Alpes sont toutes proches, la forêt y est grandiose et le lac y arbore des tons émeraude... Bref, un cadre idyllique qui, depuis le XIXe siècle, attire les citadins en manque de nature. Il y a plein de bonnes raisons de venir dans cette région : l'hiver, les sports d'hiver, et l'été, les activités liées à la baignade, le vélo, la randonnée, l'équitation. La bière de Tegernsee, brassée dans l'ancienne abbaye, est commercialisée dans toute l'Allemagne.

OLAF GULBRANSSON MUSEUM

Im Kurgarten 5

✆ +49 8022 33 38

www.olaf-gulbransson-museum.de

Ouvert du mardi au dimanche de 10h à 17h. Plein tarif : 12 €. Réduit : 10 €. Enfants : gratuit.

Ce musée est consacré à la vie d'Olaf Gulbransson (1873-1958) célèbre peintre et caricaturiste norvégien qui dessinait pour le *Simplicissimus*, un journal satirique munichois connu pour ses critiques acides de la morale bourgeoise de l'époque wilhelminienne. Né à Christiana (aujourd'hui Oslo), il s'installe à Munich en 1902 pour travailler pour la revue satirique et se retire en 1929 à Tegernsee. Le musée Olaf Gulbransson de Tegernsee présente une sélection de ses caricatures en fac-similé et quelques-unes de ses rares peintures à l'huile.

PFARRKIRCHE SANKT QUIRINUS

Schlossplatz 1

✆ +49 8022 46 40

www.erzbistum-muenchen.de

Entrée libre en dehors des services religieux.

Il faut pousser la porte de cette jolie église pour aller jeter un œil à ses fresques signées Hans Georg Asam, un des grands maîtres en la matière. Jusqu'en 1803, Saint-Quirin est l'église du plus important monastère des Bénédictins de Haute-Bavière, ce que l'on identifie très bien dans les ailes qui flanquent l'église. Restaurée de 1998 à 2004, les fresques de Hans Georg Asam et les stucs baroques des maîtres italiens ont retrouvé luminosité et splendeur.

DER WESTERHOF €€

Olaf-Gulbransson-Straße 19

✆ +49 8022 1889 88

www.derwesterhof.de

Chambre individuelle à partir de 194 €, chambre double à partir de 234 €. Petit déjeuner inclus. Wifi.

A l'origine, le Westerhof était un fief du cloître bénédictin de Tegernsee. Le bois, la viande, le lait, le fromage et les céréales étaient produits sur les terres du Westerhof par les paysans et livrés au cloître. De belles chambres luxueuses décorées avec goût, des matériaux très naturels (bois clair) et un calme olympien. L'hôtel est niché sur les hauteurs du lac Tegernsee dans un grand parc et offre le cadre idéal pour un séjour reposant. Le nec plus ultra, c'est le sauna avec vue sur le lac. Offres promotionnelles sur Internet.

DAS TEGERNSEE €€€

Neureuthstraße 23

✆ +49 8022 182 0

www.dastegernsee.de

Chambre individuelle à partir de 245 €, chambre double à partir de 275 €.

Niché sur les hauteurs de la ville, le Tegernsee est un très bel hôtel divisé en cinq bâtiments dont un restaurant. La vue sur le lac et les montagnes est sublime. Si les chambres sont décorées de façon individuelle, elles partagent toutes le même sens du design et de la lumière. Les prix incluent le libre accès au spa. Celui-ci comprend deux piscines (intérieure et extérieure), 5 saunas, un espace de relaxation avec un véritable feu de cheminée. Le petit-déjeuner et le wifi sont aussi compris dans la réservation. Parking souterrain : 15 € par jour.

HERZOGLICHES BRÄUSTÜBERL €

Schlossplatz 1 ✆ +49 8022 41 41

www.braustuberl.de

Ouvert tous les jours de 10h à 22h. Plats du jour à partir de 11,90 €.

La brasserie ducale bavaroise de Tegernsee (Herzoglich Bayerisches Brauhau) est une brasserie historique fondée en 1675. Elle se trouve dans l'aile nord de l'ancien monastère bénédictin de Tegernsee, sur les bords du lac. En 1817, le roi Max Ier Jospeh acquiert l'abbaye sécularisée et, aujourd'hui encore, la brasserie est entre les mains des Wittelsbach : sa gérante est Maria Anna, duchesse en Bavière, la plus jeune fille de Max, duc en Bavière. On peut y boire de la bière bien sûr et manger bavarois. Sa bière peut être achetée dans toute l'Allemagne.

BAD WIESSEE ★

Cette paisible petite ville, surtout connue pour ses bains, fait face à Tegernsee sur la route B 318. Bad Wiessee doit son titre de station thermale à ses deux sources d'iode et de soufre, découvertes en 1909 lors de forages pétroliers. Cette découverte a permis à la ville d'attirer touristes et curistes, attractivité dont elle jouit jusqu'à aujourd'hui. Des analyses chimiques ultérieures ont révélé qu'il s'agissait de la source thermale d'iode et de soufre la plus puissante d'Allemagne. Sur les bords du lac, quelques plages sont également aménagées, elles sont libres d'accès.

ROTTACH-EGERN

Rottach-Egern se trouve à la pointe sud du lac Tegernsee. Cet endroit a su garder tout le cachet des petites villes typiques de la Bavière avec ses couleurs chatoyantes sur les façades, ses maisons aux balcons ornés de fleurs.

Sports / Loisirs

Depuis Rottach-Egern, on peut faire quantité d'activités aquatiques sur le Tegernsee. On peut également faire l'ascension du Wallberg pour profiter d'une très belle vue le lac à 1 722 mètres d'altitude. Avec un peu de chance, vous y verrez des parapentes et des deltaplanes qui, comme vous, savourent le panorama.

SCHNITZERS DAHOAM €€€

Hirschbergstraße 14
✆ +49 8022 98550
www.schnitzers-dahoam.de
Chambre double à partir de 92 € par personne. Petit déjeuner inclus.

Situé à seulement 250 mètres du lac Tegernsee (2 minutes à pied), dans le paysage montagnard apaisant de la Haute-Bavière, c'est hôtel est un lieu parfait pour recharger son énergie et de revitaliser son corps et son esprit. Des chambres (en tout 36 chambres et suites), on a au choix vue sur les montagnes ou vue sur le lac. A vous de choisir ! Après de grands travaux de rénovation et de modernisation, l'hôtel rouvre ses portes en décembre 2021, flambant neuf. Parking, garage pour les vélos, et wifi partout. Il ne manque rien !

WALLBERG

Wallberg
www.wallbergbahn.de
Pour le téléphérique Wallbergbahn, comptez 27 € pour l'aller simple, 24 €. Jusqu'à 15 ans : 14 €.

Cette montagne permet de découvrir de magnifiques panoramas sur le Tegernsee et sur les Alpes bavaroises. Son ascension peut se faire à pied (prévoir 2h30), en téléphérique (plutôt rapide, ascension en une dizaine de minutes) ou encore en voiture jusqu'à mi-pente. Dès l'arrivée à la gare du téléphérique, sur la crête, la vue sur la vallée est splendide. Il vous restera 150 m d'ascension sur un sentier aisé. Là-haut, vous êtes à 1 722 mètres au-dessus du niveau de la mer. A 30 minutes du sommet, il y a un restaurant panoramique.

JOD-SCHWEFELBAD BAD WIESSEE

Wilhelminastraße 4
✆ +49 8022 86080
www.jodschwefelbad.de
Paquet découverte (1 bain de 60 minutes et 1 inhalation) : 60 €. Massage de 20 minutes : 35 €.

La source naturelle de Bad Wiessee, riche en soufre et en iode, dispose maintenant d'une coquille moderne et accueillante, ouverte en 2022. On doit les lignes claires, pures, élégantes de sa structure à l'architecte italien Matteo Thun qui a réussi à créer un lieu sobre, plaisant, lumineux, idéal pour la relaxation avec des tons de couleurs très apaisants. On vient y faire des bains d'eau thermale, des inhalations ou profiter des offres de massages.

GÄSTEHAUS REIFFENSTUEL €€

Seestraße 67
✆ +49 8022 927 350
www.reiffenstuel.de
Chambre individuelle avec salle de bains : 102 €, chambre double de 154 à 164 € par nuit. Petit déjeuner inclus.

Ce bel hôtel 3-étoiles aux allures de chalet alpin se situe au bord du lac Tegernsee et possède une plage privée. On pourra au choix prendre un café sur les transats dans le jardin au soleil ou louer un bateau (barque, voilier, bateau à pédales) pour explorer le lac. Les chambres spacieuses, chaleureuses et joliment rénovées disposent toutes de leur propre balcon et jouissent d'une vue phénoménale sur le lac ou la montagne. Une excellente adresse pour un séjour ressourçant au bord du Tegernsee. La Kurtaxe donne droit aux avantages de la Tegernsee-Card.

ALTHOFF SEEHOTEL ÜBERFAHRT €€€

Überfahrtstraße 10
✆ +49 8022 6690
www.seehotel-ueberfahrt.com
Chambre individuelle à partir de 270 €, chambre double de 301 €. Petit déjeuner inclus.

Cet hôtel cinq étoiles jouit d'un emplacement absolument exceptionnel au bord du lac Tegernsee. Du luxe absolu devant le panorama des Alpes et le calme olympien du lac. En plus de la salle de fitness, le 4 elements spa est un véritable havre de relaxation : piscine intérieure et extérieure, 7 saunas, coin salon avec une cheminée et bibliothèque et large offre de massages. Bar et restaurant sur place. La qualité est au rendez-vous à tous les étages.

BAD TÖLZ

Avec 18 000 habitants, Bad Tölz aurait tout de la jolie petite ville de province tranquille et sans remous, si elle n'attirait pas, hiver comme été, des touristes de toute l'Allemagne. Les cures de Bad Tölz sont en effet réputées bien au-delà de la seule Bavière, et l'on vient de très loin non seulement pour profiter de son joli centre médiéval et de sa tradition thermale. A presque 700 m d'altitude, la ville est sise tout juste aux pieds de la chaîne montagneuse et ses environs offrent de nombreuses activités d'hiver (ski de fond, ski de piste) ou d'été (randonnées, circuits en VTT). Un très bon point de chute pour explorer la région !

RATHAUS BAD TÖLZ

Schlossplatz 1
✆ +49 8041 5040
www.bad-toelz.de
L'hôtel de ville ne se visite pas.

Le bâtiment actuel ne date que de 1979, mais il est bâti sur les fondations d'une ancienne résidence princière remontant à la moitiée du XVe siècle (sur ordre d'Albrecht III). Hélas, en 1770, et contrairement aux autres catastrophes de l'époque qui réduisirent des trésors architecturaux en cendres, ce n'est pas le feu qui causa sa perte mais les inondations des suites d'un orage violent, au point d'emporter une partie desdites fondations. Un bâtiment administratif prit sa place avant de bénéficier d'une rénovation en 1979 pour y abriter les services municipaux.

TÖLZER STADTMUSEUM (MUSÉE DE LA VILLE)

Marktstraße 48
✆ +49 8041 7935156
www.bad-toelz.de
Ouvert du mardi au dimanche de 10h à 17h. Plein tarif 5 €, réduit 1,50 €.

Musée depuis 1981, il n'en a pas toujours été ainsi pour cette demeure qui fut celle de Balthasar Bürger, un maître-brasseur dont la réputation lui valut de passer dans les chroniques en 1602. Il prit ensuite une place encore plus conséquente en 1720 avec sa fonction de négoce des vins. De 1906 à 1979, l'endroit accueillit l'hôtel de ville. La maison accueille aujourd'hui le musée qui retrace l'histoire du développement de Bad Tölz et de ses environs.

Village de Rottach-Egern.

HOTEL AM WALD €€

Austraße 39
+49 8 41 78830
www.hotel-wald.de
Chambre individuelle à partir de 79 € par nuit, chambre double à partir de 128 €, petit déjeuner inclus.

A la lisière de l'espace urbain, le Hotel am Wald vous propose l'assurance de nuits paisibles à proximité de la forêt et des collines tout en vous offrant un espace relaxation incluant bains, piscine, saunas, offres de massage. Salle de musculation. Les chambres sont nickels, confortables et très modernes. En un petit quart d'heure, on aura rejoint le centre-ville de Bad Tölz. Le restaurant sur place est ouvert tous les jours : du lundi au samedi de 17h à 21h et le dimanche, le midi seulement. Animaux permis. Places de parking devant l'hôtel.

HOTEL KOLBERGARTEN €€

Fröhlichgasse 5
+49 8041 7688 0
www.hotel-kolbergarten.de
Chambre double de 60 € à 75 € par personne et par nuit, petit déjeuner inclus.

Situé à flanc de coteau, sur un terrain planté de vieux arbres, ce petit hôtel vous accueille dans un cadre idyllique et pittoresque, pas très loin des rives de l'Isar et du Kalvarienberg. Les chambres ont un joli design avec des meubles anciens, conçus en bois, ce qui confère à la décoration une ambiance un peu *Biedermeier*, (*old school*). Les chambres sont toutes équipées d'une salle de bains, de toilettes, et d'une connexion wifi. Depuis leur balcon, elles offrent une belle vue sur les environs de Bad Tölz. Le petit déjeuner est compris dans la réservation.

FORELLENHOF WALGERFRANZ €€

Bairawieser Straße 43 +49 8041 9665
www.forellenhof-walgerfranz.de
Ouvert du lundi au mardi et du jeudi au dimanche de 11h à 22h. Plats principaux entre 8,80 € et 18,90 €.

Au sein d'un établissement typiquement bavarois, on saura vous accueillir avec simplicité et autour de plats faits à base de produits frais et locaux. Avec l'éloignement du gîte (il vaut mieux avoir une voiture pour s'y rendre depuis le centre de Bad Tölz), la nature des alentours sera un plaisir supplémentaire lors de votre arrêt dégustation : une tradition qui perdure depuis 1918. Comme son nom l'indique (*Forelle*, c'est la truite en allemand), on trouve de nombreuses spécialités de poissons à la carte de ce bon restaurant.

STEINGADEN

Cette bourgade tranquille de 2 900 habitants aux confins de la Haute-Bavière et de l'Allgäu est située au croisement de la Route allemande des Alpes et de la Route romantique. Son histoire remonte au XIIe siècle, précisément à 1147, quand Welf VI, un oncle de Frédéric I (Barberousse), y fonda un monastère des Prémontrés. Au cours de la sécularisation, le monastère fut dissous, mais son église (Welfenmünster) évoque encore aujourd'hui cette histoire monastique. La commune de Steingaden compte plus de 50 hameaux et cinq églises, dont la fameuse église de Wies (Wieskirche), un joyau de l'architecture du rococo, classé patrimoine mondial de l'Unesco.

WELFENMÜNSTER

Marktplatz
www.steingaden.de
Ouvert tous les jours de 8h à 19h en été, jusqu'à 16h en hiver. Entrée libre.

Pour accéder à l'église, il faut passer par l'ancien cimetière qui l'entoure. L'apparence extérieure de cet édifice sacré du XIIe siècle est entièrement romane, mais l'intérieur dévoile un petit parcours dans l'histoire de l'art sacré : le roman, le gothique, la Renaissance et le baroque, tous ces styles y sont présents et forment un ensemble harmonieux. Sur deux des colonnes dans la nef centrale, on trouve les statues de Welf VI, le fondateur de l'ancien monastère et, en face, de son fils Welf VII. Par la porte latérale, on a accès au cloître.

GASTHAUS DREI MOHREN €

Kirchenstraße 14
+49 8862 932192
www.gasthaus-drei-mohren.de
Ouvert tous les jours sauf le mercredi. Cuisine ouverte jusqu'à 20h. Plats à partir de 14,70 €.

Cette auberge traditionnelle et authentique, située à Urspring, un tout petit hameau à 2 km du centre de Steingaden, surprend par des plats régionaux bien faits et raffinés. Elle est tenue par la famille Schilcher depuis 60 ans, maintenant entre les mains de la troisième génération. L'ambiance y est conviviale et accueillante et le cadre est calme et idyllique. Sur place aussi, plusieurs chambres d'hôtes à disposition des visiteurs pour des prix dérisoires dans cette région ultra touristique. Le lieu n'est accessible que si vous avez une voiture.

WIESKIRCHE ★★

Wies 12
✆ +49 8862 932930
www.wieskirche.de
Ouverte tous les jours de 8h à 20h en été, jusqu'à 17h en hiver. Pas de visite pendant les messes.

© SIEGFRIED STOLTZFUSS - ICONOTEC

L'église de pèlerinage du Sauveur flagellé de Wies, située dans un cadre pittoresque de verdure au pied des Alpes, est une des plus belles de style rococo bavarois. Elle fut ajoutée à la liste du patrimoine mondial de l'Unesco en 1983. Érigée entre 1745 et 1754 sous la direction de l'architecte et stucateur Dominikus Zimmermann, l'un des meilleurs artistes de son époque, elle séduit par sa forme, par la sublime légèreté de son somptueux décor de stuc ainsi que de sa monumentale fresque de plafond, et par son incroyable luminosité.

GASTHOF GRAF €

Schongauer Straße 15
✆ +49 8862 246
www.gasthof-graf.de
Cuisine ouverte du mercredi au dimanche de 11h30 à 20h. Chambre double à partir de 78 €. Plats entre 12,80 et 19,80 €.

Cette auberge simple et authentique est la propriété de la famille Graf depuis 1918. En été, le *Biergarten* est un endroit idéal pour déguster des plat bavarois et une bonne bière fraîche à l'ombre des châtaigniers centenaires. Il y a également 18 chambres, avec un mobilier tout en bois, à la fois très simples, fonctionnelles et propres. Préférez réserver directement sur le site Internet, les prix y seront plus intéressants que sur les plateformes et le petit-déjeuner sera compris. Places de parking disponibles devant l'auberge.

STARNBERG

Un paysage plat, ponctué d'églises et de cloîtres, derrière lequel se dressent les fiers sommets des Alpes : Starnberg figure parmi les destinations favorites des Munichois pour passer le week-end. L'attraction principale de la région est la découverte de ses lacs, tous différents. La ville, qui offre assez peu d'intérêt en elle-même, constitue un bon point de départ pour la découverte des autres villes et villages sur les rives des lacs. La qualité de l'eau y est très bonne et les activités nautiques sont abondantes : voile, canoë-kayak, ski nautique… La région est également un paradis pour les cyclistes, les golfeurs et les pêcheurs.

ÎLE DES ROSES

Roseninsel
✆ +49 151 2874 1905
www.roseninsel.bayern
Accès en ferry à partir de Feldafing de mai à mi-octobre. Plein tarif 5 €, réduit 3 €, enfants de 7 à 15 ans 1 €.

La seule île du Starnberger See recèle bien des surprises. Un petit casino (mais c'est plutôt une villa qu'un casino) trône au milieu d'un aménagement paysager dans lequel les roses ont le premier rôle. Ce fut le lieu de rencontre secret entre le roi Louis II et Sissi. D'illustres hôtes du roi y furent également invités, comme la tsarine Maria Alexandrowna et Richard Wagner. L'été, des concerts sont donnés dans ce cadre magnifique. En règle générale, les roses éclosent à la mi-juin et à la mi-août. Un lieu idyllique pendant les belles journées d'été.

MUSEUM STARNBERGER SEE

Possenhofener Straße 5
✆ +49 8151 44 77570
www.museum-starnberger-see.de
Ouvert mercredi au vendredi de 14h à 18h, samedi et dimanche de 11h à 18h. Plein tarif 5 €. Gratuit - de 18 ans.

Ce musée a évolué depuis 1914, date de sa création par le dernier roi de Bavière, Louis III. Musée d'art et de tradition populaire à l'origine, de nouvelles thématiques se sont ajoutées au fur et à mesure de ses agrandissements. En 2008, la Neue Haus, « la nouvelle maison », se veut un ancrage architectural contemporain accolé à la ferme-musée (Lochmannhaus) du XVIIe siècle. L'histoire du lac et de la famille royale des Wittelsbach ressurgit à travers des pièces de collection telles des proues de navire et des maquettes nautiques.

BAYERISCHE SEENSCHIFFFAHRT STARNBERGER SEE

Seepromenade
✆ +49 8151 8061
www.seenschifffahrt.de
Grand Tour : 24,20 €, Tour des Châteaux : 12,60 €, Tour Nord : 17,80 €, Tour Sud : 17,80 €.

Cette compagnie propose plusieurs tours en bateau pour découvrir le lac de Starnberg. Correspondance avec le S-Bahn S6 pour les villes de Starnberg, Possenhofen et Tutzing. Pour un départ de Starnberg, embarquement sur les quais qui se situent au sud de la gare. Des promenades sont également organisées sur le lac sous la forme de visites guidées et commentées. Il faut compter au minimum 1 heure. De juillet à septembre, des bals sont organisés à bord des bateaux.

PENSION SONNENBLICK €€

Buchhofstraße 33
✆ +49 8151 895 61
www.pension-sonnenblick.info
Chambre individuelle de 55 € à 70 €, chambre double de 80 € à 100 €. Parking gratuit. Pas de service de petit-déjeuner.

Dans le petit village de Percha, directement à côté de Starnberg, cette pension est idéale pour une immersion en pleine nature. Entouré de prairies, cet hébergement charmant est idéal pour ceux qui voyagent avec des enfants. Les prix sont très raisonnables pour la qualité de l'hébergement. Les 4 appartements sont équipés de mini-cuisines et certains disposent même d'un balcon. Il y a une petite terrasse commune à toute la pension. Wifi gratuit dans tout l'établissement. Seul inconvénient : il faudra une voiture car on est un peu loin de tout !

GOLFHOTEL KAISERIN ELISABETH €€€

Tutzinger Straße 2
✆ +49 8157 9309 0
www.kaiserin-elisabeth.de
Fermé pour rénovation jusqu'en 2025.

Avec une vue magnifique sur son vaste jardin, le lac de Starnberg et le panorama des Alpes, ce lieu respire la magie. Pas étonnant que Sissi l'aimait tellement. Elle y séjourna régulièrement. Aujourd'hui un hôtel quatre étoiles, portant son nom depuis 1900, le Golfhotel Kaiserin Elisabeth, dispose de tout pour un séjour romantique et relaxant, y compris un spa avec sauna et salle de musculation. Massages, cours de yoga et de qi gong, et soins de beauté sur demande.

HOTEL VIER JAHRESZEITEN STARNBERG €€€

Münchnerstraße 17
✆ +49 8151 447 00
www.vier-jahreszeiten-starnberg.de
Chambre double à partir de 209 €.

Sans grand charme extérieurement, ce grand hôtel propose des chambres et un service au niveau de ses 4-étoiles. Son restaurant est couronné d'une étoile Michelin et de 13 points Gault & Millau. La réservation inclut le petit déjeuner et l'accès à l'espace fitness et bien-être avec une terrasse panoramique sur les toits de Starnberg. Wifi gratuit. Possibilité de louer des vélos directement auprès de l'hôtel : pratique pour les excursions autour du lac de Starnberg.

Voilier devant Starnberg.

APPARTMENTS AM SCHLOSSBERG €€

Vogelanger 4
✆ +49 8151 13592
www.am-schlossberg.de
Appartements de 2 à 7 personnes de 90 € (jusqu'à 3 personnes) à 150 € (jusqu'à 7 personnes) par nuit.

Quatre appartements à la décoration vieillotte dans une ancienne demeure bourgeoise qui - mais c'est anecdotique - appartenait autrefois au médecin du prince Charles de Bavière. La maison historique (de l'époque du Biedermeier) est proche du centre-ville de Starnberg et située dans une rue latérale calme. Si vous réservez moins de 4 nuitées, sachez qu'il vous faudra vous acquitter de frais supplémentaires de nettoyage à hauteur de 30 à 50 € selon la chambre.

SCHLOSSGASTSTÄTTE LEUTSTETTEN €

Altostraße 11 ✆ +49 8151 8156
www.hs-gaststaetten.de
Ouvert tous les jours de 11h à minuit, de mai à septembre, fermé lundi et mardi d'octobre à avril. Plats ≥ 10,80 €.

C'est l'endroit idéal pour se reposer à l'ombre des châtaigniers et siroter une bière fraîche après une randonnée dans la réserve naturelle *Leutstettener Moos* et une petite escale aux excavations des fondements d'une ancienne maison romaine (*Villa Rustica*) qui se trouvent sur la route. Le sentier de randonnée *Leutstettener Moos* est un parcours circulaire de 9,5 kilomètres. Le Schlossgaststätte Leutstetten, restaurant rustique et typiquement bavarois, se trouve à mi-chemin.

ESSBAR VINE & GIN

Wittelsbacherstraße 2b
✆ +49 8151 447950
www.essbar-starnberg.de
Ouvert du lundi au samedi. Plats à partir de 12,50 €.

Dans son deuxième établissement gastronomique, l'équipe du populaire Strandhouse offre des gâteaux faits maison, de la cuisine fraîche, et une bonne sélection de drinks à base de gin. L'Essbar, café et bar de nuit à la fois, est un lieu de rencontre élégant et se trouve au centre de Starnberg. On pourra y venir le matin pour le petit-déjeuner, le midi pour un plat de viande ou de poisson, le soir pour prendre un verre. Bref, cette adresse est un véritable couteau-suisse à Starnberg et c'est sans doute ce qui explique sa popularité.

BUCENTAUR

Il reste quelques témoignages du règne de l'Électeur Ferdinand-Marie (1651-1679) et d'Henriette-Adelaïde de Savoie : la Theatinerkirche par exemple. Mais une de leurs constructions les plus fantastiques a aujourd'hui disparu : le bateau Bucentaur, une formidable trière d'apparat - inspirée des vaisseaux des Doges de Venise -, à bord duquel le couple allait et venait sur le lac de Starnberg. Bucentaur fut une salle de bal flottante, un lieu de fêtes, de spectacles… Les festivités atteignaient leur apogée à la tombée de la nuit, lorsque les châteaux autour du lac étaient illuminés et qu'à une heure tardive, des feux d'artifice étaient tirés depuis les rives.

STRANDHOUSE

Strandbadstraße 17
✆ +49 8151 973565
www.strandhouse-starnberg.de
Ouvert tous les jours à partir de 9h30. Snacks à partir de 8 €. Plats environ 21,50 €.

Au bord du lac, ce lieu récemment rénové offre une vue panoramique sur le lac de sa terrasse et derrière ses grandes baies vitrées. Très fréquenté par une population jeune et noctambule, des événements y sont régulièrement organisés. Une adresse cool et branchée, «schicki-micki» comme on dit en allemand pour désigner quelque chose d'un peu chic. On pourra y venir pour prendre le petit-déjeuner, pour manger ou simplement pour boire un verre, le Strandhouse est ouvert presque en continu. Délicieux Kaiserschmarrn. Personnel très accueillant.

GUT RIEDEN STARNBERG - GOLFANLAGE

Gut Rieden
✆ +49 8151 90770
www.golfplatz-gutrieden.de
Ouvert tous les jours. Fermé en janvier. Greenfee à partir de 27 € sur le 9 trous et 65 € sur le 18 trous.

Avec une vue imprenable sur le lac de Starnberg, le parcours du terrain de golf Gut Rieden impose un certain prestige, de championnat de 18 trous. Les fairways sont entourés par des arbres matures sur un terrain qui exige une certaine ambition dans les coups que vous allez frapper. En parallèle, ce golf offre aussi un parcours public de 9 trous, offre aux débutants, aux joueurs plus avancés et aux professionnels, la possibilité de jouer dans un court laps de temps.

SEEBAD STARNBERG

Strandbadstraße 17
✆ +49 8151 12666
www.seebad-starnberg.de
Ouvert tous les jours de 13h à 21h. Les week-ends dès 9h. Tarif à la journée 7 €, réduit 5,50 €. Journée sauna : 36 €.

Ce complexe aquatique comprend trois parties distinctes. Il y a tout d'abord la piscine couverte, avec un bassin de 25 m et un toboggan de 45 m. Ensuite, il y a l'espace bien-être, moderne et épuré : on y trouve trois saunas différents, dont un avec vue sur le lac de Starnberg : un cadre parfait pour la détente. Le vrai plus, c'est de pouvoir se rafraîchir dans le lac après le sauna. Enfin, il y a la plage pour celles et ceux qui veulent se baigner directement dans les eaux du lac. Les plus sportifs pourront nager ou faire du stand-up paddle.

BERG

Le petit village de Berg entre dans l'histoire le 13 juin 1886. Triste date puisque c'est celle de la mort de Louis II de Bavière retrouvé noyé avec son médecin dans les eaux du lac de Starnberg. Une croix dans le lac rappelle l'emplacement où furent retrouvés les corps et, dans la forêt épaisse, se dresse une belle chapelle votive quelque peu mystérieuse. Situé sur la rive est du lac de Starnberg, Berg était à l'origine un village de pêcheurs et de paysans. Les visiteurs se pressent encore aujourd'hui autour du Schloss Berg, château dans lequel vécut le roi fou. Les chanceux qui passeront la nuit à Berg pourront apprécier un très joli coucher de soleil sur le lac.

VOTIVKAPELLE GEDÄCHTNISKAPELLE ST. LUDWIG

Parkweg 19
✆ +49 8151 5276
Du 1er avril au 31 octobre, la chapelle votive est ouverte tous les jours de 9h à 17h.

Cette chapelle évoque le souvenir de Louis II de Bavière, car c'est ici à Berg, dans le lac de Starnberg, qu'il a trouvé la mort. L'intérieur de la chapelle rappelle les fantaisies architecturales du roi, avec ses couleurs chatoyantes, ses palmiers et son mélange des genres entre le respect des traditions et l'exotisme. En contrebas, c'est à l'endroit marqué par la croix en bois que le corps du roi ainsi que celui de son médecin ont été retrouvés sans vie le 13 juin 1886.

SCHLOSS BERG ★

Wittelsbacherstraße 27
Propriété privée. Ni la résidence ni les jardins sont accessibles au public.

A l'est du lac de Starnberg, le château fut érigé par le prince électeur de Bavière Ferdinand Maria en 1676. Réhabilité par Maximilien II dans un style néo-gothique, le château fut ensuite la résidence d'été du roi Louis II de Bavière, son fils. C'est aussi en ces lieux qu'il vécut les derniers jours de sa vie, avant de disparaître dans des circonstances jamais éclaircies. Sissi, l'Impératrice, y a également séjourné régulièrement au cours de sa jeunesse. La famille Wittelsbach demeure toujours propriétaire de l'endroit ainsi que de ses jardins

HOTEL SCHLOSS BERG €€

Seestraße 17
✆ +49 8151 96 30
www.hotelschlossberg.de
Chambre individuelle à partir de 89 €, chambre double de 149 €. Petit déjeuner inclus dans la réservation.

L'hôtel Schloss Berg a presque les pieds dans l'eau, il est tout proche du lac de Starnberg et du fameux château dont il porte le nom (mais ce sont bien deux lieux distincts !). C'est un hôtel confortable de 44 chambres avec une vue somptueuse sur le lac. La terrasse du restaurant est à ce propos parfaite pour profiter de la vue. Wifi gratuit dans tout l'hôtel. Parking gratuit à disposition des hôtes. Espace détente avec sauna, hammam, cabines à UV. Possibilité d'y louer des vélos électriques pour les balades dans les environs.

AMMERLAND

Village sis au large du Stamberger See, Ammerland am Starnberger See de son nom complet est une partie administrative de Münsig. C'est dans cette ville qu'est mort Vicco von Bülow, plus connu en Allemagne sous son nom d'artiste : Loriot. Dessinateur, caricaturiste et humoriste, Loriot est connu de tous les Allemands, toutes générations confondues.

Tourisme

Attention à ne pas confondre la commune bavaroise d'Ammerland sur le Starnberger See et la région Ammerland dans le nord-ouest de l'Allemagne.

SEESHAUPT

Au sud, le village de Seeshaupt, établi sur les rives du lac et à la lisière d'une zone protégée (chapelet de minuscules lacs que l'on dit être les larmes du lac de Starnberg), est vieux de plus de 1 000 ans. Lieu de villégiature très touristique, il attire les vacanciers en raison de ses belles plages et de ses larges bancs de sable qui tapissent les fonds.

Transports

Pour se rendre à Seehaupt depuis Munich, il faut emprunter l'autoroute A95 (vers Garmisch-Partenkirchen), comptez 45 minutes de trajet. C'est à peu près la même durée en train régional : 45 minutes depuis la gare centrale de Munich.

AMBACH

Ambach appartient à la commune de Münsing qui est une charmante petite localité de près de 4 000 habitants. Située directement sur les bords Est du lac, et donc du meilleur côté pour profiter du coucher de soleil, Ambach est un endroit calme, idéal pour un séjour dans la région. Pour l'anecdote, le célèbre auteur allemand Patrick Süskind – à qui l'on doit le best-seller *Le Parfum* – est né ici à Ambach et il a grandi non loin, à Holzhausen. Sa carrière internationale ne l'a pas complètement détaché de sa ville d'origine. Il vit aujourd'hui entre Munich, Montolieu en France et Seeheim sur le lac de Starnberg.

BERNRIED ★

Bernried, sur les rives du lac de Starnberg, est l'un des plus jolis villages des environs. Ses vieilles fermes en toit de chaume valent le coup d'œil ainsi que son port de plaisance aux airs de petite marina méditerranéenne. Son cloître bénédictin, au bord de l'eau, a été transformé en château Renaissance, mais ne se visite pas. La principale curiosité de Bernried est son musée de l'imagination (Buchheim Museum der Fantasie) avec une collection d'œuvres expressionnistes, musée qui depuis 1999 n'a pas pris une ride et continue d'impressionner avec son architecture très moderne.

LANDHOTEL HUBER AM SEE €€

Holzbergstraße 7 ✆ +49 8177 93 20
www.landhotel-huber.de
Chambre double à partir de 171 €. Petit déjeuner inclus.

Le Landhotel Huber am See est idylliquement placé au bord du lac de Starnberg. Une adresse idéale pour des vacances au long cours, la base nautique et la plage sont juste 50 m plus bas. Un établissement de tradition familiale depuis 60 ans, 39 chambres et 3 appartements de grand confort. Toutes disposent de leur salle de bains et certaines d'un balcon. Les peintures murales de l'espace bien-être sont particulièrement kitsch, mais on ne renoncera pas pour autant à un petit passage au sauna. Wifi gratuit dans tout l'établissement. Parking gratuit.

BUCHHEIM MUSEUM DER PHANTASIE

Am Hirschgarten 1 ✆ +49 8158 99700
www.buchheimmuseum.de
Ouvert du mardi au dimanche 10h-18h, d'avril à octobre ; jusqu'à 17h de novembre à mars. Entrée : 10 €, réduit : 5 €.

Du débarcadère de Bernried au musée Buchheim, 15 minutes à pied au bord du lac. Musée privé, il présente la collection de Lothar-Günther Buchheim, auteur de la nouvelle *Das Boot* (*Le Styx* dans sa traduction française est son premier roman), publiée en 1976. Il abrite des œuvres d'art du monde entier, dont certaines appartenant au mouvement des peintres expressionnistes, *Die Brücke*, *Le Pont*, fondé en 1905 par Ernst Ludwig Kirchner, Karl Schmidt-Rotluff et Erich Heckel.

MARINA SEERESTAURANT €€

Am Yachthafen 1-15
✆ +49 8158 9320
www.marina-bernried.de

Ouvert tous les jours pour le petit-déjeuner, le midi et le soir. Plat de poisson : entre 19 et 26 €.

Ce restaurant panoramique a la chance de disposer de plusieurs salles adaptées aux saisons. La terrasse avec la vue plongeante sur la marina est très agréable aux beaux jours. « Le balcon sur le lac » est quant à lui parfait pour un dîner romantique. Qualité du service irréprochable et gastronomie haut de gamme. Poissons, viandes et plats végétariens. C'est la même famille qui, depuis les années 1950, gère le restaurant, l'hôtel du même nom (à quelques mètres) et la marina en elle-même (Yachthafen), maintenant aux mains de la troisième génération !

ILKAHÖHE

Oberzeismering
✆ +49 8158 8242
www.restaurant-ilkahoehe.de

Attention, le site est très fréquenté et il est assez difficile de se trouver une place de parking.

Au sud de Tutzing et haut de 726 m, l'Ilkahöhe est le point culminant de la région des cinq lacs. Il offre un beau panorama sur les Alpes et le lac de Starnberg. L'Ilkahöhe est nommé en l'honneur de la princesse Ilka von Wrede, qui a reçu plusieurs récompenses bavaroises et prussiennes pour son travail d'assistance aux blessés pendant la guerre de 1870-1871. Possibilité de se restaurer sur place : restaurant self-service, café et Biergarten. Un lieu idéal pour se promener et faire de la randonnée. L'ascension de l'Ilkahöhe est accessible à tous.

TUTZING

Tutzing, petite ville sise sur la côte ouest du lac, est célèbre grâce à son citoyen d'honneur : Johannes Brahms. Il vécut à Tutzing et c'est sans aucun doute les paysages alentour qui inspirèrent ses quartets et les fameuses variations de Brahms. Jusqu'au XIXe siècle, Tutzing est un village de pêcheurs, mais les débuts du rail le métamorphose dès 1865 en lieu de villégiature. La beauté du coin attire, les gens viennent s'y ressourcer, conquis par les paysages et sa situation idéale à mi-chemin entre la grande ville de Munich et les Alpes. Les amoureux de la marche nordique seront comblés et le marcheur peut compter sur une étendue de 17 ha de chemins et de randonnées le long du lac.

POSSENHOFEN

Sur le chemin de Starnberg vers Tutzing, le train régional s'arrête en gare de Possenhofen. Cette minuscule bourgade en bord de lac est tout à fait charmante. Un club nautique, un minuscule port, une auberge, de beaux chalets traditionnels de paysans. Elle ne serait pas devenue célèbre si son château aux quatre tours carrées n'avait été autre que la demeure familiale et de villégiature de l'impératrice Sissi. Elle y séjourna pendant son enfance, un cadre enchanteur pour une petite fille que les rives du lac de Starnberg, les barcasses de pêcheurs, le parc gigantesque et la vue éblouissante sur les massifs des Alpes.

Stupper Haus de Bernried.

SCHLOSS POSSENHOFEN ★

Karl-Theodor-Straße 14C

Si le jardin est ouvert au public, le château est fermé à la visite, car il a été transformé en appartements privés.

Le château est chargé d'histoire puisque c'est ici, sur les bords du lac de Starnberg, que grandit la célèbre impératrice d'Autriche immortalisée par Romy Schneider, Sissi. La belle Bavaroise était à la fois la cousine et l'amie du roi Louis II. Tout comme son père, la jeune fille adorait la nature et passait son temps à courir dans les bois autour du château, chasser et se baigner dans le lac. Même après être devenue impératrice d'Autriche, elle reviendra de nombreuses fois dans ce château de son enfance. Le parc a été dessiné par l'architecte Peter Joseph Lenné.

HERRSCHING

Sur la côte est du lac Ammersee, l'ancien village de pêcheurs veille sur les rives de la baie de Herrsching. Depuis la liaison de train avec Munich, aménagée, ouverte en 1903, Herrsching est une destination de loisirs prisée des citadins, pour une journée au lac ou pour un séjour un peu plus long. Ses eaux sont bien connues des navigateurs et des surfeurs, car sur cette rive-là du lac, souffle une petite brise particulière. La nature et les paysages reposants attirent les voyageurs en quête de repos et les légendaires couchers de soleil séduiront les romantiques.

ROMANTIKHOTEL CHALET AM KIENTAL €€

Andechsstraße 4

✆ +49 8152 98 2570

www.chaletkiental.de

Chambre double à partir de 165 €. Petit déjeuner 15,50 €. Accès au sauna 18 €.

A quelques kilomètres seulement du cloître d'Andechs, le Romantikhotel Chalet am Kiental est une des adresses les plus appréciées de la région. Vieille bâtisse abandonnée sur le chemin du pèlerinage et rénovée avec passion, elle s'est transformée en un hôtel romantique. On appréciera tout particulièrement le charme des chambres, décorées avec soin, et l'espace sauna, idéal pour se détendre après une journée sportive autour du lac. Wifi gratuit. Parking privé gratuit.

DIESSEN

La petite ville de Diessen se situe sur les bords du lac Ammersee, à une dizaine de kilomètres d'Andechs et une cinquantaine de kilomètres au sud de Munich. Elle est surtout réputée pour son église, le Marienmünster, l'une des plus belles en style baroques d'Allemagne avec ses riches peintures murales dont le célèbre *Ciel de Diessen*. Les deux artistes à l'origine de cette œuvre d'art sont Johann Michael Fischer et François Cuvilliés. Admirez la peinture représentant Marie qui monte au paradis. Elle est l'œuvre de l'artiste italien Giovanni Battista Tiepolo. Au-delà, rien de très spectaculaire à découvrir dans cette petite commune sans histoire.

MARIENMÜNSTER (ÉGLISE SAINTE-MARIE)

Klosterhof 10

✆ +49 8807 948940

www.katholisch-diessen.de

En été, ouvert du lundi au dimanche de 10h à 19h, en hiver jusqu'à la tombée de la nuit. Visites guidées sur demande.

L'église (ou basilique) de Marienmünster à Diessen est une église abbatiale bénédictine historique. L'église remonte au XIIIe siècle et est un exemple impressionnant de l'architecture gothique tardive. Elle possède une façade ornée de sculptures détaillées, de nombreux vitraux colorés et d'une succession de voûtes remarquables. L'église abrite également un célèbre orgue baroque, souvent utilisé lors de concerts. Des services réguliers sont encore dispensés.

STRANDBAD ST. ALBAN

Seeweg-Süd 90

✆ +49 8807 9496436

Ouvert tous les jours en saison. Plein tarif : 4 €.

Loin des complexes et des thermes ultra modernes, cette plage (Standbad) est l'illustration du savoir-faire allemand en matière de baignade en eau libre. Une pelouse parfaitement entretenue et un bon Biergarten, voilà qui détend immédiatement tout candidat au stress. Un lieu nature pour se baigner, se rafraîchir les jours d'été, pour pique-niquer entre deux visites ou tout simplement pour découvrir un lieu fréquenté par les locaux, en dehors des sentiers battus du tourisme habituel. L'entrée n'est malheureusement pas gratuite.

ANDECHS ★★

Assise sur les hauteurs de la montagne sacrée (*Heiliger Berg*), l'abbaye bénédictine d'Andechs (*Kloster Andechs*) domine les bucoliques et verdoyants paysages qui annoncent les Alpes. À ses pieds, les belles fermes et les hameaux isolés ont gardé tout leur pittoresque d'antan. Pour se mettre dans l'ambiance, on pourra réécouter la cantate *Carmina Burana* du compositeur bavarois Carl Orff : ses cendres reposent dans l'église de l'abbaye d'Andechs, conformément à son souhait. Tous les étés, un festival met sa musique à l'honneur.

ANDECHSER BRÄUSTÜBERL €

Bergstraße 2
✆ +49 8152 376261
www.andechs.de

Ouvert tous les jours 10h-20h. Saucisses chaudes à partir de 1 €, petites salades à 1,95 €. Bières (au litre) : 6-7 €.

Une véritable institution. Le restaurant est situé dans le cloître d'Andechs. La bière brassée ici est célèbre et coule à flots. Depuis 1455, les moins bénédictins de l'abbaye d'Andechs brassent de la bière pour pouvoir sustenter et revigorer les pèlerins de passage. Plusieurs types de bières au choix : Andechser Spezial Hell, Andechser Weissbier, Andechser Doppelbock Dunkel et plein d'autres encore ! L'ambiance est garantie et très populaire que ce soit dans les grandes salles ou sur les terrasses. La cuisine rustique tient bien au corps !

KLOSTER ANDECHS ★

Bergstraße 2
✆ +49 8152 3760
www.andechs.de

Église ouverte tous les jours de 8h à 18h. Visite guidée de la brasserie sur réservation, 5,50 €.

En 1455, 35 ans après la construction d'une église gothique, plus tard modernisée dans le style baroque, fut fondée l'abbaye bénédictine d'Andechs. Elle a toujours ce visage baroque avec son clocher à bulbe. Depuis cette même année, les moines y brassent eux-mêmes leur célèbre bière avec un savoir-faire unique. Il est possible d'effectuer une dégustation. Six variétés totalement différentes de bières vous sont proposées, de la *Weissbier* (bière blanche) à la *Dunkelbier* (bière brune). N'hésitez pas à goûter, le breuvage est d'une qualité réellement exceptionnelle !

PENSION STIEFELWIRT €

Hurtenstrasse 10
✆ +49 0 8152 408 67
www.pension-stiefelwirt.de

Chambre simple à partir de 60 €, chambre double à partir de 45 €. Petit déjeuner inclus.

Très bonne adresse que cette petite pension à l'écart des sites ultra touristiques. Chambres propres pleines de charme avec un très joli mobilier en bois peint, délicieusement rétro. On peut prendre ses repas en salle ou bien sur une grande terrasse avec vue sur la campagne. Les chambres, très confortables, sont toutes équipées d'une douche, de WC, d'un sèche-cheveux, de la télévision et du wifi gratuit. Il y a un réfrigérateur commun à l'étage que les clients peuvent utiliser pour stocker leur nourriture et leurs boissons. Pratique !

WÖRTHSEE

Le petit lac de Wörthsee (4,4 km²) possède quelques plages et propose des activités nautiques. Le village est un bon point de départ pour visiter deux autres petits lacs : le Pilsensee et le Wesslingersee.

Sports / Loisirs

Côté sport et loisirs, on peut louer des bateaux pour explorer le lac : des bateaux à pédales, des barques ou des bateaux à moteur électrique. Il y a plusieurs plages autour du lac pour le plaisir des nageurs.

Transports

La gare de Steinebach à proximité du lac permet de rejoindre facilement le lac en S-Bahn depuis Munich.

HOTEL GARNI JAKL-HOF €

Dorfstraße 16
✆ +49 8153 98100
www.jakl-hof.de

Chambre individuelle à partir de 72,50 € par nuit, double à partir de 90 €, familiale à partir de 100 €.

A 200 m du lac, la longue bâtisse est moderne, décorée simplement, mais avec goût. Un lieu bien équipé pour un séjour dans un cadre privilégié. Petit déjeuner buffet pour 9 €. Wifi gratuit dans tout l'hôtel. Salle de séjour avec table de billard. Jeux pour enfants dans le jardin. Parking gratuit. Location de vélos possible. En haute saison, réservation minimum de 3 nuits requise. Le petit espace spa - accessible pour un petit supplément - comprend un sauna, un bain à remous et même 2 cabines à UV. Aussi disponibles à la location : 2 appartements.

FÜSSEN ★

Füssen se trouve à seulement quatre kilomètres du fameux château de Neuschwanstein, l'un des plus prestigieux symboles de la Bavière, voire d'Allemagne. Mais on aurait bien tort de limiter cette merveilleuse petite ville de 15 000 habitants à un statut d'une « ville voisine ». A plus de 800 mètres au-dessus du niveau de la mer, Füssen est non seulement la ville la plus haute de la Bavière, mais elle est également riche en histoire et s'inscrit parmi les destinations les plus touristiques d'Allemagne. Ville fortifiée, de sports d'hiver et station thermale, Füssen ne manque pas d'attraits.

Histoire

Dès le IIIe siècle, le site de Füssen abritait un ancien castel romain. Plus tard, aux VIIIe et IXe siècles, la ville est choisie pour l'édification d'une abbaye de l'ordre des bénédictins fondée par saint Magnus. Vers 1313, elle devient le lieu de résidence des princes-évêques d'Augsbourg qui y font édifier leur château, le Hohe Schloss. Durant la période médiévale et la Renaissance, elle prospère et s'affirme comme une cité mercantile, puissante et riche. Avec ses artisans renommés, elle se spécialise dans l'art de la fabrication des violons et des luths. Après ces heures de gloire, la ville décline inexorablement. Elle renaît pourtant à la fin du XIXe siècle grâce au projet pharaonique de Louis II : l'édification de châteaux de Neuschwanstein. La construction du chemin de fer entre Füssen et Kaufbeuren en 1899 et le creusement du Forggensee, un plan d'eau artificiel, finissent de la remettre sur les rails de la modernité.

Tourisme

On reconnaît de loin les deux principales attractions de cette petite ville romantique. En premier, le haut-château (Hohes Schloss), situé sur un éperon rocher, domine la ville et fascine par ses peintures en trompe-l'œil uniques du Moyen Âge tardif. Ancienne résidence d'été des princes-évêques d'Augsbourg pendant des siècles et l'un des plus importants édifices profanes du gothique flamboyant, le château héberge aujourd'hui une succursale des Galeries du Land de Bavière (Bayerische Staatsgemäldesammlung) ainsi que la galerie municipale. Puis, juste en dessous se trouve le somptueux ensemble baroque de l'ancien monastère bénédictin Saint-Magne. Son histoire remonte jusqu'au VIIIe siècle et ses salles ont été transformées en musée de la Ville (Museum der Stadt Füssen).

Transports

En voiture, depuis Munich par l'A95 via Starnberg, puis la B2 et la B17, compter 1 heure 45 environ de trajet, ou depuis Munich par l'A96 jusqu'à la sortie 22 Jengen, puis la B12 et la B16, compter également 1 heure 45 environ de trajet. Depuis Augsbourg en prenant la B17 vous en aurez pour 1 heure 25. Schwangau se trouve à 4 km de Füssen, mais méfiez-vous : le trafic peut être particulièrement conséquent en haute saison touristique.

HOHES SCHLOSS ★

Magnusplatz 10 ✆ +49 8362 903146
www.fuessen.de

Haute saison : mardi-dimanche 11h-17h. Basse saison : vendredi-dimanche 13h-16h. Entrée : 6 €. Billet combiné : 7 €.

Le Hohes Schloss (littéralement Haut-Château) veille sur Füssen depuis le XIIIe siècle, même si son apparence actuelle est due au prince-évêque Friedrich von Zollern, en fonction entre 1486 et 1505. Absolument uniques : ses façades peintes avec des trompe-l'œil qui simulent des encadrements de fenêtres et des oriels. Les œuvres du gothique flamboyant de la Galerie d'État de Bavière, exposées dans l'ancienne résidence des princes-évêques, donnent un aperçu extraordinaire sur l'art des XVe et XVIe siècles dans la région de l'Allgäu et de la Souabe bavaroise.

KLOSTER SANKT MANG & MUSEUM DER STADT FÜSSEN

Lechhalde 3 ✆ +49 8362 903143
www.stadt-fuessen.org/museum

Haute saison : du mardi au dimanche, 11h-17h. Plein tarif : 6 €. Billet combiné (avec Hohes Schloss) : 7 €.

Abrité dans l'ancien monastère bénédictin Saint-Magne (Benediktinerkloster St. Mang), le musée présente une des plus belles collections de luths et violons historiques de l'Europe. En outre, vous avec accès aux fastueuses salles baroques, notamment à la majestueuse *Kaisersaal* et à l'imposante bibliothèque baroque du monastère. Vous y trouvez également la fameuse danse macabre de Füssen, la plus ancienne de Bavière, datant du début du XVIIe siècle.

DJH JUGENDHERBERGE FÜSSEN €

Mariahilferstraße 5
✆ +49 8362 7754
www.fuessen.jugendherberge.de
Chambre ou lit en dortoir à partir de 40 € par personne. Petit déjeuner inclus.

Cette auberge de jeunesse sans charme particulier, qui compte 35 chambres et 148 lits, se situe à côté de la vieille ville et à 1 km de la gare. Mieux vaut réserver car elle est très souvent assaillie par les visiteurs. L'auberge fait partie du réseau DJH, pour lequel il faut être membre (l'adhésion annuelle coûte entre 7 et 25 euros selon les âges). Tables de ping-pong, babyfoot, etc., il y a de quoi s'occuper si jamais la météo devait être capricieuse à Füssen !

ALTSTADTHOTEL ZUM HECHTEN €€

Ritterstraße 6
✆ +49 8362 91600
www.hotel-hechten.com
Chambre individuelle à partir de 69 €, chambre double à partir de 99 €, petit déjeuner inclus.

Situé au cœur de la vieille ville, à l'entrée de la zone piétonne, le Altstadthotel zum Hechten est l'une des plus anciennes auberges de la région, avec une histoire qui remonte au XVIIe siècle. Si l'institution a plus de 350 ans, le mobilier des chambres, lui, évoque plutôt les années 1990. Contre un supplément et sur réservation, les pensionnaires de l'hôtel pourront accéder au petit espace wellness (appelé ici Vitalbereich) avec baignoire et sauna

PENSION KÖSSLER €

Zalingerstraße 1
✆ +49 8362 4069
www.pension-koessler.de
Chambre individuelle, double, triple ou quadruple à 60 € par personne et par nuit. Petit déjeuner inclus. Wifi gratuit.

Ambiance familiale au rendez-vous dans cette pension où les chambres sont équipées d'un balcon, du téléphone, de TV et de sanitaires. Les prix comprennent le petit-déjeuner et la Kurtaxe (la taxe de séjour qui vous donne aussi en contrepartie accès aux transports en commun de la région). Une bonne affaire dans cette région très touristique où les prix tendent vers le haut. L'emplacement est très correct, à 5 minutes à pied du centre de Füssen et de la gare centrale, d'où l'on pourra prendre le bus pour rejoindre les châteaux de Schwangau.

HOTEL AM HOPFENSEE €€

Uferstraße 10
✆ +49 8362 50570
www.hotel-am-hopfensee.de
Chambre double à partir de 210 €. Petit déjeuner et accès au centre de bien-être inclus.

Situé en bordure de l'Hopfensee et avec vue claire sur les Alpes, cet hôtel 4 étoiles de bonne tenue saura vous accueillir idéalement pour des excursions dans les environs. Avec le grand avantage d'être un peu à l'écart du flux touristique en haute saison. Son plus, c'est bien évidemment son espace wellness (sauna & co) et son *infinity pool* (une piscine à débordement). La vue est spectaculaire : on voit le lac et les montagnes au loin. Cet espace bien-être est aussi accessible aux hôtes extérieurs. Avis aux épicuriens qui logent dans les environs !

Füssen et ses jolies façades colorées.

HOTEL HIRSCH €€

Kaiser-Maximilian-Platz 7
✆ +49 8362 93980
www.hotelfuessen.de
Chambre double à partir de 154 €, petit déjeuner inclus. Wifi & parking gratuits.

Tradition et renommée définissent cet hôtel 4-étoiles fondé il y a plus de 100 ans. L'actrice Gina Lollobrigida y séjourna. Une vue surprenante sur la vieille ville de Füssen et le château. Il faut dire qu'avec sa façade rose bonbon en trompe-l'œil et les montagnes en coulisses, l'hôtel semble tout droit sorti d'un film... de Wes Anderson. La terrasse sur les toits offre une vue imprenable sur Füssen et son Hohes Schloss. Les chambres sont spacieuses et confortables. Seul le petit-déjeuner n'est pas tout à fait à la hauteur des attentes.

HOTEL SCHLOSSKRONE €€

Prinzregentenplatz 2-4
✆ +49 8362 930180
www.schlosskrone.de
Chambre double à partir de 149 €, suite à partir de 229 €, petit déjeuner inclus.

Joli ensemble de bâtiments en plein centre de Füssen, en face de la zone piétonne, l'Hotel Schlosskrone est un établissement 4-étoiles, avec un espace wellness, les «Schlosstherme» comprenant whirlpool et sauna. Les chambres disposent de minibar pour étancher un besoin de boisson fraîche à toute heure de la journée et de la nuit. Sa pâtisserie-confiserie au rez-de-chaussée, couronnée de plusieurs prix par la corporation des pâtissiers bavarois (Bayerische Konditoreninnung), est connue bien au-delà des frontières de la ville.

HOTEL WIEDEMANN €€

Am Anger 3
✆ +49 8362 91300
www.hotel-wiedemann.de
Prix variables selon les saisons. Chambre double entre 200 et 230 €.

Bel hôtel nature, avec des airs de chalet, dans le coquet village de Bad Faulenbach, à proximité du centre de Füssen. Il suffit de 10 minutes à pied pour rejoindre la gare centrale ou la vieille-ville en longeant la Lech. Les chambres sont joliment meublées, avec beaucoup de bois et toutes disposent d'un espace salle de bains flambant neuf. Espace sauna. Nous vous conseillons de réserver directement auprès de l'hôtel pour profiter des prix les plus intéressants. L'hôtel propose des services de cure, ce qui attire une clientèle plutôt âgée.

KURHOTEL JAKOB €€

Schwärzerweg 6
✆ +49 8362 91320
www.kurhotel-jakob.de
Chambre simple 60-80 €, double 100-140 €, petit déjeuner inclus. Appartement : 120 €/deux pers.

Cet hôtel 3-étoiles met tout le confort à la disposition de ses hôtes. Il possède également un sauna et une piscine. L'utilisation du sauna coûtera un petit supplément de 10 €. La plupart des chambres bénéficient de leur propre balcon avec une très belle vue sur le très beau quartier de Bad Faulenbach. Les chambres sont toutes équipées d'une salle de bains individuelle et d'un téléviseur. Le petit-déjeuner est compris dans la réservation des chambres d'hôtel. Pour les résidents de l'appartement de vacances, supplément de 10 € pour le petit-déjeuner.

LUITPOLDPARK-HOTEL €€

Bahnhofstraße 1-3
✆ +49 8362 9040
www.luitpoldpark-hotel.de
Chambre double à partir de 136 €.

Le Luitpoldpark-Hotel est un hôtel 4-étoiles en plein centre-ville de Füssen, avec 3 restaurants-bars. Spacieux et très bien aménagé, le service y est impeccable et l'accueil très aimable. Un établissement luxueux pour un séjour chic et tout confort dans le cœur de Füssen. Le petit déjeuner et l'accès à l'espace bien-être et à la salle de fitness sont inclus dans la réservation de la chambre. L'espace wellness comprend un bassin à remous et un sauna. Wifi gratuit dans l'hôtel. Offres promotionnelles proposées sur le site Internet.

HOTEL SOMMER €€€

Weidachstraße 74
✆ +49 8362 91470
www.hotel-sommer.de
Chambre double à partir de 138 à 247 € par personne.

A deux kilomètres de la vieille ville, au bord du Forggensee, le cinquième lac de la Bavière, cet hôtel de bien-être de catégorie 4/5-étoiles tenu par les familles Lerch et Zwicker a tout ce qu'il faut pour des vacances luxueuses en Bavière : des chambres spacieuses, une piscine et un sauna (avec de grandes ouvertures vitrées), un très beau lac devant la porte (qui disparaît l'hiver par ailleurs) et une vue panoramique sur les Alpes et le château de Neuschwanstein. Petit déjeuner et accès à l'espace bien-être inclus pour la réservation. Wifi gratuit.

HAUS ALLGÄU - FAMILIE FUCHS €

Alatseestraße 4
✆ +49 836 233 16
www.allgaeu.de/a-haus-allgaeu
Appartement 1 : 53 € par nuit. Appartement 2 : 50 € par nuit. +10 € par personne supplémentaire.

Cette maison est située dans le très beau et très paisible quartier de Bad Faulenbach, dans la partie sud de Füssen, mais vous serez dans le cœur de ville en moins de 5 minutes à pied. Les propriétaires sont charmants et les appartements possèdent des balcons avec vue sur ce petit bout de paradis excentré de l'agitation de Füssen. Des appartements fonctionnels et pratiques pour avoir votre pleine indépendance pendant la durée de votre séjour dans la région.

GASTHAUS ZUM SCHWANEN €

Am Brotmarkt 4 ✆ +49 8362 6174
www.schwanen-fuessen.de
Ouvert du mardi au samedi de 12h à 22h. Cuisine jusqu'à 21h. Plats de 16 à 25 €.

Une très bonne adresse tenue par la famille Pickl et très prisée des habitants de Füssen car la cuisine y est excellente. Les produits sont frais et les plats sont préparés finement. Le cadre est, lui aussi, ravissant, sur une petite placette du centre de la ville. L'accueil est sympathique, que demander de plus ? Depuis peu, le Gasthaus zum Schwanen a repris le local à côté et a transformé l'ancienne charcuterie en un bar à vin moderne : Das Hässliche Entlein. On pourra soit manger « au cygne » soit prendre l'apéro chez « le vilain petit canard ».

SCHIFFWIRTSCHAFT €

Schwangauer Straße 1
✆ +49 8362 9243370
De lundi à vendredi à partir de 17h, les week-ends à partir de midi jusqu'à minuit, cuisine jusqu'à 22h. Fermé le mardi.

Ce bar-restaurant dans une vieille bâtisse, directement sur la rivière Lech, est une bonne adresse pour se mêler à la population locale. Jolie terrasse avec une belle vue sur l'ancien monastère bénédictin Saint-Magne et le Haut-Château de Füssen et surtout très belle véranda côté fleuve. La cuisine de Schiffswirtschaft privilégie les produits issus de l'agriculture biologique et vous verrez que presque tous les plats proposés ici affichent bio sur la carte : une bonne chose, des cocktails à la carte des boissons. Un peu de tout pour tout le monde.

OBERSTDORF ★★

Oberstdorf est niché dans une pointe alpine à égale distance entre Garmisch-Partenkirchen et Lindau. La ville compte près de 10 000 habitants et s'inscrit parmi les stations de sports d'hiver les plus réputées de la Bavière. De carrefour commercial au Moyen Âge, la petite cité est aujourd'hui entièrement tournée vers le tourisme et compte une soixantaine de kilomètres de pistes skiables. Depuis Oberstdorf, il est possible d'accéder aux trois plus hauts sommets de l'Allgäu bavarois : le Hochvogel (2 593 m), le Trettachspitze (2 595 m) et le Mädelegabel (2 645 m). Moins hautes, mais encore plus populaires : le Nebelhorn (2 224 m) et le Fellhorn (2038 m).

Se loger

Oberstdorf regorge de chambres chez l'habitant. Partout les panneaux *Zimmer Frei* (chambres libres) sont de sortie. Au contraire, s'il est inscrit sur le panneau *Belegt*, c'est que l'établissement affiche complet. Pour trouver une chambre, il suffit simplement de se promener dans les rues et ruelles d'Oberstdorf.

Sports / Loisirs

- **Ski**. Oberstdorf fait partie des stations plutôt huppées de la région, au même titre d'ailleurs que Garmisch-Partenkirchen. Trois domaines skiables : Fellhorn, Söllereck et Nebelhorn. La saison commence, en règle générale, en décembre pour s'achever début avril. Les pass coûtent entre 32 € et 44,50 € pour une journée. Ils donnent la possibilité d'aller skier sur l'ensemble des pistes.
- **Randonnée**. Oberstdorf est un véritable petit paradis pour les amoureux de la marche à pied. Avec plus de 200 km de chemins de randonnée, des panoramas superbes avec les massifs montagneux pour unique horizon, un air pur et vivifiant, en avant sur les chemins !

Transports

- **En voiture.** Depuis Munich (170 km) par l'A96 et les routes nationales B12 et B19. Compter 2 heures environ. Depuis Augsbourg (145 km) par les routes nationales B17, B12 et B19. Compter 1 heure 45 environ.
- **En train.** De/vers Munich, compter environ 2 heures 30. Départ toutes les heures. De/vers Augsbourg, compter environ 2 heures. Départ toutes les heures.

SUD DE LA BAVIÈRE

Oberstdorf.

DJH JUGENDHERBERGE OBERSTDORF-KORNAU €

Kornau 8

✆ +49 8322 98750

www.oberstdorf.jugendherberge.de

A partir de 34,90 €, petit déjeuner inclus.

L'auberge de jeunesse est excentrée par rapport au centre-ville d'Oberstdorf, elle est cependant facile d'accès par le bus. Comme pour toutes les auberges de jeunesse du réseau DJH, il faudra devenir adhérent, mais l'adhésion à l'année est dérisoire pour les moins de 26 ans, seulement 7 €. En tout, 214 lits (dans différentes tailles de dortoirs : de 2 à 10 lits par pièce) pour jeunes et familles venus dans la région pour profiter de l'offre sportive.

HOTEL BAVARIA €

Isnyer Straße 2

✆ +49 8386 932 50

www.bavaria-oberstaufen.de

Prix très dépendants des saisons et de la durée du séjour et des offres du moment. Consulter son site Internet.

L'hôtel Bavaria se trouve sur la commune d'Oberstaufen, à 30 minutes en voiture d'Oberstdorf. Idéal pour un séjour sportif ou de remise en forme, dans le cadre cossu d'un chalet de montagne où rien ne manquera à votre confort quotidien. L'hôtel organise de nombreuses activités de plein air : cyclisme et randonnée pédestre, équitation... On trouve aussi sur place de multiples équipements pour se détendre : bain bouillonnant, sauna, salle de massage, piscine intérieure. On peut aussi compter sur une restauration gourmande et saine.

ALPENHOTEL TIEFENBACH €€

Falkenstraße 15

✆ +49 8322 702100

www.alpenhotel-oberstdorf.com

Chambre individuelle à partir de 131 €, chambre double à partir de 151 €, suite à partir de 271 €.

Un peu éloigné du centre de Oberstdorf, dans une vallée à proximité, l'ensemble de cet hôtel, comprend trois bâtiments dont l'aspect extérieur est plutôt moyen. La tranquillité de son vaste jardin de 15 000 m² et la vue panoramique sur les Alpes sont cependant tout à fait uniques. Beaucoup de bois dans l'aménagement des chambres, ce qui les rend naturellement *cosy*. Petit déjeuner et accès au spa inclus dans le prix de la chambre. Sur 417 m², le petit espace wellness vous attend avec sauna, piscine intérieure, petit bain à vapeur et fontaine à glace.

PARKHOTEL FRANK €€€

Sachsenweg 11

✆ +49 8322 7060

www.hotel-franks.de

Chambre individuelle à partir de 200 €, chambre double à partir de 266 €.

Ce superbe hôtel, qui combine les formes d'un chalet traditionnel avec des lignes ultra contemporaines, vaut chacune de ses cinq étoiles, tout en restant agréablement simple et accueillant. Un accent particulier est mis sur des spécialités régionales et des produits bio, comme par exemple le bon pain au feu de bois que vous pouvez goûter lors de votre petit déjeuner. Petit déjeuner et accès à l'espace bien-être (1 800 m²) inclus : salle de fitness, piscine, whirlpool, sauna, etc. Un lieu absolument idéal pour un séjour sport et détente.

NEUE THERME OBERSTDORF

Promenadestraße 3

✆ +49 8322 7003000

www.neue-therme-oberstdorf.de

Oberstdorf construit à l'emplacement des anciens thermes un nouveau complexe très moderne. Ouverture en 2024.

Les Neue Therme Obersdorf doivent prochainement remplacer le vieux complexe aquatique de la ville et offrir aux habitants comme aux visiteurs un lieu destiné à la natation et à la relaxation. Le but des travaux est de créer un espace de détente, moderne et naturel, avec un grand espace wellness et sauna. Au programme du chantier : un bassin intérieur et un bassin extérieur ouvert toute l'année, un espace sauna avec vue sur les montagnes. Un espace gastronomie est également prévu. Le projet est très prometteur. Affaire à suivre.

LINDAU ★★★

La ville insulaire de Lindau compte environ 25 000 habitants et se situe sur le superbe lac de Constance. Ses origines remontent à l'époque romaine, mais le nom de Lindau - qui signifie « île sur laquelle poussent des tilleuls » - ne fut mentionné pour la première fois qu'en 882 dans un document écrit par un moine de Saint-Gall. D'ailleurs, le blason de la ville figure toujours un tilleul aujourd'hui et on en voit plusieurs dans les rues du centre-ville. Depuis le début du siècle dernier, elle est devenue une station estivale et hivernale très prisée alors qu'à l'origine, elle n'était qu'un petit village de pêcheurs. Montaigne compte parmi les artistes qui sont tombés sous ses charmes. Au milieu des eaux, sur le port de Lindau, son pôle touristique majeur avec son embarcadère d'où partent les balades en bateau sur le lac Constance, trône l'emblème de la ville : un gigantesque lion de pierre datant du XIXe siècle, assis non loin d'un vieux phare et qui semble fixer l'horizon. Le lion et le phare gardent fièrement la porte d'entrée du petit port de Lindau et sont le motif de carte postale préféré ici. Il règne sur cette petite île une ambiance très particulière qui la différencie des autres villes de Bavière. Avec son port, ses mouettes, son ensoleillement, l'illusion est presque parfaite : on se croirait un instant sur les rives de la mer Méditerranée. Un joli petit bourg dynamique, aux façades colorées et aux rues pavées, qui a la particularité d'être... sur une île ! Reliée bien entendu par une étroite bande de terre servant tant de trafic routier que ferroviaire.

Sports / Loisirs

▶ **Baignade.** Il est possible de se baigner dans les eaux du lac à certains endroits.

▶ **Vélo.** Une très bonne occasion pour aller se promener à vélo et suivre les rives du lac de Constance.

▶ **Voile.** Les eaux du lac sont navigables et, pour les amateurs de sports nautiques, le superbe panorama avec les montagnes qui se reflètent dans le lac fait office d'invitation à la promenade.

Transports

En voiture depuis Munich et en empruntant l'A96, comptez sur 1 heure 50 de route environ. Depuis Augsburg et toujours via l'A96, vous en aurez pour 1 heure 40 de trajet. La ville autrichienne de Bregenz n'est qu'à 9 km de là, de quoi vous donner des idées d'escapade. Quant à la Suisse, si vous empruntez la E60 puis l'A14 sur 26 km, vous arriverez à Sankt Magrethen.

ALTES RATHAUS LINDAU ★

Bismarckplatz 4

Les salles historiques de l'hôtel de ville ne sont pas ouvertes au public.

L'ancien hôtel de ville de Lindau est inséré entre deux des plus belles rues de la ville, la Maximilianstraße et la Ludwigsstraße. Il a été édifié entre 1422 et 1436 selon le style gothique et ce n'est qu'en 1578 qu'il a hérité de son style Renaissance. Rénové pendant 3 ans en 1972, l'édifice symbolise aujourd'hui encore la prospérité de la ville qui eut l'immense privilège d'accueillir une Diète d'Empire (Reichstag) en 1496. Jusqu'à nos jours, sa façade très colorée attire les regards des visiteurs et les invite à découvrir l'histoire de la ville.

PETERSKIRCHE ✝

Oberer Schrannenplatz
www.lindau.de/adressen/peterskirche

Entrée libre. Église ouverte tous les jours 9h-12h et 14h-17h, les mercredis et dimanches seulement le matin.

Cette église romane St. Pierre, la plus ancienne de Lindau et parmi les plus anciennes du lac de Constance, a vu le jour au XIe siècle. Deux attraits majeurs pour les visiteurs : les fresques de Hans Holbein l'Ancien et la célèbre *Lindauer Passion* représentant la Passion du Christ. L'église a été dédiée à Simon Pierre, le saint patron des pêcheurs qui vivaient autrefois autour de la Schrannenplatz.

▶ De là, il est possible de se rendre jusqu'à la *Diebsturm* ou tour des voleurs qui n'était autre que la prison de Lindau, et qui remonte au XIVe siècle.

ZEPPELINFLUG (VOL EN ZEPPELIN)

Zeppelin Hangar FN
© +49 75 41 59 000
www.zeppelinflug.de

De 260 à 870 € le vol en zeppelin selon la destination à partir de Friedrichshafen.

Une manière originale de visiter Lindau... par les airs ! Ainsi que l'ensemble du pourtour du lac de Constance, voire jusqu'à Ravensburg. Le Zeppelin NT, de nouvelle génération, est une expérience de grande qualité qui vous obligera certes à vous rendre jusqu'à Friedrichshafen (à moins de 30 km de Lindau) mais vaudra pour un déplacement unique en son genre. Les prix sont bien sûr élevés, mais quelle vue à 330 mètres de hauteur ! Vols de 30 minutes à 2 heures selon les offres.

SEEPROMENADE ★★★

Hafenplatz

Un conseil : s'installer à la terrasse d'un des beaux cafés le long du port et contempler le lion qui monte la garde.

© TRABANTOS - SHUTTERSTOCK.COM

Le lieu de flânerie le plus populaire de la ville. La vue sur le lac de Constance y est magnifique et on se croirait réellement, au bord de la mer et non au bord d'un lac ! Sur votre gauche vous remarquerez l'ancien phare, ou Mangturm, datant du XIIe siècle, faisant face à son remplaçant bien plus jeune, érigé au XIXe siècle et pointant fièrement à 33 m de hauteur. Au second plan, le magnifique panorama des Alpes. En terrasse, on contemplera le lion, fier et majestueux et qui surveille les allées et venues, le tout sous les cris des mouettes rasant les pontons.

BSB -FERRY

Schützingerweg 2

✆ +49 83 82 275 840

www.bsb.de

Tour d'une heure et demie entre Lindau, Bregenz et l'abbaye de Mehrerau : 17,40 €.

La BSB est la compagnie qui s'occupe du transport maritime, elle dispose d'une flotte conséquente dont quatre navires ont leur port d'attache à Lindau. C'est un moyen ludique et nautique de voyager sur le pourtour du lac à un coût raisonnable. Si vous le pouvez, embarquer sur le *MS Königin Katharina* qui a été mis en service en 1994 et dispose d'une visibilité absolument optimale, un plus lors de votre voyage. N'ayez crainte d'embarquer sur le *MS Baden*, bien que datant de 1935 (!), il a été remis aux normes voici quelques années.

DJH JUGENDHERBERGE LINDAU €

Herbersweg 11

✆ +49 8382 967 10

www.lindau.jugendherberge.de

A partir de 36,30 € la nuit, petit déjeuner inclus.

L'auberge de jeunesse de Lindau est un peu excentrée par rapport au centre-ville, elle n'est pas sur l'île, mais «sur la terre ferme». Elle loge dans un beau bâtiment. Ici, 254 lits répartis dans 71 chambres différentes (dortoirs de 2 à 10 lits). Certaines des chambres sont équipées pour répondre aux besoins des personnes en fauteuil roulant. L'auberge fait partie du réseau DJH, pour lequel il faut être membre (l'adhésion annuelle coûte entre 7 et 25 euros selon les âges).

GARNI HOTEL-PENSION NORIS €

Brettenmarkt 13

✆ +49 8382 3645

www.hotel-noris.de

Chambre simple à partir de 55 €, double à partir de 50 € par personne, petit déjeuner inclus.

Chambres décorées sobrement mais avec goût, très confortables, et proches de toutes les commodités. Les chambres sont meublées de façon moderne et disposent d'un accès Internet sans fil, d'une télévision à écran plat, d'une baignoire/douche et de toilettes. Le matin, un copieux petit-déjeuner buffet - compris dans la réservation - vous attend. L'hôtel est situé à quelques pas de la promenade de Lindau, emplacement absolument idéal. Accueil chaleureux et excellent rapport qualité-prix.

HOTEL VIS À VIS €€

Bahnhofplatz 4-6

✆ +49 83 82 39 65

https://visavis-lindau.jimdofree.com/

Chambre simple à partir de 125 € la nuit, double à partir de 145 € la nuit.

Juste en face de la gare et à proximité de la promenade, le Vis à Vis est un hôtel offrant des chambrées au design contemporain. Si l'extérieur est sans apprêt particulier, l'hôtel a le mérite d'être en situation géographique idéale pour un séjour de courte durée. On y trouve au total 72 chambres fraîchement rénovées, dont un tiers sont des chambres simples, les deux autres tiers des chambres doubles (signalons également 2 chambres adaptées aux personnes à mobilité réduite et 5 chambres familiales). Un joli café-bar est accolé à l'hôtel.

SUD DE LA BAVIÈRE

Lindau im Bodensee.

SEEREICH - HOTEL UND PENSION €€

Bregenzer Straße 16/18
✆ +49 8382 3736
www.seereich.de
Chambre double à partir de 155 €, petit déjeuner inclus.

À 300 mètres du pond (Landtorbrücke) qui vous même sur l'île, cet hôtel situé sur le terre ferme est à quelques minutes à pied de la vieille-ville de Lindau. Le parking de l'hôtel étant gratuit, on pourra laisser la voiture pour rejoindre la ville facilement à pied. Son intérieur est moderne et lumineux, les chambres ont été refaites à neuf dans des tons de couleur agréables à l'œil. Propreté impeccable. Certaines chambres disposent de beaux balcons.

HOTEL LINDAUER HOF €€€

Dammgasse 2
✆ +49 83 82 40 64
www.lindauer-hof.de
Chambre double à partir de 154 €. Wifi gratuit.

Juste à l'entrée du port, l'hôtel Lindauer Hof offre une excellente vue sur le lac de Constance. Les chambres ont été décorées dans une esthétique très moderne, à la fois confortables et cossue. Comme il se doit pour un hôtel 4-étoiles, plusieurs services de qualité sont disponibles pour le visiteur souhaitant profiter au mieux des environs le temps de son séjour : places dans le garage, service de nettoyage, etc. L'hôtel Lindauer Hof dispose aussi de son propre restaurant, formidablement lumineux sous la verrière, et de son bar, avec une carte riche en cocktails.

YACHTHOTEL HELVETIA €€

Inselgraben 3
✆ +49 8382 91 30
www.hotel-helvetia.com
Chambre à partir de 225 € (sans vue sur le lac), chambre avec vue à partir de 285 € par nuit.

Cet hôtel magnifiquement situé sur la promenade de Lindau propose des chambres très agréables et diversifiées. Selon vos envies lors de votre séjour, plusieurs chambrées sont disponibles, avec ou sans vue sur le lac de Constance. L'hôtel propose aussi deux chambres sur des yachts (d'où le nom de l'hôtel). Le restaurant de l'hôtel sert une cuisine suisse avec entre autres des plats de poissons pêchés dans le lac. L'établissement met à la disposition de ses clients un espace wellness avec notamment un solarium, un sauna et une piscine.

ALTE POST €

Fischergasse 3
✆ +49 8382 934 60
www.alte-post-lindau.de
Ouvert tous les jours de 11h30 à 14h30 et de 17h à 22h, fermé le lundi.

Aménagé dans un ancien bureau de poste dans le centre de Lindau, l'établissement Alte Post est tout à la fois un hôtel et un restaurant. Une bonne adresse pour déguster des spécialités locales (de Souabe mais aussi de Styrie). A la carte, des plats de poissons bien sûr, mais aussi les grands classiques : le *Schnitzel*, le *Braten*, les *Spätzle*, indissociables de la cuisine d'Allemagne du Sud. Le restaurant possède également un charmant Biergarten où il fait bon s'attabler afin de profiter de l'ambiance si particulière de la ville.

RESTAURANT ENGEL €

Schafgasse 4
✆ +49 8382 5240
www.engel-lindau.de
Ouvert du mercredi au samedi sans interruption de 11h à 22h30. Plats entre 9 et 14 €.

Au rez-de-chaussée ainsi qu'au premier étage de ce charmant hôtel Engel, un restaurant vous accueille dans deux salles chaleureuses aux allures de bistrot-brasserie. On y mange une cuisine traditionnelle réconfortante, notamment des viandes tendres et goûteuses, accompagnée de délicieux vins italiens. Cuisine copieuse et roborative : des *Schnitzels*, des *Knödels*, des salades de pommes de terre, toute la panoplie de la cuisine traditionnelle de l'Allemagne du Sud. La petite terrasse du restaurant qui donne sur la rue piétonne est absolument charmante.

GASTHAUS ZUM SÜNFZEN €€

Maximilianstraße 1
✆ +49 8382 5865
www.suenfzen.de
Ouvert tous les jours de 11h à 22h, service sans interruption. Plats principaux à partir de 19,90 €.

Auberge traditionnelle dont l'histoire remonte au XIVe siècle avec un répertoire de nombreuses recettes des sept derniers siècles. A la carte, on trouvera des spécialités du lac et de la région, dont les corégones du lac Constance, et du vin brun, un vin local raffiné avec de l'hydromel pour adoucir son goût sec, que l'on buvait avant le repas autrefois. Une bonne adresse, restée dans son jus, pour manger copieusement des spécialités locales et traditionnelles dans un cadre rustique et authentique en plein cœur de la ville de Lindau.

VILLINO €€€

Mittenbuch 6
✆ +49 838 293 450
www.villino.de
Menu classique 182 € par personne.

On se trouve ici un peu plus loin de l'activité de l'île de Lindau, sur les hauteurs côté nord. Dans le magnifique cadre de l'hôtel Villino, appartenant à la chaîne Relais & Châteaux, le restaurant du même nom ne dépareille en rien du complexe hôtelier. Une cuisine fine et recherchée que vous pourrez découvrir avec un menu avec 6 services ! Une façon de ponctuer (ou peut-être terminer ?) votre séjour à Lindau de la plus délicieuse des matières avec des mets raffinés (principalement issus de la pêche, proximité lacustre oblige).

KUNST CAFÉ

Maximilianstraße 48
✆ +49 8382 9432204
www.kunst-cafe.info
Ouvert du lundi au samedi de 10h à 18h, fermé le mardi, le dimanche à partir de midi. Grand choix de gâteaux.

Dans cette grande et belle boutique d'antiquités, on peut à la fois repenser sa déco et combler une petite faim ou la terrible envie d'un café au lait. Le midi, sandwich et flammekueche, mais le lieu est surtout prisé pour l'heure du Kaffee Kuchen - c'est-à-dire en milieu et fin d'après-midi - où toutes les générations confondues s'installent sur les canapés en velours, sous les miroirs dorés où l'on s'attable autour des vieilles tables en chêne, pour prendre un café tout en dégustant une grande part de gâteau à la crème. Adresse iconique.

LINDENBERG

La petite ville de Lindenberg (11 000 habitants) jouissait autrefois d'une renommée internationale pour son industrie du chapeau. La confection de chapeaux de paille à Lindenberg est attestée dès le XVIe. Au début du XIXe siècle, la fabrication de ces couvre-chefs s'industrialise et au début du XXe siècle, la production atteint jusqu'à 8 millions de pièces par an ! Les modèles se diversifient avec l'utilisation du cuir, de fourrure et de matières synthétiques, ce qui est une réussite. Mais dans les années 1960 et 1970, la mode n'est plus au chapeau, ce qui contraint de vieilles entreprises de mettre la clef sous la porte. Les heures de gloire sont passées, mais pas leur souvenir.

MUSÉE ALLEMAND DU CHAPEAU

Museumsplatz 1 ✆ +49 8381 9284320
www.deutsches-hutmuseum.de
Ouvert du mardi au dimanche 9h30-17h. Entrée : 7 €/ 5,50 €, enfants 6-14 ans : 2 €. Entrée libre pour les - de 6 ans.

Le musée du Chapeau est abrité dans une ancienne fabrique et on peut tout y apprendre sur la ville et l'histoire de l'industrie du couvre-chef, activité qui remonte au XVIe siècle à Lindenberg. La fabrication des chapeaux, la ville de Lindenberg et la mode des chapeaux sont les trois thèmes qui sont présentés sur près de 1 000 m^{2} avec bien sûr une vaste collection de chapeaux originaux. Le musée est vraiment bien fait, moderne, assez récent, il faut dire (ouverture en 2014).

PIZZERIA OSTERIA TOSCANA €

Hauptstraße 62

✆ +49 8381 2357

Restaurant ouvert du mercredi au lundi de 11h30 à 14h. Plats entre 15 et 23 €.

Dans une jolie maison dans le style de la région, avec une façade couverte de bardeaux en bois, son intérieur se présente sous une allure rustique et élégante à la fois. Etalé sur trois petites pièces, c'est un endroit qui respire la convivialité et la détente à l'italienne, surtout l'été sur la terrasse au soleil. On y trouve une bonne et grande sélection de pizzas cuites au four à bois et de pâtes. Beaucoup d'habitants de Lindenberg viennent ici aussi pour savourer le tiramisu, l'indétrônable dessert italien par excellence.

KESSELHAUS €€

Museumsplatz 1

✆ +49 8381 9482250

www.kesselhaus-lindenberg.de

Ouvert du mercredi au samedi de 17h à minuit, le dimanche à partir de 11h30. Plats à partir de 13,50 €.

Autrefois, les employées travaillaient dur dans cette ancienne chaufferie ; aujourd'hui, on y vient pendant son temps libre. Initialement en service pour créer de la vapeur destinée à presser les chapeaux afin de leur donner la forme souhaitée, la chaudière est toujours l'élément central de ce grand hall en brique, où se trouve à présent, directement à côté du Musée allemand du chapeau, un café-restaurant authentique et original. Le design moderne se marie bien avec le caractère industriel. Rien que pour l'architecture et le décor, ça vaut un petit détour.

RESTAURANT BACALAU €€

Austraße 41

✆ +49 8381 92610

www.hotel-waldsee.de

Ouvert du mercredi au dimanche de 13h à 21h. Plats principaux à partir de 11,50 €. Petit déjeuner de 8h à 11h.

Situé à la périphérie de Lindenberg, une petite ville à 20 minutes de Lindau, ce restaurant se réjouit de vous accueillir dans un cadre idyllique. C'est le restaurant de l'hôtel 3-étoiles Waldsee avec spa. Cet hôtel-restaurant se trouve dans un petit château en lisière de forêt et à quelques mètres d'un lac, un cadre très apaisant. Bref, c'est un lieu prédestiné pour y déguster du poisson, des fruits de mer, des spécialités régionales ou des plats méditerranéens, accompagnés d'un bon verre de vin (régional). Réservation conseillée.

KAUFBEUREN

Kaufbeuren compte environ 46 000 habitants et se situe au cœur de l'Allgäuer Voralpenland, les Préalpes de l'Allgäu. Elle reçoit le statut de « ville libre impériale » dans le courant du Moyen Âge et voit son développement et sa notoriété s'accroître considérablement. Au XVIIe siècle, la Guerre de Trente Ans est une catastrophe pour la ville : à la fin du conflit, la ville ne compte plus que 800 habitants. Elle se relève au XIXe siècle, notamment grâce à l'industrie de filature du coton. En 1945, Kaufbeuren accueille 18 000 réfugiés sudètes, expulsés de Tchécoslovaquie. Un quartier entier sort de terre, auquel on donne le nom de *Neugablonz*, en référence à la région d'origine de la majeure partie des exilés : *Gablonz*, en tchèque *Jablonec nad Nisou*.

Transports

- **En voiture**. Depuis Munich (90 km) par l'A96 et la route nationale B12, compter 1 heure. Depuis Augsbourg (65 km) par la B17 et la B12, compter 50 minutes. Depuis Memmingen (55 km), par l'A96 et la B16, compter 45 minutes. Depuis Füssen (40 km) par la B16, compter 35 minutes.
- **En train**. De/vers Munich, compter 1 heure de trajet, départ toutes les 30 minutes. De/vers Augsbourg, compter de 35 à 50 minutes, départ toutes les 30 minutes. De/vers Memmingen compter de 45 minutes à 1 heure 10, départ au moins toutes les heures. De/vers Füssen compter 1 heure, départ toutes les heures.

Kaufbeuren.

CRESCENTIAKLOSTER

Obstmarkt 5
✆ +49 8341 9070
www.crescentiakloster.de
Les horaires peuvent varier, consulter le site internet. Entrée libre.

L'origine de ce couvent de franciscaines, situé dans le cœur de la ville, remonte au XIIIe siècle. La sœur Crescentia (Anna Höß de son nom d'état civil) a passé une grande partie de sa vie dans ce couvent au XVIIIe siècle. Béatifiée puis déclarée sainte en 2001 par le pape Jean-Paul II, elle est vénérée dans la Klosterkirche, l'église du couvent, dans un sarcophage vitré. Non loin d'ici, la Sankt-Blasius-Kirche mérite aussi que vous fassiez un petit détour, notamment pour son autel gothique tardif réalisé au début du XVIe siècle.

FÜNFKNOPFTURM

An der Stadtmauer
✆ +49 8341 9666689
www.fuenfknopfturm.de
La tour se trouve à l'ouest de la vieille-ville de Kaufbeuren, sur l'Afraberg.

Cette tour, symbole de la ville et sa muraille fortifiée, a été érigée dans les années 1420 comme tour de guet et fut habitée jusqu'en 2014 ! La tour doit son nom (Fünfknopfturm) aux cinq tourelles qui la couronnent : la flèche principale et les quatre tours aux angles. Aujourd'hui, elle offre une vue exceptionnelle sur la ville et lui donne un sacré caractère. Le bouclier sur la façade est a été installé en 1917 : il montre les drapeaux des pays alliés à l'Empire allemand pendant la Première Guerre mondiale : l'Empire ottoman, la Bulgarie et l'Autriche-Hongrie.

FLAIR-HOTEL AM KAMIN €€

Füssener Straße 62
✆ +49 8341 9350
www.flairhotel-am-kamin.de
Chambre double à partir de 180 €, petit déjeuner compris.

Situé à l'extérieur de la ville, sur une artère automobile, cet hôtel sans charme de l'extérieur fait pourtant partie des hôtels 3-étoiles de classe supérieure. Les chambres ont des balcons et sont très lumineuses. L'accueil y est chaleureux et le service d'excellente qualité. Les chambres, en plus d'une connexion wifi, disposent d'écrans plats avec accès à différents services de streaming. Le bar lounge de l'hôtel - le Sprizzbar - vous attend chaque jour jusqu'à 22h avec une trentaine de spritz différents et autres long drinks et cocktails.

HOTEL GRÜNER BAUM €€

Obere-Gasse 4
✆ +49 8341 966 110
www.gruener-baum-hotel.com
Chambre simple à partir de 67 €, chambre double à partir de 89 €.

Aménagement et décor modernes dans cet établissement situé à 2,5 km du centre-ville de Kaufbeuren. Très calme, il dispose aussi d'un grand jardin très agréable l'été. Les chambres, décorées sobrement mais avec goût, sont confortablement équipées avec salle de bains privative, WC, douche, sèche-cheveux, écran plat, wifi, etc. Places de parking gratuites devant l'hôtel. Le soir, le bar de l'hôtel vous est ouvert pour tester une bière régionale : la Meckatzer Bier, brassée dans l'Allgäu. Petit-déjeuner buffet. Bon rapport qualité-prix.

GIFTHÜTTE €€

Schelmenhofstraße 1
✆ +49 8341 7153537
www.gifthuette.com
Ouvert du mardi au samedi de 17h à 23h. Plats principaux à partir de 13,50 €, steaks (250 g) à partir de 15 €.

Au début, le nom de ce restaurant peut paraître un peu effrayant, car Gifthütte veut dire « cabane toxique », mais jusqu'à présent, tout le monde en est ressorti heureux, rassasié et en pleine forme. Dans les assiettes, des plats bavarois et des steaks, dans les verres des délicieux breuvages de l'Allgäu. Lieu idyllique, à proximité du parc (Jordanpark) et de la gare. Les produits utilisés en cuisine, viandes comprises, sont des produits régionaux, ou au moins européens. Aussi un grand espace extérieur aux allures de *Biergarten*.

KONDITOREI CAFÉ WEBERHAUS

Kaiser-Max-Straße 22
✆ +49 8341 2504
www.confiserie-kraus.de
Ouvert du lundi au vendredi de 9h30 à 18h, le samedi de 9h à 17h30, le dimanche de 13h à 17h30.

C'est un lieu de rencontre. Au rendez-vous : la tradition des salons de thé et l'art de vivre souabe. En plein centre de Kaufbeuren, cette pâtisserie avec café, fondée en 1876, présente une vaste sélection de gâteaux et de tartes, de chocolats fourrés, des spécialités de la maison, des glaces, des biscuits... Si vous ne trouvez pas votre bonheur avec ça ! Assez typique en Bavière : la *Prinzregententorte*, avec génoise et crème au beurre de chocolat.

SUD DE LA BAVIÈRE

MEMMINGEN

Memmingen compte un peu plus de 42 000 habitants et se situe au carrefour des 2 autoroutes A96 et A7. Ses origines sont très lointaines puisque au IVe siècle, les Romains avaient installé un camp militaire sur l'actuel site de la ville. Fondée en 1160 par le duc Welf VI, la cité obtient le statut de « ville libre d'Empire » dans la seconde moitié du XIIIe siècle. Elle joua un rôle non négligeable dans la grande révolte de paysans en 1525 à travers le manifeste des *Douze Articles* : ce texte servit de catalyseur à l'ensemble des revendications éparses des révoltés et il fut la première déclaration des droits de l'homme en Europe. Ledit texte fut rédigé à Memmingen.

Balade

Plusieurs choses à découvrir dans le centre de Memmingen. L'église protestante Saint-Martin (**Sankt-Martinskirche**) a été édifiée selon les exigences du style gothique. Sa tour peut être visitée de mai à octobre, tous les jours, à 15h. La « Maison aux sept toits » (**Siebendächerhaus**) est une très belle maison à colombage avec une étonnante superposition de toits. Elle date de 1601 et servait auparavant aux artisans tanneurs qui y travaillaient leurs peaux. La « Maison des impôts » (**Steuerhaus**) a une splendide façade ocre peinte. Elle date de 1495. À cette époque, elle servait de lieu de collecte des impôts et des taxes. Les différentes portes (**Westertor**, **Lindauer Tor**, **Ulmer Tor**, **Kempter Tor**, etc.) témoignent des anciennes fortifications médiévales.

Tourisme

Dans les environs, deux villages à visiter si vous en avez le temps et l'envie :

- **Buxheim**. C'est un village de 3 100 habitants qui se situe au nord de Memmingen (à environ 5 km). Son monastère l'a rendu célèbre. Il a été édifié en 1402 et les frères Zimmermann l'ont doté au XVIIIe siècle de ses fresques magnifiques, riches en couleurs. Johann Baptist et Dominikus Zimmermann ont également orné les deux églises situées dans les environs du monastère : la chapelle Sainte-Anne et l'église Saint-Peter.

- **Ottobeuren**. L'attraction principale lorsqu'on se rend à Ottobeuren est son abbaye bénédictine (Benediktinerabtei) située à une dizaine de kilomètres au sud de Memmingen. Nul besoin d'autre indication une fois sur place : le regard est immédiatement attiré vers l'énorme édifice qui domine toute la contrée. L'abbaye a été fondée en 764 et elle accueille, aujourd'hui encore, 19 moines qui y résident à l'année et qui apportent un peu de vie à ce lieu fabuleux.

Transports

- **En voiture.** Depuis Munich (120 km) par l'A96, compter 1 heure 20. Depuis Augsbourg (90 km) par la route nationale B17 et l'A96, compter 1 heure. Depuis Füssen (70 km) par l'A7, compter 45 minutes. Depuis Lindau (70 km) par l'A96, compter 45 minutes.

- **En train.** De/vers Munich, compter 1 heure 30 de trajet, départ toutes les heures. De/vers Augsbourg, compter 1 heure 15, départ toutes les heures. De/vers Lindau compter de 1 heure à 1 heure 30, départ toutes les heures.

HOTEL HIEMER €€

Obere Straße 24
✆ +49 8331 990490
www.hotel-hiemer.de
Chambre double de 92 à 102 €.

Cet hôtel est installé dans une maison à l'architecture typique de la région : blanche avec ses balcons ornés de fleurs et son petit air de chalet montagnard. Plusieurs types de chambres (35 en tout) : simple, double, triple et quadruple. Les chambres, à la décoration un peu datée, disposent de tout le confort nécessaire avec le téléphone et les chaînes câblées. Restaurant sur place ouvert le soir (cuisine traditionnelle souabe) et sa terrasse au soleil. Petit inconvénient : l'éloignement du centre de Memmingen. L'avantage : le calme.

HOTEL WEISSES ROSS €€

Salz Straße 12
✆ +49 8331 9360
www.hotelweissesross.de
Chambre double à partir de 124 €.

Ce très bel hôtel à la façade blanche qui ressemble aux imposantes maisons américaines figure parmi les meilleures adresses de Memmingen. Le service est impeccable, les chambres agréablement décorées et spacieuses. L'hôtel a subi un lifting complet en 2014 avec lequel on a réussi à combiner le charme de l'ancien et le confort de la modernité. L'emplacement en ville est particulièrement central et pourtant le parking sur place est gratuit. Petit-déjeuner en supplément. Le restaurant de l'hôtel propose des spécialités bavaroises et souabes.

DREXEL'S PARKHOTEL €

Ulmer Straße 7
✆ +49 8331 9320
www.parkhotel-memmingen.de
Ouvert tous les jours de 11h30 à 14h et de 17h30 à 22h. Plats à partir de 5,50 €.

Le Drexel's Parkhotel est tout à la fois un hôtel 4-étoiles et un restaurant avec Biergarten. Il est situé non loin de la place du Marché (Marktplatz), et de la *Hexenturm* (la « tour aux sorcières », la tour la plus ancienne de la ville). On y mange une cuisine italienne et raffinée. Une bonne option pour les grosses faims ! Les chambres de l'hôtel sont plutôt simples, mais assez spacieuses. Espace relaxation avec sauna et cabine à infrarouges. Depuis 2018, le Drexel's Hotel est un « smart hotel » : si on le souhaite, on peut utiliser son smartphone comme clef.

JOESEPP'S BRAUHAUS €€

Schweizer Berg 17
✆ +49 8331 9278103
www.joesepps-brauhaus.de
Ouvert de dimanche à jeudi de 11h à minuit, vendredi et samedi de 11h à 01h. Plats principaux à partir de 13,90 €.

Cette brasserie à l'ambiance conviviale se situe dans le centre-ville de Memmingen, en face d'un petit espace vert (Westertorplatz) et a son propre *biergarten*. L'intérieur en bois est raffiné, moderne et lumineux, ce qui en fait un espace très agréable. Par la façade vitrée, on voit les grandes cuves de brassage en cuivre où sont brassées les quatre bières de Joesepp. Il suffit de pousser la porte pour les goûter : blonde, blanche, pils, brune, il y en a pour toutes les papilles. Plat du jour très bon marché le midi. Spécialités souabes et bavaroises.

BIENVENUE CAFÉ ET BISTRO

Zangmeisterstraße 4
✆ +49 8331 9411529
www.bienvenue-mm.de
Ouvert du vendredi au dimanche de 10h à 17h30. Fermé mercredi et jeudi.

Des pâtisseries de Paris à Memmingen : de la tarte au citron, des macarons, des éclairs et des tartes à la crème, voilà un petit bout de cuisine et de savoir-vivre à la française en plein cœur de l'Allgäu. Pour la petite anecdote : en allemand, le mot bistrot s'écrit à la russe, c'est-à-dire sans t à la fin. Il y a donc dans le nom de ce café une petite touche bavaroise ! Les éléments de décoration néo-rococo sont un brin kitsch (fauteuils rétro, lustres au plafond), mais le lieu (sur deux niveaux) est lumineux, spacieux et confortable.

CAFÉ MARTIN

Am Rossmarkt 3-5
✆ +49 8331 764200
www.cafe-martin.de
Ouvert du mardi au vendredi de 8h à 17h30, le samedi de 7h30 à 17h30, le dimanche de 9h à 17h30 en décembre et janvier.

Martin, c'est tout à la fois un café, une pâtisserie et une confiserie. Alors, pour peu que vous aimiez le sucré, cette adresse est pour vous ! Peu importe si vous venez à l'heure du petit déjeuner, du déjeuner ou du café, la dégustation d'une tarte ou tartelette de la grande sélection faite maison est obligatoire. Pour les amateurs de gâteaux, il y a tous les grands classiques de la pâtisserie allemande : la Forêt-Noire, la *Frankfurter Kranz*, la tarte à la crème avec sa liqueur aux œufs et bien d'autres ! Une bonne adresse pour l'heure du *Kaffee und Kuchen*.

BAD WÖRISHOFEN

Dans cette jolie région vallonnée, Sebastien Kneipp (1821 - 1897), dont les sels de bain sont bien connus, a fait de la petite ville de Bad Wörishofen (16 000 habitants) la plus grande station thermale de Souabe. Ce prêtre y a développé une méthode curative et de bien-être basée sur 5 règles : l'hydrothérapie, l'aromathérapie, la nutrition, le sport et l'harmonie du corps et de l'esprit. Pour les Allemands, si la cure est prescrite par ordonnance, la Sécurité sociale prend en charge une partie des coûts. Pour les touristes, il faudra payer la totalité des frais, qui ne sont pas si élevés. Généralement, le traitement est compris dans le prix de l'hôtel.

Sebastian Kneipp, prêtre et créateur de la station thermale de Bad Wörishofen.

R. W. FASSBINDER

Saviez-vous que Rainer Werner Fassbinder, l'enfant terrible du théâtre et du cinéma allemand d'après-guerre, était bavarois ? Le réalisateur de *Martha* et des *Larmes amères de Petra von Kant* est né dans la petite ville thermale de Bad Wörishofen en 1945 et est mort à Munich en 1982. Il est tout particulièrement connu pour sa trilogie allemande (*Le Mariage de Maria Braun, Le Secret de Veronika Voss, Lola*), dans laquelle il dresse un portrait acide de la société ouest-allemande d'après-guerre. Son théâtre et son cinéma se sont aussi intéressés tôt à des personnages LGBTQ, à une époque où les questions de genre et d'orientation sexuelle sont encore taboues en RFA.

HOTEL BAYERNWINKEL €€

Kellerweg 4
✆ +49 8247 30570
www.bayernwinkel.de
Chambre individuelle à partir de 72 €, chambre double à partir de 136 €, petit déjeuner inclus.

L'Hotel Bayernwinkel est un hôtel familial qui promeut le bien-être suivant les philosophies du yoga et de l'ayurveda, et qui propose diverses cures et diètes. Pas étonnant que l'espace spa (avec piscine et sauna, mais aussi équipements sportifs et offres de massages) y occupe une place importante. Les chambres sont décorées de façon très classique et l'équipement est à la page : petit bureau, téléviseur, sèche-cheveux, etc. Le restaurant de l'hôtel - le Green's - est entièrement végétarien et propose des produits de saison et régionaux.

HOTEL-GASTHOF ADLER €€

Hauptstraße 40
✆ +49 8247 963 60
www.adler-bw.de
Chambre double à partir de 131 € par personne, petit déjeuner et accès à l'espace wellness inclus.

L'hôtel-Gasthof Adler est une auberge fondée en 1492 ! Mais rassurez-vous, il y a eu un petit coup de neuf depuis. Ses chambres ont été récemment rénovées en style chalet en bois dans une décoration qui fait la part belle aux matériaux naturels et conserve ainsi un caractère rustique adapté à la modernité. Les chambres sont très agréables et la literie ô combien confortable. Son petit plus ? Les offres spéciales bien-être ! L'espace *wellness*, très réussi, comprend bassins et sauna, et son accès est compris dans le prix de la chambre.

LE PETIT CHATEAU FONTENAY €€€

Eichwaldstraße 8-12
✆ +49 8247 3060
www.kurhotel-fontenay.de/fr
Chambre double à partir de 207 €.

Cet hôtel-spa 5 étoiles est un lieu de détente idéal pour se poser et se ressourcer dans les chambres personnalisées aussi bien que sur la terrasse ou dans le parc, soigneusement entretenu. Les chambres sont très confortables et comprennent un peignoir de bain. Le petit déjeuner est inclus dans le prix des chambres. L'espace spa comprend une piscine intérieure et une piscine extérieure, un sauna finlandais, un sauna bio, un sauna à vapeur, un laconium, une grotte saline et un solarium.

CHAPLIN DINER & COCKTAILBAR

Hauptstraße 12
✆ +49 8247 963798
www.bw.chaplin-cocktailbar.de
Ouvert tous les jours de 11h à 20h. Gâteau et boisson chaude : 4,80 €, pizza ≤ 7,90 €. Cocktail ≤ 7,60 €.

Ce bar à cocktails est devenu une véritable institution à Bad Wörishofen. Depuis ses débuts il y a plus de 15 ans, il propose une petite sélection de collations pour accompagner votre boisson. Au menu : des pizzas, des salades et des nachos, des baguettes, etc. La sélection de presque 20 cocktails (des cocktails avec alcool et des cocktails sans alcool) est tout à fait remarquable. Happy hour tous les jours de 18h à 20h : différents cocktails de 7,60 € à 7,90 €.

THERME BAD WÖRISHOFEN

Thermenallee 1
✆ +49 82 47 39 93 00
www.therme-badwoerishofen.de
Thermes ouverts tous les jours. Entrée pour la journée : 38 € + 5 € pour l'utilisation des saunas.

Il s'agit d'un complexe aquatique axé sur la détente qui a intégré les principes de Sébastien Kneipp. Propre et calme (rien à voir avec une base de loisirs). L'établissement comprend une grande piscine et un bassin extérieur (chauffée à 44 °C et sans chlore évidemment !) un sauna, un hammam, un solarium, des bains à l'iode et aux sels curatifs, des fauteuils massants, des bains à remous... Séance de gymnastique aquatique toutes les heures. Le Blue fun, espace réservé aux familles avec des enfants, propose des attractions plus ludiques (toboggans).

AUGSBURG ★★★

Avec ses 290 000 habitants, Augsbourg est à la fois la troisième plus grande ville de Bavière et la capitale administrative de la Souabe bavaroise. Ses origines remontent très loin dans le temps puisqu'elle a été fondée en 15 av. J.-C. : après avoir traversé les Alpes, Tibère et Drusus, deux fils de l'empereur romain Auguste, érigent le camp de légionnaires de *Augusta Vindelicum*. C'est donc, après Trèves (Trier) l'une des plus vieilles villes du pays. Au Ier siècle, elle remplace Kempten (Cambodonum) comme siège de la province de Rhétie. Au Moyen Âge, Augsbourg est régulièrement choisie pour la tenue des Diètes d'Empire (rassemblements des princes). En 1276, elle obtient le statut de ville libre. Sa croissance est telle qu'elle est, en 1500, la deuxième plus grande ville du Saint-Empire, derrière Cologne. Augsbourg a hébergé deux des plus riches familles d'Allemagne, les Welser et les Fugger. D'autres personnalités connues nées à Augsbourg sont Leopold Mozart, le père de Wolfgang Amadeus, et le célèbre dramaturge Bertold Brecht. Martin Luther, le leader de la Réforme protestante, s'y est rendu à deux reprises afin d'y soutenir ses thèses devant les assemblées de la cité. Pendant la révolution industrielle, Augsbourg s'est considérablement enrichie, particulièrement dans le textile (tradition héritée du Moyen Âge). Pendant la Seconde Guerre mondiale, Augsbourg est la cible de bombardements destructeurs, mais elle a su se relever pour offrir aujourd'hui un visage plaisant et prospère.

▶ En 2019, l'UNESCO a ajouté le système hydraulique de la ville à la liste du patrimoine mondial de l'humanité. Vingt-deux sites (canaux, fontaines, châteaux d'eau, etc.) témoignent de l'ingéniosité de la ville dans la gestion de l'eau potable depuis le XVe siècle.

Transports

▶ **En voiture**. Depuis Munich (80 km) par l'A8, compter 1 heure. Depuis Nuremberg (145 km) par la route nationale B2, compter 1 heure 40. Depuis Füssen (105 km) par la route nationale B17, compter 1 heure 25.

▶ **En train**. De/vers Munich, compter 30 minutes, départ toutes les 20 minutes. De/vers Nuremberg, compter de 1 heure 30 à 2 heures, départ au moins toutes les heures. De/vers Füssen compter environ 1 heure 45, départ toutes les heures.

AUGSBURGER PUPPENKISTE

Tout le monde en Bavière, et même tout le monde en Allemagne, la connaît : la fameuse Augsburger Puppenkiste (littéralement « boîte à marionnettes d'Augsbourg »). Pas un enfant qui n'ait pas vu au moins une de ses pièces (des contes de fées ou des histoires d'après des livres d'enfants, notamment *Jim Bouton et Lucas, le chauffeur de locomotive* de Michael Ende), au théâtre même, ou bien au moins à la télévision ou sur DVD. Car dès les années 1950, les pièces du célèbre théâtre de marionnettes font partie des programmes télévisés pour enfants et son seul nom évoque des souvenirs d'enfance à tout Allemand. Et aujourd'hui, la Augsburger Puppenkiste participe à la création de programmes pour la télévision ou le cinéma. Ce théâtre de marionnettes est dû à l'initiative très originale du soldat Walter Oehmichen qui était en France durant la Seconde Guerre mondiale. Dans une école près de Calais, il découvrit un théâtre de marionnettes. Son enchantement fut tel qu'il décida de réaliser son propre théâtre dès son retour à Augsbourg. Après la destruction de son premier théâtre lors des bombardements, fin février 1944, il a commencé à construire un nouveau théâtre après la guerre. La première représentation se déroula le 26 février 1948. Jusqu'à présent, elle se trouve à la même adresse. Depuis les rénovations en 2000, il y a un musée à l'étage au-dessus de la scène, où l'on peut rencontrer toutes les vedettes miniatures. Aujourd'hui encore, cette institution continue à faire rêver et à mettre les cœurs en fête.

BASILIKA ST. ULRICH UND AFRA ✝

Ulrichsplatz 19
✆ +49 8 21 34 55 60
www.ulrichsbasilika.de
Ouverte tous les jours aux visiteurs. Entrée libre.

La basilique de Saint-Ulrich et Sainte-Afre date en grande partie de la fin de la période gothique (son clocher à bulbe visible de loin date en revanche de la fin du XVIe siècle). Elle a été construite sur la tombe de Sainte Afre (Afra), une martyre chrétienne († 304), patronne de la ville et qui – selon les versions – a été décapitée ou brûlée vive à Augsbourg. Les évêques d'Augsbourg Simpert († 807) et Ulrich († 973) y ont également reçu une sépulture par la suite.

SUD DE LA BAVIÈRE

LES FUGGER

Elle fut l'une des familles les plus riches et les plus influentes de la Renaissance allemande. À Augsbourg, les Fugger ont gravé leur empreinte tout comme ils ont marqué leur temps et l'histoire de l'Allemagne. Tout commence avec Hans Fugger, un tisserand et citoyen de la ville libre d'Augsbourg qui fait fortune dans le commerce des étoffes à une époque où les villes du nord de l'Italie et du sud de l'Allemagne voient les prémices du capitalisme naissant. Son petit-fils, Jakob Fugger, se rend à Venise et à Rome pour se former à la comptabilité, discipline dans laquelle il excelle par sa rigueur et sa méticulosité. En 1477, à l'occasion du mariage entre Maximilien et Marie, héritiers respectifs de l'Autriche et de la Bourgogne, les Fugger fournissent de superbes étoffes aux Habsbourg pour leur permettre de rivaliser avec le faste de la cour bourguignonne. Ce lien créé avec les Habsbourg permet aux Fugger une ascension comme banquiers des puissants. À partir de 1485, Jakob Fugger devient le créancier de Sigismund d'Autriche et lui prête des sommes que les autres banquiers allemands ne sont pas prêts à risquer. Sigismund, accablé par des défaites militaires à répétition, ne peut honorer ses remboursements et doit hypothéquer puis céder de précieuses mines d'argent dans le Tyrol. Ces mines à Schwaz concentrent 80 % de la production d'argent, minerai indispensable à la conception de la monnaie et à la production d'armes. Profitant d'un quasi-monopole, Jakob Fugger va bâtir une fortune colossale. Sa richesse devint telle qu'elle s'attache à son nom : on l'appelle Jakob le Riche (Jakob der Reiche). Toujours plus riches et plus puissants, les Fugger parvinrent à peser dans la balance politique. Au XVIe siècle, l'empereur du Saint-Empire est élu par un collège de 7 princes-électeurs que l'on peut corrompre aisément pour influencer leur vote. En soudoyant le prince-électeur de Brandebourg, Jakob Fugger parvient ainsi à faire élire son candidat, le futur Charles Quint. L'histoire des Fugger, c'est celle d'une petite affaire familiale qui prend le pari de faire des opérations bancaires risquées. Ils réussissent à tisser un véritable empire commercial et financier en Europe, faisant des affaires avec les Habsbourg comme avec les papes. L'esprit d'entreprise et le goût du risque leur ont permis d'accumuler un capital phénoménal et de devenir l'une des familles les plus fortunées de leur temps.

FUGGEREI ★★

Fuggerei
✆ +49 821 319 881 14
www.fugger.de

Ouvert d'avril à septembre de 8h à 20h et d'octobre à mars de 9h à 18h. Entrée : 6,50 €, 3 € pour les moins de 18 ans.

La Fuggerei est, comme son nom l'indique, très intimement liée à l'activité de la grande famille de Fugger : celle qui au faîte de sa gloire emporta l'élection de Charles Quint comme empereur. Ce faisant, les Fugger, s'ils furent une lignée de banquiers très efficaces, n'en dédaignèrent pas pour autant les œuvres sociales et on leur doit la première cité sociale de toute l'Europe. Érigée en 1521, les conditions d'occupation n'ont strictement pas changé depuis cette date ! Volonté de Jacob Fugger d'aider les nécessiteux de la ville, Il est possible de se rendre en ladite cité pour en découvrir l'innovante architecture d'alors, et l'appartement témoin d'une location contemporaine ainsi que l'appartement numéro 13 qui est le seul à avoir survécu aux diverses tempêtes de l'Histoire. Du reste, une fois franchi le mur d'enceinte, vous pourrez vous rendre en divers lieux retraçant le cheminement à travers les siècles de ce lieu si particulier : de la fontaine à la statue de bronze en passant par les cheminées, nombre d'éléments ne manqueront pas de vous intriguer et d'attiser votre curiosité. Et pour les amateurs de frissons, sachez que c'est ici, en territoire souabe, qu'aurait été allumé le premier bûcher amorçant la chasse aux sorcières en 1625, au 52 d'Ochsengasse. Endroit décidément atypique, la cité sociale Fuggerei est le dernier endroit de toute la ville et ses environs à disposer d'un éclairage... au gaz ! Une visite plus que recommandée pour saisir d'un peu plus près l'authentique ville d'Augsbourg.

FUGGERSTADTPALAST

Maximilianstraße 36-38
✆ +49 821 3198810
www.fugger.de

Le palais Fugger est une propriété privée et son intérieur n'est pas ouvert au public.

Ce palais appartenait à la très puissante famille de banquiers Fugger. Quand le richissime Jakob Fugger fait bâtir cette demeure au début du XVIe siècle, le style Renaissance importé d'Italie est tout à fait nouveau à Augsbourg. La longueur du palais sur la rue témoigne de la prospérité des Fugger si l'on se rappelle qu'à l'époque il fallait s'acquitter d'une taxe sur les façades. Le palais n'a pas été sans importance dans l'histoire : le réformateur Martin Luther y été interrogé et son adversaire l'empereur Charles Quint y a séjourné.

Fuggerei.

HOHER DOM

Frauentorstraße 2
✆ +49 821 3166 8511
www.bistum-augsburg.de
Visite guidée de mars à octobre du jeudi au dimanche à 14h30. 2 € par personne, gratuit pour les moins de 14 ans.

La cathédrale de la Visitation – plus communément appelée *Hoher Dom* ou tout simplement Cathédrale d'Augsbourg (*Augburger Dom*) – est l'une des principales curiosités architecturales de la ville. Ses fondations remontent au VIIIe siècle mais l'édifice a été endommagé par deux fois au Xe siècle : en raison des invasions hongroises puis d'un effondrement de la façade Ouest en 994. Le remaniement qui a suivi, financé par l'impératrice Adélaïde (Adelhaid), a fait de la cathédrale un chef-d'œuvre de l'art roman tardif. En 2021, le travail de chercheurs a permis de redater des fresques découvertes dans le transept sud : elles ont été réalisées autour de l'an mille sous la dynastie des Ottoniens. Cette découverte en fait les fresques les plus anciennes conservées au nord des Alpes (juste après des fresques découvertes à Oberzell, antérieures à l'an mille). La claire-voie Sud présente cinq vitraux superbes datant de la fin du XIe-début du XIIe siècle, les plus anciens d'Allemagne : ils représentent les prophètes David, Jonas, Daniel, Moïse, Osée (Hosea), et faisaient probablement partie d'une série plus importante, les sept autres ayant disparu. Aux XIVe et XVe siècles, la cathédrale d'Augsbourg connaît une nouvelle phase de travaux et est remaniée selon le style gothique : les deux nefs et les deux portails gothiques datent de cette période. Victime des tempêtes iconoclastes qui ont accompagné la Réforme protestante, la cathédrale d'Augsbourg subit quelques remaniements à la période baroque, puis au XIXe siècle.

LEOPOLD-MOZART-HAUS

Frauentorstraße 30
✆ +49 8216 5071380
www.augsburg.de
Ouvert du mardi au dimanche de 10h à 17h. Adulte : 6 €, réduit : 5 €.

La généalogie de la plus célèbre famille augsbourgeoise y est retracée. C'est en effet dans cette maison qu'est né, en 1719, Leopold Mozart, le père de Wolfgang Amadeus, qu'il n'est plus nécessaire de présenter ! Ce musée ravira les mélomanes. C'est à Augsbourg que Leopold Mozart a fréquenté le collège des jésuites et reçu une éducation humaniste et une solide formation musicale. Pour ses études, Leopold s'installe à Salzbourg où il devient d'abord valet, puis musicien de cour au service du prince-archevêque. C'est à Salzbourg que son fils Wolfgang verra le jour.

MAISON BERTOLT BRECHT

Auf dem Rain 7
✆ +498214540815
www.brechthaus-augsburg.de
Ouvert du mardi au dimanche de 10h à 17h.

La maison natale du très célèbre auteur dramatique allemand Bertolt Brecht, dont une des œuvres les plus célèbres s'intitule *Mutter Courage* ou *Mère Courage* (1941), a été reconvertie en mémorial. Brecht figurait en tête de liste des ennemis jurés des nazis qui le considéraient comme un traître et un communiste. Bien que le petit Bertolt ne vécut pas longtemps dans cette demeure, c'est ici que l'on trouve les premières éditions de ses œuvres dans un décor de 1949. Une visite qui ravira les amoureux de littérature et plus spécifiquement du poète-dramaturge.

SUD DE LA BAVIÈRE

MUSÉE DU TEXTILE ET DE L'INDUSTRIE

Provinostraße 46 ✆ +49 821 81 00 150
www.timbayern.de
Ouvert du mardi au dimanche de 9h à 18h. Entrée : 5 € en semaine, réduit : 4 €. Le dimanche : 1 € seulement.

Le musée du Textile et de l'Industrie d'Augsburg (abrégé TIM, pour les initiales du nom allemand) propose de nombreuses manifestations toute l'année durant. Pénétrer dans cette ancienne fabrique vous permettra de mieux appréhender l'univers économique qui amena Augsbourg au faîte de la prospérité dans l'industrie textile. Le musée a le grand avantage de proposer un panorama étendu, sous une forme moderne et ludique, des activités passées et présentes de la ville.

RATHAUS AUGSBURG

Rathausplatz
✆ +49 821 502070
www.augsburg.de
Entrée dans la Goldener Saal : 2,50 €. Tous les jours 10h-18h, en dehors des événements.

L'hôtel de ville d'Augsbourg a été édifié entre 1615 et 1620 selon le style Renaissance. Il incarne parfaitement la puissance et le pouvoir des patriciens de la cité. Sa façade mesure 57 m et est ornée d'une pomme de pin de 4 m de haut, l'emblème d'Augsbourg. A l'étage, la Goldener Saal, salle dorée, avec ses superbes fresques et son plafond tout en noyer, peut être visitée. Complètement détruite par les bombardements de 1944, la salle d'apparat a été reconstruite dans les années 1980-1990 pour être rouverte aux Augsbourgeois et au public.

PERLACHTURM

Rathausplatz
✆ +49 821 502 070
www.augsburg-tourismus.de
La tour est actuellement fermée aux visiteurs jusqu'à nouvel ordre en raison de travaux.

La Perlachturm est la tour adjacente à l'hôtel de ville. Elle est aussi le campanile de l'église Saint-Pierre (Peterskirche). On doit la tour et l'hôtel de ville à Elias Holl qui les a érigés dans le style Renaissance. La vue du sommet, à 70 mètres au-dessus de la place, est magnifique : on y voit tout Augsbourg. Lorsque le drapeau jaune flotte au-dessus du cadran de l'horloge occidentale, vous aurez une vue dégagée sur les Alpes. Quand cela arrive, Augsbourgeois et touristes montent les 261 marches jusqu'à la plate-forme pour savourer le panorama.

SCHAEZLERPALAIS

Maximilianstraße 56
✆ +49 0 821 3 24 41 02
www.kunstsammlungen-museen.augsburg.de
Ouvert du mardi au dimanche de 10h à 17h (jusqu'à 20h le mardi). Adulte : 7 €, réduit : 5,50 €.

Dans cette superbe demeure baroque, construite pour les besoins du banquier Benedikt Adam Liebert von Liebenhofen (1730-1810) qui avait fait fortune dans le lucratif commerce de l'argent, est exposée une collection de peintures très diverses datant des XVIIe et XVIIIe siècles. De célèbres artistes allemands comme Johann Baptist Zimmermann (1680-1758) ou Matthäus Günther ne manquent pas à l'appel non plus dans la Deutsche Barockgalerie. On peut encore aujourd'hui visiter la très belle salle des fêtes et le jardin rococo attenant.

PLANETARIUM AUGSBURG

Ludwigstraße 14
✆ +49 821 324 67 40
Ouvert tous les jours sauf le lundi de 10h à 17h. Entrée à 9 €. Réduit : 6,50 €.

Situé dans l'enceinte du musée d'Histoire naturelle, le planétarium d'Augsburg propose régulièrement des programmes de sensibilisation aux questions spatiales. Apprenez-en plus sur les planètes et les étoiles. Renseignez-vous quant aux programmes sur leur site officiel car certaines manifestations se font en direct lors d'événements particuliers visibles depuis la Terre. Si vous envisagez de visiter l'intégralité du musée d'Histoire naturelle, demandez le billet combiné pour tout savoir de la minéralogie, de la géologie, de l'écologie et de la zoologie.

ST-ANNA KIRCHE

Im Annahof 2
✆ +49 821 450 17 5100
www.st-anna-augsburg.de
Ouvert le lundi de 12h à 18h, du mardi au samedi de 10h à 18h, le dimanche de 10h à 12h30 et de 15h à 17h.

L'église Sainte-Anne a vu le jour en 1321. A l'origine, elle abritait un carmel et elle a accueilli Martin Luther en 1518. Pour ceux qui s'intéressent à cette période de l'histoire et à la Réforme, les salles du couvent occupées par le pionnier de la religion protestante accueillent aujourd'hui un petit musée, Lutherstiege. La Fuggerkapelle est une chapelle Renaissance qui abrite le tombeau de Jakob Fugger et de ses frères. Non loin de là, la Goldschmiedkapelle qui date de 1420 et dont les fresques se distinguent comme de véritables œuvres d'art.

SYNAGOGE AUGSBURG

Halder Straße 8

✆ +49 821 513 658

www.jmaugsburg.de

Lundi-jeudi : 9h à 18h, vendredi 9h-16h et dimanche 10h-17h. Adulte : 6 €, réduit : 3 €.

La synagogue d'Augsbourg est l'œuvre d'Heinrich Lömpel et de Fritz Landauer, deux maîtres de l'Art nouveau. Elle a été bâtie durant la Première Guerre mondiale et, incendiée, pillée et endommagée pendant la tristement célèbre Nuit de Cristal. Mais elle est l'une des rares synagogues d'Allemagne à ne pas avoir été complètement détruites et à avoir tenu jusqu'à aujourd'hui. Les travaux de sa reconstruction n'ont été achevés qu'en 1985. La vie et le culte juifs à Augsburg pendant les XVIIe, XVIIIe et XIXe siècles sont exposés dans le Jüdisches Museum.

JUGENDHERBERGE - HOSTEL SLEPS €

Unterer Graben 6

✆ +49 821 780 8890

www.augsburg.jugendherberge.de

A partir de 23,90 € par personne en dortoir, petit déjeuner inclus ; 30,30 € en demi-pension.

Simple et fonctionnelle, située dans un bâtiment moderne et sans charme particulier, mais dotée d'un bon emplacement proche du canal Stadtgraben, l'auberge de jeunesse d'Augsbourg propose des dortoirs et des chambres doubles, assez chères pour la simplicité des équipements. Beaucoup de groupes de passage au Sleps ; à éviter donc si vous souhaitez prendre votre petit-déjeuner au calme. Avantages : bon emplacement, accueil sympathique et parking peu cher.

CITY HOTEL OST AM KÖ €€

Fuggerstraße 4

✆ +49 821 50 20 40

www.ostamkoe.de

Chambre simple à partir de 85 €, double à partir de 115 €. Petit déjeuner inclus. Wifi gratuit.

Cet établissement a pour lui plusieurs avantages : sa localisation géographique (à mi-chemin entre la gare et le centre historique) ; son décor alliant élégamment classique et modernité, y compris jusque dans les chambrées ; insonorisation des chambres et des places de parking réservées aux clients (avec parking souterrain). Un choix plus que judicieux lors de votre séjour en ville, que ce soit pour affaires ou pour tourisme. L'hôtel travaille en collaboration avec deux restaurants tout proches : l'un de cuisine souabe, l'autre type bistro français.

HOTEL AUGSBURGER HOF €€

Auf dem Kreuz 2

✆ +49 8213 43050

www.augsburger-hof.de

Chambre à partir de 86 € par nuit. Petit-déjeuner : 15 €. Parking privé sur place : 9,50 € par jour.

L'hôtel Augsburger Hof est un établissement sympathique tenu par la famille Meder, bien situé dans le centre-ville, tout proche de la Leopold-Mozart-Haus et à deux minutes à pied de la cathédrale. Le mobilier tout en bois est d'un design un peu désuet, mais le confort est à la page de la modernité et les chambres sont bien équipées : minibar, sèche-cheveux, etc. Si vous venez en voiture, choisissez le parking privé proposé par l'hôtel, car l'horodateur dans la rue ne propose que des tickets pour une durée maximale de 2 heures. Accueil chaleureux et professionnel.

ALTSTADTGASTHAUS BAUERNTANZ €€

Bauerntanzgässchen 1

✆ +49 821 153 644

www.bauerntanz-augsburg.de

Lundi : 17h-21h. Mardi à samedi : 11h30-23h. Dimanche : 11h30-20h. Plats entre 14,80 et 21,50 €.

Une très bonne adresse où la cuisine du terroir bavarois est à l'honneur. Les plats sont copieux, la bière délicieuse et le restaurant dispose d'une terrasse, idéale pour les belles journées ensoleillées. Le Bauerntanz se targue d'être le plus ancien *Gasthaus* d'Augsbourg. En effet, il a été mentionné pour la première fois (comme brasserie à l'époque) en 1572 ! La cuisine est plutôt simple mais les portions sont généreuses et l'intérieur est tout à fait authentique.

LUSTKÜCHE €€

Mittlerer Lech 23

✆ +49 821 78 08 422

www.restaurant-lustkueche.de

Ouvert du mardi au samedi de 18h à 22h. Vendredi et samedi de 11h30 à 14h et 18h à 22h. Plats à partir de 17 €.

Emmené par son chef Andreas Kraus, le restaurant Lustküche (cuisine du plaisir ou cuisine du désir si l'on voulait traduire en français, tout un programme !) se veut un endroit artistique et culinaire. Tant dans les mets à disposition que dans le cadre général mais avec professionnalisme, rassurez-vous. Pour ceux que ça intéresserait, ils peuvent visionner la présentation vidéo disponible sur YouTube, délicieusement décalée à l'image de l'équipe. Allez-y faire un tour pour un changement de décor des restaurants typiquement bavarois.

RATSKELLER AUGSBURG €€

Rathausplatz 2 ✆ +49 821 319 88 238
www.ratskeller-augsburg.de
Ouvert tous les jours à partir de 11h jusqu'à minuit (1h du matin vendredi et samedi). Plats principaux de 8 à 20 €.

Ah que voilà un bien bel endroit pour se restaurer à Augsburg ! En plein dans le *Rathaus*, collé entre des murs datant du début du XVIIe siècle et qui plus est proposant en certaines périodes des semaines gastronomiques souabes ! L'endroit ne manquera pas de vous séduire avec son charme rustique, ses arcs massifs et son plafond de cave voûtée. C'est également une adresse tout à fait recommandable à l'heure de l'*happy hour* : les cocktails sont préparés avec grand soin ! Une adresse bien connue des habitants de Augsbourg qui fait salle comble en fin de semaine.

CAFFÈ EUROPA

Ulrichsplatz 8
✆ +49 821 159451
www.caffe-europa.de
Ouvert du lundi au jeudi de 8h à 20h. Vendredi et samedi de 8h à 23h. Dimanche de 9h à 18h.

Quand vous entrez dans ce café-bar italien, situé dans une vieille demeure patricienne à quelques mètres de la cathédrale Saints-Ulrich-et-Afra, vous vous croyez vraiment en Italie. On est salués par un «Ciao Bello» ou «Ciao Bella» et la radio joue de la pop italienne. Les habitués y sont nombreux, et on comprend pourquoi. Du bon café, des ciabattas, des bruschettas, entre autres spécialités italiennes y sont au rendez-vous, dans une ambiance chaleureuse. Si vous voulez quelque chose de plus consistant, vous pourrez compter sur un plat de pâtes.

AUGSBURGER PUPPENKISTE

Spitalgasse 15
✆ +49 821 4503450
www.augsburger-puppenkiste.de
Théâtre (en langue allemande) : 9,50 €, 13,50 ou 15,50 €, selon la catégorie. Musée : 5 €, enfants : 3,30 €.

Ce théâtre de marionnettes est connu bien au-delà des seules frontières d'Augsbourg car les petites poupées ont fait le tour de la télévision ouest-allemande à partir des années 1960. Le théâtre à Augsbourg propose toujours aujourd'hui des spectacles en langue allemande pour petits et grands. Le programme des spectacles est disponible sur le site Internet dans la rubrique « Spielplan ». Le musée « die Kiste » permet de découvrir les marionnettes les plus célèbres : Jim Knopf, Lukas der Lokführer, etc. Un voyage dans le temps.

HARBURG ★

Harburg est une toute petite ville de 6 500 habitants au charme débordant avec ses magnifiques façades aux couleurs chatoyantes, ses maisons médiévales. Elle se trouve au bord de la rivière Wörnitz, à une dizaine de kilomètres au nord-ouest de Donauwörth, elle aussi ville-étape de la Route Romantique (*Romantische Straße*) qui part de Wurtzbourg et traverse la Bavière du nord au sud pour atteindre Füssen, à la frontière autrichienne. Le château médiéval d'Harburg mérite qu'on s'y arrête un temps, ne serait-ce que pour apprécier la vue sur la ville.

© SINA ETTMER PHOTOGRAPHY - SHUTTERSTOCK.COM

Harburg.

SCHLOSS HARBURG

Burgstraße 1
✆ +49 9080 96860
www.burg-harburg.de
Ouvert de 10h à 17h tous les jours, de mi-mars à fin octobre. Cour du château : 3,50 €. Visite guidée du château : 5 €.

Cet imposant édifice domine toute la ville. Il faut une dizaine de minutes de marche de la vieille-ville pour atteindre le château. Les travaux d'édification y ont débuté en 1150 à l'initiative des empereurs de la dynastie des Hohenstaufen. En 1299, il devient la propriété des princes d'Oettingen-Wallerstein. La visite emmène le visiteur à la découverte de ses nombreuses tours. Sa façade claire parsemée de petites fenêtres d'où la vue sur la vallée, en contrebas, est absolument fantastique. Au programme : l'armoirie, les fortifications, la prison…

NÖRDLINGEN ★

Nördlingen, avec ses 22 000 habitants, fait partie de l'itinéraire de la *Romantische Straße*, la Route romantique qui relie Wurtzbourg et Füssen. Ville fortifiée, ses origines remontent au Xe siècle. La muraille qui l'entoure a été, quant à elle, rajoutée au XIVe siècle seulement et elle a conservé jusqu'à aujourd'hui ses portes défensives. Aujourd'hui encore, cette cité ancienne au cœur de la vallée de la rivière Ries a su conserver tout son cachet d'antan avec ses vieilles constructions à colombages, héritage du Moyen Âge. La ville sert parfois de décor pour de tournages de films, par exemple pour le *Charlie et la Chocolaterie* de Tim Burton.

© ARTO - FOTOLIA

La ville colorée de Nördlingen.

BAYERISCHES EISENBAHNMUSEUM

Am hohen Weg 6a
✆ +49 9081 24309
www.bayerisches-eisenbahnmuseum.de
Fermé de novembre à février. Ouvertures variables. En principe : week-ends de 10h à 17h. Adulte : 7 €, réduit : 3 €.

Les passionnés de train et de locomotives y seront aux anges ! Créé en 1969, il ne compte pas moins de 25 locomotives à vapeur ainsi qu'une centaine de véhicules, exposés dans une gigantesque enceinte. Le musée se situe dans les entrepôts de la Königlich Bayerischer Staatsbahn, dans le quartier est de la gare. L'ambition des employés du musée - des passionnés bien sûr - est de réunir toutes les conditions pour pouvoir faire rouler à nouveau ces trains.

ÉGLISE ST.-GEORGES ★

Marktplatz
✆ +49 9081 4035
www.kirchengemeinde-noerdlingen.de
Église ouverte tous les jours aux visiteurs en dehors des services religieux. Entrée libre.

Les travaux d'édification de cette belle église gothique Saint-Georges ont débuté le 17 octobre 1427. Elle domine toute la ville avec sa tour, - appelée familièrement «Daniel» par les habitants -, achevée en 1490, qui mesure 90 m de hauteur et qui peut être visitée. La vue du sommet y est troublante et fascinante. Le maître-autel a été réalisé par Friedrich Herlin en 1462. En 1523-1525, pendant la Réforme initiée par le prédicateur Martin Luther, l'église Saint-Georges devient le lieu de culte protestant de la ville de Nördlingen.

KAISERHOF HOTEL SONNE €€

Marktplatz 3
✆ +49 9081 5067
www.kaiserhof-hotel-sonne.de
Chambre simple à partir de 55 €, chambre double à partir de 80 €. Petit déjeuner non compris.

Très bel hôtel avec toutes les commodités (salle de bains, minibar, TV, wifi, etc.). La modernité des salles de bains tranche avec le choix du mobilier, typiquement bavarois, tout en bois. Service impeccable et charme bavarois ont su forger la réputation de cet établissement qui peut s'enorgueillir, par le passé, d'avoir accueilli de nombreuses personnalités. Au sous-sol, le bar Stäpfele vous attend avec une belle sélection de cocktails, de long drinks et de bières sous une jolie voûte en pierre. Belle vue sur l'hôtel de ville de Nördlingen depuis les chambres.

NH KLÖSTERLE NÖRDLINGEN €€

Beim Klösterle 1
✆ +49 9081 87080
Chambre à partir de 122,50 € 155 € avec petit-déjeuner

Bâtiment de grande classe et qui se prévaut de ses quatre étoiles, le NH Klösterle en plein centre ville n'abuse cependant pas de la qualité de ses prestations pour gonfler ses prix et c'est de fait une très bonne opportunité pour tous ceux qui envisagent d'effectuer la route romantique et de passer un séjour plus ou moins long à Nördlingen. Les beaux jours, vous ne pourrez résister à la terrasse du lieu qui ajoute encore à l'aspect très hospitalier du lieu. Présence d'une salle de sport et de détente (sauna et hammam). Wifi gratuit.

SUD DE LA BAVIÈRE

DONAUWÖRTH

Étape de l'itinéraire de la *Romantische Straße (route romantique)*, Donauwörth compte environ 18 000 habitants. Elle a été fondée vers le Xe siècle sur un site magnifique : au confluent de la rivière Wörnitz et du fleuve Danube. Sa renommée est établie lorsqu'en 1301, elle reçoit le statut de ville libre d'Empire. Malheureusement, elle a été durement endommagée par les bombardements de la Seconde Guerre mondiale, qui ont détruit les 3/4 de sa vieille-ville. La rue principale, la Reichsstraße avec ses maisons patriciennes à pignon, a été reconstruite à l'identique après-guerre.

Donauwörth.

HEILIG-KREUZ-KIRCHE

Heilig-Kreuz-Straße 19

✆ +49 9067 050910

www.donauwoerth-katholisch.de

Entrée libre. Ouverte tous les jours aux visiteurs, en dehors des messes.

Cette église catholique, ancienne abbaye bénédictine, est l'œuvre de Josef Schmutzer de l'école de Wessobrunn, qui l'a dotée du style baroque. Elle a été érigée entre 1717 et 1720, non loin des bords de la Wörnitz. Cette église «de la Sainte-Croix» doit son nom à une relique préservée dans la Gnadenkapelle (chapelle de la grâce) : cette dernière conserverait, selon les croyances, un éclat de la croix sur laquelle Jésus a été crucifié, relique qui serait arrivée ici au XIe siècle et aurait motivé la fondation de l'abbaye bénédictine.

KÄTHE-KRUSE-PUPPEN-MUSEUM

Pflegstraße 21a

✆ +49 906 789 170

Haute saison : ouverture mardi-dimanche, 11h-18h. Basse saison : jeudi-dimanche, 14h-17h. Entrée : 2,50 €/1,50 €.

Cet ancien monastère datant de 1630 a été réaménagé et abrite aujourd'hui le musée de poupées. Plus de 150 poupées, poupées mannequins et des figurines de l'artiste Käthe Kruse (1883-1968) sont ainsi exposées. Un « poste téléphonique » vous donne l'occasion d'entendre Käthe Kruse elle-même parler de son travail. Après la Seconde Guerre mondiale, les ateliers de Käthe Kruse ont été transférés de Bad Kösen à Donauwörth, où les poupées sont encore produites aujourd'hui.

LIEBFRAUENMÜNSTER

Münsterplatz 1

✆ +49 9067 06280

www.donauwoerth-katholisch.de

Entrée libre. Ouverte tous les jours aux visiteurs en dehors des messes.

Cette belle cathédrale gothique, à l'extrémité ouest de la Reichsstraße, est sortie de terre au XVe siècle. Elle a été bâtie en briques et a pu être consacrée en 1467 par l'évêque d'Augsbourg après seulement 23 années de construction. Lors des raids aériens sur Donauwörth, les 11 et 19 avril 1945, la cathédrale a subi de graves dommages. La façade ouest a été éventrée par une bombe explosive, les voûtes en étoile et les fenêtres du chœur ont été partiellement détruites. Ses fresques gothiques, des XVe et XVIe siècles, ainsi que son tabernacle valent le coup d'œil.

HOTEL ZUR PROMENADE €€

Spindeltal 3

✆ +49 906 70 593 440

www.hotel-zur-promenade.com

Chambre simple à partir de 80 €, double à partir de 90 €, suite à partir de 130 €.

Aspect très minéral pour cet hôtel se situant en pleine ville, et à quelques minutes à pied de la promenade menant vers le Danube et à une minute à pied de l'artère principale. Les 40 chambrées élégantes, très modernes et bien éclairées sont en outre insonorisées et toutes équipées de salles de bains privatives. Wifi gratuit dans toutes les chambres et connexion par câble. L'hôtel est entièrement accessible aux personnes en fauteuil. A la fois un emplacement très central dans la ville et un lieu très calme. Un très bon choix pour votre séjour à Donauwörth.

SCHWANGAU

Schwangau est un village paysan à 4 km de Füssen, mais pas n'importe lequel. C'est « le village des châteaux royaux », la communauté qui abrite deux châteaux royaux : Neuschwanstein, le plus célèbre château de Louis II de Bavière, et le château de Hohenschwangau, construit par son père Maximilien II de Bavière. Chaque année, ces deux merveilles architecturales et artistiques attirent plus de 1,5 million de visiteurs du monde entier. Les styles des deux châteaux sont complètement différents : Hohenschwangau, château en style néogothique, arbore sa façade aux couleurs chaudes et ressemble davantage à une construction féodale. En face de lui, Neuschwanstein (littéralement : nouveau rocher du cygne), réalisé par Louis II en commémoration de Richard Wagner dont il était le mécène. La légende veut que Walt Disney se soit inspiré de Neuschwanstein pour le château de *La Belle au Bois Dormant*.

Transports

▶ **En voiture.** Depuis Munich (env. 120 km) par l'A95 et les routes nationales B2 et B17, ou par l'A96 et la B17, compter 1 heure 40. Depuis Augsbourg (101 km) par la route nationale B17, compter 1 heure 20. Depuis Lindau (103 km) par la route nationale B12 et l'A7, compter 1 heure 20.

▶ **En transports publics (bus).** Depuis la gare de Füssen, Schwangau et Hohenschwangau (arrêt Hohenschwangau/Alpseestr ; châteaux) sont facilement accessibles en bus publics de la compagnie RVA/OVG, lignes 73 (direction Steingaden/Garmisch Partenkirchen) ou 78 (direction Schwangau). Départs plusieurs fois par heure, entre 8h et 19h.

ALPSEE

Alpsee

www.schwangau.de

Pour faire le tour du lac à pied tranquillement, comptez entre 1h30 et 2h de randonnée.

L'Alpsee est un lac splendide, joliment encadré par les montagnes et avec une très belle eau bleu-vert. Il existe un agréable chemin de randonnée pour en faire le tour à pied en enjambant rochers et racines, c'est un parcours prisé des aficionados du trekking, bâtons de marche en mains comme des débutants, appareil photo au cou. Par endroits, on pourra profiter de très jolis points de vue sur les châteaux de Neuschwanstein et de Hohenschwangau. La plateforme Pindarplatz offre, elle aussi, un formidable panorama sur le lac.

MARIENBRÜCKE ★

Marienbrücke

www.schwangau.de

Le Marienbrücke (pont de Marie), perché dans la forêt, se situe à une dizaine de minutes de marche du château de Neuschwanstein. Construit par Maximilien II de Bavière en 1845, qui l'a baptisé d'après le nom de son épouse, la reine Marie, il domine la gorge Pöllat. En 1866, Louis II fait remplacer la passerelle en bois par une construction en fer et lui donne ainsi la silhouette filigrane qu'on lui connaît aujourd'hui. La vue sur Neuschwanstein, sur le torrent qui coule en contrebas et sur le lac Forggensee est réellement saisissante.

MUSEUM DES BAYRISCHEN KÖNIGE

Alpseestraße 27

✆ +49 8362 887250

www.museum-hohenschwangau.de

Ouvert tous les jours de 9h à 16h30. Plein tarif : 14 €, réduit : 13 €, gratuit pour les - de 18 ans.

Situé à quelques mètres du merveilleux Alpsee, le musée des rois de Bavière, ouvert en 2011, donne un aperçu de l'histoire de la maison Wittelsbach, de ses origines à nos jours, l'accent étant mis sur les souverains à partir de 1806, année où la Bavière est élevée au rang de royaume. Le musée est plutôt cher pour le faible nombre d'objets rares exposés : parmi eux tout de même un manteau d'hermine de Louis II et un service de table en or égayé par des scènes des Nibelungen.

ST.-COLOMAN-KIRCHE ✝

Colomanstraße 1 ✆ +49 8362 8207

www.schwangau.de

Église ouverte en été tous les jours de 13h30 à 16h30. Entrée libre.

Voilà une jolie petite église, curieusement posée au milieu de nulle part. De l'extérieur, elle est plutôt sobre, mais son intérieur est une belle surprise baroque.

▶ Saint Coloman (ou Colman) était un pèlerin irlandais ayant vécu aux alentours de l'an Mil. Selon la tradition locale, lors de son pèlerinage vers Jérusalem, il se serait arrêté à l'endroit où se trouve aujourd'hui l'église Coloman de Schwangau, avant d'être torturé et pendu à Stockerau près de Vienne. Saint Coloman est surtout vénéré comme patron des maladies des hommes et du bétail.

SCHLOSS HOHENSCHWANGAU ★★

Alpseestraße 30 ✆ +49 8362 930830
www.hohenschwangau.de
Visite guidée uniquement. Plein tarif : 23,50 €. Possibilité de réserver en ligne à l'avance.

Les origines du château remontent au Moyen Âge, plus précisément au XIIe siècle quand la forteresse de *Schwanstein* (littéralement le « rocher du cygne »), comme on l'appelait alors, fut mentionnée pour la première fois. C'est finalement au XIXe siècle que cet endroit vécut une seconde jeunesse. Lors d'une partie de chasse, le prince héritier Maximilien (1811-1864) - futur Maximilien II de Bavière et père de Louis II - découvrit la ruine de l'ancienne forteresse. Il tomba immédiatement sous le charme de cet endroit et décida de racheter la ruine pour y aménager une résidence d'été royale (1832-1836). Le scénographe Domenico Quaglio fut chargé des travaux de réaménagement et dota le château du plus pur style néogothique. Plutôt moderne, le château disposait d'un système d'eau courante et il a été électrifié dès 1905. Contrairement aux châteaux construits par Louis II de Bavière, qui appartiennent à l'État bavarois, le château de Hohenschwangau est toujours en possession de la famille Wittelsbach.

▸ Au premier étage, la salle du Chevalier du cygne, tout ornée de fresques, illustre la légende de Lohengrin. Le cygne est, par ailleurs, absolument partout, symbole hérité des premiers bâtisseurs, les chevaliers de Schwangau. Parmi les plus belles pièces du château : la chambre de la reine à l'orientale (la famille séjourna en Grèce et Turquie) et la salle des héros. Les fresques de Hohenschwangau, réalisées par l'artiste Moritz von Schwind, figurent toutes des scènes historiques ou mythologiques : Lohengrin bien sûr, mais aussi Parsifal ou les Nibelungen. Le compositeur Richard Wagner a séjourné au château et vous verrez son buste dans une antichambre. Tous les étés de sa jeunesse, Louis II y venait en compagnie de ses parents et de son frère cadet Othon (Otto en allemand). Amoureux de cet endroit magique cerné par la forêt et qui domine les lacs *Alpsee* et *Schwansee*, il ne l'oublia jamais et choisit cet endroit pour y réaliser, juste en face du château de son père, son rêve, Neuschwanstein. D'ailleurs, dans la chambre qu'il occupait, on peut observer une longue-vue, braquée vers Neuschwanstein : tous les jours, Louis regardait par l'oculaire pour suivre l'avancement des travaux. Si l'on associe Louis II aux châteaux de Neuschwanstein, Linderhof et Herrenchiemsee, c'est pourtant à Hohenschwangau qu'il a passé le plus de temps.

▸ Si vous ne faites pas la visite guidée, ne manquez pas le charmant jardin au pied du château, accessible à tout le monde : agrémenté de jolies fontaines, il offre aussi de superbes points de vue sur les environs.

TEGELBERGBAHN

Tegelbergstraße 33
✆ +49 8362 98360
www.tegelbergbahn.de
Été : de 9h à 17h. Hiver : de 9h à 16h30. Trajet simple : 18,50 €. Tarifs familles également.

Ce téléphérique, qui existe depuis 1968 (les deux cabines datent, elles, de 2021), permet d'accéder au Tegelberg. En quatre minutes chrono, vous passerez de 830 à 1 730 mètres d'altitude, tout en admirant les montagnes et le château de Neuschwanstein. La vue est à couper le souffle ! Arrivé là-haut, on peut prendre un en-cas ou une boisson dans le Tegelhaus après avoir fait le petit tour de 40 minutes appelé Königsrunde car le roi Max et la reine Marie aimaient venir s'y promener. Les plus expérimentés pourront faire l'ascension du sommet Branderschrofen.

HOTEL MÜLLER €€

Alpseestraße 16
✆ +49 8362 81990
www.hotel-mueller.de
Chambre double à partir de 165 €, petit déjeuner inclus.

Situé au pied des châteaux royaux, à quelques pas du merveilleux lac Alpsee, l'Hotel Müller jouit d'un emplacement phénoménal : à mi-chemin entre Neuschwanstein et Hohenschwangau. C'est une bonne adresse pour plonger dans l'univers fascinant de Louis II de Bavière, et un très bon point de départ pour une randonnée (circuit en boucle) de 15 km via l'Autriche (Schluxen) et Füssen (Ziegelwies et la chute de Lech). Les chambres sont confortables et certaines disposent d'un balcon avec vue (fantastique naturellement quand il donne sur le versant des montagnes !).

DAS RÜBEZAHL €€€

Am Ehberg 31
✆ +49 8362 8888
www.hotelruebezahl.de
Chambres à partir de 350 €, petit déjeuner inclus. Spa, piscine et sauna avec vue panoramique.

Entouré de verts pâturages, cet hôtel 4 étoiles dispose d'une vue panoramique fantastique et inestimable sur les deux châteaux et les Alpes. Les chambres, charmantes et confortables, sont aménagées de façon individuelle, dans un style qui adapte la tradition à la modernité. Le vrai plus de cet hôtel est son espace wellness et spa. On ne se lassera pas de se prélasser dans le bain bouillonnant en contemplant les contreforts des Alpes ou de faire bronzette sur la terrasse, un cocktail à la main. La piscine extérieure est chauffée toute l'année.

SCHLOSS NEUSCHWANSTEIN ★★★★

Neuschwansteinstraße 20 ✆ +49 8362 930830
www.hohenschwangau.de

Visite guidée uniquement. Plein tarif : 17,50 €. Possible réservation en ligne (supplément de 2,50 €).

Vous le voyez déjà de loin : blanc, comme le cygne et comme la montagne qui l'entoure, avec ses tourelles et son style complètement novateur, tout simplement splendide ! Le château de Neuschwanstein a été édifié entre 1869 et 1886. Louis II avait décidé, en entamant sa construction, d'y réaliser tous ses rêves les plus fous. Il voulait en faire un haut lieu sacré, inaccessible et protecteur, son refuge terrestre en quelque sorte. Il souhaitait également que cet endroit lui appartienne à lui et à lui seul. Ainsi avait-il ordonné qu'à sa mort, le château soit détruit afin de ne pas être exposé au regard profane. Le plus grand regret de Louis II : que Richard Wagner n'ait jamais pu venir faire vivre son palais de sa musique. En effet, les travaux du château n'ont jamais pu être terminés. En 1886, l'année de la mort de Louis II de Bavière, seulement un tiers des pièces était terminé. La réalisation de ce rêve un peu fou a été confiée aux architectes munichois Dollmann et Riedel. Les plans de Neuschwanstein s'inspirent des forteresses médiévales, avec porte d'entrée, donjon, logis royal, etc. Aujourd'hui, le château de Neuschwanstein compte parmi les sites les plus visités en Allemagne, et il attire plus d'1,5 million de touristes par an.

▶ Une fois à l'intérieur, le ravissement commence. Quel contraste avec l'extérieur sobre et blanc ! En effet, tout y est couleurs, harmonie et ornements. Seuls les 3e et 4e étages peuvent être visités. Au troisième, le hall d'entrée en forme de trapèze avec sa voûte qui le surplombe. Le sol y est recouvert d'une superbe mosaïque constituée de plus de 2 millions de pièces représentant les règnes animal et végétal. Entièrement dédié à l'œuvre wagnérienne, le château regorge d'allusions au travail de cet immense compositeur que fut Richard Wagner. Les fresques de la salle à manger ainsi que le cabinet de travail représentent la légende de Tannhäuser, les peintures de la **chambre à coucher du roi** sont un hommage à Tristan et Iseult tandis que le grand salon immortalise l'épopée de Lohengrin, le chevalier au cygne. Wagner est omniprésent dans toute cette splendeur de dorures. Point fort de la visite : la **salle du trône**, hommage à Parsifal avec sa peinture en trompe-l'œil qui représente une forêt, derrière les voûtes. La salle est en marbre, le sol en mosaïque et l'ambiance byzantine avec ses palmiers peints sur les murs. Ne cherchez pas de trône dans la salle du trône, celui-ci n'a jamais été construit. Le boudoir avec sa grotte artificielle et ses stalactites qui en font un véritable décor d'opéra, un brin kitsch mais plaisant. A l'étage supérieur se trouve la **salle des chanteurs**, dont le style est emprunté à la Wartburg d'Eisenach, une forteresse qui fascinait Louis II, féru d'architecture médiévale. La visite s'achève par les cuisines et c'est aussi là que se sont achevés les travaux de construction… Avant de sortir, on accède à un balcon avec une vue phénoménale sur le lac Alpsee et sur le château de Hohenschwangau, en contrebas.

▶ Si votre budget ne vous permet pas de visiter les deux châteaux, vous pouvez sans aucun remord privilégier Neuschwanstein, dont la décoration intérieure est plus riche encore que celle de Hohenschwangau… Les salles du château de Neuschwanstein sont actuellement en rénovation, mais restent ouvertes au public. Il convient aussi de préciser qu'il n'est pas possible de faire des photos à l'intérieur et que la visite est un peu expéditive.

Schloss Neuschwanstein.

HOTEL KÖNIG LUDWIG €€€

Kreuzweg 15
+49 8362 889 0
www.koenig-ludwig-hotel.de
Chambre double à partir de 378 €, suite à partir de 478 €, petit déjeuner inclus.

L'Hotel König Ludwig est un hôtel de grand standing, entièrement dédié au bien-être, avec de larges espaces sport et spa et une vue panoramique absolument incroyable sur les Alpes. Un environnement extrêmement luxueux pour un séjour «royal». Information importante : l'hôtel affiche «adults only», donc il n'y a pas de résidents de moins de 14 ans. Le centre de fitness propose des entraînements et des cours de yoga. Offres de massages. Possibilité de louer des vélos. Les prix comprennent le petit-déjeuner et la demi-pension (c'est-à-dire un menu de 5 plats le soir).

SCHLOSSBRAUHAUS SCHWANGAU €

Gipsmühlweg 5
+49 8362 9264680
www.schlossbrauhaus.de
Ouvert tous les jours, de 10h à 22h. Plats à partir de 15,90 €.

Brasserie dans l'ancienne maison de cure à l'entrée du village, avec plusieurs salles, d'un intérieur moderne et simple à un décor traditionnel et rustique, ainsi qu'un bar souterrain et une grande terrasse. Depuis celle-ci, la vue sur les montagnes est agréablement dégagée ! Un cadre très vert pour manger des spécialités culinaires de l'Allgäu : par exemple les Kässpätzle, simples mais assez copieux pour remplir la panse. La bière est brassée sur place.

CAFÉ GERLINDE

Forggenseestraße 85
+49 8362 8233
www.pension-gerlinde.de
Café ouvert de 11h30 à 22h les mardis, mercredis, vendredis, samedis et dimanches. Fermé les lundis et jeudis.

Situé à quelques mètres du Forggensee (lac artificiel aménagé en 1954), cet agréable café niché dans une maisonnette (avec pension) offre une très bonne sélection de gâteaux et de tartes maison. Vers 16h ou 17h, c'est traditionnellement en Allemagne l'heure du «Kaffee und Kuchen», avec des gâteaux à la crème, copieux et gourmands. Le midi et le soir, il y a également quelques petits plats. Gerlinde, c'est aussi une pension avec 6 chambres (simples et confortables) : ses hôtes connaîtront bien le café car c'est aussi la salle des petits-déjeuners.

KÖNIGLICHE KRISTALL-THERME SCHWANGAU

Am Ehberg 16
+49 8362 819630
www.kristalltherme-schwangau.de
Ouvert du dimanche au jeudi 9h-2h, le vendredi et le samedi jusqu'à 2h. 18 € les 2h, 26 € les 4h, 33,50 € la journée.

Un lieu de détente, avec piscine et spa, entouré de verts pâturages, avec vue panoramique sur les Alpes et Neuschwanstein. Kristall-Therme offre une gamme de piscines d'eau salée et de soude. Après une journée sportive à la montagne, on pourra venir se relaxer ici. Six piscines thermales différentes avec des températures comprises entre 32 et 36 °C vous attendent. Cinq saunas et un bain de vapeur de 50 à 100 °C sont à la disposition des amateurs.

KEMPTEN

Kempten fut mentionné pour la première fois par le géographe et historien grec Strabon (d'env. 63 av. J.-C. à 23 apr. J.-C.), sous le nom *Kambodounon*. L'histoire de Kempten remonte donc à plus de 2 000 ans, et remonte à l'époque avant la colonisation des Romains. Son nom romain, *Cambodonum*, signifie « château fort ou cité au coude de la rivière ». Située à environ 45 km de la frontière autrichienne et à 65 km au nord-est du lac de Constance, la ville compte aujourd'hui 70 000 habitants. Deux des sites les plus remarquables et à ne pas manquer sont le parc archéologique de Cambodunum (APC) et les salles d'apparat de l'ancienne résidence des princes-abbés de Kempten.

PARC ARCHÉOLOGIQUE DE CAMBODUNUM

Cambodunumweg 3
+49 831 79731
www.apc-kempten.de
Ouvert de mars au novembre, du mardi au dimanche de 10h à 17h. Plein tarif : 5 €.

Des fouilles de la ville romaine Cambodunum sont ouvertes aux visiteurs dans ce parc archéologique. Une application mobile permet d'en apprendre davantage sur le Kempten antique.

Histoire. A la période impériale, Cambodunum est l'une des plus importantes villes romaines de la province de Raetia avec Augsbourg (Augusta Vindelicorum). Kempten peut être comptée parmi les plus anciennes villes d'Allemagne, avec Trèves (Augusta Treverorum) et Cologne (Colonia Claudia Ara Agrippinensium).

RESIDENZ KEMPTEN

Residenzplatz 4-6
✆ +49 151 21325764
Visite guidée uniquement. Plein tarif : 3,50 €. Tarif réduit : 2,50 €. Ouverture très variable selon les saisons.

Avec la basilique Saint-Laurent, la résidence de Kempten constitue un témoignage impressionnant de la prospérité de la ville monastique catholique au XVIIe siècle. Les princes-abbés en ont fait un palais rococo tout à fait unique dans le sud de l'Allemagne. La résidence était tout à la fois un monastère bénédictin et le siège des princes-abbés (*Fürstäbte*). Entre le sacré et le profane, la salle des princes, avec ses stucs muraux, et les salles d'apparat, avec leur décor rococo absolument remarquable, sont un régal pour les yeux.

DER FÜRSTENHOF €€

Rathausplatz 8
✆ +49 831 2536 0
www.fuerstenhof-kempten.de
Chambre individuelle à partir de 59 €, chambre double à partir de 79 €, petit déjeuner inclus.

Situé en plein centre de Kempten, l'hôtel Fürstenhof, mentionné pour la première fois en 1187, est un très bon point de départ pour découvrir la ville. Le mobilier n'est pas de toute dernière génération, il évoque davantage un intérieur anglais un peu rétro, ce qui lui confère un certain charme. Toutes les chambres sont équipées d'une baignoire, de toilettes, d'une ligne téléphonique directe et de la télévision par câble. Elles disposent en outre d'un accès wifi gratuit. Places de parking gratuites à l'extérieur et 13 places dans le garage souterrain.

RESTAURANT SCHALANDER €€

Fischersteige 9 ✆ +49 831 16866
www.schalander-kempten.de
Cuisine ouverte du mardi au samedi de 11h à 22h. Fermé lundi, dimanche et jours fériés.

Le Schlander est un restaurant sympathique avec terrasse au soleil dans la zone piétonne de Kempten. Toujours une bonne adresse pour déjeuner, dîner ou pour faire une petite pause pendant le shopping. La cuisine privilégie les produits frais, régionaux et de saison, la plupart venant du marché qui se tient deux fois par semaine à Kempten. Contrairement à un grand nombre de restaurants bavarois qui pratiquent le service en continu, la cuisine du Schlander est ouverte le midi et le soir, mais fermée l'après-midi. Spécialités de l'Allgäu.

DAS FLAX - ALLGÄU €

Schlosserstraße 4
✆ +49 8374 4454444
www.dasflaxhotels.com
Chambre double à partir de 65 €.

© OLIVERFLORIAN.COM

Besoin d'un lit douillet pour la nuit ? Cet hôtel moderne propose quatre catégories de chambres simples et bien tenues. Propres, lumineuses et suffisamment spacieuses, elles offrent le confort idéal pour une petite escale ou une soirée étape. Les petits-déjeuners, servis chaque matin, sont copieux et le choix est varié. Vous trouverez également un bar, une table de billard ou encore un jeu de fléchettes et un sauna. Personnel très sympathique et compétent pour un bon rapport qualité-prix. Les voyageurs véhiculés trouveront des places de parking gratuites.

SISSI ZUCKERBÄCKEREI & CAFÉ

Rathausplatz 13
✆ +49 831 69 71 56 95
www.sissi-kempten.de
Ouvert tous les jours de 9h à 18h. Fermé les jours fériées. Petit-déj à partir de 6,20 €.

Bonne sélection de petits déjeuners et de plats du jour dans ce café nommé d'après la célèbre Bavaroise et impératrice d'Autriche Sissi. L'intérieur ne fait pas l'économie du kitsch : sol rose bonbon, mobilier blanc et rose, faux lustres et décoration abondante d'objets plus sirupeux les uns que les autres. Toujours dans le registre de la mièvrerie, le petit-déjeuner pour deux s'appelle Sissi & Franz... A la carte sinon : Kaiserschmarrn, flammekueches, gâteaux maison.

PASSEPORT

EST DE LA BAVIÈRE

Dans la partie est de la Bavière, les visiteurs internationaux se contentent bien souvent de sillonner les ruelles pavées de la belle cité médiévale de Ratisbonne avant d'arpenter les marches du Walhalla, le fascinant panthéon des grands hommes de langue allemande. Mais rarement les touristes s'aventurent au-delà des sentiers battus. Les randonneurs allemands connaissent mieux l'est de la Bavière, région qu'ils apprécient particulièrement pour les chemins de randonnée qu'offre la forêt bavaroise. Cette forêt, considérée dans son ensemble avec la forêt de Bohême (l'autre partie du massif, côté tchèque), forme l'une des plus grandes régions boisées d'Europe. Les curieux y trouveront peu de paysages spectaculaires, mais une nature intacte, prodigieusement préservée des activités humaines. Une partie de la forêt bavaroise est même interdite d'accès au public afin de la préserver des effets nocifs que peut avoir le tourisme de masse.

FÜRTH
NUREMBERG
VERS WEIDEN
AMBERG
Schwabach
SCHWANDORF
NEUMARKT
VERS WOLFRAMS-ESCHENBACH
Regenstauf
Weißenburg In Bayern
RATISBONNE
RIEDENBURG
KELHEIM
EICHSTÄTT
STRAUBING
INGOLSTADT
NEUBURG AN DER DONAU
VERS DONAUWÖRTH
AMBACH
Dingolfing
Pfaffenhofen An Der Ilm
LANDSHUT
FREISING
AUGSBOURG
Rott
ERDING
Königsbrunn
DACHAU
Waldkraiburg
MUNICH
WÖRTHSEE
Landsberg Am Lech
HERRSCHING
STARNBERG
ANDECHS
DIESSEN
POSSENHOFEN
Traunreut
TUTZING
AMMERLAND
PRIEN AM CHIEMSEE
BERNRIED
Geretsried
Rosenheim
VERS LINDENBERG
SEESHAUPT
ÜBERSEE
BAD TÖLZ
Isar
BAD WIESSEE
TEGERNSEE
STEINGADEN
MURNAU AM STAFFELSEE
GROSSWEIL
ROTTACH-EGERN
SCHWANGAU
OBERAMMERGAU
BERG
ETTAL
WALCHENSEE
Kufstein
GARMISCH-PARTENKIRCHEN
VERS FÜSSEN
MITTENWALD

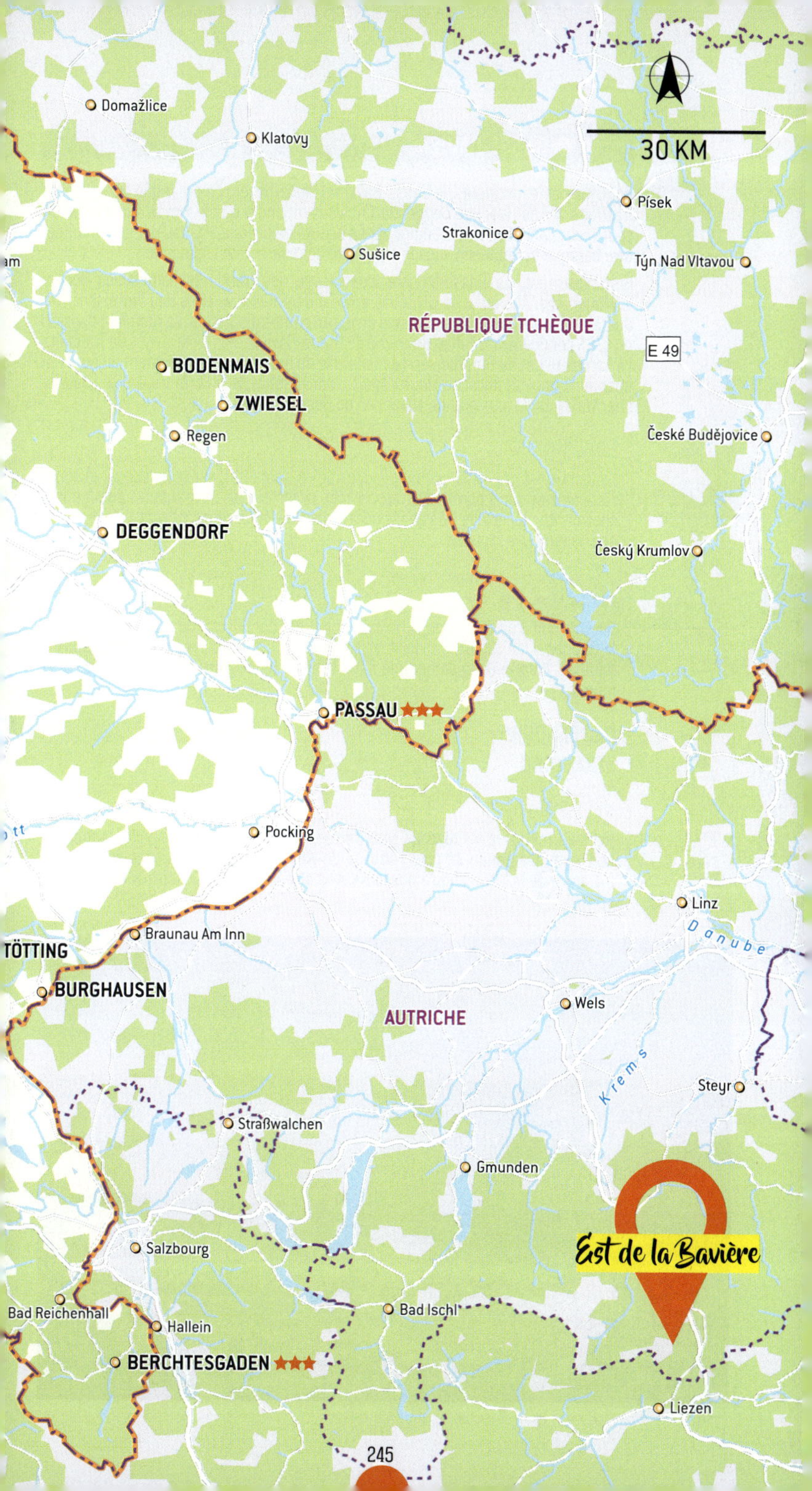

30 KM
Domažlice
Klatovy
Písek
Strakonice
Sušice
Týn Nad Vltavou
RÉPUBLIQUE TCHÈQUE
E 49
BODENMAIS
ZWIESEL
Regen
České Budějovice
DEGGENDORF
Český Krumlov
PASSAU ★★★
Pocking
Linz
Danube
Braunau Am Inn
TÖTTING
BURGHAUSEN
Wels
AUTRICHE
Krems
Steyr
Straßwalchen
Gmunden
Salzbourg
Est de la Bavière
Bad Ischl
Bad Reichenhall
Hallein
BERCHTESGADEN ★★★
Liezen

PAGES

●● BASSE-BAVIÈRE

248

Négligée par les touristes, la Basse-Bavière (Niederbayern) ne manque aucunement d'attraits. S'il est vrai que Deggendorf ne vous retiendra que le temps d'une visite de courtoisie, Landshut vous séduira par sa beauté médiévale, Passau par son architecture baroque et Kehlheim vous initiera à l'histoire de l'unité allemande.

Historiquement, La Basse-Bavière existe avec des frontières semblables depuis le Moyen Âge. À la suite de divisions entre différentes branches des Wittelsbach, le duché de Bavière a été plusieurs fois divisé en entités distinctes. La première division en 1255 conduit à la création du duché de Basse-Bavière. Les forteresses de Trausnitz (à Landshut) et de Burghausen (dans la ville du même nom) témoignent aujourd'hui encore du pouvoir ducal au Moyen Âge. Le parc naturel de la Forêt bavaroise (Bayrischer Wald) est la plus grande attraction de Basse-Bavière.

LANDSHUT ★

248

Landshut est une belle cité médiévale sur les bords de l'Isar qui a conservé son caractère et son charme. Sur son rocher, la forteresse de Trausnitz domine la charmante vieille-ville où l'on prendra plaisir à s'émerveiller devant la diversité de couleurs des façades.

PASSAU ★★★

250

Passau jouit d'un cadre naturel exceptionnel, à la confluence de trois cours d'eau : le Danube, l'Inn et l'Ilz. Sa vieille-ville séduit les visiteurs avec son architecture baroque. L'orgue de la cathédrale Saint-Étienne figure parmi les plus grands du monde.

255

DEGGENDORF

256

STRAUBING

KELHEIM ★

257

Kelheim mérite la visite pour deux raisons : pour sa Befreiungshalle, symbole de l'unité allemande, et pour l'abbaye de Weltenburg, l'une des plus anciennes à brasser de la bière jusqu'à nos jours. Avis aux amateurs d'histoire et de bière !

Passau.

●● HAUT-PALATINAT

Le Haut-Palatinat (Oberpfalz) est la région la moins touristique de Bavière, attirant moins de 6 % des visiteurs. Et pourtant, Ratisbonne – sa plus grande ville – est l'une des plus belles du Land et elle figure toujours en tête des villes à voir en Bavière. C'est le reste du Haut-Palatinat qui peine à séduire les touristes. Les paysages variés et pittoresques du Haut-Palatinat, sans être spectaculaires, invitent à d'agréables randonnées en forêt et à la découverte de l'artisanat local, par exemple la confection du cristal à Zwiesel ou de porcelaine à Weiden. Les autres villes présentent un intérêt tout à fait mineur.

En tant que territoire, le Haut-Palatinat est né en 1329 d'une division des Wittelsbach : le Palatinat est séparé entre une ligne rhénane (l'Electorat du Palatinat, avec Heidelberg pour capitale) et une ligne bavaroise, le Haut-Palatinat.

RATISBONNE (REGENSBURG) ★★★

Accordez plusieurs jours à Ratisbonne pour prendre la température de cette ville médiévale et étudiante qui possède tant de curiosités : son impressionnante cathédrale gothique, ses ruelles étroites bordées de maisons patriciennes, son fascinant château des Thurn et Taxis et non loin, le fascinant Walhalla, le panthéon des grands hommes allemands.

EST DE LA BAVIÈRE

LANDSHUT ★

Avec ses 73 000 habitants, Landshut est la plus grande ville de Basse-Bavière et sa capitale administrative. Posée sur les bords de l'Isar, la cité a conservé tout son caractère médiéval et distille aujourd'hui un charme pittoresque hérité de son prestigieux passé de capitale des richissimes ducs de Bavière-Landshut. Sur son rocher, la forteresse de Trausnitz domine la vieille-ville où l'on prendra plaisir à s'émerveiller devant la diversité de couleurs des façades. C'est tout ce riche patrimoine artistique et architectural qu'offre Landshut.

Histoire

Le duc Louis Ier de Bavière, de la Maison Wittelsbach, en est le fondateur en 1204. Au Moyen Âge, le duché de Bavière est plusieurs fois divisé en deux ou trois petits États: celui de Bavière-Landshut est de loin le plus riche et le plus prospère. La cité devient un pôle de grande renommée dans les domaines de l'art et de l'artisanat. Pendant cet âge d'or, ses plus beaux édifices, profanes et sacrés, voient le jour : des maisons patriciennes, des églises gothiques, etc. L'église Saint-Martin (Martinskirche) est un véritable joyau du Moyen Âge et une prouesse architecturale : elle impressionna ses contemporains, non pas tant pour ses 131 mètres de hauteur, que par sa construction entièrement en briques, une innovation audacieuse sans équivalent alors au sein de la chrétienté. En 1475, Landshut sert de décor au fastueux mariage de Hedwige Jagellon et Georges le Riche.

BURG TRAUSNITZ ★

Burg Trausnitz 168
✆ +49 871 924 110
www.burg-trausnitz.de

Ouvert tous les jours de 9h à 18h d'avril à octobre et de 10h à 16h d'octobre à mars. Adulte : 5,5 €, réduit : 4,5 €.

Ce **château fort Trausnitz** - sur les hauteurs de Landshut - a vu le jour en 1204. Cependant, la résidence des Wittelsbach n'a été totalement terminée qu'au XVe siècle. De 1255 à 1503, le château a servi de résidence aux ducs de Basse-Bavière. Les arcades, quant à elles, n'ont fait leur apparition que plus tard. Parmi les monuments à visiter absolument : la *Georgskapelle*, le *Narrentreppe* ou escalier des Bouffons avec ses superbes fresques, héritées du style italien et de la commedia dell'arte et le *Hofgarten*, jardin du château où il fera bon se reposer un peu.

RATHAUS LANDSHUT

Altstadt 315
✆ +49 871 922050
www.landshut-tourismus.bayern/de

L'hôtel de ville de Landshut est fermé aux visiteurs jusqu'à nouvel ordre. Office de tourisme au rez-de-chaussée.

En face de la Stadtresidenz, l'hôtel de ville de Landshut en impose avec ses trois façades à pignon triangulaire. Si ses origines remontent au XIVe siècle, l'édifice a été remanié en 1860 selon des plans néogothiques inspirés par l'hôtel de ville de Francfort-sur-le-Main. Dans l'opulente salle d'apparat, une fresque historiciste du XIXe siècle représente les fastueuses *Noces de Landshut*, qui en 1475 ont célébré l'union entre Georges le Riche, fils du duc bavarois Louis le Riche, et Hedwig Jagellon, fille du roi polonais Casimir IV.

ALTSTADT (VIEILLE-VILLE)

Altstadt
www.landshut-tourismus.bayern

L'artère principale de la ville - une rue de 700 mètres de long - porte le nom de «Altstadt».

La vieille-ville de Landshut aligne de belles maisons à pignon triangulaire héritées du Moyen Âge et de la période baroque. Au fil de la balade, on est saisi par l'harmonie d'ensemble qui se dégage de ces façades, pourtant toutes différentes, tant par les volumes que les couleurs ou les ornementations. Le baroque, dans sa jubilation constructive, respecte avec beaucoup d'adresse les normes définies par le gothique. Depuis 1998, la Altstadt de Landshut est une zone piétonne, prisée des flâneurs et des amateurs de lèche-vitrine.

ST. MARTINSKIRCHE

Kirchgasse 232
✆ +49 871 9221 780

Église ouverte tous les jours de 7h30 à 18h30 (17h en basse saison).

L'église gothique Saint-Martin de Landshut est une réelle réussite architecturale et artistique, que l'on doit à Hans von Burghausen. Il a fallu plus d'un siècle pour qu'elle soit achevée puisque les travaux ont débuté en 1389 pour s'achever en 1500. L'extérieur, marqué par la brique rouge, dissimule un intérieur très lumineux. La *Stirnseite Madonna* est signée Hans Leinberger en 1518 et le crucifix date quant à lui de 1475. Les stalles, ces sièges réservés au clergé qui se trouvent de chaque côté du chœur de l'église, datent de 1500.

STADTRESIDENZ LANDSHUT

Altstadt 79
✆ +49 871 25142
www.schloesser.bayern.de
La résidence ne peut être visitée en raison de travaux.

Magnifique ensemble architectural, ce palais résidentiel a été bâti entre 1536 et 1543 par le duc Louis X. Il a fait sensation à son époque puisqu'il s'agissait du premier édifice de style italien en Allemagne ! La *Stadtresidenz* présente de très belles pièces comme les armoiries de Louis X en pierre taillée. Les salles d'apparat y sont magnifiques avec leurs stucs et leurs fresques sur lesquelles figurent des représentations de la mythologie. La jolie cour peut accueillir une scène qui sert pour des concerts ou des représentations théâtrales.

DJH JUGENDHERBERGE OTTONIANUM LANDSHUT €

Richard Schirrman-Weg 6
✆ +49 871 234 49
www.landshut.jugendherberge.de
À partir de 25,80 € par nuit, petit déjeuner inclus.

L'Ottonianum est un ancien palais bourgeois et un ancien internat, qui abrite aujourd'hui l'auberge de jeunesse Landshut. Son emplacement est excellent, à proximité à la fois de la vieille ville et de la forteresse de Trausnitz. Les 98 lits de l'auberge sont répartis en chambres de un à huit lits, dont certaines sont accessibles en fauteuil roulant. Dans la cour, on peut jouer au ping-pong, au volley, au badminton. Il y a aussi une petite salle de détente.

HOTEL UND GASTHOF WADENSPANNER €€

Kirchgasse 2
✆ +49 871 932130
www.wadenspanner.de
Chambre individuelle à partir de 75 €, chambre double à 109 €, petit déjeuner inclus.

Cette auberge a une longue histoire qui remonte au XVIIe siècle, à 1696 pour être précis. Pourtant, il ne reste rien de l'ancien bâtiment, dévasté à la fin des années 1970 par un incendie accidentel. Reconstruit peu après, cet hôtel-restaurant, qui offre 23 chambres confortables au style campagnard, est toujours en possession de la famille Wadenspanner. Assez excentré, il conviendra aux voyageurs qui se déplacent en voiture plus qu'à ceux qui s'en remettent aux transports en commun.

NOCES DE LANDSHUT

En novembre 1475, la fine fleur du Saint-Empire est invitée à Landshut pour célébrer le mariage de Georges (Georg) et d'Edwige (Jadwiga/Hedwig). Il est l'héritier du duché de Bavière-Landshut, elle est la fille du roi de Pologne. Leur union s'accompagne d'une semaine de festivités, de tournois, de bals, de banquets, dans la tradition des idéaux courtois et chevaleresques du Moyen Âge. C'est une mise en scène de puissance et d'opulence, destinée à impressionner les contemporains et montrer la grandeur des ducs de Bavière-Landshut. L'empereur Frédéric III de Habsbourg est présent. Les jeunes mariés échangent leurs vœux dans la Martinskirche, puis le cortège traverse la ville jusqu'à l'Hôtel de Ville où l'empereur accompagne Edwige pour la ronde nuptiale. On rapporte que près de 9 000 invités ont partagé ce moment de fête dans les rues de Landshut. Pour une ville qui compte alors 7 000 habitants, c'est un record. Il faut s'imaginer le son des fanfares et des timbaliers, la profusion d'étoffes luxueuses et colorées dans les rues en liesse, l'abondance de produits coûteux dans les assiettes (miel, écrevisses...). Ces noces de Landshut furent si fastueuses que leur souvenir a traversé les siècles. À la fin du XIXe siècle, quand l'Hôtel de Ville est rénové, c'est le récit que l'on choisit pour tapisser la salle d'apparat. En 1903, une centaine d'habitants décident de le rejouer en costumes. Tous les dix ans, les habitants de la ville reconstituent les noces de Landshut pour le plus grand plaisir des visiteurs.

ROMANTIKHOTEL FÜRSTENHOF €€

Stethaimer Straße 3 ✆ +49 871925 50
www.hotel-fuerstenhof-landshut.de
Chambre double entre 125 et 150 € et suite 185 €. Petit déjeuner inclus.

Tenu par un couple, Simone et André Greul, cet hôtel 3-étoiles mérite son qualificatif de romantique pour tout le charme dont il est imprégné. Pour tous les adorateurs d'art nouveau, cette villa saura les combler à satiété : n'hésitez surtout pas à demander la « suite céramique », qui fut spécialement décorée par les étudiants de l'école de céramique de la localité ! Une façon de rendre le séjour encore plus inoubliable et plaisant. L'hôtel dispose de son propre restaurant, dont le chef n'est autre qu'André Greul lui-même. Une excellente adresse à Landshut.

STADTHOTEL HERZOG LUDWIG €€

Neustadt 519 ✆ +49 871 974050
www.stadthotel-herzog-ludwig.de
Chambre individuelle à partir de 73 €, chambre double de 97 €, suite de 160 €, petit déjeuner inclus.

Réaménagé en 2004, ce petit hôtel avec une façade d'un jaune pâle est situé dans une belle maison du XVe siècle au cœur de la vielle ville de Landshut, sur la belle rue qu'on appelle Neustadt. L'hôtel séduit par ses chambres agréables, d'un design très classique. Les chambres sont équipées de téléphone, d'un minibar, d'un coffre-fort (adapté aux ordinateurs portables), d'un téléviseur, et d'un bureau. La salle de bains privée est équipée d'une douche, de shampooing/gel douche, de WC, d'un sèche-cheveux. Bon rapport qualité-prix.

ARAN

Altstadt 29
✆ +49 871 2764785
www.aran.coop
Ouvert du lundi au samedi de 8h à 18h, le dimanche de 9h à 17h.

Cette petite chaîne de cafés-boulangeries, avec une douzaine de filiales en Bavière et en Allemagne du Sud (il y en a aussi à Munich, Rosenheim, etc.), dédiée au pain et au café, offre une bonne sélection de pains en tranches, garnis avec des pâtes à tartiner savoureuses. Rien que la voûte gothique de l'Aran Kronprinz Haus mérite une visite ! Et puisque vous vous posiez la question : Aran, c'est le nom que les Vikings donnaient à leur pain, et c'est le nom que l'on a réutilisé dans cette boulangerie où l'on fait le pain avec du levain naturel.

CAFÉ BELSTNER

Altstadt 295
✆ +49 871 22190
www.cafe-belstner.de
Ouvert du lundi au samedi de 9h à 18h, les dimanches et jours fériés de 12h30 à 18h.

C'est une adresse à ne pas manquer pour tous les gourmands. Une très jolie pâtisserie qui fait aussi café. Impossible des résister aux délices faits maison selon des recettes traditionnelles. La sélection des gâteaux, tartes, viennoiseries et chocolats est énorme, et les spécialités de café ne manquent pas. L'intérieur a quelqu'un chose d'un café viennois ou d'un salon de thé de princesse, mais cette décoration date de 2011 ! Un choix de mobilier qui rappelle la longue tradition de ce café-pâtisserie puisqu'il existe depuis 1886.

PASSAU ★★★

Le Danube achève ici son parcours allemand après 647 km. Passau figure parmi les joyaux de la partie orientale de la Bavière. Elle compte environ 50 000 habitants et se situe à la frontière avec l'Autriche. Presqu'île au confluent du Danube, de l'Inn et de l'Ilz, elle apparaît comme une cité magnifique, riche d'histoire et de culture (elle possède environ 36 églises). L'été, elle grouille de monde. Les terrasses et les fleurs s'insinuent dans le moindre recoin. Ses petites ruelles tortueuses et pavées reprennent vie. Comme Ratisbonne (Regensburg), la ville possède un parfum d'Italie. Et pour cause, la population ayant été décimée de moitié pendant la guerre de Trente Ans, ce sont des architectes italiens qui ont débarqué à la rescousse et ont reconstruit toute la ville dans un style baroque, avec des façades pastel.

Histoire

Passau a été fondée par les Celtes, puis les Romains la choisissent pour y installer des forts. Passau est sur la route des croisés, vers Jérusalem. En 739, elle devient un évêché et en 1217 elle s'illustre comme le siège du plus grand diocèse de Germanie qui, à cette époque, comprenait tous les territoires jusqu'à Vienne, la capitale de l'Autriche. La ville s'épanouit grâce au commerce du sel en provenance de Salzburg. La cité était très chère aux yeux du célèbre linguiste et homme politique allemand Wilhelm von Humboldt (1767-1835) qui la considérait comme une des plus belles villes du monde, tout comme Napoléon qui voyait en elle la plus belle des cités d'Allemagne.

Passau.

ALTES RATHAUS PASSAU

Rathausplatz 2
✆ +49 851 3960
www.passau.de
Accès au bâtiment du lundi au mercredi de 8h à 16h, jeudi de 8h à 17h, vendredi de 8h à 12h. Entrée : 2 €.

Cet édifice aux couleurs éclatantes a été construit en 1399. C'est l'ancien hôtel de ville de Passau. Les fresques autour des belles fenêtres gothiques ont été refaites en 1922 et elles représentant l'empereur Louis IV (un Bavarois !) et quatre portes-drapeaux. Sa magnifique tour, elle, n'a été érigée qu'en 1892. Elle abrite le carillon de la ville qui sonne assez souvent dans la journée. Autre curiosité : à l'extérieur, sur le mur, des graduations indiquent le niveau des eaux lors des grandes crues qui ont inondé la ville de Passau.

DIÖZESANMUSEUM (MUSÉE DIOCÉSAIN)

Residenzplatz 8 ✆ +49 851 393 3330
www.bistum-passau.de
Ouvert de mai à octobre, tous les jours sauf les dimanches et jours fériés de 10h à 16h. Entrée : 2,50 €.

Le Musée diocésain se trouve dans la magnifique Neue Bischofsresidenz, la nouvelle résidence des évêques édifiée entre 1712 et 1730 par le prince-évêque Johan Philipp von Lamberg. En bas, son escalier hélicoïdal signé Giovanni Battista Carlone, des tableaux et de nombreux objets d'art allant du style roman au style baroque en passant par le gothique. A l'étage, l'ancienne bibliothèque épiscopale renfermant les plus beaux ouvrages est aussi ouverte aux visiteurs.

FONTAINE DES WITTELSBACH

Residenzplatz
La fontaine des Wittelsbach se trouve sur la Residenzplatz, entourée de demeures baroques.

Cette magnifique fontaine des Wittelsbach (Wittelsbacher Brunnen en allemand) a été inaugurée en 1903 pour commémorer le centenaire du rattachement de Passau à l'Electorat de Bavière (qui allait devenir un royaume peu de temps après). La fontaine a été réalisée par l'artiste munichois Jakob Bradl. Elle est dominée par la patronne de la Bavière, la Vierge Marie. Les trois autres sculptures représentent le Danube, l'Inn et l'Ilz, les trois cours d'eau qui se retrouvent à Passau, la bien nommée « ville des trois fleuves » (Dreiflüssestadt).

DOM ST. STEPHAN (CATHÉDRALE SAINT-ÉTIENNE)

Domplatz
✆ +49 851 393 1311
www.bistum-passau.de
En haute saison, la cathédrale est ouverte tous les jours de 6h30 à 18h.

Cette splendide et gigantesque cathédrale baroque, reconstruite sur une base gothique (encore visible à l'extérieur dans la partie est de l'édifice), a été édifiée entre 1668 et 1693, suite à l'incendie de 1662 qui a ravagé la ville de Passau. Reconnaissable de très loin grâce à son toit vert si particulier qui semble dominer la cité entière, sa grandeur nous rappelle la puissance de la principauté épiscopale de Passau dans le Saint-Empire romain germanique. Elle est aujourd'hui encore le siège du diocèse de Passau. Cette cathédrale Saint-Étienne, dans son apparence actuelle, est l'œuvre de l'architecte italien Carlo Lurago, qui l'a remaniée selon le style baroque, conservé intact jusqu'à aujourd'hui. A l'intérieur, la décoration est entièrement baroque. Les fresques au plafond de la cathédrale ont été inspirées d'une célèbre œuvre de Rubens : *Le Triomphe de l'Eucharistie,* conservée au Louvre. Le maître-autel, lui, date d'après-guerre et représente le martyre de saint Étienne, lapidé au Ier siècle de notre ère ; lapidation à laquelle fait écho la fresque au-dessus du chœur. Avec son intérieur blanc et lumineux, ses immenses voûtes, et ses nombreuses statues en stuc, elle est tout simplement somptueuse, pleine de grâce et d'harmonie. Ce qui a aussi fait la renommée internationale de la cathédrale Saint-Étienne de Passau, c'est son orgue, le plus grand du monde à sa construction en 1929, avec 208 registres, dont 4 carillons et 17 774 tuyaux.

GLASMUSEUM

Schrottgasse 2
✆ +49 851 350 71
www.glasmuseum.de
Ouvert tous les jours de 9h à 17h.
Adulte : 7 €, réduit : 5 €, gratuit pour les moins de 6 ans.

Ce musée du verre contient plus de 30 000 pièces en verre et en cristal datant du milieu du XVIIe siècle jusqu'au milieu du XXe siècle. C'est la plus grande collection de verre européen au monde. Le musée se trouve à l'intérieur d'un complexe historique où se trouve aussi l'hôtel Wilder Mann. La collection est agencée par époques de 1650 à 1950. Certaines pièces ont décoré des demeures royales et des œuvres de l'art nouveau du XIXe siècle. Parmi les hôtes de marque que l'établissement a accueillis figure l'impératrice Sissi, qui y a séjourné en 1862.

ROUTE DU VERRE

+49 941 585390

www.ostbayern-tourismus.de

Située au nord-est de Munich, cette route touristique inaugurée en 1997 a pour objectif de valoriser la tradition ancestrale de l'art verrier en Allemagne, discipline aussi complexe qu'extraordinaire. Sillonnant à travers un paysage de montagnes boisées, cette route permet de combiner contemplation du paysage naturel et virée culturelle. En route, rencontrez des maîtres verriers et admirez leur travail, flânez dans de vastes jardins parmi de majestueuses sculptures en verre coloré ou encore plongez au cœur de l'histoire en visitant les musées dédiés à cet art.

VESTE OBERHAUS

Veste Oberhaus 125

+49 851 396 812

www.oberhausmuseum.de

Lundi, jeudi, vendredi 9h-17h. Samedi, dimanche, jours fériés 10h-18h. Fermeture les mardis et mercredis. 5 €.

Les évêques de Passau ont fait construire cette forteresse au XIIIe siècle pour manifester leur puissance après s'être vu accorder par l'empereur le statut de princes-évêques, c'est-à-dire le pouvoir temporel en plus du pouvoir spirituel. Petit conseil : montez à pied par le sentier pour vous rendre à la Batterie Linde d'où la vue est absolument fantastique et d'où on peut contempler la jonction du Danube, de l'Inn et de l'Ilz. Le musée retrace l'histoire de toute la région. Entre autres curiosités : des porcelaines, la vie des artisans et des commerçants…

MUSEUM MODERNER KUNST

Bräugasse 17

+49 851 383 8790

www.mmk-passau.de

Ouvert de 10h à 18h sauf le lundi, jour de fermeture. Adulte : 10 €, réduit : 7 €, gratuit pour les moins de 6 ans.

Le musée d'Art moderne de Passau - le mmK pour les intimes - se situe dans un édifice médiéval du centre de la ville. Le Museum Moderner Kunst accueille des expositions temporaires remarquables d'œuvres d'art du XXe siècle. La collection est dominée par l'œuvre du peintre et graphiste bavarois Georg Philipp Wörlen, qui compte plus de 1 500 pièces, et par de nombreuses œuvres de ses amis et des communautés d'artistes auxquelles il a appartenu. Le travail artistique de Wörlen est marqué par des influences expressionnistes et cubistes.

WALLFAHRTSKIRCHE MARIAHILF

Mariahilfberg 3

+49 851 23 56

www.mariahilf-passau.de

Ouverture du lundi au samedi 8h30-12h et 14h-17h30.

Ce monastère de style Renaissance a été édifié en 1627. Aujourd'hui encore, il fait partie des plus célèbres lieux de pèlerinage que compte la Bavière. Une fois au sommet, la vue y est somptueuse et toute la ville de Passau se révèle sous un angle nouveau, le plus beau et le plus majestueux. Pour y accéder, les pèlerins doivent monter les 321 marches. Pour la petite histoire, la coutume veut, qu'à chaque marche gravie, un « Je vous salue Marie » soit récité !

RÖMERMUSEUM [MUSÉE ROMAIN]

Lederergasse 43-45

+49 85 13 47 69

www.stadtarchaeologie.de

Ouvert du mardi au dimanche de 10h à 16h de mars à mi novembre. Adulte : 4 €, réduit : 2 €.

Installé dans un vieil édifice médiéval en face de la vieille ville de Passau sur les bords de l'Inn, ce musée romain expose les fondations du fort Boiodurum, mises au jour grâce à des fouilles archéologiques menées en 1974. Les pièces exposées s'étendent du Mésolithique jusqu'à la chute de l'Empire romain. A l'époque romaine, Passau était un « oppidum », une ville romaine fortifiée, et elle se trouvait à la frontière entre le monde romain et le monde « barbare ».

WURM & NOÉ

Höllgasse 26

+49 851 929 292

www.donauschiffahrt.eu

45-minütige Schifffahrt durch Passau. 10 €/ Person. Stündlich, zwischen 10 und 16 Uhr.

Confortablement installé sur le bateau, vous profiterez de vues inoubliables sur Passau : l'aspect italien de ses façades colorées, la cathédrale baroque St. Stephan, l'embouchure des trois fleuves que sont le Danube, l'Inn et l'Ilz avec leurs différentes couleurs, les deux forteresses que sont l'Oberhaus et le Niederhaus et le monastère Mariahilf. Des informations spécialisées en allemand sont données par des haut-parleurs à bord, tandis que vous pouvez déguster du café et des gâteaux, des boissons fraîches ou un café glacé à votre guise.

FOCUS

LA ROUTE DU VERRE

UNE ESCAPADE ORIGINALE DANS L'EST DE LA BAVIÈRE !

Située au nord-est de Munich, cette route touristique a été inaugurée en 1997 pour valoriser la tradition ancestrale de l'art verrier en Allemagne. Sillonnant à travers un paysage sublime de montagnes boisées, vous pourrez tour à tour rencontrer des maîtres verriers et admirer leur travail, flâner dans des jardins parmi de majestueuses sculptures en verre coloré, plonger au cœur de l'histoire en visitant les musées dédiés à cet art.

© M MERZ

Avec 30 000 pièces – dont 15 000 sont exposées –, le musée du verre de Passau est l'un des plus grands musées au monde regroupant autant d'œuvres produites en Europe depuis 400 ans. Et quel plus bel écrin que «la ville aux 3 rivières» pour accueillir ce musée ? Située dans l'enceinte de l'hôtel Wilder Mann au cœur du centre historique, la collection est agencée par époques de 1650 à 1950. Vous y découvrirez de magnifiques pièces raffinées ayant décoré des demeures royales mais également de nombreuses œuvres de l'art nouveau du XIXe siècle qui fut une période faste pour l'art verrier.

© M MERZ

A Viechtach, la «grange du verre» rassemble d'originales œuvres de verre gravé. Certaines sont des créations fantaisistes, d'autres représentent des scènes connues comme le Loup de Gubbio ou le Cid.

Pour un aperçu des métiers du verre, une halte à l'atelier et centre d'exposition Joska de Bodenmais s'impose. En plus de vous montrer leurs créations, les artisans verriers se feront un plaisir de vous expliquer leur métier et pourront même vous initier à leur technique. Vous pourrez aussi admirer la plus grande chope de bière au monde et d'autres objets insolites. Une promenade dans le parc attenant vous plongera dans un monde haut en couleur à travers de majestueuses sculptures en verre coloré.

© M MERZ

ROUTE DU VERRE

✆ +49 941 585390

www.ostbayern-tourismus.de

DJH JUGENDHERBERGE PASSAU €

Veste Oberhaus 125

✆ +49 851 493 780

www.passau.jugendherberge.de

A partir de 28,90 € la nuit, draps et petit-déjeuner inclus.

L'auberge de jeunesse se situe dans la forteresse de Passau. C'est un emplacement pittoresque que ce bâtiment historique juché sur une colline : soyez prêt à grimper un peu ! L'auberge de jeunesse fait partie du réseau DJH (Deutsches Jugendherbergswerk), le plus grand réseau d'auberges de jeunesse en Allemagne. Il vous faudra devenir membre pour pouvoir y séjourner. L'affiliation annuelle coûte entre 7 et 25 € selon l'âge. Prestations très correctes.

ROTEL INN €

Haissengasse 10

✆ +49 851 951 60

www.rotel-inn.de

Chambre double 70 € pour deux personnes ou 45 € pour une personne. Petit déjeuner à 8 €.

Cet hôtel possède une étrange silhouette humaine, géante et tricolore, couchée sur les bords du Danube, impossible de le louper. Pas forcément très beau, mais il y a un concept. Ambiance jeune, pour échanger sur son voyage et ses bons plans. Particularité : toutes les chambres ont la même taille, des petites capsules de 4 m sur 1,50 m, le lit occupant toute la largeur de la pièce. Les chambres peuvent être occupées par une ou deux personnes. Les toilettes et salles de bains se trouvent dans le couloir. A 100 m de la gare centrale et de la vieille ville de Passau.

HOTEL ATRIUM €€

Neue Rieser Straße 6

✆ +49 851 988 6688

www.atrium-passau.de

Chambre simple de 83 à 136 €, double de 116 à 160 € (selon catégorie).

Très bonne adresse que cet hôtel moderne, comme neuf et avec beaucoup de charme. Très propre, le service y est aussi irréprochable. Vous trouverez de petits frigos-minibars dans les chambres pour les cas de fringale nocturne et tout un espace wellness avec bain bouillonnant, sauna finlandais et bains à vapeur pour vous détendre pendant votre séjour à Passau. Réception 24h/24 dans la véranda près de la terrasse. Bar de l'hôtel ouvert tous les jours. A 10 minutes à pied du centre-ville de Passau. Central et pourtant très au vert.

HOTEL KÖNIG €€

Untere Donaulände 1

✆ +49 851 38 50

www.hotel-koenig.de

Chambre simple à partir de 111 € et double à partir de 136 € selon les saisons.

Hôtel 4-étoiles sur les bords du Danube, dans la vieille-ville de Passau, avec sauna et solarium au 1er étage pour un moment de détente. Tous les jours entre 7h et 10h, un petit déjeuner « royal » attend les hôtes de l'hôtel König (*König* signifie roi en allemand). Les chambres sont propres et assez bien aménagées, même si le choix des couleurs ne sera pas du goût de tous. Supplément de 15 € par nuit pour les chiens accompagnant leurs maîtres. Petit-déjeuner gratuit pour les étudiants de l'université de Passau qui viendraient retrouver leurs parents.

HOTEL RESIDENZ PASSAU €€

Fritz-Schäffer-Promenade 6

✆ +49 851 989020

www.residenz-passau.de

Différentes catégories de chambres doubles de 139 à 149 €, petit déjeuner inclus.

Situé sur les rives du Danube, l'hôtel Residenz Passau est un établissement 4 étoiles soigneusement rénové, construit sur les murs de fondation d'une maison de marchand, vieille de plus que 400 ans. Le très bel espace détente (accessible sur réservation et pour un supplément de 12 euros) comprend un bain bouillonnant, une douche high tech et un sanarium, une cabine qui peut au choix servir de hammam ou de sauna. On appréciera aussi le copieux petit déjeuner buffet, ajusté selon les saisons et préparé en coopération avec des producteurs locaux.

HACKLBERGER BRÄUSTÜBERL €

Braüshausplatz 7 ✆ +49 851 583 82

www.hacklberger-braeustueberl.de

Ouvert du mardi au dimanche de 10h à 22h. Plats bavarois classiques à partir de 12,90 €.

Le Hacklberger Bräustüberl est un *Gasthof* classique et une brasserie située de l'autre côté du Danube, face à la vieille ville de Passau (comptez entre 20 et 25 minutes pour vous y rendre à pied). Au menu, une cuisine bavaroise saisonnale et des bières brassées maison. Mention spéciale pour le steak au poivre succulent ! Grand Biergarten pour se désaltérer avec une bière fraîche à l'ombre des châtaigniers. Grand écran dans le Biergarten pour des projections en public (foot par exemple). Saison d'ouverture du Biergarten : de mai à mi-septembre.

DIE HEILIG GEIST STIFSCHENKE €€

Heiliggeistgasse 4
✆ +49 0851 26 07
www.stiftskeller-passau.de
Fermé mercredi et jeudi. Ouvert lundi, mardi et vendredi à dimanche : 11h-23h. Plats entre 12,90 et 24,90 €.

Gasthof historique de Passau, typiquement bavarois, une décoration particulièrement jolie et pittoresque. A noter, la très charmante taverne au sous-sol et un Biergarten ombragé, superbe l'été. Réputé pour préparer les fameuses *Weisswurst*, *Bretzel*, moutarde sucrée et *Weissbier*, la Heilig Geist Stiftschenke est bien connue des habitants de Passau ! Au menu, spécialités bavaroises et autrichiennes. Côté vins, carte de blancs de la vallée de la Wachau en Autriche.

WAGNER'S €€

Braügasse 29
✆ +49 851 337300
www.wagners-restaurant.com
Horaires d'ouverture variables. Téléphoner à l'avance pour réserver. Plats principaux de 8 à 16 €.

Cuisine allemande originale et de qualité. Ambiance chic et calme sur fond de Chopin en plein centre de la vieille-ville de Passau. Le Wagner's Restaurant suit les principes de la slow-food : privilégier les produits de saison, frais et de production locale. Le restaurant veille aussi à proposer un large choix de plats végétariens et végans et à respecter les intolérances alimentaires : on pourra ainsi y trouver des plats sans lactose ou sans gluten. A l'extérieur, terrasse panoramique avec vue sur le Danube et le «Dreiländereck».

CAFÉ LOUNGE DIWAN

Nibelungenplatz 1
✆ +49 851 4903280
www.greindl-passau.de
Ouvert tous les jours de 8h à 18h et le dimanche à partir de 11h. Gâteaux et pâtisseries à gogo.

Au Café Lounge Diwan, on pourra venir savourer sa pause-café avec une belle perspective aérienne sur les toits de la ville des trois rivières, au dernier étage d'un bâtiment moderne. La décoration du café affiche des lignes contemporaines, sans un grand charme particulier, mais on appréciera le panorama sur la ville à 40 mètres de hauteur. Greindl possède deux autres cafés à Passau : le Café Greindl à proprement parler et le Café Stephans Dom, tous deux avec un design délicieusement plus rétro, mais sans la vue. A vous de choisir !

DEGGENDORF

Une petite bourgade de Basse-Bavière ni laide ni particulièrement belle. Son centre historique est séparé du Danube par une zone industrielle sans âme. Deggendorf peut toutefois servir de base pour aller visiter l'abbaye bénédictine de Metten non loin, célèbre pour son opulente bibliothèque baroque. La forêt bavaroise n'est pas loin non plus et Deggendorf en est en quelque sorte l'un des portes d'entrée. C'est une ville à taille humaine (elle compte 37 000 habitants), qui ne manque pas d'attirer à elle de nombreux touristes, en dépit de sa triste banalité.

BENEDIKTINERABTEI METTEN

Abteistraße 3
✆ +49 991 91080
www.kloster-metten.de
Visite guidée de la bibliothèque tous les jours sauf le lundi à 10h et à 15h. Plein tarif : 5 €, réduit : 4 €.

L'abbaye de Metten, à 5 km de Deggendorf, a été fondée par des moins bénédictins au VIIIe siècle. Ainsi, depuis plus de 1 200 ans, des ecclésiastes vivent ici selon les préceptes de l'ordre de saint Benoît : *ora et labora*, ce qui signifie prier et travailler. Ces moines ont participé à l'évangélisation et au défrichement des terres de la région. L'abbaye est connue pour son incroyable bibliothèque en style baroque. Riche de 35 000 livres, elle impressionne aussi par son opulente ornementation, notamment avec ses piliers-atlantes qui portent la voûte.

MUSEUMSDORF BAYERISCHER WALD

Tittling
✆ +49 8504 84 82
www.museumsdorf.com
Adulte : 7 €, réduit : 5 €, gratuit pour les enfants. Ouvert de 9h à 17h, tous les jours du printemps à fin octobre.

Cet immense musée en plein air fait voyager dans une autre époque. En effet, des maisons d'un village de toute la période du XVIe au XIXe siècle ont été reconstitués et on s'y promène en toute liberté. Il est également possible de pénétrer dans les maisons, les granges et tout le mobilier, les outils d'époque y ont été installés. On s'y croirait réellement ! Ce musée est une merveille. Différents produits y sont vendus, fabriqués selon la tradition et les recettes d'antan.

STRAUBING

Cette jolie ville de 45 000 habitants se situe au cœur de la Gäuboden, une des nombreuses régions agricoles que compte la Bavière. Il n'est pas très difficile de s'y repérer puisque son centre-ville est principalement axé autour de deux grandes places : la Theresienplatz et la Ludwigsplatz. Straubing constitue une excellente étape, tranquille et chaleureuse, entre Passau et Ratisbonne, le long du Danube.

Transports

- En **voiture**. Depuis Ratisbonne (46km), compter 40 minutes en prenant la A3.
- En **bus**. Depuis Ratisbonne, compter 1h30.

KIRCHE ST. PETER

Petersgasse 50A
✆ +49 9421 215 32
www.st-peter-straubing.de
Entrée libre. Église ouverte tous les jours du matin au soir.

Cette belle église de style roman tardif a été édifiée en 1180 sur les ruines d'un ancien site romain. Elle s'élève, austère, à l'est du centre-ville. Elle possède 2 tympans romans ainsi qu'une statue romane représentant le Christ qui date d'environ 1200 et la superbe pietà réalisée vers 1340. Dans le cimetière attenant à l'église, se trouvent la chapelle gothique, Kapelle Unserer Lieben Frau, l'Agnes-Bernauer-Kapelle avec son épitaphe de marbre rouge et la Seelenkapelle, église de l'Ame connue pour ses très belles fresques représentant la danse des morts.

BASILIKA ST. JAKOB

Pfarrplatz 11
✆ +49 9421 127 15
www.st-jakob-straubing.de
Entrée libre, en dehors des services religieux.

Cette église de la fin de la période gothique possède également des empreintes héritées du baroque, signées par les frères Asam (XVIIIe siècle). Son clocher de brique est visible de loin et il surprend avec son bulbe noir en forme de poire. A l'intérieur, la riche décoration baroque tranche avec la blancheur des piliers. Un joli ensemble hétéroclite. Les vitraux sont sans doute la partie la plus précieuse de la basilique, certains sont médiévaux, d'autres néogothiques. On attribue le croquis du vitrail de Moïse au très célèbre Albrecht Dürer.

STADTTURM

Theresienplatz 21
✆ +49 9421 9446 9199
www.straubing.de
La tour peut être visitée dans le cadre d'une visite organisée en avance par l'office de tourisme.

La tour gothique de la ville est un des premiers édifices que l'on aperçoit en arrivant à Straubing. Haute de 68 m, elle date de 1316 et incarne, aujourd'hui encore, le cœur du centre-ville. Elle était tout à la fois une tour de guet pour surveiller les ennemis et prévenir les incendies, une tour d'horloge et un clocher, en tant que première tour d'hôtel de ville, un vrai symbole de citoyenneté. Au XVIe siècle, les 5 pointes qui constituent son sommet furent rajoutées à l'édifice. Son système de cloches est toujours en activité.

Straubing.

URSULINEN KLOSTER & KIRCHE

Burggasse 40
✆ +49 9421 99 230
www.kloster.ursulinen-straubing.de

L'église et son couvent ont été construits en 1691 sur l'ordre des ursulines (*Ursulinen*), un institut de formation pour les jeunes femmes. Entre 1736 et 1741, les frères Asam, Egid Quirin et Cosmas Damian y signèrent leur toute dernière collaboration : le cloître de l'église en un harmonieux et savant mélange de baroque et de rococo avec ses sculptures, ses peintures et autres ornements lumineux. Cette église des ursulines est l'œuvre majeure du baroque à Straubing.

DAS RÖHRL €€

Theresienplatz 36
✆ +49 9421 9696 857
www.das-roehrl.de

Ouvert tous les jours de 9h à minuit.

Das Röhrl est à la fois un hôtel 3 étoiles et un restaurant de cuisine bavaroise, sur la jolie Theresienplatz. Intérieur moderne avec des peintures du paysage urbain de Straubing, qui donnent envie de partir à la découverte de la ville. Ici, la cuisine est bavaroise, saisonnière et régionale. Les bières servies sont celles de la brasserie Bräuhaus Röhrl dont les origines remontent au XVe siècle ! Les chambres de l'hôtel sont assez onéreuses, mais modernes, lumineuses et confortables, une excellente adresse pour un séjour à Straubing.

CAFÉ KRÖNNER

Theresienplatz 1
✆ +49 9421 10994
www.kroenner.de

Ouvert du lundi au vendredi de 8h30 à 18h, le samedi de 8h30 à 17h.

Café sympathique en style d'un café traditionnel viennois avec trois tartes dédiées aux personnalités célèbres de la ville : Agnes Bernauer, Carl Spitzweg et Joseph von Fraunhofer. Comme à Vienne, le café vous y sera servi dans un verre. Le café Krönner de Straubing existe depuis 1903, soit depuis plus de 115 ans, un record de longévité. En Bavière, vous trouverez d'autres cafés Krönner qui ont tous pour origine la même dynastie du café : les Krönner. Le premier café date même du XVIIIe siècle, fondé dans la petite ville de Moosburg. Une longue tradition, donc.

KELHEIM ★

Kelheim est située au confluent de l'Altmühl et du Danube. Louis Ier, duc de Bavière, dit Louis de Kelheim, y naquit et fut poignardé sur le pont de cette ville en 1231. Après cet assassinat, son successeur Othon II déplace sa résidence de Kehlheim à Landshut. Aux alentours, le Danube s'aventure alors dans ses premières gorges. Il serpente paisiblement entre les falaises blanches qui s'élèvent à plus de 100 m au-dessus de ses eaux. Kelheim est connue pour deux monuments majeurs : l'abbaye de Weltenburg, l'une des plus anciennes à continuer à brasser de la bière aujourd'hui, et la Befreiungshalle, une jolie rotonde qui célèbre le soulèvement des Allemands face à Napoléon.

BEFREIUNGSHALLE KEHLHEIM ★★

Befreiungshallestraße 3 ✆ +49 9441 682070
www.schloesser.bayern.de

Ouvert tous les jours de 9h à 18h (haute saison) ou de 10h à 16 h (basse saison). Entrée : 4,50 €.

Cette monumentale rotonde ocre dominant le Danube est un mémorial commandité par Louis Ier de Bavière. C'est l'architecte Friedrich Gärtner qui fut en charge du projet. Achevé en 1863 par Leo von Klenze selon des plans modifiés, elle célèbre les *Befreiungskriege*, les guerres de libération contre Napoléon en 1813-1815. 18 statues monumentales symbolisant autant de tribus germaniques couronnent les contreforts de la rotonde. L'intérieur n'est pas moins impressionnant alignant 34 statues de marbre blanc tenant 17 boucliers de bronze sous une coupole culminant à 58 m.

KLOSTER WELTENBURG ★★

Asamstraße 32 ✆ +49 9441 2040
www.kloster-weltenburg.de

Visitable de mi-mars à octobre. Ouvert de 8h à 19h du 1er avril au 31 octobre. Fermé les lundis et mardis.

Depuis 1050, les moines fabriquent leur bière dans cette abbaye bénédictine, bière que l'on peut déguster dans le superbe Biergarten de la Klosterschenke. La vue y est exceptionnelle et la bière, un vrai délice ! C'est d'ailleurs l'une des brasseries de monastère les plus anciennes au monde. L'édifice comprend également la Klosterkirche Weltenburg, l'église rococo du cloître qu'Egid Quirin et Cosmas Damian Asam, les deux frères maîtres en matière d'ornement de monuments religieux, ont décoré. De Kelheim, il est possible de se rendre en bateau jusqu'au monastère.

KUCHLBAUER ★★

Römerstrasse 5
✆ +49 9443 9101 50
www.kuchlbauer.de

Visite guidée de 45 minutes. Il est indispensable de s'inscrire au préalable par téléphone ou par e-mail.

Combinaison unique d'une brasserie traditionnelle et historique, cette bâtisse cache l'une des plus anciennes brasseries de Bavière ! Datant de 1499, la brasserie Kuchlbauer doit son architecture extraordinaire à l'artiste autrichien Friedensreich Hundertwasser. Lors d'une visite guidée, vous pourrez non seulement découvrir la brasserie et participer à une dégustation de bière, mais aussi admirer ce qui est la dernière construction de Friedensreich Hundertwasser. La tour Kuchlbauer, de 35 m de haut, fascine et perpétue le souvenir du regretté architecte.

BODENMAIS

Bodenmais est une petite ville tranquille qui compte environ 3 500 habitants. Située à une petite quinzaine de kilomètres au nord-ouest de Zwiesel, elle est, elle aussi, en plein cœur de la **Forêt bavaroise,** à quelques kilomètres seulement de la frontière qui sépare l'Allemagne de la République tchèque. Elle est sans aucun doute comme la ville qui accueille le plus de visiteurs dans la forêt bavaroise.

Sports / Loisirs

- Le **Silberberg**, ou montagne d'argent, culmine à 955 mètres d'altitude avec son double sommet qui se détache au-dessus de falaises. C'est sans doute la montagne la plus charismatique de la Forêt bavaroise. De nombreuses activités sportives y sont proposées et la vue sur la vallée vaut le détour. Son nom, comme on le devine, provient de l'extraction minière qui est attestée depuis au moins 1463 et qui s'achèvera 500 ans plus tard, en 1962 (en réalité en 1845, l'extraction d'argent était quasiment terminée) non sans avoir diversifié l'extraction d'autres minerais pour survivre un temps supplémentaire.
- Le **Großer Arber**, à quelques kilomètres de Bodenmais, est le sommet de la Forêt bavaroise, un lieu d'excursion apprécié des randonneurs. L'hiver, on peut venir y faire de la glisse.
- Le **Großer Arbersee** est un joli lac de la Forêt bavaroise, un lieu agréable pour une baignade ou un tour en bateau. C'est le lac le plus fréquenté de la région.

GROSSER ARBER

Arber-Bergbahn
✆ +49 9925 941 40
www.arber.de

Tarifs pour un aller ou un retour en été : 11 €, aller-retour : 14 €. Tarifs familiaux.

Situé à 1 456 mètres d'altitude, le Großer Arber est le plus haut sommet de la Forêt bavaroise et le sommet le plus haut de Bavière en dehors des Alpes. Plusieurs possibilités pour la découverte : l'escalade, la promenade en bateau. L'hiver, on peut y faire du ski. La majeure partie du Großer Arber et les zones forestières environnantes sont la propriété des princes de Hohenzollern-Sigmaringen. Dès 1949, ils ont fait aménager le premier téléphérique qui, après bien des rénovations et des modernisations, est toujours en fonction aujourd'hui.

GROSSER ARBERSEE

Arbersee
✆ +49 9925 9 41 40
www.arber.de

L'accès au lac est libre.

Ce joli lac de montagne est une destination prisée des visiteurs du *Bayerischer Wald*, la Forêt bavaroise. Ce reliquat de la dernière période glaciaire offre un paysage féerique sur une hauteur de 935 m pour une profondeur maximale de l'étendue d'eau de 16 m sur une surface équivalente à 8 ha, et qui n'attend que votre venue. Si le climat s'y prête et que le temps ne vous est pas compté, rendez-vous ensuite chez le petit frère de l'autre côté de la forêt plus au nord, le *Kleiner Arbersee*, ou au sommet du Großer Arber, non loin.

MINE DU SILBERBERG

Silberberg 28
✆ +49 99 24 304
www.silberberg-online.de

Prix normal pour la visite de 45 minutes : 8 €, enfant de 6 à 16 ans : 4 €

La mine fermée, son histoire ne pouvait qu'enjoindre à en faire une attraction grand public pour témoigner de ce que furent les grandes heures de cet ensemble minier. Si vous le pouvez et disposez de l'équipement *ad hoc*, n'hésitez aucunement à vous offrir la visite spéciale d'une durée de 2 heures qui seront autant de temps à comprendre les techniques et les conditions des mineurs d'antan sur place. Pour une visite sans encombres : bonne condition physique requise, vêtements chauds et résistants ainsi que lampe torche puissante.

ARBERSCHUTZHAUS €

Talstation Großer Arber
+49 9925 94140
www.arberschutzhaus.de
Ouvert chaque jour de 10h à 16h. Plats principaux autour de 10 €.

Entièrement rénové depuis août 2009, l'Arberschutzhaus - juché à quelque 1 358 m non loin du sommet du Großer Arber - vous offre un panorama rêvé pour admirer la Forêt bavaroise et les lacs environnants. Un chalet où la bonne ambiance et les prix modiques vous inciteront à vous y restaurer, voire à vous y reposer le cas échéant (l'endroit faisant aussi office d'hôtel, avec une quarantaine de lits pour des sommes tout à fait raisonnables). Les amateurs de *Knödel*, de choux et de lard seront ravis par les plats proposés, typiques de la cuisine bavaroise.

JOSKA BODENMAIS

Am Moosbach 1
+49 9924 7790
www.joska.com
Ouvert de 9h30 à 17h.

C'est le paradis du verre ! Pour un aperçu des métiers du verre, prévoyez une halte à l'atelier et centre d'exposition Joska de Bodenmais. En plus de vous montrer leurs créations, les artisans verriers se feront un plaisir de vous expliquer leur métier et pourront même vous initier à leur technique. Vous pourrez aussi admirer la plus grande chope de bière au monde et d'autres objets insolites. Une promenade dans le parc attenant vous plongera dans un monde haut en couleur à travers de majestueuses sculptures en verre coloré.

TREE TOP PATH

Böhmstraße 43 (Neuschönau)
+49 8558 738910
Entrée : 12 €. Ouvert de 9h30 à 19h. Compter 2h sur place.

Envie d'un bol d'air frais perché au sommet des arbres ? Au cœur de la forêt sauvage bavaroise, une promenade insolite vous attend : un parcours à la cime des arbres ! Le sentier d'accrobranche et la tour de l'œuf à Neuschönau offrent de magnifiques panoramas et un regard unique sur les mondes vivants de la forêt. Rendez-vous tout en haut de la tour d'observation (44 mètres) du Treetop Walk pour admirer les montagnes Rachel et Lusen, la mer verdoyante des forêts de Bavière et de Bohême et, par temps clair, même jusqu'à la crête principale nord des Alpes !

PARC NATIONAL DE LA FORÊT BAVAROISE

+49 941 585390

Fondé en 1970, le parc national de la forêt bavaroise est le plus grand domaine forestier protégé d'Europe centrale. Surnommé le toit vert de l'Europe, il offre des forêts sauvages à perte de vue ! Avec 300 km de sentiers balisés, 200 km de routes cyclables et 80 pistes skiables, c'est l'un des meilleurs endroits pour profiter de la nature. D'emblématiques espèces telles que l'ours brun, le loup, le bison européen ou le lynx attendent les photographes les plus patients !

© STEPHAN MODER

© TURISMUSVERBAND OSTBAYERN

EST DE LA BAVIÈRE

ZWIESEL

Située à 40 km de Passau, à la frontière tchèque, Zwiesel est également connue sous le nom de « die Glasstadt », la ville du verre. Cette industrie y est prédominante. En effet, dès 1421, la première entreprise spécialisée dans la fabrication du verre entrait en fonction. Aujourd'hui encore, ce secteur d'activités emploie plus de 2 000 personnes. En juillet 1997, le chancelier de l'époque, Helmut Kohl, a d'ailleurs inauguré la « glas Strasse » de la forêt bavaroise : la route du verre. Elle s'étend de Weiden in der Oberpfalz au nord jusqu'à Passau. De nombreuses fabriques sont ouvertes au public. On y découvre la complexité et la magnificence du métier de maître verrier.

KRISTALLGLASMANUFAKTUR THERESIENTHAL

Theresienthal 25
✆ +49 9922 5009328
www.theresienthal.de
Visite possible des ateliers du lundi au jeudi de 10h à 17h et le samedi de 10h à 14h.

Une fabrique de cristal de la ville dont la fondation remonte au début du XIXe siècle. Depuis 1836, des verriers, des coupeurs, des graveurs, des peintres et des artisans d'autres métiers spécialisés dans le verre travaillent ici à Theresienthal. Leurs connaissances et leur expérience, transmises de génération en génération, leur permettent de produire des verres de qualité. Aujourd'hui encore, les verreries de Teresienthal sont produites à la main.

GLASHOTEL €€

Hochstraße 45
✆ +49 992 285 40
www.glashotel.de
Chambre double à partir de 75 € par personne. Petit déjeuner inclus.

De l'extérieur, l'édifice paraît quelconque mais n'ayez aucune inquiétude : à l'intérieur, un ensemble propre, fonctionnel, stylé, et une équipe désireuse de rendre votre séjour agréable vous donneront toutes les raisons d'avoir effectué le bon choix. Un point de chute judicieux pour vos activités dans la région que cela soit en hiver ou en été. Restaurant et espace spa avec piscine, sauna et offres de massage. Plusieurs offres promotionnelles sur le site Internet pour des séjours de moyenne durée (entre trois et sept jours).

RIEDENBURG

La petite ville de Riedenburg ne présente en elle-même qu'un intérêt mineur, et pourtant elle a compté par le passé jusqu'à trois châteaux forts ! S'il ne reste que des ruines des forteresses de Rabenstein et de Tachenstein, on peut aujourd'hui visiter le château de Rosenburg qui accueille une fauconnerie (Falkenhof Schloss Rosenburg). En périphérie, on peut aussi découvrir la formidable forteresse de Prunn (Burg Prunn).

Transports

- En **voiture**. Le plus simple pour se rendre à Riedenburg est encore la voiture depuis Kehlheim, Ratisbonne ou Ingolstadt.

BURG PRUNN

Burg Prunn
✆ +49 9442 3323
www.burg-prunn.de
Ouvert d'avril à octobre 9h-18h tous les jours et de novembre à mars 10h-16h du mardi au dimanche. Plein tarif 6 €.

Ce superbe château-forteresse date lui aussi du Moyen Âge et, comme par miracle, il ne semble avoir pris aucune ride malgré son grand âge ! Au cœur de la forêt, perché sur le haut de sa falaise tel un funambule, la vue est absolument saisissante. Véritable prouesse architecturale, son édification ne fut sans doute pas une partie de plaisirs. Son plus ancien propriétaire lui a donné son nom, Wernherus von Prunn. Il a habité les lieux à partir de 1037, et depuis la forteresse n'a cessé de changer de propriétaire pour devenir en 1946 propriété de l'État de Bavière.

FALKENHOF SCHLOSS ROSENBURG

Schloss Rosenburg
✆ +49 9442 2752
www.falkenhofrosenburg.de
Ouvert du mardi au dimanche de 10h à 17h. Spectacles de dressage de faucons à 11h et 15h. Plein tarif 10 €, enfant 6 €.

La ville de Riedenburg compte un nombre étrangement élevé de forteresses médiévales. Celle-ci remonte au XIIe siècle. Aujourd'hui, le château de Rosenburg abrite une fauconnerie. L'été, des spectacles y sont organisés avec des représentations qui sauront séduire les petits comme les grands. Vous pourrez ainsi en apprendre davantage sur les faucons, les aigles, les vautours et les autres rapaces qui ont élu domicile dans la pittoresque cour du château.

RATISBONNE (REGENSBURG) ★★★

Regensburg, mieux connue sous le nom de Ratisbonne en français, est une ville médiévale et étudiante, une étape incontournable d'un voyage dans l'Est de la Bavière. Posée sur les rives du Danube, la ville possède 1 200 bâtiments classés monuments historiques du Moyen Âge et de la Renaissance et depuis 2006, la vieille-ville de Ratisbonne est inscrite sur la liste du patrimoine mondial de l'UNESCO. On prendra plaisir à déambuler dans son dédale de rues étroites, jalonnées de demeures colorées et de tours patriciennes. L'été, Ratisbonne regorge de terrasses agréables, installées au cœur de sites somptueux. Ville étudiante par excellence (22 700 étudiants), elle est particulièrement agréable à vivre.

Histoire

▶ **Ancien camp romain (Castra Regina) construit par Marc-Aurèle,** la ville s'est ensuite développée autour du commerce avec l'Italie au Moyen Âge, période à laquelle Ratisbonne s'inscrit parmi les grands pôles politiques, spirituels et économiques du Saint-Empire romain germanique. Ville libre de 1245 à 1810, Napoléon l'intégra au royaume de Bavière. Après l'âge d'or du Moyen Âge, Ratisbonne entame un lent déclin, ce qui explique qu'elle a conservé sa structure médiévale jusqu'à nos jours. En 1663, Ratisbonne est choisie comme lieu de la Diète Perpétuelle (une forme de parlement rassemblant les représentants des princes et villes libres de tout l'Empire). Cette institution prestigieuse a laissé étrangement peu de traces dans la ville. Aujourd'hui, Siemens et BMW sont les premiers employeurs de la ville.

Se loger

La ville de Ratisbonne figurant parmi les hauts lieux touristiques de la Bavière, de nombreuses chambres chez l'habitant sont disponibles. L'office du tourisme en possède la liste complète. Attention toutefois, le logement à l'hôtel reste particulièrement onéreux dès que l'on souhaite du 3-étoiles et plus.

Sortir

Ratisbonne est un vrai paradis, non seulement pour les personnes intéressées par l'histoire, mais également pour ceux qui adorent sortir. C'est la ville avec la plus haute densité de cafés, bars et pubs de toute la Bavière. La plus grande partie du centre historique est réservée aux piétons et aux cyclistes. Avec ses grandes places pittoresques et ses venelles pavées, la quatrième plus grande ville bavaroise est donc prédestinée à une vie en plein air. Les gens s'installent en terrasse dès les premiers rayons de soleil.

Transports

Ratisbonne (Regensburg), de par son rayonnement, a le grand avantage d'être fort bien desservi par l'ensemble des moyens de transport contemporains.

▶ **Avion.** L'aéroport de Munich est à 115 km par l'A9 et l'A 93. Un service de bus est mis à disposition. L'aéroport de Nuremberg est à 110 km par l'A3.

▶ **Train.** De/vers Munich : 1h30 de trajet. De/vers Nuremberg : 1h de trajet. De/vers Passau : 1h à 1h30 de trajet.

▶ **Voiture.** Accès par l'A3 (E56) qui relie Nuremberg à Passau et passe par Regensburg ou par l'A9 et l'A93 depuis Munich.

Balade sur le Danube à Regensburg.

LES THURN UND TAXIS

L'ascension des Thurn und Taxis. Les Thurn und Taxis furent, entre les XVe et XIXe siècles, l'une des familles les plus influentes d'Allemagne. L'ascension de la dynastie commence avec Franz von Taxis. Né en 1459 sous le nom Francesco de Tasso, cet Italien imagine le premier service postal d'Europe. Pour accélérer le transport des courriers, il conçoit un ingénieux système de relais entre Innsbruck, résidence de l'empereur, et Bruxelles, siège du gouverneur des Habsbourg. Vers 1500, il ne faut plus que 5 jours pour faire transporter une missive entre le Tyrol et les Flandres ! Pour récompenser cette idée révolutionnaire, l'empereur Maximilien Ier anoblit Francesco/Franz. En 1615, l'empereur Mathias fait de la fonction de maître des postes un titre héréditaire. Dès lors, les hommes et les femmes de la famille se transmettent ce privilège de génération en génération. Alexandrine von Taxis, directrice de la poste impériale à partir de 1628, est la première femme de la famille à occuper cette fonction.

La Diète Perpétuelle. Plusieurs générations plus tard, le prestige des Thurn und Taxis ne s'est pas atténué et ils parviennent à adopter de nouvelles formes de pouvoir. En 1748, l'empereur fait du chef de cette famille son ambassadeur permanent à la Diète Perpétuelle de Ratisbonne, l'assemblée représentative des princes et des villes d'Allemagne. La famille quitte Francfort-sur-le-Main pour s'installer à Ratisbonne, où elle fait construire un château résidentiel majestueux, resté en sa possession jusqu'à aujourd'hui.

Gloria von Thurn und Taxis. L'actuelle cheffe de la famille et résidente du château à Ratisbonne est née à Stuttgart. Elle rencontre Johannes von Thurn und Taxis dans un bar de Munich. Veuve à l'âge de 30 ans, Gloria se retrouve à gérer une fortune familiale colossale, d'environ 2 milliards d'euros. Elle se tourne vers la religion, se consacre à l'entretien du château et permet son ouverture au public. Gloria von Thurn und Taxis est connue en Allemagne pour ses déboires ainsi que pour des déclarations polémiques et des dérapages xénophobes dans la presse.

Thurn und Taxis – le jeu. L'aventure postale des Thurn und Taxis a inspiré un jeu de société qui porte leur nom. Récompensé par le *Spiel des Jahres* en 2006, le jeu *Thurn und Taxis* est depuis épuisé !

ALTES RATHAUS REGENSBURG ★

Rathausplatz 1 ✆ +49 9415 073442

Visite des salles historiques uniquement avec guide. Horaires en ligne. Plein tarif : 7,50 €. Audioguide en français.

Cet ancien hôtel de ville gothique est l'un des plus anciens d'Allemagne du Sud. Par sa taille, il témoigne de la position privilégiée de Ratisbonne dans le Saint-Empire. La tour de huit étages a été construite vers 1260 tandis que la partie ouest du bâtiment remonte elle à 1360. En 1245, la cité acquiert de l'empereur le statut de « Ville libre d'Empire » ce qui lui confère des privilèges importants : notamment le droit de tenir un conseil municipal. L'hôtel de ville s'impose alors comme le centre névralgique et politique de Ratisbonne. On y trouvait aussi les appareils de justice tels que la prison et la salle de la question (comprendre salle de torture). De 1663 à 1806, c'est dans cet hôtel de ville que se tient la Diète perpétuelle : c'est en quelque sorte l'un des premiers parlements allemands, qui rassemble princes, ecclésiastes et représentants des Villes libres d'Empire.

Aujourd'hui, il est possible de visiter les salles du 1er étage lors d'une visite guidée fort instructive. La plus belle partie est, sans aucun doute la Salle Impériale où se réunissait la Diète perpétuelle. Son plafond en bois, ses peintures en trompe-l'œil et son oriel lui donnent un véritable cachet.

Autre point fort de la visite : la salle de torture (*Fragstatt*) avec une effrayante panoplie d'objets qui font tous plus froid dans le dos les uns que les autres, notamment une chaise recouverte de pointes sur laquelle on faisait asseoir les prisonniers ou les cellules sans fenêtre où l'on ne tenait ni debout ni allongé...

BASILIKA SANKT EMMERAM ✝

Emmeramsplatz 3

✆ +49 941 51030

www.dompfarreiengemeinschaft.de

Ouvert tous les jours de 9h à 12h. Entrée libre.

Cette ancienne abbaye bénédictine remonte au Xe siècle, même si son apparence actuelle doit beaucoup au travail de réaménagement baroque des frères Asam, bâtisseurs de nombreux édifices emblématiques du baroque tardif dans toute la Bavière. On trouve à l'intérieur tout ce qu'il peut y avoir de curieux dans une église : le reliquaire d'un saint méconnu, des portraits d'évêques tombés dans l'oubli et surtout de très étranges sarcophages en verre dans lesquels reposent des saints de tissu vêtus de robes dorées et serties de pierres précieuses. Fascinant !

BRÜCKTURM-MUSEUM

Weisse-Lamm-Gasse 1
✆ +49 941 507 5889
Ouvert tous les jours de 10h à 19h, d'avril à octobre. Adulte : 2 €, réduit : 1,50 €.

L'histoire du pont de pierre (*Steinerne Brücke*) de Ratisbonne est exposée aux différents étages de la tour. L'exposition, un peu poussiéreuse et strictement en allemand, ne vous retiendra pas très longtemps. Il faut aller au tout dernier étage pour profiter du panorama qui s'offre de la tour : la vue sur la ville et sur le Danube y est exceptionnelle. On pourra observer les passants sur le pont et s'amuser à distinguer les différentes tours héritées de la période médiévale et qui façonnent encore aujourd'hui la silhouette de Ratisbonne.

DIÖZESANMUSEUM - ST ULRICH

Domplatz 2
✆ +49 941 597 2530
www.domschatz-regensburg.de
Ouvert du mardi au dimanche de 11h à 17h d'avril à octobre. Adulte : 3 €, réduit : 1,50 €.

Le musée du diocèse, installé dans la chapelle Saint-Ulrich (une jolie chapelle gothique décorée de fresques et d'ornements picturaux), abrite une très belle collection d'art sacré comprenant des peintures, des sculptures et de l'orfèvrerie du Moyen Âge jusqu'au XXIe siècle. Il y a aussi des robes de cérémonies toutes brodées d'or… Ce musée du diocèse Saint-Ulrich complète bien la collection du Domschatzmuseum, le trésor de la cathédrale, non loin d'ici.

DOMSCHATZMUSEUM ★

Krauterermarkt 3
✆ +49 941 597 2575
www.domschatz-regensburg.de
Ouvert du lundi au samedi de 11h à 17h, le dimanche et jours fériés de midi à 17h. Adulte : 3 €, réduit : 1,50 €.

Dans l'ancienne résidence des évêques de la ville, le musée du Trésor de la cathédrale expose de nombreux calices, croix, reliques, bijoux, ciboires et autres insignes pontificaux, ainsi qu'une belle collection d'orfèvreries et de textiles de toute la période entre le XIe et le XXe siècle. Des pillages et pénuries de matériaux ont fait que de nombreuses pièces ont disparu pour tout jamais. Néanmoins, les visiteurs pourront contempler de remarquables pièces telles que la croix d'Ottokar et l'autel Schaumberg qui se trouvent dans la chapelle des Douze Messagers.

DOM SANKT-PETER ★★

Domplatz
✆ +49 9415 971660
L'intérieur de la cathédrale est accessible tous les jours. Visite guidée en allemand : 8 €.

La cathédrale Saint-Pierre de Ratisbonne, de style gothique rayonnant, est le plus bel édifice de la ville. Elle est réellement impressionnante par sa taille et sa façade ouest est formidablement ornementée. Dès qu'on en a poussé la porte, les proportions se révèlent harmonieuses et ses 1 000 m² de splendides vitraux filtrent la lumière et rendent l'intérieur chaleureux et resplendissant. Les travaux de construction de la cathédrale ont débuté en 1260. Ses flèches et son fronton datent de la période 1859-1872. Les vitraux ont été dessinés entre 1220 et 1370 (il en existe quelques-uns modernes très réussis) tandis que les verrières n'ont été rajoutées qu'au XIXe siècle. La cathédrale compte de nombreuses sculptures. Deux d'entre elles se démarquent : *L'Ange au sourire* et *La Vierge de l'Annonciation* réalisée par Maître Erminold en 1280. Au centre du chœur, la statue du *Christ souffrant*. L'autel est en argent et a été réalisé par les orfèvres d'Augsbourg. Commencé en 1695, il n'a été achevé que 90 ans plus tard. Dans la nef se dresse la chaire de vérité, tout en pierre, exécutée en 1482 ; les deux cavaliers (en pierre également) qui représentent saint Martin et saint Georges se trouvent au-dessus du portail (côté ouest). Le tombeau a été construit sur l'ordre de Maximilien Ier en 1611 et ses travaux ont été confiés à Hans Krumper. Il est possible de visiter le musée du Trésor de la cathédrale.

▸ Plusieurs guides sont à la disposition des visiteurs dans la nef latérale nord et vont donneront quelques éclairages sur la cathédrale.

DREIEINIGKEITSKIRCHE

Am Ölberg 1
✆ +49 9412 2444
www.dreieinigkeitskirche.de
Entrée libre pour l'église. 2 € pour accéder à la tour nord-est. Horaires variables.

Une superbe église protestante luthérienne du XVIIe siècle, construite en pleine guerre de Trente Ans. Le plus impressionnant dans cette église, dépourvue de colonnes, c'est la galerie en bois sculpté (celle qui vous permet d'accéder à la tour). Il faut absolument se rendre dans le clocher nord-est. La montée des marches est récompensée par une vue exceptionnelle à 360°. On y voit toute la vieille-ville de Ratisbonne : ses toits rouges, ses tours médiévales et sa magnifique cathédrale gothique. Un *must*, rien que pour ce panorama.

FÜRSTLICHES SCHLOSS THURN UND TAXIS ★★

Emmeramsplatz 5 ✆ +49 941 504 8133
www.thurnundtaxis.de

Entrée avec visite guidée de 80 minutes uniquement. Audioguide en français disponible. Plein tarif : 15 €.

L'ancienne abbaye bénédictine Saint-Emmeram, l'une des plus vieilles de Bavière, en possession des Thurn und Taxis depuis 1812, et élargie et transformée en résidence princière dans le courant du XIXe siècle, est l'un des joyaux de la ville de Ratisbonne et elle est considérée comme l'un des monuments le plus importants de l'historicisme allemand. A ce jour habité par la famille Thurn und Taxis, le château, également appelé château de Saint-Emmeram, est l'un des plus grands et somptueux de toute l'Allemagne. Avec ses 500 pièces, il est censé compter plus de pièces que Buckingham Palace. Originaire du nord de l'Italie et d'extraction bourgeoise, la famille des Thurn und Taxis avait réussi à se faire un nom en créant le premier réseau postal en Europe. En raison des services rendus à l'empereur, elle a été anoblie et est devenue l'une des familles les plus illustres du Saint-Empire. Aujourd'hui, plusieurs **salles d'apparat** de style néo-rococo dans les ailes sud et est, comme le salon jaune, le salon d'argent, la salle du trône et la salle de bal à deux étages, la cage d'escalier en marbre de style néo-Renaissance et le jardin d'hiver pourront être appréciés lors de la visite guidée.

▶ La visite se poursuit avec le **cloître** roman et gothique de l'ancienne abbaye bénédictine, formidable témoignage des deux styles architecturaux qui ont façonné le Moyen Âge. Enfin, on pourra jeter un œil à la somptueuse **chapelle** funéraire des Thurn und Taxis, néogothique à souhait.

GOLFMUSEUM

Tändlergasse 3
✆ +49 941 51074
www.golfmuseum.de/

Du lundi au samedi de 10h à 18h. Au sous-sol du magasin d'antiquités Insam. Entrée autour de 17 €.

Un étonnant musée rassemblant une collection de plus de 1 200 objets du monde entier appartenant à l'historien et passionné de golf, Peter Insam. Le visiteur curieux et le golfeur émérite pourront se plonger dans l'histoire de ce jeu et découvrir des objets des plus insolites comme le plus vieux club de golf du monde, ou cette balle de golf datée du XVe siècle. Et si vous souhaitez partir avec un souvenir, pourquoi pas un objet ancien en rapport avec ce sport ? Expertise et authenticité garanties, prévoir un budget tout de même !

GOLIATHAUS

Goliathstrasse 4

Au détour des rues Goliathstrasse et Watmarkt, dans les anciennes ruelles de la ville, vous apercevrez l'ancienne maison-château Goliathhaus, de style gothique primitif. Sa façade nord représente le combat de David et Goliath, selon l'histoire de la Bible, peinture réalisée par Franz Rinner et restaurée par la suite. La maison-château Goliathhaus et sa voisine, la maison Steuer, furent érigées à la demande de familles appartenant à l'aristocratie de Ratisbonne. Sur sa façade nord, on y aperçoit David penché et qui, armé de sa fronde, va vaincre le géant Goliath.

HAIDPLATZ

Haidplatz

Cœur névralgique de Regensburg, la place Haidplatz permet aux visiteurs de s'imprégner de l'atmosphère si singulière de la ville en profitant des multiples restaurants et brasseries mis à disposition. Au Moyen Âge, avec le développement de son urbanisation, elle devient la place principale de la ville et s'entoure de multiples bâtiments médiévaux. Aujourd'hui, vous pouvez y admirer le Goldenes Kreuz, le Thon-Dittmer-Palais et la jolie fontaine Justitiabrunnen. La place bénéficie le soir venu d'animations musicales de rue et d'une effervescence urbaine.

HISTORISCHES MUSEUM REGENSBURG

Dachauplatz 2
✆ +49 941 507 2448

Ouvert du mardi au dimanche de 10h à 16h. Adulte : 5 €, réduit : 2,50 €. Famille : 10 €.

Ce musée historique couvre une très large période, de l'âge de la pierre jusqu'au Moyen Âge. Trois grandes thématiques principales dans le musée : le Haut-Palatinat à la Préhistoire (fonds archéologique), le camp de légionnaires romains Castrina Regina partie intégrante du *Limes*, et Ratisbonne au Moyen Âge. Le musée abrite également une collection d'objets d'art des XIXe et XXe siècles parmi lesquels figurent de nombreuses sculptures et peintures.

HAUS DER BAYRISCHEN GESCHICHTE ★

Donaumarkt 1
✆ +49 9415 98510
www.museum.bayern
Expo permanente : 7 €. Etudiants : gratuit. Ouvert du mardi au dimanche, 9h-18h.

Ce musée récent – il a ouvert ses portes en juin 2019 – est entièrement consacré à la Bavière et à son histoire. Son architecture ultra moderne le place résolument dans le présent et elle peut se lire comme une fenêtre sur la ville.

▶ On entre dans un **hall** gigantesque et lumineux où nous accueille un lion monumental – symbole de la Bavière – qui lève une chope de bière, affichant le logo du musée. Le ton est donné : c'est un musée du XXIe siècle, qui ne se privera pas de quelques notes d'humour. On pourra laisser de côté la vidéo de 30 minutes au rez-de-chaussée. Intitulée *Was vorher geschah* (que l'on pourrait traduire par « Dans les précédents épisodes »), elle retrace à toute vitesse l'histoire de la Bavière de l'Antiquité jusqu'au début du XIXe siècle. Malgré une technique remarquable (écran à 360°), la vidéo est plutôt bouffonne et en dialecte bavarois… Et elle n'est pas exempte de clichés. Bref, passons.

▶ A l'étage, l'**exposition permanente** est bien plus intéressante. Elle raconte la Bavière depuis la création du royaume en 1806 jusqu'à nos jours. L'exposition est pleine de modules interactifs. Parmi les objets remarquables exposés ici : la constitution bavaroise de 1818 (la *Magna Charta Bavariae*), un traîneau rococo de Louis II, orné d'une naïade couverte d'or, la couronne de la reine de Bavière, etc. Un media-guide en français bien fait pourra vous accompagner dans la visite. Vous saurez bientôt tout des aléas de l'histoire bavaroise !

NEUPFARRPLATZ

Neupfarrplatz
Place publique. Le musée au sous-sol est fermé temporairement.

Au Moyen Âge, le quartier juif de Ratisbonne se trouvait dans le cœur de la ville, et correspondait aux dimensions de la place : synagogue, mikvé, tribunal rabbinique ainsi qu'une quarantaine d'habitations s'y trouvaient. En 1519, à la mort de l'empereur Maximilien Ier, qui s'était toujours illustré par sa bienveillance vis-à-vis des juifs, la situation dégénère. Sans plus d'explication, les juifs furent tout bonnement chassés de la cité, et le quartier fut détruit. Un monument moderne et étrange est érigé en mémoire de cet événement.

PORTA PRAETORIA

Unter den Schwibbögen 2
La Porta Praetoria est un vestige romain à l'angle d'une rue, visible à toute heure de la journée et de la nuit.

La *Porta Praetoria* est considérée comme l'un des plus anciens bâtiments de Ratisbonne. A l'époque romaine, elle constituait l'entrée nord du camp légionnaire romain *Castra Regina*. Au XVIe siècle, les restes de cette porte antique ont été intégrés au bâtiment de la résidence de l'évêque, les préservant ainsi jusqu'à nos jours. La *Porta Praetoria* et la *Porta Nigra* de Trèves, construite à la même époque, sont les deux seules portes romaines préservées au nord des Alpes. Un panneau permet de visualiser son apparence à l'époque romaine.

SCHOTTENKIRCHE ST. JAKOB ★

Jakob Straße 3
✆ +49 941 298 30
www.schottenkirche.de
Ouvert tous les jours de 8h à 18h. Entrée libre.

Ce sont des moines bénédictins irlandais qui ont fondé le monastère Saint-Jacques à la fin du XIe siècle. L'église dite « des Ecossais », quant à elle, est un peu plus récente puisqu'elle a été érigée en 1183, pour être remaniée au XIXe siècle selon le style néo-roman. La partie la plus précieuse de l'église est son portail roman qui constitue l'entrée nord de l'église, si précieux qu'il est protégé par une cage de verre. Il faudra faire preuve d'imagination : au Moyen Âge, toutes les statues du portail étaient colorées, dorées ou argentées.

STIFTSKIRCHE ZUR ALTEN KAPELLE ★

Schwarze-Bären-Straße 7
✆ +49 941 57973
www.alte-kapelle.de
Entrée libre. Horaires variables.

Ancienne basilique Notre-Dame datant de la dynastie des Ottoniens, elle a été transformée au XVIIIe siècle selon le goût et le style rococo bavarois. L'Ecole de Wessobrunn regroupant pas moins de 600 stucateurs a laissé sa trace dans cette élise au travers des peintures au plafond et de nombreux stucs. Les fresques au plafond représentent la vie de l'empereur Henri II et de son épouse l'impératrice Cunégonde. Ne pas manquer la petite chapelle (Gnadenkapelle) sur le côté.

EST DE LA BAVIÈRE

OFFICE DU TOURISME DE REGENSBURG

Rathausplatz 4 ✆ +49 941 507 4410
www.tourismus.regensburg.de
Ouvert du lundi au vendredi de 10h à 18h, samedi, dimanche et jours fériés de 10h à 16h.

Situé au rez-de-chaussée de l'hôtel de ville, l'office de tourisme vous accueille tous les jours et saura vous informer et vous conseiller pour découvrir la magnifique ville de Regensburg, classée au patrimoine mondial de l'UNESCO. Vous y trouverez une multitude d'informations sur l'histoire de la ville, son patrimoine architectural et culturel mais aussi sa gastronomie et ses offres d'hébergement, en plusieurs langues. Possibilité de réserver sur place vos billets pour les musées.

STEINERNE BRÜCKE (PONT DE PIERRE) ★★

Steinerne Brücke
www.tourismus.regensburg.de
Le pont de pierre est entièrement piéton et permet de relier la vieille-ville avec le quartier de Stadtamhof.

Il est sur toutes les cartes postales qui montrent la fière cité au bord du fleuve. Ce magnifique pont de pierre de 330 mètres qui enjambe le Danube a été construit entre 1135 et 1146 sur ordre du duc de Bavière Henri X. Chef-d'œuvre de l'architecture profane romane, on imagine assez facilement à quel point son édification relève d'une véritable prouesse technique ! D'ailleurs, il est resté des siècles durant le seul pont qui permettait d'accéder à la cité. Sa construction a permis à la ville d'étendre son influence et d'accroître ses échanges marchands et commerciaux avec les cités situées de l'autre côté du Danube. Un pont qui a donc permis à Ratisbonne de devenir l'une des villes les plus riches au Moyen Âge. Comptant initialement 16 piles, dont la plus proche de la ville est aujourd'hui bouchée, le pont a continuellement changé au cours des siècles. Des trois tours bâties initialement, subsiste seulement celle qui se trouve du côté de la ville. De toutes les sculptures il n'en reste également qu'une seule : le *Bonhomme du pont* (*Bruckmandl*), représentant probablement l'architecte du pont. Assis et son regard tourné vers de la cathédrale, il se trouve à l'endroit le plus élevé. Prenez le temps de vous arrêter au milieu du pont pour contempler le ville. Vous verrez que de nombreux Ratisbonnais viennent par ici en fin de journée pour se poser sur les bords du Danube, pique-niquer, boire un coup et apprécier une fois de plus la majesté du pont de pierre.

WALHALLA ★

Walhallastraße 48 ✆ +49 9403 961 680
www.walhalla-regensburg.de
En haute saison : ouvert tous les jours de 9h à 18h. Entrée 4,50 €. Trajet avec le bus 5 depuis Dachauer Platz.

Sur le cours du Danube, un édifice néoclassique se dresse de toute sa splendeur avec des statues et colonnades antiques. Pas de doute, vous êtes au Walhalla ! Dans les mythologies germaniques et scandinaves, le Walhalla est le lieu où sont amenés les valeureux guerriers morts sur le champ de bataille. Portés par les valkyries, ils rejoignent ainsi le royaume d'Asgard pour attendre la fin des temps. D'inspiration moins wagnérienne que gréco-romaine, et même s'inspirant un poil du Parthénon, le Walhalla près de Ratisbonne a été érigé par Leo von Klenze entre 1830 et 1842 sur une commande du roi de Bavière Louis Ier. Imaginé pour rendre hommage aux personnalités allemandes et germanophones ayant marqué leur temps, c'est le panthéon des grands hommes de la nation allemande. Pour se résituer dans l'époque de sa construction, nous sommes au début du XIXe siècle, le temps est à l'exaltation romantique. D'autres édifices commandés par Louis viennent flatter l'orgueil patriotique comme la *Halle der Befreiung* à Kehlheim par exemple.

▶ Si vous venez de monter les marches, vous découvrirez le fronton triangulaire au-dessus de la colonnade dorique. Il présente une allégorie de l'Allemagne – Germania – entourée par des allégories de principautés et villes indépendantes qui constituaient la Confédération germanique à la construction du Walhalla. A l'arrière, la frise du tympan relate le mythe fondateur d'Arminius (coiffé ici d'un casque ailé), le chef germain qui a défait les troupes de légionnaires romains à la bataille de Teutobourg.

▶ Passé la porte monumentale, vous pénétrez dans l'enceinte sacrée du cercle des immortels. Dans ce *Hall of Fame* germanique, 130 bustes en marbre de Carrare rendent hommage aux hommes et femmes qui ont marqué l'Allemagne. A travers leurs yeux vides, 2 000 ans d'histoire allemande vous contemplent. Parmi ces 130 bustes, nous n'avons compté que 6 bustes de femmes (parmi lesquelles Sophie Scholl, représentante de tous les résistants allemands). Certains de ces bustes ont une taille résolument plus moderne : c'est le cas de celui d'Albert Einstein par exemple.

▶ Si vous possédez un smartphone, pensez à bien le charger avant le départ : une **application** très bien faite et riche en anecdotes vous donne sur place toutes les clés pour bien comprendre le Walhalla, son histoire, son architecture et les biographies de quelques personnalités choisies. Vous en apprendrez aussi davantage sur le processus de sélection des grands hommes et grandes femmes, ces *happy few* admis dans l'enceinte sacrée du Walhalla.

ZOOM

BIENVENUE À REGENSBURG

LA VILLE DU PATRIMOINE MONDIAL DE L'UNESCO

Ratisbonne (Regensburg en Allemand) est une ville jeune dans des vieux murs, qui compte plus de 30 000 étudiants parmi sa population supérieure à 160 000 habitants, et **2 000 ans d'histoire**. Elle est située sur la pointe nord du **Danube**, à une heure de l'aéroport de Munich (liaison ferroviaire directe toutes les heures) et à une heure de Nuremberg. La ville médiévale la mieux préservée d'Allemagne combine à la perfection d'impressionnants monuments historiques romains et la silhouette pleine de charme d'une ancienne ville impériale et d'une cité commerçante prospère. L'atmosphère italienne rencontre la cuisine bavaroise légendaire d'une manière unique. La Vieille ville de Ratisbonne a été ajoutée à la Liste du patrimoine mondial de l'UNESCO en juillet 2006.

En fin de journée profitez des couleurs et de la silhouette de la ville depuis le **pont de pierre** : le plus vieux pont conservé de son genre en Allemagne. Au pied du pont, ne manquez pas l'occasion de déguster les saucisses grillées dans la plus ancienne rôtisserie du monde, le **Wurstkuchl**. L'un des vestiges qui donne sa renommée à Ratisbonne est la **Porta Praetoria**, construite au IIe siècle par l'empereur Marc Aurèle comme porte nord du camp romain de « Castra Regina ». Depuis la Domplatz, pénétrez dans la **cathédrale Saint-Pierre**, l'unique exemple d'architecture gothique française en Bavière. Ratisbonne abrite aussi le plus ancien coffee shop d'Allemagne, le **Café Prinzess**, du côté de l'hôtel de ville médiéval.

Parmi tous les accès à Ratisbonne, le plus pratique est la liaison ferroviaire directe qui part toutes les heures de l'aéroport de Munich pour 1 heure de trajet seulement.

OFFICE DU TOURISME DE REGENSBURG

Rathausplatz 4
✆ +49 941 507 4410
www.tourismus.regensburg.de

© STEPHAN MODER

© STEPHAN MODER

© STEPHAN MODER

STADTRUNDFAHRT REGENSBURG CITY TOUR

Domplatz
✆ +49 941 5959177
www.city-tour.info/regensburg
Adulte : 10 €, enfant : 5 € (de 2 à 14 ans), un départ tous les jours.

Le petit train est sans doute la meilleure façon de découvrir la belle ville de Ratisbonne, à travers ses jolies et pittoresques ruelles. Le parcours de visite démarre depuis la cathédrale, en passant par l'ancien hôtel de ville, le pont de pierre et se poursuit par la découverte du château de Thurn & Taxis. A travers une visite historique ponctuée d'anecdotes, vous découvrirez toute la richesse culturelle et patrimoniale de la ville, en 45 minutes.

DJH JUGENDHERBERGE REGENSBURG €

Wöhrdstraße 60
✆ +49 941 4662 830
www.regensburg.jugendherberge.de
À partir de 23,90 € la nuit avec petit-déjeuner, 31,90 € en demi-pension.

Une auberge de jeunesse un tout petit peu excentrée, mais à pied, il ne faudra pas plus de 10 minutes pour rejoindre le centre. La réception est ouverte de 7h à 22h, alors n'arrivez pas trop tard. En tout, 186 lits dans des dortoirs propres et simples qui vont de 4 à 8 lits par chambre. Comme elle fait partie du réseau DJH, cette auberge de jeunesse demande une adhésion, qui ne coûte pas très cher pour les jeunes de moins de 26 ans : seulement 7 €.

ACHAT PLAZA HERZOG AM DOM REGENSBURG €€

Domplatz 3
✆ +49 941 58400 0
Chambres individuelles à partir de 94 €, doubles à partir de 122 €.

Hôtel 4 étoiles de la chaîne ACHAT, design, élégant et exclusif, dans une bâtisse riche en tradition, avec 40 chambres climatisées des catégories « business » et « superior », et trois suites luxueuses. Grandes salles de bains en marbre. Riche buffet du petit déjeuner. Ascenseur. Wi-fi gratuit. Animaux bienvenus. Bar et restaurant sur place. L'emplacement de l'hôtel est absolument idéal, à deux pas de la cathédrale de Ratisbonne et du reste du centre historique.

ALTSTADTHOTEL AM PACH €€

Untere Bachgasse 9 ✆ +49 941 29861 0
www.ampach.de
Chambres doubles à partir de 160 €.

En plein centre, cet hôtel confortable, avec 20 chambres d'un standard comparable à celui d'un hôtel quatre étoiles et situé dans une ruelle avec des petites boutiques et des cafés. L'histoire de Ratisbonne est présente partout : chacune des chambres porte le nom d'une personnalité liée à l'histoire de la ville (par exemple : Marc Aurèle, empereur romain, ou Johannes Kepler, astronome de la Renaissance). Les poutres en bois dans les mansardes au troisième étage apportent un charme particulier. Le personnel très accueillant et le café excellent au petit déjeuner.

AZUR CAMPINGPLATZ REGENSBURG €€

Weinweg 40
✆ +497114093510
www.azur-camping.de
A partir de 805 € par semaine pour les bungalows.

Ce camping bénéficie d'un cadre très agréable : à 2 km environ de la vieille ville de Ratisbonne, il est situé sur les bords du Danube. Une originalité du camping repose dans le design des bungalows que l'on peut louer à la semaine : en forme de grand tonneaux, ils sont confortablement aménagés en chambres. L'utilisation du bois, la forme ronde et les petites ouvertures leur donnent un faux air de village de hobbits. Sur place aussi : des hébergements de type cabane.

ELEMENTS HOTEL €€

Alter Kornmarkt 3
✆ +49 941 200 722 75
www.hotel-elements.de
Suites à partir de 100 € par nuit. Petit déjeuner : 15 €.

Un hôtel original, avec quatre étages comportant quatre chambres aménagées selon un des quatre éléments : l'eau, la terre, le feu et l'air. Les chambres sont *cosy*, et reflètent cette déco thématique : la chambre « Eau » est placée sous le signe du spa et comporte un bain bouillonnant, celle du « Feu » est toute rouge, dans un style Ancien Régime… La chambre « Terre » est dans des couleurs chocolat et la chambre « Air » est toute blanche et ultra lumineuse. Un concept original et un emplacement idéal, au cœur du vieux Ratisbonne.

EUROSTARS PARK HOTEL MAXIMILIAN €€

Maximilianstraße 28
+49 941 56850
www.eurostarsparkmaximilian.com
Chambre individuelle à partir de 128 €, double à partir de 152 €, junior suite à partir de 204 €, petit déjeuner inclus.

Ce bel établissement 4-étoiles, dans le centre-ville de Ratisbonne, en face du parc et à quelques mètres du château des Thurn und Taxis, vous réserve un accueil princier. Dans un palais néo-rococo de la fin du XIXe siècle, tout y respire l'opulence, à commencer par la salle rococo où le petit-déjeuner buffet est servi tous les matins. Il y a tout ce qu'il faut sur place : laverie, service de location de voiture, réception 24h/24, parking couvert, wifi, etc.

HOTEL KAISERHOF AM DOM €€

Kramgasse 10 -12 +49 9415 85350
www.kaiserhof-am-dom.de
Chambre simple : 85 €, chambre double : de 115 à 145 €. Petit-déjeuner compris. Parking à 500 m.

L'hôtel Kaiserhof, installé dans une bâtisse médiévale, jouit d'un emplacement exceptionnel sur la place de la cathédrale à proximité de tous les points d'intérêt de Ratisbonne. Les prix sont un peu élevés pour des chambres, confortables et très propres certes, mais d'une sobriété presque spartiate. Disons que la décoration a été réduite à sa plus simple expression. Une pièce, en revanche, est pleine de charme : celle du petit-déjeuner, où l'on pourra faire le plein de forces sous les voûtes gothiques tout en contemplant la cathédrale à travers la fenêtre.

ORPHÉE €€

Untere Bachgasse 8
+49 941 529 77
www.hotel-orphee.de
Chambre simple à partir de 115 €, double à partir de 155 € par nuit.

Notre coup de cœur à Ratisbonne : des chambres sublimes, toutes différentes. La décoration a été pensée et étudiée avec soin pour créer une ambiance romantique, sans basculer dans le kitsch : lits à baldaquin, parquet, poutres, faïences... Pour 195 €, vous aurez 100 m² avec une baignoire à pieds de lion au milieu de la salle de bains ! Les chambres au dernier étage offrent une vue sur les toits de la ville. L'hôtel Orphée dispose même de trois lieux différents : deux dans la vieille ville et un dans le quartier de Stadtamhof : tous de haut standing.

MÜNCHNER HOF €€

Tändlergasse 9
+49 941 5844 0
www.muenchner-hof.de
Chambre double à partir de 127 €.

© HOTEL MÜNCHNER HOF

Tenu par la famille Fuchshuber, cet hôtel dont les murs datent du XIVe siècle regorge de secrets et d'anecdotes en tous genres... Ouvrez l'œil et tendez l'oreille ! Toutes les chambres sont décorées différemment, dévoilant le charme fou de leur cachet, et l'hôtel a été rénové de sorte que les éléments (portes, murs, fresques et autres détails) d'époque restent apparents. Confort et séjour typique assuré ! Le plus ? Le Pina Bar, tenu par le talentueux Alexander Dindar, natif de Regensburg, et accessible depuis le restaurant de l'hôtel.

SORAT INSEL-HOTEL REGENSBURG €€

Müllerstraße 7
+49 9 41 810 40
Chambres individuelles à partir de 71 €, chambres doubles à partir de 97 €.

Ancienne manufacture artisanale, protégée au titre de monument historique, située sur l'île entre la vieille ville et Stadtamhof. Magnifique vue dégagée sur le pont de pierre, la vieille ville et la cathédrale Saint-Pierre. Ambiance maritime et élégante. Le style rappelle l'Art déco et l'époque des grands paquebots des années 1930. Prix préférentiels (réduction de 5 %) selon les disponibilités sur le site Internet. Petit espace wellness avec sauna.

HOTEL GOLIATH AM DOM €€€

Goliathstraße 10 ✆ +49 941 2000 900
www.hotel-goliath.de
Chambre double à 165 € par nuit, suite à partir de 240 € par nuit.

Magnifique hôtel : ce 4-étoiles, outre son emplacement en plein centre historique, bénéficie d'une terrasse sur le toit du bâtiment qu'il est bien agréable d'arpenter les beaux jours venus, afin d'avoir une vision panoramique de la cité (notamment sur la belle Brückturm). Accès wifi gratuit. Les 41 chambres de l'hôtel ont été décorées de façon individuelle, avec soin. L'hôtel Goliath comprend un espace sport et wellness. Le Goliath comprend aussi un café et un bar, et les meilleurs restaurants sont à deux pas donc on aura tout ce qu'il faut sur place.

WURSTKUCHL €

Thundorfer Straße 3 ✆ +49 941 466 210
www.wurstkuchl.de
Ouvert tous les jours de 10h à 19h. Plats entre 6 et 15 €. 6 saucisses avec accompagnement : 10,50 €.

Cantine historique des anciens ouvriers du sel, le Wurstkuchl est une véritable institution à Ratisbonne pour manger les fameuses petites saucisses, spécialités de la maison. Toute petite baraque très pittoresque sur les bords du Danube, à côté du pont ou bien une salle plus importante avec une carte plus diversifiée dans les anciens greniers à sel, attenante au pont. En accompagnement de vos saucisses : une bonne choucroute et une bière bien sûr ! Lieu très fréquenté et très populaire, mais ce n'est pas nécessaire de réserver. Options à emporter également.

BISCHOFSHOF €€

Krauterermarkt 3
✆ +49 941 594 1010
www.hotel-bischofshof.de
Entre 12 et 22 € le plat de résistance. Restaurant de l'évêché.

Ce lieu, situé dans l'ancienne résidence épiscopale de Ratisbonne, combine un restaurant, un *Biergarten* et un hôtel. On y sert une bonne cuisine bavaroise traditionnelle. A l'intérieur, de très nombreuses salles typiques avec des décorations différentes. La cour, gigantesque, offre de nombreuses tables pour profiter des belles soirées chaudes d'été. Service en habit traditionnel. Toutes les bières servies sont locales. La délicieuse bière brune est brassée dans le monastère de Weltenburg à Kehlheim, en Basse-Bavière, non loin d'ici.

GÄNSBAUER €€

Keplerstraße 10
✆ +49 9412 9021897
www.restaurant-gaensbauer.de
Restaurant ouvert du mercredi au samedi, de 17h à minuit. Plats entre 9 et 14 €.

En face de la maison qui a vu mourir Kepler se trouve ce sympathique restaurant, moderne et citadin. On viendra y découvrir des tapas bavaroises, finement cuisinées et joliment présentées. Gänsbauer, c'est en quelque sorte le restaurant bavarois nouvelle génération, jeune et branché, sans le décorum habituel. Côté boissons : des bières, mais aussi des cocktails. La cuisine est créative et le lieu ne manque aucunement de charme avec sa petite cour et ses tables qui donnent sur la petite place. En plus, le service est adorable. Que demander de plus ?

GRAVENREUTHER €€

Hinter der Grieb 10
✆ +49 941 550 50
www.gravenreuther.de
Horaires en ligne. Plats entre 12,50 et 19,90 €.

Etes-vous tenté par des spécialités bavaroises dans un cadre accueillant qui ne flirte pas avec l'usine à touristes ? Si oui, entrez au sein de cette authentique *Gaststätte* ou dans sa petite cour, et laissez-vous tenter par son *Münchener Schnitzel mit Kartoffel-Gurkensalat*. Le schnitzel munichois est une escalope rehaussée au raifort et à la moutarde douce qui vous montera délicieusement au nez ! Un régal. Autre spécificité de cet excellent établissement : les tapas bavaroises pour pouvoir s'essayer à différentes spécialités locales.

HISTORISCHE WURSTKUCHL €€

Thundorferstrasse 3 ✆ +49 941 466210
www.wurstkuchl.de
Ouvert tous les jours de 10h à 19h, plats entre 14 et 23 €.

Depuis 500 ans, ce restaurant traditionnel bavarois, fièrement positionné à côté du pont de pierre de la ville, sert à ses hôtes des recettes toujours au goût du jour : viande grillée au charbon de bois, saucisses maison à base de pur jambon de porc ou choucroute fermentée à la moutarde Wurstkuchl. L'auberge accueillait autrefois les ouvriers des chantiers de la cathédrale. En vous attablant sur les bancs cirés, près du poêle en céramique, vous dégusterez une cuisine simple, mais généreuse, servie avec une bonne bière ou un schnaps en fin de repas !

HOFBRÄUHAUS REGENSBURG €€

Waaggäßchen 1 ✆ +49 941 51280
www.hofbraeuhaus-regensburg.de
Plats entre 15,50 et 19 €. Ouvert du mardi au samedi de 10h à minuit et le dimanche de 10h à 15h.

Un restaurant très central qui propose des spécialités et des bières bavaroises : *Bratwürste,* saucisses et *Kartoffensalat*... Dans la grande salle qui a tout d'une taverne ou sur les quelques tables à l'extérieur qui donnent sur l'ancien hôtel de ville de Ratisbonne, vous pourrez manger copieusement. Il y a au menu aussi quelques options végétariennes, comme les *Quarcknocken.* L'intérieur est très grand et vous ne peinerez pas à trouver de la place pour vous asseoir. Très jolie terrasse également. Service en habit traditionnel.

WIRTSHAUS IN HEUPORT €€

Domplatz 7
✆ +49 941 599 9297
www.heuport.de
Ouvert tous les jours de 11h30 à 23h.

Dans une superbe maison patricienne, juste en face de la cathédrale Saint-Pierre de Ratisbonne, ce restaurant jouit du charme médiéval qu'il a su conserver. Salle superbe, haute de plafond, avec poutres et parquet, très classe avec une belle vue sur la façade ouest de la cathédrale. Côté décoration, la pierre et le bois dominent. L'été, terrasse remarquable dans la cour. Au menu, c'est la région qui est mise à l'honneur : cuisine et bières traditionnelles, des soupes, des plats de saucisses, mais aussi du poisson comme du filet de sandre, etc.

ANNA LIEBT BROT UND KAFFEE

Gesandtenstraße 5 ✆ +49 941 20 60 230
www.anna-cafe.de
Ouvert du lundi au samedi de 9h à 19h, le dimanche à partir de 9h30. Petit-déjeuner environ 6 à 7 €.

Les cafés ne manquent pas à Ratisbonne, pourtant Anna se doit d'être honorée de votre présence. Ce café occupe en effet une bâtisse datant du... XIIe siècle ! Aujourd'hui, c'est un café moderne, ravissant et reposant qui saura vous contenter en cas de petite fringale. Le grand classique chez Anna, c'est la tranche de pain (délicieux pain produit sur place) tartinée avec des *Aufstriche* de votre choix : houmous, obazda, basilic frais, fromage frais, etc. A vous de choisir !

CAFE-BAR

Gesandtenstraße 14
✆ +49 941 541 67
www.cafebar-regensburg.de
Ouvert du lundi au vendredi de 8h à 2h. Samedi à partir de 9h, et dimanche 13h-2h.

Ce petit café-bar, situé en face de l'église de la Trinité (Dreieinigkeitskirche), fait partie de la scène gastronomique de Ratisbonne depuis plus de trois décennies. Le lustre et le plafond style Art nouveau, les carrelages muraux, et la mythique machine à espresso Faema E61, un classique des années 1960 ***made in Italy***, font le charme particulier de cet endroit. Les sandwichs faits maison sont connus dans toute la ville. Un lieu parfait pour prendre son premier café le matin, ou bien un apéro le soir. Une bonne adresse, très populaire à Ratisbonne.

CAFÉ PRINZESS

Rathausplatz 2
✆ +49 941 595 310
www.cafe-prinzess.de
Ouvert tous les jours de 10h à 18h, le dimanche à partir de 12h.

Un café et un salon de thé historique, on dit que c'est le plus vieux café d'Allemagne, ouvert en 1686, quelques années après le premier café à Vienne mais un an avant le premier café à Hambourg. Dès son ouverture, le café a connu une grande popularité auprès des princes et délégués de la Diète Perpétuelle, cette assemblée du Saint-Empire installée à Ratisbonne depuis 1663. Le Café Prinzess se targue aussi d'avoir été le livreur officiel des Thurn und Taxis ! Aujourd'hui, on y trouve un grand choix de gâteaux, de chocolats et de pralines.

ORLANDO DI LASSO

Alter Kornmarkt 2
✆ +49 941 51 367
www.cafe-orlando-regensburg.de
Ouvert du lundi au samedi de 8h à 17h30. Fermé le dimanche. Part de gâteau entre 3 et 4 €.

Orlando di Lasso ou Roland de Lassus en bon français, est un compositeur flamand qui vécut entre 1532 et 1594. Si son décès survint à Munich, il vécut cependant aussi à Ratisbonne. Peu importe si le célèbre compositeur de la Renaissance habita réellement dans cette demeure ou si ce fut un admirateur de sa musique qui la nomma d'après lui, aujourd'hui Orlando di Lasso est une des premières adresses à Ratisbonne pour des gâteaux, des tartes et autres pâtisseries. N'hésitez surtout pas à monter au premier étage pour profiter d'une vue panoramique sur toute la place.

AMBERG

Amberg se prête à la promenade. Les remparts ont été aménagés tout autour de la ville, offrant aux visiteurs le plaisir de visiter paisiblement les curiosités locales. Ne pas manquer son hôtel de ville gothique et le Stadtbrille, ce pont-fortification sur la rivière Vils et l'impressionnante porte Nabburger Tor. La première mention d'Amberg est datée officiellement de 1034 (appelée alors Ammenberg) lors de l'attribution écrite de privilèges municipaux. En 1163, l'empereur Frédéric Ier dit Barberousse (Friedrich Barbarossa) accorda aux marchands d'Amberg la liberté de commerce. En 1417, le *Kurfürstliches Schloss*, le palais de l'Électeur du Palatinat, fut construit.

NEUMARKT

Neumarkt-in-der-Oberpfalz est une petite agglomération du Haut-Palatinat, sans grand cachet. Avec une industrie assez importante (notamment dans le domaine pharmaceutique), une économie en pleine santé, c'est une petite ville prospère et proprette.

Histoire

La première mention de la ville est controversée, il semblerait cependant que la date de 1160 soit plus communément acceptée que celle de 1135. Elle connaîtra ses plus grandes heures lorsqu'elle sera consacrée comme résidence de l'Électeur du Haut-Palatinat entre 1410 et 1544. En avril 1945, un bombardement américain réduisit quasiment à néant l'ensemble de la ville médiévale.

DRAHTHAMMER SCHLÖSSL €€

Drahthammerstraße 30 ✆ +49 9621 7030

www.drahthammerschloessl.de

Chambre à partir de 145 € par nuit, suite à partir de 160 €, petit déjeuner inclus.

Tranquillité et ambiance charmante en périphérie de la ville, vue magnifique sur la verdure, une très bonne cuisine et un excellent accueil. Cet hôtel 4-étoiles - abrité dans un petit château dans de la sud-est de la cité d'Amberg - dispose de tout le confort pour un séjour de détente et de bien-être. En tout, ce sont 43 chambres, décorées individuellement, qui attendent les visiteurs. La réservation comprend le petit-déjeuner (buffet) et l'accès au coin détente (sauna, hammam, etc.). Une jolie promenade de 30 minutes jusqu'en centre-ville le long du cours d'eau.

CAFÉ-FEINKOST-RESTAURANT SCHÖN KILIAN €€

Ziegelgasse 12

✆ +49 9621 308 404

www.schoen-kilian.de

Ouvert du mercredi au dimanche de 9h à 18h.

Le pâtissier, chocolatier et cuisiner Kilian Schön tient ici son échoppe multifonction, qui plaira aux amateurs de salé comme aux adeptes de sucré. Situé dans une cour intérieure tranquille, pas très loin de la gare centrale, ce restaurant (pâtisserie, chocolaterie, confiserie, etc.) est un vrai plaisir pour les gourmands. L'intérieur du restaurant est moderne et plaisant. Les plats de résistance proposés sont bons, préparés avec soin et présentés élégamment.

PFALZGRAFENSCHLOSS

Residenzplatz 7

✆ +49 918 12 55 131

www.neumarkt.de

Les salles du château ne se visitent qu'après prise de rendez-vous.

Siège de ce qui fut la résidence des Électeurs du Haut-Palatinat durant leur règne à Neumarkt. L'édifice était bien plus ancien et la construction sous les Électeurs ne le fut que sur des bâtiments déjà pré-existants, du reste ils profitèrent d'un sérieux incendie en 1520 pour le rebâtir dans un ordre d'idée plus conforme à leur statut. Il servira après l'épisode des Électeurs de manufacture de tabac et même de prison. Son endommagement conséquent en 1945 fut effacé en 1990 par la fin des derniers travaux de restauration. La grande salle accueille des événements.

HOTEL LEHMEIER €€

Obere Marktstraße 12

✆ +49 9181 25730

www.hotel-lehmeier.de

Chambre simple à partir de 78 €, double à partir de 102 €.

L'hôtel Lehmeier est un bel établissement tenu par une famille et qui mérite amplement 3 étoiles, voire plus. En tout, il y 26 chambres modernes et confortables faisant du Lehmeier un très bon emplacement pour séjourner et même se restaurer. Le petit-déjeuner est bon et abordable. Toutes les chambres sont équipées de WC, d'une douche ou d'une baignoire, d'un sèche-cheveux, de la télévision par câble, d'un téléphone et d'un coffre-fort, ainsi que d'un accès wifi gratuit. Très bon service, très central, une bonne adresse en somme.

REITSTADEL

Residenzplatz 3
✆ +49 9181 62 62
www.neumarkt.de
Le Reitstadel est aujourd'hui une salle de concerts et ne se visite pas.

Grande fierté de la ville, construite entre 1531 et 1539, cette salle de concerts a d'abord été un lieu de stockage pour le blé puis pour les armes et munitions de l'Électorat. Le bâtiment fit les frais d'un bombardement allié d'avril 1945, qui a tout détruit pour ne laisser au Reitstadel que ses murs extérieurs. Il fut reconstruit le plus près possible esthétiquement de l'édifice originel. Il accueille de nos jours les spectacles musicaux de tous types, des expositions temporaires et ne présente qu'un intérêt touristique mineur.

SCHWANDORF

Schwandorf, bien qu'étant de nos jours une petite ville discrète et sans attrait touristique particulier, eut une importance plus conséquente au Moyen Âge puisque la localité fut le siège d'un centre administratif ducal en 1234 avant de bénéficier du titre envié de ville-marché et des prérogatives inhérentes au titre. Tout au long de son histoire, la ville a subi des destructions répétées et dut chaque fois se reconstruire : lors des guerres hussites (1419-1436), lors de la guerre de succession de Bavière-Landshut (1503-1505), lors la guerre de Trente Ans (1618-1648), lors des invasions napoléniennes et en avril 1945.

BRAUEREIWIRTSCHAFT-FRONBERG €

Maximilianstraße 30
✆ +49 9431 20681
www.brauereiwirtschaft-fronberg.eu
Ouvert tous les jours sauf le mardi à partir de 10h. Plats principaux entre 6,90 et 11,90 €.

Ne vous laissez pas rebuter par l'étrange façade d'une couleur pastel douteuse et entrez en cette demeure d'une ancienne brasserie datant de 1420. Vous y attend un restaurant dont l'intérieur ne manque pas de cachet, et proposant des plats régionaux et surtout, en certaines soirées, de la musique bavaroise : idéal pour une immersion parfaite dans le décorum local. Visitez aussi la voûte (*das Kellergewölbe*) qui peut accueillir jusqu'à 120 convives.

STRAUBING

Cette jolie ville de 45 000 habitants se situe au cœur de la Gäuboden, une des nombreuses régions agricoles que compte la Bavière. Il n'est pas très difficile de s'y repérer puisque son centre-ville est principalement axé autour de deux grandes places : la Theresienplatz et la Ludwigsplatz. Straubing constitue une excellente étape, tranquille et chaleureuse, entre Passau et Ratisbonne, le long du Danube.

Transports

- En **voiture**. Depuis Ratisbonne (46km), compter 40 minutes en prenant la A3.
- En **bus**. Depuis Ratisbonne, compter 1h30.

© SIEGFRIED STOLTZFUSS - ICONOTEC

Straubing.

EST DE LA BAVIÈRE

BASILIKA ST. JAKOB

Pfarrplatz 11
✆ +49 9421 127 15
www.st-jakob-straubing.de
Entrée libre, en dehors des services religieux.

Cette église de la fin de la période gothique possède également des empreintes héritées du baroque, signées par les frères Asam (XVIIIe siècle). Son clocher de brique est visible de loin et il surprend avec son bulbe noir en forme de poire. A l'intérieur, la riche décoration baroque tranche avec la blancheur des piliers. Un joli ensemble hétéroclite. Les vitraux sont sans doute la partie la plus précieuse de la basilique, certains sont médiévaux, d'autres néogothiques. On attribue le croquis du vitrail de Moïse au très célèbre Albrecht Dürer.

KIRCHE ST. PETER

Petersgasse 50A
+49 9421 215 32
www.st-peter-straubing.de
Entrée libre. Église ouverte tous les jours du matin au soir.

Cette belle église de style roman tardif a été édifiée en 1180 sur les ruines d'un ancien site romain. Elle s'élève, austère, à l'est du centre-ville. Elle possède 2 tympans romans ainsi qu'une statue romane représentant le Christ qui date d'environ 1200 et la superbe pietà réalisée vers 1340. Dans le cimetière attenant à l'église, se trouvent la chapelle gothique, Kapelle Unserer Lieben Frau, l'Agnes-Bernauer-Kapelle avec son épitaphe de marbre rouge et la Seelenkapelle, église de l'Ame connue pour ses très belles fresques représentant la danse des morts.

STADTTURM

Theresienplatz 21
+49 9421 9446 9199
www.straubing.de
La tour peut être visitée dans le cadre d'une visite organisée en avance par l'office de tourisme.

La tour gothique de la ville est un des premiers édifices que l'on aperçoit en arrivant à Straubing. Haute de 68 m, elle date de 1316 et incarne, aujourd'hui encore, le cœur du centre-ville. Elle était tout à la fois une tour de guet pour surveiller les ennemis et prévenir les incendies, une tour d'horloge et un clocher, en tant que première tour d'hôtel de ville, un vrai symbole de citoyenneté. Au XVIe siècle, les 5 pointes qui constituent son sommet furent rajoutées à l'édifice. Son système de cloches est toujours en activité.

URSULINEN KLOSTER & KIRCHE

Burggasse 40
+49 9421 99 230
www.kloster.ursulinen-straubing.de

L'église et son couvent ont été construits en 1691 sur l'ordre des ursulines (*Ursulinen*), un institut de formation pour les jeunes femmes. Entre 1736 et 1741, les frères Asam, Egid Quirin et Cosmas Damian y signèrent leur toute dernière collaboration : le cloître de l'église en un harmonieux et savant mélange de baroque et de rococo avec ses sculptures, ses peintures et autres ornements lumineux. Cette église des ursulines est l'œuvre majeure du baroque à Straubing.

DAS RÖHRL €€

Theresienplatz 36
+49 9421 9696 857
www.das-roehrl.de
Ouvert tous les jours de 9h à minuit.

Das Röhrl est à la fois un hôtel 3 étoiles et un restaurant de cuisine bavaroise, sur la jolie Theresienplatz. Intérieur moderne avec des peintures du paysage urbain de Straubing, qui donnent envie de partir à la découverte de la ville. Ici, la cuisine est bavaroise, saisonnière et régionale. Les bières servies sont celles de la brasserie Bräuhaus Röhrl dont les origines remontent au XVe siècle ! Les chambres de l'hôtel sont assez onéreuses, mais modernes, lumineuses et confortables, une excellente adresse pour un séjour à Straubing.

CAFÉ KRÖNNER

Theresienplatz 1
+49 9421 10994
www.kroenner.de
Ouvert du lundi au vendredi de 8h30 à 18h, le samedi de 8h30 à 17h.

Café sympathique en style d'un café traditionnel viennois avec trois tartes dédiées aux personnalités célèbres de la ville : Agnes Bernauer, Carl Spitzweg et Joseph von Fraunhofer. Comme à Vienne, le café vous y sera servi dans un verre. Le café Krönner de Straubing existe depuis 1903, soit depuis plus de 115 ans, un record de longévité. En Bavière, vous trouverez d'autres cafés Krönner qui ont tous pour origine la même dynastie du café : les Krönner. Le premier café date même du XVIIIe siècle, fondé dans la petite ville de Moosburg. Une longue tradition, donc.

WEIDEN

Weiden est une ville dont la première mention écrite remonte à 1241. La ville subit un violent incendie en 1536, ne laissant que sept maisons en état d'être habitées. A peine reconstruite, elle sera de nouveau la proie des flammes en 1540. En 1634, les Suédois envahissent les territoires du sud de l'Allemagne et Weiden subit de plein fouet les vols et les destructions. Exsangue, la localité mettra plus de 200 ans à retrouver une prospérité relative qui sera principalement due à la mise en service d'une liaison ferroviaire en 1863. En 1995, l'ouverture de la *Fachhochschule Amberg-Weiden* spécialisée en management d'entreprise témoigne de l'attractivité retrouvée de la ville.

NORD DE LA BAVIÈRE

La Franconie (Franken) - la moitié nord de la Bavière - est une région bien à part. Sa gastronomie, ses dialectes, ses traditions sont bien distincts de ceux du sud, et pour cause, son histoire ne s'écrit que depuis récemment avec celle de la Bavière. Il y a encore 250 ans, la Franconie était une région morcelée en différents petits États : des margraviats comme celui de Brandebourg-Bayreuth, des villes libres comme Rothenburg et des principautés épiscopales comme Wurtzbourg ou Bamberg. Cette histoire a façonné son identité et vous entendrez parfois qu'en Franconie, on n'est pas en Bavière. Aujourd'hui, la Franconie se compose de trois régions administratives : la Haute-Franconie, la Basse-Franconie et la Moyenne-Franconie. C'est une terre riche en patrimoine : d'innombrables villes avec un héritage médiéval exceptionnel comme Dinkelsbühl ou Nuremberg et de nombreux sites sur la liste de l'Unesco : Bamberg, l'opéra de Bayreuth, etc.

Ulrichstein
Meiningen
HESSE
Bischofsheim in der Rhön
Ortenberg
Bad Brückenau
Bad Neustadt an der Saale
Salmünster
Gelnhausen
BAD KISSINGEN
Hammelburg
Alzenau
Frammersbach
Schweinfurt
Lohr am Main
ASCHAFFENBOURG
Arnstein
Karlstadt
Volkach
Marktheidenfeld
VEITSHÖCHHEIM
WURTZBOURG
Wertheim
SULZFELD AM MAIN
SOMMERHAUSEN
Kitzingen
IPHOFEN
Miltenberg
Ochsenfurt
Tauberbischofsheim
Walldürn
Lauda-Königshofen
Langenzenn
Bad Mergentheim
Osterburken
ROTHENBURG OB DER TAUBER
Mosbach
BADEN-WÜRTTEMBERG
Bad Rappenau
Feuchtwangen
HEILBRONN
Schwäbisch Hall
DINKELSBÜHL
30 KM
Gaildorf

Nord de la Bavière
THURINGE
Schleiz
Themar
Neuhaus am Rennweg
Ludwigsstadt
Hildburghausen
Bad Rodach
Neustadt bei Coburg
Bad Königshofen
RÖDENTAL
COBOURG
Kronach
Seßlach
Lichtenfels
Ebern
BAD STAFFELSTEIN
Kulmbach
Haßfurt
Scheßlitz
Hollfeld
BAYREUTH
BAMBERG
AHORNTAL
Hirschaid
BUTTENHEIM
EBERMANNSTADT
POTTENSTEIN
Schlüsselfeld
POMMERSFELDEN
GÖßWEINSTEIN
Pegnitz
Forchheim
Auerbach in der Oberpfalz
cheinfeld
ERLANGEN
Herzogenaurach
BAD WINDSHEIM
Hersbruck
FÜRTH
Zirndorf
NUREMBERG
AMBERG
Schwabach
ANSBACH
NEUMARKT
Herrieden
Roth
WOLFRAMS-ESCHENBACH
Hilpoltstein
Parsberg
Gunzenhausen
VERS PAINTNER FORST
Weißenburg in Bayern
VERS KELHEIM
RIEDENBURG

PAGES

281 ## ●● HAUTE-FRANCONIE

La Haute-Franconie (Oberfranken) est une belle région au nord-est de la Bavière, à la frontière de la Thuringe, de la Saxe et de la Tchéquie. Historiquement, la Haute-Franconie peut se revendiquer de plusieurs héritages : il y a d'une part les terres du margraviat de Brandebourg-Bayreuth, où a régné une branche des Hohenzollern, et il y a d'autre part la brillante principauté épiscopale de Bamberg. A cela, il faut ajouter Cobourg, dont l'histoire est intimement liée à celle de nombreuses dynasties européennes, la Maison de Saxe-Cobourg-Gotha ayant tissé des liens matrimoniaux avec les royaumes de Belgique, d'Angleterre, de Bulgarie, etc.

A Bamberg, l'une des plus belles villes de Bavière, les princes-évêques ont favorisé la vie culturelle, dont l'architecture de la ville est aujourd'hui le meilleur reflet. Côté villes, il ne faut pas non plus manquer la belle et dynamique cité de Bayreuth.

Lors de voyages dans le district, vous entendrez constamment ce superlatif : la Haute-Franconie est la région qui compte la plus grande densité de brasseries par habitant au monde ! Avec 260 brasseries et 1 000 spécialités de bière, la Haute-Franconie est le pays de cocagne des amateurs de bière. Un patrimoine que portent avec fierté les habitants du district.

Pour les amateurs de paysages insolites, un passage par la Suisse franconienne (Fränkische Schweiz) s'impose : d'étonnantes formations rocheuses parsèment les villages de cette région vallonnée. De nombreuses forteresses médiévales et grottes à stalactites s'ajoutent au tableau. Pour découvrir la Suisse franconienne, on se rendra à Pottenstein, Gößweinstein, Ebermannstadt ou Ahorntal.

PAGES

BAYREUTH ★★★

294 Une étape indispensable pour tous les mélomanes et les amateurs d'architecture baroque. Capitale du margraviat de Brandenbourg-Bayreuth, la cité franconienne a été façonnée pour les besoins de représentation de Wilhelmine. Au XIXe siècle, Richard Wagner en fait une Mecque de la musique classique.

299 ## ●● MOYENNE-FRANCONIE

Surtout connue pour la ville de Nuremberg, la Moyenne-Franconie (Mittelfranken en allemand) présente des paysages à la fois agricoles, industriels et urbains. Ici, le houblon est plus répandu que les vignes. La région est riche en caves souterraines, où l'on stockait la bière au Moyen Age.

La diversité du patrimoine culturel et architectural de la région s'explique par la multitude des territoires qui composent ce puzzle. La Moyenne-Franconie, c'est un patchwork d'anciennes principautés (comme celle de Brandebourg-Ansbach) ou d'anciennes villes libres d'Empire, comme Nuremberg, Rothenburg ob der Tauber ou Dinkelsbühl. Ainsi, certaines des villes sont marquées par l'essor des commerçants au Moyen Age, d'autres par les besoins de représentation des princes (comme Ansbach) ; d'autres encore sont des villes planifiées sorties de terre ex nihilo au XVIIIe siècle (Erlangen). C'est toute cette diversité qui fait la richesse de la Moyenne-Franconie.

Nuremberg, la deuxième ville de Bavière mérite à elle seule le voyage : sa vieille-ville, son marché de Noël, son histoire turbulente attirent toujours plus de visiteurs. Depuis Nuremberg, on peut faire de nombreuses excursions dans la région, par exemple vers Erlangen ou Fürth. La capitale administrative de la Moyenne-Franconie n'est pas Nuremberg, mais la petite ville d'Ansbach.

NUREMBERG ★★★

299 Nuremberg est le poumon économique de la Franconie. Célèbre pour son château impérial, ses saucisses grillées, ses pains d'épices et son marché de Noël, elle est l'une des villes les plus intéressantes de Bavière. Il faut lui consacrer une visite de plusieurs jours pour rendre hommage à son formidable patrimoine, comprendre ses heures sombres et apprécier pleinement son nouveau visage.

FÜRTH

310 La voisine et rivale de Nuremberg présente une jolie vieille-ville avec de croquignolettes maisons à colombages et en pierre. Une excursion sympathique à faire depuis Nuremberg, d'autant plus facile que les deux villes sont reliées par une ligne de métro.

ANSBACH ★

311 Curieusement, cette petite ville est la capitale administrative de la Moyenne-Franconie, alors même qu'elle n'en est que la quatrième par la taille, derrière Nuremberg, Fürth et Erlangen. Les visiteurs peuvent y découvrir la « Résidence des margraves », la belle église St-Gumbertus et une synagogue du XVIIIe siècle.

313 ## PARC NATUREL D'ALTMÜHLTAL

313 ## DINKELSBÜHL ★★

ROTHENBURG OB DER TAUBER ★★★

314 Une superbe ville médiévale qui a survécu à toutes les vicissitudes et à toutes les destructions pour parvenir intacte jusqu'à nous : de belles maisons à colombages à l'intérieur de remparts qui ont conservé leurs imposantes tours défensives.

PAGES

320 **BAD WINDSHEIM**

321 **ERLANGEN**

Erlangen est une ville jeune et vivante qu'animent les 40 000 étudiants de son université, la Friedrich-Alexander-Universität. Elle peut aussi constituer une jolie excursion depuis Nuremberg, les deux villes étant reliées par le réseau de S-Bahn.

322 **WOLFRAMS-ESCHENBACH**

Wolframs-Eschenbach, dont le nom est intimement lié à celui de Wolfram von Eschenbach, poète courtois des XIIe et XIIIe siècles, a connu une période de prospérité sous l'autorité des chevaliers de l'ordre teutonique. La ville affiche toujours aujourd'hui le visage souriant d'une cité médiévale.

323 **BASSE-FRANCONIE**

La région de Basse-Franconie (Unterfranken en allemand) est traversée par le Main et elle jouit d'un climat tempéré, agréable et propice à la culture des vignes. Cet atout en fait la première région viticole de Bavière. Sa capitale administrative, Wurtzbourg, est pleine de charme et l'on pourra y goûter les vins de la région, dans un des nombreux bars à vins ou sur le vieux pont de pierre.

Pendant 635 ans, la puissante et prospère principauté épiscopale de Wurtzbourg a régné sur les territoires qui forment aujourd'hui en grande partie la Basse-Franconie. Leur pouvoir, spirituel, mais aussi temporel, a laissé des traces dans la région : à Wurtzbourg bien sûr, mais aussi à Veitshöchheim où l'on peut admirer la résidence d'été des princes-évêques.

À cet héritage historique, il faut ajouter celui des Électeurs de Mayence qui ont fait d'Aschaffenbourg une résidence éclatante. La ville et sa province n'ont été intégrées à la Basse-Franconie et à la Bavière qu'au tout début du XIXe siècle.

323 **WÜRZBURG ★★★**

Wurtzbourg est une ville vivante, jeune et pleine de charme. Les visiteurs prendront plaisir à explorer les palais des princes-évêques qui ont régné tour à tour sur la cité : la forteresse de Marienberg ou la Residenz. La région est aussi une étape que les amateurs de vin ne manqueront pas d'ajouter à leur plan de route.

328 **VEITSHÖCHHEIM**

328 **SOMMERHAUSEN**

328 **SULZFELD AM MAIN**

328 **IPHOFEN**

329 **BAD KISSINGEN**

Bad Kissingen est une jolie ville d'eaux, délicieusement désuète. Son décor nous replonge dans l'âge d'or des stations thermales de la Belle Époque, quand les nantis et les puissants de toute l'Europe venaient y jouir des eaux thérapeutiques et des mondanités.

331 **ASCHAFFENBOURG ★★**

Elle est, il faut dire, souvent absente des itinéraires touristiques en Bavière et pourtant Aschaffenbourg vous réserve d'excellentes surprises : un cœur ancien charmant, un château Renaissance délirant, une villa romaine fascinante, des vignes bucoliques le long du Main et de ravissants parcs à l'anglaise.

BAMBERG ★★★

Bamberg, la ville des sept collines, fondée il y a plus de mille ans et souvent surnommée la Rome franconienne, nous a conquis. Contrairement à la plupart des autres villes allemandes de même taille, son urbanisme mêlant les influences médiévales et baroques fut comme par miracle presque intégralement épargné par les bombardements de la Seconde Guerre mondiale. L'ensemble de la vieille ville, composée de trois quartiers historiques – Bergstadt (ville sur la colline), Inselstadt (ville de l'île) et Gärtnerstadt (ville des jardins) –, est classé au patrimoine mondial de l'Unesco depuis 1993. Intact et particulièrement bien conservé, il livre un exemple extraordinaire d'une ville d'Europe centrale bâtie sur les structures du haut Moyen Âge. La cathédrale et son fameux Cavalier de Bamberg, l'Ancien Hôtel de Ville et les maisons pittoresques de la Petite Venise sont trois des nombreux sites à découvrir. La culture du maraîchage est d'ailleurs toujours exercée dans les jardins de la Gärtnerstadt. Impossible de trouver des produits plus frais ! Dotée d'une vie culturelle débordante, elle est aussi une ville musicale : l'orchestre symphonique de la ville, les Bamberger Symphoniker, jouit d'une excellente réputation mondiale et sa scène jazz est des plus étonnante. En outre, Bamberg fait sensation d'un point de vue sportif : depuis 2005, son équipe de basket, Brose Bamberg, a pu gagner huit fois le championnat d'Allemagne, y compris en 2016. Environ 8 000 étudiants ont choisi la ville. Autant dire que l'ambiance y est jeune, dynamique et culturelle. La vie nocturne est très riche avec ses fêtes de rue, ses bars, restaurants, clubs de jazz et discothèques, où l'alcool coule à flots puisque Bamberg est connue pour ses bières de production traditionnelle. Actuellement, la ville compte neuf brasseries alors que Munich en compte six… Parmi les bières locales, on peut citer la Bockbier, une bière forte que l'on buvait l'hiver pour supporter le froid, ou encore la Rauchbier, une bière fumée, dont le goût évoque étrangement celui du jambon fumé !

Transports

▶ Il faut savoir qu'à Bamberg, le stationnement gratuit n'existe pas. Il est non seulement payant, mais limité à 2 heures dans les rues. La solution la plus judicieuse reste de laisser la voiture à l'hôtel ou dans un parking couvert.

SANDSTRASSE

Après avoir traversé le pont sous l'œil protecteur de la duchesse de Bavière, vous tournerez tout naturellement légèrement à droite quelques mètres après la Heller Haus, la fameuse « maison lumineuse » vêtue de bleu et de sculptures baroques. Continuant alors sur SandStrasse, les brasseries traditionnelles pointent leur nez sur les premiers pavés. Le soir, c'est ici que tout se passe. A partir de 20h, les pubs et les clubs commencent à tomber les rideaux et à ouvrir leurs portes aux premiers noctambules, ou mélomanes ! Du jazz, du rock, de l'électro, ou tout simplement de la bonne bière, vous aurez l'embarras du choix pour passer une soirée comme on les aime à Bamberg.

ALTE HOFHALTUNG

Domplatz 7

✆ +49 951 871 142

Accès à la cour par la «Schöne Pforte» depuis la Domplatz.

A l'emplacement d'une ancienne forteresse du XIe siècle s'élève aujourd'hui la Alte Hofhaltung : c'est dans ce complexe historique de style Renaissance que résidaient les princes-évêques de Bamberg avant l'édification de la Nouvelle Résidence, juste en face. De la Schöne Pforte, «la belle porte», le visiteur débouche sur la charmante cour intérieure entourée d'édifices à colombages, qui, en été, accueille le festival Calderon. La cour est aussi un lieu idéal pour des tournages de films. A l'intérieur des bâtiments se trouve le musée d'histoire de Bamberg.

ALTES RATHAUS ★

Obere Brücke 1

L'édifice accueille aujourd'hui la «Sammlung Ludwig», une collection de faïences et de porcelaines.

L'ancien hôtel de ville est probablement l'édifice le plus iconique de Bamberg. A juste titre, car un bâtiment sur un pilier du pont est tout à fait une curiosité. D'après la légende, l'évêque de Bamberg refusa d'accorder une place pour un hôtel de ville. Pour cette raison, les citoyens créèrent un îlot artificiel dans la rivière pour y construire le bâtiment. Dévasté en 1440 par un incendie, les habitants de la cité le rebâtirent. Michael Küchel le transforme entre 1744 et 1756 selon les styles baroque et rococo de l'époque, avec des fresques en trompe-l'œil.

BAMBERGER DOM ST. PETER & ST. GEORG ★★

Domplatz
✆ +49 951 502 2512
www.bamberger-dom.de
Ouvert d'octobre à avril, de 9h à 17h ; de mai à octobre, de 9h à 18h. Les dimanches à partir de 13h.

La cathédrale de Bamberg, *Bamberger Dom* en allemand, a été construite sur la volonté de l'empereur Henri II (Henri le Boiteux, de la dynastie des Ottoniens) qui fonda en 1007 l'évêché de Bamberg. En 1012, la première cathédrale fut bénie, mais elle fut ravagée par un incendie tout comme l'édifice qui lui succéda… Les travaux de construction pour le troisième projet ne furent achevés qu'en 1237. En termes d'architecture, la cathédrale n'est pas un bâtiment stylistiquement uniforme. Elle a été construite dans un style de transition entre le roman tardif (côté est) et le gothique précoce (côté ouest) dans la première moitié du XIIIe siècle. L'intérieur est superbe : l'aile nord abrite la statue du *Lachender Engel* (*L'Ange souriant*). Non loin de là, la sculpture la plus connue de la ville, le *Bamberger Reiter* (*Cavalier de Bamberg*), réalisée vers 1230, n'a pas encore révélé tous ses secrets. En effet, on ignore non seulement l'identité de l'artiste mais aussi le nom du jeune roi représenté… Au bout de la nef trône l'immense tombeau d'Henri II et de Cunégonde. Cinq reliefs relatent des légendes de la vie du couple impérial. A l'opposé, le tombeau du pape Clément II est orné de peintures représentant la Justice, la Modération, la Sagesse et la Bravoure. Enfin, ne ne quittez pas les lieux sans avoir trouvé le portail du prince : son tympan présente le Jugement dernier, et de part et d'autre se trouvent les prophètes de l'Ancien Testament et les apôtres du Nouveau Testament.

BÖTTINGERHAUS

Judenstraße 14
✆ +49 951 230 27
www.kunstkontor-bamberg.de
Ouvert du mardi au vendredi : 10h-18h. Samedi : 10h-16h. Fermé les lundis.

Entre 1707 et 1713, le conseiller aulique Ignaz Tobias Böttinger fit construire ce superbe palais baroque selon le modèle des *palazzi* italiens. L'édifice abrite une cour avec de riches ornements et de splendides décorations. Observez le raffinement de la façade avec sa porte cochère en bois joliment encadrée de feuilles sculptées, et les atlantes, lascivement adossés contre la fenêtre centrale du bel étage. Plus on lève les yeux vers le ciel plus l'encadrement des fenêtres est richement ornementé et les lucarnes sur le toit sont tout simplement sublimes.

FRÄNKISCHES BRAUEREIMUSEUM

Michelsberg 10f ✆ +49 951 530 16
www.brauereimuseum.de
Ouvert d'avril à octobre : du mercredi au vendredi 13h-17h, week-ends 11h-17h. Plein tarif 4 €, familles 7 €.

Sous les voûtes historiques de l'ancienne brasserie du Michelsberg, le Fränkisches Brauereimuseum vous propose un voyage pour découvrir l'histoire de la bière. Son histoire remonte ici à l'année 1122, quand fut fondée l'abbaye bénédictine de Michelsberg. Salle de brassage, malterie, cave de fermentation et de stockage, glacière, tonnellerie, filtration et mise en bouteille et en fût : vous découvrirez tout l'équipement nécessaire à la production du meilleur des breuvages.

Fresques baroques sur la façade de l'ancien hôtel de ville.

HISTORISCHES MUSEUM [MUSÉE D'HISTOIRE]

Domplatz 7
✆ +49 951 871 142
www.bamberg.de/museum
Ouvert du mardi au dimanche de 10h à 17h, de mai à octobre. Adulte : 8 €, réduit : 7 €.

Les grands moments de la vie culturelle et artistique de la cité ainsi que de la Haute-Franconie («Oberfranken», sous-région administrative à laquelle Bamberg appartient) sont présentés dans ce musée d'histoire situé dans les murs de la Alte Hofhaltung, l'ancienne résidence épiscopale à côté de la cathédrale. La partie nord-ouest du musée est consacrée à une exposition permanente sur la culture bourgeoise au XIXe siècle à Bamberg. Expositions temporaires fréquentes.

KLEIN VENEDIG [PETITE VENISE]

Markusbrücke
La Petite Venise de Bamberg s'étend le long du Linker Regnitzarm, un des bras de la Regnitz.

Avec ses jolies maisons à colombages, l'ancien quartier des pêcheurs sur les rives de la Regnitz reçoit le doux surnom de Petite Venise, et c'est assurément l'un des plus charmants endroits de Bamberg, surtout l'été, lorsque ses balcons sont recouverts de fleurs. Ces maisons médiévales serrées les unes contre les autres possèdent toutes un minuscule jardinet sur les bords de la Regnitz. Pour une très belle vue, rendez-vous sur le quai Am Leinritt ou sur le pont Markusbrücke.

KLOSTER MICHELSBERG

Michelsberg 10
www.michaelskloster.de
L'église est actuellement fermée pour restauration.

Cet ancien couvent bénédictin fut érigé en 1015 sur ordre de l'empereur Henri II, mais il fut dévasté par un incendie et reconstruit à partir de 1610 selon le style baroque. A l'intérieur, le visiteur peut admirer une fresque représentant pas moins de 578 fleurs et plantes médicinales ! A l'extérieur, une vue panoramique spectaculaire vous attend sur la terrasse derrière l'église. En outre, les vignes sur les coteaux du jardin du monastère ont connu leur renaissance : depuis 2011, il y a de nouveau un sylvaner, fabriqué selon les anciennes traditions.

CAPITALE DE LA BIÈRE

S'il y a une chose qui réunit les 77 000 habitants de Bamberg, c'est la bière. A Bamberg, le premier débit de bière remonterait à 1093. En 1818, Bamberg comptait 65 brasseries pour 17 000 habitants. Aujourd'hui, la ville comporte 9 brasseries privées, qui produisent à elles seules une cinquantaine de variétés. Mais c'est sans compter les 60 autres qui se nichent dans les villages alentour, offrant 300 bières différentes… La région est reconnue comme la plus grande concentration de brasseries au monde !

Une fabrication ancestrale et traditionnelle. Un document de 1122 indique que l'évêque Otton Ier accordait le droit de brasser de la bière aux moines bénédictins du monastère de Saint-Michel, là où l'on retrouve aujourd'hui le fameux musée franconien de la bière. Pour brasser de la bière traditionnelle, trois ingrédients autorisés par les décrets de pureté : l'eau, le malt et le houblon.

On déguste ? Sans aucun doute, il faut la déguster ! Haute ou basse fermentation, une multitude de variétés de bières s'offre à vous. Pour ça, il y a les vieilles brasseries conviviales, on aura presque l'impression d'un voyage dans le temps. Mais on peut aussi décider d'aller boire une pinte au sommet des collines, «sur» une des caves typiquement franconiennes. Sous nos pieds, des galeries faisaient office de caves, idéales pour faire fermenter la bière. Comme on aimait venir boire l'or liquide à la source, ces brasseries sont nées en plein air. Situées au-dessus des caves, on vient donc «sur» les caves !

Bamberg, l'inspirante. Les amateurs de bière viennent du monde entier pour goûter la mousse de Bamberg. Pour l'anecdote, cette dernière a même inspiré un brasseur brésilien ! La Bamberg Bock, fabriquée au Brésil au cœur de la Brasserie Bamberg, s'est ouvertement inspirée de la fabrication de la petite ville bavaroise. Une petite fierté.

Sur la route de la bière… Si l'on décide de se perdre dans les villages alentour au détour des caves et des brasseries, c'est l'occasion de très belles balades au cœur de paysages complètement bucoliques, mais également l'opportunité de goûter aux spécialités culinaires du coin.

NATURKUNDE-MUSEUM BAMBERG

Fleischstraße 2
✆ +49 951 8631 249
www.naturkundemuseum-bamberg.de
Ouvert du mardi au dimanche de 9h à 17h d'avril à septembre, ouvert de 10h à 16h d'octobre à mars. Plein tarif 3,50 €.

Ce musée d'histoire naturelle de Bamberg est absolument passionnant. Construit à la fin du XVIIIe siècle, il affiche toujours un mobilier classique superbe. La salle des oiseaux (*Vogelsaal*), l'une des plus anciennes et plus belles salles consacrées aux sciences naturelles, est souvent considérée comme « un musée dans le musée ». Il n'y a pas d'équivalent dans le monde entier. Un musée qui plaira aux enfants tout comme aux adultes passionnés de biologie.

NEUE RESIDENZ

Domplatz 8 ✆ +49 951 519 390
www.residenz-bamberg.de
Ouvert tous les jours de 9h à 18h (basse saison : 10h-16h). Visite guidée uniquement, de 45 minutes. Entrée : 4,50 €.

Ce château-résidence est un complexe architectural qui mêle les styles Renaissance et baroque, composé de quatre ailes en forme de zigzag. Il a accueilli la cour épiscopale de Bamberg pendant près de 200 ans. La première pierre de l'édifice été posée en 1603, puis les différents princes-évêques n'ont eu de cesse de remanier cette Nouvelle Résidence. Au tournant des années 1802-1803, la principauté épiscopale de Bamberg est annexée par la Bavière et les biens de l'Eglise sont sécularisés : le château devient propriété des Wittelsbach et plusieurs membres de la famille vivent ici, notamment Othon Ier de Grèce, en exil après avoir été chassé de son trône. Avec la révolution de 1918, le règne de la dynastie des Wittelsbach prend fin. Munich étant en proie au chaos, le gouvernement et le parlement de Bavière fraîchement élus se réfugient à Bamberg pour échapper à l'agitation et s'installent dans les locaux de la Neue Residenz. Après leur départ, la Neue Residenz a été ouverte au public.

- Parmi les endroits les plus impressionnants du château : la salle impériale (**Kaisersaal**) dont la fresque a été réalisée par Melchior Seidl, la galerie de peintures qui abrite des œuvres du Moyen Âge, de styles baroque ou Renaissance.
- Enfin, la roseraie (**Rosengarten**) offre une vue imprenable sur la cité et sur le monastère Saint-Michel sur la colline au nord-ouest. Cette magnifique roseraie de la résidence (43 sortes de roses) possède aussi un Biergarten où l'on pourra se rafraîchir avec une bière au soleil, en refaisant le monde.

RESIDENZSCHLOSS GEYERSWÖRTH

Geyerswörthstraße 3A

Cet ancien palais résidentiel, dans sa forme actuelle, a été achevé en 1588-1589. Les ravages du temps ont laissé des traces, si bien que d'importantes mesures de restauration et de rénovation sont actuellement en cours pour lui redonner un coup de jeune. Ce palais Renaissance a servi un temps, au XVIIIe siècle, de résidence aux princes-évêques de Bamberg. Il accueille aujourd'hui des bureaux administratifs de la ville. Le jardin attenant offre une halte agréable.

SCHLOSS CONCORDIA

Concordiastraße 28
✆ +49 951 955010
www.villa-concordia.de
Fermé les samedis et dimanches.

Ce beau petit château se trouve joliment posé sur les bords de la Regnitz, le fleuve qui traverse Bamberg. Ce terrain avait été offert à Ignaz Tobias Böttinger (à qui l'on doit la belle Böttingerhaus non loin) par le prince-évêque Lothar Franz von Schönborn. Aujourd'hui, le château a été transformé en *Künstlerhaus*, maison des artistes, dans laquelle se déroulent des représentations et des événements culturels. La plus belle vue panoramique sur le Schloss Concordia, vous la trouverez en face, depuis l'autre rive de la Regnitz.

SCHLOSS SEEHOF

Memmelsdorf ✆ +49 951 409571
www.schloesser.bayern.de
Ouvert de 9h à 18h du mardi au dimanche. Fermé le lundi et en hiver. Entrée : 5 €. Visité guidée uniquement.

Le château Seehof a été construit à partir de 1686 comme résidence d'été des princes-évêques de Bamberg selon les plans de l'architecte Antonio Petrini, sur la commune de Memmelsdorf à 7 km de la cité épiscopale. Neuf salles d'exposition attendent les visiteurs, dont la « Salle blanche » avec la peinture virtuose du plafond réalisée par Giuseppe Appiani. La cascade restaurée avec ses fontaines et les sculptures de Ferdinand Tietz, que l'on peut admirer dans le jardin et au musée Tietz dans l'Orangerie, témoignent de la splendeur de l'ancien jardin rococo.

DJH JUGENDHERBERGE BAMBERG « AM KAULBERG » €

Unterer Kaulberg 30 ✆ +49 951 2995 2890

www.bamberg.jugendherberge.de

A partir de 26,50 €/personne, petit-déjeuner inclus. A partir de 38 € en pension complète. +4 € pour les plus de 27 ans.

Plusieurs types de chambres dans cette belle auberge de jeunesse à trois minutes à pied de la cathédrale. En tout, ce sont 108 lits dans 31 chambres. Les dortoirs comptent de 2 à 6 lits et toutes les chambres sont équipées de douche/WC. L'auberge est adaptée aux personnes en fauteuil roulant avec un ascenseur. Une salle à manger, une salle de télévision et surtout une terrasse sur le toit ! Aussi : 4 chambres familiales avec lit double, lit superposé, réfrigérateur et micro-ondes.

TANDEM €€

Untere Sandstraße 20

✆ +49 951 51935855

www.tandem-hotel.de

Chambre individuelle à partir de 80 €, double à partir de 135 € par nuit, petit déjeuner inclus.

Ce petit hôtel charmant, situé dans le centre historique, directement au bord de la Regnitz, offre une vue magnifique sur les maisons pittoresques de la *Petite Venise*. L'emplacement est vraiment idéal : on pourra explorer toute la ville à pied. Dans le café, tout comme dans le buffet du petit-déjeuner, tous les produits sont régionaux et bio, les confitures et les gâteaux sont faits maison. Toutes les chambres sont équipées de leur propre salle de bains, d'un bureau et d'un minibar. Wifi gratuit partout. Une excellente adresse.

WELCOME KONGRESSHOTEL BAMBERG €€

Mußstraße 7

✆ +49 951 70000

Chambre double à partir de 122 €, petit déjeuner inclus.

Situé directement à côté du parc de sculptures, à quelques pas de la salle de concert, et proche de la vieille ville, cet hôtel en forme de navire de croisière se distingue par son architecture ultramoderne. Son intérieur séduit par son design simple, clair et élégant. 164 chambres et 4 suites, un espace sport et sauna et plein de salles pour des réunions (vous l'aurez deviné dans le nom de l'hôtel : beaucoup viennent ici pour travailler). Joli espace restaurant.

HOTEL NEPOMUK €€€

Obere Mühlbrücke 9

✆ +49 951 98420

www.hotel-nepomuk.de

Chambre double entre 136 et 158 €, petit déjeuner inclus. Parking.

Ce beau bâtiment à colombages est situé dans la vieille ville de Bamberg, sur l'eau à côté de l'ancien hôtel de ville (Altes Rathaus). On dirait un bateau qui flotterait, avec légèreté, sur la rivière, ce qui lui donne un charme indéniable. Si ses façades extérieures ont des traits médiévaux, l'intérieur lui est ultra moderne et le mélange est parfaitement réussi. Les chambres sont décorées avec goût (poutres et lits en bois) et certaines ont une vue magnifique sur la rivière et l'ancien hôtel de ville de Bamberg. Bar et restaurant.

HOTEL RESIDENZSCHLOSS €€€

Untere Sandstraße 32

✆ +49 951 609 10

Chambre simple à partir de 94 €, double à partir de 124 €, suite à partir de 244 €.

Situé au bord de la rivière Regnitz, cet établissement luxueux pourrait être le décor idéal d'un film. Le complexe comprend deux restaurants ainsi qu'une petite chapelle. Baroque et modernité caractérisent l'ambiance de l'hôtel, qui a été construit en 1787 et a rouvert comme hôtel en 1990. En tout, ce sont 184 chambres tout équipées ! Les chambres y sont spacieuses et lumineuses. Espace wellness et sauna. Au pied du château se trouve un joli petit jardin fleuri. 500 mètres jusqu'au cœur historique de Bamberg et encore moins pour la très animée Sandstraße.

FERIENWOHNUNG AM RATHAUS €€

Fleischstraße 21 ✆ +49 951 2085 3365

Appartement pour quatre personnes max. Tarifs pour deux personnes : 85 € par nuit. 15 € par personne supplémentaire.

Logement dans un ancien immeuble de 600 ans, bien au centre de la vieille ville, équipé d'une salle de séjour confortable, d'une cuisine intégrée, d'une salle de bain avec douche et d'une chambre douillette. La cour intérieure idyllique est un lieu parfait pour se détendre. Tous les prix des nuitées comprennent la mise à disposition des draps et des serviettes, le nettoyage final, Internet et les autres frais annexes. Pour celles et ceux qui choisiraient de ne rester qu'une nuit, sachez que le prix sera majoré de 20 % par rapport au tarif normal.

KAPUZINERBECK €

Kapuzinerstraße 6
✆ +49 951 27580
www.kapuzinerbeck.de
Ouvert du mardi au samedi de 5h à 18h. Ferme à 14h le samedi. Fermé le dimanche et le lundi.

Que vous rentriez d'une longue soirée ou que vous soyez simplement matinal, c'est bien avant 9h que vous aurez le plus de choix dans cette petite boulangerie familiale. On y trouve des pains en tous genres dont le fameux *Bamberger Butterhörnchen*, l'écureuil de Bamberg, ainsi que de délicieux bretzels et bien sûr des *Kapuziner* (capucins), la pâtisserie à pâte sablée qui donne son nom à la boulangerie. C'est une entreprise familiale dont l'histoire remonte à l'année 1962 ! Depuis 2007, la boulangerie est gérée par la troisième génération.

HOFBRAÜ €€

Karolinenstraße 7
✆ +49 951 53321
www.hofbraeu-bamberg.de
Ouvert du jeudi au lundi de 11h à 22h, mardi et mercredi de 16h à 22h.

Le parquet sombre, la boiserie foncée, les hauts plafonds, la lumière douce et quelques éléments Art nouveau participent de l'atmosphère attrayante et agréable de cette auberge traditionnelle franconienne. Le restaurant Hofbräu offre un cadre idéal pour déguster des spécialités franconiennes, conçues soigneusement. On y sert une cuisine à la fois régionale et de saison puisque la carte est ajustée pour inclure les produits frais de la saison : des asperges et des fraises en été, des girolles et des cucurbitacées à l'automne, etc.

SCHLENKERLA €

Dominikaner Straße 6
✆ +49 951 56050
www.schlenkerla.de
Ouvert tous les jours de 9h30 à 23h30.

Cadre rustique et ambiance typique chez Schenkerla. Dans l'assiette, cuisine bavaroise traditionnelle, bon marché et de qualité. Spécialité : les oignons farcis ! Ici, on vient d'abord pour goûter à la fameuse bière fumée, traditionnelle de Bamberg : La Rauchbier de chez «Schlenkerla» est une bière de mars à fermentation basse, très foncée et épicée, avec 13,5 % de moût primitif, ce qui correspond à une teneur en alcool d'environ 5,1 % : les premières gorgées sont étranges, on a le sentiment de boire du jambon fumé ! Puis, on s'habitue.

CAFÉ HÖRNLA

Lugbank 8
✆ +49 951 57985
www.baeckerei-seel.de/cafe-hoernla
Ouvert du lundi au vendredi de 5h45 à 18h, le samedi de 5h45 à 17h. Fermé le dimanche.

La café doit son nom à une viennoiserie : le *Hörnla*. Ce croissant est une des spécialités de Bamberg et son origine remonte à 1427. La salle se trouve à côté de l'espace de vente de la boulangerie Seel, qui est d'ailleurs considérée comme la plus ancienne de la ville. Une longue banquette le long de la paroi invite à s'asseoir. En fonction de l'heure, il y a un buffet du petit déjeuner ou une sélection de soupes, pizzas et snacks. Les gâteaux, tartes et viennoiseries peuvent être consommés toute la journée. La boulangerie a deux autres boutiques en ville.

ECKERTS €€

Obere Mühlbrücke 9
✆ +49 951 984 2500
www.das-eckerts.de
Ouvert tous les jours de 7h à minuit mercredi et jeudi de 7h à 17h. Plats de 10,80 € à 16,80 €.

Situé dans le quartier des anciens moulins (*Mühlenviertel*), sur le pont *Obere Mühlenbrücke*, ce restaurant séduit non seulement par son site merveilleux et sa grande terrasse directement sur la rivère, mais avant tout par son excellente cuisine à base des produits régionaux de meilleure qualité. Il faut préciser qu'Eckert's est un restaurant couronné de 14 points Gault & Millau ! Des racines franconiennes et des recettes de nos grands-mères rencontrent des tendances modernes et urbaines. Un vrai délice ! On aime et on reviendra avec grand plaisir.

CAFÉ RIFFELMACHER

Obere Brücke 12
✆ +49 951 25815
www.cafe-riffelmacher.de
Café ouvert tous les jours à partir de 9h30. Jusqu'à 18h ou 19h. En été, jusqu'à minuit.

Fondée en 1831, et auparavant fournisseur de la cour royale bavaroise, la pâtisserie Riffelmacher a bien raison d'être fière de sa longue tradition. L'armoire en placage de noyer de 1900 et l'ancien sol en mosaïque sont des témoins du passé, le reste de l'intérieur est moderne et simple. Les locaux se trouvent dans une maison de l'époque baroque, directement au pont Obere Brücke, avec son célèbre hôtel de ville. Trop de gourmandises pour les citer toutes… Les glaces faites maison doivent cependant être mises en exergue. Le petit déjeuner est servi jusqu'à 17h !

STILBRUCH

Obere Sandstraße 18
✆ +49 951 5190002
www.stilbruch-bamberg.de
Ouvert du dimanche au vendredi de 17h à 1h du matin, le samedi à partir de 11h30.

En plein cœur de la vieille ville, situé dans la Sandstraße - une rue connue pour ses nombreux bars - le STIL.Bruch est un lieu de rencontre – populaire, agréable, et pour tous les âges. On y trouvera une grande sélection de bières régionales, ainsi que des burgers, des pizzas et des salades, ainsi que des plats du jour. Les pizzas, croustillantes et savoureuses, sont particulièrement recommandées ! Un peu de tout et pour tous les goûts. Chaque jour à partir de 19h, petit programme pour commencer la soirée : quiz, bingo musical, etc.

ZUCKERSTÜCK

Obere Sandstraße 4
✆ +49 951 30280602
www.zuckerstueck-bamberg.de
Ouvert tous les jours de 11h à 18h.

Parmi les tonnes d'objets de la caverne d'Ali Baba version décoration, on s'installe confortablement dans les canapés douillets de ce joli café-boutique, le temps d'un cappuccino et d'une tarte au chocolat maison par exemple. On y sert des spécialités de café portugais et bien sûr l'indissociable pastel des nata qui va avec (c'est une spécialité tout à fait exceptionnelle dans la région et cela mérite d'être souligné). Forcément, vu le charme, ce café-boutique est toujours joyeusement fréquenté, notamment par les étudiants de la ville.

DER PLATTENLADEN LONGDRINKS UND LONGPLAYERS

Untere Sandstraße 9
✆ +49 951 18308649
www.der-plattenladen.de
Du mercredi au samedi à partir de 20h. Soirées jazz tous les mardis.

Les ingrédients pour une soirée réussie ? Des cocktails et long drinks contemporains, une bonne sélection de gins et d'eaux-de-vie franconiennes, un DJ passionné aux platines.... Dans ce bar-club urbain, tout est au rendez-vous ! Le Plattenladen, que les jeunes de la ville appellent affectueusement « Platte », est un lieu de fête des plus agréables à Bamberg. Le vendredi, c'est un DJ qui met l'ambiance et le mardi, c'est soirée jazz (SayYes2Jazz) toutes les semaines.

JAZZCLUB BAMBERG

Obere Sandstraße 18
✆ +49 951 537 40
www.jcbamberg.de
Concerts de septembre à mai, le vendredi ou le samedi. Soirées jazz le premier mercredi du mois à partir de 21h.

Depuis les années 1970, c'est le haut lieu du jazz de la région, voire de la Bavière selon certains. Son association compte 500 membres, ce qui en fait l'un des plus grands du pays ! Pour une ville de la taille de Bamberg, on est sera peut-être surpris de voir cette incroyable popularité du jazz : les habitués sont nombreux à venir ici pour la musique, mais aussi pour l'ambiance chaleureuse et pour le large choix de boissons. De grands noms du jazz se sont déjà donnés en concert au Jazzclub de Bamberg, contribuant ainsi à sa réputation.

POMMERSFELDEN

Si vous devez vous arrêter dans cette localité, ce ne sera que pour une seule mais bonne raison : la visite du château de Weißenstein. Et cette résidence d'été du prince-évêque de Bamberg mérite effectivement une halte lors de votre visite dans la région.

Transports

La petite ville ne possédant pas de gare ferroviaire, il est bien plus simple de s'y rendre en voiture pour visiter le château de Weißenstein. Depuis Bamberg, il faut compter une vingtaine de minutes pour parcourir les 20 km qui séparent la ville épiscopale de la commune. Pour y aller en bus, c'est un peu la croix et la bannière.

SCHLOSS WEISSENSTEIN

Schlossplatz 1
✆ +49 9548 981 80
www.schoenborn.de/schloss-weissenstein
Château et parc ouverts tous les jours de 11h à 17h. Entrée : 8 €, réduit : 6 €.

Situé à une vingtaine de kilomètres au sud de Bamberg, le petit village de Pommersfelden a été choisi Lothar Franz von Schönborn – prince-évêque de Bamberg et prince-électeur de Mayence – pour y faire bâtir sa résidence d'été. Témoignage de cette époque de faste, le château peut se visiter et dévoile ses trésors hérités du style baroque : majestueuse cage d'escalier, salle des glaces, etc. Aujourd'hui encore, la résidence appartient toujours aux Schönborn, qui gèrent des vignes en Basse-Franconie. Les jardins du château valent, eux aussi, le détour.

BAD STAFFELSTEIN

Bad Staffelstein est une petite ville thermale de Haute-Franconie, connue pour accueillir deux sites sacrés remarquables. D'une part, il y a la basilique des Quatorze Saints (*Basilika Vierzehnheiligen*), conçue par l'architecte vedette de l'époque, Balthasar Neumann, particulièrement coté chez les princes-évêques de la famille Schönborn. D'autre part, il y a à Bad Staffelstein l'abbaye de Banz (*Kloster Banz*). En parcourant la vieille ville, on découvre d'autres curiosités, notamment le bel hôtel de ville à colombages, de nombreuses maisons à colombages du début de l'ère baroque, la tour de la ville et les vestiges de l'ancien mur d'enceinte.

KLOSTER BANZ ✞ ★★

Kloster Banz
✆ +49 9573 5992
Ouvert tous les jours sauf le lundi. Visite guidée : 4,50 €.

L'abbaye de Banz est un ancien monastère bénédictin, construit sur les fondations d'une forteresse médiévale qui dominait les bords du Main. Si les origines de l'institution remontent au XIe siècle, le complexe architectural date, lui, du XVIIIe siècle, époque où l'abbaye est à son apogée. L'église Saint-Denis et Saint-Pierre, dont la façade plutôt sobre dissimule un intérieur richement ornementé, est un chef-d'œuvre du baroque allemand. Sécularisée en 1803, l'abbaye abrite aujourd'hui un centre de formation de la fondation Hanns-Seidel.

EBERMANNSTADT

Ebermannstadt peut être considérée comme la capitale de la Suisse franconienne. La petite ville de 7 000 habitants possède de jolies rues anciennes et un petit centre-ville des plus tranquille. La ville en elle-même ne présente pas de curiosités en particulier, mais elle constitue un bon point de départ pour des excursions dans les environs. Depuis la gare d'Ebermannstadt, on pourra prendre le train ou le bus pour rejoindre de beaux lieux de balade et de randonnée dans la Suisse franconienne : Pottenstein, Gößweinstein, etc. De Ebermannstadt, on peut aussi prendre une locomotive à vapeur historique pour explorer la région de façon originale.

BASILIKA VIERZEHNHEILIGEN ★★

Vierzehnheiligen 2 ✆ +49 9571 95080
www.vierzehnheiligen.de
Basilique ouverte tous les jours de 6h30 à 19h en été, de 7h30 à 17h en hiver. Entrée libre.

D'après les récits de l'époque, Jésus apparaît à un berger en 1445, accompagné par les 14 saints auxiliateurs. Une chapelle est construite pour accueillir les pèlerins. Au XVIIIe siècle, le pèlerinage prend de telles proportions qu'il faut donner de nouvelles dimensions à l'église. Cette basilique, conçue selon les plans de Balthasar Neumann (à qui l'on doit également la Residenz de Wurtzbourg) est un chef-d'œuvre de l'architecture rococo.

▸ Les **Quatorze saints auxiliateurs** sont présents sous forme de statues. On les distingue à leurs attributs respectifs. Sainte Barbara s'appuie sur la tour dans laquelle elle fut enfermée par son père. Sainte Catherine a la roue de son martyre aux pieds. Sainte Marguerite regarde le dragon qui lui est apparu pendant sa captivité. Saint Arace est représenté en armure et portant une couronne d'épines. Saint Denis, évêque de Paris, porte sa tête décapitée entre les mains. Saint Cyriaque est représenté avec un démon, dont il a libéré la fille de l'empereur Dioclétien. Saint Érasme, évêque d'Antioche, porte la crosse épiscopale. Saint Eustache est représenté avec le cerf qui lui est apparu pendant une chasse. Saint Georges est représenté en chevalier terrassant le dragon. Saint Pantaléon a les mains clouées sur le crâne. Saint Guy (ou saint Vite) a un coq à ses côtés. Saint Gilles (ou saint Égide) est représenté avec une biche. Saint Blaise de Sébaste est reconnaissable à ses vêtements d'évêque. Saint Christophe porte l'enfant Jésus sur ses épaules.

NORD DE LA BAVIÈRE

POTTENSTEIN ★

Pottenstein est une jolie bourgade avec de jolies maisons à colombages au pied d'une forteresse dans un cadre rocheux fantastique pour faire de la randonnée. Mais cette petite ville de 5 000 habitants se distingue des autres destinations de la Suisse franconienne par ses offres sportives avec l'insolite piscine dans les rochers (Felsenbad) et le parc Erlbenisfelsen pour faire de la luge d'été. Pottenstein doit aussi sa renommée à sa fameuse grotte du Diable (Teufelshöhle). Haute de 14 m et large de 30 m, elle a la plus grande entrée de toutes les grottes en Allemagne, et sur le chemin de 1,5 km, on peut contempler une vaste variété de stalactites et stalagmites.

BURG POTTENSTEIN

Burgstraße 13 ✆ +49 9243 7221
www.burgpottenstein.de
Haute saison : mardi-dimanche. Basse saison : mercredi-dimanche. 10h-17h. Plein tarif : 6 €, réduit de 5,50 €.

Construite sur un rocher, la forteresse médiévale, l'une des plus anciennes de la *Suisse* franconienne (elle a un bon millier d'années d'existence !), s'élève au-dessus de la petite bourgade pittoresque et de ses maisons à colombages. La montée jusqu'au château est très raide mais l'effort sera récompensé par une belle vue sur Pottenstein et les paysages alentour. La visite du château en lui-même n'est pas vraiment indispensable : le musée est plutôt vieillot. A la place, on pourra monter encore un peu plus sur la falaise, pour s'élever au-dessus de la forteresse.

ERLEBNISFELSEN POTTENSTEIN

Am Langen Berg 50
✆ +49 9243 92200
www.erlebnisfelsen-pottenstein.de
Skywalk : 5 €. 1 circuit : 3,50 € (adulte), 2,50 € (enfant). 6 circuits : 16 €, 11 €. Tarifs de groupe.

Ce petit parc d'attractions combine deux choses qui satisferont petits et grands. D'abord, il y a le *Skywalk*, un grand pont suspendu qui permet d'admirer la vallée et ses falaises. Si vous avez le vertige, sachez que le pont tangue un peu avec le vent ! Ensuite, il y a plusieurs parcours de luges sur rails et un parcours de télésiège. En plus, on trouvera des toboggans, des trampolines, des petits parcours façon accrobranche. Très chouette à faire entre amis ou en famille.

FRÄNKISCHE SCHWEIZ-MUSEUM

Am Museum 5 ✆ +49 9242 1640
www.fsmt.de
D'avril à octobre, mercredi à vendredi de 13h à 17h, samedi et dimanche de 11h à 17h. Plein tarif : 4 €, réduit : 3,50 €

Ouvert depuis 1985, ce musée de la Suisse franconienne permet de comprendre la région sous des angles différents : on pourra y découvrir l'histoire géologique de la région, et son histoire humaine surtout, avec des pièces reconstituées de l'habitat au XIXe siècle et des costumes traditionnels. Dans la cour se trouve aussi une ancienne synagogue du XVIIIe siècle. Ne pas manquer de vous balader sur les hauteurs de Tüchersfeld pour apprécier les paysages de falaises.

TEUFELSHÖHLE (GROTTE DU DIABLE)

Pegnitzer Straße 100
✆ +49 9243 208
www.teufelshoehle.de
Ouvert tous les jours de 9h à 16h30. Adulte : 7 €.

Durée de la visite dans cette grotte du diable : environ trois quarts d'heure pour un parcours de près de 2 km dans les entrailles de la terre. Une curiosité : la reconstitution d'un squelette d'ours des cavernes (*Ursus spelaeus*) dont les origines remontent à la préhistoire ! Pas d'inquiétude à avoir, ces ours étaient végétariens et l'espèce a disparu. Prévoir de bonnes chaussure et de quoi se couvrir : il fait froid dans la grotte et bien sûr l'eau goutte des parois.

FELSENBAD (PISCINE DANS LES ROCHERS)

Pegnitzer Straße 35
✆ +49 9243 700592
www.felsenbad.eu
Ouvert de mai à septembre, à partir de 9h30, selon la météo.

Située à mi-chemin entre la forteresse Pottenstein et la grotte du Diable (Teufelshöhle), cette magnifique piscine naturelle des années 1920, entourée de rochers, est le lieu idéal pour tous ce qui aspirent un rafraîchissement en plein air – dans l'eau, ou en sirotant une bonne bière au *biergartern* directement au bord du lac. Pas besoin de chlore ici, l'eau est totalement naturelle, les plantes agissant comme un filtre. Un lieu et une piscine insolites qui plairont à toute la famille.

GÖSSWEINSTEIN ★

Un petit havre de paix au cœur de la Suisse franconienne, charmant avec sa forteresse qui domine la vieille ville et surtout sa très belle basilique baroque. Cette dernière a été édifiée par Balthasar Neumann entre 1730 et 1739 sur la demande du prince-évêque Carl von Schönborn. Gößweinstein demeure, aujourd'hui encore, une des haltes des nombreux pèlerinages qui se déroulent chaque année entre les mois de mai et de septembre. Derrière la basilique se trouve d'ailleurs une réplique de la grotte de Lourdes. Le petit plus de Gößweinstein réside dans les très nombreux points de vue qu'offrent les falaises alentour : l'idéal pour la balade et pour prendre de belles photos.

BURG GÖSSWEINSTEIN

Burgstraße 30
✆ +49 9242 299 9891
www.burg-goessweinstein.de
Ouvert tous les jours de 10h à 18h de Pâques à octobre. Entrée adulte : 4 €, ado : 2 €, enfant : 1 €.
Construite au XIe siècle, cette forteresse posée sur un rocher ne s'est dotée d'une allure néogothique que très tardivement, il y a un peu plus d'une centaine d'années. Le panorama, de tous les côtés, y est grandiose. Côté sud, il y a une petite buvette gorgée de soleil par beau temps. A l'intérieur du château, il n'y a pas grand-chose à visiter, quelques pièces seulement et le cachot, absolument effrayant : 50 mètres sur 40, complètement privé de lumière. La légende veut que la forteresse ait inspiré Wagner pour son *Parsifal*.

BASILIKA GÖSSWEINSTEIN

Balthasar-Neumann-Straße 2
✆ +49 9242 264
www.pfarrgemeinde-goessweinstein.de
Ouverte tous les jours. Entrée libre.
La basilique de Gößweinstein attire tous les ans des milliers de pèlerins. Elle a été construite entre 1730 et 1739 selon les plans de l'architecte Balthasar Neumann, qui n'a pas donné son nom à la rue pour rien : c'est l'un des maîtres du baroque et du rococo en Allemagne du Sud. On lui doit par exemple la somptueuse Residenz de Wurtzbourg. La basilique de Gößweinstein est particulièrement belle quand la lumière du soleil couchant se reflète sur sa pierre couleur sable. Très beau point de vue sur la basilique depuis le Kreuzberg.

PENSION HAUS JUTTA €

Karl-Brückner-Straße 4
✆ +49 9242 7409892
www.hausjutta.de
Chambre simple à partir de 49 € par nuit, double à partir de 38 € par personne et par nuit. Petit-déjeuner compris.
Cette pension tenue par une famille est une bonne adresse pour séjourner dans la Suisse franconienne. Situé à deux pas de la basilique, l'hébergement jouit d'un emplacement idéal, adapté à celle et ceux qui voyagent en transport en commun, car la petite ville de Gößweinstein est desservie pour des bus, pratique pour faire des excursions à la journée. La Pension Haus Jutta est authentique avec sa décoration surannée, un brin calotine. Jolie salle du petit-déjeuner avec vue sur la basilique. Bon accueil et bon rapport qualité-prix.

Basilika Gössweinstein.

AHORNTAL

A première vue, Ahorntal est une commune de 2 000 habitants sans véritable centre puisqu'elle est depuis les années 1970 une conglomération de dizaines de petits villages. Et pourtant, il y a ici une concentration de choses intéressantes à faire. Il y a tout d'abord la forteresse de Rabenstein, un reliquat du Moyen Âge qui continue de dominer la vallée, juste à côté une fauconnerie pour découvrir la diversité des rapaces. A dix minutes à pied, sur un très beau chemin de randonnée, on trouve la grotte Sophie (Sophienhöhle) découverte en 1833 et dont les formations calcaires continuent de captiver les visiteurs. Et toutes ces belles choses sont à moins d'1 km de distance !

BURG RABENSTEIN €€€

Rabenstein 33
✆ +49 9202 9700440
www.burg-rabenstein.de
Chambre simple à partir de 117 € par nuit. Chambre double à partir de 157 € par nuit.

La forteresse de Rabenstein, c'est tout à la fois un hôtel, un restaurant, un lieu de conférences, un lieu de concert et bien sûr un château que l'on peut visiter ! Les chambres de l'hôtel ont une vue formidable sur la vallée et sont aménagées avec soin et une certaine fibre médiévale. Le nec plus ultra, c'est la très confortable antichambre du restaurant où, chaque soir, un feu de cheminée vient créer une ambiance incroyable. Quand vous aurez vu Rabenstein, vous comprendrez pourquoi nombre de couples y organisent leurs festivités de mariage.

FALKNEREI RABENSTEIN

Rabenstein 33
✆ +49 9202 9700440
www.falknerei-rabenstein.de
Parc d'oiseaux : du mardi au vendredi 14h-17h. Samedi et dimanche 13h-17h. Spectacles de vautours : 9 €.

Vous êtes-vous déjà demandé ce qui distingue une buse d'un faucon et d'un aigle ? De quoi ils se nourrissent et quelles sont leurs techniques de chasse ? Si vous êtes à Ahorntal pour la forteresse ou la grotte, passez aussi découvrir cette fauconnerie avec 80 rapaces où tous les jours, à 15h, les fauconniers font une démonstration avec ces fascinants oiseaux de proie. La présentation est en allemand, mais les oiseaux, eux, communiquent bien différemment ! A la fin, on pourra (pour un petit supplément) prendre un rapace sur le poing et se faire tirer le portrait.

SOPHIENHÖHLE

Sophienhöhle
✆ +49 9202 9700440
Haute saison : du mardi au dimanche. Basse saison : samedi et dimanche. Entrée : 7,50 €. Réduit : 4 €.

La *Sophienhöhle* est sans doute la plus belle grotte de la Suisse franconienne. C'est aussi la deuxième plus grande (après la Teufelshöhle). Cinquante mètres sous terre, on découvrira un parcours formidable à travers trois grandes salles et une grande quantité de concrétions calcaires, l'occasion de refaire le point sur les stalagmites, stalactites et sur le processus qui mène à leur formation. Si vous avez un peu de chance, le guide vous présentera une petite installation son et lumière dans la dernière cavité. On se croirait dans un *Indiana Jones* !

BUTTENHEIM

La « capitale du jean », telle pourrait être surnommée Buttenheim, car elle a vu naître et grandir *Löb Strauß*, plus connu sous le nom de Levi Strauss. Mais l'histoire du jean ne s'écrira pas ici. En 1847, la famille fuit la misère pour aller s'installer aux États-Unis et c'est là-bas que Levi Strauss se lance dans l'industrie textile. Buttenheim abrite toutefois un musée dans la maison où est né le grand industriel. Au-delà de ça, pas grand-chose d'autre à voir dans cette petite bourgade de 3 500 habitants sinon quelques jolies maisons à colombages. Buttenheim jouit d'une bonne position géographique aux portes de la Suisse franconienne.

LEVI-STRAUSS-MUSEUM

Marktstraße. 33
✆ +49 9545 442 602
www.levi-strauss-museum.de
Ouvert les mardis et jeudis de 14h à 18h et les samedis, dimanches de 11h à 17h. Adulte : 5 €, réduit : 2,50 €.

Levi-Strauss, le très célèbre inventeur des jeans, est né dans cette maison de Buttenheim le 26 avril 1829. Le père du jeune homme y meurt en 1846, des suites de la tuberculose. Sans argent, la mère, Rebecca, et son fils alors âgé de 17 ans, quittent la Bavière, direction les États-Unis et plus précisément, New York, afin de rejoindre les membres de la famille. En 1853, le jeune homme change de nom : de « Löb », il passe à Levi et fonde sa société à San Francisco sous le nom de « Levi Strauss and Co. », une entreprise très prometteuse…

COBURG ★

Coburg (ou Cobourg en français) compte environ 41 000 habitants. A l'origine de cette ravissante cité datant du XIe siècle, la famille de Saxe-Cobourg-Gotha qui a su tisser des liens étroits entre la Bavière et le Royaume-Uni. En effet, le duc de Kent épousa Victoria, une princesse de Cobourg en 1818. Ensemble, ils eurent une fille, Victoria, qui devint la reine d'Angleterre. Une fois adulte, cette dernière se maria avec Albert de Cobourg. Les Windsor remontent jusqu'à eux. Les habitants se targuent aussi d'abriter l'un des châteaux les plus impressionnants d'Allemagne : le Veste Coburg. Il fut en outre une résidence forcée du réformateur Martin Luther six mois durant.

SCHLOSS EHRENBURG

Schlossplatz 1
✆ +49 9561 808 80
www.schloesser-coburg.de
Haute saison : 9h-18h. Basse saison : 10h-16h. Fermé les lundis. Entrée : 5 €, réduit : 4 €. Visite guidée uniquement.

Cette somptueuse résidence néogothique semble tout droit sortie de *Downtown Abbey*. Elle a vu le jour au XVIe siècle lorsque les ducs de Saxe-Cobourg-Gotha ont décidé de quitter la Veste Coburg pour s'installer dans le centre-ville. Au XIXe siècle, le palais est remanié selon le style néogothique par le talentueux architecte prussien K. F. Schinkel. La plus belle salle du château reste sans aucun doute la Riesensaal (« salle des Géants ») avec son plafond supporté par pas moins de 28 statues représentant Atlas, le titan de la mythologie grecque.

VESTE COBURG

Veste Coburg 1
✆ +49 9561 87 90
www.kunstsammlungen-coburg.de
Haute saison : tous les jours 9h30-17h et basse saison : du mardi au dimanche 13h-16h. Adulte : 9 €. Réduit : 7 €.

Cette forteresse médiévale a été choisie comme lieu d'exposition des *Kunstsammlungen* (collections d'art). Dans le Veste Coburg, les œuvres de Dürer, Rembrandt y sont exposées aux yeux du grand public. Cet endroit est, lui aussi, chargé d'histoire puisque Martin Luther, initiateur de la Réforme protestante, s'y est réfugié en 1530 après avoir été banni de l'Empire. Il y a séjourné environ 6 mois, solution qui lui a permis de rester en vie et de continuer son travail avec acharnement. On peut aussi visiter la cour du château sans visiter le musée.

GASTHAUS GOLDENES KREUZ €

Herrngasse 1
✆ +49 9561 513 407
www.goldenes-kreuz-coburg.de
Ouvert du lundi au dimanche de 11h30 à 14h, du lundi au samedi de 17h30 à 22h. Plats de 16 à 23,50 €.

En plein centre-ville, cet établissement à la décoration rétro offre un accès direct à la place du marché. C'est le plus vieux *gasthof* de Coburg, et son ouverture remonte à l'année 1508 ! Il est installé dans un bel édifice vert foncé et a une jolie cour intérieure. La décoration intérieure a été entièrement refaite en 2005, conservant le caractère ancien du Goldenes Kreuz tout en ajoutant des touches de modernité. Sans surprise, la carte fait la part belle aux spécialités franconiennes : on pourra goûter les *Coburger Klößen* par exemple.

BURGSCHÄNKE VESTE COBURG €€

Veste Coburg 1 ✆ +49 9561 2343194
www.burgschaenke-veste-coburg.de
Ouvert du mercredi au dimanche de 10h à 18h. Plats principaux entre 6,90 € et 19,90 €.

Dîner, boire et festoyer comme au Moyen Âge, dans une ambiance chevaleresque ! Les prix sont donnés en thaler ! Cette auberge rustique se trouve derrière l'avant-porte baroque, sur le terrain de l'enceinte fortifiée du château fort de Coburg (voir Veste Coburg). Le restaurant ne brille pas nécessairement par sa cuisine mais on appréciera le cadre, authentique et sans chichis. Aux beaux jours, il y a une jolie terrasse-Biergarten sur les remparts. Pratique pour caler une petite faim ou étancher sa soif après la visite du château.

KÜNSTLER-KLAUSE €€

Theaterplatz 4a
✆ +49 9561 90705
www.kuenstler-klause.de
Ouvert du lundi au samedi de 17h à 23h, le dimanche de 11h30 à 14h et de 17h à 23h, fermé le mercredi.

Ce restaurant est un vrai lieu convivial qui attire beaucoup de monde, toutes générations confondues. On y trouve des jeunes, des couples plus mûrs, des étudiants, des hommes d'affaires – bref, des gourmands de tout âge qui apprécient la légèreté méditerranéenne, une vaste sélection d'excellents vins et des spécialités régionales interprétées de façon contemporaine. On y conçoit une cuisine faite uniquement à base de produits frais et régionaux. Un beau lieu où l'on est bien reçu, ce qui fait plaisir et mérite d'être souligné.

CAFÉ FEILER

Theaterplatz 5

✆ +49 9561 5137196

www.cafe-feiler.de

Ouvert du lundi au vendredi de 5h30 à 18h, le samedi de 5h30 à 18h, les dimanches et jours fériés de 8h à 18h.

Feiler est une boulangerie et pâtisserie traditionnelle en activité depuis quatre générations (ce qui fait remonter son ouverture à une centaine d'années !). Et oui, vous avez bien lu : la boulangerie ouvre dès 5h30 ! Sur place, il y a un aussi un coin café et même une terrasse, agréables pour s'accorder une pause ou même se faire un repas, car à l'heure du déjeuner, on y propose de petits plats à des prix très raisonnables. Le week-end, on peut aussi venir y bruncher. Large offre de petits déjeuners : brötchen, muesli, œufs brouillés, etc.

QUEENS

Albertsplatz 5

✆ +49 9561 7318400

www.cafe-schubart.de

Ouvert tous les jours de 9h30 à 18h30.

Situé sur l'Albertsplatz, une place réaménagée dans la partie sud du centre-ville, le Coffeehouse Queens, avec libre-service, offre une vaste sélection de tartes flambées (Flammkuchen) et de pains tartinés (pâtes à tartiner maison). Le Queens appartient aux Schubart, une famille des pâtissiers-confiseurs depuis des générations qui tient actuellement encore six autres cafés à Coburg : Kaffeebohne, Prinz Albert Café, Kaffeewerkstatt, Pfannküchle, etc. Le Queens a un grand espace extérieur très appréciable en été, pour un Aperol Spritz au soleil.

RÖDENTAL

Rödental n'est pas une localité très ancienne puisque son origine est attestée en... 1971 ! Ses 13 000 habitants sont en effet le conglomérat de la réunion de plusieurs entités urbaines autour de Rosenau. Rien de véritablement bouleversant à découvrir dans cette ville. Deux curiosités toutefois si vous êtes dans les environs de Cobourg : le château de Rosenau (ancien manoir des ducs de Saxe-Cobourg) et le musée du Verre (Europäisches Museum für modernes Glas). Et s'il reste du temps, on pourra également faire un petit tour par le *Domäne*.

DOMÄNE RÖDENTAL

Kronacher Straße 2

www.roedental.de/freizeit-tourismus

Entrée libre.

Ce quartier a été mentionné pour la première fois en 1162, mais il n'a plus aujourd'hui son apparence médiévale, car il a été entièrement réaménagé après un incendie en 1848. Entièrement rénové dans les années 1980, il a pourtant manqué de peu de disparaître faute d'entretien pendant des décennies. Sa restauration mobilisa les énergies de Rödental pendant quatre ans (1984-1988) afin de lui redonner tout son éclat. Très agréable à arpenter en été, même si l'on n'y passera pas des heures entières. On y trouve aussi un Biergarten.

EUROPAÏSCHES MUSEUM FÜR MODERNES GLAS

Rosenau 10

✆ +49 9561 8790

Haute saison : tous les jours 9h30-13h et 13h30-17h. Basse saison : du mardi au dimanche 13h-16h. Adulte : 6 €.

Depuis la fin du XIXe siècle, la ville de Cobourg a su s'illustrer et conquérir une place de choix dans le domaine de la porcelaine et du verre... Depuis fin 2008, un nouvel édifice héberge ce musée consacré au verre contemporain, sa création et ses réalisations, dans le parc du château de Rosenau, en face de l'orangerie. Le musée est bien fait et possède une collection vraiment étonnante mais inutile de préciser qu'il n'intéressera que les plus passionnés. Accès par le jardin.

SCHLOSS ROSENAU

Rosenau 1

✆ +49 9563 308 410

www.schloesser-coburg.de

Haute saison : 9h-18h. Basse saison : 10h-16h. Fermé les lundis. Entrée : 5 €, réduit : 4 €. Visite guidée uniquement.

Le prince Albert d'Angleterre - le célèbre époux de la reine Victoria - y est né en 1819. Son père, Ernest Ier de Saxe-Cobourg-Gotha a doté la somptueuse résidence de son apparence néo-gothique. L'achèvement du château de Rosenau a été célébré en 1817, à l'occasion du mariage du duc Ernest Ier avec Louise de Saxe-Gotha-Altenburg, par un tournoi de joute en costume sur les prairies devant le château et un bal costumé dans la salle de marbre. Cette salle de marbre (Marmorsaal) ainsi que l'orangeraie dans les jardins valent réellement le détour.

BAYREUTH ★★★

Avec plus de 70 000 habitants, Bayreuth est la capitale administrative de la Haute-Franconie et l'une des principales attractions touristiques de la région. Son rayonnement a même dépassé les frontières du *Land* puisque la ville est connue dans le monde entier pour ses « Bayreuther Festspiele », le festival consacré à l'œuvre de Richard Wagner. Chaque année, ce rendez-vous cher aux inconditionnels de l'*Anneau des Nibelungen* attire des mélomanes venus des quatre coins du globe. Le compositeur compositeur Franz Liszt a, lui aussi, séjourné à Bayreuth et y a rendu son dernier souffle. Le nom de Bayreuth est également associé à la production de la bière. Depuis 1887, la brasserie Maisel's y produit une bière délicieuse qui s'exporte dans le monde entier. Mais Bayreuth n'est pas seulement une ville du passé. Vous découvrirez aujourd'hui une ville jeune et dynamique, ambitieuse et entreprenante. Son centre-ville et ses parcs se parcourent avec plaisir et la ville compte un nombre surprenant de très bons restaurants, de cafés et de bars sympas.

Histoire

Les premières mentions écrites de Bayreuth datent de la fin du XIIe siècle. En 1603, le margrave Christian déplace sa résidence de Kulmbach à Bayreuth. Il quitte le château de Plassenburg pour s'installer dans l'*Altes Schloss*. Devenue *Residenzstadt* (ville-résidence d'un prince), elle atteint une population de 4 000 habitants. Durant la guerre de Trente Ans (1618-1648), alors que les combats font rage entre les protestants et les catholiques, le margrave Christian doit se résigner à choisir son camp. Il se range aux côtés des protestants, mais les événements tournent au drame : les catholiques pénètrent dans Bayreuth et se livrent au pillage et au massacre. Les jours heureux reviennent avec l'arrivée de Wilhelmine. Sœur du roi Frédéric de Prusse, Wilhelmine est née à Berlin. Contrainte à un mariage diplomatique avec le margrave Frédéric (Friedrich), elle s'installe à contrecœur à Bayreuth, ville qu'elle trouve profondément provinciale et ennuyeuse. Qu'à cela tienne ! Wilhelmine va transformer la ville et l'ouvrir à la culture, à l'art, aux styles rococo et baroque. Elle fait construire l'opéra des margraves, le Neues Schloss, l'Eremitage, et donne à Bayreuth nombre des attraits qu'elle a toujours aujourd'hui. En 1810, Bayreuth est intégrée au royaume de Bavière.

BAYREUTHER FESTSPIELHAUS ★

Festspielhügel 1-2
✆ +49 921 78780
www.bayreuther-festspiele.de
Visite guidée uniquement : tous les jours de septembre à décembre. 45 minutes. Prix : 10 €. Réservation par mail.

Construit entre 1872 et 1876 exclusivement pour l'œuvre musicale de Richard Wagner, le *Festspielhaus* figure parmi les meilleurs opéras du monde, cité en même temps que ceux de New York ou de Sidney. Depuis la première édition du festival (Bayreuther Festspiele) en 1876, le Palais du Festival, célèbre pour son atmosphère et son acoustique unique, attire des amateurs de Wagner du monde entier. Tous ceux qui n'ont pas l'occasion d'y assister à un spectacle prestigieux ont tout de même la possibilité d'entrer dans cette institution lors d'une visite guidée.

EREMITAGE ★

Eremitage ✆ +49 922 759 6937
www.bayreuth-wilhelmine.de
Parc ouvert 24h/24 et entrée libre. Visite du Altes Schloss : 4,50 €. Visites guidées toutes les 45 minutes.

C'est dans ce petit coin de nature de 52 hectares, à environ 5 km du centre-ville, que Wilhelmine et son mari, le margrave Friedrich, venaient passer leurs mois d'été. Parsemé de fontaines, grottes, ruines et pavillons, c'est un très agréable parc pour une promenade par beau temps.

- L'**Altes Schloss** date de 1715 : son intérieur a été réaménagé par Wilhelmine avec un cabinet japonais, une salle de musique, etc.
- Le **Neues Schloss** (1749-1753) abrite une orangerie. Étonnant revêtement fait de cristaux de roche de différentes couleurs.

FELSENGARTEN SANSPAREIL

Sanspareil 34
✆ +49 9274 80890911
www.bayreuth-wilhelmine.de
Le jardin est ouvert 24h sur 24.

Le Felsengarten Sanspareil est un étonnant jardin qui intègre la structure rocheuse existante du massif franconien et le château médiéval de Zwernitz. Le projet a été achevé sous la margravine Wilhelmine, au XVIIIe siècle. Il tiendrait son nom d'une visite d'une courtisane, qui, découvrant avec surprise ce très beau parc, se serait exclamé (en français !) : « C'est sans pareil ! ». Et on lui donne entièrement raison, ce jardin est tout à fait unique en son genre et il mêle brillamment le cadre naturel et les aménagements de la main de l'homme.

FRANZ-LISZT-MUSEUM

Wahnfriedstraße 9
✆ +49 922 516 6488
www.franz-liszt-museum.bayreuth.de
Ouvert du mardi au dimanche de 10h à midi et de 14h à 17h. Adulte : 2 €, réduit : 1 €.

C'est dans cette maison – où se trouve aujourd'hui un musée qui retrace sa vie – que le grand compositeur hongrois Franz Liszt a rendu son dernier souffle, plus précisément dans la pièce où se trouve aujourd'hui le masque funéraire. Petit détail important pour la suite : Liszt était le père de Cosima, la seconde épouse de Richard Wagner. Le vieil homme avait fait le voyage pour assister au Bayreuther Festspiele en juillet 1886, où il put voir *Tristan und Isolde*, dissimulant péniblement ses toux pour ne pas gêner les spectateurs. Il meurt une semaine plus tard.

MAISEL'S BIER-ERLEBNIS-WELT ★

Andreas-Maisel-Weg 1
✆ +49 921 401234
www.biererlebniswelt.de
Tous les jours de 11h à 18h. Plein tarif : 10 €, enfants de 6 à 18 ans : 8 €. Enfants jusqu'à six ans : entrée libre.

Cette très belle brasserie vaut vraiment la visite. Avec un audioguide, vous pourrez découvrir l'ancienne fabrique où Maisel's a produit sa bière depuis la fondation en 1887 par les frères Hans et Eberhardt Maisel jusque dans les années 1980 où la production a été en partie déplacée. Cet espace a été transformé en musée, un must pour les amateurs de bière, d'histoire et de mécanique. Aujourd'hui, Maisel's produit 400 000 hectolitres de bière par an !

MARKGRÄFLICHES OPERNHAUS ★★

Opernstraße 14 ✆ +49 921 75969 22
www.bayreuth-wilhelmine.de
Ouvert tous les jours. D'avril à septembre 9h-18h, d'octobre à mars 10h-16h. Visites toutes les 45 min. Tarif : 8 €.

Le merveilleux Opéra des Margraves, achevé en 1748 et classé au patrimoine mondial de l'Unesco en 2012, est considéré comme l'un des chefs-d'œuvre de l'architecture théâtrale baroque du XVIIIe siècle. Plutôt sobre mais élégant en ce qui concerne sa façade extérieure, son intérieur, créé par les décorateurs et architectes italiens Giuseppe et Carlo Gallo da Bibiena, est fabuleux, saisissant et somptueux. La salle, entièrement en bois, dispose d'une acoustique unique. Observez la loge princière : elle a tout d'un arc petit arc de triomphe où le margrave et la margravine peuvent se mettre en scène. Car au XVIIIe siècle, on se rend aussi au théâtre pour voir et être vu, comme le prouve la forme en U de la salle. Au-dessus de la scène, vous verrez l'aigle rouge brandebourgeois, qui rappelle les origines berlinoises de la margravine Wilhelmine. L'opéra a rouvert en avril 2018 après de grands travaux de rénovation qui ont redonné leurs couleurs d'origine à la salle, à la scène et aux loges, aux peintures de ce joyau architectural, de sorte que l'on découvre aujourd'hui un théâtre authentiquement baroque.

▶ **Histoire** : Pour célébrer le mariage de sa fille Friederike avec le duc du Wurtemberg, la margravine Wilhelmine imagine des noces somptueuses qui doivent impressionner l'aristocratie et montrer le prestige de Bayreuth. Elle fait construire cet opéra dans un temps record, entre 1744 et 1748, pour accueillir deux semaines de festivités, avec un riche programme culturel : opéras, ballets, festins, etc.

Markgräfliches Opernhaus.

NEUES SCHLOSS ★★

Ludwigsstraße 21

✆ +49 921 7596921

www.bayreuth-wilhelmine.de

Ouvert tous les jours de 9h à 18h d'avril à septembre et de 10h à 16h d'octobre à mars. Entrée : 4,50 €.

Ce château fut la résidence des margraves à partir de 1753. Un incendie du Vieux Châteaux (Altes Schloss dans la Maximilianstraße) a rendu indispensable la construction d'un nouveau palais que Wilhelmine a pu aménager selon son goût. On peut en visiter les deux ailes (l'aile de monsieur et l'aile de madame), la Gemäldegalerie (une collection de peintures) et un petit musée au rez-de-chaussée consacré à l'histoire de Wilhelmine et du margraviat de Brandebourg-Bayreuth. Le **Hofgarten**, le jardin du château, ouvert gratuitement jour et nuit, vaut le détour.

SCHLOSS & PARK FANTAISIE

Bamberger Straße 3

✆ +49 922 7314 0011

www.gartenkunst-museum.de

Ouvert tous les jours Fermé en hiver.

Bâti selon le style rococo, ce château est devenu, au XVIIIe siècle, le havre de paix de la fille de Wilhelmine, la duchesse Elisabeth Friederike Sophie. Cette princesse née à Bayreuth avait épousé le duc de Württemberg. Très malheureuse dans son mariage, elle quitte Stuttgart pour revenir dans sa région d'origine. Le mariage n'est pas dissous, mais Elisabeth Friederike Sophie parvient à obtenir son indépendance financière et elle hérite de ce château en 1763 à la mort de son père. Elle le réaménage selon ses goûts pour en faire son refuge.

STADTKIRCHE

Kirchplatz 1

✆ +49 9215 96800

www.stadtkirche-bayreuth.de

Église ouverte tous les jours de 9h à 12h. Entrée libre. Accès à la crypte derrière l'autel.

La Stadtkirche de Bayreuth est une belle église de style gothique tardif, devenue protestante à la Réforme. Son intérieur donne une impression d'extrême pureté avec ses murs blancs et ses piliers rouges. Derrière l'autel se cache l'accès à la crypte. C'est ici que reposent les margraves de Brandebourg-Bayreuth et leurs proches. Les fanas de généalogie pourront utiliser les écrans tactiles ultra-modernes qui permettent d'identifier les différents sarcophages. Si vous cherchez la tombe de Wilhelmine, rendez-vous dans la Schlosskirche.

VILLA WAHNFRIED & RICHARD-WAGNER-MUSEUM

Richard-Wagner-Straße 48

✆ +49 922 757 2816

www.wagnermuseum.de

Ouvert de septembre à juin du mardi au dimanche 10h-17h ; en juillet-août, tous les jours 10h-17h. Plein tarif : 8 €.

Fondé en 1976, le musée consacré à la vie et l'œuvre du célèbre compositeur, ainsi qu'à l'histoire du Festival de Bayreuth, se trouve dans la Villa Wahnfried, le dernier domicile de Richard Wagner et son épouse après des années d'errance. Il a été récemment rénové et agrandi d'un bâtiment. Wagner et sa femme, Cosima, sont tous deux enterrés dans le jardin de la demeure qu'ils ont habitée et payée grâce au mécène du compositeur, le roi Louis II de Bavière.

DJH JUGENDHERBERGE BAYREUTH €

Universitätsstraße 28

✆ +49 921 764 380

www.bayreuth.jugendherberge.de

A partir de 43,90 € en dortoir. Adhésion annuelle.

Proche de l'université mais très distante du centre-ville, cette auberge de jeunesse compense cet éloignement avec des équipements très modernes. 180 lits répartis en 45 chambres toutes équipées de douche et WC. Les lits sont équipés de tiroirs-casiers avec un système ingénieux pour les fermer avec cadenas. Terrain de sport multifonctionnel pour jouer au volley-ball, au football et au basket-ball. Pour se rendre à pied en ville, il faudra compter une quinzaine de minutes de marche.

HOTEL BÜRGERREUTH €€

An der Bürgerreuth 20

✆ +49 921 784 00

www.buergerreuth.de

Chambre individuelle à partir de 58 €, chambre double à partir de 79 €, petit déjeuner inclus.

Ce petit hôtel compte huit chambres au total. Il est situé sur une colline, à la lisière d'une forêt, à cinq minutes à pied de la fameuse Festspielhaus. C'est donc une bonne adresse pour les wagnériens – et les gourmands qui cherchent de la tranquillité. Son restaurant spécialisé dans les grillades et steaks figure parmi les meilleurs de la ville. Il dispose d'un très beau *biergarten* et d'une terrasse avec une belle vue sur la ville. Son éloignement n'affecte en rien son attractivité et le lieu est toujours assidûment fréquenté.

PENSION ZUM EDLEN HIRSCHEN €€

Richard-Wagner Straße 75
✆ +49 921 7644 30
www.zum-edlen-hirschen.de
Chambre simple à partir de 55 €, chambre double à partir de 90 €. Petit déjeuner inclus.

Voilà une jolie pension non loin de la Villa Wahnfried, la demeure de Richard Wagner. Les chambres sont confortables et le petit déjeuner copieux. Attention, la pension compte deux adresses et le petit-déjeuner est servi dans le bâtiment principal. Cet établissement se distingue par son excellent rapport qualité-prix, il faut dire que les prix sont assez imbattables dans cette catégorie ! De cet emplacement, on pourra faire tous ses déplacements à pied, ce qui est un réel avantage.

URBAN ART HOTEL €€

Andreas-Maisel-Weg 1
✆ +49 9214 6008020
www.liebesbier.de/de/hotel
Chambre double à partir de 121 €. Accès au sauna et à la salle de fitness compris dans la réservation.

Cet hôtel ouvert en 2021 a imaginé un concept très original : la décoration de chaque chambre a été confiée à un *street artist* différent. Plus de 50 artistes originaires du monde entier (parmi lesquels Hera, Super A ou D*Face) ont reçu carte blanche pour imprimer leur style sur les murs de l'hôtel. Pas besoin de clé, on peut faire son check-in avec son téléphone portable. Sauna avec vue. L'idée était de s'inscrire dans la tradition artisanale du quartier (on est en face de la brasserie Maisel's) tout en lui insufflant une composante artistique.

HOTEL BAYERISCHER HOF BAYREUTH €€€

Bahnhofstraße 14
✆ +49 921 78600
www.bayerischer-hof.de
Chambre individuelle à partir de 97 €, chambre double à partir de 130 €. Suite : 213 à 271 €. Petit déjeuner inclus.

Tout est facilement accessible depuis cet hôtel quatre étoiles, situé à côté de la gare centrale, entre le centre-ville et la Festspielhaus. Des célébrités comme Placido Domingo, Daniel Barenboim, Patrice Chéreau et Pierre Boulez y ont séjourné. L'hôtel présente la liste exhaustive de ses invités de marque sur le site Internet. Depuis certaines chambres et suites, on voit même le Festspielhaus au loin. Bel espace sport et wellness avec sauna et offres de massages.

HOTEL GOLDENER ANKER €€€

Opernstraße 6
✆ +499217877740
www.anker-bayreuth.de
Selon la saison, chambre simple de 100 à 150 €, chambre double de 160 à 250 €. Petit déjeuner inclus.

Possession familiale depuis plus de 500 ans, voici un établissement où règnent tradition, émotion et souvenirs d'antan. Côté nuits, les chambres fleuries et confortables séduisent pour leur charme désuet, tandis que dans les salles de restaurant, belles boiseries, banquettes molletonnées et serveurs en veston transportent les convives en un doux voyage dans le temps. Pour parfaire l'ensemble, l'accueil est vraiment aux petits oignons, et Eva, la directrice de l'hôtel, est parfaitement francophone ! Une adresse comme on les aime.

FOCACCIALA €

Ludwigstraße 14
✆ +49 9211 6303894
www.focacciala.de
Ouvert du lundi au vendredi 11h30-19h. Samedi : 11h-15h. Focaccia environ 7,50 €.

Dans son petit commerce, Hannes fait se rencontrer Florence et Bayreuth, la Toscane et la Franconie. Les germanistes sensibles aux finesses du dialecte franconien auront reconnu dans la terminaison en «la» le diminutif équivalant au «lein» en allemand standard, joli mélange des deux langues. Le pain est fait maison, produit sur place et absolument délicieux. Les produits sont frais et les focaccias parfaites pour caler un petit creux pour pas cher. Juste en face, la grande place au pied du Neues Schloss offre de nombreux bancs pour manger à l'ombre ou au soleil.

ENGIN'S PONTE €

Opernstraße 24-26
✆ +49 921 8710503
www.engins-ponte.de
Ouvert tous les jours de 8h à 22h. Petit déjeuner entre 5,90 € et 14,40 €. Pizza entre 7,90 € et 14,90 €.

Bel intérieur sobre et élégant, ambiance chaleureuse dans ce restaurant de l'hyper-centre, fréquenté par les habitants que par les visiteurs et touristes. La sélection des burgers, flammekueches et pizzas est petite, mais originale. Certains disent même qu'on y trouve les meilleures pizzas de la ville. Petit déjeuner-buffet servi le dimanche, et brunch les jours fériés de 9h30 à 13h30. Carte spéciale le midi de 11h30 à 14h30. On pourra aussi y venir à la faveur de l'après-midi, simplement pour boire un café et une bière en terrasse.

GASTSTÄTTE WOLFFENZACHER €

Badstraße 1 ✆ +49 921 645 52
www.wolffenzacher.de

Ouvert lundi et vendredi à partir de 17h, samedi de 11h30 à 14h et à partir de 17h, dimanche de 11h30 à 15h.

Cuisine traditionnelle à l'honneur chez la famille Werner dont la vieille taverne est installée dans une maison du XVIe siècle. Les plats sont simples mais bons et copieux. L'intérieur a tout d'une vielle *Gastsstube*, tout droit sortie d'un livre d'histoire. Outre le restaurant, la terrasse du Biergarten de cette auberge en plein cœur de Bayreuth est très agréable. Au menu, on trouvera les plats de viande bien connue dans cette région : Schäuferle, Sauerbraten, mais aussi une bonne sélection de plats végétariens : Spätzle, Rösti, etc.

OSKAR DAS WIRTSHAUS AM MARKT €

Maximilianstraße 33
✆ +49 921 5160 553
www.oskar-bayreuth.de

Ouvert du lundi au samedi de 8h à minuit et le dimanche de 9h à minuit. Plats entre 6,50 et 25,90 €.

Oskar fait salle comble le matin comme le soir. Il faut dire que c'est l'une des adresses les plus connues de la ville, alors il faudra mieux réserver pour être sûr d'avoir une place assise. On pourra y manger des spécialités régionales, comme le Schäufele (une épaule de porc servie en sauce avec les traditionnels Klöße). La salle intérieure tout comme le Wintergarten (jardin d'hiver) sont très agréables pour s'y installer et goûter des spécialités franconiennes.

LIEBESBIER €€

Andreas-Maisel-Weg 1
✆ +49 9214 6008020

Ouvert du lundi au jeudi de 8h à 23h, vendredi et samedi de 8h à minuit, dimanche et jours féries de 8h à 23h.

Le Liebesbier est le restaurant de la brasserie Maisel's. Dans un très beau cadre, moderne, à la lumière tamisée, spacieux tout en ménageant des coins paisibles, le Liebesbier propose une cuisine contemporaine, fine et savoureuse. On pourra par exemple y manger des burgers, mais aussi des plats traditionnels revisités. Puisque vous êtes dans une institution réputée pour sa bière, nous vous conseillons le *tastingboard*, grâce auquel vous pourrez goûter et comparer cinq bières brassées ici. Réservation indispensable tant le lieu est populaire.

BAR AM KIRCHPLATZ

Kirchplatz 3
✆ +49 9215 1665388
www.bar-am-kirchplatz.de

Ouvert du mardi au jeudi de 19h à minuit, vendredi et samedi de 19h à 01h. Cocktails autour de 9 €.

Il y a quelques années encore, il y avait ici une boîte de nuit. Aujourd'hui c'est un très beau bar à cocktails que vous trouverez : chic et hype dans sa décoration, et pointu dans la carte des cocktails. Demandez conseil pour vous orienter dans le choix, tant il y a de possibilités, et essayez tout simplement le délicieux Basilicus à base de gin et de basilic frais. En plus les cocktails sont très joliment présentés, parfois avec une petite plante en plus : du thym, de la lavande, etc. Une adresse très populaire chez les jeunes Bayreuthins.

CAFEBAR 8TTO GRAMMI

Maximilianstraße 77
✆ +49 921 16356190
www.ottogrammi.de

Ouvert du mardi au samedi de 8h à 18h.

Non, cet espresso-bar accueillant ne porte pas le nom Otto en l'honneur des anciens empereurs et rois allemands ayant porté ce prénom. Otto fait plutôt allusion à la préparation du café car il faut huit – en italien *otto* – grammes pour faire un bon espresso italien. D'ailleurs, dès l'entrée, on est accueilli par un panneau européen «Benvenuti in Italia». Outre les spécialités de café, il y a des pâtisseries italiennes et des gâteaux, des paninis et des apéritifs dans ce beau café tenu par une très sympathique famille germano-italienne.

HEIMATHAFEN

Kanzleistraße 2
✆ +49 921 16806016
www.heimathafen-bayreuth.de

Ouvert du mardi au samedi de 12h à minuit, le dimanche de 12h à 23h.

Tous les soirs, ce café au style vintage façon années 1970 se transforme en bar. Pendant la journée, on vient y déguster des cupcakes, des gâteaux, des bagels et des petits pains garnis avec un café ; le soir, on trinque avec des bières. C'est un lieu bien connu des étudiants bayreutins qui le fréquentent assidûment, de sorte que le Heimathafen est toujours animé. On appréciera autant l'intérieur douillet que la jolie terrasse avec des chaises de toutes les couleurs sur une belle rue piétonne. Une valeur sûre à Bayreuth, de jour comme de nuit.

NUREMBERG ★★★

Avec plus de 500 000 habitants, la ville de Nuremberg est la deuxième plus grande ville de Bavière après Munich. Chaque année, son château impérial, ses rues pavées, et ses maisons à colombages attirent quelque deux millions de visiteurs venus du monde entier pour découvrir les joyaux qu'offre cette cité médiévale. Détruite à 90 % durant la Seconde Guerre mondiale, elle fut reconstruite en grande partie à l'identique grâce aux efforts de ses citoyens. La reconstruction a connu quelques ratés, mais quand on voit les images de Nuremberg en 1945, on ne peut qu'être admiratif du travail colossal accompli. Au mois de décembre, elle accueille le marché de Noël le plus réputé du pays. On pourra y apprendre les secrets de la recette du pain d'épices (*Lebkuchen*). Si vous venez chercher une ville du passé, vous serez surpris par la modernité et le dynamisme du Nuremberg du XXIe siècle : 3 lignes de métro automatique, restaurants et cafés branchés, hôtels tendance, mobilier urbain moderne, etc. Nuremberg est dans le vent.

Histoire

Nuremberg est une ville chargée d'histoire. Ses origines remontent au XIe siècle : les premières mentions de la ville de « Norenberc » datent plus précisément de 1050. Dès 1139, le château impérial (Kaiserburg) commence à sortir de terre. Sous le règne de l'empereur Otto IV, elle accueille le Reichstag (Diète Impériale) avant d'être sacrée ville Libre d'Empire en 1219. Privilège supplémentaire, elle est choisie en 1356 comme lieu de l'élection impériale, reconnaissance qui la hisse au rang des villes les plus importantes du Saint-Empire romain germanique. Dignité suprême, en 1424, l'empereur Sigismond fait de Nuremberg la gardienne des joyaux de la couronne impériale. Dès le début du XVIe siècle, elle joue un rôle important en tant que pôle de la Réforme protestante. Au XXe siècle, elle est le théâtre des heures les plus sombres de l'Histoire en devenant un haut lieu de rassemblement du IIIe Reich. Des vestiges de ce passé fasciste se dressent encore aujourd'hui à Nuremberg, accompagnés par de nouveaux lieux de mémoire : le Centre de Documentation des rassemblements nazis ou la Salle 600 du Palais de justice (où eurent lieu les célèbres procès de Nuremberg, en 1945-1946). Aujourd'hui, la ville a retrouvé la prospérité d'autrefois et elle peut se targuer d'être l'une des plus attractives de Franconie.

Tourisme

La Nürnberg-Card donne accès, deux jours durant, au réseau de transports en commun et offre l'entrée gratuite dans tous les musées et toutes les curiosités de la ville. Elle coûte 28 € et peut être achetée à l'office du tourisme.

Transports

Le centre historique se visite largement à pied. Quelques lieux seront accessibles plus rapidement ou facilement en transport…

- Le centre de documentation nazi : prendre le tramway, ligne 8 - arrêt Doku-Zentrum.
- Le palais de justice de Nuremberg : prendre le U1 direction Fürth - arrêt Bärenschanze.
- Le zoo de Nuremberg : prendre le tramway ligne E5 - arrêt Tiergarten.

© SEAN PAVONE - ISTOCKPHOTO

Nuremberg.

NORD DE LA BAVIÈRE

L'ÉTOILE DES BRASSEURS

Avez-vous, au détour des rues, observé des enseignes avec des étoiles à six branches ? On croirait reconnaître une étoile de David, symbole du judaïsme, mais il s'agit de l'étoile des brasseurs. Toutes deux sont composées de deux triangles équilatéraux superposés, l'un vers le haut, l'autre vers le bas. L'étoile des brasseurs n'a rien de spirituel : elle symbolise d'une part les trois ingrédients de base indispensables au brassage, à savoir l'eau, le malt et le houblon, et d'autre part les trois éléments impliqués dans la fabrication, à savoir le feu, l'eau et l'air. L'usage de cette étoile comme enseigne de la corporation des brasseurs est attestée depuis le Moyen Âge.

ALBRECHT-DÜRER-HAUS ★★

Albrecht-Dürer Straße 39 ✆ +49 911 231 2568
www.museen.nuernberg.de/duererhaus
Mardi-vendredi 10h-17h, week-ends 10h-18h. Fermé le lundi, sauf l'été. 6 €/1,50 €. Compris dans la Nürnberg-Card.

Cette jolie maison à colombages fut édifiée vers 1420. Située au pied du château impérial (Kaiserburg), elle fut le domicile et lieu de travail du célèbre peintre, graveur et illustrateur allemand Albrecht Dürer (1471-1528) qui y vécut et travailla de 1509 jusqu'à sa mort en 1528. L'imposante maison à pans de bois a été miraculeusement épargnée des bombardements de la Seconde Guerre mondiale. Elle est donc non seulement l'une des rares maisons bourgeoises de l'ère de la prospérité nurembergeoise intactes, mais également la seule maison d'artiste du XVIe siècle en Europe du Nord. Transformée en musée en 1828, la demeure est toujours entièrement dédiée au génie Albrecht Dürer avec aujourd'hui une muséographie moderne comprenant de nombreux écrans tactiles pour découvrir les œuvres au format numérique.

▸ Parcours de la visite. Au premier étage, une salle est consacrée à des copies des œuvres de Dürer : vous pourrez ainsi vous faire une idée des chefs-d'œuvre du maître sans devoir courir entre Vienne, Munich et Madrid où se trouvent certains des originaux. On accède ensuite aux salles où l'artiste a vécu et travaillé sans pouvoir distinguer aujourd'hui à quel usage étaient employés les différents espaces. Seule certitude : la cuisine et les latrines ! Après avoir passé quelques salles qui exposent des outils indispensables à la technique de la gravure, vous parviendrez au dernier étage où vous attendent, dans une obscurité propice à la conservation, quelques chalcographies (gravures sur cuivre) originales de la main du maître.

ALTES RATHAUS (ANCIEN HÔTEL DE VILLE)

Rathausplatz 2
www.nuernberg.de
Geôles du Moyen Age : tous les jours de mars à décembre, 10h-16h30. Visite guidée ≈20 minutes. 4 €. Nürnberg-Card.

Il faut pénétrer dans ce vieil édifice bâti entre 1616 et 1622 afin d'y admirer son intérieur hérité du style Renaissance. Sa façade rappelle la puissance oligarchique du Conseil de la ville libre d'Empire qu'était Nuremberg. Une fois sur place, il est possible de se rendre aux donjons datant du Moyen Âge avec leurs cachots aux cellules minuscules et, cerise sur le gâteau, la chambre des tortures qui offre un bon aperçu des coutumes un tant soit peu barbares de l'époque !

DEUTSCHE BAHN MUSEUM

Lessingstraße 6
✆ +49 800 32687386
www.dbmuseum.de
Ouvert du mardi au vendredi, 9-17h. Les week-ends et jours fériés, de 10h à 18h. Entrée : 9 €. Nürnberg-Card.

Ce gigantesque musée de la *Deutsche Bahn* retrace l'aventure des chemins de fer en Allemagne, depuis la toute première ligne de locomotive à vapeur entre Nuremberg et Fürth en 1835 jusqu'à nos jours. Raconter l'histoire des trains, c'est aussi dépeindre l'histoire de la révolution industrielle, de l'exode rural, de l'essor du tourisme, de la mobilisation des troupes, de la Shoah, etc. Parmi les pièces maîtresses de la collection : l'Adler, la plus vieille locomotive allemande, et le train royal de Louis II de Bavière, son « Versailles sur roues ».

DOKUMENTATIONSZENTRUM

Bayernstraße 110
✆ +49 911 231 5666
www.museen.nuernberg.de/dokuzentrum
Ouvert du lundi au dimanche de 10h à 18h. Entrée : 6 €, réduit : 1,50 €. Expo permanente en travaux jusqu'en 2023.

Vous vous trouvez sur le site des grands rassemblements du NSDAP, orchestrés par Adolf Hitler et ses sbires à des fins de mobilisation et de propagande. Ce terrain de 16,5 km², qui comprend différents complexes architecturaux, présente aujourd'hui encore les dimensions de sa démesure : la grande halle des congrès (*Kongresshalle*), jamais terminée, devait faire 70 mètres de haut. La « grande rue » (*Große Straße*), longue de 2 km et large de 40 m, permettait défilés et parades militaires. La tribune des zeppelins (*Zeppelintribüne*), pour laquelle Albert Speer s'est inspiré de l'autel de Pergame, se trouvait face à une grande place pouvant accueillir 200 000 personnes... Ces lieux ont servi de coulisses à la mise en scène du pouvoir des nazis lors des célébration annuelles du NSDAP. Conscient du pouvoir des images, on confie à Leni Riefenstahl la réalisation d'un film de propagande, *Le Triomphe de la volonté*, dans lequel l'architecture – médiévale de Nuremberg et fasciste du site – joue un rôle à part. La visite de ces lieux aide à mieux saisir la mégalomanie de ces grandes messes des nazis.

▸ En attendant la réouverture du Centre de Documentation à l'automne 2023, une exposition intérimaire – très bien faite, claire et édifiante – vous aide à explorer les liens entre Nuremberg et le national-socialisme. On découvrira une maquette du complexe pour mieux situer les différents lieux, des photos des années 1920 jusqu'à la fin de la guerre. Une expo très bien faite, la suivante en est d'autant plus prometteuse.

EGIDIENKIRCHE [ÉGLISE SAINT-GILLES]

Egidienplatz 37
✆ +49 911 2142500
www.egidienkirche.de
Eglise ouverte tous les jours de 8h à 18h. Entrée libre.

Sur une place du même nom s'élève cette belle église, la seule de style baroque dans une ville qui compte tant d'églises médiévales. Elle a été édifiée à l'emplacement d'un couvent de moines bénédictins irlandais et écossais dont on trouve des restes dans la très belle chapelle de l'Eucharistie dans le flanc sud. Sa nef et son chœur baroques tout de blanc décorés valent le détour pour la lumière très claire qui s'y reflète. Baroque, sans le faste habituel, c'est une bien belle église.

FRAUENKIRCHE [ÉGLISE NOTRE-DAME]

Hauptmarkt
✆ +49 911 206560
www.frauenkirche-nuernberg.de
Entrée libre, du lundi au samedi de 10h à 17h30. Le dimanche de 13h à 17h30.

Construite au XIVe siècle, c'est la principale église de rite catholique à Nuremberg. Sa particularité se trouve sur sa façade ouest. Tous les jours à midi, on peut y observer le «Männleinlaufen», une horloge installée en 1509 en l'honneur de l'empereur Charles IV (empereur de 1355 à 1378). Quand les musiciens bougent leurs instruments, les sept princes-électeurs marchent autour de l'empereur et s'inclinent devant lui. Un spectacle à ne pas manquer !

KAISERBURG ★★★★

Burg 17
✆ +49 911 24 46 590
www.kaiserburg-nuernberg.de
Ouvert tous les jours, haute saison : 9h-18h, basse saison : 10h-16h. Entrée : 5,50 €. Compris dans la Nürnberg-Card.

Il trône sur les hauteurs de la ville et on le voit souvent, au loin, quand on se balade dans la vieille ville de Nuremberg : le château impérial de Nuremberg est l'une des plus importantes forteresses médiévales du pays. Malheureusement endommagé par la guerre, le château a perdu une partie de ses trésors, mais il permet tout de même de se représenter la vie menée ici au Moyen Age. Aujourd'hui, il est possible de visiter le logis seigneurial, la chapelle romane, la salle impériale et la salle des chevaliers, la tour Sinwell, le jardin, etc.

JUSTICE À NUREMBERG

Pourquoi les Alliés ont-ils retenu Nuremberg pour faire comparaître les grands criminels du régime nazi après la fin des combats de la Seconde Guerre mondiale ? Il y a bien sûr une portée symbolique dans le choix du lieu. L'image de la cité franconienne est irrémédiablement ternie par les défilés nazis, les congrès du NSDAP et le film de propagande de Leni Riefenstahl, *Le Triomphe de la volonté*. Le nom de la ville est aussi associé aux tristement célèbres Lois de Nuremberg de 1935 qui ont transposé dans le système législatif l'idéologie antisémite du parti nazi : déchéance de nationalité, interdiction des mariages entre juifs et Allemands... Mais le choix de Nuremberg pour les grands procès est aussi un choix pragmatique. Si la ville a été détruite à plus 90 %, son tribunal est en état de fonctionnement et il présente un autre avantage : il jouxte une prison. L'ambition de ces procès est historique : rassembler des preuves et faire juger les grands criminels capturés par les Alliés, utiliser les outils du droit pour juger l'inacceptable aux yeux du monde entier. Quatre chefs d'accusation sont retenus contre Göring et ses complices : conspiration, crimes contre la paix, crimes de guerre, et « crime contre l'humanité », un nouveau concept qui va créer un précédent dans le droit international. L'application de ce nouveau principe va à l'encontre de la non-rétroactivité du droit. La règle *nulla poena sine lege* (aucune peine sans loi) est contournée. Une autre nouveauté des procès de Nuremberg fut l'utilisation de films documentaires comme pièces à conviction. Dans la salle 600, des images du camp de concentration de Bergen-Belsen, des scènes d'exécution de masse, de tortures, de pendaisons montrent à tous la dimension des massacres. Une centaine de témoins est entendue par les juges. Plusieurs d'entre eux sont des survivants de l'Holocauste. Des 22 nazis sur le banc des accusés au 1er procès de Nuremberg, 12 sont condamnés à mort, 2 sont relaxés et les autres condamnés à des peines de prison. Après ce procès très suivi par la presse internationale, s'ensuivent 12 autres procédures : des procès contre des médecins, des industriels, des officiers de l'armée, qui se sont lourdement compromis avec le régime nazi. Nuremberg ouvre la voie à la signature des conférences de Genève de 1949 qui définissent des lignes directrices pour la protection des civils, des blessés et des prisonniers de guerre.

GERMANISCHES NATIONALMUSEUM ★★

Kartäusergasse 1 ✆ +49 911 1331 0
www.gnm.de
Ouvert du mardi au dimanche 10h-18h. Le mercredi jusqu'à 20h30, et gratuit à partir de 17h30. 8 €. Nürnberg-Card.

Le plus grand et plus célèbre musée consacré à l'art et aux cultures de l'espace germanophone jouit d'une renommée internationale. Musée et organisme de recherche à la fois, il est aussi bien apprécié par le grand public que par les chercheurs. Abrité dans un ensemble architecturale extraordinaire mêlant un ancien cloître de chartreux et des bâtiments ultra-modernes, ses expositions interdisciplinaires, compréhensibles et vivantes, retracent toutes les périodes, des balbutiements de la Préhistoire au passage à l'ère moderne et technologique du XXe siècle. On y découvre de la culture quotidienne jusqu'au XVIIe siècle, des habits à partir du XVIIe siècle, des instruments scientifiques et de musique, des œuvres d'art du XIXe et du XXe siècle, des reconstitutions d'intérieurs paysans, etc. Le XXe siècle n'est pas en reste puisqu'un étage entier est consacré à l'expressionnisme, au Bauhaus et aux années de la reconstruction, pour ne citer qu'une partie de la collection permanente. Une adresse incontournable pour les passionnés d'art et d'histoire.

▶ Parmi les points forts de la collection, il faut citer les œuvres de l'enfant de la cité – Albrecht Dürer – notamment sa représentation de Charlemagne portant les insignes impériaux. Côté peinture, vous trouverez aussi quelques noms célèbres : Lucas Cranach l'ancien, E. L. Kirchner, Rembrandt, etc. L'un des objets les plus précieux est le plus vieux globe du monde conservé jusqu'à nos jours : le globe Behaim.

LORENZKIRCHE [ÉGLISE SAINT-LAURENT] ★

Lorenzer Platz 10
✆ +49 911 214 25 00
www.lorenzkirche.de
Entrée libre, tous les jours de 9h à 17h30. Dimanches, messes à 10h et 11h30.

Cette monumentale église gothique est la plus grande de la cité. Bâtie entre 1250 et 1477, et luthérienne depuis 1525, elle est réputée pour son portail ouest richement sculpté, sa belle rosace du XIVe siècle, son magnifique tabernacle signé Adam Kraft, et son *Salut de l'Ange* de Veit Stoss. L'église Saint-Laurent fut gravement endommagée durant la Seconde Guerre mondiale, mais la plupart de ses trésors, enlevés et gardés ailleurs, ont pu être sauvés des bombardements.

MEMORIUM [MÉMORIAL DES PROCÈS DE NUREMBERG]

Bärenschanzstraße 72
✆ +49 911 23128614
Fermé le mardi. Ouvert les autres jours 9h-18h, le week-end à partir de 10h. Entrée : 6 €/ 1,50 €. Nürnberg-Card.

C'est dans ce palais de justice qu'eurent lieu les célèbres procès de Nuremberg entre 1945 et 1949, condamnant les hauts dignitaires du IIIe Reich pour leurs crimes. Parmi les chefs d'accusation, un nouveau venu dans le droit international : la notion de crime contre l'Humanité. On peut aujourd'hui encore visiter la salle d'audience 600 où se sont déroulés les procès. La réservation en ligne d'un horaire d'entrée est indispensable. Audioguide en français.

MUSÉE DES PRISONS SOUTERRAINES

Rathausplatz 2 ✆ +49 911 227066
Ouvert tous les jours, de 11h à 18h.

Ce musée est situé dans les prisons souterraines de la ville. Elles sont composées de labyrinthes de couloirs étroits et de cellules sombres et étroites, créant une atmosphère oppressante. Les visiteurs peuvent explorer ces prisons et découvrir les conditions de détention de l'époque et son système judiciaire. On y trouve des reproductions d'instruments de torture, des dispositifs de contrainte et d'autres artefacts liés au système pénitentiaire médiéval.

MUSEUM TUCHERSCHLOSS & HIRSVOGELSAAL

Hirschelgasse 9-11 ✆ +49 9112 315421
www.museen.nuernberg.de/tucherschloss
Ouvert lundi 10h-15h, jeudi 13h-17h, dimanche 10h-17h. Entrée : 6 €/1,50 €. Compris dans la Nürnberg-Card.

Ce musée – dans l'ancienne demeure des Tucher – permet de se faire une idée de la vie d'une famille patricienne à la Renaissance. La prospérité de cette famille marchande lui a permis de s'illustrer dans le mécénat. Au XIXe siècle, les Tucher participent au financement du premier train entre Nuremberg et Fürth et ouvrent une brasserie qui porte toujours leur nom.

▶ A ne pas manquer lors de la visite : la **Hirsvogelsaal**, une superbe salle Renaissance, reconstruite dans les années 2000.

NORD DE LA BAVIÈRE

NEUES MUSEUM

Klarissenplatz
✆ +49 911 240 20 69
www.nmn.de
Ouvert du mardi au dimanche de 10h à 18h, le jeudi jusque 20h. Adulte : 7 €, réduit : 6 €, 1 € le dimanche.

Ce très grand musée, qui a ouvert ses portes au public en 2000, en impose par son architecture ultra contemporaine faite de grands volumes en béton et de gigantesques ouvertures vitrées. Le Neues Museum présente une collection d'art contemporain : peinture figurative et abstraite (notamment une salle consacrée à Gerhard Richter), mais aussi photographies et installations (de l'après-guerre jusqu'à nos jours). Dans ses expositions temporaires, au rez-de-chaussée et au premier étage, le musée explore les liens entre l'art et le design.

PELLERHAUS & PELLERHOF

Egidienplatz 23
✆ +49 9112 3115257
Cour ouverte du lundi au jeudi : 10h-15h, et du vendredi au dimanche : 14h-17h. Accès gratuit.

Ne vous laissez pas rebuter par la façade des années 1950 (qui a plutôt mal vieilli, mais qui est classée) et entrez dans le bâtiment pour accéder à la cour, qui a fait ces dernières années l'objet d'un projet de reconstruction. Les amis de la vieille-ville (Altstadtfreunde Nürnberg e.V.) ont collecté 5 millions d'euros pour faire renaître cette splendide cour de style Renaissance qui faisait partie de la Pellerhaus, une maison bâtie au XVIIe siècle, aujourd'hui disparue. N'hésitez pas à monter aux loggias pour apprécier la cour sous tous les angles.

SEBALDUSKIRCHE (ÉGLISE SAINT-SÉBALD) ★★

Burgstraße 1-3
✆ +49 911 214 25 00
www.sebalduskirche.de
Ouverte de janvier à mars entre 9h30 et 16h ; d'avril à décembre entre 9h30 et 18h. Entrée libre.

L'église Saint-Sébald, la plus vieille de la ville, est l'une des deux églises principales de Nuremberg, l'église paroissiale de la partie nord de la vieille ville. On ne connaît la date exacte ni du début des travaux ni de leur fin, mais il est fortement probable que la construction de cet édifice religieux, mentionné pour la première fois en 1255, fut commencée et achevée dans la première partie du XIIIe siècle. Réaménagée selon le style gothique, elle demeure aujourd'hui un des emblèmes de la ville. Elle abrite le reliquaire de son saint patron : Sébald, un ermite local du XIe siècle. Ce reliquaire très précieux qui contient les ossements de Sébald est l'œuvre d'art la plus importante de l'église, créée par Peter Vischer l'Ancien et deux de ses fils, entre 1509 et 1519 : un coffret d'or et d'argent dans un cage de bronze richement décorée, figurant notamment les douze apôtres et les douze prophètes de l'Ancien Testament. Détail amusant : douze escargots, symboles de la Résurrection, soutiennent le tombeau. Pendant la Seconde Guerre mondiale, les toits, les voûtes et les tours de Saint-Sébald furent en grande partie détruits. Le reliquaire, lui, a pu être conservé grâce à une chape de protection. La phase de reconstruction après la guerre a été longue et dure partiellement jusqu'à nos jours.

▸ Pour l'anecdote, c'est l'église d'Albrecht Dürer. C'est ici que l'artiste, pieux comme les hommes de son temps, a été baptisé, s'est marié, etc.

SPIELZEUGMUSEUM (MUSÉE DU JOUET) ★

Karlstraße 13-15
✆ +49 911 231 3164
Ouvert du mercredi au vendredi 10h-17h. Le vendredi et les week-ends 10h-18h. Entrée : 6 €. Réduit 1,50 €.

Le musée du jouet de Nuremberg abrite une collection impressionnante de jouets historiques : des théâtres de papier, des petites voitures, des maisons de poupées, des chevaux à bascule, etc. Un musée intrigant pour les enfants curieux, avec une intéressante perspective historique pour les adultes. Depuis 2019, une signalétique intelligente met le doigt sur les objets de la collection empreints d'une pensée coloniale, sensibilisant ainsi sur le racisme dans certains jeux.

STADTMUSEUM FEMBOHAUS (MUSÉE DE LA VILLE)

Burgstraße 15 ✆ +49 911 231 2595
www.museen.nuernberg.de/fembohaus
Ouvert du mercredi au vendredi 10h-17h et mardi et les week-ends 10h-18h. 6 €. Compris dans la Nürnberg-Card.

Sur 5 niveaux, le musée retrace 950 ans d'histoire de Nuremberg. Dans cette maison patricienne de la Renaissance tardive, on découvrira quelques pièces originales, mais aussi des portraits des notables nurembergeois, des maquettes de la ville, des photos qui aident à visualiser le Nuremberg industriel puis le Nuremberg nazi et enfin la cité anéantie par les bombes de 1945. On en apprendra aussi plus sur les liens entre la ville et l'empereur du Saint-Empire romain germanique.

TIERGARTEN NÜRNBERG

Am Tiergarten 30
✆ +49 911 5454 6
www.tiergarten.nuernberg.de
Ouvert tous les jours, 8h-19h30 en été et 9h-17h en hiver. Entrée : 18 € adultes ; 8,50 €/13,50 € enfants.

Tumultueuse histoire que celle de ce zoo... Fondé en 1912, il a déménagé à cet emplacement en 1939. Détruit par les bombardements en 1943, il sera intégralement reconstruit à l'été 1945. Aujourd'hui, il est le deuxième zoo paysager d'Allemagne, avec 70 hectares, 300 espèces, quelque 2 500 individus, et plus d'un million de visiteurs par an. Spécialiste des mammifères marins, il accueille notamment dauphins, veaux de mer, ours polaires ou encore otaries, qui côtoient kangourous, girafes, bisons, zèbres, lémuriens, lynx et autres gorilles.

OFFICE DU TOURISME

Hauptmarkt 18
✆ +49 911 233 60
www.tourismus.nuernberg.de
Ouvert du lundi au samedi 9h30-17h. Nürnberg-Card : 33 €, valable deux jours pour les musées et transports en commun.

A l'office de tourisme, on pourra trouver la Nürnberg-Card : valable pendant deux jours, elle donne l'accès gratuit aux musées et aux attractions de Nuremberg et de ses environs. Elle permet d'ailleurs de voyager gratuitement dans tous les transports publics de la région de Nuremberg, Fürth et Stein (zone A). On trouvera aussi dans cet office de tourisme de la documentation en français, bien faite, notamment des petits livres sur l'histoire de la ville. On trouvera aussi des petits cadeaux comme une petite figurine Albrecht Dürer en Playmobil.

HISTORISCHE FELSENGÄNGE

Bergstraße 19
✆ + 49 911 244 98 59
www.felsengaenge-nuernberg.de
Plusieurs visites guidées (allemand/anglais) tous les jours, ≈ 60 minutes. 10 €. Audioguides en français. Nürnberg-Card.

Au XIVe siècle, des souterrains furent creusés sous les maisons pour stocker la bière brassée en ville. Pendant la guerre, de nombreux Nurembergois y ont trouvé refuge et ont ainsi échappé à une mort certaine sous les bombes. Aujourd'hui, vous pouvez visiter ces vestiges entretenus par une association depuis les années 1980. Prenez une petite laine, car le saviez-vous, la bière est brassée à 10 °C... Pendant une heure, un guide vous expliquera l'histoire de ces galeries ainsi que celle de la bière. Vous pourrez opter pour une dégustation à l'arrivée !

A&O HOTEL AND HOSTEL NÜRNBERG €

Bahnhofstraße 13-15
✆ +49 911 309 168 4400
www.aohostels.com
Comptez en moyenne 84 € pour une chambre double.

116 chambres et dortoirs à proximité immédiate de la gare centrale de Nuremberg : voilà une option pratique et économique qui plus est ! Les étages supérieurs sont plus calmes que ceux, inférieurs, donnant sur un axe assez fréquenté. Bons points pour l'établissement : la vaste terrasse de toit et son bar ouvert le week-end, et les quelques places de parking, bien moins chères que n'importe quelle autre option de stationnement en ville ! Fonctionnel, efficace.

DJH JUGENDHERBERGE NÜRNBERG €

Burg 2 ✆ +49 911 230 9360
www.nuernberg.jugendherberge.de
31,50 €/personne, petit déjeuner inclus. Adhésion à DJH : 7 € pour les -26 ans, 22,50 € pour les autres.

Voilà une très belle auberge de jeunesse dans un édifice d'exception : elle se trouve dans les anciennes étables et écuries impériales. Cet emplacement exceptionnel et son architecture médiévale lui donnent son cachet indéniable, associé à un aménagement moderne et confortable. Plus de 90 chambres et pas moins de 300 lits revisitent ce fabuleux vestige où les vieilles pierres se mêlent à la modernité. Superbe vue sur la vieille-ville depuis certaines chambres. Accueil adorable.

ADINA APARTMENT HOTEL NUREMBERG €€

Dr.-Kurt-Schumacher-Straße 1-7
✆ +49 911 477 350
www.tfehotels.com
Chambre à partir de 152 € par nuit. Appartement à partir de 186 € par nuit.

L'hôtel se trouve dans le centre de Nuremberg, à proximité des rues commerçantes. Malgré un bâtiment peu avenant, l'intérieur est cosy, moderne et chaleureux. Très belle vue de la terrasse sur le centre historique. Il dispose même d'une piscine intérieure et d'un espace sauna bien fait. Les appartements sont particulièrement pratiques si vous souhaitez pouvoir cuisiner pendant votre séjour ou tout simplement avoir tous les équipements que vous auriez à la maison.

DÜRER HOTEL NÜRNBERG €€

Neutormauer 32
✆ +49 911 214665 0
www.duerer-hotel.de

Chambre individuelle à partir de 100 €, double à partir de 110 €, petit déjeuner inclus.

Hôtel tranquille en plein cœur du centre historique, à quelques pas de la maison de Dürer et des fortifications médiévales. 102 chambres en tout (simples, doubles, triples, suite junior) sans grande fantaisie décorative, mais les chambres sont fonctionnelles et propres. Espace bien-être avec sauna et bain de vapeur, produits alimentaires régionaux de bonne qualité. L'hôtel dispose de son propre garage souterrain que vous pourrez utiliser pour 14 € par jour. Le petit plus : le jardin intérieur pour se poser avec un café et bouquiner.

MELTER HOTEL & APARTMENTS €€

Königstraße 41 ✆ +49 911 957 638 0
www.melter.xyz

53 chambres et appartements modernes de 99 € (studio) à 159 € (appartement Deluxe). Petit-déj au Mondo (attenant) 12 €.

Quelle belle surprise ! Ouvert en janvier 2017, le Melter est de ces établissements que l'on aime, pour le cachet de son bâtiment, pour la modernité de ses équipements, et pour le confort de ses chambres et appartements. Sur 53 unités, 41 disposent d'une petite cuisine, réfrigérateur, et machine à café. On apprécie les beaux volumes et la décoration tendance et soignée. L'accueil lui aussi est très bienveillant, et un copieux petit-déjeuner buffet vous attend au restaurant Mondo.

HOTEL VICTORIA €€

Königstraße 80 ✆ +49 911 24050
www.hotelvictoria.de

Chambre simple à partir de 148 €, double à partir de 168 €. Junior suite à partir de 228 €. Petit-déjeuner compris.

© HOTEL VICTORIA NÜRNBERG

L'hôtel Victoria est un très bel établissement 4-étoiles qui navigue habilement entre modernité et tradition. Depuis 1896, sa jolie façade en grès rose, élégamment éclairée, façonne la silhouette de la rue. L'intérieur est aménagé selon un design contemporain avec une couleur orange que l'on retrouve par petites touches un peu partout. Les chambres, parfaitement équipées (mini-bars), offrent un confort maximal. Mentions spéciales pour le petit-déjeuner, savoureux et raffiné, et pour l'accueil, professionnel et charmant ! Un de nos coups de cœur à Nuremberg.

HOTEL DREI RABEN €€€

Königstraße 63
✆ +49 911 274380
www.hoteldreiraben.de

Chambre individuelle à partir de 80 €, chambre double à partir de 160 €, petit déjeuner inclus.

Les chambres séduisent par leur design élégant, créatif et individuel. Le décor de chaque chambre raconte une autre histoire mythique, inextricablement liée à la ville : les maîtres-chanteurs de Nuremberg, la légende de saint Sebald, la première locomotive entre Nuremberg et Fürth, etc. Ainsi chaque chambre rend hommage à un épisode de la ville, historique ou légendaire. Chaque jour de 18h à 20h, il y a une dégustation de vin au CocktailBAR RABENwein réservée aux clients de l'hôtel. Certainement l'un des hôtels les plus branchés de la ville !

HOTEL SCHINDLERHOF €€€

Steinacher Straße 6-10
✆ +49 911 930 20
www.schindlerhof.de

Chambre simple de 155 €, double de 198 €. Petit-déjeuner : 19 € par personne.

A une quinzaine de kilomètres au-dessus de la ville, cet hôtel 4-étoiles est d'un très haut standing. Le service y est impeccable et l'établissement est équipé d'un sauna et d'une salle de remise en forme. Dépaysement garanti. Charme et modernité tout à la fois. Toutes les chambres sont décorées individuellement avec des inspirations bien différentes : zen japonais, univers automobile rétro, voyage stellaire, etc. Il sera indispensable d'avoir une voiture pour s'y rendre, mais de là-bas, on sera à équidistance de Nuremberg, Fürth et Erlangen.

KARL AUGUST €€€

Augustinerhof 1
✆ +49 9113 767660
www.karlaugust.de
Chambre double 194 €, appartement 264 €, Suite 374 €. Petit-déjeuner 24 €.

Un hôtel design d'exception, qui a ouvert ses portes en août 2021. Son architecture, son aménagement, son atmosphère, tout respire une modernité ultra contemporaine où le bois et le béton se rencontrent harmonieusement, avec un goût évident pour le design. L'espace sport et wellness est un véritable atout qu'il faut noter : un sauna et une piscine vous attendent au 4e étage avec une vue ravissante sur la Pegnitz. Le petit-déjeuner fait la part belle aux produits bio et locaux. Un lieu fantastique pour passer un séjour tout confort à Nuremberg.

CÔCÔ - INDOCHINE €

Augustinerstraße 1
✆ +49 911 23735510
www.the-coco.de
Ouvert tous les jours de 12h à 23h.

Au cœur de la vieille ville de Nuremberg, le cadre de ce restaurant vietnamien est agréable et sans chichis, les lampes à pétrole pendent du plafond et de jolis volets en bois décorent les murs. Ici, la carte ravira les amateurs de soupes miso, de sushis, de sashimis et autres spécialités asiatiques. Côcô, c'est l'adresse idéale quand survient le besoin d'un peu de fraîcheur dans l'assiette ! Les produits sont frais et délicieusement préparés. Mention spéciale pour la Côcô soupe !

▸ Autre adresse à Nuremberg : CôCô, Taste Of Asia, Schlotfegergasse 2.

NORD DE LA BAVIÈRE

ALBRECHT-DÜRER-STUBE €

Albrecht-Dürer-Straße 6
✆ +49 911 227209
www.albrecht-duerer-stube.de
Ouvert tous les jours sauf le dimanche, horaires variables, consulter le site internet.

Taverne authentique pour se plonger dans une ambiance locale, sans chichi aucun. Bois brun, murs couverts de cadres, tablées et banquettes en bois, assiettes bien remplies, saucisses, belles pièces de viande et pommes de terre, bref les classiques. Le tout accompagné d'une bonne bière bien sûr ! Et puisqu'on est dans un restaurant qui porte le nom du grand maître nurembergeois, on ne s'étonnera pas de voir les murs couverts de ses gravures et tableaux (littéralement couverts car il n'y a plus de place pour de nouvelles œuvres !).

DÜRRER HASE €

Untere Schmiedgasse 5 ✆ +49 911 2110108
www.duerrerhase.de
Ouvert du mardi au dimanche de 17h à 23h. Flammekueches à 11 €, grillades à partir d'une trentaine d'euros.

Non loin de la maison d'Albrecht Dürer et du château impérial, cette jolie adresse se niche au bas d'un escalier, dans une petite rue piétonne et calme qui offre une terrasse agréable. Les chandeliers se mêlent à une mosaïque andalouse colorée pour décorer la salle. Ici, deux spécialités : les flammekueches (*Flammkuchen* en allemand) et la viande grillée. Les plus petits choisiront le première option, délicieusement fine et cuite au feu de bois. Vins de très bon goût, et bien sûr bière rouge de Nuremberg ! De nombreuses options végétariennes aussi.

BRATWURSTHÄUSLE BEI ST. SEBALD €

Rathausplatz 1
✆ +49 9112 27695
www.bratwursthaeuslenuernberg.de
7,50 € pour les 10 saucisses de Nuremberg avec accompagnement. Ouvert du lundi au samedi 11h-22h et le dimanche 11h-20h.

Une petite adresse sans chichis pour manger bien, rapidement et à toute heure de la journée, lors de votre découverte de la vieille-ville. On y vient pour déguster des saucisses traditionnelles de Nuremberg : cette « Nürnberger Rostbratwurst » est une petite saucisse de porc, pas plus longue que 9 cm, accompagnée de choucroute ou d'une salade de patates. Bel intérieur en bois avec cuisine ouverte et jolie terrasse animée au pied de l'hôtel de ville.

ANTIPASTERIA DA GALLO €€

Radbrunnengasse 2
✆ +49 911 2388538
www.dagallo-antipasteria.de
Ouvert du lundi au samedi de 17h à 23h. Fermé le dimanche. Entre 8 et 18 €.

N'hésitez pas à réserver, car cette petite perle d'Italie dans la vieille ville de Nuremberg est plutôt prisée des locaux. Et pour cause : on y est accueillis dans une ambiance chaleureuse et sans chichis, on y trouve des *antipasti* et des pâtes à se damner, et le sourire y est garanti. Les pâtes servies ici sont fraîches et faites maison. La charcuterie et les fromages sont italiens. *Delicioso* ! Et l'accueil est des plus sympathique, ce qui ne gâche rien ! Un lieu authentique dont le succès ne se dément pas année après année.

BOCKSBEUTEL-STUBE IM PILLHOFER €€

Königstraße 78 ✆ +49 9112 14560
www.bocksbeutelstube.de
Ouvert le lundi 16h–23h. Du mardi au vendredi, à partir de 16h. Week-ends, à partir de midi. Plats ≈ 15/20 €.

Ce restaurant et l'hôtel attenant sont une institution dans la ville depuis le XVIIe siècle. Tout respire le caractère traditionnel ici : la décoration et le mobilier en bois noir, les costumes des serveurs et serveuses, la musique (qui oscille entre le Schlager et le yodel) mais surtout la cuisine traditionnelle franconienne : Knödel, Schäufele, etc. On pourra goûter dans cette belle auberge des bières bavaroises ou du vin franconien. Belle et grande terrasse sur la Königsstraße.

BÖHM'S HERRENKELLER €€

Theatergasse 19
✆ +49 911 224 65
www.herrenkeller.de
Ouvert de 11h30 à 15h et de 17h30 à minuit (cuisine jusqu'à 22h30). Fermé le dimanche. Plats principaux ≥ 9,50 €.

Auberge depuis 500 ans, le Böhm's Herrenkeller est installé dans une petite maison à colombage pittoresque à proximité de la Lorenzkirche. C'est un peu un voyage dans le temps : on entre dans une vieille *Gaststätte* où les murs sont lambrissés et couverts d'illustrations. Cette adresse offre aux gourmets spécialités franconiennes et petits plats faits maison. Il y en a pour tous les goûts, puisque des salades et des steaks figurent également à la carte. Autre charme : le vin franconien qui y est servi… Traditionnel et authentique.

BRATWURSTGLÖCKLEIN €€

Waffenhof 5
✆ +49 911 227 625
www.bratwurst-gloecklein.de
Du lundi au samedi de 11h à 22h, le dimanche de 11h à 17h.

Le restaurant Bratwurstglöcklein, dans la charmante cour Handwerkerhof, est une bonne adresse pour goûter les fameuses spécialités de Nuremberg, les *Nürnberger Bratwürste*, pas plus longues que le petit doigt ! Dans cette petite maison à colombages, la salle de restaurant a gardé son charme ancien, tout en bois. Le service est un peu brut de décoffrage il faut dire. Ce n'est pas non plus le meilleur rapport qualité-prix de la ville : les prix sont assez élevés pour des portions réduites. Peu d'options végétariennes ici. Très touristique.

BURGWÄCHTER €€

Am Ölberg 10
✆ +49 911 2348 9844
www.burgwaechter-nuernberg.de
Ouvert de mardi à vendredi de 17h à 22h, le samedi et le dimanche à partir de 12h.

Ce restaurant non loin du château, sur les hauteurs de la cité, offre une jolie vue sur la rue grâce à la terrasse de son Biergarten, où il fera bon faire une pause après la traversée de la ville ! Le restaurant brille davantage par son cadre que par sa cuisine, il faut dire. Au menu, on trouvera tous les grands classiques de la cuisine franconienne : saucisses (de Nuremberg bien évidemment), Schweinebraten, Schnitzel (porc ou veau au choix), Schäufele, etc. Dessert : glace à la vanille ou Apfelstrudel. Sélection de bières locales à la pression.

FRÄNK'NESS €€

Königstraße 70 ✆ +49 9112 4029955
www.fraenkness.de
Ouvert du mardi au jeudi 11h30-22h, vendredi et samedi jusqu'à 23h. Plats entre 15 et 36 €. Menu 3 plats : 45 €.

Le Fränk'ness est l'un des quatre restaurants du chef Alexander Herrmann. Bel intérieur urbain, avec briques apparentes, ampoules suspendues et cuisine centrale pour se lécher les babines avant de passer commande. La cuisine est excellente et les assiettes riches en petits à-côtés. Le service est très sympathique. Côté boissons : de la bière, mais aussi des vins franconiens et des cocktails à base de gin. Seule fausse note : les portes des toilettes ont une signalétique des plus sexiste, d'une bêtise tout simplement pas à la hauteur du restaurant, dommage !

KOKONO €€

Luitpoldstraße 7
✆ +49 9112 4293399
www.kokono-restaurant.de/nuernberg
Ouvert tous les jours 11h30-minuit.

L'entrée dans le restaurant fait un sacré effet : si sombre et pourtant si bien éclairé ! Vous verrez qu'une fois entré, vous aurez envie de poursuivre la découverte à l'étage et il faut dire que le lieu est joliment meublé et décoré. On y sert une cuisine pan-asiatique et tous les plats sont préparés avec la même exigence. Les menus de sushis par exemple sont délicieux. Le véritable spectacle, ce sont les tasses que viennent déposer les serveurs sur certaines tables et desquelles s'échappe une forme de vapeur qui se répand sur l'assiette. Captivant !

MINECCI LEONARDO €€

Zirkelschmiedgasse 28
+49 911 209 655
www.minneci-ristorante.de

Ouvert du mercredi au samedi de 12h à 14h et de 18h à 23h. Plats entre 24 € et 44 €. Menus à 5 plats à 85 € et 96 €.

Pour les amateurs de cuisine italienne, Minecci Leonardo est une bonne adresse pour prendre un verre ou se régaler dans ce bar-restaurant qui possède une jolie terrasse fleurie, fort agréable dès l'arrivée des beaux jours. La carte des vins promet un voyage à travers toute la botte italienne : des vignes du Piémont jusqu'aux vins de Sicile. L'atmosphère du restaurant navigue habilement entre l'authentique et le chic dans cette maison du XVIe siècle. Bon accueil et bonne ambiance. Un restaurant plusieurs fois primé pour sa cuisine.

NASSAUER KELLER €€

Karolinenstraße 2-4
+49 911 225967
www.nassauerkeller.de

Ouvert du lundi au samedi de 17h à 22h. Plats de résistance entre 8 et 27 €.

Le Nassauer Keller se trouve dans une cave voûtée du XIIe siècle, en plein cœur de de Nuremberg, juste en face de l'église Saint-Laurent. Une toute petite porte extérieure mène à un restaurant souterrain, situé à 6,50 mètres de profondeur ! 21 marches très raides : attention en descendant ! Mais pour ne priver personne, il y a un ascenseur. Au menu, on trouve des spécialités franconiennes, y compris le fameux Schweineschäufela (épaule de porc) ou le Sauerbraten (bœuf avec sauce aigre-douce). Une demie dizaine d'options végétariennes.

RESTAURANT HEILIG-GEIST-SPITAL €€

Spitalgasse 16
+49 911 221 761
www.heilig-geist-spital.de

De 10 à 23 € pour un plat. Ouvert tous les jours de 11h30 à 23h. Bière : 4 €.

Dans cet ancien hôpital « du Saint-Esprit » fondé en 1331 s'est installé un restaurant. Plus précisément, dans l'ancien réfectoire des malades (une salle-pont qui enjambe la rivière), on sert – en habit traditionnel — une cuisine franconienne, simple et copieuse. Les prix sont un peu chers pour des plats rustiques sans grande finesse ; il faut croire que l'on paye le cadre. L'endroit est très grand, il y a toujours de la place. Très jolie cour à l'entrée.

ZEIT & RAUM €€

Wespennest 2
+49 911 227406
www.zeiti.net

Ouvert du lundi au vendredi à partir de 17h, les samedis, dimanches et jours férié à partir de 9h30. Plats ≈ 12 €.

Ce restaurant-bar convivial et agréable près de la rivière dispose de tout ce qu'il faut pour passer un bon moment de détente et de plaisir : de la bonne nourriture et des bonnes boissons à un prix abordable et un cadre charmant : moderne et hype à l'intérieur et une très belle terrasse en partie couverte sur la rue. On y fait de très bonnes tartes flambées et il y a toujours une flammekueche du jour, parfois avec des ingrédients étonnants : pepperoni et dattes par exemple ! Et le service est très accueillant. Que demander de plus ?

ZUM GULDEN STERN €€

Zirkelschmiedsgasse 26
+49 911 205 9288
www.bratwurstkueche.de

Ouvert tous les jours de 11h à 22h.

Cette brasserie, construite en 1380, offre par son charme d'une autre époque un véritable dépaysement et un voyage dans le temps. Dans ce bel intérieur tout en bois, vous aurez la possibilité de goûter les jarrets grillés ou les délicieuses *Nürnberger Bratwürste* traditionnelles, ces petites saucisses qui sont une spécialité bien connue de la ville. Il faut malheureusement reconnaître que la qualité du service laisse parfois à désirer et que l'on y est pas toujours bien accueillis... Dommage pour une institution aussi ancienne !

ESSIGBRÄTLEIN €€€

Weinmarkt 3
+49 911 225131
www.essigbraetlein.de

Ouvert du mardi au samedi 12h-15h/19h-minuit. Menu 4 plats à partir de 100 € (déjeuner). Réserver un jour avant.

Couronné par deux étoiles Michelin, le Essigbrätlein est une adresse incontournable pour les gourmets. Comme la cuisine y est excellente, fine et raffinée, c'est souvent très rempli, pensez à réserver à l'avance. Ici, on met en avant tout particulièrement les légumes régionaux et de saison, donc il y aura aussi de délicieuses options végétariennes et à chaque saison un menu différent. Un des plats emblématiques chez Essigbrätlein, ce sont les betteraves au cumin et au caramel. Rien que l'idée donne un aperçu de la créativité de la cuisine.

WONKA €€€

Johannisstraße 38
✆ +49 911 396215
www.restaurant-wonka.de
Ouvert mardi-vendredi 12h-13h15 et 18h30-21h15, samedi 18h30-21h15. Menus de midi : 3 plats 41,50 €, 4 plats 49,50 €.

Ce restaurant avec atelier cuisine à un kilomètre à l'ouest de la vieille ville offre des plats créatifs à base d'ingrédients saisonniers et régionaux. Les ateliers ont lieu un dimanche par mois à 11h (exceptions : avril, août et septembre) et sont une belle occasion de regarder par-dessus les épaules de chefs et d'apprendre des choses intéressantes sur la préparation des plats, mais également sur leur présentation professionnelle et la sélection d'un bon accompagnement de vin. A la fin, il ne reste qu'une seule chose à dire : à table !

DI SIMO - CAFFÈ E VINI

Trödelmarkt 5-7
www.di-simo.de
Ouvert du lundi au samedi de 8h à 20h. Fermé le dimanche.

Un joli café-bar se niche au bord de la rivière. On y boit son café crème le matin sur l'île, on y prend un panini en passant, mais surtout un bon café-goûter l'après-midi. Et on reviendrait bien pour un spritz à l'apéritif… Le café est tout petit et particulièrement charmant avec ses grandes ouvertures vitrées qui maximisent la lumière. En milieu de journée, on pourrait bronzer sous la fenêtre qui donne vers le sud. L'accueil est adorable et la café délicieux. Sans doute aucun, le Di Simo est notre café préféré à Nuremberg.

HANDWERKERHOF

Äußere Laufer Gasse 27 ✆ +49 911 231 2412
www.handwerkerhof.de
Ouvert de début mars à fin décembre lundi-samedi 10h-18h30, samedi jusqu'à 16h. Restaurants et cafés jusqu'à 22h.

Facilement repérable derrière la grande tour de guet Frauentorturm, le Handwerkerhof (cour des artisans) forme un village miniature dans la ville avec de petites ruelles pavées bordées d'échoppes tout droit sorties du Moyen Âge. On vient y flâner, y trouver peut-être quelques souvenirs ou simplement regarder pour le plaisir, avant de s'installer pour un café ou une bière, bien sûr, et pourquoi pas un sandwich aux saucisses de Nuremberg. C'est ici que l'on peut assister à la fabrication du célèbre pain d'épices de Nuremberg durant le marché de Noël, fin décembre.

HAUSBRAUEREI ALTSTADTHOF

Bergstraße 19-21
✆ +49 911 227217
www.hausbrauerei-altstadthof.de
Ouvert du lundi au jeudi de 12h à 23h, vendredi de 12h à minuit, samedi de 11h à 23h. Bière en bouteille ≈ 8 €.

Cette brasserie, non loin du château, était la première brasserie bio d'Allemagne. On y produit la bière rouge traditionnelle de Nuremberg mais aussi du whisky (qui, dans la fabrication, s'apparente à celle de la bière, mais sans houblon). Cette brasserie est surtout le point de départ et d'arrivée d'une visite des galeries souterraines où la bière était jadis conservée, loin sous terre. Dans la petite boutique adjacente, vous pourrez à la fois prendre vos billets pour une visite et acheter de bonnes bières blondes, brunes ou ambrées.

LEBKUCHEN SCHMIDT

Plobenhofstraße 6
✆ +49 9112 25568
www.lebkuchen-schmidt.com
Ouvert du lundi au vendredi de 9h à 18h30 et le samedi de 9h à 16h.

Cette échoppe propose le meilleur pain d'épices de la ville (*Lebkuchen*) et, durant le traditionnel marché de Noël, on peut même assister à la fabrication de cette friandise. On y trouvera aussi d'autres sucreries de Noël comme les délicieux *Kipferl*, ces biscuits secs en forme de croissants conçus avec des amandes en poudre. On trouvera chez Schmidt aussi de tout petits emballages de *Lebkuchen* pour celles et ceux qui n'ont plus beaucoup de place dans leur valise, mais veulent rapporter un petit souvenir. Le service est professionnel et souriant. Bonne adresse.

SALON REGINA

Fürther Straße 64
✆ +49 911 9291799
www.salonregina.de
Ouvert du lundi au samedi de 10h à 23h, le dimanche de 10h à 18h.

Hors des remparts, le Salon Regina c'est un peu l'institution du quartier Gostenhof. Que l'on vienne pour le café de 11h, le «Kaffee Kuchen» l'après-midi, le déjeuner, ou même pour le dîner, on se sent comme à la maison. Chez Regina, les tables en Formica, les tapisseries à fleurs, les lampes caniches et les pots de miel nounours donnent le ton : pas de chichis, ambiance décontractée. Et côté cuisine, sucrée ou salée, du carrot cake à la saucisse de Nuremberg, on se régale ! La carte est ajustée selon les saisons, regardez le panneau en ardoise dans la rue.

TAFELZIER

Weintraubengasse 2
✆ +49 9111 3137340
www.tafelzier.de
Ouverte du lundi au samedi 11h-18h et dimanche de 14h-17h. Boîte de 7 macarons : 29,50 €.

En passant devant cette pâtisserie, le regard est déjà alléché par les grandes vitrines qui laissent deviner une jolie boutique au design épuré et lumineux. Tout ce que conçoit le pâtissier Jens Brockerhof donne délicieusement envie : macarons, éclairs, pâtes de fruits, financiers, etc. Pas de place assise chez Tafelzier, mais pour une pause gourmande à table, on pourra se rendre au « Pique-Nique » non loin, qui appartient aux mêmes propriétaires : c'est un café-boulangerie avec le même sens esthétique où l'on sert les pâtisseries de Tafelzier.

WICKLEIN - DIE LEBKÜCHNEREI

Hauptmarkt 7 ✆ +49 9112 007951
www.wicklein.de/flagship-store
Boutique ouverte du lundi au vendredi de 10h à 19h, le samedi jusqu'à 18h. Lebkuchen frais ≈ 4,50 €.

Une jolie boutique sur la place du marché, où l'on trouve de délicieux *Lebkuchen*, ces pains d'épices traditionnels franconiens, très appréciés lors des fêtes de fin d'année, notamment sur les marchés de Noël. Chez Wicklein, on pourra déguster – sur place ou à emporter – le savoureux *Elisenlebkuchen* (10 % de farine seulement pour 25 % de noix, noisettes et amandes), enrobé de chocolat ou non. On y trouve aussi de nombreuses boîtes, idéales pour rapporter un souvenir ou faire un cadeau.

STAATSTHEATER NÜRNBERG

Richard-Wagner-Platz 2-10
✆ +49 911 231 3808
www.staatstheater-nuernberg.de
Opéras, concerts classiques et pièces de théâtre de 7,50 à 106,40 €, selon la place.

Ce magnifique bâtiment érigé en 1905 est aujourd'hui le plus grand théâtre de la ville et l'une des plus importantes salles de spectacles de Bavière. Sa façade combine des éléments Jugendstil à la pierre rouge typique de Nuremberg. Le Staatstheater a été imaginé par l'architecte berlinois Heinrich Seeling, dont une grande partie des théâtres a disparu aujourd'hui. La scène du Staatstheater accueille concerts, pièces de théâtre, ballets, opéras et opérettes d'une grande qualité. Jetez plutôt un œil à la programmation, sait-on jamais ?

FÜRTH

Fürth est la voisine et rivale de Nuremberg. Concurrentes et pourtant si proches : c'est entre ces deux villes qu'a circulé en 1834 la toute première locomotive à vapeur d'Allemagne, ouvrant la voie à la révolution industrielle. Aujourd'hui, le métro et le S-Bahn continuent de rapprocher les deux villes. Fürth a un charme indéniable avec ses rues sinueuses où s'alternent les maisons à colombages et les maisons en pierre. Témoignage de sa prospérité, Fürth étale aussi un nombre impressionnant de façades bourgeoises du XIXe siècle et aujourd'hui la ville est jeune et dynamique. Entre Nuremberg et Fürth, vous ne serez pas obligé de choisir, vous avez le droit d'aimer les deux.

JÜDISCHES MUSEUM FRANKEN

Königstraße 89 ✆ +49 9119 509880
www.juedisches-museum.org
Ouvert du jeudi au dimanche : 10h-17h. Entrée : 8 €. Réduit : 5 €. Compris dans la Nürnberg-Card.

Ce musée – plus grand qu'il n'y parait depuis l'extérieur avec son extension ouverte en 2018 – sensibilise à l'histoire et la vie quotidienne des juifs en Franconie et plus particulièrement à Fürth qui comptait une importante communauté juive. Il y avait à Fürth jusqu'à 5 synagogues et une yechiva (école pour l'étude du Talmud). Dans cette maison du XVIIIe siècle qui appartenait à un commerçant juif, on peut visiter le mikvé (bain rituel) à 9 mètres sous terre, et la soukka, une petite salle prévue pour la fête annuelle de Souccot.

LUDWIG ERHARD ZENTRUM

Ludwig-Erhard-Straße 6
✆ +49 9116 218080
www.ludwig-erhard-zentrum.de
Ouvert du mardi au dimanche : 10h-18h. Jeudi jusqu'à 20h. Entrée : 5 €. Réduit : 3 €. Compris dans la Nürnberg-Card.

D'un côté de la rue, il y a la maison de naissance de Ludwig Erhard, deuxième chancelier de RFA entre 1963 et 1966. C'est à ce fils de petits commerçants de Fürth que l'on attribue le « miracle économique » des années de la reconstruction, alors qu'Erhard était ministre de l'économie sous Adenauer à Bonn. Les objets retracent son parcours de sa naissance en 1897 à 1945. De l'autre côté de la rue, l'exposition est consacrée à l'après-guerre. Un musée bien fait (mais partial et trop peu critique) qui explore sa vie et l'histoire de l'économie allemande.

RATHAUS FÜRTH

Königstraße 86
✆ +49 911 9740
www.fuerth.de
L'hôtel de ville et la tour ne se visitent qu'après réservation.

Avec sa tour aux allures de campanile toscan, l'hôtel de ville de Fürth donne, un instant, l'impression d'être en Italie. Et ce n'est pas un hasard. En effet, son architecte Friedrich Bürklein s'est directement inspiré du *Palazzo Vecchio* de Florence. Aujourd'hui encore, le Rathaus témoigne de l'essor de la ville au XIXe siècle et de la volonté de la municipalité de donner à la ville un édifice représentatif. Petite curiosité de l'hôtel de ville : tous les jours à 12h04, les cloches du campanile jouent *Stairway to Heaven* de Led Zeppelin.

CAFÉ LUISE

Ludwig-Erhard-Straße 5
✆ +49 911 62180890
www.cafeluisefuerth.de
Du mardi au dimanche : 10h-18h, jeudi de 10h à 20h. Cappuccino : 3,20 €. Longdrink : 7,90 €. Part de gâteau : 3,50 €.

Bel intérieur tout neuf, mais dont les couleurs, les formes et les matériaux évoquent le charme des années 1950 : mobilier chic avec des tons noirs, gris et vert-jaune. Cette décoration est une allusion évidente à l'histoire des lieux. Car c'est dans cette maison qu'est né Ludwig Erhard, le « père » du miracle économique allemand. Et là se trouve le Café Luise se trouvait autrefois la boutique de ses parents. Le café est absolument charmant et plaisant. La musique participe aussi à l'ambiance, en rendant hommage aux débuts du rock'n'roll.

KAFFEESURIUM

Blumenstraße 3
✆ +49 911 89218396
www.kaffeesurium.de
Café ouvert du mardi au samedi de 10h à 18h. Cappuccino : 3 €. Part de gâteau entre 3 et 4 €.

Le Kaffeesurium est un café indépendant, moderne et charmant, qui n'a rien à envier aux cafés des grandes villes. Son intérieur lumineux combine le bois, le métal et la faïence, et de gros sacs en toile contenant des grains de café viennent parfaire la décoration. Laissez-vous tenter par les gâteaux alléchants exposés dans la vitrine, végans pour la plupart, et délicieux. Pour le café, deux types de grains au choix : Kenya pour un café au goût fruité ou Costa Rica pour un café avec une saveur chocolatée. Sans doute le meilleur café de tout Fürth.

ANSBACH ★

Située à une cinquantaine de kilomètres au sud-ouest de Nuremberg, cette petite ville de 41 000 habitants est la capitale de la Moyenne-Franconie. En 748, saint Gumbertus y installe un monastère bénédictin et, plus tard, une branche de la très puissante famille des Hohenzollern choisit la cité d'Ansbach comme lieu de résidence à la toute fin du XIVe siècle : ils y font construire l'opulente « résidence des Margraves ». En 1792, la principauté d'Ansbach est incorporée au Royaume de Prusse puis à la Bavière en 1806.

Ansbach est aussi connue pour le mystère de Kaspar Hauser. Il était une fois un enfant « sauvage », trouvé à l'âge 16 ans dans une rue de Nuremberg : il ne sait pas parler. Très vite, le bruit court que cet enfant a grandi à l'écart de toute société humaine. Cette hypothèse est contestée de nos jours. Résidant à Ansbach de 1830 à 1833, il fascina longtemps l'Europe entière avant de mourir poignardé par un inconnu dans cette ville. On le surnomma « l'orphelin de l'Europe ». Une rumeur affirme (et certaines théories le soutiennent encore) qu'il s'agissait du fils du grand duc Charles de Bade et de Stéphanie de Beauharnais. Une analyse ADN en 2002 confirmerait l'appartenance de l'enfant à la famille princière, mais ces résultats ont été contestés. Plusieurs hypothèses ont été élaborées, dont l'une aurait été que l'enfant aurait fait l'objet d'une expérience inhumaine, son éloignement délibéré de tout contact était nécessaire pour en étudier les résultats. Sujet d'une expérience de psychopathe ou prince héritier de Bade ? Jusqu'à nos jours, l'énigme demeure entière.

HOFGARTEN & ORANGERIE

Promenade 33 ✆ +49 981 2170
www.orangerie-ansbach.de
Ouvert tous les jours à partir de 7h15, jusqu'à 18h, 20h ou 22h selon la saison. Entrée libre.

- **Hofgarten**. Dans le prolongement de la résidence des margraves, le Hofgarten est un joli parc baroque dont l'aménagement a été pensé par la margravine Christiane-Charlotte de Brandebourg-Ansbach dans la première moitié du XVIIIe siècle.
- **Orangerie**. Carl Friedrich von Zocha s'est inspiré de l'art français pour réaliser cette splendide orangerie entre 1726 et 1728. Ses modèles n'étaient autres que le Grand Trianon à Versailles pour la partie sud et les colonnades du Louvre pour la partie nord. Aujourd'hui, elle abrite des salles de concerts et de conférences.

MARKGRÄFLICHE RESIDENZ ANSBACH ★

Promenade 27 ✆ +49 981 953 8390

www.schloesser.bayern.de

Ouvert d'avril à septembre 9h-18h et d'octobre à mars 10h-16h, fermé lundi. Visite guidée 5 €. En français sur résa.

La résidence des margraves de Brandebourg-Ansbach est sans aucun doute l'édifice le plus important de la ville. Sa façade extérieure, tout à fait quelconque, dissimule 27 luxueuses salles d'apparat que le visiteur pourra découvrir lors d'une visite guidée.

▸ **Histoire**. Ce palais baroque n'a pas été construit *ex nihilo* : en témoignent les douves au nord-est et la salle gothique où se trouve la billetterie. Si la résidence a conservé tout son cachet baroque, c'est parce qu'à la fin du XVIIIe siècle, le margraviat cesse d'exister. Sans enfants, le dernier margrave Alexandre décide de vendre ses terres à ses cousins prussiens pour aller vivre une nouvelle vie avec sa maîtresse en Angleterre, reléguant la résidence d'Ansbach au rang de résidence secondaire parmi tant d'autres. En 1806, Ansbach passe des Hohenzollern aux Wittelsbach et est intégrée au royaume de Bavière. Aujourd'hui, une partie du palais accueille les bureaux du district de Moyenne-Franconie.

▸ Les **salles d'apparat**. Les margraves vivaient de préférence au 2e étage, plus confortable, mais c'est au 1er étage du palais que se trouvent les trois appartements conçus pour les besoins de représentation : les appartements du margrave, ceux de la margravine et ceux destinés aux visiteurs de marque. Parmi les salles les plus impressionnantes : la salle des fêtes sur deux étages, le cabinet des glaces, la salle des carreaux de faïence avec ses 2 800 carreaux environ fabriqués par l'ancienne manufacture de faïence d'Ansbach.

ST. GUMBERTUS-KIRCHE

Johann-Sebastian-Bach-Platz 5

✆ +49 981 138 90

www.gumbertus.de

Caveau des princes à Saint-Gumbertus ouvert en été les vendredi et samedi 15h-17h, le dimanche 11h-12h et 15h-17h.

Sa grande tour gothique ne laisse pas deviner l'intérieur baroque plutôt sobre (c'est une église protestante) mais joli. De nombreux sites à découvrir : l'ancienne église du couvent dont les annexes gothiques ont été édifiées au XVe siècle, l'église baroque avec ses orgues imposantes, la crypte romane qui date de 1040 et qui a été creusée sous la chapelle des Chevaliers du Cygne ainsi que le caveau des Princes composé de 26 cercueils des margraves de Brandebourg-Ansbach (de la maison Hohenzollern) des XVIIe et XVIIIe siècles.

SYNAGOGE ANSBACH ✡

Rosenbadstraße 3

✆ +49 981 972 1160

www.synagoge-ansbach.de

Ouvert de mai à septembre, un dimanche sur deux de 15h à 17h et sur demande.

Plutôt discrète côté rue, il faut savoir où elle est pour l'identifier. Cette synagogue est le fruit du travail de Léopold Retty entre 1744 et 1746, qui n'était autre que l'architecte en chef de la cour du margrave de Brandebourg-Ansbach. Elle compte parmi les rares synagogues témoins de l'époque du baroque qui soient encore en bon état aujourd'hui. Elle a été endommagée pendant la nuit de cristal mais a survécu aux autres destructions. Autre curiosité à l'extérieur du monument, dans la cour, où se trouvent des vestiges d'un mikvé, le lieu des bains rituels.

HOTEL PLATENGARTEN €€

Promenade 30

✆ +49 981 971 420

www.hotel-platengarten.de

Chambre simple à partir de 83 €, double à partir de 98 €. Attention : réception fermée en journée.

Voilà un emplacement absolument imbattable pour ce très bel hôtel du centre d'Ansbach. Il se retrouve entre la résidence des margraves et le Hofgarten, on ne peut pas faire mieux ! Depuis certaines chambres, on pourra même se réveiller avec vue sur le château. Les chambres sont décorées avec un style délibérément rétro, très plaisant. Avec sa jolie clef bénarde en main, on aura l'impression de traverser un château pour rejoindre ses appartements privés. Le petit-déjeuner, servi sous forme de buffet, est riche mais la pièce est plutôt sombre.

SCHWARZER BOCK €€

Pfarrstraße 31

✆ +49 981 421 240

www.schwarzerbock.com

Chambre double à partir de 120 €. Wifi gratuit. Réservation de minimum deux nuits.

Beaucoup de charme dans cet hôtel ravissant mêlant de la façon la plus heureuse qui soit cadre bavarois et confort contemporain des chambrées qui ont le bon goût d'être spacieuses et très fonctionnelles. Un très bon choix pour votre passage à Ansbach. Si vous n'y résidez pas, vous pourrez toujours vous rendre au rez-de-chaussée où le restaurant de l'hôtel vous attend avec des spécialités locales. Le bouc noir (*schwarzer Bock*) qui donne son nom au lieu n'est pas seulement présent sur la façade, on le retrouve aussi sur les poignées, ce qui en impose !

PARC NATUREL D'ALTMÜHLTAL

Le parc naturel de l'Altmühltal (*Naturpark Altmühltal*) doit son nom à la rivière Altmühl qui le traverse. Cette très belle région couvre un vaste territoire, de l'ouest de Ratisbonne au nord d'Ingolstadt. Ses panoramas sauvages et d'une grande beauté, ses cours d'eau, ses petites vallées et son canal du Rhin-Main-Donau en font un cadre idéal pour tous les amoureux de la nature, de la randonnée et du VTT. Parmi les jolies villes à découvrir, reportez-vous aux articles sur Eichstätt, Neuburg an der Donau, Kelheim.

▸ Pour plus de renseignements sur les activités possibles dans la région, rendez-vous sur le site officiel : www.naturpark-altmuehltal.de (disponible en allemand uniquement).

DINKELSBÜHL ★★

Située au bord de la rivière Wörmitz à mi-distance entre Rothenburg ob der Tauber et Nördlingen, Dinkelsbuhl est l'une des très belles étapes de la Romantische Straße (route romantique qui relie Wurtzbourg et Füssen). Dinkelsbühl a conservé son cœur médiéval et a survécu à toutes les destructions. Elle est connue pour plusieurs procès de sorcellerie au XVIIe siècle et pour sa reddition pendant la Guerre de Trente Ans : on dit que pour attendrir les Suédois et les dissuader de détruire la ville, les habitants de Dinkelsbühl leur ont envoyé une délégation d'enfants. S'il est sûr que la ville a été préservée des pillages, l'histoire des enfants relève probablement de la légende.

ALTSTADT (VIEILLE VILLE) ★

Marktplatz

www.tourismus-dinkelsbuehl.de

La vieille ville de Dinkelsbühl a conservé une partie de ses fortifications et de nombreuses tours et portes médiévales.

Elle est essentiellement composée de la place du *Weinmarkt*, marché des vins et ses constructions de style Renaissance, de la *Ratsherrntrinkstube* qui abrite aujourd'hui l'office du tourisme, la Hetzelhof, la Deutsches Haus qui possède la plus belle façade de la cité, la *Schranne* qui était un ancien grenier, la cathédrale Saint-Georges, très belle église de la fin de la période gothique avec son magnifique Sebastiansaltar ou autel de Sébastien qui date de 1520, la *Spitalanlage* avec sa *Spitalhof*, ancien hôpital bâti en 1280 avec sa cour.

MUSEUM DER DRITTEN DIMENSION

Nördlinger Tor

✆ +49 9851 6336

www.3d-museum.de

Entrée adulte : 10 €, réduit (jeunes, étudiants, seniors) : 8 €, moins de 12 ans : 6 €.

Ce musée atypique mène le visiteur dans l'univers de la troisième dimension avec au programme : holographies, illusions d'optique, jeux de perspective, lasers et autres lumières, projections en 3D et une grande collection de stéréoscopies… On observera des procédés d'illusion d'optique, dont les origines remontent au Moyen Âge. Découvrez aussi le fonctionnement des anamorphoses (images déformées qui ne se révèlent que sous un certain angle) et d'autres formes de trucage.

DJH JUGENDHERBERGE DINKELSBÜHL €

Koppengasse 10

✆ +49 9851 5556 417

www.dinkelsbuehl.jugendherberge.de

A partir de 90 € la nuit, petit déjeuner compris. Adhésion annuelle : 7 €.

Une superbe auberge de jeunesse, installée dans un très beau bâtiment (ancien grenier) construit au XVe siècle. L'emplacement est idéal, à l'orée de l'hypercentre. 100 lits, répartis en 25 chambres, de 2 à 6 lits, toutes équipées d'une douche, de WC et d'un lavabo. Le grand espace extérieur de 3 000 m² comprend une table de ping-pong, une zone de barbecue et de feu de camp, des installations de football, ainsi qu'un petit atelier. Local de réparation pour les vélos.

WEIB'S BRAUHAUS €

Untere Schmeidgasse 13

✆ +49 9851 579 490

www.weibsbrauhaus.de

Plats entre 7,60 et 23,80 €. Ouvert du jeudi au lundi de 11h à 22h, le mercredi de 18h à 22h.

Weib's Brauhaus, c'est tout à la fois une auberge, un restaurant, une microbrasserie, un Biergarten. Les plats de la gastronomie locale sont à l'honneur dans ce restaurant. Les plats sont sans grande originalité mais copieux, la patronne est sympathique et les locaux aiment s'y retrouver autour d'une bonne bière, brassée sur place. Ces bières sont conçues ici avec des malts et des houblons locaux, sans additifs ni stabilisateurs, et elles ne sont pas filtrées, ce qui leur donne un puissant goût en bouche. Plusieurs plats végétariens.

ROTHENBURG OB DER TAUBER ★★★

Préservée dans son architecture si typiquement médiévale, Rothenburg ob der Tauber est sans aucun doute une des plus belles petites villes de la région, voire, selon certains, d'Allemagne. Elle attire plus de 2 millions de visiteurs par an ! La vieille-ville conserve un grand nombre de maisons à colombages et de maisons en pierre du Moyen Âge. Ses remparts et ses 42 tours défensives ont également traversé les siècles complètement intacts. Les façades sont parfaitement restaurées, avec des couleurs très vives, qui lui donnent un aspect de petite ville-musée plutôt lisse. Cet état de conservation exceptionnel permet aux visiteurs un véritable voyage dans le temps, un aller simple pour le Moyen Âge. Ses rues ont plusieurs fois servi de décor à des films historiques, aujourd'hui un peu tombés dans l'oubli. Mais vous comprendrez en vous baladant l'attrait que la ville peut avoir sur les cinéastes ! D'ailleurs, si vous avez vu le *Pinocchio* de Walt Disney, sachez que c'est Rothenburg qui a servi d'inspiration pour ce classique du dessin animé.

Histoire

On imagine aisément l'aspect d'une ville au Moyen Âge en franchissant une des portes cernant encore la ville. En 1274, Rothenburg obtient le titre de Ville Libre d'Empire (c'est-à-dire qu'elle n'est pas soumise à d'autre souverain que l'empereur lui-même et qu'elle jouit d'un certain nombre de privilèges), ce qui lui permet d'opérer un vrai développement. Elle ne se remettra toutefois pas de sa défaite lors de la guerre de Trente Ans. Elle avait auparavant embrassé la religion protestante, et dût se rendre aux troupes du général catholique Tilly. En 1803, elle est rattachée à la Bavière, suite aux réformes menées par Napoléon. La plupart des terres qu'elle avait acquises (elle régnait sur 167 villages et 20 000 habitants) furent cédées au domaine du Württemberg. Dès le XIXe siècle, la petite cité devient un lieu privilégié du tourisme européen, ce qu'elle est restée jusqu'à nos jours.

Transports

- En **voiture**. Depuis Munich (250 km) par l'A8 et l'A7, compter 2 heures 15 de trajet. Depuis Nuremberg (80 km) par la route nationale B8, compter 1 heure. Depuis Wurtzbourg (60 km) par l'A7, compter 40 minutes.
- En **train**. De/vers Munich 3 heures. De/vers Nuremberg 1 heure 20. De/vers Wurtzbourg 1 heure 10.

ALT-ROTHENBURGER HANDWERKERHAUS

Alter Stadtgraben 26 ✆ +49 9861 2370
www.rothenburg-tourismus.de

Ouvert du mardi et dimanche de 11h à 15h. Plein tarif 3 €, réduit 2,50 €. Brochure en français à l'entrée.

Cette maison date de 1270. Elle est composée de onze pièces dans lesquelles est représentée la vie d'une famille d'artisans au Moyen Âge. Elle a, dans les sept siècles de son histoire, servi de maison à différentes familles d'artisans : ont vécu ici des tonneliers, des teinturiers, des tisserands, des cordonniers, etc. Au premier étage, la chambre des enfants semble tout droit sortie d'Hobbitbourg, si basse de plafond avec ses tout petits lits que se partageaient jusqu'à trois enfants.

KÄTHE WOHLFAHRT - WEIHNACHTSDORF ★

Herrngasse 1 ✆ +49 9861 4090
www.kaethe-wohlfahrt.com

5 adresses au total rien qu'à Rothenburg ! Entrée du musée : 5 €. Famille : 11 €.

Vous le remarquerez très vite à Rothenburg : l'enseigne Käthe Wohlfahrt est omniprésente ! Et pour cause, c'est ici qu'est née toute son histoire en 1977... De toutes, cette adresse est sans l'once d'un doute le Village de Noël qui est le plus spectaculaire ! A l'entrée, un casse-noisettes géant vous accueille. Une fois la porte passée, vous voilà dans une antre de la décoration de Noël, un petit monde fantastique ouvert tout au long de l'année pour se plonger, qu'importe la saison, dans la féérie de ce beau moment de fin d'année. Adversaires du kitsch - soyez prévenus -, ça brille ! Parmi les pièces maîtresses : le tableau animé de peluches dans l'entrée, et l'immense sapin trônant fièrement au milieu du magasin (dommage que l'on ne puisse pas les photographier !). Car oui, si le lieu s'apparente à un musée, c'est d'abord et avant tout une boutique où l'on pourra trouver tout ce qu'il faut pour sa décoration de Noël : casse-noisettes traditionnels, boules dorées, horloges coucou, etc. A découvrir également : les « pyramides de Noël » en bois, inconnues en France. Elles viennent des Monts Métallifères (entre la Saxe et la Bohême) et remplacent le traditionnel sapin de Noël.

- **Musée allemand de Noël** (Deutsches Weihnachtsmuseum). Un musée de Noël — un vrai cette fois — vous attend à l'étage : pour connaître l'histoire de Noël et l'évolution de ses célébrations en Allemagne : de l'établissement de la date du 25 décembre au IVe siècle à l'apparition du père Noël.

RATHAUS & HISTORIENGEWÖLBE

Marktplatz 2 ✆ +49 9861 404800
www.tourismus.rothenburg.de
Entrée des Historiengewölbe : 3,50 €. Ouvert de mai à octobre : 9h-18h.

▸ **Rathaus**. Deux parties constituent cet imposant édifice : l'hôtel de ville gothique avec sa salle impériale et sa tour haute de 60 mètres côté Herrngasse et la façade Renaissance côté place du marché. Le premier ensemble fut érigé entre 1250 et 1400 et ce n'est que plus tard, de 1572 à 1578, qu'il s'est enrichi de la façade de style Renaissance, monumentale. Les arcades avec les blasons n'ont été bâties qu'en 1681. Au mois de décembre le traditionnel *Weihnachtsmarkt* (marché de Noël) prend place ici, sur la place du marché. Depuis 1881, les habitants de la ville rejouent ici un épisode (supposé) de la Guerre de Trente Ans : le « Meistertrunk » (le pot de l'amitié des maîtres). En octobre 1631, la ville protestante de Rothenburg, prise par les troupes catholiques du général Tilly, semble condamnée à la destruction et aux pillages, sort subi par Magdebourg quelques mois plus tôt. La légende raconte que le maire Georg Nusch a vidé 3 1/4 litres cul sec et que cet acte de bravoure a impressionné le général ennemi et l'a convaincu d'épargner la ville.

▸ **Historiengewölbe**. Ce musée, qui n'est pas de toute dernière fraîcheur, présente - sous les voûtes historiques de l'hôtel de ville – l'histoire de la cité pendant la Guerre de Trente Ans (1618-1648). Seuls les passionnés d'histoire s'y retrouveront parce qu'on n'y suit pas vraiment un ordre chronologique. La cave abrite encore les anciennes oubliettes dans lesquelles périt en 1408 l'un des maires de la ville, Heinrich Toppler. Charmant !

ROTHENBURGMUSEUM

Klosterhof 5
✆ +49 9861 939 043
www.rothenburgmuseum.de
Ouvert tous les jours, 9h30-17h30 d'avril à octobre et 13h-16h de novembre à mars. Adulte : 5 €, réduit : 4 €.

Cet ancien cloître dominicain abrite aujourd'hui le Musée historique de la ville. Dans la cuisine (du XIIIe siècle !) et quelques chambres, on découvre une collection d'art sur la culture de la cité avec, entre autres, des sculptures, de la faïence, des armes, des objets de la vie quotidienne de l'époque et surtout, temps fort de la visite, douze tableaux du peintre Martinus Schwarz représentant la *Rothenburger Passion* (1494). Derrière le musée, le *Klostergarten* ou jardin du couvent où il est très agréable de faire une petite pause.

MUSÉE DU CRIME MÉDIÉVAL

Burggasse 3
✆ +49 9861 53 59
www.kriminalmuseum.eu
Ouvert tous les jours de 10h à 18h. Adultes : 9 €, retraités : 8 €, étudiants : 6 €, gratuit pour les enfants.

Ce musée du crime et de la justice médiévale s'étend sur 4 étages et retrace plus de 1 000 ans d'histoire de la jurisprudence en Europe. On y apprend les peines encourues lorsqu'un délit ou un crime étaient commis, la manière dont la justice était rendue à cette époque. On y verra de nombreux instruments de torture destinés à arracher des aveux aux supposés coupables et cela fait froid dans le dos de voir ces cages, ces piloris, ces chevalets pour l'écartèlement ou la «vierge de fer» dont on doute cependant qu'elle ait été réellement utilisée.

© MKM

© MKM

NIGHT WATCHMAN - LE VEILLEUR DE NUIT

Marktplatz
✆ +49 98 61404800

Personne ne peut mieux raconter la rude vie urbaine médiévale de Rothenburg ob der Tauber que Hans-Georg Baumgartner. Le célèbre veilleur de nuit de la ville, qui continue de faire sa ronde tous les soirs, se repère à son costume sombre si singulier. Au cours d'une visite divertissante, le veilleur de nuit de Rothenburg vous livre tous les secrets captivants de ce lieu historique. Vous pourrez partager une photo avant le début de la visite : il adore attirer l'attention !

ST.-JAKOBSKIRCHE

Klostergasse 15
✆ +49 9861 700 620
www.rothenburg-tourismus.de
D'avril à octobre, tous les jours 10h-18h. Basse saison : 10h-12h et 14h-16h. Adulte : 2 €, réduit : 0,50 €.

© PHOTO20AST - SHUTTERSTOCK.COM

L'église gothique Saint-Jacques date du Moyen Âge. A l'intérieur, ses vitraux du XIVe siècle filtrent la lumière et la renvoient en une multitude de couleurs qui donnent une impression de chaleur, de majesté. Petite curiosité sur l'autel des 12 apôtres : à la droite de Jésus, Saint-Pierre porte des lunettes de lecture ! A voir aussi : la chapelle construite en pont au-dessus de la Klingengasse à l'ouest de la nef : son autel en bois a été sculpté par Tilman Riemenschneider. Il est dit qu'il contient une relique renfermant quelques gouttes du sang du christ.

DJH JUGENDHERBERGE ROTHENBURG OB DER TAUBER €

Mühlacker 1 ✆ +49 9861 941 60
www.rothenburg.jugendherberge.de
A partir de 24,40 €, petit déjeuner compris. 32,10 € en demi-pension. Adhésion à l'année : 7 €.

Installée dans une superbe maison médiévale, cette auberge de jeunesse - à l'intérieur très sobre - est une bonne adresse. Il est important de réserver car, même si la capacité de cet établissement est importante, il est souvent pris d'assaut par les touristes et par les groupes scolaires. L'auberge de jeunesse fait partie du réseau DJH (Deutsches Jugendherbergswerk) pour lequel il faut être membre ou le devenir. Tables de ping-pong, billard, babyfoot.

HOTEL BURGGARTENPALAIS €€

Herrngasse 26 ✆ +49 9861 874 7430
www.burggartenpalais.de
Chambre individuelle à partir de 85,50 €, chambre double à partir de 161,50 €.

Situé dans l'un des plus anciens immeubles résidentiels de Rothenburg, ce charmant hôtel dispose d'un des plus grands jardins privés de toute la ville. Les 14 chambres sont meublées de façon individuelle mais elles partagent toutes une certaine élégance. Elles sont toutes équipées d'écrans plats, de salles de bains privées, de l'accès wifi. Le petit-déjeuner (servi sous la forme de buffet) est compris dans le prix de la réservation. L'hôtel dispose aussi de son propre restaurant. Emplacement idéal, à proximité des attractions de la ville et au calme.

HOTEL RAPPEN €€

Vorm Würzburger Tor 6+10
✆ +49 9861 95710
www.hotel-rappen-rothenburg.com
Chambre double à partir de 70 €, petit déjeuner inclus. Restaurant ouvert tous les jours midi et soir.

Mentionné pour la première fois en 1603, l'hôtel Rappen fait partie de l'histoire de Rothenburg. Le cheval sur le logo fait allusion au nom de l'hôtel (*Rappe* désigne un cheval noir) mais aussi à l'histoire du lieu, car se trouvait ici autrefois un relais de poste ! L'hôtel réunit maintenant deux édifices distincts avec un joli module moderne où se trouve la réception. Avec 150 chambres, c'est le plus grand hôtel de la ville. On trouve 7 catégories de chambres. Les prix varient beaucoup selon les saisons et la fréquentation. Parking gratuit et petit sauna.

LE VEILLEUR DE NUIT

VOUS DÉVOILE LES SECRETS DE LA VILLE MÉDIÉVALE !

Personne ne peut raconter avec autant de vivacité et d'humour la dure vie urbaine du Moyen Âge à Rothenburg ob der Tauber - et vous noterez aussi que personne ne ressemble autant à Robert Plant - que Hans-Georg Baumgartner, *the Night Watchman* qui fait sa ronde chaque nuit.

Pourquoi les gens guettaient-ils avec crainte les ouvertures des fenêtres au-dessus d'eux ? Et pourquoi les habitants de Rothenburg ont-ils autrefois revêtu leurs rues avec des pavés si inconfortables ? Le veilleur de nuit répond à toutes ces questions au cours d'une visite divertissante de Rothenburg. Armé de sa hallebarde, le veilleur de nuit de Rothenburg arbore la parfaite apparence traditionnelle avec son chapeau et son manteau noirs, ainsi qu'une corne et une lampe. C'est ainsi que beaucoup de gens le reconnaissent de loin lorsque vous l'attendez sur la place du marché au début de votre visite de la ville. Vous verrez que bien qu'il ait l'air effrayant, le veilleur de nuit de Rothenburg est très accessible ! Vous pourrez partager une photo, des salutations ou une simple poignée de main avant le début de la visite : il adore retenir l'attention sur les marches de l'hôtel de ville.

Retrouvez-le chaque soir à 20h sur la place du marché et suivez-le dans les ruelles romantiques de Rothenburg ob der Tauber ! Les visites ne sont disponibles qu'en allemand et en anglais mais les francophones sont les bienvenus, y compris les enfants : le show vaut le détour. De janvier à avril, le veilleur de nuit vient à votre rencontre les samedis uniquement.

NIGHT WATCHMAN - LE VEILLEUR DE NUIT

Marktplatz
✆ +49 98 61404800

OFFICE DU TOURISME DE ROTHENBURG OB DER TAUBER

Marktplatz 2 ✆ +49 9861 404 800
www.rothenburg.de
Horaires très variables, consulter le site.

Figurant parmi les plus belles petites villes d'Allemagne, la localité de Rothenburg ob der Tauber offre son lot d'activités incontournables ! Rendez-vous à l'office de tourisme pour planifier votre séjour au cœur de cette cité médiévale au charme intact. Parcourez les ruelles étroites de la vieille ville, admirez les façades et les colombages, découvrez l'une des plus belles pistes cyclables du pays et partez même en randonnée sur l'un des treize circuits autour de la ville !

VILLA MITTERMEIER €€

Vorm Würzburger Tor 9
✆ +49 9861 94540
www.villamittermeier.de
Chambre individuelle à partir de 155 €, chambre double à partir de 219 €.

Hôtel élégant situé juste à l'extérieur des murs médiévaux. Les chambres sont belles et confortables et on s'y sentira très bien pendant son séjour à Rohtenburg. Son œnothèque Die Blaue Sau, célèbre au-delà des frontières de la ville, autrefois couronnée de 14 points Gault et Millau, a malheureusement disparu avec le départ du chef pour Bremerhaven. Mais le goût pour la cuisine exigeante est restée et l'équipe ambitionne bien de retrouver une distinction pour le restaurant Mittmeier et ses différents menus avec de 5 à 7 plats.

KLOSTERSTÜBLE €€

Herrngasse 21
✆ +49 9861 938890
www.klosterstueble.de
Chambre simple à partir de 84 € par nuit et de 94 € pour la chambre double.

Sympathique hôtel constitué de deux maisons reliées par une jolie cour couverte, idéalement situé dans le centre de Rothenburg. Plusieurs types de chambres : de la double au studio, avec des prix plutôt doux pour cette ville très touristique. Le petit-déjeuner est servi sous la forme de buffet et se prend au rez-de-chaussée. Au rez-de-chaussée se trouve également le restaurant de l'hôtel, où l'on pourra venir que l'on soit hôte ou non. On y propose et sert une cuisine traditionnelle franconienne sans chichis. Accueil sympathique, prêt à aider.

BURG-HOTEL €€€

Klostergasse 1-3
✆ +49 9861 948 90
www.burghotel.eu
Chambre double à partir de 171 €, petit déjeuner inclus.

Ce bel hôtel est situé dans le magnifique *Klostergarten* (jardin du monastère), au calme. Lorsque le temps le permet, le petit déjeuner est servi sur l'ancien *Stadtmauer*, mur de la ville qui surplombe la rivière Tauber qui coule 80 m en dessous. Le bonheur ! Sinon, en temps normal, la salle du petit-déjeuner dispose elle aussi d'une très belle vue. On peut y louer pour 10 € seulement le petit studio bien-être avec sauna et baignoire. Au sous-sol, le Spielekeller permet de faire des soirées jeux. Chambres charmantes et accueil très sympathique.

KREUZERHOF HOTEL GARNI €€

Millergasse 2-6
✆ +49 9861 3424
www.kreuzerhof-rothenburg.de
Chambre simple à partir de 75 € et double de 49 € par personne. Petit déjeuner inclus.

Peut-être pas le plus spectaculaire des établissements de sa catégorie, mais nous avons ô combien apprécié y séjourner ! Walter et son épouse nous réservent un accueil un brin timide mais pour autant des plus bienveillants. Avec seulement 10 chambres, il faut dire qu'on se sent vite comme à la maison. Réparties dans trois bâtiments, toutes les unités sont différentes, certaines plus modernes que d'autres, mais avec toujours les mêmes éléments de confort : thé-café, télévision, sèche-cheveux et wifi gratuit notamment. Honorable petit déjeuner. Bref, recommandé !

ZUR SILBERNEN KANNE €€

Paradeisgasse 20
✆ +49 9861 5616
www.silbernekanne.de
Chambre double dans la pension à partir de 125 € par nuit.

Un peu en retrait de l'agitation du centre-ville et pourtant en plein cœur du centre médiéval de Rothenburg, cette auberge propose aussi bien des spécialités franconiennes que des plats végétariens. Dans votre assiette par exemple : des spätzle, un filet de truite ou des *knödels* aux épinards. C'est bon sans être très raffiné. Le petit intérieur a des allures de taverne traditionnelle sans l'obscurité à laquelle les *Gaststätten* bavaroises vous auront habitués. A l'étage, quatre chambres d'hôtes, avec la possibilité de louer une cuisine.

BROTHAUS CAFÉ IM SCHLACHTHOF

Schlachthofstraße 37C
✆ +49 9861 9369636
www.brot-haus.de
Ouvert tous les jours de 7h à 18h.

Rassurez-vous, vous ne visitez pas un abattoir (*Schlachthof*), mais bien une boulangerie-pâtisserie-sandwicherie du XXIe siècle, moderne, spacieuse, lumineuse. Elle est en dehors du centre-ville et donc en dehors des sentiers battus. Son intérieur est inspiré de son passé industriel avec beaucoup de verre et d'acier, agrémenté de plantes et de lampes suspendues au plafond. On y trouve le *Schneeball*, mais aussi d'autres pâtisseries, des sandwiches et des bagels pour manger sur le pouce.

ZUCKERBÄCKEREI

Obere Schmiedgasse 10
✆ +49 9861 934 112
www.brot-haus.de
Ouverte tous les jours de 10h à 18h.

Une des meilleures pâtisseries de la ville qui sert, entre autres, les délicieuses *Schneeballen*, une spécialité qui a la forme d'une grosse boule de neige et qui peut être enrobée de sucre glace, de chocolat, de vanille ou de cannelle… Ce n'est pas très pratique à manger, mais c'est furieusement bon ! Pour rapporter un petit cadeau, vous y trouverez aussi des *Lebkuchen* nappés de différentes couleurs. Zuckerbäckerei appartient au groupe Brothaus qui possède d'autres boulangeries-pâtisseries-sandwicheries en ville, chacune avec son propre concept.

HANDMADE IN ROTHENBURG

✆ +49 9861 8738630
www.rothenburg-handmade.com
Association de huit artisans et manufactures de Rothenburg, tous situés en vieille ville.

Du chocolat au papier, du tissu au bois... tout est fait main et local. On voit les artisans travailler, et on peut même réserver des cours en avance. Handmade est une association de huit artisans et manufactures de Rothenburg, tous situés en vieille ville : Alex Allegra Schokolade (www.allegra-schokolade.de) ; Alphagalerie (www.alphagalerie.de) ; AnRa-Mode GmbH (www.anra-mode.de) ; Leyk Lichthäuser GmbH (www.leyk-shop.com) ; Living Paper (www.livingpaper.net) ; Der Patchwork Engel (www.patchwork-engel.de) ; Stoffmarkt am Markusturm ; Wood Art.

BURGGARTEN & BURGTOR

Alte Burg ✆ +49 9861 404800
https://www.rothenburg.de
Ouvert toute l'année. Entrée libre.

Burggarten. C'est à cet endroit que se dressait le château royal bâti en 1142 par Conrad III, empereur du Saint-Empire romain germanique. Mais ne cherchez pas la forteresse, elle a été dévastée par un important tremblement de terre en 1356. Le château a fait place à un joli jardin d'où la vue sur la rivière Tauber et sur une partie de la ville est saisissante. Au centre, il y a également un petit jardin aménagé avec des statues représentant les quatre saisons de l'année et les quatre éléments. De l'ancien château des Hohenstaufen, il ne reste rien d'autre que la chapelle Saint-Blaise (*Blasiuskapelle*) qui a survécu aux secousses telluriques. Elle sert aujourd'hui de monument en mémoire des victimes des guerres. Une pierre commémore aussi les victimes juives d'un pogrom ayant eu lieu à Rothenburg en 1298.

Burgtor. C'est l'une des 42 tours que comptent les fortifications médiévales de Rothenburg ob der Tauber. La porte du château (Burgtor) date de 1360 et servait d'accès entre la résidence et la ville. Elle était fermée systématiquement dès que le soleil commençait à décliner et elle était rouverte au lever. Ainsi, tous les habitants avaient interdiction formelle de sortir de l'enceinte de la ville et impossibilité également pour les visiteurs indésirables d'y pénétrer, sauf dérogation exceptionnelle délivrée par le conseiller de la ville. Un moyen efficace de vivre en toute tranquillité car, en cas d'infraction, un liquide bouillant était versé sur les rôdeurs ! Tout près de la Burgtor se trouve le théâtre de marionnettes.

NORD DE LA BAVIÈRE

BAD WINDSHEIM

Bad Windsheim est une petite ville thermale très prisée pour ses célèbres thermes : les Franken-Therme. La cité possède une très jolie vieille ville où les façades baroques et les maisons à colombages dominent dans un ensemble à la fois hétérogène et harmonieux. Bad Windsheim est une étape de charme, doublée d'une grande qualité thermale pour les amateurs de bains et de relaxation.

Histoire

Les historiens sembleraient abonder pour retrouver l'étymologie du nom de la cité dans la colonisation franque au VIe siècle mais le premier document écrit et faisant mention du lieu date de 741 précisément. En 1234, Bad Windsheim est mentionnée comme ville-marché, un privilège très couru durant le Moyen Age pour les droits de commerce afférents. En 1730, un violent incendie cause de grave dommages dans le centre-ville. En 1891, la première eau de source naturelle est découverte. Cette eau se révélera au fil du temps être une ressource capitale pour la localité, et elle lui permet de devenir une ville thermale réputée. Depuis la fin des années 1990 et le début des années 2000, la cité connaît un nouveau boom et une frénésie de rénovations et de constructions principalement dans l'équipement sportif et thermal. Il n'est pas possible - si vous passez par Bad Windsheim - de se dispenser d'un passage par les thermes.

Transports

En voiture depuis Nuremberg par la route nationale B8, compter environ 50 minutes de trajet. Depuis Wurtzbourg par l'A7, environ 45 minutes.

NORD DE LA BAVIÈRE

FRÄNKISCHES FREILANDMUSEUM

Eisweiherweg 1
✆ +49 9841 66800
www.freilandmuseum.de

Ouvert tous les jours 10h-18h de mars à octobre, tous les jours 10h30-16h de novembre à mi-décembre. Entrée : 7 €.

Ce musée en plein air vaut amplement un petit détour : 800 ans d'histoire de la contrée y sont exposés ! Il suffit juste de se promener et de se rendre dans les petites maisons et fermes (plus de 70) qui y sont bâties. Chacune d'elles représente une période, des us et des coutumes, des décors, des croyances. Un endroit charmant où la nourriture, à l'ancienne, est excellente ! Les reconstitutions sont très fidèles, authentiques et jamais kitsch, une réussite !

FLAIR HOTEL ZUM STORCHEN €€

Weinmarkt 6 ✆ +49 98 41/66 98 90
www.zumstorchen.de

Chambre simple à partir de 105 €, double à partir de 135 €. Petit déjeuner inclus. Connexion Wifi gratuite.

Un petit bijou en plein centre de Bad Windsheim, tel est le Zum Storchen qui, avec sa façade à colombages, ne semble pas accuser les années alors que l'édifice remonte à plus de 700 ans ! L'accueil familial de l'endroit et la proximité de nombreuses attractions (dont les fameux bains du lieu bien entendu) ne font que rajouter au plaisir de séjourner en cet endroit dont le rapport qualité-prix est sans aucune hésitation très bon. Le restaurant propose des spécialités franconiennes et des vins de la région. Connexion wifi gratuite.

HOTEL GARNI GOLDENE TRAUBE €€

Metzgergasse 42
✆ +49 9841 6824805
www.hotel-badwindsheim.de

Chambre individuelle à partir de 70 €, chambre double à partir de 93 €. Petit déjeuner inclus.

Charmant petit hôtel dans un bâtiment classé, au bord de la vieille ville. Chambre double ou petit appartement privatif. Chaque chambre dispose d'un bureau, d'un fauteuil, d'une salle de bains privée avec douche et WC. Un sèche-cheveux personnel et un petit coffre-fort complètent l'équipement. Les appartements sont confortables et spacieux et disposent en outre d'une cuisine entièrement équipée et d'un salon. Des lits supplémentaires et des lits pour enfants disponibles sur demande.

FRANKEN-THERME BAD WINDSHEIM

Erkenbrechtallee 10 ✆ +49 9841 403 00
www.franken-therme.net

Ouvert de 9h à 22h. Piscine : 17,50 € pour 2h30, 17,50 € la journée. Pour le sauna, supplément de 6 €.

Pourquoi ne pas profiter d'un moment de détente dans un espace thermal moderne et réputé, ainsi que très recommandé ? Des restaurants, des buvettes et des solariums sont également à votre disposition. Dans l'espace sauna, ne vous étonnez pas de voir tout le monde nu, c'est normal, c'est naturel et vous n'y ferez rapidement plus attention, car tel est le principe en Allemagne. Le nec plus ultra : rester en fin de journée pour patauger dans la piscine la nuit tombée.

ERLANGEN

Le schéma rectangulaire des rues d'Erlangen remonte au XVIIe siècle. Après la révocation de l'Édit de Nantes en 1685, le margrave Christian-Ernest de Brandebourg-Bayreuth fait aménager une ville nouvelle pour accueillir des milliers de réfugiés huguenots fuyant les persécutions en France. Dès 1886, la première pierre de l'église huguenote est posée. Cet épisode-clé de l'histoire de France s'est inscrit durablement dans la topographie de la ville. Aujourd'hui, Erlangen peut compter sur ses 40 000 étudiants pour lui donner une image jeune et dynamique. Quant à sa prospérité industrielle, c'est à l'implantation après-guerre de Siemens-Schuckert qu'Erlangen la doit.

FRIEDRICH-ALEXANDER-UNIVERSITÄT

Schlossplatz 4
✆ +49 9131 850
www.univ-erlangen.org

Fierté de la ville, l'université est un bâtiment imposant et massif dont l'histoire est plutôt singulière. A l'origine, il s'agit du château baroque des margraves, construit entre 1700 et 1704. Un incendie l'a réduit à néant, et il a été reconstruit entre 1821 et 1825 pour accueillir l'université. Peut-on rêver mieux comme cadre d'étude et d'enseignement ! De nos jours, l'université a dépassé les 40 000 étudiants encadrés par 640 professeurs et dispose de cinq facultés.

CREATIVHOTEL LUISE €€

Sophienstraße 10
✆ +49 9131 1220
www.hotel-luise.de

Chambre double à partir de 119 €, petit déjeuner inclus.

Cet hôtel aux chambres accueillantes, aux teintes pastel, est l'un des plus respectueux de l'environnement en Allemagne. Les papiers peints sont fabriqués avec du papier recyclé, les chasses d'eau sont alimentés par l'eau de pluie, et l'eau de douche est chauffée par une installation solaire. Voilà encore une fois la preuve que design et écologie vont très bien ensemble ! L'hôtel se trouve un peu en dehors du centre-ville, des curiosités de la ville et des adresses sympas, mais on pourra quand même faire ses déplacements à pied.

HOTELCHEN AM THEATER €€

Theaterstraße 10
✆ +49 9131 80860
www.hotelchen-am-theater.de

Chambre individuelle à partir de 86 €, double de 131 €, studio à partir de 130 € (1 personne) ou 180 € (2 personnes).

Situé en plein cœur de la vieille ville, ce petit hôtel familial avec 12 chambres dont la plupart donne sur une cour intérieure romantique, est un véritable havre de paix. Si la façade extérieure de cette maison du XVIIIe siècle est charmante, la cour intérieure l'est encore plus. On est en pleine ville, mais le lieu est très calme. Le petit déjeuner - compris dans la réservation - se prend avec les autres hôtes à une grande table. L'emplacement est parfait pour découvrir Erlangen à pied. On est tout près de l'université et du jardin botanique.

BASILIKUM €€

Altstädter Kirchenplatz 2
✆ +49 9131 490980
www.basilikum-erlangen.de

Ouvert du mardi au samedi à partir de 15h30 à 23h.

De l'ambiance méditerranéenne et toscane au cœur de la vieille ville d'Erlangen… Il n'y a pas de doute, vous êtes au restaurant Basilikum, où le bien-être des gourmands et le plaisir culinaire sont toujours prioritaires ! On y revisite des classiques des cuisines italiennes et méditerranéennes avec finesse. Le lieu aussi est absolument charmant, c'est l'un des plus beaux restaurants de la ville. Par beau temps, la terrasse sur cette vieille place d'Erlangen est un vrai plaisir. Il est indispensable de réserver à l'avance, par téléphone.

MUSKAT €€

Hauptstraße 60
✆ +49 9131 974343
www.das-muskat.de

Ouvert du mercredi au samedi : 12h-23h (avec fermeture de la cuisine l'après-midi) et le dimanche 12h-15h. Plats ≈ 21 €.

Caché dans une cour de l'artère principale d'Erlangen, le Muskat est un restaurant certifié bio, où l'on fait une cuisine excellente, savoureuse et saine. Et puisque les produits sont de saison et locaux, la carte est changeante, il faudra se laisser surprendre. Côté boissons, essayez le « Power-Drink », un régal. Le restaurant a déjà une longue expérience puisqu'il a ouvert en 2002 et depuis le succès ne se dément pas, la qualité paye. En plus l'accueil est adorable, on s'y sent très bien. Le Muskat est une excellente adresse qui fait honneur à la *slow food*.

SALZ + PFEFFER €€

Hartmannstraße 19
✆ +49 9131 405225
www.salzundpfeffer-erlangen.de
Ouvert du lundi au vendredi de 11h30 à 14h et de 18h à 23h. Fermé les samedis, dimanches et lundis. Entre 13 et 27,90 €.

Salz und Pfeffer, du sel et du poivre. Mais heureusement pas seulement ! Lors de leur visite au restaurant, les clients ont l'occasion de s'assurer de la préparation fraîche des repas puisqu'ils peuvent observer ce qui se passe dans la cuisine depuis le bar. Le menu change quotidiennement, selon la saison et les produits régionaux disponibles. Les vins viennent des viticulteurs franconiens et italiens, notamment du Tyrol du Sud et de la région autour du lac de Garde. La trattoria Salz + Pfeffer participe du mouvement *slow food*.

COFFINI

Nürnberger Straße 9
✆ +49 9131 612527
Ouvert tous les jours de 10h à 20h.

En face du centre commercial Erlangen Arcaden — pas du plus charmant — se trouve un vrai paradis pour les amateurs de gâteaux et de tartes faits maison. En été, il est parfois assez difficile de trouver une place sous les grands parasols sur la terrasse devant le café, toujours bien fréquentée. Mais l'intérieur, derrière la façade aux volets turquoise, vaut également une visite, si l'on préfère se mettre à l'ombre ou au chaud l'hiver. Si vous êtes d'ailleurs à la recherche d'un cadeau, vous y trouvez très certainement de l'inspiration.

ERLANGER TEEHAUS

Friedrichstraße 14
✆ +49 9131 22911
www.erlangerteehaus.de
Ouvert tous les jours de 9h30 à 18h.

Impossible de ne pas se détendre dans cette ambiance de tranquillité ! Le jardin d'hiver spacieux et la belle cour intérieure très verte sont des lieux parfaits pour un petit déjeuner entre amis ou pour une pause entre deux cours ou TD à l'université voisine. Pour venir y prendre le petit-déjeuner le week-end justement, il est indispensable de réserver, car vous ne serez pas les seuls à avoir cette très bonne idée... Grande sélection de thés, snacks succulents. Et ce salon de thé est une institution de la ville depuis 1980 !

WOLFRAMS-ESCHENBACH

Cette cité médiévale, aujourd'hui encore entièrement ceinturée par ses anciens remparts des XIVe et XVe siècles, doit la première partie de son nom à un enfant de la ville, le troubadour Wolfram von Eschenbach, qui est, avec Walther von der Vogelweide, le poète lyrique allemand le plus célèbre du Moyen Âge. Son œuvre la plus célèbre, le roman en vers *Parzival*, fut la base et la source d'inspiration de la dernière œuvre dramatico-musicale de Richard Wagner, *Parsifal*. Cette épopée conte les aventures du chevalier de la table ronde, plus connu en France sous le nom de Perceval. Wolframs-Eschenbach, qui compte aujourd'hui près de 3 000 habitants, a conservé son apparence du Moyen Âge et de la Renaissance jusqu'à nos jours. Au XIIIe siècle, la ville est offerte aux chevaliers de l'ordre teutonique, qui règnent sur la ville pendant 600 ans. La plupart des édifices sacrés et profanes de la ville sont liés à leur présence.

Balade

Wolframs-Eschenbach est un bon point de départ pour des excursions dans la région des lacs franconiens. Le lac Altmühlsee se trouve à une dizaine de kilomètres. On peut facilement s'y rendre à vélo par une piste cyclable, un chemin de randonnée de 12 km invite à faire une longue promenade autour du lac. Le lac Brombachsee se trouve à environ 30 km et les amateurs de sports nautiques y trouveront certainement leur bonheur.

HOTEL GASTHOF ALTE VOGTEI €€

Hauptstraße 21
✆ +49 9875 968880
www.alte-vogtei-wolframs-eschenbach.de
Chambre individuelle à partir de 90 €, chambre double à partir de 110 €.

Hôtel et restaurant dans une très belle maison à colombage classée, construite au début du XVIIe siècle, récemment rénovée, et rouverte en mars 2017. Tout le confort a été déployé pour vous permettre un séjour des plus agréable à Wolframs-Eschenbach. L'hôtel dispose de son petit espace wellness avec un sauna et des chaises longues. Pour ce qui est de l'emplacement, on ne peut pas faire mieux : on se trouve ici dans l'hypercentre, à dix mètres de la Liebfrauenmünster.

WÜRZBURG ★★★

C'est en 704 que Wurtzbourg (en allemand : Würzburg) fut mentionnée pour la première fois. Berceau d'une université renommée fondée en 1582 ainsi que terre d'accueil pendant 3 ans du grand artiste italien Tiepolo, elle fut dramatiquement détruite à 90 % pendant la Seconde Guerre mondiale. Toutefois, rapidement reconstruite à l'identique, elle a de nouveau aujourd'hui une superbe apparence baroque et rococo. Cette belle cité d'un peu moins de 125 000 habitants, riche au plan patrimonial (37 églises), possède un centre historique charmant. Œuvre majeure du baroque en Allemagne du Sud, la résidence de Wurtzbourg (avec les jardins de la cour et la place de la résidence) est classée au patrimoine mondial de l'Unesco depuis 1982. Autres sites incontournables : la cathédrale Saint-Kilian de Wurtzbourg et la forteresse de Marienberg qu'on voit déjà de loin, en s'approchant de la ville par l'autoroute A3, et depuis laquelle on a une vue incomparable sur la vieille ville. D'ailleurs, Wurtzbourg est connue comme la capitale de la région du vin franconien, avec ses fameuses fêtes du vin... En arrivant en ville, tous les flancs de coteaux aux alentours sont recouverts de vignes. Ville universitaire, son atmosphère est jeune et dynamique. Baignée par le Main, elle constitue l'étape finale ou le point de départ (tout dépend dans quel sens on se déplace !) de la route romantique, un des itinéraires les plus prisés des touristes en Bavière. Une visite à ne pas manquer !

Sortir

Sanderstrasse, c'est la rue des bars par excellence ! N'hésitez pas à parcourir la rue, dans un sens, puis dans l'autre, jetant un œil à travers les vitres pour dénicher là où vous aurez envie de commencer votre soirée, puis de poursuivre dans un endroit peut-être plus dansant ? Nous, nous aimons débuter la soirée au Kult, autour d'une bonne bière et quelques bonnes choses à grignoter.

Transports

▶ **Voiture.** Autoroutes A9 et A3 de Munich (280 km), A7 d'Ulm (200 km), A81 et A3 de Stuttgart (150 km), A3 de Francfort (110 km), A3 de Nuremberg (110 km), A70 de Bamberg (95 km).

▶ **Train.** De/vers Munich : 2 heures de trajet. De/vers Ulm 3 à 4 heures de trajet. De/vers Stuttgart : 2 heures 15 de trajet. De/vers Francfort : 1 heure 10 de trajet. De/vers Nuremberg : 55 minutes de trajet. De/vers Bamberg : 1 heure de trajet.

DOM ST-KILIAN ✞

Domstraße 40
✆ +49 931 386 62 900
www.dom-wuerzburg.de
Ouvert du lundi au samedi de 9h30 à 17h.

Deux siècles ont été nécessaires pour mener à bien l'édification de la cathédrale de Wurtzbourg (1040-1237) : elle affiche encore aujourd'hui des lignes romanes, même si elle a connu des modifications ultérieures. Vers 1500, ses nefs latérales ont été remodelées selon le style gothique tardif. L'intérieur, lui, a été stuqué en 1701-1704 dans le plus riche style du haut baroque. La chapelle Schönborn dans le transept nord, quant à elle, figure parmi les œuvres de Balthasar Neumann. La cathédrale est consacrée à saint Kilian, missionnaire et apôtre de la Franconie.

FESTUNG MARIENBERG ★

Marienberg ✆ +49 931 35517 50
www.schloesser.bayern.de
Ouvert d'avril à octobre de 9h à 18h, fermé le lundi et de novembre à mars. Entrée et visite guidée : 4 €.

Du haut de sa colline, la forteresse de Marienberg domine les alentours. Pour y parvenir, la balade grimpe un peu, mais une fois là-haut, l'effort est récompensé par une superbe vue sur le Main, les terrasses viticoles et sur toute la cité épiscopale ! Cette forteresse de Marienberg a été pendant des siècles le lieu de résidence et de pouvoir des princes-évêques de Wurtzbourg. Vers 1600, la forteresse médiévale est rénovée selon la mode de l'époque et c'est encore aujourd'hui l'un des plus beaux exemples d'architecture Renaissance en Franconie. Si la forteresse a subi plusieurs assauts dans son histoire, elle n'a été prise qu'une seule fois : en 1631, par les troupes suédoises, pendant la guerre de Trente Ans (1618-1648). Après le conflit, le prince-évêque Jean-Philippe de Schönborn fait aménager le **Fürstengarten** (jardin princier), une jolie terrasse à balustrade entre la forteresse et les vignes.

▶ A l'intérieur, il est possible de visiter la Marienkirche. Qui pourrait croire que, des siècles durant, les viscères des prêtres fautifs aux yeux des hautes autorités étaient brûlés dans cette charmante église du VIIIe siècle ?

▶ Dans la forteresse, on trouve aussi le **Museum für Franken** (Musée de la Franconie). Des peintures, des sculptures et des objets d'art et d'artisanat de Wurtzbourg et de Franconie, de l'Antiquité au XIXe siècle, sont présentés dans 45 salles d'exposition.

▶ Les appartements des princes-évêques de Wurtzbourg sont situés dans le **Fürstenbau**. Dans 16 pièces, on découvre l'histoire de la ville du VIIIe au XXe siècle.

Festung Marienberg sur les hauteurs de Wurtzbourg.

LUSAMGÄRTCHEN

Martinstraße 4

Entrée gratuite tous les jours jusqu'à 17h.

Véritable havre de paix au cœur du centre-ville, ce minuscule jardin fleuri offre une halte agréable, après la visite du Neumünster ou de la cathédrale Saint-Kilian. C'est, pour être exact, l'ancienne cour de la collégiale Neumünster, juste à côté, et le jardin conserve quelque chose d'un petit cloître avec ses colonnes romanes. C'est ici que se trouve le cénotaphe (une simple pierre) de Walther von der Vogelwejde (1170-1230), un poète lyrique du Moyen Âge. On dit qu'y déposer une fleur résout tous les problèmes de cœur… Avis aux plus romantiques !

MUSEUM IM KULTURSPEICHER

Oskar-Laredo-Platz 1

✆ +49 931 322 250

www.kulturspeicher.de

Ouvert le mardi de 13h à 18h, mercredi, vendredi et dimanche de 11h à 18h. Jeudi jusqu'à 19h. Entrée : 4,50 €/2,50 €.

Le Museum im Kulturspeicher se trouve, comme son nom le laisse deviner, dans un ancien entrepôt, non loin des bords du Main. Ce très grand musée de 3 500 m² héberge d'une part la galerie municipale de Wurtzbourg avec des œuvres d'art datant des trois siècles derniers (notamment des impressionnistes allemands) et d'autres part la section « Konkrete Kunst » qui met en valeur la collection de Peter C. Rupert, composée de photographies, de tableaux, d'installations et de sculptures d'après-guerre et conçus par des artistes de toute l'Europe.

MARIENKAPELLE & FALKENHAUS

Marktplatz 7

Office de tourisme dans la Maison du Faucon : ouverte du lundi au samedi, 10h-17h.

Dans le centre, vous ne pourrez pas rater ces deux édifices. La chapelle Sainte-Marie, construite à la fin de la période gothique, s'élève élégamment vers le ciel, blanche et rouge. Son portail montre une Vierge à l'Enfant surmontée par le Jugement Dernier. Derrière la chapelle, se trouve la fameuse Maison du Faucon (Falkenhaus), qui abrite aujourd'hui une bibliothèque ainsi que l'office de tourisme. Jaune et blanche, une œuvre sculptée d'inspiration rococo, quelle façade !

NEUMÜNSTER

Kürschnerhof

✆ +49 931 386 62800

www.neumuenster-wuerzburg.de

Ouverte du lundi au samedi, 9h30-17h30. Fermée les dimanches et jours fériés.

Cette église de style baroque, avec une superbe coupole à lanterne (que l'on ne devine pas quand on se trouve au pied de la façade), a été construite à l'emplacement légendaire du martyre des trois missionnaires irlandais Kilian, Totnan et Kolonat, décapités en 689 pour avoir voulu évangéliser la Franconie... Au pied de l'autel, on trouve les bustes de Kilian, représenté en évêque, et de ses deux acolytes. La sortie mène tout droit sur le charmant Lusamgärtchen, un petit jardin dans lequel a été enterré Walther von der Vogelweide, un troubadour du Moyen Âge.

WÜRZBURGER RESIDENZ ★★★

Residenzplatz 2 ✆ +49 931 355 170
www.residenz-wuerzburg.de
Ouvert tous les jours de 9h à 18h, de novembre à mars de 10h à 16h30. Adulte : 9 €, réduit : 8 €.

Ce palais est un véritable bijou d'architecture, sans doute l'un des châteaux baroques les plus somptueux d'Europe. Tout ici respire l'élégance, l'opulence et le raffinement. Une visite de la Résidence de Wurtzbourg permet de se faire une idée du train de vie princier de ces puissants ecclésiastes qui ont régné sur la ville pendant des siècles. Sa symétrie, qui incarne bien les valeurs de l'absolutisme, en impose quand on entre depuis la Residenzplatz. On comprend vite que ce palais n'a rien à envier à la *Residenz* de Munich ou au château de Schönbrunn à Vienne.

La construction de la Würzburger Residenz a débuté en 1720 sur l'initiative du prince-évêque Johann Philipp Franz von Schönborn. La conception des plans a été confiée à Balthasar Neumann, architecte à qui l'on doit de nombreux chefs-d'œuvre baroques et rococos à travers toute l'Allemagne du Sud. Wurtzbourg lui doit aussi la chapelle Schönborn dans le transept nord de la cathédrale St. Kilian et la Käppele sur le Nikolausberg. En tout, il aura fallu plus de 60 ans pour que le palais soit achevé ! Autant dire que le prince-évêque n'a pas vu la fin du chantier, il est mort quatre ans après le début des travaux. Heureusement, ses successeurs poursuivent l'aménagement de la Résidence. Les ailes latérales de la Résidence furent en majeure partie détruites par les bombardements de la Seconde Guerre mondiale, mais un travail titanesque de reconstruction leur a redonné leur apparence d'antan. Des photos impressionnantes de la ville bombardée permettent de se faire une idée du travail de reconstruction accompli. En 1981, l'Unesco a reconnu officiellement le génie et le caractère exceptionnel de la Würzburger Residenz en l'ajoutant à la liste prestigieuse du patrimoine mondial de l'humanité. Et cette reconnaissance est pleinement méritée ! Pas étonnant non plus que Wurtzbourg se trouve sur le chemin de la Route Romantique, elle en est même la toute première étape.

- La visite du château débute par le **grand escalier** qui mène au premier étage. Sur le plafond, la célèbre et plus grande fresque du monde peinte par Giovani Battista Tiepolo représentant les quatre continents connus à l'époque : l'Europe, l'Asie, l'Afrique et l'Amérique. L'allégorie de l'Europe représente la cour princière de Wurtzbourg, une habile mise en scène du pouvoir. Autres curiosités de la Résidence : la ***Weisser Saal*** ou salle blanche avec ses riches moulures au plafond, l'immense ***Kaisersaal***, salle des Empereurs, avec une autre fresque de Tiepolo représentant Barberousse et de nombreuses *sopraporte* représentant des scènes de souverains de l'Antiquité. Enfin, la ***Spiegelsaal***, salle des miroirs avec ses animaux, ses fleurs peintes sur ses murs et qui partent du plafond.
- La ***Hofkirche***, autre lieu enchanteur du palais, est, elle aussi, le fruit de la collaboration de Neumann et de Tiepolo. À l'intérieur, c'est un festival baroque, fait de colonnes torsadées en marbre rose surmontées de chapiteaux corinthiens couverts à la feuille d'or, avec de nombreuses statues en marbre blanc… L'église n'est pas grande, mais quel spectacle !
- Dans l'aile sud du château se trouve le musée Martin von Wagner, qui présente des collections de peintures et de sculptures.
- Juste derrière le château, le ***Hofgarten***, jardin du château, incarne à merveille l'association des styles anglais et français. Une véritable réussite. L'été des concerts sont donnés dans le jardin. Peut-on s'imaginer plus joli cadre ?

Würzburger Residenz.

DJH JUGENDHERBERGE WÜRZBURG €

Fred-Joseph-Platz 2
✆ +49 931 4677 860
www.wuerzburg.jugendherberge.de
A partir de 35,90 €, Adhésion au réseau DJH : 7 € ou plus.

L'auberge de jeunesse de Wurtzbourg, au pied du Marienberg et sur les bords du Main, est une bonne adresse pour loger à moindres frais, sans devoir être renvoyé à la périphérie de la ville. Pour une auberge de jeunesse du réseau DJH - elles sont souvent sobres et plutôt austères -, celle-ci mérite qu'on mentionne l'effort qu'elle a fait pour se donner une image plus jeune et plus design avec une décoration pop et colorée. 226 lits en tout, plusieurs chambres individuelles et doubles.

HOTEL GRÜNER BAUM €€

Zeller Straße 35/37
✆ + 49 931 450680
www.gruener-baum-wuerzburg.de
Chambre individuelle entre 89 et 115 €, chambre double entre 120 et 165 €, petit déjeuner inclus.

Situé au pied de la forteresse de Marienberg, à cinq minutes du vieux pont et du centre, l'Hotel Grüner Baum est un bon hôtel avec des chambres à la fois traditionnelles et modernes : un mobilier en bois et des murs blancs et lumineux pour un cadre simple mais agréable. Les chambres sont toutes équipées d'un minibar, pratique. Le copieux buffet du petit déjeuner franconien — compris dans le prix de la réservation — est servi dans la cave voûtée. L'hôtel dispose d'un parking privé, à disposition des hôtes contre un supplément.

HOTEL ALTER KRANEN €€

Kärrnergasse 11
✆ +49 931 35180
www.hotel-alter-kranen.de
Chambre individuelle 88 €, chambre double à partir de 136 €/nuit, suite 160 €, petit déjeuner buffet inclus.

Hôtel 3-étoiles situé dans le centre de Wurtzbourg, sur les bords du Main. Vue sur le Main, les vignobles, le Vieux Pont, la forteresse de Marienberg et le Käppele. Bref, l'emplacement est parmi les meilleurs et il y a même des places de parking à proximité de l'hôtel. Une fois la voiture garée, on pourra faire tous ses déplacements à pied. La plupart des chambres ont été rénovées récemment et sont modernes, confortables et bien équipées (TV, douche, toilettes, minibar, sèche-cheveux, climatisation et wifi gratuit). Personnel très sympa.

HOTEL WÜRZBURGER HOF €€

Barbarossaplatz 2
✆ +49 931 53814
www.hotel-wuerzburgerhof.de
Chambre individuelle à partir de 70 €, chambre double à partir de 167 €, sans petit déjeuner.

Niché derrière une grande façade en stuc impressionnante, l'hôtel possède aussi une jolie terrasse en toit au cœur de la ville. La décoration est chic à souhait. Que peut-on désirer de plus ? 34 chambres et suites, de la petite chambre individuelle à la suite la plus luxueuse, vous attendent dans cet hôtel privé de qualité. Conçues avec un grand souci du détail dans un savant mélange de styles, les chambres sont aussi confortables et satisfont toutes les exigences. Un excellent hôtel, très bien placé, et un personnel très sympathique.

HOTEL DORTMUNDER-HOF €€

Innerer Graben 22
✆ +4917636364502
www.dortmunder-hof.de
Chambre simple à partir de 70 €, chambre double à partir de 80 €. Petit déjeuner inclus.

Cet hôtel situé dans la vieille ville a surtout le grand avantage de posséder des chambres à la fois joliment décorées et surtout très calmes : style minimaliste, design, propre et clair. On s'y sent très bien. Toutes les chambres sont équipées de wifi, TV, minibar, coffre-fort, ventilateur, sèche-cheveux. Sommeil profond garanti car les chambres sont parfaitement insonorisées. Équipe jeune et dynamique, accueillante et pleine de conseils. L'emplacement est lui aussi excellent : à proximité de toutes les curiosités de Wurtzbourg. Excellente adresse.

SCHLOSSHOTEL STEINBURG €€€

Reußenweg 2 ✆ +49 931 970 20
www.steinburg.com
Chambre simple à partir de 144 €, chambre double à partir de 197 €. Petit-déjeuner compris.

Situé sur une colline, cet hôtel 4-étoiles surplombe les vignes. La terrasse est sublime et permet d'admirer la beauté du site, avec vue sur un lacet du Main et sur la forteresse de Marienberg. L'ambiance de l'hôtel est chaleureuse et accueillante, le confort est maximal. La décoration des chambres est proprement étourdissante : pour un peu, on se prendrait pour un prince et une princesse ! Le Schlosshotel Steinburg dispose aussi d'une piscine avec un espace sauna. Que demander de plus ? Meilleure adresse dans cette catégorie.

CAFÉ MOZART €

Kardinal-Faulhaber-Platz 3
✆ +49 931 90704686
Ouvert tous les jours de 8h30 à minuit.

Derrière ses grandes baies vitrées, où le soleil s'engouffre pour venir réchauffer le dos des chanceux assis sur la banquette, le café Mozart est un joli petit café-bar plutôt branché, situé en plein centre-ville, à 5 minutes à pied de la Résidence de Wurtzbourg. La carte des cocktails y est colorée et fruitée, celle des cafés onctueuse et celle des gâteaux crémeuse à souhait. Le café Mozart propose aussi de bons brunchs le dimanche matin... Pensez à réserver car c'est assez rapidement pris d'assaut ! Service aimable et prix raisonnables.

CAFÉ FRED €€

Herzogenstraße 4
✆ +49 931 70526783
www.cafefred.de
Ouvert tous les jours de 8h à 19h.

Mention très spéciale pour les petits déjeuners et les brunchs de chez Fred ! Autrefois café traditionnel Konditorei (pâtisserie), et Confiserie Fehrer en 1948, l'atmosphère est quelque peu devenue hipster, mais l'ambiance est agréable et le lieu si lumineux. Du bon pain, des œufs pochés comme on les aime, du bacon bien grillé, des tartines avocat et fromage frais, ou encore des mueslis réinventés. Chez Fred, on se régale du début à la fin dans ce décor épuré aux allures de loft berlinois ! Idéal pour commencer la journée du bon pied.

ALTE MAINMÜHLE €€

Mainkai 1
✆ +49 931 167 77
www.alte-mainmuehle.de
Ouvert tous les jours de 10h à minuit. Plats chauds de 11h à 22h30. Comptez entre 13 € et 22 € le plat.

Situé à la sortie du vieux pont de pierre sur le Main, dans un bâtiment ancien, cet établissement récemment refait à neuf dégage une ambiance saisissante. Rien que pour la vue sur la forteresse de Marienberg, on est fans. On y mange très bien pour des tarifs tout à fait abordables. Cuisine à la fois régionale et saisonnale, il y en aura pour tous les goûts. Pour se faire plaisir, on choisira l'un des menus de 3 à 4 plats avec un accompagnement de vins locaux. Ce restaurant est incontestablement notre coup de cœur à Wurtzbourg !

WEINSTUBEN JULIUSSPITAL €€

Juliuspromenade 19 ✆ +49 931 540 80
www.weinstuben-juliusspital.de
Ouvert tous les jours de 11h à minuit. Plats entre 13,90 et 17,90 €.

Fondé en 1576 par un Prince-Evêque qui lui a donné son nom, le Juliusspital était tout à la fois un hôpital, une maison de retraite et un orphelinat (un établissement pour les plus démunis), et qui, grâce aux reconstructions d'après-guerre, a retrouvé sa majesté Renaissance. Le Juliusspital est aujourd'hui un *Gasthof* classique réputé dans la ville, où l'on sert une cuisine locale, simple et roborative. Très belle terrasse pendant l'été, dans la cour de l'hospice. La cuisine et les vins franconiens y sont de première qualité.

B NEUMANN RESIDENZGASTSTÄTTEN €€

Residenzplatz 1
✆ +49 931 4677 1944
www.b-neumann.com
Ouvert du mercredi au dimanche de 11h30 à 21h. Plats à partir de 12,50 €.

Ce *Gasthof* traditionnel est situé sur la place de la Résidence, il est très renommé. Il faut déjà saluer le cadre. Le lieu est enchanteur, tout particulièrement le Biergarten et les places à l'extérieur, côté Hofgarten. On pourra y savourer une cuisine franconienne ou internationale, accompagnée d'un vin ou d'une bière (tous deux naturellement franconiens). C'est un lieu de location apprécié pour toutes sortes de célébrations : anniversaires, mariages, baptêmes, etc.

STANDART

Oberthürstraße 11A
✆ +49 931 51140
www.standard-wuerzburg.com
Du lundi au vendredi à partir de 11h, samedi et dimanche à partir de 9h jusqu'au départ du dernier client.

Lieu de rendez-vous des étudiants, le Standart est un bar culturel sympa et décontracté où aller boire une bière après les visites (ou après son TD), surtout si l'on tombe un soir de jazz session, ou encore de lecture de poésies. En effet, c'est un café-bar vivant, avec une riche programmation culturelle, qui attire les jeunes Wurtzbourgeois. Le week-end, on peut y venir le matin pour prendre le petit-déjeuner (plusieurs options véganes). Les plats du jour sont de saison et frais ! Une bonne adresse authentique, un classique de la vie étudiante.

VEITSHÖCHHEIM

Contiguë à Wurtzbourg, Veitshöchheim mérite une visite relative à son château, devenu résidence d'été de la famille bavaroise des Wittelsbach au début du XIXe siècle. La petite commune de 9 000 habitants, elle aussi lovée sur les bords du Main, ne présente pas d'autre curiosité majeure, une demi-journée suffit amplement pour la découvrir.

Transports

Veitshöchheim est très facile d'accès depuis Wurtzbourg. On pourra prendre un train régional depuis la gare centrale, trajet qui ne prend pas plus de 6 minutes ! Autre option : prendre le bateau (13 € aller-retour) et remonter le Main vers le nord.

SOMMERHAUSEN

Ce charmant petit village romantique et typique de la région viticole de Franconie, situé 15 km au sud de Wurtzbourg, compte environ 1 800 habitants. Source d'inspiration des artistes, cet endroit enchanteur sur les bords du Main semble vivre à un autre siècle que le nôtre, comme si le temps s'y était arrêté... On y trouve un nombre surprenant de petits ateliers et de galeries d'artistes.

Transports

Pour s'y rendre, on pourra prendre un train régional depuis la gare centrale de Wurtzbourg. Le trajet prend une trentaine de minutes, puis il suffira de traverser le Main pour rejoindre le cœur de la petite bourgade.

SCHLOSS VEITSHÖCHHEIM

Echterstraße 10

✆ +49 931 915 82

www.schloesser.bayern.de

Ouvert du mardi au dimanche de 9h à 18h d'avril à mi-octobre. Jardins : accès libre.

© GUIDO VERMEULEN-PERDAEN - SHUTTERSTOCK.COM

A une petite dizaine de kilomètres de Wurtzbourg, la petite ville de Veitshöchheim est réputée pour son château, bâti au XVIIe siècle comme résidence d'été du prince-évêque de Wurtzbourg. Après la dissolution du Grand-Duché de Wurtzbourg et son rattachement à la Bavière en 1814, le château devient propriété des Wittelsbach. Ne surtout pas manquer le jardin rococo qui fut l'œuvre non pas d'artistes italiens mais d'architectes allemands, et notamment de Ferdinand Tietz (1708-1777), le meilleur de son temps en matière d'aménagement de jardins.

SULZFELD AM MAIN

A environ 20 km de Wurtzbourg, un petit havre de paix encore plus petit que Sommerhausen puisque le village ne compte que près de 1 350 habitants ! Ses remparts médiévaux, toujours debout malgré les siècles, sont composés de 18 tours et s'étendent sur près d'un kilomètre. Trois ponts permettent de pénétrer dans le village qui a su garder son cachet et tout son charme. Pour les amateurs de grosse bouffe, une des curiosités culinaires de l'endroit : la *Meterbratwurst* ou saucisse grillée d'un mètre de long ! À déguster avec juste un peu de pain ou un bretzel et de la bonne moutarde. Après ce repas pantagruélique, la balade digestive s'impose.

IPHOFEN

C'est dans cette petite ville de 4 600 habitants que certains des meilleurs vins de Franconie sont élaborés. On y accède par la B8, à une trentaine de kilomètres de Wurtzbourg. Tout comme d'autres communes dans cette région, Iphofen apparaît comme un joli petit endroit où il fait bon vivre avec ses remparts venus tout droit du Moyen Âge. L'intérêt majeur de cette petite ville est la promenade. Parmi ses monuments, il faut retenir particulièrement la Saint-Veits-Kirche avec ses murs jaunes et blancs qui reflètent même le plus petit rayon de lumière, le *Rathaus* édifié en 1716 selon le style baroque et la Rödelseer Tor qui date de 1456.

KNAUF MUSEUM

Am Marktplatz
✆ +49 9323 31528
www.knauf-museum.de

Ouvert du mardi au dimanche de 10h à 17h, le dimanche de 11h à 17h. Fermé le lundi. Plein tarif 5 €, réduit 3 €.

Vaste collection de reliefs (attention, ce ne sont pas les originaux !) égyptiens, romains, mésopotamiens, perses, etc. En tout, plus de 200 répliques des pièces des musées les plus célèbres du monde entier (Louvre, British Museum, etc.) sont exposées au Knauf Museum. Depuis son ouverture en 1983, les visiteurs peuvent découvrir des reliefs en plâtre inspirés par des objets des quatre coins du globe et d'époques très variées. Le musée doit son nom au mécène, collectionneur et plâtrier Alfons N. Knauf. Expositions temporaires à peu près une fois par an.

BAD KISSINGEN

Bad Kissingen est l'une de ces stations thermales qui ont vécu des jours meilleurs. Du milieu du XIXe siècle jusqu'au début du XXe siècle, Bad Kissingen connaît un développement phénoménal autour du thermalisme et des pratiques de santé liées aux eaux minérales : la ville est modernisée, elle est intégrée au réseau de trains, elle attire une clientèle fortunée et internationale. A la Belle Époque, elle est le rendez-vous des souverains bavarois, mais aussi des tsars de Russie, des empereurs d'Autriche, etc. Sissi, Louis II, Bismarck ne sont que quelques-uns des curistes célèbres à séjourner à Bad Kissingen. Le chancelier Bismarck y vient tous les ans pendant une quinzaine années et, en 1874, il survit ici à une tentative d'attentat en pleine rue. Aujourd'hui, cette époque de prospérité est révolue et la ville est tombée dans une forme de léthargie dont elle peine à sortir complètement. On trouve de nombreux commerces vides et certains des grands hôtels ont dû fermer leurs portes. Pourtant, Bad Kissingen garde une silhouette élégante et raffinée et sa ressource principale – l'eau minérale – est toujours présente, avec plusieurs fontaines en ville, accessibles aux passants. En 2021, l'UNESCO a ajouté Bad Kissingen – avec d'autres villes comme Karlsbad, Vichy ou Wiesbaden - à la liste des « Grandes Villes d'Eaux d'Europe ». Espérons que cette reconnaissance aide la ville à renouer avec son prestige d'antan. En 2021 également, Bad Kissingen accueille le tournage d'une série sur Sissi commandée par Netflix. Peut-être le signe d'un regain de popularité pour cette petite ville d'eaux ?

KISSINGEN ET LUITPOLD

Pendant la régence de Luitpold (1886-1912), Munich et les grandes villes de Bavière connaissent un essor culturel et industriel considérable. Cet élan profite aussi à la petite ville de Bad Kissingen, qui se profile comme un rendez-vous mondain de premier plan. Pour accueillir curistes et touristes venus de toute l'Europe, le régent confie à son architecte Max Littmann la mission de moderniser les installations de la ville : il fait construire la **Wandelhalle**, la **Brunnenhalle**, le **Regentenbau** (nommé d'après Luitpold), introduisant le Jugendstil (équivalent allemand de l'Art nouveau) dans la ville. La ville se pare d'hôtels de luxe, de boutiques, de cafés, etc.

MUSEUM OBERE SALINE

Obere Saline 20
✆ +49 971 8074230
www.badkissingen.de

Ouvert du mercredi au dimanche : 14h-17h. Entrée : 5 €. Réduit : 3 ou 4 €.

Comme son nom l'indique, ce musée se trouve dans une ancienne saline, héritée du XVIIIe siècle. C'est ici à 3 km du centre-ville que le chancelier Otto von Bismarck avait ses quartiers généraux lors de ses séjours thermaux. Grand insomniaque, le chancelier de fer est venu une quinzaine de fois à Bad Kissingen pour traiter ses problèmes de sommeil et d'estomac. Ses appartements ont été intégrés dans le parcours du musée. Les autres salles retracent l'histoire de la ville et de la pratique de la balnéothérapie et de l'hydrothérapie. Expositions temporaires.

HOTEL WEISSES HAUS €€

Kurhausstraße 11A
✆ +49 971 72730
www.hotel-weisses-haus.de

Chambre simple à partir de 75 €. Double à partir de 115 €. Petit-déjeuner compris. Prix dégressifs à partir de 7 jours.

Un hôtel très central qui cultive le sens de la nostalgie avec un soupçon de ringardise : tapis, tentures, lustres, vieux mobilier en bois, tapis, reproductions de tableaux aux murs, etc., et qui attire une clientèle plutôt âgée. Les chambres sont confortables avec un style rétro naturellement et certaines disposent de leur propre petit balcon. Petit espace sauna à disposition des hôtes. Le petit-déjeuner buffet est simple, mais complet. Les prix sont plutôt raisonnables pour Bad Kissingen mais on regrettera la froideur de l'accueil.

TOMMY'S BRATEREI €

Weingasse 8

✆ +49 971 13024131

https://tommysbraterei.business.site/

Ouvert du jeudi au mardi de 17h30 à 22h. Pour un burger, entre 10,90 et 14,90 €.

Tommy's Braterei est un petit restaurant de steaks et de burgers dans le centre-ville de Bad Kissingen. La cuisine y est sans grande prétention, mais bien faite et il faut dire que ça change un peu des *Gaststätten* traditionnelles. Pour celles et ceux qui ne mangent pas de viande, sachez qu'il y a au moins deux options de burgers végans, pas mal du tout. Les desserts ne sont pas en reste et tiennent absolument la route. Le brownie (fondant à souhait) avec de la glace offre une bonne fin de repas. Service sympathique. Adresse prisée des jeunes de la ville.

KISSSALIS THERME

Heiligenfelder Allee 16

✆ +49 971 1218000

www.kisssalis.de

Ouvert tous les jours 9h-22h, vendredi et samedi de 9h à minuit. 2h : 16 €. 4h : 24 €. Journée : 30 €.

KissSalis est le complexe aquatique de Bad Kissingen. Sur les hauteurs de la ville, ces thermes modernes associent les plaisirs de l'eau pour toute la famille et les bienfaits du sauna pour les adultes. Bassins intérieurs et extérieurs, bains à remous, jets, courants, etc. Dans l'espace sauna, on trouve des saunas intérieurs, mais aussi des petites huttes en bois à l'extérieur. Plusieurs salles de repos, notamment avec de confortables fauteuils-balançoires. Un complexe bien fait, souvent rempli et fréquenté par toutes les générations.

INSTALLATIONS THERMALES

Am Kurgarten

www.badkissingen.de

Entrée : 16 € pour 2 heures, 20 € avec le combiné thermes-sauna pour 2 heures.

Ce qui fait le charme de Bad Kissingen, ce sont les différentes installations thermales qui lui confèrent encore aujourd'hui son atmosphère fin de siècle si typique de la Belle Époque. Construits à différentes époques, les multiples bâtiments manifestent divers styles architecturaux du XIXe et du début du XXe siècle.

- L'***Arkadenbau*** en constitue la partie centrale et c'est aussi l'une des plus anciennes : il a été édifié entre 1834 et 1838 selon les plans de l'architecte Friedrich von Gärtner, à qui le roi Louis Ier a confié de nombreux projets pendant son règne. La statue du roi trône d'ailleurs devant l'entrée des arcades. Le ***Kurgarten*** est agrémenté de fontaines et de jeux de lumière. Plusieurs fontaines permettent de faire le plein d'eau minérale.
- La ***Brunnen- und Wandelhalle***, de l'architecte Max Littmann, est sans doute la plus belle et la plus impressionnante des constructions de Bad Kissingen. Il faut impérativement la voir de l'intérieur pour découvrir sa superbe verrière turquoise au-dessus des tuyauteries couleur or. Deux fois par jour, on y distribue de l'eau minérale. Le grand hall sert aussi de salle de concert.
- Le ***Regentenbau*** doit son nom à Luitpold, Régent de Bavière. De style néo-baroque, il vient parfaire le complexe à son inauguration en 1913. À l'intérieur se trouvent plusieurs salles de fête et de spectacles. La décoration des salles présente des éléments néo-rococo et Jugendstil.
- Le **Spielbank** (Casino) de l'autre côté de la Saale franconienne n'a depuis 1868 rien perdu de son élégance.

Bad Kissingen.

ASCHAFFENBOURG ★★

Aschebersch, comme la surnomment affectueusement ses habitants, est une ville de taille moyenne aux confins du monde bavarois, plus proche de Francfort que de Munich. Elle ne fait d'ailleurs partie de la Bavière que depuis un peu plus de deux-cents ans. C'est plus précisément en 1814 que la ville est intégrée au Royaume de Bavière. Mais son histoire s'est avant tout écrite dans le giron des archevêques de Mayence. Au Xe siècle, la ville est donnée à l'archevêque et prince-électeur Willigis. Les successeurs de ce dernier feront aménager dans la ville une résidence secondaire fastueuse : le château de Johannisburg. Par sa taille et son opulence, il témoigne encore aujourd'hui de la puissance et de la prospérité des évêques et princes-électeurs de Mayence. Les très beaux parcs de la ville (Park Schöntal, Park Schönbusch, etc.) sont aussi nés de l'imagination de ces princes-ecclésiastes. Dans cette région métropolitaine Rhin-Main, la cité se trouve au carrefour des influences et cela se reflète tout particulièrement dans l'offre culinaire de la ville : dans les restaurants, on trouvera aussi bien des bières bavaroises que des vins franconiens ou du cidre hessois. Aschaffenbourg, que le roi Louis Ier de Bavière surnommait son « Nice bavarois », jouit d'un microclimat propice à la culture du raisin, ainsi, vous verrez pousser des vignes (riesling) au pied du Pompejanum. La municipalité ne manque pas de projets pour l'avenir : les rives du Main sont en train d'être réaménagées pour être plus attractives et plus accessibles. Le château est en restauration pour redonner aux appartements princiers l'éclat d'autrefois.

PARK SCHÖNBUSCH

Kleine Schönbuschallee ✆ +49 6021 386570
www.schloesser.bayern.de
Parc public ouvert toute l'année 24h/24. Entrée libre.

Le Park Schönbusch est un joli parc paysager à l'anglaise, en périphérie d'Aschaffenburg. Il est agrémenté de petits temples, d'un labyrinthe, de maisons champêtres, d'une orangerie, etc. On prendra plaisir à observer les badins se promener et faire le tour du lac dans une barque. Belle vue depuis le Teufelsbrücke.

▶ **Schloss Schönbusch**. Le petit château de style néoclassique, au milieu du parc, a été commandé par Friedrich Karl von Erthal, l'avant-dernier électeur-archevêque de Mayence. Un axe dégagé permet de porter le regard jusqu'au château de Johannisburg.

PARK SCHÖNTAL

Hofgartenstraße 1A
✆ +49 6021 3300
Parc public, ouvert toute l'année 24h/24. Entrée libre.

Le parc de Schöntal est un charmant parc paysager à l'anglaise, apprécié pour ses rhododendrons, ses crocus et surtout ses magnolias le long de la Würzburger Straße. On doit sa forme actuelle à l'avant-dernier Prince-Électeur de Mayence, Friedrich Karl Joseph von Erthal, qui a fait aménager plusieurs espaces verts à la fin du XVIIIe siècle, créant une ceinture verte du Main jusqu'à la faisanderie. Les ruines d'un ancien béguinage (une sorte de couvent laïc de veuves et femmes célibataires) créent un tableau mystérieux et romantique au milieu du parc.

POMPEJANUM ★★

Pompejanumstraße 5
✆ +49 6021 218012
www.schloesser.bayern.de
Ouvert d'avril à octobre, tous les jours sauf le lundi. Billet combiné (Pompejanum + Johannisburg) : 9 €/7 €.

Le Pompejanum est une reproduction d'une villa romaine d'inspiration pompéienne, avec des peintures murales et des planchers de mosaïque conçus selon des modèles antiques. Elle est née du souhait du roi Louis Ier de Bavière - connu pour sa passion des antiquités grecques et romaines - de créer une villa accessible au public et permettant de se faire une idée de la vie dans un ***domus*** romain du Ier siècle. Le roi avait pu lui-même voyager à Pompéi et ambitionnait avec cette reconstitution de participer à la préservation de ce très fragile patrimoine. La construction du Pompejanum, entre 1840 et 1848, a été confiée à Friedrich von Gärtner, architecte de cour, à qui l'on doit aussi de nombreuses constructions à Munich (les édifices de la Ludwigstraße par exemple) mais aussi le palais royal d'Athènes où siège aujourd'hui le parlement grec. Mort en 1847, l'architecte n'aura pas pu voir la fin du chantier du Pompejanum. Fortement endommagé par les bombardements de la Seconde Guerre mondiale, le Pompejanum a fait l'objet d'une reconstruction (partielle) jusqu'en 2002, mais les travaux ont délibérément conservé des traces des destructions en témoignage de son histoire. Aujourd'hui, on peut découvrir l'***atrium***, le cœur du *domus* (dans une vraie villa romaine, l'atrium est à ciel ouvert), autour duquel s'articulent les ***cubicula***, chambres des maîtres et des esclaves, et deux ***tricilinia***, les salles à manger où l'on banquetait allongé, à la romaine. Très beau jardin au pied du Pompejanum, avec vue fantastique sur le château de Johannisburg.

SCHLOSS JOHANNISBURG ★★★

Schlossplatz 4 ✆ +49 6021 38657 0
www.schloesser.bayern.de
9h-18h d'avril à septembre, 10h-16h d'octobre à mars. Fermé le lundi. Entrée : 6 €. 9 € avec le Pompejanum.

Le prestigieux château d'Aschaffenbourg, avec son grès rouge si caractéristique de la région, est un exemple flamboyant de la Renaissance tardive allemande. Il a été érigé au début du XVIIe siècle sur les fondations d'une citadelle médiévale, dont il reste encore le donjon du XIVe siècle, intégré à l'aile nord du château. C'est le prince-électeur et archevêque de Mayence Johann Schweikhard von Cronberg qui en a commandé les travaux à son architecte Georg Ridinger. Ce dernier a transformé la forteresse en un gigantesque palais symétrique, comptant pas moins de 250 pièces. Le château de Johannisburg a servi de résidence secondaire aux princes-électeurs de Mayence, puissants souverains du Saint-Empire qui vivaient une partie de l'année à Mayence et une autre partie à Aschaffenbourg. A la fois détenteur du pouvoir spirituel et du pouvoir temporel sur ses terres, l'électeur de Mayence avait une position privilégiée dans l'Empire : en sa qualité d'archichancelier, il était chargé de l'organisation de l'élection du nouvel empereur à Francfort et le cérémoniel stipulait qu'il devait être le dernier des 7 électeurs à attribuer son vote. C'est lui qui avait la mission de couronner le nouvel empereur à Aix-la-Chapelle. Il était en quelque sorte le numéro 2 du pouvoir dans l'Empire. Partout dans la cour du château, vous verrez au-dessus des fenêtres un blason représentant une roue : ce sont les armoiries de l'Électorat de Mayence. Les bombardements de la Seconde Guerre mondiale ont détruit la quasi-totalité du château – à l'exception du donjon dont seule la toiture a été endommagée. Il a fallu des années pour reconstruire ce monument d'art et d'histoire. Aujourd'hui encore, le château fait l'objet de travaux qui ne semblent pas près de finir. A l'intérieur du château, on peut visiter plusieurs choses :

- **Schlossmuseum**. L'aile ouest (côté fleuve) renferme les salles d'apparat de style néoclassique, où vivait le prince-archevêque. Une (plutôt modeste) collection de meubles, de céramiques et de peintures attend aussi les visiteurs. La réouverture de la Staatsgalerien, avec des œuvres de Lucas Cranach l'Ancien et d'autres artistes allemands et néerlandais, a eu lieu en 2022.
- **Korkmodellsammlung**. La collection de maquettes en liège : au 2nd étage de l'aile sud se trouve une étonnante collection de 45 maquettes représentant des vestiges de la Rome antique, conçus avec du liège peint ! Le Colisée, le Panthéon, l'arc de Constantin, le temple de Tivoli, tout y est ! On doit ces œuvres d'art à deux artistes autodidactes, Carl et Georg May, le père et le fils, qui travaillaient à la cour pour le compte du tout dernier archevêque-électeur : Karl Theodor von Dalberg.
- **Schlosskapelle**. La visite du château se termine dans la chapelle au rez-de-chaussée de l'aile nord. L'autel de style Renaissance tardive a été conçu par le sculpteur franconien Hans Juncker. Une animation vidéo éclaire tour à tour les différentes parties de l'autel pour mettre en lumière ses spécificités. L'archevêque Johann Schweikhard von Cronberg s'y est fait représenter, tenant fièrement son château dans la main.
- **Schlossgarten**. Ne manquez pas de vous balader dans les jardins autour du château. La balade entre le Schloss Johannisburg et le Pompejanum offre de jolis points de vue sur la ville et le méandre du Main. La ville d'Aschaffenburg a engagé un chantier colossal de revégétalisation des quais du Main, qui va prolonger ce bel espace vert.

Schloss Johannisburg.

STIFTSMUSEUM

Stiftsgasse 1a
✆ +49 6021 4447950
Entrée du musée : 2,50 €. Basilique ouverte tous les jours en dehors des services. Entrée libre dans l'église.

A côté de la belle basilique Saint-Pierre-et-Saint-Alexandre se trouve le Stiftsmuseum qui expose le trésor de la collégiale. La pièce maîtresse du musée est le retable de sainte Madeleine, réalisé par Lucas Cranach l'Ancien en 1525. Il présente un fascinant bestiaire ainsi qu'un curieux cul nu au premier plan. Ce dernier a été mis au jour lors de récents travaux de restauration. Quelques yeux prudes avaient ultérieurement choisi de dissimuler ce postérieur protubérant derrière un buisson. Il est aujourd'hui de nouveau tel que L. Cranach l'avait peint.

IBIS STYLES ASCHAFFENBURG €€

Elisenstraße 21
✆ +49 6021 453040
www.accorhotels.com/a9v7
Chambre double de 89 à 120 €, selon le jour et la saison. Petit-déjeuner inclus.

Un hôtel dans la ligne des standards de la chaîne. Les prix sont abordables dans cette ville où l'hébergement est plutôt onéreux. Les chambres sont spacieuses, certaines équipées d'un canapé et d'un coin jeux pour les enfants, toutes avec salle de bains. Salle de fitness. L'emplacement à côté de la gare permet de faire tous ses déplacements à pied. Le petit-déjeuner, en buffet au rez-de-chaussée, fonctionne en self-service. Café et thé en libre-service à toute heure de la journée.

ZUM GOLDENEN OCHSEN - HOTEL & RESTAURANT €€

Karlstraße 16
✆ +49 6021 23132
www.zumgoldenenochsen.de
Chambre individuelle à partir de 69 €, chambre double à partir de 92 €. Petit déjeuner 12,50 €.

L'hôtel Zum goldenen Ochsen se trouve à proximité du Pompejanum et du château de Johannisburg. Mentionnée pour la première fois en 1798, c'est l'une des plus anciennes auberges de la ville. Les chambres sont modernes et confortables, avec une petite touche design dans le placement du bœuf (Ochse) dans la décoration. Au rez-de-chaussée, le restaurant Oechsle propose une cuisine locale dans un environnement tout en bois, plutôt sympathique. Grande carte de vins.

WIRTSHAUS ZUM FEGERER €€

Schloßgasse 14 ✆ +49 6021 15646
www.fegerer.de
Ouvert tous les jours de 11h30 à 14h et à partir de 17h. Plats de 13,50 € à 21,50 €.

Depuis plus de 30 ans, le restaurant Zum Fegerer propose une bonne cuisine franconienne avec des plats de viande et de bons plats végétariens (raviolis faits maison par exemple), conçus avec des produits de saison (carte changeante donc) et une importante carte de vins allemands (franconiens et rhénans essentiellement). L'ambiance est charmante et a un quelque chose d'un petit intérieur de style *Biedermeier*, provincial et cosy : un vieux poêle de faïence, des rideaux à carreaux, des tableaux impressionnistes aux murs, des bougies, etc.

CAFÉ SCHWARZER RIESE

Roßmarkt 38 a
✆ +496021219551
www.schwarzer-riese.de
Café ouvert du lundi au samedi de 7h30 à 18h00.

Voilà un très beau café-boulangerie qui est parfait sur toute la ligne. Le café y bon, les gâteaux et les pâtisseries également (mention spéciale pour le délicieux Elisenlebkuchen, un pain d'épices nappé de chocolat). Le lieu est accueillant et plaisant, avec son mobilier dépareillé et sa déco éclectique mêlant chaises de bistro, canapés et gros fauteuils confortables. Traversez toutes les pièces pour atteindre l'arrière-cour (couverte), particulièrement belle avec ses tables de machines à coudre et ses nombreuses plantes. Coup de cœur.

SCHLAPPESEPPEL

Schloßgasse 28
✆ +49 6021 25531
www.schlappeseppel-ab.de
Ouvert tous les jours de 10h à 1h. Plats entre 14,90 et 17,90 €.

Le Schlappeseppel porte fièrement la date de sa création : 1631. Selon les récits de la Guerre de Trente Ans, le roi Gustave II Adolphe prend la ville d'Aschaffenbourg, mais il n'y a plus une goutte de bière en ville, alors il confie à un soldat (boiteux, on le surnomme «der schlappe Seppel») qui connaissait l'art de brasser d'en fabriquer : le Schlappeseppel était né. Aujourd'hui c'est une institution fréquentée par toutes les tranches d'âge dans une ambiance conviviale et sans chichi. Mais paradoxalement on n'y sert plus la bière de la brasserie Schlappeseppel !

PASSPORT

ORGANISER SON SÉJOUR

Avec 84 millions de nuitées et 31,1 millions de visiteurs par an, la Bavière est la première destination touristique d'Allemagne. La Haute-Bavière et Munich se placent très clairement en tête du classement, concentrant 45,5 % des activités touristiques du Land. Pendant l'Oktoberfest (fin septembre, début octobre), il est indispensable d'organiser son séjour très à l'avance, car l'hébergement atteint des sommes pharaoniques à Munich. L'offre hôtelière y est riche, mais les prix doublent, voire triplent, pendant ce genre d'événements ! Pour la visite des châteaux de Louis II en haute saison, il est également recommandé de réserver ses billets à l'avance car ils sont très fréquentés et la pandémie de Covid-19 a entraîné une réduction des jauges de visiteurs admis à l'intérieur. Pour celles et ceux qui souhaitent se déplacer en train, sachez qu'on obtient les meilleurs tarifs en réservant ses billets plusieurs semaines avant le départ.

ORGANISER SON SÉJOUR

ARGENT

Depuis le 1er janvier 2002, l'euro est la monnaie unique des pays de l'Union européenne. Les touristes suisses échangeront 1 € pour 1,06 CHF et les Canadiens 1 € pour 1,52 CAD.

Il était jusqu'à peu difficile de payer par carte en Allemagne, l'usage privilégiant les paiements en espèces. Depuis la crise du Covid-19, le paiement par carte s'est démocratisé et les établissements où l'on ne peut payer qu'en espèces se font plus rares qu'avant. Dans le doute, il vaut mieux avoir de l'argent liquide avec soi lors de son voyage en Bavière. Renseignez-vous auprès de votre banque sur la banque allemande partenaire pour savoir où vous pourrez retirer de l'argent sans frais. Les distributeurs ATM que vous verrez partout dans les grandes villes pratiquent des frais de retrait exorbitants (entre 4 et 5 €).

Les Allemands distinguent les cartes de débit/retrait (*EC-Karte*) des cartes de crédit (*Kreditkarte*). Il arrive que des magasins n'acceptent que les paiements en *EC-Karte*. C'est même le cas dans certaines grandes institutions comme la *Deutsche Post*. Les cartes bancaires françaises sont presque toujours des cartes de crédit ; on pourra donc vous refuser un paiement par carte.

Encore une fois, il est judicieux d'avoir des espèces dans son porte-monnaie pour couvrir cette éventualité.

BUDGET / BONS PLANS

- Pour votre séjour en Bavière, il faudra prévoir un budget conséquent pour l'hébergement. Les prix varient grandement d'un hébergement à l'autre. Pour un hôtel, on peut évaluer une somme moyenne d'une cinquantaine d'euros par personne et par nuit. En revanche, les prix dans les restaurants sont plutôt abordables : on mange copieusement pour une quinzaine d'euros. Pour une chambre en auberge de jeunesse, comptez un peu plus de 10 €, pour un petit hôtel 50 € la nuit et pour une belle chambre plus de 120 €.

- Partout les taxes sont comprises dans le prix qui vous sera affiché. En revanche, dans les cafés, les bars et les restaurants, on laisse systématiquement un pourboire d'environ 10 % du prix pour remercier le service. Les Bavarois ne marchandent pas : ni dans les boutiques ni sur le marché.

PASSEPORT ET VISAS

Pour les citoyens d'un pays membre de l'Union européenne, il suffit de se munir de sa carte d'identité ou d'un passeport pour effectuer un séjour d'une durée minimale de 3 mois. Les ressortissants des autres pays doivent impérativement se munir de leur passeport. Attention, si vous voyagez avec votre chat ou votre chien, il lui faut un passeport.

PERMIS DE CONDUIRE

Les permis de conduire français, belge, suisse et canadien sont également valables sur le sol allemand.

SANTÉ

La carte européenne d'assurance maladie vous garantit la prise en charge dans les mêmes conditions que les Allemands et le remboursement de frais médicaux sur place ou très rapidement après votre retour. Il vous faut la demander au moins deux semaines avant votre départ à votre Caisse d'assurance maladie. Si les délais sont trop courts, il vous sera délivré un certificat provisoire de remplacement. Vous n'avez aucun document spécifique à fournir et cette carte sera valable un an. Elle est personnelle, chaque enfant doit donc aussi avoir la sienne.

Une fois sur place, présentez votre carte chez le médecin, le pharmacien et dans les hôpitaux du service public. Soit vous serez dispensé de l'avance des frais médicaux, soit vous serez remboursé sur place par l'organisme de sécurité sociale allemand, souvent l'AOK.

SÉCURITÉ

On se sent véritablement en sécurité et à l'abri de tout tracas en Bavière. Que ce soit en ville ou à la campagne, l'ambiance est toujours des plus calme. Les étrangers sont traités comme le reste des autres citoyens tant que leur comportement demeure respectueux. Attention toutefois à ne pas heurter les mœurs locales par de quelques incivilités, telles que traverser au feu rouge (qui peut vous valoir une contravention le cas échéant en sus des regards réprobateurs des passants).

Pour connaître les dernières informations sur la sécurité sur place, consultez la rubrique « Conseils aux voyageurs » du site du ministère des Affaires étrangères : www.diplomatie.gouv.fr/voyageurs. Sachez cependant que le site dresse une liste exhaustive des dangers potentiels et que cela donne parfois une image un peu alarmiste de la situation réelle du pays.

DÉCALAGE HORAIRE

Tout comme la France, la Suisse et la Belgique, l'Allemagne est à GMT+1. Aucun décalage n'est de fait à opérer si vous êtes originaire de l'un de ces pays.

LANGUES PARLÉES

Avec 130 millions de locuteurs entre l'Allemagne, la Suisse, l'Autriche, le Luxembourg, la Belgique, le Liechstenstein et le Tyrol du Sud, l'allemand est la langue maternelle la plus parlée en Europe. En Bavière, on parle une grande variété de dialectes, entre le bavarois à proprement parler, le souabe ou le franconien. Si vous avez fait allemand à l'école, il est très vraisemblable que ces dialectes vous poseront de sérieuses difficultés de compréhension au début. Avec un peu de patience, on finit toujours par se faire comprendre. Et en Bavière, presque tout le monde maîtrise les bases de l'anglais, lingua franca par excellence dans le milieu touristique. Le français est nettement plus rare. En Bavière, on se salue avec un « Grüß Gott ! » ou un « Servus ! ».

COMMUNIQUER

Depuis le 15 juin 2017, adieu les surcoûts lors de vos voyages en Europe. En effet, les frais d'itinérances n'ont plus cours dans les 27 pays membres de l'Union européenne. Le wifi est souvent gratuit dans la plupart des bars, cafés, restaurants et même dans le métro.

ELECTRICITÉ ET MESURES

- **Électricité**. En Allemagne, le voltage est le même qu'en France. Les prises sont également similaires, pas besoin d'adaptateur.
- **Poids et mesures**. En Allemagne, comme en France, on mesure en mètres et on pèse en grammes.

BAGAGES

Pour un voyage en été, inutile de se surcharger : shorts, maillot de bain, débardeurs, une bonne paire de baskets pour le sport et la marche ainsi qu'un petit pull pour la soirée. Les températures peuvent grimper très haut l'été, mais gare aux orages…
L'hiver est rude et les températures peuvent dégringoler très bas en cette saison. Le gros manteau, l'écharpe, le bonnet, les gants et les après-skis seront les bienvenus pour affronter le froid et la neige.

LES PHRASES CLÉS

Bonjour, je voudrais réserver un billet aller/retour pour…
Ich möchte ein Einzel-/Rückflugticket nach... buchen

J'ai raté mon avion. Je voudrais échanger mon billet s'il vous plaît.
Ich habe mein Flugzeug verpasst. Ich möchte mein Ticket umtauschen

Mon vol est très en retard. Ma correspondance sera bien assurée ?
Mein Flug hat sich sehr verspätet. Werde ich meinen Anschluss(flug) erreichen?

Mes bagages ont été égarés, à qui dois-je m'adresser ?
Mein Gepäck ist verloren gegangen, an wen kann ich mich wenden?

Louez-vous des voitures avec chauffeur ?
Vermieten Sie Autos mit Chauffeur?

Je n'ai presque plus d'essence. Où se trouve la station-service la plus proche ?
Ich habe fast kein Benzin mehr. Wo ist die nächste Tankstelle?

S'Y RENDRE

L'image de la Bavière est indissociable de l'industrie automobile et on y compte plus de 2 500 km d'autoroute (Autobahn). Ces voies rapides sont toutes gratuites et l'Allemagne est le seul pays d'Europe à ne pas connaître de limitation de vitesse sur ses autoroutes. Si vous souhaitez laisser la voiture au garage, les options ne manquent pas pour se rendre en Bavière. Le train est sans doute le mode de transport le plus confortable et le plus écologique pour se rendre et se déplacer en Bavière. Le réseau y est excellent et fiable. Il existe des sites de revente de billets pour trouver des plans de dernière minute. L'avion est le mode de transport le plus rapide pour se rendre à Munich (2e aéroport d'Allemagne après Francfort) ou Nuremberg (11e aéroport d'Allemagne), les deux aéroports étant bien reliés par les transports en commun. Certains sites offrent de bons comparatifs pour trouver le vol le moins cher et le plus simple.

DB/SNCF EN COOPÉRATION

Tarifs à partir de 39 € en 2e classe et 49 € en 1re classe pour un Paris-Munich ou Paris-Stuttgart.

La coopération DB/SNCF propose des liaisons quotidiennes et directes au départ de Paris et Strasbourg et à destination de Munich. A bord, de nombreux services sont à votre disposition : personnel trilingue, wifi sur la totalité du parcours, et des services spécifiques en 1re classe : service de vente de restauration à la place, presse internationale, service de réservation de taxis, vente de tickets de métro et accès aux Salons Grand Voyageur à Paris-Est et Strasbourg et aux DB Lounge à Francfort, Stuttgart, Mannheim et Munich.

TRAINLINE

www.thetrainline.com/fr

Un vrai bon plan qui permet d'acheter un billet de train en moins d'une minute. Il suffit de créer une première fois son profil de voyageur (nom, prénom, âge, carte SNCF) qui sera enregistré pour les recherches suivantes. La recherche/réservation du billet se fait ensuite très rapidement et regroupe toutes les offres de la SNCF et d'autres compagnies européennes (Thalys, Eurostar, Deutsche Bahn, Renfe, Trenitalia...). Devenir le premier guichet du monde libre est le but affiché de ce site pratique et malin, de quoi vous mettre en confiance, non ?

KELBILLET

www.kelbillet.com

Kelbillet est un site comparateur regroupant les principales compagnies desservant les meilleures destinations européennes : SNCF, BlaBlaCar, Eurostar, OuiBus, Air France, EasyJet, Flixbus, Air France etc. Vous souhaitez trouver un billet de train pas cher, mais aussi un billet de bus, avion, ou du covoiturage ? Ou bien acheter un billet de train à un autre voyageur ? Revendre un billet que vous ne pouvez utiliser ou vous faire rembourser ? KelBillet.com est un très bon plan. Ce site propose de nombreux billets pour voyager en France et en Europe.

TROC DES TRAINS

www.trocdestrains.com

Voici un site malin, gratuit et facile d'utilisation, qui s'est spécialisé sur les annonces de revente de billets de train à petits prix, ni échangeables ni remboursables. Vous pouvez soit y rechercher un billet, soit en déposer un et ainsi le proposer à d'autres utilisateurs. Toute transaction est garantie sans enchères, sans frais et sans commission ! Bon à savoir également, le site Troc de Trains contrôle la validité des billets de train proposés à la vente et indique la fiabilité du billet. Enfin, bien pratique, il existe un service d'alerte.

L'ASSURANCE VOYAGE, LE BON RÉFLEXE POUR PARTIR L'ESPRIT TRANQUILLE

avec CATHERINE DIBOUES, responsable du marché voyage, loisir et mobilités chez Allianz TraveL

© ELIZAVETA - STOCK.ADOBE.COM

En cas d'annulation de voyage, peut-on bénéficier d'un remboursement des frais engagés ?

L'assurance voyage propose une indemnisation lorsque l'on doit abandonner son projet de séjour pour une raison indépendante de sa volonté. Contrairement aux idées reçues, les assurances liées aux cartes bancaires ne proposent pas toutes une assurance annulation.

Que se passe-t-il en cas de retard de vol ?

Avec l'assurance voyage Allianz Travel, les frais supplémentaires liés à l'attente sont pris en charge, à partir de 2h de retard. Il peut s'agir des frais de restauration, de transport lors d'un changement d'aéroport ou d'une éventuelle nuit d'hôtel.

L'assurance voyage couvre-t-elle la perte ou le dommage des bagages ?

Allianz Travel indemnise les voyageurs en cas de bagages endommagés ou perdus par la compagnie aérienne. Cela comprend l'indemnisation du bagage et son contenu.

Quelles sont les destinations couvertes par votre zoning Europe svp ? Est-ce uniquement l'UE ou l'ensemble du continent européen ?

Les pays européens ont des accords avec l'administration française. Avant de partir, il faut demander la carte européenne d'assurance maladie. La sécurité sociale et la mutuelle prennent alors en charge les frais médicaux, selon leurs barèmes. Les frais médicaux étant majoritairement plus élevés qu'en France, l'assurance voyage permet de se voir remboursé du reste à charge.

En cas de souci de santé sur place, que faut-il faire ?

En cas de doute ou pour des symptômes légers, nous proposons un service de téléconsultation médicale, par téléphone et en visio, qui permet d'être conseillé et orienté par un professionnel ainsi que d'obtenir une ordonnance si besoin. Pour une situation plus grave, il est nécessaire d'appeler les urgences locales, dont les numéros sont disponibles sur notre application mobile. Une fois à l'hôpital et dans un état stable, on appelle Allianz Travel pour déclencher les procédures de prises en charge. Notre centre d'assistance fonctionne 24h/24, 7j/7.

ZEPASS

www.zepass.com

Zepass permet d'organiser au mieux ses achats et de planifier ses voyages. Ce site propose à tous d'acheter ou de revendre, entre autres, des billets de train en toute confiance et simplicité. L'achat de billet d'occasion permet de trouver des billets Prem's à la dernière minute et à des prix défiant toute concurrence, ou de revendre vos tickets. Il suffit de déposer son annonce : le billet est en vente en quelques minutes. Places de concert, de théâtre, de spectacles ou de manifestations sportives sont également disponibles sur ce site.

EASY VOLS

✆ 08 99 19 98 79

www.easyvols.fr

Pour voyager malin, il faut faire ses recherches en toute efficacité, sans perdre trop de temps à jongler d'un site à un autre. Pour trouver le bon vol au bon prix, l'idéal est la plateforme comparatrice de vols. Easyvols permet de comparer en temps réel les prix des billets d'avion chez plus de 700 compagnies aériennes et pas seulement des compagnies low-cost. Vous pouvez économiser jusqu'à 70 % du prix si vous êtes prêts à saisir au vol les meilleures offres. Des avis avisés de clients sont aussi consultables sur le site Internet.

AIR FRANCE

✆ +33 9 69 39 36 54

wwws.airfrance.fr

Réservez en ligne ou par téléphone.

Air France propose 4 vols quotidiens entre Paris (CDG) et Munich (MUC) en semaine et entre 2 et 3 vols directs le week-end. Entre Paris (CDG) et Nuremberg (NUE), il y a de 1 à 2 vols directs par jour, opérés par HOP. Comptez 1 heure 30 de trajet environ. En catégorie *Economy*, on peut trouver des allers-retours pour une centaine d'euros. Le bagage cabine (jusqu'à 12 kg) est compris dans tous les tarifs. Pour un bagage en soute (jusqu'à 23 kg), choisissiez la catégorie *Standard*, en moyenne 25 € plus chère que la catégorie *Light*.

MISTERFLY

www.misterfly.com

Ouvert du lundi au vendredi de 9h à 21h. Le samedi de 10h à 20h.

MisterFly.com est le nouveau-né de la toile pour la réservation de billets d'avion. Son concept innovant repose sur un credo : transparence tarifaire ! Cela se concrétise par un prix affiché dès la première page de la recherche, c'est-à-dire qu'aucun frais de dossier ou frais bancaire ne viendront alourdir la facture finale. Idem pour le prix des bagages ! L'accès à cette information se fait dès l'affichage des vols correspondant à la recherche. La possibilité d'ajouter des bagages en supplément à l'aller, au retour ou aux deux... tout est flexible !

LUFTHANSA

✆ 01 70 48 91 70

www.lufthansa.com

La compagnie allemande Lufthansa affrète cinq vols aller-retour par jour en semaine et quatre le week-end au départ de Roissy-Charles-de-Gaulle (CDG) et à destination de l'aéroport de Munich (MUC). Comptez en moyenne 120 € pour l'aller-retour. Le vol comprend une sélection d'en-cas et de boissons payants. Internet à bord. La réservation comprend un bagage cabine (jusqu'à 23 kg) et un sac à main (8 kg) que l'on peut garder avec soi. Bagage en soute en supplément. Comptez 1h25 de vol pour la traversée aérienne entre Paris et Munich.

OPTION WAY

✆ 04 22 46 05 23

www.optionway.com

Option Way est l'agence de voyages en ligne au service des voyageurs. L'objectif est de rendre la réservation de billets d'avion facile en vous faisant économiser. 3 bonnes raisons de choisir Option Way :

- la transparence comme mot d'ordre. Finies les mauvaises surprises, les prix sont tout compris, sans frais cachés ;

- des solutions exclusives qui vous permettent d'acheter vos vols au meilleur prix ;

- le service client, basé en France, joignable gratuitement, composé de véritables experts de l'aérien. Ils sont là pour vous, n'hésitez pas à les contacter.

SÉJOURS ET CIRCUITS

Région la plus touristique d'Allemagne, la Bavière séduit sans aucun doute les amateurs de randonnée, de sport et de nature. Ainsi, les offres de treks et de voyages à pied sont importantes pour cette destination. En hiver, le climat et le relief sont propices aux randonnées en raquettes et aux vacances sportives, et Garmisch-Partenkirchen ne désemplit pas. On appréciera aussi les offres de séjours incluant des soins de remise en forme, spa et thalassothérapie, car la région de manque pas de complexes aquatiques et d'hôtels avec piscine et sauna. Vous trouverez ici quelques tour-opérateurs généralistes avec des circuits en Bavière. Là, l'accent est souvent mis sur les villes historiques et les châteaux de Louis II. Les circuits combinent souvent deux routes touristiques très populaires : la route romantique (entre Wurtzbourg et Füssen) et la route des châteaux (entre Mannheim et Bayreuth).

ARTS ET VIE

251, rue de Vaugirard
PARIS (15e)
✆ 01 40 43 20 21
www.artsetvie.com
Lundi au vendredi 9h-12h30 et 14h-17h. Autres agences à Grenoble, à Lyon, à Marseille et à Nice.

Depuis 50 ans, Arts et Vie, association culturelle de voyages et de loisirs, développe un tourisme axé sur le savoir et la découverte. L'esprit des voyages culturels Arts et Vie s'inscrit dans une tradition associative. Tous les voyages sont animés et conduits par des accompagnateurs passionnés et formés par l'association. Dans la gamme « circuits/séjours », on trouve plusieurs voyages organisés autour de la capitale bavaroise. Parmi eux : Allemagne du Sud et les trésors de l'UNESCO, le Tyrol et la Bavière. Nouveau circuit axé Art : Munich et l'expressionnisme.

CLIO

34, rue du Hameau
PARIS (15e)
✆ 01 53 68 82 82
www.clio.fr
Lundi-vendredi 10h-18h.

Le tour-opérateur Clio, qui met l'histoire et le patrimoine au centre du programme, vous emmène à la découverte de l'Allemagne à travers différents séjours et circuits. L'itinéraire « Trésors de Bavière », en 7 jours, permet de découvrir les incontournables du sud de la Bavière : notamment Munich, l'église rococo de Wies et les trois châteaux de Louis II de Bavière. Autre circuit original et rarement proposé par les agences : Franconie médiévale et baroque, un voyage de 6 jours avec des étapes à Nuremberg, Bamberg et Wurtzbourg.

EURIDICE OPÉRA

5, rue du 4 Septembre - **AIX-EN-PROVENCE**
✆ 04 42 91 33 91
www.euridice-opera.fr
Ouvert du lundi au vendredi de 9h à 12h et de 14h à 19h.

Euridice Opéra est un tour-opérateur spécialisé dans la création de voyages lyriques, individuels et haut de gamme. Au départ de la France ou de l'étranger, un grand nombre de séjours est proposé aux mélomanes pour écouter Wagner, Verdi, Bach ou Mozart sur les plus belles scènes d'Europe. Certains voyages s'articulent autour des festivals qui rythment l'année musicale. Parmi les destinations proposées en Bavière, Euridice Opéra vous permettra de découvrir les scènes de Munich et Bayreuth : Nationaltheater, Markgräfliches Opernhaus, Bayreuther Festspielhaus, etc.

GRAND ANGLE

52, rue du Tortolon
AUTRANS-MÉAUDRE EN VERCORS
✆ 04 76 95 23 00 - www.grandangle.fr
Du lundi au vendredi de 8h30 à 12h30 et de 13h30 à 18h ; le samedi de 9h à 12h et de 14h à 17h.

Spécialiste de la randonnée, du trek et du raid, Grand Angle propose toutes sortes de randonnées : à pied, à cheval, à VTT, avec des mulets, des ânes ou des chameaux, accompagnées ou en liberté. Le tour-opérateur réalise aussi des voyages sur mesure selon les envies et les goûts des voyageurs. En tout, 19 séjours (rando ou vélo) en Bavière sont proposés par Grand Angle : le Danube bavarois à vélo en 8 jours, les châteaux de Bavière en randonnée en 6 jours, trek de Munich à Venise en 14 jours, Munich et les lacs de Bavière en 8 jours, etc.

I.S.A. TOURISME

10, Vieille-Rue
ORPHIN
✆ 06 08 53 65 75
www.isa-tourisme.com

Depuis 2005, ce tour-opérateur propose de découvrir de nombreux pays d'Europe en minibus (8 personnes) : Allemagne, Autriche, Slovaquie, etc. Fort d'une excellente connaissance des destinations qui sont sur le catalogue, Robert Barbe, fondateur de l'entreprise, fait à la fois office de chauffeur et de guide. Il organise des départs de toutes les villes de France et de Belgique à partir du moment où 8 personnes peuvent être regroupées dans la région. Cette formule, très confortable, permet de gagner gagner un temps précieux. Séjours à la carte possibles.

INTERMÈDES

10, rue de Mézières
PARIS (6e)
✆ 01 45 61 90 90
intermedes.com
Lundi-vendredi 9h30-17h/18h.

Intermèdes, tout à la fois tour-opérateur et agence de voyages, propose des séjours d'exception et des circuits culturels sur des thèmes très variés : architecture, histoire de l'art, événements musicaux… Un guide-conférencier vous donnera toutes les clefs et tous les éclairages nécessaires pour comprendre la Bavière. Parmi les séjours proposés : « Bavière romantique et bucolique » (circuit 5 jours et 4 nuits) ou « Noël en Bavière » (séjour 4 jours et 3 nuits) ou encore « Bavière – les rêves de pierre de Louis II (5 jours et 4 nuits).

MONDORAMAS

943, Voie Antiope, ZI – Athelia III
LA CIOTAT
✆ 04 42 36 03 60
www.mondoramas.com
Circuits de mars à octobre, voyage en mini-groupe, en avion, autocar, ferry.

Spécialiste des voyages de groupe sur mesure en Europe depuis 30 ans, Mondoramas propose notamment plusieurs séjours dans la région de Munich. Visite et découverte de la ville, de ses charmes, de ses trésors, de ses commerces et de ses environs. Si vous êtes intéressé par les voitures, l'un de ces séjours vous emmènera à la découverte des secrets de BMW. Autres circuits : un séjour de 5 jours autour des châteaux de Bavière, un voyage de deux semaines dans les Alpes entre la Bavière, la France, la Suisse, l'Autriche et l'Italie.

NATIONAL TOURS

15, quai Lamartine
RENNES
✆ 02 99 78 46 98
www.nationaltours.fr
Plusieurs autres agences en France.

L'agence de voyage National Tours propose plusieurs circuits pour découvrir l'Europe centrale en autocar ou en bateau. Les tarifs forfaitaires comprennent le voyage, l'hébergement, la pension complète, les visites prévues au programme et l'accompagnement d'un guide francophone sur place. Plusieurs de ces parcours passent par la Bavière. La croisière sur le Danube comprend des étapes à Munich et à Passau. Le parcours « Capitales impériales » passe à Munich et à Nuremberg. À découvrir également : « La Bavière et l'Autriche », avec deux nuits à Munich.

RANDHORIZON

2248, route des petites roches
CHAPAREILLAN
✆ 04 51 20 50 50
https://randhorizons.fr/
Ouvert toute l'année.

Pedibus, c'est une agence fondée en 1986 par un amoureux de la montagne en raquettes : Lionel Fouque. Elle s'est d'abord focalisée sur la randonnée en montagne et en France avant de s'ouvrir à l'international. L'agence propose du trek pour les marcheurs les plus chevronnés, mais aussi des balades accessibles en famille ou aux néophytes curieux de nature ! Il existe des formules de randonnées accompagnées, avec guide et groupe, et d'autres libres. L'agence propose notamment une grande randonnée entre Munich et la Vénétie en passant par le Tyrol et les Dolomites.

VOYAGEURS DU MONDE

55, rue Sainte-Anne - **PARIS** (2e)
✆ 01 42 86 16 00
voyageursdumonde.fr
Lundi-samedi 10h-18h. Autres agences en France, en Suisse, en Belgique et au Canada.

Voyageurs du Monde construit pour vous un voyage individuel et sur mesure, grâce aux conseils pointus transmis par des spécialistes qualifiés sur leur destination de cœur ou d'origine. Vous bénéficiez de leur aide pour la préparation du voyage, mais aussi durant toute la durée du voyage sur place.

▶ Plusieurs des circuits conçus par l'agence traversent la Bavière, notamment le parcours « De Francfort aux Alpes bavaroises - À travers l'Allemagne romantique », une idée de voyage personnalisable pour un séjour de 11 jours sur les plus belles routes de Bavière.

GO VOYAGES

www.govoyages.com

Site internet proposant des prix avantageux toute l'année.

Go Voyages propose un très grand choix de vols secs, charters et réguliers au meilleur prix au départ et à destination des plus grandes villes. 155 000 itinéraires de vols, 665 compagnies aériennes et plus de 2 millions d'hôtels dans 40 000 destinations... Possibilité également d'acheter des packages sur mesure « vol + hôtel » et des coffrets cadeaux. Sans oublier le grand choix de promotions sur tous les produits et la location de voiture. La réservation est simple et rapide, les choix multiples et les prix très compétitifs.

HAVAS VOYAGES

✆ 08 26 08 10 20

www.havas-voyages.fr

Plus de 100 agences en France. Toutes les informations pour un séjour, un voyage en France ou à l'étranger sur le site.

Avec un réseau d'une centaine d'agences, le numéro un des clubs de vacances français propose des formules tout compris avec un bon rapport qualité-prix. Désormais, Havas Voyages cherche à renouveler l'offre des séjours *all incluse* dans des clubs formatés pour aller vers plus de personnalisation du pack vacances. L'agence propose des idées thématiques, du sur-mesure à la demande du client, ce qui correspond à la tendance actuelle. Grâce à son réseau international, l'agence vous fait bénéficier de tarifs négociés avec ses partenaires professionnels.

L'AGENCE DE VOYAGES DU BHV MARAIS

55, rue de la Verrerie - **PARIS** (4e)

✆ 01 42 78 38 91

www.bhv.fr

Ouvert du lundi au samedi de 9h30 à 20h et le dimanche de 11h à 19h.

L'agence de voyages du BHV Marais vous ouvre le monde à travers de somptueux voyages, des croisières, des *city-breaks*, des *road trips* ou des circuits organisés... Un questionnaire classique sur le site internet vous permet d'être contacté par un conseiller en voyages dans les 72 heures. Le personnel est véritablement à votre écoute et saura, pour sûr, vous concocter le voyage sur mesure de vos rêves ! Alors, laissez-vous tenter et profitez de cet accompagnement sur mesure !

UCPA

12, rue des Halles - **PARIS** (1er)

✆ 3260

www.ucpa-vacances.com

Agence ouverte du lundi au vendredi de 9h à 20h, le samedi de 9h à 19h. Nocturne le jeudi jusqu'à 22h.

Cette association unique en France propose depuis 1965 des vacances sportives à destination des adultes, mais aussi des enfants et des adolescents. Rendez-vous sur son site Internet pour trouver un voyage qui vous convient, offrant des options à des prix différents. Sur le site Internet, on peut trouver par exemple une randonnée équestre aux Emirats arabes unis. Il leur est possible d'organiser des voyages sur mesure. Recommandé pour les plus sportifs et aventuriers. Les départs sont assurés à partir de cinq participants, à partir de 18 ans.

WURM & NOÉ

Höllgasse 26

PASSAU

✆ +49 851 929 292

www.donauschiffahrt.eu

45-minütige Schifffahrt durch Passau. 10 €/ Person. Stündlich, zwischen 10 und 16 Uhr.

Confortablement installé sur le bateau, vous profiterez de vues inoubliables sur Passau : l'aspect italien de ses façades colorées, la cathédrale baroque St. Stephan, l'embouchure des trois fleuves que sont le Danube, l'Inn et l'Ilz avec leurs différentes couleurs, les deux forteresses que sont l'Oberhaus et le Niederhaus et le monastère Mariahilf. Des informations spécialisées en allemand sont données par des haut-parleurs à bord, tandis que vous pouvez déguster du café et des gâteaux, des boissons fraîches ou un café glacé à votre guise.

QUOTATRIP

www.quotatrip.com

Tarifs : devis sur demande en ligne.

QuotaTrip est une nouvelle plateforme de réservation de voyage en ligne qui met en relation des voyageurs à la recherche d'expériences authentiques et uniques et des agences de voyages locales sélectionnées pour leurs compétences et leur sérieux. Le réseau de QuotaTrip couvre près de 200 destinations dans le monde entier. Le but de ce rapprochement est simple : proposer un séjour entièrement personnalisé aux utilisateurs. QuotaTrip promet ainsi l'assurance d'un voyage serein, sur mesure, sans intermédiaires et sans frais supplémentaires.

INTERVIEW

LE VOYAGE-SUR-MESURE

AVEC STEVEN LE CHEVALIER ET MATHIEU VALLY DE QUOTATRIP

Quel est le concept de l'agence QuotaTrip ?
Quotatrip est la première plateforme de mise en relation entre voyageurs et agences locales. Grâce à elle, les voyageurs peuvent enfin échanger en direct avec des agences qui sont sur place et concevoir un voyage unique, au meilleur prix et 100% personnalisé.

Pourquoi voyager avec des agences locales ?
À l'inverse des agences traditionnelles, les agences locales sont des expertes de la destination choisie. Ce sont aussi les mieux placées pour concevoir des séjours qui sortent des sentiers battus. Elles sont ainsi en mesure de répondre à l'ensemble des envies, le voyageur rentre dans l'univers de l'equi-tourisme = le tourisme sans intermédiaire.

Quels sont les autres avantages pour les voyageurs ?
Il y a une multitude d'avantages. Cela permet notamment de ne pas voyager comme tout le monde, d'organiser de manière simple et rapide un séjour sur mesure et au meilleur prix. Fini les mauvaises surprises, les voyageurs posent toutes les questions qu'ils souhaitent et bénéficient d'un accompagnement sur mesure, de la conception du projet jusqu'à sa réalisation en toute sécurité car les agences référencées sont sélectionnées et recommandées par les journalistes des guides du Petitfute en toute impartialité.

Les démarches sont-elle simples à effectuer ?
Les sites de voyage en ligne font perdre beaucoup de temps aux internautes sans pour autant répondre entièrement à leurs désirs. QuotaTrip propose un formulaire simple et rapide qui permet de décrire les souhaits, les envies et les besoins. L'internaute reçoit aussitôt gratuitement et sans engagement les offres de trois ou quatre agences locales avec qui il peut ensuite échanger afin de personnaliser son projet grâce à la messagerie mise en place.

Quelles sont les destinations proposées ?
Notre plateforme propose plus de 21 000 projets de voyage sur plus de 100 destinations à travers le monde. De l'Amérique latine en passant par l'Asie et l'Afrique, nos mille agences partenaires sont là pour répondre à vos projets de voyage.

Décrivez votre projet de voyage. Echangez en direct avec les agences locales et partez au meilleur prix.

Plus d'informations : *quotatrip.com*

© D.R

© D.R

© D.R

SE LOGER

La Bavière ne manque pas d'établissements hôteliers et il y en a dans toutes les catégories de prix : de la petite pension familiale à l'hôtel de luxe 5-étoiles, en passant par l'auberge de jeunesse, les grandes chaînes et les wellness-hotels qui séduisent par leur offre de spas. Le prix de l'hébergement comprend souvent une *Kurtaxe*, taxe de séjour, qui permet souvent des réductions dans les musées et les transports publics (voire parfois leur gratuité). Si le confort et la propreté sont toujours au rendez-vous, les tarifs sont de manière générale assez élevés et en cas d'événements spéciaux (l'Oktoberfest à Munich ou les Bayreuther Festspiele à Bayreuth), les prix atteignent des records douloureux et l'addition est salée pour le porte-monnaie. Nous listons ici plusieurs idées pour changer de l'hôtellerie classique et des plateformes pour des échanges d'appartements.

BEWELCOME €€

www.bewelcome.org

Le système est simple : être hébergé chez l'habitant, partout dans le monde. C'est le site Internet qui se charge de contacter les accueillants et les postulants puis de les mettre en contact, que ce soit en ligne ou dans la vraie vie. Avec leur carte interactive, les profils *des « welcomers »* s'affichent, avec leurs disponibilités. Certains font part de leurs projets de voyage afin de pouvoir trouver des affinités, des opportunités d'action avec les membres du site. Idéal pour un voyage solidaire et plein de belles rencontres !

HOME EXCHANGE €€

www.homeexchange.fr

Abonnement annuel 149 €.

Et si vous échangiez votre maison avec d'autres pour partir en vacances ? HomeExchange est une plateforme d'échange de maisons et d'appartements entre particuliers. L'idée : un site Internet pour échanger son logement (studio, appartement, villa...) moyennant un abonnement annuel à l'agence en ligne, qui se charge de la présentation du bien et de la mise en contact des intéressés. Un excellent moyen de faire des économies pour partir en vacances et réduire ainsi les frais d'hébergement sur place. Le choix est large, avec plus de 450 000 offres dans 159 pays.

HELPX €€

www.helpx.net

Plateforme Internet pour séjourner chez l'habitant : travail contre hébergement et/ou nourriture.

Des fermes biologiques, des B&B, des hôtels où l'étranger aide tout en bénéficiant, selon les hôtes, d'un hébergement, de repas ou de cours de langues selon le travail fourni. Un panel de lieux, partout dans le monde, où vivre durant une année ou moins, afin d'améliorer une langue ou vivre une expérience hors du commun pendant une année de césure. Lors de notre dernière visite sur le site, des propriétaires de *guesthouse* proposaient lit + déjeuner en échange de quelques heures de travail. Peut être une bonne affaire pour les plus jeunes.

HOTELS INSOLITES €€

www.hotels-insolites.com

Sur ce site, des endroits jamais imaginés, comme un phare, un train décoré dans le style Années folles, un campement de mineurs, une forteresse militaire, un aquarium, un ballon dirigeable, un tonneau (si si !), un nid dans un arbre. Les prix varient de pas cher à très cher ! Le site délivre toutes les infos nécessaires pour les lieux qui sont dispersés à travers le monde, avec numéros de téléphone, adresses. Imaginez un lumbung à Ubud, à Bali, entre autres. Un rêve peut-être envisageable avec ce site Internet fort de 730 adresses.

SE DÉPLACER

Les transports en commun sont une solution très avantageuse en Bavière. Dans une ville comme Munich, de nombreuses lignes fonctionnent même la nuit. Là encore, il y a plusieurs possibilités - le métro (U-Bahn), le train de banlieue (S-Bahn), le tramway (Straßenbahn). La plupart des stations sont accessibles aux personnes en fauteuil roulant. Nuremberg dispose, elle aussi, de son réseau de métro (3 lignes automatiques). Dans les autres villes, on pourra faire tous ses déplacements à pied ou compter sur les réseaux de bus. Une bonne option reste la location de vélos. On peut parfois les louer directement auprès de son hôtel. Dans certaines régions touristiques, on obtient dans son hébergement une Gästekarte en contrepartie de la taxe de séjour. Parfois, la Gästekarte permet d'utiliser gratuitement les transports en commun de la région. Pour voyager de ville en ville, rien ne vaut le train, confortable et écologique.

FLIXBUS

www.flixbus.fr

Comptez à partir de 8 € et 2 heures de trajet pour relier Munich et Nuremberg.

Flixbus offre un important réseau de bus en Europe, en Allemagne et plus précisément en Bavière, où l'entreprise a son siège. Les usagers sont séduits par les petits prix de l'opérateur, plus attractifs que ceux du train. Autre avantage : Flixbus offre aux passagers un service wifi et des prises électriques à côté de chaque siège. Confort assuré ! Les bus sont fiables, ponctuels, bien reconnaissables à leur couleur verte et les stations sont bien signalées. Toutes les grandes villes de Bavière sont desservies par Flixbus. Quelques lignes de nuit.

FLIXTRAIN

✆ +49 30 300 137 100

www.flixtrain.de

Pour aller de Munich jusqu'à Wurtzbourg, comptez 2h20 de trajet et 10 € de budget. En moyenne, 1 trajet par jour.

Depuis mars 2018, le groupe Flixmobility (le groupe de Flixbus) s'est lancé dans l'aventure sur rails en créant **Flixtrain**, un réseau de trains concurrent de la Deutsche Bahn. Il existe déjà 4 lignes en Allemagne. La ligne Hambourg-Munich dessert aussi les villes d'Aschaffenbourg, Wurtzbourg et Augsbourg. Les compartiments sont équipés de prises électriques et d'un accès gratuit au wifi. Avantage de Flixtrain sur la Deutsche Bahn : la réservation de la place assise est comprise dans le prix. Achat d'un e-billet très simple sur l'application ou le site Internet.

DEUTSCHE BAHN

✆ +49 1805 194 195

www.bahn.de

Prix dépendant du type de train (grande vitesse, régional, etc.) et de la classe (1ère, 2nde). Réservation siège : 4 €.

C'est la compagnie ferroviaire publique. Bien que le réseau ferroviaire allemand soit ouvert à la concurrence, la DB (Deutsche Bahn) reste l'entreprise ferroviaire la plus importante d'Europe après celle de Russie, sur le plan du chiffre d'affaires comme des prestations. Elle gère notamment les trains internationaux, les trains régionaux et les trains de banlieue (S-Bahn) dans les agglomérations. Le ICE est l'équivalent du TGV de la SNCF. Des points de vente et d'information existent dans les gares de moyenne et de grande taille.

ALAMO RENT A CAR

MUNICH

www.alamo.fr

Prix variables selon le véhicule choisi et les équipements supplémentaires (GPS, chaînes neige, etc.).

Actuellement, Alamo possède plus de 1 million de véhicules au service de 15 millions de voyageurs chaque année, répartis dans 1 248 agences implantées dans 43 pays. Alamo met tout en œuvre pour une location de voiture sans soucis. Alamo propose des dizaines de modèles différents selon vos besoins : de la voiture de tourisme au véhicule utilitaire pour un déménagement. En Bavière, Alamo Rent A Car est présent à Nuremberg (agence à l'aéroport) et Munich (vous trouverez à Munich deux agences : à la gare centrale et à l'aéroport).

S'INFORMER

Pour s'informer et organiser votre séjour en Bavière, certains sites Internet s'avèrent être une bonne source d'inspiration et permettent un premier contact avec la Bavière. Le site officiel de l'office de tourisme Germany Travel propose de nombreux articles, joliment illustrés pour mieux connaître les destinations touristiques d'Allemagne. On y trouve aussi les informations essentielles aux voyageurs en temps de pandémie. Plus précisément sur la Bavière, on pourra se reporter au site Bayern Tourismus ou au site officiel du gouvernement bavarois : bayern.de. Les visiteurs qui souhaiteront visiter les innombrables châteaux et palais apprécieront le site de l'administration bavaroise des châteaux (Bayrische Schlösserverwaltung). On y trouve tous les horaires et les prix, mais c'est surtout une mine d'or d'informations pour les amateurs d'art et d'histoire et une plateforme utile pour réserver ses billets.

DER SPIEGEL

✆ +49 4030 072700
www.spiegel.de

Der Spiegel paraît tous les samedis. En allemand. Édition papier : 6,10 €.

Der *Spiegel* est le magazine d'information hebdomadaire le plus vendu (≈ 720 000 exemplaires vendus à chaque édition) et le plus influent d'Allemagne, équivalent de *L'Express* ou *L'Obs*. Fondé en 1947 à Hambourg, il a été l'un des ambassadeurs de la défense de la liberté de la presse. Plusieurs scandales politiques marquants ont été révélés par lui, et son pouvoir de faiseur d'opinions n'est plus à prouver. Son site Spiegel Online est le site Internet d'information germanophone le plus lu ; il contient les analyses du magazine comme des dépêches d'actualité brûlante.

DIE ZEIT

✆ +49 4032800
www.zeit.de

Die Zeit est un hebdomadaire paraissant le jeudi. Prix unitaire : 6,20 €.

Di*e Zeit* est un hebdomadaire d'analyse national dont le siège est à Hambourg. Très fourni, polyvalent et abordant les thèmes les plus divers, il est à bien des égards considéré comme le plus sérieux et le plus scientifique des journaux allemands. Plus tourné sur l'analyse et l'investigation que sur l'actualité brûlante, il se veut le plus objectif possible et laisse s'exprimer dans ses pages les auteurs les plus divers. Il est libéral, ouvert et tolérant, et reflète une mentalité politique plutôt de centre-gauche, avec de fortes préoccupations écologistes.

DEUTSCHE WELLE

✆ +49 228 429 0 - www.dw.com

L'application de la Deutsche Welle, sur Android, existe en langue française.

D*eutsche Welle* (littéralement « onde allemande ») est le radiodiffuseur public international de l'Allemagne. Son site Internet d'information est disponible en 30 langues, notamment en français.

- La chaîne YouTube *DW News* propose des reportages d'information en langue anglaise, disponibles gratuitement, parfaits pour suivre l'actualité avec plusieurs vidéos postées par jour.
- Le compte Instagram *DW Meet The Germans* permet de découvrir de façon ludique des spécificités de la vie culturelle allemande : des traditions, des fêtes, des pratiques, etc.

GERMANY TRAVEL

✆ +49 69 974 640
www.germany.travel/fr

C'est le site officiel du gouvernement fédéral pour la promotion de l'Allemagne comme destination touristique.

Le site Internet de Germany Travel - disponible en langue française - fournit toutes sortes d'informations et de chiffres sur les différents Länder et les régions touristiques du pays. Avec de belles images inspirantes, il propose des articles de blog pour découvrir différentes destinations aux quatre coins de la République fédérale. Il dispose aussi d'une carte interactive, utile pour trouver de l'inspiration. Le site informe également sur les actualités marquantes.

KARAMBOLAGE

www.arte.tv

Karambolage est disponible en replay sur la plateforme Arte+7. Les anciennes saisons existent en VOD ou au format DVD.

Diffusée chaque semaine sur Arte depuis 2004, Karambolage est une émission qui s'attache à présenter avec créativité et humour des différences franco-allemandes. À travers des rubriques comme « l'objet » ou « l'onomatopée », on découvre des particularités des cultures de part et d'autre du Rhin. Karambolage permet découvrir des expressions, des rituels, des fêtes, des bizarreries de nos voisins. À la fin de chaque émission, la rubrique « la devinette » invite le téléspectateur de deviner si la scène a été tournée en France ou en Allemagne.

BAYERISCHE SCHLÖSSERVERWALTUNG

Schloss Nymphenburg, Eingang 16 - **MUNICH**

✆ +49 89 179080

www.schloesser.bayern.de

Cette administration bavaroise gère 45 châteaux, palais et résidences dans le Land.

Si vous envisagez de visiter des châteaux en Bavière, vous risquez de retomber plusieurs fois sur ce site qui regroupe tous les châteaux publics, les jardins et les lacs du Land. Une mine d'informations, constamment à jour, très claire et synthétique, avec de nombreuses photos. Le portail est également disponible en anglais. On y trouvera aussi les liens pour réserver les horaires de réservation, indispensable pour certains lieux comme le très visité château de Neuschwanstein.

MÜNCHEN TRAVEL

✆ +49 89 23396500

www.muenchen.travel

Ce site officiel de la ville s'apparente à un blog à destination des visiteurs de la capitale bavaroise.

Sur le site München Travel, disponible en allemand et en anglais, on trouvera de très nombreuses informations sur les lieux à visiter à Munich, sur les événements, sur les nouveautés, les restaurants, les bars, etc. Culture, gastronomie, sport, shopping, il y en a pour tout le monde et le site est fait de façon très plaisante. On peut aussi y faire l'acquisition de l'une des deux cartes touristiques de la ville : la Munich Card et le Munich City Pass. Pour des informations en langue française, rendez-vous sur le site officiel de la mairie : muenchen.de.

BAYERN.DE

✆ +4989 12 22 20

www.bayern.de

Site officiel du gouvernement bavarois, aussi disponible en allemand simplifié.

Bayern.de est le site du officiel gouvernement et du parlement de Bavière. Un très bon site en allemand, parfois un peu technique mais toujours clair, pour découvrir l'histoire, la politique, l'économie, l'administration ou encore les médias de Bavière. Pour cela, rendez-vous dans la rubrique «Der Freistaat» et vous saurez tout de l'hymne, du blason, de la constitution bavarois et du fonctionnement des institutions. Il est préférable de bien maîtriser la langue de Goethe, mais certaines pages sont très imagées et pleines de cartes et d'infographies.

TAGESSCHAU

www.tagesschau.de

La Tagesschau est également disponible en replay sur le site Internet tageschau.de

La *Tagesschau* est le journal télévisé de 20h le plus célèbre et le plus suivi en Allemagne avec une audience moyenne de 9 millions chaque jour. Diffusée pour la première fois en 1952, c'est aussi la plus ancienne des émissions d'information télévisées encore retransmises aujourd'hui. D'une durée maximale d'un quart d'heure, la *Tagesschau* présente les actualités allemandes et internationales d'une façon neutre et synthétique. Parfois, la *Tagesschau* est suivie d'un *ARD Extra*, un format spécial qui s'attache à approfondir un sujet d'actualité.

BAYERN TOURISMUS

Arabellastraße 17 - **MUNICH**

✆ +49 89 212 3970

www.tourismus.bayern

Un portail d'information pratique pour trouver des idées pour son séjour en Bavière. En anglais et en allemand.

Bayern Tourismus est une société qui a pour but de développer et d'accompagner le tourisme dans l'Etat de Bavière. Un site complet d'information touristique mais aussi de réservation hôtelière, disponible en allemand et en anglais. Il est possible de commander jusqu'à trois brochures/catalogues (différentes thématiques au choix : santé, accessibilité, etc.) qui vous seront envoyées gratuitement par la poste. Dans la rubrique «blog», le lecteur trouvera de nombreux articles sur les actualités susceptibles d'intéresser les visiteurs.

CARNETS DE VOYAGE

36, Boulevard de la Bastille
PARIS (12e)
www.us.phoenix-publications.com

Publié par les éditions Phoenix, qui comptent déjà plusieurs revues à leur actif, ce trimestriel est consacré aux voyages avec des focus dédiés à la découverte d'une ville, d'une région, que ce soit en France, en Europe ou dans le monde. *Carnets de Voyage*, un magazine utile pour nous faire découvrir le meilleur d'une destination et nous faciliter le voyage. Pour de grandes ou petites escapades, les rédacteurs nous invitent à entrer dans leurs textes vivants, complétés de conseils pratiques, d'un agenda, de bonnes adresses et de superbes photos.

CHAMBRE DE COMMERCE ET D'INDUSTRIE POUR MUNICH

www.ihk-muenchen.de

IHK est l'acronyme de Industrie & Handelskammer für München und Oberbayern.

La Chambre de commerce et d'industrie de Munich et de Haute-Bavière est utile pour toute personne désirant entreprendre dans le Land. Le site, en langue allemande, est particulièrement détaillé et utile à tous ceux qui souhaitent se tenir au courant de l'actualité économique de la région. L'adhésion à l'IHK est obligatoire pour toutes les entreprises commerciales en Allemagne - à l'exception des professions libérales, des purs artisans et des exploitations agricoles.

CHAMBRE DES MÉTIERS POUR MUNICH ET HAUTE-BAVIÈRE

www.hwk-muenchen.de

HWK est l'acronyme pour Handwerkskammer für München und Oberbayern.

La Chambre des métiers de Munich et de Haute-Bavière est une corporation de droit public. Elle est utile pour toute personne désirant entreprendre dans la capitale bavaroise ou sa région. Le site, en langue allemande, est particulièrement détaillé et profitable à tous ceux qui souhaitent se tenir au courant de l'actualité économique de la région. Apprentissage, formation, fondation d'entreprise : voilà quelques-uns des sujets auxquels le site de la HWK apporte des réponses.

COURRIER INTERNATIONAL

6-8, rue Jean-Antoine de Baïf
PARIS (12e)
© 01 46 46 16 00
www.courrierinternational.com

Courrier international est un hebdomadaire regroupant le meilleur des articles de la presse internationale en version française.

La presse allemande y est bien représentée : les quotidiens *die Frankfurter Allgemeine* et *die Süddeutsche Zeitung* y sont régulièrement traduits. Les reportages et portraits des hebdomadaires *der Spiegel* et *die Zeit* sont également fréquemment présents, permettant d'appréhender l'actualité en changeant de regard.*Courrier international* offre un bon moyen de lire la presse allemande sans devoir savoir lire la langue de Goethe.

MUNICH FRENCH CONNECTION

MUNICH
www.mfc.bayern

Un site francophone, très utile aux expatriés nouvellement arrivés dans la capitale bavaroise.

Munich French Connection (MFC) est une association bénévole et à but non lucratif qui a pour objectif de contribuer à la bonne installation des Français expatriés à Munich tout en favorisant des échanges franco-allemands. Le site Internet, entièrement en français et très bien fait, informe sur les démarches administratives, sur le calendrier des événements à Munich, sur la recherche d'emploi, d'un logement, sur le sport et les loisirs. Le groupe Facebook regroupe plus de 4 000 personnes. Un bon coup de pouce pour son arrivée à Munich.

SUEDDEUTSCHE ZEITUNG

www.sueddeutsche.de

La Süddeutsche Zeitung dispose aussi d'une application mobile avec des articles payants et gratuits.

Le *Süddeutsche Zeitung* est - avec 300 000 tirages chaque jour - le deuxième quotidien le plus vendu en Allemagne, après le tabloïd populiste *Bild Zeitung*. Le *SZ* est une référence en matière d'information dans l'espace germanophone. La consultation de certains articles sur le site Internet est gratuite, d'autres sont masqués par un *paywall* (accès payant). Le site comporte une rubrique sur Munich, le journal y ayant son siège. Sur l'échiquier politique et sur les questions de société, le *SZ* adopte une position de centre-gauche.

RESTER

La Bavière est une région attractive, dynamique et agréable à vivre, dans laquelle s'installent de nombreux étudiants et travailleurs étrangers. Si les démarches pour les programmes étudiants sont parfois fastidieuses, elles sont récompensées par un cadre d'étude exceptionnel et les universités bavaroises se classent parmi les meilleures d'Europe. Un vrai plus sur un CV. Le VIE (Volontariat International en Entreprise) - un programme qui existe depuis 2000 - offre une excellente opportunité de débuter une carrière professionnelle, d'acquérir de l'expérience et de bénéficier d'avantages fiscaux non négligeables. Pour s'installer en Allemagne, il faut penser après son emménagement à s'enregistrer auprès des autorités locales (auprès de son *Bürgeramt*) pour obtenir la *Meldebescheinigung*, le sésame indispensable pour ouvrir un compte en banque, avoir un forfait téléphone et pour toutes les autres démarches administratives.

AEFE

23, place de Catalogne
PARIS (14e)
✆ 01 53 69 30 90
www.aefe.fr

Cette agence, sous tutelle du ministère des Affaires étrangères, anime et gère un réseau de près de 500 établissements d'enseignement français à l'étranger, dans près de 140 pays. Des centaines de milliers d'élèves, dont une forte proportion de Français, fréquentent ces établissements. Offres d'emploi à l'international pour les titulaires de la fonction publique et informations sur la politique pédagogique émaillent le site Internet de cet organisme qui soutient également l'association Anciens des lycées français du monde est particulièrement bien fait.

ACTION CONTRE LA FAIM

102, rue de Paris - **MONTREUIL**
✆ 01 70 84 70 84
www.actioncontrelafaim.org
Par téléphone de 9h à 13h et de 14h à 18h.

ONG internationale spécialisée dans la lutte contre la faim dans le monde, active dans les domaines de la nutrition, santé, sécurité alimentaire, de l'eau, de l'assainissement. L'association intervient dans des situations de crise. Le but étant de rendre les populations autonomes d'un point de vue de la nutrition, en apportant une aide concrète et en formant les intervenants locaux qui prendront le relais. Ses missions de volontariat durent de trois mois à un an en Afrique, Asie, Amérique, Europe centrale, dans le Caucase, au Moyen-Orient et dans les Caraïbes.

BABBEL

✆ +4930568373836
www.babbel.com
4,99 € par mois pour un abonnement d'un an.

Si vous voulez vous mettre à l'allemand, Babbel est une application et un site web berlinois pour l'apprentissage des langues étrangères. Son usage est payant et l'offre de cours est de qualité. Les différents modules sont progressifs et permettent de travailler surtout l'écoute et la compréhension orale et écrite. Babbel dispose également d'un outil d'apprentissage du vocabulaire avec un excellent algorithme : seuls les mots pour lesquels vous éprouvez des difficultés reviennent quotidiennement, jusqu'à leur acquisition définitive.

CIDJ

www.cidj.com

Le Centre d'Information et de Documentation Jeunesse a été créé en 1969, sous la tutelle du ministère de la Jeunesse et des Sports. Le site Internet est bien fait et très complet. La rubrique « Partir à l'étranger » fournit des informations pratiques aux jeunes qui ont pour projet d'aller vivre à l'étranger. Il y a une rubrique spécifique dédiée à chacun des thèmes suivants : travail, étude, stage, volontariat international et séjours linguistiques. Pour vous aider dans vos démarches, vous pouvez avoir un entretien gratuit avec un conseiller du CIDJ.

ÉDUCATION NATIONALE

www.education.gouv.fr

Modalités sur www.france.diplomatie.fr/mfi.

Vous êtes enseignant ou fonctionnaire d'État, vous souhaitez travailler à l'étranger ? Consultez le site du ministère de l'Éducation nationale, il informe sur les conditions de mobilité dans le monde. Cette initiative peut s'inscrire dans un parcours professionnel. Elle permet d'exercer son métier dans des conditions spécifiques, ou un autre métier et diversifier ainsi son expérience en enrichissant ses compétences. Les personnels d'encadrement peuvent aussi postuler dans des organismes internationaux ou de l'Union européenne.

CAPCAMPUS

www.capcampus.com

CapCampus fut l'un des premiers portails étudiants français en ligne. Dans la rubrique dédiée aux stages et aux premiers emplois, vous trouverez aussi des offres pour l'étranger, classées par pays. Celles pour les Etats-Unis ne sont pas très nombreuses, le mieux est de consulter le site régulièrement pour ne pas passer à côtés des offres intéressantes. Le site est également utile pour se familiariser avec la vie aux Etats-Unis, car il propose également toutes les informations pratiques pour bien préparer son départ et son séjour à l'étranger.

WG-GESUCHT

www.wg-gesucht.de

WG-Gesucht est le site numéro 1 en Allemagne pour chercher - et trouver - une colocation.

Pour celles et ceux qui souhaiteraient séjourner plusieurs mois en Allemagne, ce site Internet est l'un des plus utilisés (disponible en anglais également). Il permet notamment de trouver des sous-locations : de l'appartement complet à la simple chambre dans une colocation. Beaucoup d'étudiants proposent leur appartement à la sous-location quand ils partent un semestre ou deux à l'étranger. Louer un appartement de ce type est le meilleur moyen de se loger à moyen terme dans une ville allemande, sans avoir à devoir se fournir des meubles.

CONNEXION FRANÇAISE

www.connexion-francaise.com

Ce site s'adresse aux Français expatriés en Allemagne avec des informations plus spécifiques sur chacun des 16 *Länder*. Vous y trouverez tout ce qu'il faut pour vous installer en Allemagne, les renseignements sur les démarches administratives, des conseils pour apprendre l'allemand, des sites pour faire des rencontres, etc. Il existe également une page Facebook sur laquelle sont échangées toutes sortes d'informations pratiques, des offres d'emploi, de logements, etc. En bref, un réseau pour se donner des coups de pouce si vous venez d'arriver.

BUSINESS FRANCE

77, Boulevard Saint-Jacques

PARIS (14e)

✆ 01 40 73 30 00

Ouvert en semaine de 8h30 à 18h30.

L'Agence pour le développement international des entreprises françaises travaille en étroite collaboration avec les missions économiques. Le site Internet recense toutes les actions menées, les ouvrages publiés, les événements programmés et renvoie sur la page du Volontariat International en Entreprise (VIE). Fondée en 2015, cette structure est née de la fusion entre Ubifrance et l'Agence française pour les investissements internationaux. Elle est affiliée au Ministère de l'Europe et des Affaires étrangères et au Ministère de l'Économie et des Finances.

OFAJ - OFFICE FRANCO-ALLEMAND POUR LA JEUNESSE

Molkenmarkt 1 - **BERLIN**

✆ +49 30 228 7570

www.ofaj.org

Site Internet disponible en français et en allemand.

Cette institution franco-allemande, fondée en 1963 suite à la signature du traité de l'Élysée, a pour mission d'organiser des rencontres entre les jeunes d'Allemagne et de France. L'OFAJ organise, coordonne et finance de nombreux échanges de part et d'autre du Rhin. Si vous souhaitez effectuer un stage, un volontariat ou trouver un petit travail en Allemagne, consultez l'espace de recrutement sur son site Internet. Vous pouvez également y publier une petite annonce.

INDEX

D

E

F

K

L

M

N

O

EDITION

Directeurs de collection et auteurs : Dominique AUZIAS et Jean-Paul LABOURDETTE

Auteurs : Nadine DE FARCY, Manon CHAUVIN, Henri FRUNEAU, Amandine GLEVAREC, Baptiste THARREAU, Kévin GIRAUD, Juliette COURTOIS, Romain RISSO, Priscilla PARARD, Sylvie DEL COTTO, Mathias DESHOURS, Elisa VALLON, Anja Verena WEBER, Nicolas LANDRU, Jean-Paul LABOURDETTE, Dominique AUZIAS et alter

Directeur Editorial : Stéphan SZEREMETA

Rédaction Monde : Laure CHATAIGNON, Morgane VESLIN, Pierre-Yves SOUCHET, Natalia COLLIER

Rédaction France : Briséis TEMPLE-BOYER, Désirée DEBANT, Emilie SAINT-PASTOU, Nicolas WODARCZAK

FABRICATION

Maquette et Montage : Romain AUDREN, Julie BORDES, Delphine PAGANO

Iconographie et Cartographie : Anne DIOT, Julien DOUCET

WEB ET NUMERIQUE

Directeur Web : Louis GENEAU de LAMARLIERE

Technical Project Manager : Hervé MARION

Développeurs : Guillaume BARBET, Adeline CAUX, Bastien MOINET

Intégrateur Web : Mickael LATTES, Antoine DION

Webdesigner : Caroline LAFFAITEUR

Responsable Communication Digital WEB : Alice BARBIER

Community Traffic Manager : Shirley NDEMA-KINGUE, Camille LE PROVOST

Content Manager : Aliénor de PERIER

DIRECTION COMMERCIALE

Directeur commercial : Guillaume VORBURGER

Coordinatrice des Régies commerciales : Manon GUERIN

Responsable Régies locales : Michel GRANSEIGNE

Responsables Développement régie inter : Jean-Marc FARAGUET, Guillaume LABOUREUR et Camille ESMIEU

Assistante commerciale Régie internationale : Leila ANTRI-BOUZAR

Chefs de Publicité Régie nationale : Caroline AUBRY, François BRIANCON-MARJOLLET, Perrine DE CARNE MARCEIN, Jonathan TOUTOUX, Fouzia CHAOUI

Régie BAVIÈRE : Marion JAMET

DIFFUSION ET PROMOTION

Directrice des Ventes : Bénédicte MOULET assistée d'Aissatou DIOP

Responsable des ventes : Jean-Pierre GHEZ assisté de Nelly BRION

ADMINISTRATION

Président : Jean-Paul LABOURDETTE

Directeur général : Louis AUZIAS

Directrice des Ressources Humaines : Dina BOURDEAU assistée de Sandra DOS REIS et Eva BAELEN

Directrice Administrative et Financière : Valérie DECOTTIGNIES

Comptabilité : Guillaume PETIT, Aminata BAGAYOKO et Adama DIABY

Recouvrement : Fabien BONNAN assisté de Sandra BRIJLALL

Responsable informatique : Elie NZUZI-LEBA

PETIT FUTÉ BAVIÈRE

LES NOUVELLES EDITIONS DE L'UNIVERSITE
18, rue des Volontaires - 75015 Paris.
✆ 01 53 69 70 00 - Fax 01 42 73 15 24
Internet : www.petitfute.com
SAS au capital de 1 000 000 € - RC PARIS B 309 769 966
Couverture : © Rothenburg Tourismus Service, W. Pfitzinger, Exkl.
Impression : CORLET IMPRIMEUR - 14110 Condé-en-Normandie
Achevé d'imprimer : novembre 2023
Dépôt légal : 16/12/2023
ISBN : 9782305055251

Pour nous contacter par email, indiquez le nom de famille en minuscule suivi de @petitfute.com
Pour le courrier des lecteurs : info@petitfute.com

IMPRIMÉ EN FRANCE